JN077146

世界の注目を集めた
「ギフォード講義」

宇宙の筋目に沿って

教会の証しと自然神学

スタンリー・ハワーワス［著］
東方敬信［訳］

With the Grain of universe
the church's witness and natural theology
Stanley Hauerwas

YOBEL,Inc.

凡例

［　］は訳者が注釈したことを示す。

With the Grain of the Universe
The Church's Witness and Natural Theology
by **Stanley Hauerwas**

黙示が明らかにしている点は、王冠をかぶり、剣によって正義を保とうとする人々が自分で思っているほどには強くない、ということだけではない。確かにこれは真理ではある。私たちは、「崩れては建ちしいにしえの国々、いまやいずこ」と今なお歌う。黙示が明らかにしているもうひとつの点は、十字架を担った人々が、いまや**宇宙の筋目に沿って**働いている、ということである。人は、機械論的モデルや統計学的モデルに還元される社会過程によっても、堕落した世界の一部を統制する戦いに勝っても、この信仰には到達できない。人は、屠られた小羊の復活を賛美する人々と生活を共にしてはじめてこれに到達できる。

ジョン・ハワード・ヨーダー『武装と終末論』

訳者まえがき

私の在外研究中のことである。1997年1月の初め、いつものように朝ノースカロライナ州ダラム市のデューク大学のキャンパスにあるチャペルの前庭を突っ切って神学部の入り口から正面の教授秘書室に立ち寄った。するとスタンリー・ハワーワス教授がそこに私を待っているかのようにいた。いつもは冗談を言ったり笑ったりする彼であるが、その時は神妙な顔で静かにしかも幾分はにかみがちに「実は、2000年のギフォードレクチャーに招かれたんだ、手紙が来た」と告げた。私は、それを聞いて即座に大声で「おめでとう。素晴らしい！」と反応したら、本当にうれしそうに笑みを浮かべて、「ありがとう！」と普段の陽気な顔に変わっていった。そして、神学部の建物の廊下で会うたびに教員たちに「とてもよかった、素晴らしい」と私が語りかけると、皆が笑顔で喜んでいた。のちに出版された本書（2001年）の序文を見ると、「ギフォード講座を担当することは、私にとって全く考えていなかった。夢の実現というようなものではなかった。つまり、夢にも思っていなかった。」と記している。この感想は、彼の表情を思い出すと、正直なところだと思う。

さらに、次の日に会った時、私が「準備はどうですか？」と声をかけると、スタンリーは、「まだ3年もあるから大丈夫だよ」と微笑んでいた。

最初にエピソードを記してしまったが、スタンリー・ハワーワス教授との色々なやりとりの微笑ましい思い出の一つである。しかし、この翻訳で一番苦労したのは、表題の With the Grain of The Universe であった。思い切ってネイティブの同僚二人に問いかけると二人とも「木の節目に対立するのではなく、その節目に沿って」いることだと、そのイメージを語ってくれた。そこで、「宇宙の筋目に沿って」とした。この書物の最初に取り上げる人物が宗教を宇宙のイメージで捉えたウィリアム・ジェイムズでもあったからである。さらに本書の題字に掲げられているタイトルは、ジョン・ハワード・ヨーダーの『武装と終末論』の一節である。彼は、メノナイト派の神学者であるが、メノナイトは平和主義教会で、非暴力の信条から兵役拒否を伝統にしており、権力と妥協した主流派教会から相当圧力をかけられた苦難の歴史を持っている。その意味での殉教者たちも大勢生み出していた。本書では日本でも知られるようになったアウシュビッツで自発的に他のひとに代わって死刑に処せられた聖マクシミリアン・コルベ神父が紹介され論じられるが、そのことが対抗文化・対抗社会の根源として扱われる。

徳川時代の宗教を描いた宗教社会学者ロバート・ベラーは、『意味と近代性——宗教、政治、自己』[1]という彼の後継者たちが編集した書物において、後書きを記してスタンリー・ハワーワスに関心を払うだけでなく、その主張に賛成していることを表明し、その書に「キリスト者であることとアメリカ人であること」[2]というハワーワスの文章を載せた。それに対して、ベラーもまたハワーワスがタイム誌で2001年に「アメリカのベスト・セオロージャン」に選出された記念の書物『神・真理・証し』に「神と王」[3]という論文を寄せている。それによると、彼は、かなり長い間スタンリー・ハワーワスの友人であり、その神学的倫理に学問的関心を寄せてきたが、いまや「彼との一致点がどれだけ多くあるかを明らかにしたい」と告白している。それは、スタンリー・ハワーワスの基本的主張である「教会の第一の課題は、教会であることである」とする立場に共感するからである。なぜなら、アメリカ人は、地上における神の国が国家ではなく、教会（the Church）に具現化することを認識し損なってきたからである。教会は、傷のない制度というわけではないが、それでも神の国を映し出す前味だとするからである。ベラーによれば、「教会が教会であり、文化が文化であるという定式は、教会が文化のサナギであるような私達の社会では判り難い」が、あらためて「啓蒙主義的リベラリズム」の限界を指摘する意味で、自分もその同意を明確にしたいとするのである。

　また、ベラーによれば、アメリカの文化は世俗化されたプロテスタンティズムということになるが、さらに、彼がハワーワスの神学を評価するのは、「神学、倫理、教会論を一つのまとまりとして成立させ、分割しては理解できない」とする点である。そして、ハワーワスが考える「真性の宗教改革的でカトリック的な教会」をさらに展開して欲しいと期待する。このようにロバート・ベラーに言わしめたスタンリー・ハワーワスは、「分派主義者、信条主義者、部族主義者として」という刺激的な書き出しで、『神・真理・証し』にもベラーの書物にも論文を寄せているが、そのような名誉な呼称をリベラルな主流派からもらっているのは、自分がアメリカ文化に妥協せず、「真実な神礼拝をなしうる民」になるように呼びかける神学者だからだ、という。彼が厳しく批判しているのは、キリスト教の影響力の低下を気にする人々が「公的領域」でその主張を表現するのに、キリスト教言語を使わないで、自然法的言語や中立的言語を用いようとするからである。その意味で本書は、「市民宗教」を超えて、「旅する神の民」（レジデント・エイリアンズ）の視点から神の国を映し出す教会を論じたものだといえよう。ここに神学的言語を習得した共同体のあり方を明確にした「宇宙の筋目に沿って」という証しに生きる道があるのである。

(Endnotes)

1 Richard Madsen, and others,edited "Meaning and Modernity" (University of California Press, 2002)

2 Ibid., p, 224-235.

3 L. Gregory Jones, Reinhard Hutter and C.Rosalee Velloso Ewell.edited "God, Truth, and Witness" (Brazos Press, 2005)p. 112-130.

日本語版のためのまえがき

数年前に私のある研究が日本語に訳されたことを知ったとき、私ははじめ不思議に思った。どうして、日本のキリスト者は、彼らの慣れた世界で生きていくためにこの研究を必要とするだろうか？と。しかし、彼らは少数者であり、日本で明快な証しをしようと努力している。別の言葉で言えば、彼らは、私がアメリカのキリスト者たちに思い描いてもらおうと尽力しているやり方ですでに生きている。私には自分の研究がなぜ日本のキリスト者に役立つのかは明確ではないが、そのように思われていることを神に感謝している。

『宇宙の筋目に沿って』が日本語に訳されたことは、さらに不思議である。カール・バルトの研究を引用して、私は本書で自然神学のキリスト論的叙述を展開しようとした。このような叙述は、おそらくキリスト者が昔は統御できたが、いまは統御できなくなった社会秩序に対して逆効果だと思われるかもしれない。従って、私の自然神学についての中心的主張は、日本のような文化において疑わしく思われるかもしれない。それが逆効果だと思われるのは、キリスト者が形成したのではない日本のような文化において福音を信じてもらえるようにするなら、キリスト者が自然神学の理解をさらに決定的な確信の序論（プロレゴメナ）として用いるに違いないと考えられるからである。このようにして自然神学は多くの人によってキリスト教の擁護に必要だと想定されよう。

私がカール・バルトをギフォード講座のあるべき姿の実例としていることは、かつてキリスト教が支配していた文化圏で愚かに見えるのみならず、日本のような社会ではいっそう愚かに見える。しかし、カール・バルトが日本のキリスト者によって読まれている主要神学者の一人であることをひとたび知った今、私は、私の研究が、とくに『宇宙の筋目に沿って』が、日本において有用である理由をいくらか分かり始めている。教会教義学が全て日本語に訳されたことは、私が『宇宙の筋目に沿って』の中心的議論と考えていることの証拠となっている。その議論とは、要約すると次のようになる。すなわち、キリスト者による神の叙述は、もしそれが父・子・聖霊の神を礼拝によって形成された生と切り離されるなら、いかなる叙述であっても非キリスト者にとって知解可能になり得ないのである。

それゆえ、教義を倫理から分離すべきでないという私の主張――わたしはこれをバルトから学んだ――は、私が日本のキリスト者が既に知っていること、つまり彼らの存在は独自の生活様式を形作れる彼らの能力に依存しているという認識を、彼らが表現するのを助けるのではないかと思いたい。もちろん、この固有の生活様式は、周囲の社会実践によってその習慣が強化されない文化において、教会と呼ばれる共同体が、キリスト者の習慣を維持するのに存在しなければならないことを意味する。日本においてキリスト者であることは、幅広い社会において知られていない物語に参加することである。しかし、その物語は、少なくとも私が『宇宙の筋目に沿って』で論じたことが正しいのなら、私たちがキリスト者として非キリスト者に対してなす証が説得力を持つためには、ある民のなかで具体化されなければならない。

『宇宙の筋目に沿って』が日本のキリスト者にウィリアム・ジェイムズ、ラインホールド・ニーバーの業績について案内できればと願っている。私は、日本において、ジェイムズとニーバーが知られていないとは考えていないが、この偉大な哲学者と神学者についての私の読みがある意味で有益だと思う。もちろん、私のジェイムズとニーバーの読み方は極めて批判的であるが、二人に対する私の賞賛も明らかになることを願っている。私が『宇宙の筋目に沿って』において展開しようとした建設的な立場は、私がジェイムズとニーバーからこれまで学んできたことに肯定的にも否定的にも依存している。

私は、この「まえがき」を終えるにあたり、私の研究が日本でも読めるように尽力してくださった東方敬信氏に感謝せずにはいられない。翻訳は全く愛の労苦である、なぜなら、翻訳者はその困難なわざに報いられることがめったにないからである。東方敬信氏は、私の研究を日本語に翻訳する労苦を担って私に栄誉を与えてくださった。彼の翻訳は、私が神に感謝するほかない賜物である。さらに重要なことは、すくなくとも私にとって重要なことは、私たちが友人になったことである。このような友情は、日本においてもアメリカにおいてもキリスト者としての証しとして非常に重要であると確信する。いずれにしても、私たちは、神との友人関係また互いに友人となるように造られている。このことは、たしかに私たちの自然神学の中核にある最大の確信のひとつである。

目次

宇宙の筋目に沿って――教会の証しと自然神学

世界の注目を集めた「ギフォード講義」

序　章

ギフォード講座で教えることは、私にとって夢の実現などではなかった。私がギフォード講座で教えることを依頼されることなど夢にも思ってもいなかった。神学者たちは、二十世紀後半にギフォード講座であまり目立った役割を果たしてこなかった。さらに、私は厳密な意味での神学者でさえないばかりか、キリスト教倫理学と呼ばれる物議を醸している領域の代表者である。しかも、私がその「領域で」適任者であるかどうかもはっきりしない。なぜなら、キリスト教倫理学において何が適切なのかはっきりしないからである。私は、ある面で哲学者であり、ある面で政治理論家であり、また別の面では神学者であり、さらにある面で倫理学者であるが、どの「部分」においても卓越しているわけではない。私は、不平を言っているのではなく、「私の研究」の性質を考えると、私がギフォード講座で教えることなど考えもしなかったと言いたいだけである。

したがって、私が2000年と2001年のセント・アンドリュー大学でのギフォード講座の招待を受けるという思いもよらない贈り物を、私は喜んで受けた。4年間も余裕を与えられ、なすべきことを考えるのに十分な時間を与えられたことは、少なくともその賜物の一部だった。また「私は一体何に首を突っ込むことになったのだろうか」と常日頃悩まされることにもなった。神が私を自己防御の戦略から引き離してくださった素晴らしい祝福は、もちろん何年も前から自分にとってさえ明らかであった。私はしばしば危ない橋を渡ってきた。私は、自分の「無謀」を勇気と呼べば良いのだが、そんな恐れ多いことはできない。むしろ、私は、自分が語らなければならないと思う事柄にとらわれた結果、手遅れにならないように語ろうと考えただけである。

したがって、私が『宇宙の筋目に沿って』で試みたことが控えめだったと言うつもりはない。私は、このギフォード講座で大きなキャンバスに大きく描いたつもりである。なぜなら、ギフォード講座の講師を務めた偉大な学者たちの中からウィリアム・ジェイムズ、ラインホールド・ニーバー、カール・バルトという三人に集中して、二十世紀の神学物語を語ろうとしたからである。私は、カール・バルトが、ギフォード講座の講師で最大の「自然神学者」だと論じたい。なぜなら、彼は、神についての全教理から自然神学を引き離してはならないと正しく理解していたからである。私は、明らかに注目を浴びることを意図してこの論文を書いたが、それよりも重要なのは、私がこれを真理だと考えていることである。

私にはこの講義のために準備期間が4年あったのだから、この講義はこれまでの著作より、さらに思索的になり、さらに十分に論じていると言いたいところである（このように書いたために、私のこれまでの著作が「注意深くない」と思われては困るが）。しかし、本書は、私の多くの友人や批判者たちから執筆を勧められたような「大著」ではない。もちろん、過去の研究とのちがいがあるとすれば、ここで私は、とりわけ今日、神学者たちが「すべてをまとめる」「大著」を著すことができず、あるいはそうすべきでもないと考える理由を明らかにする程度でのみ異なるのである。キリスト者の祈りの実践を脅かし、それより決定的な地位にはい上がろうとする神学は、どのようなものであれ神学そのものに反するものとになる。最善でも、神学はキリスト者が真実に祈ることを助言するための一連のメッセージに過ぎない。したがって、もし本書が私のこれまでの仕事と異なることがあるなら、それは、なぜ私の研究がカール・バルトの教会教義学のように暫定的なものまた未完のものにならざるを得ないのかを明確にする程度においてのみ特徴がある。もちろん、私は、私の研究がバルトの驚くべき功績と同じ力を持つとは思わない。ただ遠くからその後についていくだけである。

この講義の初期の草稿を読んでくれた親友たちの何人かは、そこに「私らしさ」がないことに失望した。彼らは、特に最後の講義で、私が教会と戦争や平和や自殺や妊娠中絶や知的障害者や野球やトロロープについて教会ならどう考えるかという問題に立ち返るべきだと感じていた。この読者たちは、『宇宙に筋目に沿って』において「私の決疑論」と言われるものを再び示すべきだと求める。この読者たちは、キリスト教的実践が大学を構成する知識に特徴を与えて、回りくどいことを言わずに決定的なことを言って終わらせて欲しいと思っただろう。私が語れることは、よく耕された土台の上を歩む理由が見えないことである。さらに、ギフォード卿の遺志がギフォード講座の講師に提示した課題を考えると、近代的大学の実践を構成しまた多くの人に「合理性」とみなされるものを決定するような知識を疑問視することを私は避けられなかったしまた避けるべきでもなかったと考える。

本書は、これまでの私の著作と同じように、すべてまとめることを拒否しただけでなく、他の方々に依存していることを示している。アラスディア・マッキンタイアは、私がこの講義の全体のコンセプトを構想するときに特に世話になった。アラスディアとの議論は、ジェイムズ、ニーバー、バルトに焦点を当てる議論の主要な概要を思い描くときに助けてくれた。もちろん、私がマッキンタイアに助けられていることは、言うまでもなくだいぶ前から明らかであるが、私が彼の業績を用いる方法については彼に責任はない。それは彼の予想しない方向で結論に向けられたことであろう。

ピーター・オークスは、一貫して私の素晴らしい友人であり批評家である。彼がユダヤ教の哲学者、神学者であるのと同じように、私もキリスト教の哲学者、神学者であればよいのだがと思っている。また私の研究の最期の段階でブルース・カイエが質問してくれたことは素晴らしい助けになった。私たちは、「なぜバルトか?」について、私とパウラまたブルースとルイーズと共にアメリカ西部でとった素晴らしい休暇を過ごしたときに語り合った。バルトは自分の業績について、コロラド、ユタ、アリゾナの壮大な景観の中で論じられているのを知ったなら喜んだだろうと思う。私はしばしば、この時代にキリスト者であることが世界を小さく感じさせまた実際に出会う機会を与えてくれたと考えている。ブルースとルイーズが私たちのために祈ってくれたことを知るとオーストラリアが遠くだとは思えない。

いつものように、私は、私の記したことを読み批評してくれる友人たちの大きな共同体に依存している。彼らの名前を上げても、どれほど私が彼らに依存しているかを記すのに十分ではないであろう。しかし私にできることはそれしかない。彼らは、マイケル・カーク、テリー・ティリン、スコット・デイヴィス、フランク・レントリシア、デイヴィッド・エイアズ、ジム・バックリー、ウィリアム・バックリー、マーク・ネイション、ビル・ワーペハウスキー、ジョー・マンジャイナ、ジム・バーチェル、デイヴィッド・バレル、ラルフ・ウッド、ラスティ・レノ、ハンス・ラインダーズ、ビル・ハート、ラインハルト・ヒュッター、アーン・ラスムッセン、トラヴィス・クローカー、サム・ウエルズ、ニコラス・アダムス、ロブ・マックスウェイン、チャーリー・レイノルズ、ブルース・マーシャル、ロバート・ジェンソン、ジョン・ボーリン、ファーガス・カー、キャサリン・ウォーレス、ラス・ヒッテンガー、ロバート・リチャードソン、グレン・スタッセン、ゲイリー・ドリーン、トミー・ラングフォード、ジム・マックレンドン、である。トミーは、講義が終わる前に召された。しかし、彼の忠告は、最初の講義の改訂にとって貴重であった。ジム・マックレンドンは、なくなる数日前に、最後の電話をしてきて最後の講義でもっと強い立場をとるように促してくれた。私はこの二人を失ったことを残念に思う。

私の人生は、これまでも今でも私をより良くする学生たちに恵まれていた。私の研究の様々な段階で、彼らの批評に励まされてきた。彼らは、マイク・カートライト、マイク・バクスター、チャーリー・ピンチス、スティーウ・ロング、デイヴィッド・マツコ・マカーシー、フィル・ケネソン、ジョン・バークマン、ビル・カヴァナー、ダン・ベル、ジム・フォーダー、スコット・ウィリアムズ、アレックス・サイダー、チャーリー・コリアー、クリス・フランク、ピーター・デューラー、トム・ハーヴェイ、ジェフ・マッカリー、ロジャー・オーウェンズ、リチャード・チャーチ、ジョエル・シューマン、ここではギフォード講義のテキストを読んでコメントしてくれた人たちの名前だけあげた。もちろん、本書に記したことは私に信頼してくれた全ての学生たちから学んだことに依存している。

私は、ルイスヴィル・インスティテュートで『宇宙の筋目に沿って』を読んで、私の講義の最後の週に参加しくれたマーティン・コペンヘイヴァー、ジョン・マックファデン、デイル・ローゼンバーガー、デイヴィッド・ウッド、ジェイムズ・ゴーマンとカール・ベッカーに感謝する。いわば戦闘態勢にある牧師たちが私のテキストを読み、私たちの時代の教会の課題に取り組むのに役立つかどうかという意味でアイディアをくれたことに感謝したい。リチャード・ニューハウスは、最初と最後の私の講義を討論するダレス・討論会を招集してくれた。その親切に感謝したい。ジョー・マンジャイナは、トロントのウィクリフ大学のクラスで、この講義の初期の段階をテストする機会を与えてくれた。これらの機会は、多くを学ぶ機会であった。

私は、ルース財団に対してルース・フェローの一員にしていただいたことを感謝したい。この支援は、私に講義を仕上げる時間を提供してくれた。デューク大学は、特別に支援してくださった。私は、ジョン・ストローベンとピーター・レインジの両学長の事務局に提供していただいた支援に感謝している。デューク大学神学部の同僚や学生たちは、この講義の作成中の素晴らしい仲間であった。私は特に、神学部長であり私の友人であるグレゴリー・ジョーンズに謝意を表したい。彼は、この講義の様々な準備段階を読んでくれただけでなく批評も加えてもらった。それだけでなく、この講義を向上させる素晴らしく建設的な示唆ももらった。洗練された素晴らしい学部長を与えられたことはなんと大きな賜物であろう。

ロドニー・クラップには、本書を可能にするためにブラゾス・プレスを考えていただいた。ロドニーは、古くからの友人であるだけでなく、真実な教会をとりもどすという私たちの夢を形にするために素晴らしい能力を発揮された。オクラホマ出身なのに、テキサス州を流れる川の名前を付けたことは素晴らしいと私は考える。私は何回もブラゾス川を渡ったり、また引き返したりした。ロドニーとブラゾス・プレスの協力者たちがディヴィッド・トゥールという本書の編集担当者を決めてくれたことは大きな喜びであった。ディヴィドは、以前の私の学生で、また『サラエボでゴドウを待つ』という書物の著者でもあるが、編集のふつうの責任をこえて、私の議論を明瞭にかつ強固にするのを手伝ってくれた。編集者がディビッドのような哲学的、神学的技能を持っているのは本当に稀なことであろう。

原稿を編集の段階で手渡すことはあり得ないだろうが、私は、私の秘書サラ・フリードマン女史にはそのようにしていた。私がサラを「秘書」また「私の秘書」と呼ぶのは不思議かもしれない。彼女は、私が書いたものについて自分の考えを持っていて、彼女がおかしいと感じたことは遠慮しないで告げてくれた。でも、サラは、ユーモアの才能に磨きをかけ、私のテキストの改訂を忍耐して何回も受けてくれた。私は、明るく支えてくれた彼女に感謝したい。

終わりに、私をギフォード講座に招いてくださったセント・アンドリューズ大学の方々に、またそれだけでなく講義の時をこえて、素晴らしい歓迎をしてくださったことに感謝したい。とくに、セント・アンドリューズ大学の渉外係りのエレイン・マクゴニグルさんとジョイス・スコットさんにポーラと私の滞在をすばらしいものにしていただいたことを感謝したい。セント・アンドリューズの学長であるブライアント・ラング博士、神学部長であるロン・ペアレント教授は、素晴らしい主催者であった。哲学のジョン・ハルダイン教授とジョン・スコルスキー教授は、とりわけ私を丁重に受け入れてくださった。アン・トランス、クリス・ザイツ、トレヴァー・ハート、リチャード・バークハム諸氏とは、豊かで実り多い神学的対話をさせていただいた。セント・アンドリューズ大学は、学生たちを誇れるだけでなく、セント・マリア・カレッジにおける神学部での真剣な神学教育を誇ることができる。

セント・アンドリューズは、北海に面したフェイク海岸にあるチャーミングで素敵な街である。私は、セント・サルヴァドール・カレッジに滞在させていただいてジェイムズ・ウォーカー牧師にセント・サルヴァドール大学教会で説教する栄誉も与えられた。私は、福音を語るまで、説教台に留め置かれたことを学んだ時、少しばかり知られるようになった。そう告白したい。しかし、私はその後外に出られたことを喜んで報告したい。

ポーラと私は、セント・アンドリューズでレントの開始を経験した。私たちは、とくにスコットランドのオール・セインツ監督教会に感謝したい。またジョナサン・メイソン司祭にオール・セインツ教会での素晴らしい礼拝式に参列できたことを感謝したい。夕べの賛歌と聖書による祝祷を伴った大連祷によって始めることができて私たちには思い出深いレントになった。ギフォード講義がキリストの十字架との出会いによって終われることになったことは、とても素晴らしいことであった。

第一章　神とギフォード講座

神は、少なくともキリスト者が礼拝する神は、ギフォード講座ではほとんど脚光を浴びることはなかった。ギフォード卿の遺志とその講座をはじめた時代環境を考えると、ギフォード講座の神がめったに三位一体の神として語られてこなかったとしても驚く必要はない。さまざまなギフォード講座の講師がその存在または非存在（not to exist）を示そうとした神は、いつも「証明」しなければならない神であった。簡単に言えば、ギフォード講座の神は、いつも問題を孕んだ神であった。何人かのギフォード講座の講師が何らかの神的存在を実際に示そうとしたことは、かなりの挑戦であった。なぜなら、あるギフォード講座の講師が、存在する神を、父・子・聖霊と主張することは愚かではないとしても、極めて冒険的だと思われたからである。

しかし、私は、いまここで、神についての教理全体から切りはなされた自然神学は、神の性格を歪め、またそれによって私たちの生きる世界の性格を歪めるものに他ならないことを中心に議論を展開しようとしている。そのような神に「場所」を提供しようとする形而上学的また実存的試みは、礼拝するに値しない神の存在を「証明」しようとするものに他ならない。三位一体とは、「神」と称せられる決定的実在をさらに詳細に説明しようとするものではない。なぜなら、そもそも父・子・聖霊［という三位一体］より決定的実在はないからである。神について語る前に、神の存在を「証明」すべきだと考える人からみると、神が三位一体だとするキリスト教の主張は、キリスト者でない人には理解しがたい「告白的」主張に思えるであろう。

もちろん、神が三位一体であるとは、ある告白である。神の三位一体という性格を認めることは、イエスの十字架と復活によって世界を救う神がアブラハム・モーセ・預言者の神と同一だというキリスト教の主張に不可欠である。神は三位一体でないことはなかったが、教会が神の三位一体という本質を発見したのは、みずからの存在を理解する苦闘においてであった。よって、キリスト者は、神が三位一体だと告白する以上に合理的な説得力をもつ主張はおよそないことを、キリスト者は正しく信じている。もちろん、神が三位一体だとする私たちの認識、啓示と言い表すのが正しい認識は、神の三位一体という本質が秘儀だとさらに強く示すことになろう。

近代性にはぐくまれた思考習慣をもつ人々には、神の三位一体という本質を主張することなどはまったくの独断にしか思われないことを私はよく承知している。たしかに、もっと良い方法あるいは礼儀作法にかなった方法でギフォード講座を始めなければならないかもしれない。しかし、ギフォード講座の講師は、自分が真理だと考えることを語るように求められているはずである。それに、私はキリスト教の神学者である。したがって、新しい思想を考えようとも思わないし、また古いものを新しいやり方で考えようとも思わない。むしろ、私は、キリスト者は、神学者であるキリスト者でさえ、証人以外の何者にもなりえないという根拠を明らかにすべきである。また、まさにこの証人性が、初めであり終りである方の前で、神がどのような方かだけでなく、存在するすべてつまり神によって造られた秩序がどのようなものかを証しせざるを得ないことを示すのである。

ジョン・ミルバンクは、「近代神学の悲哀は、その誤った謙遜である[1]」と喝破した。神学者、特に大学に勤める神学者は、大学の世俗的秩序を乱さず神学することに腐心している。そのような秩序の要求によって、神学は、あまりにも多くの知識で煩わされ、もはや知っているはずの事もわからない人々の鈍感になった想像力を活性化するための、もう一つの見解あるいは選択肢とならざるをえない。私は、ミルバンクの誤った謙遜という警告が、なぜ私が無礼にしか思われないのかを説明してくれると望んでいる。というのは、私は、日や星を動かす神（ダンテの『神曲』にある表現、訳者）が、ナザレのイエスに受肉した神と同じ神であると主張しなければならないからである。キリストの十字架と復活に啓示された神を礼拝する人々に求められる謙遜さは、近代性の政治においてはむしろ傲慢にしかみえないのである。

キリスト者の謙遜が傲慢にしか見えざるをえないことは、ここで展開しようとする主張が政治学と倫理学を伴う根拠を示している。神が御自身を知らせる方法から切りはなされて神を知りうると考えることは、まさに教会といわれるキリスト教政治を失った結果であると私は考える。近代性において用いることが出来るようになった概念で言うなら、私は倫理学が神学と切りはなせない根拠を示すことになる。さらにキリスト教的伝統にしたがうなら、私は、神学的主張の真実性（the truthfulness）が、聖なる生活を形成する（shaping of holy lives）働きとなる根拠を示すことになる。

この講義のタイトル「宇宙の筋目に沿って（with the Grain of the Universe）」は、ジョン・ハワード・ヨーダーの論文からの引用である。この語句を記した文章は、本書の題辞（3頁）に掲げたが、ここで再び示しておこう。

黙示が明らかにする点は、王冠をかぶり、剣によって正義を保とうとする人々は自分たちが思っているほどに強くはないことだけではない。それは、まさに真理であるが、さらに私たちはその時も、「おお、いにしえに起こりて倒れし数多くの王と国々はいまいずこ？」（Arther C. Coxe1839「おこりてたおるる世のくにぐに、たちてはくずる波に似たり。」（１９５４年版 讃美歌１９７番）と歌う。十字架を担った人々は、いまや宇宙の筋目に沿って働きかける。人は、機械論的モデルや統計学的モデルに還元される社会過程によっても、堕落した世界の片隅を統制する戦いに勝っても、この信仰には到達できない。人は、屠られた小羊の復活を賛美する人々の生活を共有してはじめてこれに到達できる。[2]

自然神学を神についての主張の前提あるいは土台として展開しようとする試みは、ヨーダーの主張が最も深いリアリティを作る主張（reality-making claim）であることを認識させないという点で誤りに他ならない。ヨーダーは、「十字架を担う人々は、宇宙の筋目に沿って働きかける」と言う。弁証学的関心によって、あたかもキリストの十字架を神の存在に対して付録のようだと言ったり、またそう思って行動したりするなら、キリスト者は、非キリスト者の兄弟姉妹だけでなく、自分自身をも裏切ることになる。実際に、私たちが礼拝する神とその神に造られた世界は、十字架なしには正しく認識できない。神認識と教会論とがもしくは神認識と教会と呼ばれる政治とが相互依存する根拠なのである。

以上がこの講義で私が展開しようとする基本的骨組みである。私は、これらを最後の三つの講義において初めて明瞭に主張するつもりだが、ここでは手始めに議論や留保抜きで明らかにしておきたい。なぜなら、これが、この講義に私を導いてきた確信であり、また私のかたる物語を形作ってきた確信だからである。私は、自分の考えを赤裸々に語ることによって、このような神学的主張を擁護できないとすでに決めつけている人々の関心を失う危険も承知している。私は、そのような人々に論より証拠、とにかくお試しあれ、と申し上げるしかないし、またどうか忍耐していただきたいと願う。忍耐という美徳は、他の多くの伝統と分ち合っている。しかし同時にそれは、キリ

ストの十字架から全被造物を支配する神を礼拝して特別な形態を与えられた人々とも共有するものである。(3)

1　アダム・ギフォードに忠実に

私の計画している講義が本当にギフォード講座か、という問いがまだ残っている。この点について、私には少なくとも素晴らしい味方がいる。アラスディア・マッキンタイアは、同じ問いによってそのギフォード講座を始めた。(4) マッキンタイアは、ギフォード講座の講師はギフォード卿の遺志の条件をはたそうとする者でなければならないと述べた。しかし、マッキンタイアは、自然神学を自然科学のような課題にするためには合理性についての非伝統的叙述があれば十分だと言うギフォード卿の前提を共有しない。より正確にいえば、マッキンタイアは、アダム・ギフォードの自然科学の理解を自然神学のモデルにすべきだとは考えなかった。なぜなら、ギフォード卿の見解は、学問の性格を歪めるからである。私は、マッキンタイアもまた、神についての知識は、自然科学によって保証された知識より確実だと考えていると思う。この点について彼自身の見解は、ギフォード卿の遺志の想定にそぐわないものとなっている。(5)

マッキンタイアとギフォード卿の距離をしめす最も良い言葉は、ギフォード卿の「講師は、彼らの議論について全く制約されない」という言葉であろう。マッキンタイアは、このアダム・ギフォードの言葉を「無責任な寛容」と名づけ彼がギフォード講座の講師であることを正当化するために用いる。(6) マッキンタイアの見解によると、「全く制約されない」とは、私たちが合理的議論を展開する可能性を失ったことを示すものにすぎない。そこで、マッキンタイアは、近代の大学の矛盾が増大したことについて、教授職の契約に対する宗教的資格審査が失われたところまでその原因をたどっている。[7] マッキンタイアは、近代の大学における自然科学の成功は、排除によって問題を制限するという非公式のまた暗黙の方針があるとしている。したがって、科学は、物事のあり方（the way things are）を告げ知らせる能力でも信頼され続けてきた。なぜなら、学問的分野は、合理的探求についてのギフォード卿の理解に一致していないからである。科学に比べると、いまや道徳研究や神学研究は不利な状況におかれている。なぜなら、合理性についてのギフォード卿的説明のイデオロギー的影響が、それらを私的見解へと格下げしてしまったからである。

しかし、マッキンタイアは、ギフォード卿の遺志に忠実であろうとする関心の範囲内で、ギフォード講座の講師は、道徳的生についての叙述がいかに物事のあり方についての私たちの理解から切りはなせないものかという理解を助けるべく試みなければならない」という、私がギフォード卿の関心とみなすことを尊重している。ギフォード卿の言葉によると、ギフォード講座の講師は次のことに専念することになる。

> 言葉の最も広い意味における自然神学の研究を促進し、前進させ、教え、広めること、換言するなら「神、無制約者、全体、最初で唯一の原因、唯一の実体、唯一の存在、唯一のリアリティ、唯一の実在についての知識、神の本質と属性の知識、人間と宇宙全体が神に負っている関係についての知識、道徳または倫理の本質と基礎そしてそこから生じるあらゆる義務と責任についての学問である。[8]

マッキンタイアは、もし今日ギフォード卿が生きていたら、彼とは全く異なる道徳的合理性の説明ならびにその自然神学との関係についての叙述を提供しようとするマッキンタイアの試みも、自分のものと理解できるにちがいないと考える。[9] マッキンタイアと異なり、多くのギフォード講座の講師がギフォード卿の遺志による規定には注意しなくてよいと考えたのは注目に値する。私は、このように、ギフォード卿の意志に注意が払われなかったことが、ギフォード講座が開なれなかったこの一世紀における哲学の展開についてのマッキンタイアの叙述を裏付けると理解する。もはや物事のあり方についての自らの知識に信頼できない世界で、なぜ信頼を裏切らないようにしなければならないのかは不明である。

私は、マッキンタイアが自身をギフォード講座の講師として正当化する試みに注意を促した。なぜなら、私の議論は、マッキンタイアよりもギフォード講座の目的に対して遠いからである。少なくとも、マッキンタイアは、哲学を主要科学とするギフォード卿の考え方と深く一致していた。[10] しかし、私は神学者である。さらに困ったことに、私は、もうひとりのギフォード講座の講師であったカール・バルトに深く影響を受けた神学者である。しかもカール・バルトがギフォード講座における偉大な自然神学者であると納得させようとするゆえに、私の課題はますます重大なものとなろう。少なくとも、自然神学とは、罪の状態においてさえ神に見捨てられない世界を自然神学が証ししようとする試みであることを心に留めるなら、バルトはギフォード講座における偉大な自然神学者である。[11] このような主張は、多くの人にとって、よくて問題だと感じられ、悪くすると知的不誠実だと見なされることを私は承知している。確かに私はスタンリー・ヤキ［1924-2009、ハンガリー出身のカトリック神父・神学者。キリスト教に関連する科学哲学や科学史において功績を残す（訳者）］を怒らせるだろう。彼のギフォード講座の講師たちについての概観において、ヤキは、ほとんどの講師を敬意をもって取り扱っている。彼は、デューイとエイヤーという反有神論的（antitheistic）講師でさえ「思慮深い読者の立場にたって、さらに堅固で高尚なものへの渇望を示している」[12] ということで賞賛する。しかしヤキは、バルトに対してはそのような敬意をはらっていない。彼は、「自然神学に対して非難したただひとりのキリスト者ギフォード講座の講師である」と特徴づける。そして「彼と彼の追従者は、完全に世俗化された西洋精神の襲来を告知されて、妙に近視眼的にポスト・キリスト教時代の開始という側面に向き合っていると思う[13]」と言う。ヤキがバルトについて唯一肯定的に言えるのは、バルトが「ほとんどのキリスト教神学者が、自分たちの信頼性そのものが損なわれることを恐れて、理性との繋がりを断ち切ろうとしない」ことについての証人だということである[14]。

ヤキは、同じようにラインホールド・ニーバーの講義についてもあまり印象深くないと言う。彼は、「哲学的観点から考えるなら」、ニーバーの講義は大したことはないとまで記す。ヤキは「ニーバーが人間の本性と運命に与えようとした『キリスト教的解釈』からは、哲学的基礎と広がりが失われている。彼のバルト的新正統主義において、形而上学と認識論がほとんど何も考慮されていなかったゆえにそうなのだ[15]」と言う。「哲学的観点」からすれば、どれほどニーバーがバルト主義者にみえようが、私の講義における務めは以下のようなものになろう。すなわち、ニーバーとバルトの相違点はまさに、世界のあり方を語る力を放棄した神学と、物事のあり方を確信をもって非弁証学的にはっきりと告げ知らせる神学との相違であると示すことが私の務めである。それは、もし、キリスト者が礼拝する神が存在しなければ、理解できない特徴である。

マッキンタイアのように、私も以下の事を望んでいる。すなわち、ギフォード卿の神学的確信と私との距離にもかかわらず、ギフォード卿は、わたしがしようとすることが、彼の遺志の規定に沿って信仰を保持することに信頼できる試みであると認めてくれるのではないかと思う[16]。私にはマッキンタイアのような才能と教養はないが、『道徳研究の三つの互いに対抗する見解』で彼が行ったのと同じようなことを、この講義でも行うつもりである。マッキンタイアは、その講義で、ギフォード講座の寄付から哲学的物語をかたった。私は、その神学的物語をかたろうと思う。そのようにして、マッキンタイアと同じようにまたギフォード卿が正しくも考えたとおり、私は神学的確信の真実性が私たちの生き方の問題と切りはなせないことを示したい。

私がマッキンタイアから多くを学んだことは、この講義形式だけでなく、内容からも明らかになると思う。しかしながら、私が展開しようとする立場を補強するためにマッキンタイアを用いたいが、それはずるいことであるということをはっきりとさせておきたい。マッキンタイアと私の違いは、私の平和主義によるだけでなく（もちろんそれも無関係ではないが）、両者の哲学と神学の関係についての理解の違いである。たとえば、マッキンタイアの新しい哲学的立場がキリスト教についての再主張を隠しているという指摘に対して、彼は次のように言っている。

「それは、伝記的にも、また私の信念体系の観点からもまちがっている。私が現在哲学的に信じているもののほとんどは、私がカトリック・キリスト教の真理を再認識する以前のものである。また私が教会の教えに対して応答できたのは、ひとえに、わたしがかつてキリスト教を拒否したことの中にある誤りの性質を、また、哲学的議論と神学的探求との関係を正しく理解する術を、すでにアリストテレス主義から学んでいたからに他ならない。私の哲学は、他の多くのアリストテレス主義者と同じように有神論的である。しかし、それは他のものと同じように内容としては世俗的である。[17]」

私は、哲学はその功績を神学とは区別するような仕方で語られうる歴史を持っていること、またはとくに近現代の大学においては学問としての哲学には、それ自体の優先性を示す規範があることをことさら否定するつもりはない。また哲学が神学に仕える以外に目的がないなどと言うつもりもない。しかし、哲学は世俗の学問を代表するというような、マッキンタイアが主張するはっきりとした区別は、マッキンタイアが最も賞賛する思想家であるトマス・アクィナスにおける哲学と神学の複雑な関係も、またマッキンタイア自身の歴史家としての関与も、正当に取り扱うことができない。(18)

私は、哲学あるいは他の何らかの学問が正当であるとされるために、それらが神についてのわれわれの知識に「依拠している」ことを示すべきだとは考えない。アクィナスは確かに、神と他の学問の関係を次のようには考えなかった。

「他の学問の原理は、明白ではあるが証明しえないもの、あるいは他の学問を通して自然的理性によって証明されるものである。しかし、この学問「神学」に固有の知識は、自然的理性ではなく啓示を通してもたらされる。したがって、他の学問の原理を証明することには関心がない。ただそれらを裁くことにのみ関心がある。他の学問において、この学問の真理に反するものが見出されるとすべて誤りと断罪される。［この学問は（訳者）］「理屈を打ち破り、神の知識に逆らうあらゆる高慢を打ち倒す」のである(19)（IIコリント10：4、5）」。

ブルース・マーシャルは、トマス・アクィナスが医学や建築学について信ずべきことを信仰箇条から導き出すことができるとか、またそうすべきだとは考えなかった、と述べる。多数派が信じている場合、その根拠を信仰の基本原理から引き出す必要はない。しかし、マーシャルによるなら、アクィナスは、アリストテレスの学問理解を「自明かもしくは証明も疑いも同様に超える別の判断済みの命題と論理的に厳密に結ばれた一連の判断済みの命題」という学問理解を前提としている。まさにそれゆえに、アクィナスは「聖なる教え（sacra doctrina）」が他の学問を判断する立場に立てるし、また立たなければならないと正しく主張していた。[20]

私は、「聖なる教え」が哲学もふくむ他の学問を判定できまた判定しなければならないとするトマス・アクィナスの主張にマッキンタイアが反対していると言うつもりはない。それどころか、私は、マッキンタイアは、彼が哲学の世俗的性格について述べたことは、アクィナス自身の見解の焼き直しに過ぎないと信じていると考える。しかし、もし神学（「聖なる教え」とは違う）が哲学を判定する立場にたちうるとすれば、哲学と神学の関係は、少なくともマッキンタイアが表明した見解よりさらに複雑になる。[21] 私がマッキンタイアと相違するのは、単なる粗探しにみえるかもしれない。しかし、大切なのは、まさに神学的知識の位置付けである。マッキンタイアが哲学と神学の間においたと思われる強い区別には、物事のあり方についての他の信念と比較するなら、神学は単に疑問を呼び起こすだけのものだという近代的主張を擁護してしまう恐れがある。[22]

たとえば、「啓示によりもたらされる」ような、アクィナスによる神学固有の知識の性格づけは、今日の多くの人にとって合理的擁護を受け入れない知識を指し示すものに見える。しかし、アクィナスは、その正反対を主張する。アクィナスにとって、「自然的理性」によって獲得された知識は、啓示によって獲得された理性よりも確実ではない。「自然」と「啓示」は、認識論的二者択一を指し示すものではないのである。[23] このように考えると、アクィナスの名のもとに「自然神学」――すなわち、何らかのさらなる「告白的」主張をしようとするときに、その準備としてみなす「有神論」についての哲学的擁護――の展開を試みる人々は、アクィナスが認めようとしていなかった企てに携わるのである。私は、マッキンタイアの哲学と神学の関係の理解が、このようなアクィナスの誤解に基づいているとは思っていない。しかし、私は、彼の見解が、神学が理性を超えていると主張する人々を助けたり、心地よくさせたりはしないかとおそれるのである。

2　自然神学の不自然な本質について

ギフォード卿は、「講義がその主題を、厳密な自然科学、もしくはあらゆる可能な学問の中で最も偉大なもの、まさに、ある意味において唯一の学問、また『無制約的存在』についての学問であり、また、何らかの特別で例外的なもしくはいわゆる『啓示の奇跡』に言及することも依拠することもない学問として扱うこと[24]」を望んでいた。これまで私が述べてきたことを考えるなら、私がギフォード卿の自然神学の理解に賛成していないことは明らかなはずである。ギフォード卿は、彼の自然神学の理解が例外的ではないと考える十分な理由をもっていた。しかし、実際は、彼が、自然神学を、本来の神学の合理性を検証するため必要な序論と理解したことは、むしろ新しい時代に展開したことであった。

たとえば、アクィナスの『神学大全』第一部はしばしば「自然神学」と同一視されるが、アクィナス自身は決してそのように記してはいない。ジョージ・ヘンドリーは、いわゆる「神の存在証明」は、神の存在がはっきりと問われた時に完成されたことにほとんど注意が払われていないと述べる。ヘンドリーは、彼が「小さな終章」と呼ぶところの、「そしてこれをすべての者が神と理解する」というアクィナスによる神の存在証明についての五つの方法をそれぞれ認め、アクィナスの時代の問題は、「神を信じるように人々を説得するのではなく、神を信じることが世界の本質とその状況に関わること、さらに人々の神信仰と世界理解が相互に照らしあうこと[25]」と言う。

同じように、ニコラス・ウォルタストルフも、以下のように論じる。

中世の自然神学の企図は、証拠主義的弁証学という啓蒙主義の企図とまったく異なっていた。それは、異なった目的をもち、異なった確信を前提にし、異なった状況から惹き起こされた。両者の企図において、いくつかの同様の主張が生じ、一方の主張が他方に移されることもあるのは事実である。私たちが移民者の身元を認識したからといって、その者がある「世界」からもう一つの「世界」に移住したという事実に目をつぶってはならないのである。[26]

ウォルタストルフは、「証拠主義的弁証学（evidentialist apologetics）」について、それは、「有神論的信念について、もしその充分な理由がないなら、それを諦めなければならない」ということを前提する思考の枠組みであると特徴づける。ウォルタストルフによると、証拠主義者は「信条は、証拠によって真理が証明されるまで責めを負う[27]」と考える。ウォルタストルフによるなら、ロックは、潔白が証明されるまでは有罪とされる証拠主義の偉大な代表である。ロックは、確実性を主張する者に証明の責任を負わせることによって熱狂主義者を打ち負かそうとした限りで、証拠主義の偉大な代表者である。ロックは、彼の立場から見れば、熱狂主義者が社会に有害だと思えたので、それを打倒することが重要だと考えた。ロックによるなら、熱狂主義者は、社会を破壊するだけでなく、宗教が人間の尊厳を破壊してしまうと考える。[28] ロックは、ウォルタストルフが、信念を確証するための基礎づけ理論（foundationalist theory）と特徴ずける所のものによって、熱狂主義を打倒しようとした。その理論は、直接的にも間接的にも、確実性（certitude）にもとづいた合理的信条を唯一の信条としている。

ウォルタストルフは、この種の基礎づけ主義者の企図が、現代的状況においてのみ意味があると言う。宗教的そして道徳的多元主義がなければ、社会において緊急に必要とされるものにも、また適合性もなくなるからである。したがって、社会の世俗化は、基礎づけ主義の認識論を展開する試みと、またそれに関連して自分たちの信念は基礎づけることが可能であるという土台がなくなり、「すべてうまく行かないのではないか」と不安がふくらむのである。ウォルタストルフが論じるように、「基礎づけ主義か無律法主義かという不毛の二者択一は、多くの思索的な近代的知識人には真実にみえてきた。基礎づけ主義の反対は、独断的教条主義と考えられている[29]」のである。

アクィナスには、基礎づけ主義か無律法主義かという二者択一はまったくない。マッキンタイアの言葉によるなら、アクィナスは「認識論者[30]」ではなかった。むしろ、いま私たちがアクィナスの自然神学と呼んでいるものは、アリストテレスの学問についてのアクィナスの理解の中にもともとあり、私たちが神をこの世の他の事物の一つとしないなら、そのような学問をどうすすめればよいのかそれが本質的なものとなる[31]。すべての造り主なる神は、証拠主義者が主張するような、宇宙における形而上学的調度品の一部などにはなりえない。ダマスクスのヨハンネスの言葉によると、神は「存在するものとして分類されはしないが、実在（existence）しないわけではなく、すべてのものを越えているが、しかも存在それ自体まで越えているわけではない[32]」のである。

アクィナスの自然的神認識についての記述は、神の本質は、まさに神から見出されるその方法によって一つの種にはなり得ないという意味を探求することになる。ジョセフ・ボリックは、アクィナスにとって「神であることは実在である（What God is is Existence）。すなわち、神の本質は実在である。」と論じる[33]。よって、神はただその働きの成果（effect）によってのみ知られるのであるが、このことは、私たちの神認識が類推によるのは偶然ではなく、必然的に類比によるものとなる。アクィナスが述べるとおり、「私たちは、神の本質が何に存するのかは知りえないが、それにも拘わらずこの学問においてその定義上、この方の働きの成果（His effects）のみつまり自然や恵みをもちうるのみである。この神に関する学問において扱うものは、それを用いるだけである。ある哲学において、私たちは、結果によって原因が分かるので、結果そのものが原因を示すことになる」[34]。

アクィナスの立場からすれば、もし証拠主義者が要求するような神の証拠を得ることができていたなら、今度は、キリスト者が礼拝する神などいないという証拠を得ることになったであろう。しかし、ここで次のように問いかけることができることも十分可能である。つまり、もしこのアクィナスの説明が正しいのなら、第一部の問いの二における、神の存在を擁護する議論をどのように理解すればよいのだろうかということである。アクィナスによる学問理解と、そのような学問が、善き神の被造物として私たちの幸福について彼の理解を踏まえるなら、答えは単純である[35]。

アクィナスにとって、人間が学びうる最高の秩序は、「存在の秩序（the order of existence）」である。しかし、近代以降、しばしば前提されてきたように、アクィナスが後から一層濃密な神学的叙述を「付加する」ことができるように、まずは神についての最小限の叙述から始めているということではない。この『神学大全』は、ティモシー・L・スミスが論じたように、終始三位一体的である。アクィナスの秩序原理（ordo rerum）は、神の三位一体という本質を主張できるために、まずは哲学的議論によって神の存在を証明しておかなければならないということを求めているのではない。むしろ、

「この『**聖なる教え**（*sacra doctrina*）』という学問が全体として求めるのは、すべてのものが神の力によって「啓示されうる」ところの合理性（ratio）の下に、もしくはその範囲内にあり続けるということである。トマスはそ

のような信念に資する合理的基礎の発見の試みが、彼は、信仰の対象となるものは、たとえわれわれがこの世で生きている間には理解できなくても、理解しうるものであるという信条と共に、いっそう深い理解を追求しているのである。それでも通常、信仰の根拠づけは、その根拠がそれ自体で同意をとりつけられないような信仰の表明を排除せず受け入れる。しかしながら、啓示は、いっそう確実で完全な知識を提供する。権威による主張は、合理的な議論を決して放棄することはない。たとえ、啓示の権威が保たれるところで合理的主張が用いられるときでもそうなのである。ある論者が言うように、『神学大全』（1）の最初の43の問い全体は「神について」と言われる啓示神学の統一的論文である。権威ある論証つまり啓示の権威による論証は、さらに確かで完全なものとして支配している。[36]」

アクィナスにとって、啓示による論証は、さらに権威をもたらす。しかし、「私たちは神を求めるように造られた被造物である」というのは、神が、空腹をみたそうとするような根本的欲求や、友情を請い願うような複雑な欲求を求めるものとされる。しかし、アクィナスは、これらの暗示をただ理性によって探求するだけでは不十分であると言う。

「理性によって発見できる神の真理は、ほんの数人によって知られるだけであろう。しかも長時間をかけた後にそうなるのであり、また、数多くの誤解も含まれる。それに対して、神のうちにある人間全体の救いは、その真理の認識にかっかている。したがって、人間の救いがさらに適切にまた確かにもたらされるためには、人々は神の啓示によって神の真理を教えられなければならない。それゆえ、かたわらにおいては哲学が理性によって打ち立てられることに加えて、啓示よって深められた聖なる学問が存在する必要がある。[37]」

このようにして、自然的理性によって知られうる神の存在は、正しくも信仰箇条の前文として理解される。しかし、この「前文」というのは、信仰箇条の真理性が理解されるために、その「前文」が出来上がるのを待たなければならないということを意味するのではない。[38] 実際に、アクィナスは、キリスト教の信仰者でない者たちが、「一つの神」を信じると言えるのかどうかということを疑ってさえいる。なぜなら、キリスト者は、その信条を信じる行為との関わりで理解していたからである。「なぜなら、彼らは、信仰が規定する条件のもとで神が存在するとは信じていないからである。このようなわけで『単純な事柄を不完全に知るということは、それを全く知らないということである』と哲学者（アリストテレス、訳者）が言うと考察したように（『形而上学』9、22）、彼らは真実に神を信じているのではないからである。[39]」

このアクィナスの自然的神認識の位置についての理解の短い記述は、キリスト教神学にとってこのような知識の位置づけの複雑さにふさわしくない。私は、バルトを論じる時にこれらの事柄をさらに詳細に取り上げるつもりである。この段階で私は、ギフォード卿の前提について幾つかの問いを出しておきたい。「自然神学」といわれるものが、神学プロパーから明確に区別しうる所与として広く受け入れられた前提なのかという問いである。私は、ギフォード卿の自然神学の説明をキリスト教神学者が受容したことが、まさに私たちの時代のまちがった謙遜によってキリスト教神学を傷つけた理由だと思う。

3 自然神学がきわめて自然なものに見えるために何が起こったのか

ギフォード卿の自然神学の理解がまさに自然にみえるという主張が正しいのなら、さらに疑問が出てくる。だれもが証明してほしいとのぞむことが、なぜ起こったのか。さしあたりの答えは、「近代性」と呼ばれるものであり、その代表は「啓蒙主義」と目される。これらの展開の背後には（プロテスタントと称するところの）宗教改革がある。それは、少なくともヨーロッパにおいて「多元主義の問題」を生みだしたとしばしば評価されている。この多元主義は、ウォルタストルフが指摘するように、神についての偏った確信を越えた、より決定的な何ものかを共有していた。自然神学の展開にとって同様に、もしかしたらさらに重要であったのは、科学の発展とりわけ資本主義の政治経済の発達に対応した社会科学が発達したことが挙げられる。その政治経済学において、神はただ「外部性」として現れるだけである[40]。

私は、自然神学をそれほどまでに自然にみえるようにさせている物語全体を語るために事柄の関連性を必然的なものにしようとして、自分が洞察や学識をもっているふりをしているのではない。この講義で展開する議論は、私たちの中にある世界を理解することを助けてくれたマッキンタイア、ミルバンク、フォンケンシュタインの影響に背くかもしれない[41]。私がいかなる方法でこれらの発展を正しくとらえることができるようになるか。しかしながら、重要なのは、私の近代性に関する叙述は、必然的に堕落であるなどと主張するものでないことをはっきりさせておきたいということである。私は、多くの、いわゆる「中世」と関連付けられる運動や人物を尊重しまた魅力も感じるが、その時代を黄金時代とみなし、そこから近代を堕落の時代と名付けるつもりはない。

私たちの時代の物語を「堕落」の物語としない理由は神学的なものである。福音、すなわちキリスト者があずかってきた良き知らせ、またそれは自らキリスト者であると理解するような世界においてさえも、私たちが信じる福音は教会に具体化されるもので、決してこの世界を「我が家とするもの」ではない。中世とは、キリスト者が「正しく理解していた」時代であるという前提は、そのように名づけられた時間・空間の複雑さにふさわしくないばかりか、自らをキリスト教だと理解するような世界にさえある、福音の要求そのものを裏切ることになる。真実な証しはキリストという真理を知るべきだと要求する。キリスト教を文明化した宗教にしたいという誘惑に負けて、神の真理を知るために証しを二の次にするようなことがあれば、キリスト教は自らと他の人々に必要な物事のあり方（the way things are）を真実な仕方で知らせる技（skills）を失う。近代という物語を真正のキリスト教世界からの堕落として語る試みそのものが、皮肉にも、「キリスト教とはこのようなものである」という物語をあまりにも強く西洋文化の物語と不可分だと主張してしまう。

私はこれまで、私の願っていることは近代を攻撃するものであるが、近代がある方法でキリスト教的主張に反抗することを適切に示した[42]。人間性（humanity）の名のもとで神に対する反抗は、これまでも、またこれからも、悲劇的であり見当違いであり続ける。しかしそれはおそらくキリスト者の生を謙遜なものにさせるためには必要である。キリスト者の生は、十字架にかけられた神を礼拝することからくるはずの謙遜とは両立しえない傲慢によって成立するゆえにそうなのである。この反抗に支払う代償の形態の一つが、自然神学と呼ばれるものである。

自然神学がいかにしてそれほどまで自然とみなされるようになったかについての詳細な記述の一つとして、マイケル・バックリーがその主著『近代無神論の起源』で語る物語があろう[43]。ミルバンクが『神学と社会理論』の冒頭で、かつて「世俗」はなかったと記したことを正しくも思い起こさせたように、バックリーは、自然神学と呼ばれるものへの応答を発展させようとする要求に関連する「無神論」などかつてなかったことを思い起こさせる[44]。バックリーは、現代が大いに好奇心をもったのは、キリスト教対無神論という問題が、いかにして哲学的なものとなりうるかということであると述べたのは正しい。また、この好奇心は、神の実在がキリスト論と切りはなされた基礎によって保証されなければならないと思い込んできたキリスト教神学の発展と全面的に関わると彼が示唆したこともまた正しいと私は考える。[45] バックリーによると、レオナルド・レッシウスとマルチン・マルセーヌは、理神論への（また理神論のみが生み出しえた無神論への）道備えをした。それは機械論的宇宙というストア的概念を前提とした弁証学的戦略によるものである。ストア主義的考えによれば、そのような機械論的世界観においては、何らかの包括的原理が必要とされる限りで、神がやはり必要とされるのであった。[46]

この神の場所がないような宇宙観の発展をどう説明するかについては、またそれについて誰に責任があるかということと同様に、大きな議論がある。神の自然的認識についての私のアクィナス理解が正しいとすれば、バックリーが、アクィナスをその容疑者とする点において誤まっていると思う。バックリーは、神はひとりであるという教理を哲学的に展開しなければならないと思い込んでアクィナスは『神学大全』を開始したと証言する。[47] しかし、ミルバンクが、デビッド・バレルに従って、アクィナスの類比の理解、またそれに関連した被造物の神への参与についての理解は、アクィナスの哲学的分析がつねに彼の神学に奉仕するものであることを意味していると論じているのはただしい。[48] ミルバンクによれば、神学をレッシウスにおいてその頂点にするような道に導いたのはアクィナスではなく、ヨハン・ドン・スコトゥスである。それは、スコトゥスが、存在（being）についての哲学的学問としての形而上学と神についての学問である神学と区別した限りにおいてそうなのである。その結果、存在は一義語的に（univocally）理解される。なぜなら、スコトゥスは、私たちの神認識を保証するために、実在（existence）が神の属性だけでなく、神の被造物にもあてはまると主張したからである。ミルバンクは、このような仕方で実在を理解すると、神と神の被造物の間に、また一つの被造物と他のものとの間に、類比的な関係の余地をなくし、したがって神と神の被造物の間にある唯一の差異さえ記述できなくなると主張する。ミルバンクの読みによると、スコトゥスは、近代に全面的に開花するニヒリズムの道備えをしたのである。[49]

他の人々は、デカルトへと続く道をたどりながら、「私たちが現在直面している問題が起こったのは、類比の教理がまさにスコトゥスによる存在(being)についての説明のようなものを要求するという[50]、カエタン枢機卿[1469-1534、「ハイデルベルク討論」(1518)(訳者)]においての類比の教えに関する主張を問題にし始めた。フランシスコ・スアレスには、私たちの神認識を保証するために属性をあらわす類比を記述しようとして、カエタンの過ちをさらに悪化させた責任がある。[51] マッキンタイアは、アクィナスについてのスアレスの歪曲は、スアレスが、アクィナスの業績を完結した体系であるとして、アクィナスが他の資料に恩恵をこうむっているところは、彼の立場からすれば本質的でないとする限りにおいて、一層本質的であるとさえ考える。それは、スアレスがアクィナスの研究に負っていても、それを彼の立場の偶然的形態として完結した体系とみなす点である。その結果、スアレスはアクィナスを認識論者と解釈することを可能にした。その結果、アクィナスの完結した「体系」を示そうとしたと思わせる。アクィナスをカント主義者として回復するジョセフ・クロイトゲンの試みもこのアクィナス解釈を説得力のあるものとし、まさにスアレスが「可能な本質を必然的な真理として認識する理性は、存在するかもしれない必然性のないものを認識できる」と考えるとした。マッキンタイアによれば、それは、デカルトの主張に帰着せざるを得ない。つまり、私たちの本質の認識を特殊な実在の判断に移行させる保証として、ある基礎が必要だとするのである。[52]

私がこの講座で展開する議論にとって、「いつそれがなされたか、また誰が行ったか」についてある立場をとる必要はないであろう。私は、幾つかの理念が機能し、何世紀にも渡って誤解された理念が生み出されたことを承知しているが、スコトゥスやスアレスの扉から近代が誕生したということには疑問を感じる。教会をボランティア組織とし、神学がよくて大学のカリキュラムの一科目とされた時代に生きていることは、13世紀の過ちの結果だけでなく、知識人たち（私たちもまさに知識人であるが）が見逃しやすい時計などの技術革新の結果でもある。[53]（もちろん、私は時計があるアイディアの結果であることはわかっているが。）

これらの議論で私が関心をもつのは、それらがある形而上学を展開する方法であり、認識論による神学の克服と私が呼ぶものになることである。[54] またキリスト教を真実な証しから切りはなして真理だと表現する誘惑とその『克服』は相関関係にあると私は理解している。その誘惑とは、キリスト教をこの世界を我が家とする（at home）時に常にある。少なくとも、私たちはこの誘惑に「コンスタンティヌス主義」と名づけることができる。このようにして、キリスト教をすべての人の運命とする結果、神の真理は、道徳的変革や霊的指導もなくてすべての人に適用できると主張することになる。

このような見解は、理性で発見できる神の真理には多くの過ちが混在するというアクィナスの主張とあざやかな対比をなす。アクィナスは、自然法の認識についても同じことを言う。なぜなら、ある命題は賢い人にだけ明らかにされているからである。それは、私たちの神認識についても神の法の認識についても、互いに訓練される必要があるからである。アクィナスにとって『神学大全』は、その訓練を提供する試みであり、その働きにふさわしい受けとり方を私たち各自が学ばなければならないのである。『神学大全』は、哲学ではなく、神学のテキストとして読まれなければならない。[55]

私は、神学の主張する真理の表現に形而上学的問いが不適合だと言うつもりはない。まさに私は、しばしばアクィナスによって形而上学が変革されたというエティエンヌ・ジルソンの説明に共鳴する。ジルソンは、アリストテレスの世界は被造世界ではないので、実在を与えることができず、アリストテレスの最高の思索も、その方は誰かという言説にはならないと指摘する。私は、アクィナスによって真の形而上学革命がなされたと言ったジルソンが正しいと思う。アクィナスは、存在についてのすべての問題が本質の言語（the language of essences）から実在（existences）の言語に翻訳されなければならないと理解した[56]。問題は、形而上学的検証の種類ではなく、むしろ形而上学がキリスト教信仰の真理を保証しようとして、その信仰内容を二の次にしてしまったことである。私は、あるときこのプロジェクトが自然神学の名によって正当化されてしまうのではないかと恐れる。つまり、ギフォード講座を自然的故郷（natural home）としてしまう危険である。

4　神学研究のバラエティ

ギフォード講座の講師たちが形而上学による神学の克服、さらに正確に言えば神学の認識論による克服を示しているという示唆は、彼らを奇妙な仕方で特徴づけたかもしれない。この講義を提供した多くの学者たちは、形而上学を少なくとも神学の試みと同じように疑わしいものと考えた。バックリイは、この形而上学に対する疑いを次のように表現した。

「デカルトは、理念からはじめて自然を保証する神を証明した。ニュートンは、自然現象からはじめて、その現象を構成する力としての神を証明し、その結果、それらの相互作用を可能にした。両者の体系において、神は因果律の必要性として認められる。両者の物理学において、神は、自然に運動や形態を与える。ディドロは、この推論された必要性が事物に影響を与えることなく、運動は事物それ自体でおこると主張して、必要性を取り除いた。事物は、それ自体の相互性において、その運動を起すことになる。[57]」

ディドロ以降、どのような有神論的主張も、宇宙におけるすべてに介入するという理解を求めるようになった。今日では、自然はそれ以上の記述を必要としない自己完結的な因果関係にある。このような自然の見方は、カントに継承された。さらに彼の応答は、彼以後の大多数のキリスト教神学に、ある方法を与えた。カントの影響下キリスト教神学者たちは、自然的世界を科学に委ね、神についての言語が意味をもつ唯一の場所である人間、つまり人間そのものではなく人間を「道徳的」にする場所へと向かった。カントは、代表的なプロテスタント神学者になり、また『理性の限界内における宗教』はプロテスタント道徳神学の偉大なテキストとなった。[58]ジョージ・ヘンドリーによるなら、「カントが神への入り口として自然より倫理を優先したとき、彼は、19世紀に増加してきた哲学的、科学的研究者への対応に疲れきっていた神学者たちに逃れの町を用意した[59]」のである。

その逃れの町は、リッチュル、シュライエルマッハー、トレルチなどの名前によって、多様な形態を与えられた。しかし、それぞれはその形態において、カントの「解決」に代わるべきものがないという主張を強調した。それが、私のギフォード講座でかたる物語である。端的に言えば、私は、ギフォード卿の自然神学の理解を形づくってきた社会的、知的習慣が、キリスト教神学者たちに、その神学的主張が物事のあり方（the way things are）の知識に必要な資料であること、またそのような知識を得るために生きるべき生活の方法についてに必要な資料であることを示すのに失敗したことを私は明らかにしたい。

ギフォード講座の講師で、この困難な課題を提示する人物の内、多くの人にとって最も偉大で、最も有名な人物としえウィリアム・ジェイムズがあげられる。神学がもはや物事のあり方について意味あることを語ろうとしても語れなくなった世界で、ジェイムズは、科学の世界とはなれることなく、宗教的経験を少なくとも私たち自身について語れる方法で示そうと試みたのである。

私はこの講義をジェイムズから始めたいが、それは部分的に彼がキリスト教神学の直面する課題を理解させる興味深いことを語るからである。まさに彼のプラグマティズムは、キリスト者にもそうでない者にとっても同じように、物事のあり方があることを明らかにするためにどのように生きるべきかをキリスト者に対して理解させようという意図があったからである。しかし、私は、また彼がラインホールド・ニーバーの記述に必要な背景を提供したと考える。ジェイムズの次は、ニーバーがまさにギフォード講座の講師（少なくとも合衆国では）であった。しかも、彼は、しばしばジェイムズと対照的な人物として考えられ、ジェイムズの代表するヒューマニズムに挑戦したと考えられている。しかし、私は、ニーバーのキリスト教の叙述がジェイムズの宗教理解と連続しており、この連続性がニーバーのキリスト教神学の試みが失敗せざるを得なかった理由であると論じたい。

ニーバーは、私がジェイムズについて示唆した主題、つまりキリスト教言説が真理を成立させる条件つまりキリスト者にとっての倫理学がリベラルな社会秩序の益になるという調停的方法を展開する機会を提供した。ニーバーは、スコトゥスやスアレッツに帰せられるような形而上学を用いたわけではないが、キリスト教の真理を証しなしにすべての人に通じる人間の条件だという普遍的で無時間的な神話として承認し、主張した。そのように認識されたなら、キリスト教は、西洋の社会秩序を維持するための「一つの真理」とされる。奇妙な一致であるが、ジェイムズもニーバーも、それぞれの仕方で、教会がキリスト教にとって二の次の存在となる方法で、宗教とキリスト教の記述を提供した。私のニーバーに対する批判は、物事のあり方を語れるキリスト教神学が、それに呼応する仕方で政治（correlative politics）をも求めるという展開を論じ始めることを可能にしてくれる。神学的に言えば、その政治は、

「教会」と名づけられる。

しばしば、物語をかたるとき、聴衆にその物語の終りを予想できなくすることが大切である。しかし、私の終わり方はまさに予想を裏切るので、少なくとも物語を明らかにする仕方について一点注意を促しておきたい。私は、示唆してきたようにギフォード講座の講師の中の最大の自然神学者がカール・バルトであると論じたい。なぜなら、ジェイムズやニーバーと対照的に、バルトは、実在（existence）についての強固な神学的叙述を提供するからである。『教会教義学』は、私も読んだが、ギフォード卿の自然神学の理解を合理的だとする世界に対して別の選択肢を迫るほどの、巨大な神学的形而上学である。

さらに、私は、アクィナスと同じような仕方で、バルトが神学的プログラムの確証を、キリスト者の生きるべき方法にあるとまさに見抜いていたと主張したい。私たちの「生きるべき」方法についてのバルトの言語は、証しである。バルトにとって、証しは、キリスト教信仰が物事のあり方の真理を理解させるのに本質的である。したがって、バルトは、私たちの神認識と私たちの生きるべき方法（the way we should live）が本質的に結びつくことを理解するのに必要な叙述を提供する意味でギフォード卿の信頼を得るであろう。バルトの教会論が彼の考えたキリスト教にとっての本質的な証しを支えるのに充分かどうかは、さらに問うことができよう。

この物語をかたるとき、それが一つの論証であることを明らかにしておきたい。近代には、論証と物語とはちがうという前提があるからである。したがって、私の論証が物語の形式をとらざるをえない理由を示さなければならない。それは、物事のあり方についてのキリスト教的叙述が神についてのすべての教えを求めるからである。もちろん、ジェイムズ、ニーバー、バルトのうち誰を考えても、一回の講義では語りつくせない偉大な生涯と立場を表現する。私が彼らの一人一人について記述する方法とそれを相互に関係させて理解すべき方法を提示するのは、彼らの生涯とその働きの記述が選択的であるだけでなく、神学主張の真理が彼らの生活と切り離せないこと、またそのかかわり方を示すからである[60]。

これらの人物の一人一人は、互いに比較して理解されるべきである。たとえば、バルトの極めて優れた業績は、ジェイムズの業績との比較でより正しく評価される。私は、バルトがひそかなプラグマティストだなどというつもりは全くない。このような主張は、バルトに対してフェアーではないし、プラグマティズムの叙述としてもまちがっている。私はそのように示そうと思う。もし、プラグマティズムがある理論につけた名前だとするなら、ジェイムズはプラグマティズムを守ろうとしなかったであろう[61]。むしろ、私が示そうと思うのは、バルトの世界にむかう敷居をあまりにも高いと思う人々にもバルトの神学的方法に注目してほしいからである。それはジェイムズの真理理解が、それを理解するのに助けになると思うからである。

私は、ジェイムズ、ニーバー、バルトの研究だけでなく、彼らの生き方についても論じようと決めている。なぜなら、生き方を論じる時に、ウィリアム・ジェイムズ、ラインホールド・ニーバー、カール・バルトの生き方を無視するわけにはいかないからである。彼らの生き方は単純な叙述にはおさまりきらないが、しかし私の議論にとって本質的である。なぜなら、私は、彼らが緊張を与えるほど個性的で賞賛に値する新しい生き方を表現すると思うからである。

私の叙述は極めて単純であるが、ウィリアム・ジェイムズは、典型的な哲学的生涯を提供する。つまり、ジェイムズにとって哲学は、大学における一科目ではなく、一つの情熱であり、生き方である。ジェイムズは、善く生きるために批判主義哲学を批判した[62]。また対照的に、ラインホールド・ニーバーの生涯は、すべての信仰が民主主義的企てを支える仕方で検証されなければならないと考えた政治的生であった。これとは別に、バルトの信仰は、神への奉仕を支える力によって検証された。バルトにとって、私たちの認識と行動のすべては、この奉仕によって最終的に判断される。カール・バルトは、神学にコミットした生を最も良く表現したのである。

もちろん、ジェイムズ、ニーバー、バルトの生は、「代表的人物」とされるが、この性格づけよりさらにニュアンスに富んだものであろう。[63] しかし、彼らについての私の叙述は、ギフォード講座の講師の中心的課題が、ただ「知的なもの」だけでなく、まさに私たちの生の性格に関わることを示したい。このような要求を満たすことができるなら、私は、私の講義がギフォード卿の提供した目的にかなっていると考えてくれると思う。

(Endnotes)

1 John Milbank, *Theology and Social Theory: Beyond Secular Reason* (Oxford: Basil Blackwell, 1990),1. 16p John Milbank. 神学の直面している問題が「まちがった謙遜」であるというミルバンクの言説を記すことは大変重要である。正しく行われた神学は、神学者の研究が権威に服したときにのみ可能になるという意味で、謙遜が必要である。異端は、奢りの現われである。たとえば、アラスデア・マッキンンタイアの *Three Rival Versions of Moral Enquiry: Encyclopaedia, Genealogy, and Tradition*(Notre Dame: University of Notre Dame Press.), 90-91 のアベラルドゥスについての叙述を参照。

2 John Howard Yoder, "Armaments and Eschatology," Studies in Christian Ethics 1, no.1(1988): 58.

3 忍耐についての見事な分析とそれが取りうる形態については、John Howard Yoder, "Patience as Method in Moral Reasoning: Is an Ethics of Discipleship Absolute?" in The Wisdom of the Cross: Essays in Honor of John Howard Yoder, ed. Stanly Hauerwas, Cris Huebner, Harry Huebner, and Mark Thiesson Nation (Grand Rapids: Eerdmans, 1999), 24-42 を参照。

4 MacIntyre, Three Rival Versions, 9.

5　私はこの主張を立証することが出来ないが、マッキンンタイアがこれらの事柄についてのアクィナスの賛同者であると推測できる。例えば、聖なる教えが他の学問と比べて高貴なのかという質問に応えて、アクィナスは、学問は、一部思索的でもあり、一部実践的でもあるが、それは、その他のすべての思索的で実践的な学問を超越していると記した。聖なる学問は、確信という点で、その他のすべての思索的な学問に優っている。なぜなら、他の学問は、それらの立場を「過ちを犯すかもしれない理論の自然的な理性の光」に由来するからであるとある。それに対して、聖なる学問は、間違いが起きない聖なる知識に由来しているからである。実践的な学問は、それぞれに任命された目的にそって、階層的に秩序づけられている。聖なる教えの目的は、永久の至福であるゆえ、すべての実践的な学問の目的は、その最終目的から究極の知解可能性をえるのである。St. Thomas Aquinas, Summa Theologica, trans. The Fathers of the English Dominican Province (Westminster, Md: Christian Classics, 1948) トマス・アクィナス『神学大全』第1部・問1・5節。この節において、トマス・アクィナスは、自然神学については論ぜず、聖なる教えを論じているとするなら反対されるであろう。しかしある程度は、聖なる教えに自然神学は欠かせない部分である。私は、アクィナスが「神の実在の知識は、私たちが他の学問から得られるものよりも確かである」という主張を継続していると考える。

6　『神学大全』の参照は、これ以後は数字のみにする。以上の引用は、1.1.5. となる。『神学大全』に馴染みのある人たちは、知っているが、3部構成になっており、第2部自体が2部構成になっている。さらに言えば、それぞれの論説が質問と回答になっている。それゆえ、1-2. 3-4.5 は、第2部の最初であり、質問3、論説4、5が答えである。(同様に 2-2 は第2部の第2項目となる。)

7　MacIntyre, Three Rival Versions, 30-31.
Ibid., 17-18. マッキンタイアは、テストそれ自体が合理的な議論を支えるのに十分であるとは主張していない。むしろ、このようなテストは、伝統を構成するという難しい判断の結果である合意を守るかぎり有効である。そのようなテストは、たしかに悪用の危険があり、特定のグループへの見境のない不正義と共謀となり得る。(それゆえ、スコットランドの大学からのユダヤ人の排除にもなる)、しかし、まさにこのような不正への命名は、少なくともこのようなテストを可能にする伝統への参加を求める。Three Rival Versions of Moral Enquiry の最終章がスコットランドの大学からこのようなテストがなくなった結果の見事な説明になる。

8 "Lord Gifford's Will," in Stanley Jaki, Lord Gifford and His Lectures: A Century Retrospective (Macon, Ga: Mercer University Press, 1986). 72-73.

9 MacIntyre, Three Rival Versions,25-26

10 私は、マッキンタイアと同じやり方で、ギフォード卿が哲学を主要科学として理解したと主張しているわけではない。しかし少なくとも、彼らは、哲学を生き方としてスコットランド的に理解することを共有している。Three Rival Versions of Moral Enquiry の序文において、マッキンタイアがジョージ・エルダー・デイビーの研究を、スコットランドの伝統に不可欠な哲学として維持する努力の素晴らしい叙述として参照しているのは偶然ではない。マッキンタイアは、"Whose Justice, Which Rationality?" (Notre Dame: University of Notre Dame, 1988) で、道徳哲学の教授の称号がスコットランドの文化的伝統の特徴を追求する人々の中心になったと考察した。「まさにスコットランドの法律、教育、神学がその特徴の存続のために、ベイリーのカルヴァン的アウグスティヌス主義が有効であったように、哲学的理論とその論題の精巧さに依存することを公の討論の場で擁護している。しかし、それは、17世紀末、18世紀初頭の同時代性の哲学議論において合意していた。」(258)。その伝統の影響力はギフォード卿の人生において見事に証されている。特にジャッキーの『ギフォード卿とその講座』のジョン・ギフォードの「兄弟の回想」という晩年の仕事からも分かる。ジョン・ギフォードは、彼の友人を驚かせるかもしれないが、「(アダム・ギフォードの) 心は彼の職業にはなく、むしろ、彼の最初の愛は、哲学的神学であった」(95-98) と示唆した。しかし、スコットランドの教育システムを経てきた人がだれでも、そのような結果になると判断するのは難しい。

11 *Marxism and Christianity* の新版の序文で、マッキンタイアは、神学を理解する用語がカール・バルトによって提唱したものによって理解されるべきだとした彼の誤解によって、キリスト教は疑問の余地の残るものとなったと説明している。「しかし、バルトの神学が提供できないと証明したものは、あらゆる道徳的生についての実践的に適切な説明であった。そして、もっと知るべきであったが、私は、愚かにもバルト神学の欠点をキリスト教そのものの欠点と理解した。この判断は、様々な宗教的見せ掛けによって世俗的なリベラリズムの立場を再現する、リベラルなキリスト教的道徳化という陳腐な空虚さから確認されるように思えた。そして、このリベラリズムは、成長している資本主義の道徳的・政治的な対応であり、その表現である。私は、1953年のとき同様、同じ理由で拒否した。」(xx)。私は、マッキンタイアのバルト批判には同情するが、バルト神学がもっと豊かな倫理を作り上げるだけの資料があるということを示そうと思っている。私は、ジョー・マンギナから「世界の神に捨てられていないこと」という表現を借りている。

12 Jaki, *Lord Gifford and His lectures*, 39.

13 Ibid. ジャッキーのバルト批判は、ブランド・ブランシャードによって早い時期に言われていた。それは、1952年セント・アンドリュー大学でギフォード講座を講じているときであった。彼のバルト批判は、The Scotsman (1952年4月9日) に報告されている。ブランシャードとT・E・トーランスとの魅力的な手紙の交換から分かる。彼らの手紙の交換については後で論じたい。

14 Ibid.

15 Ibid.26

16 ジョン・ギフォードは、Recollection of a Brother の中で、アダム・ギフォードがスピノザを尊敬していたが、彼が汎神論者であることを否定した。それを次のように表現した。「スピノザは、全てが神である。神が全てである。と主張している。もし、私が、私の信条に名前を付けるなら、私はセオパニスト (Theopanist) と呼ばれるであろう」。Jaki, Lord Gifford and His Lectures, 98. 私は「バラは名前を変えてもやはりバラだ。」と理解していると敢えて言いたい。

17 Alasdair MacIntyre, "An interview with Giovanna Borradori" *in The MacIntyre Reader*, ed. Kelvin Knight (Notre Dame : University of Notre Dame Press,1998). 265-266. マッキンタイアはこのインタビューを1991年に実施した。Marxism and Christianity の新しい序文では、マッキンタイアは、どんな合理性の説明においても実践によって前提にされる諸概念の具体化という言語化を求める方法をアリストテレスから発見したとしている。同じように「このような概念それ自身が同じ実践形式で機能している仕方を理解される必要がある」ということも発見したとしている。このアリストテレスの立場を採用して、マッキンタイアは、「実質的なキリスト教正統主義についての私の哲学的主張が困難をおぼえていた源泉を放棄した。そして、これらのバリアの撤去は、一つの段階であったとしても、カトリック教会における聖書的キリスト教の真理を認識するのに必要な段階であった」。マッキンタイアは、また公式のカトリックがマルキシズムを非難したのが正しいとしても、カトリック神学者たちが、マルクスが理論と実践の密接な関係を正しく観ていたことは認識しそこなっていたと言っている。マルクス主義者は、科学的であれ、神学的であれ、政治的であれ、どんな理論も実践という内容から切り離されるなら、イデオロギーになってしまう傾向があり、自由に浮遊する物体になってしまうと、ただしく述べている。「それゆえ、カトリックの神学が秩序正しいときには、その独自の使命は、教会が権威をもってそれと世界に啓示された神の言葉として教えた様々な脈絡で理解できるように助けるのである。」。マッキンタイアによれば、神学がそれ自体の教えに従わない時には、それは単なる宗教的意見の一つとなってしまう。そのような意見は興味深いかもしれないが、教会に仕える神学の姿勢とは違ったものとして機能してしまう（xxviii-xxix）。私が実践の理解をマッキンタイアと共有していることは明らかになろう。しかし、私が全くそのようにしているゆえ、彼が神学の働きと哲学の働きをきわめて明確に分けていることには理解に苦しむ。

18　マッキンタイアが哲学を神学から明確に独立させようとする強い要求は、彼自身をスコトスの側に置いてしまうのではないかと言う点でさらに不安である。彼は、Three Rival Versions of Moral Enquiry で、アクィナスと比べて、スコトスが哲学の自律性に場所を与えると批判している（155-156）。マッキンタイアは、「世俗」と言うことについて説明していない。しかし、私は、「啓示ではない」という意味だととらえている。しかし、そのような世俗の見方は、世俗の自己充足性を守ろうとする他の観点から区別されるべきものであり、単純ではない。私が心配するのはマッキンタイアの世俗の理解が、恵みをただ小さな「付加」にしか考えない新スコラ主義の自然の説明に類似するのではないかということである。

私は、マッキンタイアの「歴史主義」が簡単には特徴づけられないことを知っている。たとえば、ロバート・スターンの *After MacIntyre: Critical Perspectives on the Work of Alasdair MacIntyre*, ed. John Horton and Suzan Mendus (Notre Dame: University of Notre Dame Press,1994) の中の「マッキンタイアと歴史主義」146 − 160 を参照。スターンに対する彼の応答で、マッキンタイアは、彼の業績に対してスターンの建設的な擁護に対して感謝を表しているが、スターンと反対に、彼の歴史主義があらゆる問いに対して真理の排除を要求するものとは信じてはいなかった。この脈絡で、私は、マッキンタイア自身の基盤において、哲学の歴史が自己正当化として可能なのかどうかを聴きたいだけである。そのような哲学の歴史は、近代大学に於いては哲学の専門化の結果のように思える。そのことはマッキンタイアの全プロジェクトに対して反対に進んだ種類の専門化であったのではないか。

19 *Aquinas, Summa Theologica*, 1. 1. 6. 2.

20 Bruce Marshall, "Faith and Reason Reconsidered: Aquinas and Luther on Deciding What Is True," *The Thomist* 63 (1999): 18-19. マーシャルは、医学と建築の実践には神学的正当化は不要であると言う。しかし、彼は、哲学については言及していない。この点を強調しすぎることは、間違いであろう。すくなくとも、私は、哲学の不在が、つまり神学から独立してなされる哲学者のなすことが、医学と建学よりまさに神学に類似していると考える。しかし、私の個人的見解として、医学と建築は、限定的な哲学的修練となり、または少なくとも哲学的問いになると思う。そして、そのことが、神学的問いをしばしば発する学問となり、神学者がそれらに関わることが重要となることを示唆するのである。

驚くべき脚注で、マーシャルは、アクィナスが principia per se nota を、私たちがそれ自体の原理を知っているかどうか、あるいはその信条が信仰箇条と一致しているかどうかで、神学的判断に従うと考えたと論じている。彼が何年もかけて出版し発展させた極めて注目すべき論文のシリーズだけでなく、最近書いた *Trinity and Truth* (Cambridge: Cambridge University Press, 2000) によって、アクィナスの説明を描いてくれたことについて、私はマーシャルに負っている。

アルフレッド・フレドッソーは、彼の論文 "Two Roles for Catholic Philosophers" in Recovering Nature: Essay in Natural Philosophy, Ethics, and Metaphysics in Honor of Ralph McInerny, ed. Thomas Hibbs and John O'Callaghan(Notre Dame: University of Notre Dame Press. 1999), 229-252. で哲学と神学の関係の説明を展開したが、それは、私の見解と一致すると考える。

21 おそらく私がハッキリさせようとしてきた点は、マッキンタイアの美徳に対する理解でさらに明瞭になるであろう。例えば、彼の Dependent Rational Animals: Why Human Beings Need the Virtues(Chicago: Open Court, 1999), で、マッキンタイアは、アクィナスがミゼリコルディアを慈愛（charity）の意図のひとつとして扱ったと理解した。そして、慈愛が神学的美徳である

22 ゆえ、「不注意な読者は、アクィナスが世俗的美徳と理解しなかっただろうと思う。しかし、これは間違いである。ミゼリコルディアの形となった慈愛は、世俗世界で認識できる形で機能している。またアクィナスがその本質（nature）として引用し、それらの間の差異を解消しようとした権威には、アウグスティヌスだけでなく、サルスティウスもキケロも含んでいる。したがって、ミゼリコルディアは、神学的基礎から離れて、美徳のカタログの中にその位置をもっている」（124）。しかし、正確に言えば、マッキンタイアは、ここで、アクィナスの主張を指摘しそこなっている。慈愛なしにミゼリコルディアは、混乱してしまうからである。なぜなら、慈愛は全ての美徳が求める美徳の形態であり、それに相応しい目的だからである。もちろん、キリスト者は、キリスト者でない兄弟・姉妹の中に美徳を発見することを期待する。さらに言えば、私たちがみな「部外者」であったなら、キリスト者の生活にある美徳の具現化は、混乱せざるを得ない。しかし、キリスト者と非キリスト者の差異は、キリスト者が互いに混乱した私たちの生の性格を神の計画の中に充分位置づけられることである。それゆえ私たちは、神の恵みによって可能にされたミゼリコルディアが、たしかに他者の間に見つけられる同情と似ているからといって、また全ての美徳が他の美徳との関わりで規定されると言っても、「同じ」美徳であると主張はできない。

もちろん今日、多くの人にとって重大なことは、神学が世界のあり方について何か伝えられるかではなく、何らかの学問とくに哲学が世界のあり方について語ることができるかどうかである。これらの講義において、私は、専門的な哲学的議論にふさわしいことをしてみせるつもりはない。つまり、幾つかの命題が他の命題との関連で物事のあり方について何かを語りうる方法を擁護するために詳細な議論をするつもりはないのである。しかし、私が展開しようとしている議論は、正当だと認められる。例えば、ジェイムズ・ガスタフソンの挑戦に対してグラドリー・スコット・デイビスがヨーダーの神学を擁護することを参照。それは「キリスト教倫理の伝統と真理：ジョン・ヨーダーと聖書的リアリズムの基礎」*The Wisdom of the Cross*, 278-305 にある。少なくとも、私が始めようとしている議論は、「理性のみを土台とした神学」と「啓示された神学」の間の対比が、「理性」が探求の伝統によって与えられた概念的資料に基づいているとするなら、誤った二者択一になると示されるに十分である。つまり、「自然」とされる神学と「それ以外の何か」とされる神学のあいだに引かれる対比はありえないのである。啓示神学と自然神学の対比が問題を含んだ認識論的前提に基づいているということを示された点において、私は、マイケル・カークに負っている。

23　以下で示すように、言うまでもなく、マッキンタイアからアクィナスを認識論者として読まないことを教えられた。幸いにして、中世哲学史が、中世の神学者たちが信仰と理性の二分法（これらの概念が認識論的二者択一であるが）によっているという前提に形作られていることが次第に問題にされてきた。例えば、John Inglis, “Philosophical Autonomy and the Historiography of Medieval Philosophy,” *British Journal of the History of Philosophy 5, no 1* (1997): 21-53. イングリスは、正しくアクィナスやスコトスやオッカムなど中世の偉大な神学者たちが、誰も哲学（理性）と神学（信仰）の厳格な区別をしていないと論じている。イングリスによれば、彼らはただそれだけで人間を抽象的に理解することには興味がなかった。アクィナスのDe Veritate に注目することで、イングリスは、アクィナスが「人間の自己理解を神の自己理解に類比した方法でしか示していないと考えた。なぜなら、人間が自分の知的活動を省察するときに、彼らは、神の自己省察の理解の仕方を類比的に考えているからである。」(46)。マッキンタイアは、このイングリスの説明に同意するであろう。それは、哲学と神学を厳格に区別する彼のやり方に問いを出すことになるであろう。私は、このイングリスの重要な研究に注目することをテリー・ティリル教授に教えられた。

24　“Lord Gifford's Will,” 74

25　George Hendry, *Theology of Nature* (Philadelphia: The Westminster Press, 1980), 14. もちろん、「小さな結び」は『神学大全』、1. 2. 3. の中に見られる。コルネリウス・エルンスト、O. P. は、アクィナスがこの方法で「存在証明」を実施したと記した。「私たちの神に対する普段のコンテキスト（祈り、祭儀、誓い）は、暗黙のうちに日常的なものと認識され、「文字」にこだわる言語と見なす生活様式と行動様式から区別された生活様式と行動様式である。この5つの様式の特徴は、普通の世界でどのように神について語り続けるかということである。」

26　Nicholas Wolterstorff, “The Migration of the Theistic Arguments: From Natural Theology to Evidentialist Apologetics,” *in Rationality, Religious Belief, and Moral Commitment: New Essays in the Philosophy of Religion*, ed. Robert Audi and William Wainwright (Ithaca: Cornell University Press, 1986), 39.

27 Ibid., 38

28 Ibid., 43.「熱狂主義」によって、ロックは、理性より感情に依存するキリスト教の形態を意味していた。

29 Ibid., 55., ウォルタストフは、啓蒙主義的精神について驚くべき事実の一つとして、科学は宗教よりも根底主義者の規範と合わないにもかかわらず、多くの人が科学に関する何かがキリスト教を問題にすると考え続けると観察している。

30 マッキンタイアは、Aeternis Patris で認識論的問いは決して起こらなかったと見ている。その結果、レオ13世はアクィナスを支持し続けた。しかし、Aeternis Patris に応答した人たちには当てはまらなかった。彼らは、クロイトゲンをあまりにも支持しすぎた。そのトミズムの復興は、カント的方法でなされた。「そして、そうする中で、それは、すべての哲学の運命になり、認識論的問いを優先するものとなった。非常に多くの不同意がある問いがある。スタートするのにまさに非常に多くの選択肢があることになる。」。*Three Rival Versions of Moral Enquiry*. 75.

31 ユージン・ロジャーズは、アクィナスがどのようにアリストテレスの学問（scientia）を使ったかを教えてくれる。*Thomas Aquinas and Karl Barth: Sacred Doctrine and the Natural Knowledge of God* (Notre Dame : Uni-versity of Notre Dame,1995). 17-70.

32 William Placher. *Domestication of Transcendence: How Modern Thinking about God When Wrong* (Louisville: Westminster/John Knox, 1996), 10. に引用されている。

33 Joseph Bobik, *Aquinas on Being and Essence: A Translation and Interpretation* (Notre Dame: University of Notre Dame Press. 1965), 215. ボリックのアクィナス研究は、重要であるが、知られていない。彼の研究が無視されていることは不幸である。アクィナスは、神学大全 1. 3. 4 においてその議論を繰り返している。「神において潜在能力がなければ、神において本質は実在と変わらない。したがって、神の本質は、神の実在である。ちょうど、燃えたものがそれ自身で炎でなく、そこに加わって燃えたように、実在したものが実在ではなく、参加して存在するのである。しかし、神は、神自体が本質である。したがって、もし、神が神ご自身の本質でなければ、彼は本質的でなくなり、ただ参加させられた存在になる。したがって、神は、最初のもの、無理数でなくなる。したがって、神は、神ご自身の実在であり、たんなる神ご自身の本質ではない。」

34 アクィナス、『神学大全』1. 1. 7.1. アクィナスの合理性に対する理解は、端的に New York Review of Books 46. No. 3 (February

18. 1999) のトーマス・クーンの科学の理解についての交換書簡によって巧みに表現されている。ある科学哲学者、アレックス・リヴァインは、クーンの科学史の説明が科学を非合理な過程と示唆しているとするスティーヴン・ワインバーグの論文に抗議している。それに関して、私は、リヴァインが、科学が非合理だとする主張そのものが、先行する合理性の説明に依存しているゆえ、それがクーンの見解ではないと論じているのが正しいと思う。「しかし、クーンにとって、合理性が何であるかを最高に理解すると思われる科学者でさえ、合理的行為のパラダイムの研究に属する。科学が最善のケースであるなら、科学が非合理であるという主張は、彼にとって、反対すべきものであるだけでなく、正に支離滅裂である。」(49) と。私は、リヴァイン教授の方が、神学を非合理であると考えるとしても、聖なる教義が他の学問より高貴であるというアクィナスの主張（神学大全 1. 1. 5）と同じ論理に従って、彼のクーンの合理性の理解を説明していると思う。物事のあり方についての理解を助けるのに、科学と比べて神学が不利であると考える私たちの時代の主張は、少なくとも学問の活動についての不十分な説明に起因している。

35 ウォルタストフは、まさにアクィナスにとって、神の自然的知識の探求が信仰者の願望、つまりアクィナスの言う、「彼がそれを支持して見つけるあらゆる理由を考え、心を込めるもの」である。もちろん、全ての信仰者がその道に従う時間や好みがあるわけではないが、ある人たちには素晴らしいことである。私たちが物事の一部を「疑わないで信じるなら、私たちはそれらが真実だと『見る』ことになる。それは、幸福への歩みである」。"Migration of the Theistic Arguments," 71.

36 Timothy L. Smith, "Thomas Aquinas's De Deo: Setting the Record Straight on His Theological Method," sapientia 53, no. 203 (1998): 135-136

37 Aquinas, Summa Theologica, 1. 1.

38 アクィナスのいわゆる証明は、序文とされている。Summa Theologica, 1. 2. 2. 1.

39 Aquinas, Summa Theologica, 2-2. 2. 3. 実にアクィナスは、プラトン主義者たちが一人の最高神がいて万物の源であると言ったが、それでも彼らが天的な諸身体とデーモンたちを崇拝することを防げなかった、と明言している。アクィナスによれば、「自然神学」は、世界の魂を意味するもので全世界を支えるから崇拝すべきだとするものとプラトン主義者たちの考えと一致している。アクィナスの見方からすると、そのような「自然神学」は、偶像崇拝にしか過ぎない『神学大全』(2-2. 94. 1.)。私は、アクィナスの偶像崇拝についての理解をラッセル・ヒッティンジャー (Russell Hittinger) に教えられた。

40　このように語ることは、明らかに、ジョン・ミルバンクの *Theology and Social Theory* において展開した議論に負っていることを示すであろう。

41　それらをすべて合わせることは、誰かが近代性の推移の説明についてマッキンタイアとミルバンクとファンケンシュタインの類似性と差違性を理解する方法について問うことで描写されるであろう。[後者の参考で、私は、エイモス・ファンケンシュタインの *Theology and Scientific Imagination form the Middle Ages to the Seventeenth Century* (Princeton: Princeton University Press, 1986)]。チャールズ・テイラーの *Sources of the Self: The Making of Modern Identity* (Cambridge: Harvard University Press, 1989) が私たちの立場を理解する試みのために考慮さるべきであると考える。

42　ある人たちは、私が近代性を攻撃することには「近代的」と名付ける現象の複雑な見方に欠けていると考える。しかし、私は、その危険をおかす覚悟をしている。あまりにも繰り返し、近代性を特徴付ける試みが、無数の形容詞によって死を迎えることになる。しかし、私の近代性に対する理解を支持してくれる盟友もいる。例えば、マシュー・バッガーが、*Religious Experience, Justification, and History* (Cambridge: Cambridge University Press,1999), の中で、「中世の世界観の衰退に続いた人間の自己主張の発生が、近代的思想と近代文化の中心的特徴となった。近代性は、中世神学の内部における対立に動機付けられた弁証法の結果を代表している。自己主張は、思想と行動の基準を神のような外側の源泉ではなく、人間が自分で得ることを主張している。」(212) と論じる。バッガーの考えは、意味がある。彼は、これが良い展開であり、なぜなら、神を信じることが「不合理」であるところまで近代の制度に定着しているからであると考える。

バッガーの議論は、認識論的謙遜において賞賛に値する。すなわち、彼が主張することは、すべて近代的生活の一般的特徴を共有する者たちにとっての生活様式であるということである。もちろん、私がバッガーの無神論を評価する理由の一つは、彼は、私がこの本で論じている議論が政治と倫理から引き離すことが出来ないというときの根拠を明らかにしているからである。たとえば、バッガーは、認識論的価値が変えられない認識論的、形而上学的保証を私たちが持たないことを考えている。そのため、もう一度超自然的説明が合理的に可能になると考える。しかし、バッガーは、「このような出来事の転換は想像を超えている」（227）と素早く注目する。私は、バッガーや彼の立場を擁護するひとたちを納得させると言わないまでも、バルトが私たちにキリスト教的挑戦がどうなのか、例えば、バッガーの自然と超自然の区別が意味をなすことを否定する挑戦を示してくれると思う。

43 Machael Buckley, S. J. (New Haven: Yale University Press, 1987).

44 私は、Theology and Social Theory, 9. での第1章の最初の文章に言及している。

45 Buckley, At Origins of Modern Atheism, 47.

46 Ibid., 37-66

47 Ibid., 66. バックレイは、ある人たちがアクィナスをこの様に読み、読み続けていることを正しいとする。しかし、このような読み方は、第1部の最初の問いに対する故意の不注意を要求する。ニコラス・ラッシュ（Nicholas Lash）は、アクィナスについてのバックレイの読みにただしく挑戦している。"When Did the Theolo-gians Lose Interest in Theology," in Theology and Dialogue: *Essays in Conversation with George Lindbeck*, ed. Bruce Marshall (Notre Dame: University of Notre Dame Press, 1990), 131-147参照。

48 ミルバンクは、David Burrel's *Analogy and Philosophical Language* (New Haven: Yale University Press. 1973). 95-119. に言及している。バレルの何年にも渡る研究は、彼がこの書物で始めた議論の素晴らしい発展をみせた。

49 Milbank, *Theology and Social Theory*, 302-306. ミルバンクの議論は、Catherin Pickstock, *After Writing: On the Liturgical Consummation of Philosophy* (Oxford : Blackwell Publishers, 1998). 122-125; においてさらに展開されている。また Phillip Blond, "Introduction" to Post-Secular Philosophy: Between Philosophy and Theology, ed. Phillip Blo-nd, (London: Routledge, 1998), 3-9. も参照。私は、これらのスコトスのいわゆる「誤解」の説明についての確証や批判のために必要な研究を十分に行わなかったと告白する。ファーガス・カーは、少なくとも、その物語がさらに複雑であることを明らかにしている。"Why Medievalist Should Talk to Theologians," New Blackfriars 80, nos. 942 and 942 (July/ August): 369-375. 参照。カーは、ただしく、スコトスの述語の理解がミルバンクや

ピックストックの示唆よりさらに複雑であることを示唆している。また、イングリスがSphere of Philosophical Inquiry and the Historiography of Medieval Philosophy, で語っている物語は、とりわけ中世におけるいわゆる理性と啓示についての彼の批判は、アクィナス、スコトス、オッカムの問題の違いについての大まかな一般化を行う。ピックストックのAfter Writingに対する適切かつ批判的な批評において、デヴィッド・B・ハートは、カーの心配を繰り返している。ピックストックは、スコトスには普遍的存在論がないので、ピンクストックのスコトスの読みがまちがっていると示唆する。むしろ、スコトスは、フランシスコ－アウグスティヌスの伝統において、「神の完全に超越的な真の本質（esse verum）における超越性の一致として存在」を理解した。したがって、ハートによると、スコトスは、存在を神以上に高めることなく、神と被造物を同じ方法で想定することはなかった。David B. Hart, "Review Essay: Catherine Pickstock, After Writing," Pro Ecclesia 9. no. 3 (summer, 2000): 367-372. を参照。この引用は、370頁に見出される。さらに重要なことに、ハートは、プラトンがデリダの代わりになるとするピックストックの主張に論争している。つまり両者とも時間流れを統御する力の支配を代表していると注意するのである。これらの事柄をハッキリさせる上で、私の同僚であり友人のデヴィッド・エイヤーズに負うところが大である。

50　私は、このカフタンの批判をDavid Burrell *Analogy and Philosophical Language*, 9-20によって学んだ。

51　ウィリアム・プレチャーは、*The Domestication of Transcendence*,71-78においてこれらについての有益な概要を提供している。オッカムが後にスワレスとかかわって展開したと言われている。しかし、デヴィッド・エイヤーズは、オッカムの神がしばしば言われるような専制的な力ではないと論じている。たとえば、エイヤーズは、Quodliberal Quuestionsにおいてオッカムが神は「絶対的に完全な存在であり、事物を知的にまた合理的に動かす」と語ると注意している。David Aers,Faith,Ethics, and Church:Writing in England, 1360-1409 (Woodbridge, England: D. S. Brewer, 2000), 9-12.

52　MacIntyre, *Three Rival Versions of Moral Enquiry*, 73-76. スアレスの影響という物語は、カトリック神学に限ったことではない。ジョン・プラットは、スアレスの影響がプロテスタント神学の自然神学の展開にも影響を与えたという素晴らしい物語を語る。Reformed Thought and Scholaticism: The Arguments for the Existence of God in Dutch Theology, 1575-1650 Leiden: Brill, 1982). プラットはその素晴らしい章で、カルヴィニストたちのあいだに、カルヴァンが考えたよりも強固な自然神学の展開を保証するカルヴァンの『キリスト教綱要』の要約を行った人たちの自然神学があることを描いている。

53 時計の発展と共に、時間が正確に測られることでどのように理解が変ってくるのか私は示唆したい。この変化が最終的には教会の辺境化を示すものだ。ジャック・ル・ゴフは、12世紀の商業的ネットワークを持つ組織においてのみ時間を正確に測ることが目的となったと見ている。第一に、修道院とは違うやり方で鐘をならす権利を得ることが可能となった。この発展は、正確な時計が製造業者には労働の単位が「一日」より「時間」であるとする先駆けとなった。ル・ゴフによれば、この変化は、商人が宗教的に働いていた時代から専門的に働くようになった時代の分岐点と明瞭に区別した。ル・ゴフは、教会がしばらくの間は、高利貸しを禁止することで時間を繋ぎとめておくことが出来たと示唆している。なぜなら、時間は共通の賜物であり、売ることは出来ないと言う前提があるからである。しかしながら、時計は、時間が売り買いの出来ない共通善であると言う前提を次第に無効にしてきた。*Time, Work, and Culture in Middle Ages*, trans. Arthur Goldhammer (Chicago: University of Chicago, 1977), 29-52. を参照。ヨエル・カイエは、金融経済と科学的展開に不可欠な量的測定の関連づけによって事態をさらに複雑に説明した。Economy and Nature in the Fourteenth Century: Money, Market Exchange, and the Emergence of Scientific Thought (Cambridge: Cambridge University Press, 1998). 私は、ディビット・エイヤー氏に、ル・ゴフとカイエの業績に私の注意を引き付けて下さったことに感謝する。

54 私は明らかにJohn Milbank の *The Word Make Strange: Theolgy, languedge Culture*(Oxford: Blackwell, 1997) 36-54 の Only Theology Overcomes Metaphysics. の章のタイトルを楽しく引用している。

55 アクィナスの自然法についてはSumma Thologica. 1-2. 94. 1 と95.1を参照。そしてアクィナスは、彼のSumma Contra Gentiles. に等しく「神が人の心に知識への欲望を植えつけられたが、質問する労を惜しまない者だけがそれらの知識を正しく得ることが出来る。」と正しく主張している。

さらに、そのような労苦を耐え抜くには賢者からの指示が必要だ。なぜなら、形而上学が最後のパートナーとなる適切な秩序は賢者から得るものであるからである。このSummaContra Gentiles の理解について、私はThomas Hibbs の Dialectic and Narrative in Aquinas :An Interpretation of the Summa Contra Gentiles,(Notre Dame:University of Notre Dame,1995). に負うところが大きい。

56 Etienne Gilson, *God and Philosophy* (New Haven: Yale University Press, 1941), 66-67.

57 Buckley, *At Origins of Modern Atheism*, 277.

58 Immanuel Kant, *Religion Within the Limits of Reason Alone*, trans., with an introduction and notes, Theodore Greene and Hoyt Hudson (New York: Harper and Brothers, 1960).

59 Hendry, *Theology of Nature*, 15.

60 Steven Stapin が A Social History of Truth: Civility and Science in Seventeenth-Century England (Chicago: University of Chicago Press, 1994) の中で述べたことと、私がこれらの講義の中で有効な比較をしてみたいと考えている。Shapin は、17世紀の科学の発展がジェントルマン同士の信頼に依存しているということを示した。それ故、真実を見分けることは不可能であった。例えば、「たった一つの氷山を調査することによって得られる信憑性から氷山についての何が学べるであろうか?」だと思う。私と同様、Shapin の説明は、信頼のおける媒介にどれだけ挑戦的に、どのように、何を、明示出来るかということである。Shapin の言うように、その挑戦は人の知識と物の知識の根深い相互依存を含んでいる。すべての知識が道徳的推論、特に信頼を伴っているという主張は正しいと確信している。神の知識に対する証人の必要性についての私の主張は、違う鍵を用いることになる。Shapin とは異なる。

61 John Patrick Diggins はプラグマティズムについての基本的な点を理解することに失敗している。

62 私は哲学的生が意味することを理解するのに私の友人であるマイケル・カークに負っている。彼は、この見解をデューイに帰している。しかし私はそれほどデューイにはあてはめない。

63 哲学、政治学、神学が人生に名前をつけたものということは、それらの指示が生活様式の道徳的可能性に名前をつけたものだということである。マッキンタイアの「性格」の説明に似た仕方で、これらの人生は文化のある意味深い部分にしたがった対象である。*After Virtue: A Study in Moral Theory, 2d ed.*(Notre Dame:University of Notre Dame, 1984), 27-31. 参照。

第二章　ウィリアム・ジェイムズの信仰

1　ジェイムズの宗教

ウィリアム・ジェイムズは、イスラエルの神が存在するという主張を受け入れたわけではない。ジェイムズは、神の存在を問題にしたのではなく、人間の存在意義を問題にしたのである。したがって、ギフォード講義で、ジェイムズは、神の存在を証明しようとしたのではなく、私たちの存在がまさにその生が無意味でないことを示す人間の条件を叙述しようとした。ジェイムズは、神を信じられない多くの人々と異なり、人間について適切な叙述を提供するのなら宗教の永続性も記述すべきだと考えた。それゆえ、『宗教的経験の諸相』で宗教を積極的に記述したが、まさに彼が「人間性の研究[1]」を副題にしたことを記憶するのは重要である。

『宗教的経験の諸相』は、ジェイムズの最も永続的で人気のある業績である。[2]これが人気を呼んだのは、まさにジェイムズの宗教の叙述が近代を生き延びる人々の心の琴線に触れ続けたからである。たしかにジェイムズの宗教の場合、その論じ方が持続的で人気がありかつ説得力にとんでいるが、人々に「制度化された」宗教に真剣にならなくても宗教的になれると信じさせた。したがって、ジェイムズの宗教理解が正統的キリスト者と思われる人々には違和感が生じるとしても、彼が真剣に取り組んだことを看過するわけにはいかない。

しかし、私自身は、ジェイムズの試みに共感しがたいと告白せざるを得ない。私は「個々の人間が孤独の状態にあって、いかなるものであれ神的な存在と考えられるものと自分が関係することを悟る場合にだけ生ずる感情、行為、経験[3]」だとする宗教の叙述を、敬虔主義的ヒューマニズムの表現だと考える。私は、敬虔としてのヒューマニズムには関心がない。ジェイムズは、自分の見方が教会組織や組織神学などの宗教の制度的側面を一方的に無視することになると認識したが、そのような制度が「個人的宗教[4]」に由来する独自性をもつなら正当だと考える。しかしこれも、証明できない経験的主張である。ちょうど「宗教」と呼ばれる何かが存在しうるとする主張が問題だと考えられるのと同じである。

ジェイムズによれば、教会はひとたび設立されると、副次的に伝統によって存続する、「ところが、いかなる教会の開祖も、その力を、最初は彼らと神との直接の個人的な交わりという事実からえたのである。……個人的宗教は、それを不完全なものと考え続ける人々にとってさえ、やはり根源的なものと思われるはずである」と。[5]もちろん、『宗教的経験の諸相』は、このような主張を実証するために記されたが、ジェイムズの宗教の個人的基礎付けによる記述が極めて合理的だとするのも奇妙である。彼の議論に従ったあとでも、私にはその議論が信じられないが、[6]それより重要なのは、彼の記述に説得力がなくても、今でも多くの人の心に思い浮かぶことの理由を理解することである。

『宗教的経験の諸相』が今でも多くの人を惹きつける理由の一つは、ジェイムズがその主題を論じる際にみせる深い真剣さであろう。彼が科学者と自称して叙述し、いわゆる宗教心理学という新しい科学を作ろうとするが、彼の研究は、明らかにその情熱と人間性に逆っている。それだけでなくジェイムズは、その研究が「宗教的」性格をもつことに逆らっていると理解する。ジェイムズは、１９００年４月12日に、ミス・フランシス・Ｒ・モースへの手紙で、『宗教的経験の諸相』の目的について彼自身が宗教的情熱で記している。

「私が自分に課した課題は、困難なものです。第一に、「哲学」（私の階級のあらゆる偏見に）に対して、世界の宗教的生の「経験」を真実な骨格として守ることです。それは、私たちの運命と世界の意味の高尚で高貴な一般論ではなく、直接的、個人的に感じられる祈りや勧めなどです。第二に、私が否定しがたく信じていることを聴衆や読者に信じてもらうことです。つまり、すべて個別の宗教的表現が矛盾に満ちていると考えられても（信条や理論）、その全体的生は、人類の最も重要な土台であることです。それは、ほとんど不可能な課題なので、私も失敗するかもしれませんが、敢えて行なうのはそれが私の宗教的行為だからです。[7]」

このような文章を、『宗教的経験の諸相』の心理学的自伝的解読とするなら、それはまさに読み違えになろう。ジェイムズとその家族は、魅力的であるゆえに伝記的叙述に値する人々であるが、ジェイムズがギフォード講義で実施したことが、彼の宗教的不安を検討することだったと解釈するのはまちがいである。[8]サンタヤナがしばしば引用する見解つまりジェイムズが「実際に私は信じていないが、あなたがそれを信じるならそれでいい。信じる権利を尊重しょう」と言ったという見解も、『宗教的経験の諸相』で彼がしようとしたことを誤解している。またジェイムズが彼自身の宗教観を記していると考える人々にも疑念が残る。[9]

ジェイムズの宗教観が最も明白に現れている文章は、１９０４年に心理学者ジェームズ・リューバに宛てた手紙である。

「私の個人的立場は単純です。私は、神との交流について生きた感覚をもっていません。私はそれを持っている人をうらやましく思います。なぜなら、その感覚が大いに助けになることを知っているからです。実際の私の人生にとって、神的なものは、非人格的、抽象的概念にとどまります。これは、たしかに、主に強度の問題ですが、人の道徳的なエネルギーシフト全体の中心にある、わずかな強度かもしれません。現在、私は神意識の直接的でより強い感覚に極めて欠けていますが、私が、その方向から他の人による発声を聞くとき、私にはなにか響くものがあります。私は、より深い声を認めます。何かが、私に語りかけます。向こう側に真理があると。私は、それが幼年時代の古い有神論の偏見でないと信じています。私の場合、それらはキリスト教でしたが、神秘主義的な発声を聞くことができる前に、キリスト教の外側で成長し、そのかかわりから切り離され、失われたのでしょう。お望みなら、私の神秘的細菌と呼んでください。それは非常に一般的な細菌です。それは一般信者をつくります。私の場合、それは耐えるのですが、大部分の場合にすべての純粋な無神論の批評にも耐えるのです。[10]」

私は、ジェイムズが自分の経験を『宗教的経験の諸相』で有名な「病的な魂」と名づけた特徴であることを疑わない。彼は、アンヘドニア（anhedonia）〈快楽欠乏〉と名づけたものを経験した。それは、喜びの感情を喪失するほどの深い憂鬱のことである。[11] ジェイムズの叙述が自伝的であったと受け入れられるなら、「私自身の存在に対する身の毛もよだつような恐怖心」を突然経験した人物のフランス文から翻訳した有名な叙述がジェイムズ自身のパニック経験を偽装した記述であることもうかがわせる。[12] そのあとの神経過敏の患者のイメージも、「まったくの白痴だった。彼はよく、膝を立てて顎をのせ、一日中、ベンチに座っていて、黒い眼だけしか動かさず、まったく人間とは見えなかった」というのも、ジェイムズ自身の中に起こった「あの姿が私なのだ[13]」という結論に見られる恐れであろう。ジェイムズの人生で度々起こった気分がどのようなものであれ、『宗教的経験の諸相』の議論が彼自身の人生の意味を明らかにすることだと考えるなら、意味のないことである。むしろ、ジェイムズの目的は、科学の枠内で人生の意味を示すという（もちろん、詳細には彼自身の人生の意味を探求することでもあるが）大きな願望であった[14]。

このような願望は、百年後でもジェイムズの『宗教的経験の諸相』の継続的な力を説明している。『諸相』の終わりに向かって、宗教の最も原初的なものにおいても、最も洗練されたものにおいても、神的なものが個人的関心の土台において個々人に応えてくれることを保証する点において、人間のエゴイズムの歴史における並外れた章と言われるものに向かうが、ジェイムズによると、科学の働きは、明らかに個人的な視点を拒否して、その法則を記録し、その理論を構築し、人間の運命への影響などは無視する。

「科学者も個人的には宗教を心にいだいているかもしれないし、科学者としての責任のない時間には有神論者であるかもしれないが、科学者自身に対して『もろもろの天は神の栄光をあらわし、蒼穹はその御手のわざを示す』といわれた時代は過ぎ去ってしまった。今日では、調和のある運行をなしている私たちの太陽系は、天体のある種の平衡のとれた運動の過程中に、生命の存在しない、驚くばかりに広漠とした宇宙のどこか一つの局部に偶発的に生じた過渡的な現象に過ぎないと見られる。宇宙という広大無辺な時計で計ると一時間の間にしか過ぎないような束の間に、私たちの太陽系は存在することをやめてしまっていることであろう。ダーウィンのとなえた偶然発生および、発生したものは早かれ遅かれ絶滅する、という考え方は、最大の事実にも最小の事実にも同様に当てはまる。現在の科学的想像力の気質では、宇宙における原子の漂流が、宇宙大の規模で活躍していようと、小規模で活躍していようと、一種の目当てのない天候、固有の歴史を実現するのでも何かの成果をあとに残すのでもない、単なる生成と消滅以外の何ものかであると考えることは不可能である。自然には私たちが同情を感ずることのできるような唯一のはっきりわかる究極目的などありはしない。自然は、科学的な精神が今日追求している自然現象の広大なリズムのなかに、消え去って行くように見える。私たちの父祖たちの知性を満足させた自然神学の書物など、私たちには全くばかげたものに思われる。それらの書物は、自然の巨大な事物を私たちのごくつまらない私的欲求に順応させるような神を示しているからである。科学の認める神はもっぱら宇宙の法則を司る神でなければならない、小売する神ではなくて卸売りする神でなければならない。科学の神は自己の過程を個人の都合に用立てることはできない。荒れ狂う海をおおう泡沫は、風と水の力によってかつ消えかつ結ぶはかない挿話なのである。私たちの個人的な自己は、そういう泡のようなものである、――たしかクリフォードがいみじくも名づけたように、付帯現象である。私たちの自己の運命などは、世界の出来事のどうともならない流れの中では、何ものでもなく、何の影響ももちはしない。[15]」

『宗教的経験の諸相』は、私たちの生が荒れ狂う海をおおう泡沫以上であることを主張したジェイムズの試みである。ジェイムズが人間の意義を保証しようとしたことは、アダム・ギフォードの科学理解と全く異なった科学理解への応答だとすることは、きわめて重要である。ギフォード卿の科学への確信は、自然神学を「まさに天文学や化学のように[16]」考察するように依頼することになった。ジェイムズにとって、ダーウィンの研究は、ギフォードのような科学への確信を疑わせるものとなった。ジェイムズには、ダーウィン以後、世界が整然とした秩序（orderly order）

を表すとは考えられなかった。私たちが存在するのは偶然であり、私たちの消えるのも偶然である。まさに目的なしに、偶然が支配する。つまり、科学はもはや確実性や証拠を提供するのではなく、ただ蓋然的で説得的な記述をしているに過ぎない。[17]

ジェイムズは、『宗教的経験の諸相』における自分の課題を『心理学の諸原理』の後の全ての課題の研究であり、偶然という非人格性から人間を取り戻す他の何ものでもないと理解した。偶然私たちは存在し、偶然私たちは存在することを知る。しばしば宗教的経験の形態となる認識つまり私たちの存在の認識は、偶然の世界においてさえ私たちが意味あるものとなる兆候である。たしかに、私たちの経験を否定するのは間違った科学になる。まさに私たちの経験は、科学が科学であるなら無視できない事実である。科学と経験の関係を理解することは、ジェイムズを驚くべき示唆へ導いていった。「それゆえに、私たちは、個人の運命を問いまた私たちの知る唯一の絶対的実在とつねに接触している宗教が、必然的に人間の歴史のなかで永久の役割を演ぜざるをえないことに同意しなくてはならない。[18]」と。

2 信じる意志

ジェイムズが『宗教的経験の諸相』で試みたことを適切に理解するためには、彼が『信じる意志[19]』で展開したが誤解されてきた議論をただしく理解することが必要である。この初期の書物を吟味することによってのみ、私たちは、ジェイムズがより広い哲学的プロジェクトの一部として、『宗教的経験の諸相』で展開した科学の性格を理解できるようになる。私たちは、自分の好きなように世界を作り変えられるというジェームズの立場に対して、くりかえし多くの批判があるが、彼が宗教的経験と呼ぶものが世界の在り方を探求する上で重要である理由を示そうとしている。私は『信じる意志』の議論を検討して、ジェイムズによる「信仰」の記述を明らかにしたいと思う。私にとって、それはキリスト教の基本信条からの尊大な逃避にしか見えないが、私たちの神への信仰が真実だと主張する意味について一つの叙述を試みる者にとって重大な関心事を残してくれている。

『信じる意志』は、ジェームズがギフォード講義を担当する5年前に出版された。その書物は、ジェームズが哲学者であると「カミングアウト」したものであった。もちろん、『心理学の諸原理（The Principals of Psychology）』でなされた多くの議論は、（特に私たちの現代的視座から）哲学にふさしく記述されていた。[20] しかし、ジェイムズは、彼の生涯の終わりまで主要な関心を占めた問題に哲学者として議論していた。ジェイムズが『信じる意志』で探求しはじめた問題にくりかえし立ち返るのは、ジェイムズを正しく評価しようとする者に困難をもたらす。なぜなら、初期の書物でとった立場に後から集中することは、彼の成熟した立場に合わないからである。しかし、私はなお、この『信じる意志』の議論を理解することが大切だと考える。それはジェームズがその書物で探求し始めた立場がのちの研究を理解するのに重要だというだけではない。それだけでなく、ジェームズの信じる意志を擁護する議論の幾つかは、その神学的主張が私たちに世界のあり方を語る方法だと理解するなら、その神学的主張が変革された品格（transformed character）への要求に私たちの理解を向けると約束するからである。

『信じる意志』によって提示された問題の一つは、その副題「また通俗哲学における諸論文（And Other Essays in Popular Philosophy）」によって示される。「すべての福祉の源にある（Lies at the root of all well-being）」[21] 13という主題から「公共的かつ通俗的に」という目的で講義を寄付したギフォード卿と同じように、ジェームズも哲学や科学の専門家でない人たちに彼の研究を接近可能にしようと決心した。より広範な聴衆に呼びかけるジェームズの試みは、大学の専門化の動きに反抗するだけでなく、彼が『心理学の諸原理[22]』で仕上げた研究の後に、彼の展開しはじめた立場に必要な呼応関係をさらに得るためであった[23]。デヴィッド・ホリンガーは、ジェームズの「科学を一人決めする話者の支配に平均的な男女が抵抗する権利を擁護する[24]」という計画の一部として正しく観察していた。

意見交換が可能な仕方で執筆するジェイムズの決心は、彼を批判されやすくし、しばしば彼をいら立たせるほど不公正なものとなった。ラルフ・バートン・ペリーは、1902年にジェイムズが友人に宛ててこのような結末を記したと記録している。「もし真面目で体系だった演繹的なものを執筆できたならそうしたかった。私は十二分に通俗的な講義の崩れやすいやり方をしてしまった[25]」と。しかし、どのような実用主義者もジェームズにそのことを伝えたとしても、習慣を止めさせることはむずかしく、彼は『心理学の諸原理[26]』と比較できる哲学的理論に出会うことはなかった。今もなお『信じる意志』の議論への批判は、まとまりのないものであり、その論文でジェイムズがしようとしたことの真価を評価できないものである。たしかに、他の人々による無遠慮な批判の繰り返しに最も影響を与えたのはムーアとラッセルの批判であったが、それも的外れであった[27]。さらにそのような批判はしばしば、ペリーによって彼の死後、出版された『根本的経験論（Essays in Radical Empiricism）』におけるジェイムズの見解の擁護を見落としている[28]。

私は『信じる意志』の誤読にすぎないものを土台にした諸々の批判からジェイムズを擁護したいが、そのような誤読のいくつかは彼にも責任があると記しておきたい。彼の書物の少なくとも彼の死後出版は、チャールズ・レノーバーが彼に与えた影響を記述した彼の日記の有名な段落（1870年4月30日）の光の下で読まれる。そこで、彼は以下のように言っている。「昨日は私の人生で決定的だったと思う。私は、レノーバーの第二『論文集』の最初の章を読み終えたが『私が他の考えをもてるようになるとき、私が選ぶことによってある思考を維持できる』という彼の意志の定義が、幻想の定義を必要とする理由のないことを知った。少なくとも、今のところ私は、来年まで、これは幻想でないと主張しよう。私の自由意志の最初の行為は自由意志を信じることであろう[29]」と。この一文は、ジェイムズは実際に彼がそうであった以上に主意主義者だったという印象を与えるが（彼は確かに私たちが信仰を「選べる」とは考えなかったが）、それだけでなくさらにその最後の一節で「意志すること（willing）」によって世界を私たちが望むように作れるとジェイムズが信じている主張を強調する。しかし、『信じる意志』を流し読み程度に読んだとしても、そのような解釈にはならない。

私は、主意主義者の用語でジェイムズの信じる意志の擁護を解釈する学者たちが、信じる意志を擁護した同じジェイムズが『心理学の諸原理』で習慣についての章も書いたことを忘れないかとしばしば心配になる[30]。ジェイムズが「意志」や「信仰」という言葉で意味するものは、私たちの生を統御する範囲で、情動で形成された習慣によって育成されると理解を特定すべきだと考えなければならない。信仰——ジェームズがアレキサンダー・ベインに従って理解したが、それは私たちの実践の準備ができていることが、まさに習慣化された行動のルールである[31]。ジェームズが『心理学の教師に語る（Talks to Teachers of Psychology）』で述べるように「私たちの人生はすべてそれが明確な形式になるかぎり、諸習慣のかたまりである。それは実践的、感情的、知的である。私たちの幸福や悲哀を体系的に構成し、その先に如何なる運命が待っていようとも、私たちを否応なく運命へと運んでいくもの[32]」である。信じる意志を弁護する上で、ジェームズは意志を情熱や信条や習慣から区別する「第三」のものとすることはまったくしていない[33]。むしろ「信じる意志」とは、私たちの習慣化された能力によって可能とされた源泉に名前をつけたものである。

ジェームズは、『信じる意志』の序文を述べるとき、宗教的信仰の正当性を守る努力をしたが、彼の論文の読者で、彼が無謀な信仰を説教すると非難できる人などいないと思ったと明言したのは事実である。[34] ジェイムズは、ほとんど人類（humanity）がすべて無分別に信仰に従う傾向があるため、中にはそのような試みが無謀だと思う人々もいるだろうと述べている。しかし、ここでジェイムズが語りかけているのは救世軍ではない。しかし、「真実を見つめることによって、難破する危険から逃れられる科学的根拠と呼ばれる何かが存在すると主張して、擦り込まれた精神的な弱さに特有な形式に捕われた人々を指している」と彼は記している。「しかし、信じなさすぎることと信じすぎるということの危険な両極の間で、安全に舵をとる科学的根拠や他の方法などはまさに存在しないのである」。[35]

ジェームズは、W・K・クリフォードの有名な論文『信念の倫理学（"The Ethics of Belief"）』に応答して、彼の論文『信じる意志』を著した。しばしば（それは根拠がないわけではなく）実証主義者とされるクリフォードは、根拠不十分な状態で何かを信じることは、非道徳的であると論じた。実証主義かどうかはさておき、クリフォードの主な関心は、高潔な文明を支えるために真理の重要性を維持することであった。[36] デヴィッド・ホリンガーは、ジェイムズがクリフォードの議論の道徳的側面を無視したと批判した。しかし、まさにジェイムズはクリフォードに劣らないほど人間世界の維持のために真理の重要性に関心を持っていた。[37]

たとえば、『信じる意志』の序文で、ジェイムズは、ある人々が自分たちの責任で彼の議論を個人的信仰の満足のための個人的権利を弁護するものと承知している。寛容の時代に、私たちが「友人関係で静かに楽しみ、市場空間で公的な妨害行為に及ばない[38]」かぎり、積極的に誰かの宗教的信仰に干渉しようとする科学者などいないと記している。しかし、ジェイムズは、このことがある問題を生む大きな過ちであると考える。なぜなら、私たちが偽りの自由に身をおこうとしているかどうか、そのような見解をテストするのがまさに、市場だからである。それゆえに、もし宇宙（universe）についての宗教的仮説が適切であるなら、「その仮説の内にある個人の活動的信仰が生において自由に表現されるなら、それらが真実か偽りかであることを証明する実験的テストとなり、それらが真実かどうかを解明する唯一の手段となる[39]」のである。

ジェームズのクリフォードに対する批判は、クリフォードが実証主義者ではなく、充分に経験主義者ではないことである。とくに、クリフォードは、それ自身を存在せしめるような真理に対する願望を正しく評価しそこなっていた。ジェイムズの言葉に「したがって、準備段階（preliminary）の信仰が到来しない限り、事実が少しも現れないことがある。そしてじつは信仰が事実を創造する助けとなるところで、科学的根拠に先立って機能する信仰が『最も程度の低い部類の非道徳性』であり、そこで思考する存在が滅びうると言うべきだという非常識な論理になりかねない[40]」とある。このような立場は、ジェームズにとって新しい立場ではない。彼が1879年に書いた『合理性の感覚（"The Sentiment of Rationality"）』には、すでに『信じる意志』が含まれており、そこで次のように論じている。「そのため、信仰はそれ自身を立証する場合がある。信じなさい、あなたは正しいだろう、それはあなた自身を救うことになる。疑いなさい、それでもあなたは正しいだろう、それはあなたを滅ぼすことになる。唯一の違いは、信じることはあなたにとって偉大な益となることである[41]」。

ジェイムズは、私たちが知るすべての中にそのような「信仰」が含まれていると言ったのではないことを心に留めるのは非常に重要である。彼は以下のように論じる。

「私たちが客観的本質と向き合うとき、私たちは真理の創造者ではなく、明らかにその記録者である。そして、迅速に決断する簡単な動機また急いで次の仕事に取りかかる決断は、まさに不適切である。物理的本質の広がりにおいて諸事実は、私たちから独立しており、あまりにも早く未熟な理論を信じて騙される危険は少ないだろう。[42]」

ジェイムズは、星の動きや過去の歴史的諸事実が私たちの好みであろうがなかろうが、唯一回的に規定されると宣言する。このような事柄において主観的好みには場所がなく、ただ曖昧な判断になるだけである。[43]

ホリンガーは、ジェイムズのこのような「客観的秩序」の認識が、『信じる意志』を書いたときに、宗教的認識の領域と科学的認識の領域の間をあまりにも厳格に分離してきたことを意味すると指摘する。[44] たしかに、ジェイムズは、まだ彼の真理の理解を完成していなかったが、私は、彼の基礎的見解の概要が『信じる意志』にあり、これらの見解がホリンガーの示唆したように領域の分離を主張しているとは思わない。そうではなく私は、ヒラリー・パットナムがジェイムズにおいて感受性については現実主義者であるが、概念については違うと述べることが正しいと思う。[45] ジェイムズの信じる意志の説明は、彼の見解を発展させる試みである。つまり、ジョン・マクダウエル、ジョン・ヘルダイン、パットナムなどの現代哲学者に代表されるが、諸概念は、描写よりその表現力であろう。[46] 私は、「意志」をそのような能力にジェイムズが名前をつけたものだと思う。[47]

そのような能力は、獲得されなければならないが、恣意的である。ジェイムズが「意志」と述べていることを適切に理解するためには、ジェイムズが生きているか死んでいるか、強制的か回避できるか、重要なものかささやかなものかを区別する点について説明するところに気を配らなければならない。『信じる意志』を書いた当時、これらの区別は、信じる意志が私たちの生に合理的な仕方で必要とされる局面を見分けるジェイムズの分析的な仕組みであった。生きる選択肢として、それは、個人の生にとって適切でなければならない。それは、強制された選択肢として選ばれなければならない。それは、重要であり、選択肢は意義深く、撤回できないものでなければならない。[48]

ジェイムズにとって、信じる意志と名付けるものは、私の存在が理解できないこと、しかも私が存在することに関心をもたざるを得ないことの認識を避けられないことである。

彼は『道徳哲学者と道徳的生（The Moral Philosopher and Moral Life）』で以下のように記述している。

「精神のあるところでは、善悪の判断と相互に要求しあい、倫理的世界が本質的な姿としてある。すべての他者、諸善、人々と星空、この宇宙から滲み出たものがあり、二つの愛する魂の間に置かれた一つの岩が残り、その岩は完璧な道徳的なものとして永遠と無限が宿りうる世界としての構成要素である。それは、悲劇的な構成組織であろう。なぜなら、その岩に住むものは、みな死に絶えるからである。しかし、彼らが生きている間に、宇宙において本当に善いことと悪いことが起きるであろう。義務、要求、期待、従順、拒否、失望、良心の呵責、調和の回復への願い、回復したときの内的な良心の平安があるであろう。つまり、簡単にいえば道徳的生があるのである。その活発なエネルギーに限界はなく、ヒーローとヒロインに恵まれたお互いへの関心の強さがあるであろう[49]。」

したがって、信じる意志は、私たちの側にある、世界でないものを世界とする非合理な努力ではなく、私たちの参加する世界を世界とする合理的認識である[50]。存在に欠けてはならない道徳的性格の発見は、私たちの存在の宗教的性格が同じく欠けてはならないことの発見の側面である。ジェイムズによると、「ひとの宗教的信仰は、そこで本質的に自然的秩序の謎を発見し、説明さるべきある種の不可視の秩序の存在への彼の信仰である[51]」。「宗教」は、ただ私たちの精神が獣との区別を成立させる目的論的機構であるという事実にジェイムズが名前をつけた方法である[52]。

それゆえ、ジェイムズにとって、有神論は、神のようなものが存在するという主張ではなく、私たちを神または神々を信じるように導く人間存在の側面を否定するなら、世界の記述が不適切になるという主張である。ジェイムズは、存在論的議論を思い出させる仕方で、存在しようが存在しまいが、神がある種の存在であることを示そうとするのが彼の野心だと見ている。つまり、もしそれが存在するなら、

「私たちと同様、宇宙の根元にあるものを理解するために知性にとって最適で可能な対象を形成できるであろう。言い換えれば、私の主題は、次の通りである。すなわち、神の本性として規定さるべきある外界の本性のリアリティを規定すべきことは、合理的であると同時に人間の知性が考えられる唯一の究極の対象でもある。もし人間の知性が真理において印象、内省、反応という三層構造であるなら、神でないものはすべて合理的ではなく、神以外のものは可能ではない[53]」。

したがって、ジェイムズは、『信じる意志』での彼の研究が世界の構成要素としての主体性の不可避性を発見する厳格な経験主義と繋がると理解する。有神論（theism）は、思考者としての私たちの本性と一体である。彼は、「神」とは「知性の信条の標準的対象と呼ばれ」、そのような信条を探求することが知性の自然史を探求することそのものだと見る[54]。そのような探求こそ、ジェイムズが『宗教的経験の諸相』で実行したことである。その書物は、宗教的経験の現象学の形態をとるが、私たちは、私たちの存在が偶然に見えるかもしれないが、私たちは目的のない偶然としては生きられないというジェイムズの継続的主張の一部であることが分かる。

私たちは、ジェイムズが偶然の存在では生きられないと意味するところは、私たちが文字通り、自分たちを道徳

的、宗教的動物として認識せざるを得ないことである。ジェイムズは、もし私たちが後悔できる生物なら、決定論は真実ではないと考えた。したがって、私たちは、後悔から宗教的でありうることを学ぶ。例えば、私たちの成長過程のある時点で、本当は良い結果が出るのに誤って後悔するとしても、その誤って後悔すること自体は、ある条件下では良いことになる。

「世界は、最終目的がなにか外的善を実現するメカニズムとして考えられてはならない。むしろ、善悪を本質的本性において理論的に意識するのを深めていく工夫だと考えなければならない。本性が気にするのは、善を行うことや悪を行うことではなく、それらを知ることである。人生とは、知識の木の実をながく食べ続けることである。[55]」

3　『宗教的経験の諸相』（ウィリアム・ジェイムズ著）

ジェイムズの宗教的経験の記述を擁護する者は、しばしば彼の心霊的探求と「偉人」の人物史に戸惑うことがある（または、少なくともそれを無視する）。それでも、ジェイムズが『宗教的経験の諸相』で列挙したような証拠は、彼の意志の理解と同様『信じる意志』で始めた省察の展開にすぎない。すでにその書物で、彼はある人たちが死者と接触できる能力の可能性があるのと同様、歴史における偉人の役割についても語ることもできた。[56] ジェイムズが『信じる意志』にこれらの題材の長い論文を含めたことは、彼のより適切な哲学研究と比べても重要でないとは思わなかった証拠となる。

実際、ダーウィンの意義を考察するジェイムズの広範な論評は、『信じる意志』に表された「偉人たちとその環境」で扱われる。(57) ジェイムズは、ダーウィンが自然発生的変異を所与として受け入れなければならないように、私たちも天才を事実として受け入れなければならないと論じる。ダーウィンの視点と同じくジェイムズの視点からの唯一の問いは、環境がどのようにそのような人々に影響し、彼らがどのようにその環境に影響するかである。ジェイムズによれば、その答えは、原理としては与えられず、天才がうまれる条件による。それゆえ、天才たちは、その前の天才が作り上げた効果に依存するが、早すぎる時期にも遅すぎる時期にも来ることが出来た。「ヴォルテールの後に隠者ピエールがくることはない、チャールズ九世、ルイ十四世の後にフランスのプロテスタント化はありえない。などなどである。(58)」ジェイムズの見解からすれば、どのような重要な個人のイニシアティブを否定する歴史観も「近代科学の決定論からまさに最古の運命論までの推移の中で全く曖昧で非科学的な概念であった。(59)」

したがって、『宗教的経験の諸相』は、ジェイムズの天才についての研究の継続である。彼が宗教の還元的記述を拒否することとつまり性やその他の機能から宗教を「説明する」理論は、そのような還元的記述が科学的に適切でないという彼の一般的見解の一部である。(60) ジェイムズはまた、無知の恐怖や絶対依存の感情にある本質的性格を探すことで宗教を説明することを拒否した。(61) むしろ、この講義の最初で私が述べたように、ジェイムズにとって個人的宗教は、「根源的な事柄」であり、また宗教が取りうる制度的形態の源であった。『信じる意志』でジェイムズは、宗教を見えない世界を信じるものとして叙述する。(62)『宗教的経験の諸相』で、彼は、「それは、付加された感情の範囲、このような婚礼の熱狂的な気分を意味するものと解釈しなければならない、と私は考える。このような領域では、厳密な意味の道徳はせいぜい頭をたれて黙従するほかないのである。……絶対的なもの、永遠なるものにおいて感じられるこの種の幸福は、私たちが宗教以外のどこにも発見しないものである。(63)」と詳細に論じる。

「健全な心」を保つのに必要な全宇宙に対する態度を宗教とするジェイムズの認識は、『宗教的経験の諸相』で「宗教的性格」として展開されたものの背景である。つまり、「病める魂」「分裂した自己」「回心者」という性格描写である。しかし、これらの性格描写は、彼がデータとして考えたことをまとめる枠組みに過ぎなかった。それゆえ、ジェイムズの宗教的回心の現象学は、そのあとの聖人、神秘主義の説明も興味深いかも知れないが、宗教的主張の真理を判断するための基本原理を与えるものではなかった。[64] 彼は、「宗教が扱っているような事実の問題に関して、絶対に是正、改善の余地のないような真理に、私たちがあるいはその他の誰であれ死すべき人間が、いつか達しえようとは、私にはとうてい信じられない。」と言明する。[65] むしろ、ジェイムズが探したすべては、宗教的物語を積み上げて行ったものとしてしか表現できないが、宗教とは温厚なヒューマニズムを支持するのに必要な希望の別名にしか過ぎないことを示している。彼が失敗しなかったということは、『宗教的経験の諸相』の人気で測られるだけではなく、ラインホールド・ニーバーは言うまでもなく、さらに正統的な神学者と言われる神学者たちにジェイムズのキリスト教の記述を基本的に受容すると思われることを通してなされている。

ジェイムズは、これらの全ての事柄で基本的なキリスト教信仰をジェイムズ的な「過剰信念」に格下げすることを拒否した神学者たちにとって、特にフラストレーションを与えた。ニコラス・ラッシュは、ジェイムズを分析した要約の中でそのフラストレーションを吐露している。つまり、一方で神学的考慮を別にしたとしても、ジェイムズの「直接的に（firsthand）」生きている人が良いものであり、「間接的に（secondhand）」しか生きていない人（私たちのような大部分の人々）には意味がないと類型化するこだわりは、個人的存在と制度的存在、また人格的存在と知的活動の間の恣意的で無理矢理の分離に依存する。

「制度的で知的な秩序を非人格的な荒地に追放することで、政治も理論も、人格的責任において顧慮されることなく、単なるメカニズムやテクニックに還元されてしまう。そして、それゆえ、感覚と安全を違った方向に探るうちに、共通の行動や共通の理解そして分かちあう経験という公共の領域ではなく、むしろ個人のプライバシーを中心において、暗黒と破壊を最終的言語とする時間を手繰り寄せるようになるだけである。神学的にまとめると、もし私たちが神の前に連れて行かれるなら、私たちは、世界の神不在の状況を悪化させる戦略を追い求めるような悪しき忠告を受けるのである。[67]」

ラッシュが主張した通り、もしジェイムズに従うことが、間違った方向で安全を追求するなら、もっとあからさまに言えば、神の不在の条件に安全を提供するなら、なぜジェイムズの見方は、それほど影響力があるのだろうか、とくにキリスト者の間で？　その答えは、ジェイムズが近代性におけるキリスト教の性格に表現力を与えたからだと思う。つまり、キリスト教が偽装されたヒューマニズムとしてのみ意味をなすとするからである。キリスト教がそれ以外に可能性があるのなら、それはジェイムズの拒否するものであろう。まさにキリスト教が近代性の作り出したものとは別のものとしてしか意味をなさないと考える私たちにとって、ジェイムズがキリスト教だとしたことを拒絶したのを理解することが必須になる。それを考えることが私の次の講義である。

(Endnotes)

1　William James, The Varieties of Religious Experience: A Study in Human Nature, foreword Jacques Barzun (New York: Mentor Book,

1958).

2 James, Varieties.

3 James, Varieties, 46.

4 Ibid., 44. 宗教の個人的経験を共同体経験から分離するジェイムズの試みに対する徹底的な批判は、ニコラス・ラッシュの Easter in Ordinary: Reflection of Human Experience and Knowledge of God (Charlottesville: Univer-sity Press of Virginia. 1988), 52-58. がある。ラッシュは、ジェイムズの「宗教的経験」が、すべての人間の経験が言語制度により形成され造られることを否定することになる (58) と考える。リチャード・ゲイルは、ラッシュの批判の代わりに、ジェイムズの『心理学の原則』における私的言語の使用という内的原則が『哲学の問題』という最後の出版において全面的に顕在化したと指摘している。ゲイルは、ジェイムズの個人が決定できるという見方が、個人が感覚的質において白紙であると言えるかどうか、あるいは「後期ヴィトゲンシュタインの変化の犠牲という栄誉をえているか」と指摘している。The Divided Self of William James (Cambridge: Cambridge University Press, 1999), 164-165). 少なくとも、ジェイムズの信仰の説明は、私が言語の不適切な理解と指摘することを正当化している。しかも、彼の「経験」の見方が宗教観だけでなく、彼の幅広い哲学観に対しても問題であることを示している。

5 James, Varieties, 46.

6 ラッシュは、思索を差し挟むまえの「意識の流れ」を意味しているとして、「感情」としてのジェイムズの宗教の説明を正しく批判する。ラッシュは、ジェイムズがその立場を語ったにもかかわらず「デカルト主義」を残していると批判する。Easter in Ordinary,64-70. ロバート・ジェンソンは、同じようにジェイムズは経験の表面的価値を否定しても内的留保を伴うという近代的努力をして私を知ることができ叙述できる自我 (the Ego) がいくらか自己を知る超越的統一をもつとするのである。ジェンソンは、ジェイムズが「私」を知っているというかすかな把握を希望するという意識の展開を主張する古典的表明を提供するだけでなく、その努力の古典的な犠牲でもあると見ている。彼はそのようにしてジェイムズにとって意識が内省的に確証される前提であり、次から次に出てくる意識の衝撃の生起を内省的に確証できると主張する。このような衝撃が様々な「現象的関係」によって伴われまた偶然的事実を「私」が探求するとジェイムズ自身が『心理学の原則』(Principles of Psychology) で示すのである。Robert Jenson, Systematic Theology: The Work of God, vol. 2(New York:Oxford University Press, 1999), 101-103.

7 Henry Samuel Levinson, *The Religious Investigations of William James* (Chapel Hill: University of North Carolina Press. 1981), 67-68 からの引用。ラルフ・バートン・ペリーはまた *The Thought and Character of William James* (Cambridge: Harvard University Press, 1948). 257. においてこの手紙に注目している。

8 Perry の素晴らしい書物 The Thought and Character of William James は、ジェイムズの人生と業績の相互関係性を説明するのに最高の書物である。それは、ひとつには、ペリーがジェイムズの内面生活に集中しなかったことにある。Gerald Myers, *William James: His Life and Thought* (New Haven: Yale University Press, 1986) は、ペリー以来、ジェイムズの業績を著した完結した書物であった。ジェイムズの家族は注意を喚起させざるを得なかった。それは、ウィリアムとヘンリーの偉大さだけでなく、彼らの父、祖父が興味深かったからであろう。彼らの生涯が私たちに、アメリカが変化している性格について多く語っているからである。R. W. B. Lewis は、*The James: A Family Narrative* (New York: Anchor Doubleday, 1991) で、家族について素晴らしい説明をしている。最新のジェイムズの伝記は Linda Simon, *Genuine Reality : A Life of William James* (New York : Harcourt Brace and Co., 1998). である。

9 George Santayana,Character and Opinion in the United States (New York: Chales Scribner's Sons, 1920), 77. しかし、私は、サンタヤナがのちに彼がその描写でジェイムズが「二つのものをまとめるのではなく、一つ一つ取り上げるのを好んだ。彼は神秘家であり、生命を愛する点で神秘家であったと記したのは正しかった。彼は、ルソーとホイットマンに匹敵する:彼は、寛容で優しい感性を示した。そして、厳格主義には対立した。むしろ日常的な視覚と音感に触れ、幸運に対する大まかなしかし強固な信仰をしめした。そして学問や哲学と呼ばれる知的伝統とも適っていた。」(94)。

10 Perry, The Theought and Character of William James, 266 より引用。

11 同書、215 頁。ジェイムズの人生が V.D. 鬱状態の根底にあったものに関わる最大の推測に従うが、父が彼を科学者にしたいという願望と彼自身の芸術的願望が人生で選択できない緊張を与えたのではないか。私が思うに、ペリーは著書の中で、彼の言う、臨床的診断の実施を控えていたことは賢いことだった。ペリーは、ジェイムズが事実を受け入れる強い心の持ち主そして諸原理を受け入れる優しい穏やかな心の持ち主だったと見ている。しかし、それでも、ジェイムズはそれらを創出するために彼自身の分類をこえていたと観察したことは正しかった。The Thought and Character of William James,359-360. 私はリチャード・ゲイルがジェイムズの人生と思索の間の相互関連性を描くのに最も鋭かったと考える。「ウィリアム・ジェイムズの哲学を特徴付ける最善の方法は、それが憂鬱に深く根ざしていたと言うことである。」それは、「当然、支払うべきもの」とだれかの魂の守ろうとした表現である。古い車輪のようにだれかがそれをすべて考えることである。一方、その直接の目的は正気を保ち、自滅的にならないことである。夜を無事にすごすことである。大きな目的は肉体的、精神的な健康への道を見つけることを助けることである。この点で、ジェイムズは、大いにニーチェとウィットゲンシュタインを流し込む鋳型である。彼は、私が好んでいた虚無的なV.D.鬱ではない。彼はニヒリストではなかった。私はVD憂鬱を楽しんだ。もし、良くならなければ、様々の物は派生しないし、むしろ私は良くなれるし楽しむことが出来る。ジェイムズとデューイの大きな違いは、デューイの人生がそれに頼ってなければブルースを歌えないことである。」The Divided Self of William James, 1.

12　同書、238頁.

13　一番完成されたこの有名な文の分析とジェイムズの関係の作品についてはルイス・メナンド（Louis Menand）を参照。William James and the Case of the Epileptic Patient “New York Review of Books45 no 20. Menand はジェイムズがレノーヴァーを読破して、その後、彼の最初の行為を決断して、自由意志で信じて一歩を踏み出した。

14　ジェイムズの宗教の記述を伝記的に説明する人達に対する私の批判にもかかわらず、私は（それでも）熱情的に且つ個人的にギフォード講義に代表されるプロジェクトに関係していると考える。レヴィンソンは、ジェイムズが彼の宗教学が彼自身の宗教問題を解決するメカニズムであると見たと考察した。一旦、ジェイムズの「問題」を誰もの問題だと考えたことは彼が自分を発見した世界に与えられると見るであろう。私が思うに、ジェイムズにとって宗教科学が、宗教体験の決定要素と結果について実践者が理性を開いている冒険心だと考えたのも正しかった。誰にでも起こりうる問題として彼自身を見つけたと観察したレヴィンソンも正しかった。「もし、ジェイムズが彼自身も彼の文化も、個人の慰め、宗教生活がもたらした社会の賜物がなければ生きて行けないと確信していたので、だまされやすいそして種族の本能が新しい情報に対して開かれた心、我慢強い人たちの強い忍耐によって反応する自発性にとって代わられた。彼は、彼の宗教科学に参画することは、これらの気質によって訓練の必要があると考えた。それゆえ、『諸相』は単に宗教についての著書ではなくて、それは「ある型」の人を生み出すためにデザインされている。(The Religious Investigations of William James.159. そのように我慢強い〈寛大な〉人はノンクリスチャンの立場からすれば、疑う余地なく崇拝さるべき人たちではあるが、クリスチャンから見ればジェイムズが育てようとしていたよく訓練された読者は傲慢の罪で苦しまざるを得ない。そのような判断は厳しい。しかし、それは、ジェイムズの哲学ではプロメテウスとしてリチャード・ゲイルの表現として確認されるであろう。ゲイルによれば、ジェイムズは、私たち人間は意味と価値を「私たちが直面する大きな途方もない開花、広められた騒ぎと混乱またアメリカのパイオニアに魅了された神話、荒野に生活を切り開いて生きることを記した。(The Divided Self of William James, 7-9) . ゲイルは見事にこの点を彼の著書の中で著した。

15 James, Varieties, 406-408.（昭和37年、桝田啓三郎訳、日本教文社、ウィリアム・ジェイムズ著作集3．宗教的経験の諸相3)、この世界における私たちの位置の理解は、今日の時代の多くの人に残っている。例えば、Edward Said and the Religious Effect of Culture(Cambridge: Cambridge University Press, 2000). においてWilliam Hart は、すべての形而上学的ヒューマニズムの複雑な動物を越える存在という試みに対する疑いを表現する。ハートが示すところは、ジェイムズの反響のある章句である。「私たちの見方からすると、ホモ・サピエンスは、一つの種である以上で、さらに複雑である。アメーバーや珊瑚礁に似て自然的選択のプレッシャーに対応できるものである。私たち死すべきものでも、自然的プロセスの秩序や無秩序また偶然においても最善を尽くせるのである。そのプロセスに対して意図を持つことができるなら、自然が私たちの信条や欲望や希望や恐れに無関心であると言うこともできるのである。しかし、このような擬人法的言語で語ることは、一般に無害とは言え、性格付けにおいて失敗であろう。自然は、私たちの属性と異なり、冷淡とか無関心というわけではない。それはまさに自然でしかない。そう考えないのは、擬人化である。他方、もし自然が発明発見の力を持つなら、それは、私たちがそのように想像する言語を持っているからである。私たちが想像する以外に、目標も方向性もテロスもないのである。私たちの想像力の発揮がしばしば崇高である。しかし、それは、私たちの想像力発揮である。私たちは、誰か別の人を想像してはならない、また何か別のものに注目してはならない。プラグマティックな自然主義者は、これらの想像力発揮ではないとは考えない。なぜなら、それらは、神のものでもなく、存在のものでもなく、あるいは自然のものでもなく、私たちのものだと考えるからである。私たちは沈黙した宇宙には混乱させられない。それは（敵意でもなく賛同でもなく）価値と真理に対して無関心である。私たちは、自分たちがアメーバーと運命を共にしている事実を渋々認めるわけではない。しかし、私たちのような動物が誘惑される理由を理解できるのである。私たちのライフ・サイクルが動物的生の最も単純な形態の複雑な変異であることは、不思議な畏怖の源である。驚異、畏怖、依存、感謝は、私たちの宗教感情の消耗にいたらせる。それらを超えて、私たちは礼拝への欲望を感じず、これは礼拝の別の方法ではないと言う事ではないのである。」（166—167）

16 "Lord Gifford's Will" in Stanley Jaki, Lord Gifford and His Lectures: A Centenary Retropective (Macon, Ga: Mercer University Press, 1986). 74. マッキンタイアは、科学に対するギフォードの見方が多かれ少なかれ Encyclopaedia Britanica. の第九版のそれであると示唆する。マッキンタイアによると、このような科学の見方は、四つの構成要素を持っている。事実、事実について方法論的省察による統一的概念、確証の方法、さらに包括的枠組みを提供する継続的な進展である。Alasdair MacIntyre, Three Rival Versions of Moral Enquiry: Encyclo-paedia, Genealogy, and Tradition (Notre Dame: University of Norte Dame Press, 1990), 20-21.

17 P・J・クローチェは形而上学・クラブへの参加を経てジェイムズへのシャウンシー・ライトの影響について論じた論証を提供した。数学に卓越したライトは伝記的な宗教に対して反感を持ったが、「無神論は、有神論と同じように推論に過ぎない。」（170-171）。クローチェが見る限り、ジェイムズにとって科学と宗教の知識の誤謬は教育の中の主だった学習である。これらの限界にかかわらず、道を発見して真実を見つけて、そして、その建設的な成果は、成人になることへの課題である。ジェイムズは個人的にも哲学的にも認識論なしの確信への恩恵への探求に身を捧げた。（229頁）

18 同書下、359頁。ジェイムズの科学の理解は、とても興味深い。他ならぬクーンの業績以降、科学の説明は影響力を主張しているようである。例えば、彼の Talk to Teachers on Psychology (Cambridge : Harvard University Press, 1983) の中でジェイムズは観察しているが、「私たちの科学の進歩は、新しく形作られた技術の名前として進んでゆく科学の全過程である。新しく認証された現象は無理やり以前の概念の書棚に閉じ込められた。時が経つにつれて、私たちのボキャブラリーは益々大きくなって以前の概念に詰め込まれていく。

新しいものと古いものの間の相互作用の過程において古いものが新しいものを認識したり、新しく定義し直したり規定されたりするだけでなく、多く認識されるだけである。しかし、認識される多くのものは古いものに同化するだけである。特に新しい種類のものによって修正されることはない。このようにして私たちの概念は一度本質とされても絶えず落ちてゆく性格のものである。一度は受け入れられないとされたものも含むのである。この見解は獣においてミイルカや鯨に至るまでまた有機体から社会の概念まで私の親しみのもてる例となるのである（99）。

19 William James, The Will to Believe (New York: Dover Publications, 1956).『信じる意志』は首尾一貫した立場を構成する論文を集めたものである。私がその論文集のなかの一つの論文を言及するときにも『信じる意志』というタイトルと言うであろう。

20 ペリーの The Thought and Character of William James (Nashville: Venderbilt University Pess, 1996) の再版の序文においてシャーレン・ハドック・ジークフリードは、『心理学の諸原理』を心理学の古典とすることによってジェイムズを型通りの心理学研究に取り込むことになったと見ている。彼女は、少なくともジェイムズの自己理解ではなく、ペリーはこのような分類の良い根拠を持っていたと注意している。しかし、ジークフリードは正しくこのような分類がプラグマティズムのパラダイム・シフトの根本的な本質の開始を認識するのを遅らせた」（xiii）と論じた。

21 "Lord Gifford' Will," 74

22 哲学者としてのジェイムズの業績は、哲学を厳密な専門の学問とすることに貢献したが、皮肉にもそれは彼が嫌っていた展開になっていた。『多元的宇宙』（Lincoln: University of Nebraska Press, 1996）において、彼は、専門的な哲学の発展を叙述したが、彼はそれをそれまで考えられていた研究を価値付けるだけの理性の習慣として性格づけた。「あなたは、自分の見解をアリストテレスやスピノザに結び付けなければならない。あなたはカントから離れてそれを定義しなければならない。あなたは、敵対者の見解をプロタゴラスのそれと同一視して論破しなければならない。そのようにして、あらゆる思考の自発性を、あらゆる構想の新鮮さを論破しなければならない。あなたが触れる全てを陳腐にしなければならない。アメリカの大学において若手たちの過度な技術性と帰結の陳腐化は恐るべきものである。それはドイツのモデルと流儀に過度に従うものである。私は熱い希望を表現したい。つまりこの国においてあなたはさらに人間を高尚にする英国の伝統に戻らなければならないという掛け声を聞くだろう。哲学などの学問において人間本性の野外性を解き放ち仕事場の伝統でのみ思考させよということが避けがたいと。」(16-17)。ジェイムズは、M. D. の学位を得ただけであるが、Ph. D. の価値を疑い始めていた。アメリカの大学文化が人格より学位の方を重んじるようになると心配していた。例えば、彼の"The Ph. D. Octpus" in The Moral Eqivalent of War and Other Essays, ed., with an intro., John Roth (New York: Harper Torchbooks,1971), 25-33. を参照。リンダ・サイモンは、ハーバードの哲学部の専門性の発達についてジェイムズの違和感の増大について報告している。Genuine Reality, 325-335 を参照。サイモンは、ジェイムズの好む学生が彼のように「専門分科していない」学生だと考えている。

23　David Hollinger,"James,Clifford, and the Scientific Conscience," in The Cambridge Companion to William James, ed. Ruth Anna Putnam (Cambridge: Cambtidge University Press, 1997), 69. ジェイムズが成功したのは、『信じる意志』が人々の生に与えた影響のレポートによってはっきりする。たとえば、ジェフリー・ウエンライトは、レスリー・ニュービギンの伝記において、ニュービギンがジェイムズの『信じる意志』を読むことによってその信仰を失うことを防いだと報告している。ニュービギンの信仰は、もちろん、ジェイムズが正当化できると考えたものより、よほど強固な正統的なものであった。ニュービギンは、後にマイケル・ポランニー思想に惹きつけられたがジェイムズとポランニーを比較する方法を示していない。Gioffrey Wainwright, Lesslie Newbigin : A Theological Life (New York: Oxford University Press, 2000), 3, 21, 30. 参照。

24　Perry, The Thought and Character of William James, 272. In Pragmatism and the Meaning of Truth, intro. A. J. Aeyer (Cambridge: Harvard University Press. 1996). から引用して、ジェイムズは、自らをあざけっている、「読者の満足だけが真実の印である。私たちが貴重な論文を所有している唯一の証拠は、理念と対象の客観的関係つまり「真理」という言葉が説明からそっくり抜けてしまっている。私はまた、『信じる意志』というもののゆえに私のお粗末な名声(この議論において意志は何の意味をもたないように思われるが)が結びついていることを心配している。それは、私の信用に反して機能しかねないものである。

ある面において、私はこの汚い人物と私通していると私の反対者は思うかもしれない。あなたの本来の真理の信望者は、ハックスレイ的な大胆さで（Huxleyan heroics）で講義しなければならない。また真理が本物の真理になればと思い、死の最終的なメッセージが全ての満足に対してもたらされなければならない。」それに反して、ジェイムズは真理の理念についての真の理念は何かと論じる。「理念の中の最大の受け入れられる真理は対象と一緒に私たち自身が実際に現れることであり、完全に互いが一致と同一化することである」と（251-253）。

25　ジークフリードは、プラグマティストの哲学者の不満が、彼らは誤解されているが、しばしばプラグマティストは不明瞭で不必要な蒙昧主義者であるという批判にさらされていることだと見ている。ニーチェのような他の哲学者は、プログマティストの先導した道を歩んでいる。彼らの始めた道は理解するのに困難であった。「たとえば、ニーチェは、確かに落とし穴について理解していた。形而上学の二元論で鍛錬された言語を使うことで、常識的な見解を掘り崩す議論を展開した。読者にこの不一致に対して警告して、彼は、この不整合を告発して彼自身の立場を明らかにした。新しい葡萄酒を古い器に注ぐというジェイムズの別の選択肢は、不運な結果になることを考えずに、古い問いに巧に答えることなく、彼は新しい問いと答えの組み合わせを鍛錬していることを気づかれなかった。」（The Thought and Character of William James, 125-144. の序文より）

26　ジェイムズはラッセルの批評に対して効果的な応答をしている。彼の Two English Critics in Pragmatism and Meaning of Truth, intro A. J. Ayer (Cambridge: Harvard University Press, 1996), 312-319. を参照。T. S. L. スプリッゲは、ムーアとラッセルの批判とジェイムズの応答についての助けになる分析を提示している。彼の "James, Aboutness, and His British Critics"in Putnam, The Cambridge Companion to William James, 125-144 参照。

27　William James, Essay in Radical Empiricism, intro. Ellen Kappy Sukiel, preface Ralph Barton Perry (Lincoln: University of Nebraska, 1996). ジェイムズは、彼の信じる意志の防御に暗示されたプラグマティズムと、彼の経験主義の間に関係がないと考える人たちに対して部分的に責任がある。Pragmatism and the Meaning of Truth の序文において、彼は、「私が理解しているプラグマティズムと最近私が言い出した「徹底的経験主義」の教えの間には、論理的関係はない。後者は，自立している。人はそれを拒否しても、なおプラグマティストでありうる。」(6)。ジェイムズが「論理的関係がない」と言ったのは正しいであろう。しかし、次の講義で指摘するが、それはすべてのことに関係がないというわけではない。ゲリイ・ドリーンが私に指摘したが、ジェイムズの後年に彼はプラグマティズムを徹底的経験主義への一歩として位置づけている。ドリーン（Dorrien）が観察するとおり、ジェイムズの経験主義を徹底的にしたのは彼の一貫性である。ジェイムズがEssays in Radical Empiricismで述べているが、「経験と関係する関係それ自体が関係を経験しなければならない。経験されるべきどの宗教もその体系の中で真実（real）だと解釈されなければならない」(42)。したがって、ジェイムズ自身も経験的伝統を急進化していることを自分で認識していた。ヒュームとミルが分離の広がりを強調しながら物事との関係を排除しようとしていた(43)。ジェイムズの見解からすると、後者の世界の見方は、いわば合理性が後ろのドアから入って来るようなものである。

28　Quoted in Perry, The Thought and Character of William James: His Life and Thought, マイヤーズは、ジェイムズのレノーバーへのアッピールを支持する、つまりジェイムズがレノーバーを彼の主張の強調のために用いて、私たちは私たちの世界の明らかな欠点を改善する道徳的な義務を負っている、という主張をするためにレノーバーを用いていると見ている。このような義務を煩わしいと考えることは、このような課題に対する客観的障害である。私たち自身が感じる気持ちの大きな絵（イメージ?）を変更するためのわずかな機会であろう。レノーバーの指令を採用することで、ジェイムズは、私たちの義務を理解するための約束・義務の一部として自由の信条を表現しているに過ぎない。

29　William James, The Principles of Psychology (Cambridge: Harverd University Press. 1981). 109-131.

30　例えば、リチャード・ゲイル（Richard Gale）のジェイムズの信念の理解にとても有益な分析はin The Divided Self of William James, 50-71, 158-159を参照。勿論、私は、ゲイルの分析に反対しているわけではない。意志に対するジェイムズの説明には問題はない。むしろ、私は、ゲイルに反対して、ジェイムズの心理学が彼を主意主義者と解釈する人々を不条理に陥れると論じる。ゲイルのジェイムズの信じる意志を分析的観点から守ろうとする試みは、しかし、ジェイムズのそれなしには意思もないという情熱（passion）に対する理解の発展を見落としている。この点について、クリス・フランク氏の論文に大いに助けられている。"Passion and the Will to Believe".

31 James, Talk to Teachers on Psychology, 49.

32 例えば、ジェイムズの意志の説明は、彼の Talkes to Teachers on Psychology. 101-114. 彼の ReligiousExperience, Justification, and History (Cambridge: Cambridge University Press, 1999) を参照。マシュー・ベッガー（Matthew Bagger）によると、ジェイムズは、彼の生きている間に始まった哲学革命を考察していないと批判される。即ち、言語の意味の（再）発見である。ベッガーはしかしながらジェイムズが『多元的宇宙（A Pluralistic Universe）の中で、私たちの経験、その感覚（sensation）の流動（flux）は、「形容詞と名詞、前置詞、接続詞の衝撃である。」と言っている、と考察する。それゆえ、彼が経験と言葉の間の親密な深い関係について注目していた。ベッガーは、この点において、ジェイムズの習慣に対する説明に注目している。私たちの言語習慣によって知覚がいかに形作られるかという場合の手段である。したがって、ベッガーは、ジェイムズがセラー（Wilfrid Sellar）の有名な「所与の神話」(28-38) への攻撃を受けないと考える。私は、ベッガーのジェイムズの読みに大いに共感するが、ジェイムズが実際に彼の言語理解を建設的に用いたと示唆するベッガーの解釈を支持するものをジェイムズの中に発見する点において「危うさ」があると心配する。ジェイムズの「純粋な知覚」の理解が抽象であるが、彼の宗教経験と「過剰信念」の区別が、次章で示唆するが、「経験」と言語の疑わしい区別に依存することは確かであろう。しかし、ベッガーは正しく、ジェイムズの習慣理解が知識の観念論的説明と経験主義的説明との差異を消しさる手段を提供すると主張している。ベッガーによると、ジェイムズは、「知覚の自然的、習慣的性格が、無媒介的直接的に感じる知覚を引き起こす」(38) と見ていた。

33 James, The Will to Believe, x-xi.

34 Ibid.

35 例えば、ヴァン・ハーヴィの “The Ethics of Belief Reconcidered” Journal of Religion 59: 406-420 におけるクリフォードの擁護を参照。ハーヴィは、クリフォードが、船が航海に向かないと言われていたのに、移民を乗せて船を出したことに注意を喚起している。船主は、（保険と同様に）摂理の信仰に頼っていた。しかし、船はどのみち沈没してしまった。ハーヴィは、クリフォードの船主についての批判がクリフォードの立場の中心にあると考えた。クリフォードのいわゆる実証主義は、彼の深い道徳的傾倒の形態に過ぎない。リチャード・ローティ（Rorty）は、クリフォードがジェイムズを実証主義者と特徴づけた説明を弁護した。ローティはクリフォードとジェイムズが何ら変わらないと論じた。

なぜなら両者とも証拠への要求が、人間の計画の自由から浮遊する何かではなく、むしろ、共通実践に参加している人々に対する知的責任への要求である。リチャード・ローティの"Religious Faith, Intellectual Respon-sibility, and Romance," in The Cambridge Companion to William James, 86-87. クリフォード、ジェイムズ、ハーヴェイなどについての論文を含んだ信念の倫理についての素晴らしい論文集については、The Ethics of Belief Debate, ed. Gerald McCarthy (Atlanta, Ga.: Scholars Press, 1986). を参照。

36 Hollinger, "James, Clifford. And the Scientific Conscience," 68-83. ホリンガーは、クリフォードの基礎において、私たちは行為できないと示唆して、ジェイムズを批判する、なぜなら、私たちは私たちの知識がただ蓋然性であるところでしばしば行為しなければならないからである。彼は、実際クリフォードの立場とジェイムズの立場が、ジェイムズの認識よりさらに近いと、論じている。

37 James, The Will to Believe, xi. 宗教の公共性についてのジェイムズの立場は混乱していたようである。彼が公共性（publics）の区別をしっかりしなかったからである。
彼は勿論、私たちの宗教の確信が、その真実性で試されるべきだとする。しかし、仮にそのテストに合格したからと言っても、それらは政治の範囲では私的でなければならない。

ジェイムズは、次の講義で分かるが、民主主義が機能するためには政治的に宗教を私事化しなければならないと考えた。

38 Ibid., xii. ジェイムズは、この点において、進化が適切な実用的テストを提供すると主張した。宗教的仮説は、科学的仮説と同じように、最善の機能によってテストされる。従って、わたしたちは、宗教史を通して、世界に広がる知識に触れることによって粉砕される。様々な信仰が互いに競争する状況にとって最善の条件は、摘者が生存する開かれた市場である。従って、諸信仰は、隠されてはならないのである。多数の私的友情にあるそれぞれは、「公共性において生きるべきであり、互いに競争すべきである。」（xii.）ジェイムズは明らかに、信仰を公衆の詮索から守ろうとしなかった。

39　Ibid., 25. バッガーは、“説明のプラグマティズム的分析”を“脈絡に適切な叙述的解答を構成する説明”として、ジェイムズの見解を見事に叙述する。(Religious Experience, Justification, and History, 23.)

40　William James, “The Sentiment of Rationality”, in The Will to Believe, 97において、パスカルの賭けの議論とジェイムズの立場の類似性と差異性は、研究されるであろう。ジェイムズは、パスカルの議論を彼の研究の異なった脈絡で注目している。つまり論証に印象深さを持たない方法で注目する。彼が『信じる意志』に見ているのは、「ミサと聖なる水を信じる先在的傾向がなければ、パスカルの意志に提供した選択は、生きた選択ではない。」(6) ロバート・オコーネル・S・Jは、パスカルがジェイムズのパスカルの賭けの使用という極めて有用な議論を提供した。彼の William James and the Courage to Believe (New York: Fordham University Press. 1997), 33-52. においてオコーネルは、パスカルが頑固な無信仰者に対して論証しようとしたのではなく、死に向かって歩んでいる昏睡状態の人が死の近づいている状況に気がつかないときに目覚めさせるように語っていると指摘する (43)。換言すれば、パスカル（とジェイムズ）は、神の存在を証明しようとしたのではなく、神の問題を思い起こさせよとしたのである。

41　James, The Will to Believe, 20

42　James, “The Sentiment of Rationality” 97. ジェイムズの「過去の歴史の事実」があることとは、彼が歴史研究の展開の中でなかなか正当化されない確信をもつことを指示している。

43　Hollinger, “James, Clifford, and the Scientific Conscience,” 79-80

44　Hilary Putnam ,“James's Theory of Truth” in The Cambridge Companion to William James, 175。ホリンガーに公平であるために、パットナムは、ジェイムズの後期の著作から、彼の見解を特徴付ける。しかし、私は、本質的な立場が『信じる意志』の中の「合理性の感覚」で扱われていると思う。もちろん『信じる意志』の全ての論文でジェイムズの発展してゆく立場が暗示されている。

45　その論文で、パットナムは、明らかに McDowell と Haldane をジェイムズに結び付けている (184)。私はこのことについてパットナムが正しいことを願うが、ジェイムズの認識論にはダラダラした「個人主義」があるが、パットナムとハルダインのそれと一致しているとは思えない、あるいはマクドウェルが「第二の自然」と呼ぶものを強調するのと一致しているようには思えない。例えば、マクドウェルがカントの概念と直観の間の真の関係を解明しようとすることと関連して、「カントの思考が従事する緊張が、第二の自然のない自然主義という致命的な環境で、経験についての本質的洞察の場所を見つけようとする時、別の歴史的影響すなわちプロテスタント個人主義の台頭のもとにある。それは、現実に接近するための尊重すべき様式である伝統に浸透している理念を失わせ、価値を失わしている。そのかわり、すべてを自分のためにチェックする個々の思索家にかかっている。」Mind and World (Cambridge, Harvard University Press, 1996), 98 もちろん、これは、ジェイムズとパースの間の決定的差異の一つである。ジェイムズは、決して経験主義と観念論の葛藤を認識させる前提を超えることはなかった。パースの偉大な業績は、その二者択一を否定することであった。

46 Essays in Radical Empiricism において、ジェイムズは、真実が最大の満足の組み合わせを与えるという見解を擁護した。これらの観点で、真理は一貫性の感覚を要求するが、またジェイムズは、この見解を次のように問うことで擁護した。つまり「私たちの一貫性の必要性も、そこでの喜びも、私たちが、あるいくつかの対象またはある同種の対象が繰り返し起こり「法則」に従うような環境に適合する利益を示す習慣、つまり精神的習慣を発達させる存在であるという自然的事実の結果であると考えられないだろうか?」(262) と。ロバート・オコーネル・S・Jは、William James and the Courage to Believe において、私が指摘する線にそってジェイムズを擁護している。オコーネルによれば、ジェイムズは、道徳的性格を発達させた思想家でなければ適切な道徳的方法でこの世界を「見ること」を期待できないことを示そうとした。オコーネルは、修辞的に「簡単に言うと、『生得的なものによる知識』を古い伝統的圧力の近代的なやり方でふるい落とすのか?」と質問する。私は、オコーネルがその問いに対して、「ある程度」(3) と言って正しく答えたと思う。少なくとも、ジェイムズの意志の習慣的形態の理解は、リンダ・トリンハウス・ザグゼブスキーの Virtues of Mind: An Inquiry into Nature of Virtue and the Ethical Foundations of Knowledge (Cambridge: Cambridge University Press, 1996) に例示された種類の分析に対して開かれていることを意味する。ザグゼブスキーは、美徳に基礎づけられた道徳理論が行為に基礎づけられた道徳理論に望ましいのと同じ理由で、美徳に基礎づけられた認識論が信仰に基礎づけられた認識論に望ましいことを示そうとする。私がザグゼブスキーのプロジェクトを心配しているのは、「純粋な美徳の理論」と呼ばれるものの展開が必要であるという彼女の主張である。

47 ジェイムズの『Will to believe』(2-8)。彼の宗教の説明にとってこれらの別の選択肢の分析の意義についての良い議論は Ellen Kappy Suckiel, "Heaven's Champion: William James's Philosophy of Religion (Notre Dame Press 1996) 27-37 を参照。

James が "the Will to Believe" を理解したことを擁護するのと同じくらい注意深い分析は、Gale, The Divided Self of William James, 93-116 を参照。Gale は公言している。つまりジェイムズの信じる意志の教理は、少なくともゲイルによって再構築された哲学の歴史において最も偉大な貢献のひとつである。これは、当然、正しいと言えるであろう。しかし、アリストテレスかトマス・アクィナスを読んだ者は誰でも考えたはずである。彼らはジェイムズを予期しただけでなく、美徳と知識の関係をより擁護的な立場を当然、構築したであろう。

48 ウィリアム・ジェイムズ『Will to Believe』の [moral philosopher and moral life], p197.

49 James が the will to Believe を理解したことを擁護するのと同じくらい注意深い分析は、Gale, The Divided Self of William James, 93-116 を参照。Gale は公言している。つまりジェイムズの信じる意志の教理は、少なくともゲイルによって再構築された哲学の歴史において最も偉大な貢献である。これは、当然、正しいと言えるであろう。しかし、アリストテレスかトマス・アクィナスを読んだ者は誰でも考えたはずである。彼らはジェイムズを予想しただけでなく、美徳と知識の関係をより擁護的な立場で当然構築したであろう。

50 James, "Is Life Worth Living?" in The Will to Believe, 51.

51 ジェイムズの精神を目的論的に叙述することは、『信じる意志』の "Reflex Action and Theism," 117 に見られる。彼は、同じ論文で獣から人間を区別している。(131)。

52 Ibid., 115-116.

53 Ibid., 116.

54 James, "The Dilemma of Determinism," in The Will to Believe, 165. ジェイムズは、悪から善が生じるという進化論的プロセスに対する楽観主義的信仰だけを描いていた。彼は、歴史のコースをひとつの世代から他の世代に対するさらに包括的な秩序を発見する格闘の物語であるとのみ考えた。『信じる意志』における他の論文“Moral Philosopher and Moral Life”で、ジェイムズは、社会つまり彼が協同していた人々がひとつの相対的均衡から科学的発見と類比されるように、他の均衡に移動すると示唆している。一妻多夫、一夫多妻、奴隷制度、私的な戦争、司法上の拷問、専制的王権が、不平をもたらす（205）。ジェイムズは、このような見方が無政府の主張者、虚無主義者、あるいは自由愛主義者を見逃すことがないと考える。このような実践は、それらから善が得られるかどうかという実験と見られる。彼は、葛藤において、その主張が協定上の善と見なされるに違いないが、このような実験がアプリオリに悪と判断されることはない、とする。その代わり、それらは、「事実認定によって、事後的に、抗議が来るのか、慰撫がもたらされるのか、によって判断される」（207）。このような見方の最も慈愛に満ちた解釈は、ジェイムズがこれらの事柄を考え続けられないことである。

55　ジェイムズは、彼の魅力的な心理学的研究において決してユニークではなかった。ヘンリー・シジックは、このような現象にもっと研究をすすめている。ジェイムズは、この現象の研究に対して批判的ではない仕方で接近してはいなかった。まさにリンダ・サイモンが明らかにしたが、ジェイムズは、二十年後の研究でこのような現象を立証することに成功するとは思っていなかった。Genuine Reality,366-369. 参照。

56　William James,“Great Men and Their Environment” in The Will to Believe, 16-254.

57　Ibid. 230.

58　Ibid, 245.

59　James, Varieties, 30-31.

60　ジェイムズは、プロテスタントの自由主義神学の展開についての知識を少し知っていた。彼は、ハルナックの『キリスト教の本質』を読んでいたようである。また彼の「絶対的依存感情」への言及は、彼が幾分シュライエルマハーについての知識を持っていたことを示唆する。たしかに、ロバート・リチャードソンは、ジェイムズの伝記を記しているが、(個人的文通で）1867年にドイツでジェイムズはディルタイに出会ったと言っている。その年は、ディルタイがシュライエルマッハーの伝記の第一巻を書いていた。リチャードソンはまた1869年にジェイムズの読書リストにシュライエルマッハーの名があったと指摘している。ジェイムズは、少なくともシュライエルマッハーについて何かを知っていた。また"the Will to Believe"の中の"Reflex Action and Theism,"において、シュライエルマッハーに言及してもいるのである。この年を特徴づける健全な兆候として神学者たちが宇宙についての科学的事実に類似させようとする熱意があった。「シュライエルマッハーやコールリッジを引用するだけでなく、ダーウィンやヘルムホルツを引用するなら、人々の聞き耳を獲得できたであろう。」(112)。リチャードソンは、彼の「シュライエルマッハーの自由主義的プラトニズムと超絶主義への影響：シャフツベリーやシュライエルマッハーやエマソン」Symbiosis, 1. 1(1997), 1-20を記録した。

61 James, Varietis, 45. ジェイムズが多種多様な諸宗教また宗教的とは明示されない生活様式に共通なものがあるという宗教観を疑わなかったのはあまりにもナイーブである。しかし、彼を擁護すると、最近の宗教の共通点を説明する試みは、問う価値がある。例えば、タラル・アサドのGenealogies of Religion:Diciplines and Reasons of Power in Christianity and Islam(Baltimore:John Hopkins Press,1993.)参照。そこで、アサドは、宗教が普遍的機能を持っているという主張を批判している（46）アサドは、ジェイムズを念頭に置きながら、近代において宗教と呼ばれていたものがいかに周辺化されたかを論じている。

62 邦訳、上、69～70頁。ジェイムズは、個人的宗教が、神学と儀式がなくても、純粋で単純な道徳性に含まれない要素を具体化すると考えている。彼は、宗教が幸福の感覚を醸し出すと考えるが、道徳性にそのような態度がない理由を明らかにしていない。彼が道徳性と宗教を比較する文章で、前者をストア主義と関連づけ、後者をキリスト教と関連づける。それゆえ、彼は、キリスト教の聖人の幸福と比較して、ストア主義を単調でくすんで色あせた諦めとしてみている（原文、55, 56)。そのようなストア主義の説明は、もちろん偏見を持っているが、またそれは、キリスト教が病んだ魂から決して免れていないということを正しく見ていない。ジェイムズの「宗教」の確認は、フランシス・G・ピーボーイ教授に送った『宗教的経験の諸相』に挟んだメモ書きに見事に現れている。「あなたは、私を、救い主のいないメソディストに分類するでしょう。」。ペリーのThe Thought and Character of William James, 259.

63 多くの方法で、『宗教的経験の諸相』は、ジェイムズの宗教に関する書物では面白くないものの一つである。リチャード・ラインホールド・ニーバーは、以下の観察において正しい。「大体において、『諸相』は過渡期の書物であり、描写的、精神的な判断を載せている。心理学、ジェイムズの脳裏で絡まりあう思索中の初期の形而上学である。」"William James on Religious Experience," in the Cambridge Companion to William James, 223.

ニーバーは、ジェイムズの神秘主義についての講義について彼が探り出そうとした宗教の現象学の頂点として正しく的確に注目している。神秘主義についての章の始まりにおいて、

ジェイムズは「たしかに、個人的な宗教経験というものは意識の神秘的状態にその根と中心とをもっていると言える、と私は考える。」と見ている。しかし、それらは言語を越えた、移り変わる知識であり、経験した人には説得できるが、確証できないものである。

64 同書、邦訳、下、116頁。

65 Lash, Easter in Ordinary, 88-8967

第三章　神とウィリアム・ジェイムズ

1　ジェイムズ、プラグマティズム、キリスト教

前の講義で、私は、偶然の世界で人間の意義を救おうとするジェイムズの試みをできるだけ好意的に記述した。ジェイムズの宗教の叙述は、人が奮闘するのに値する希望を与える戦略の一つであった。ジェイムズのヒューマニズムは、生を宗教的伝統に位置づける人たちにとってきわめて魅惑的であったにちがいない。まさに健全な心、二度生まれ、聖人、神秘主義者という描写の仕方はきわめて共感を呼ぶ記述であった。しかし、まったく魅力的ではない部分も提示した。それは、彼が自分ではそう考えなくても、彼の宗教の記述があまりにも見事に単純化されたからである。

ジェイムズの宗教の還元主義的な記述は、繊細であるからこそさらに魅力的でもある。例えば、ジェイムズは、聖人であることとの講義の最後で、神に全てを捧げた者たちに注意を促すが、そのような犠牲をささげた人たちを無視せず、その犠牲が何を意味するかを知りたいなら、読者も「その場に一緒にいなければならない」と言って注意を促している。イギリス人の王室に対する忠誠心をアメリカ人が理解できないように、「私たちが熟考してきた繊細な

宗教的情操ならなおさらである!! 誰も枠の外にいて、感情や良心の命令を推測したりできない」[1]と。それにもかかわらず、ジェイムズは、キリストに従うことにはそのような犠牲が必要であると主張しまた主張しつづける者に共感を寄せていない。私たちはそのことも見るであろう。

ジェイムズの宗教への共感的記述は、祈りがまさに宗教の魂であり本質であることを例証している。彼の観察によると、「宗教の本来は、祈りの意識が虚偽かどうかという問題にかたく結びついている」[2]。ジェイムズにとっては、祈りをむける神がいるかどうかは問題とならない。祈りが本物[3]になるのは、祈る対象の地位や性格に関係なく、祈る人の主観性（subjectivity）によるのである。もちろん、ジェイムズのこのような主観性の理解には、実際に祈る人と同じかどうかうたがわしいという難問がある。少なくとも実際に祈っている彼や彼女が祈りをむける神の存在を当然のこととしているはずだからである。

ジェイムズは、プラグマティズムの方法に賭けていたため、宗教つまり犠牲や祈りなどを還元主義でない仕方で叙述していると思っていた。さらに彼は、ジョナサン・エドワーズのような宗教的確信の代表者の最高の洞察「その根によらず、その果実によりて汝ら彼らを知るべし」ということに通じると考えていた。「ジョナサン・エドワーズの『宗教的情操論（Religious Affections）』は、これを論題として詳細に論求したものである。人間の徳の根（the roots）は、私たちには知ることができない。いかなる外観も恩寵の確かな証明とはならない。私たちの実践（practice）のみが、私たち自身にとってさえ、私たちが真のキリスト者であることの唯一の確かな証拠である。」[4]

ジェイムズは、『宗教的経験の諸相』の結論に至る過程で彼の最初のプラグマティズムの記述をパース（Peirce）の有名な論文「いかに私たちの思考を明らかにするか？」[5]を利用して拡大した。信念を習慣として具体化された行為のルールと記述するパースの説明に従って、ジェイムズは、生の実践的結果に差異をもたらさない私たちの思想の側面は、注目に値しないと論じる。

「ある思想の意味を明らかにするためには、私たちは、それがどんな行動を産み出すのに適しているかを決定しさえすればよい。この行動こそ、私たちにとってその思想の唯一の意義である。そして私たちのあらゆる思想の差異の根底にある明白な事実は、どんな思想の差異も、実際上の差異以外の差異において成り立つほど微妙なものではありえないことである。ある対象に関する私たちの思想において完全な明晰さに達するには、私たちは、その思想から直後にであれ、ずっと後においてであれ、どんな知覚を期待できると考えられるか、またその対象が真であった場合、私たちはどんな行動を用意しなければならないかを考慮しさえすればよいのである。[6]」

同じ流れの中で、ジェイムズは『プラグマティズム：ある古い考え方をあらわす新しい名前』で、神学の理念がもし具体的生にとって価値があるなら真理となる、と言う。しかし、彼は、また次のように「いくつかの理念は、同様に認識されなければならない他の真理との関係に完全に依存するであろう。[7]」と言う。いくつかの理念が他の真理との関係において真理となることはとても豊かな提案である。例えば、それは、私たちが主イエスによって祈ることと神がいかに切り離せないかというキリスト教的理解を知る助けになる。私は、ジェイムズがひとつひとつの関係において理念をどう理解するべきかを具体例として考えたと言うわけではない。私の意図は、ジェイムズが自分の根拠で直接の実用的意味がなさそうだといって神学的主張を退けたときの根拠が見つからないことである。まさに、ジェイムズが言うように、もしいくつかの理念が他との関わりでのみ正しいのなら、（そして、これらの他の真理と関係がなくどのような実用的結果とも関係がないのなら)、実質的な宗教的確信が真理であることを彼が否定したのは恣意的であり還元的であるといわざるをえない。

ジェイムズが宗教的真理を評価するのに何が本質的かを判断するのに恣意的なのは、「感情(feeling)」が宗教の最も深い源であるという彼の主張によって明らかである。ジェイムズは、哲学的、神学的形式を二義的形式にして、このような主張を行なう。ジェイムズは、このような形式を「過剰信念(over-beliefs)」と呼び、本来の宗教的感情からくる知的構築物という思弁になると言う。[8] ジェイムズは、このような信念に注意を喚起して、これらが大切だと言う。まさに彼は、各人にとって最も興味深く価値あることが過剰信念だと言明する。[9] しかし、ジェームズのそのような信念が重要だという主張は、ある信条のうちの何を過剰信念にするかは理解させてくれない。

ジェイムズは、批判的哲学者に適応しようとしていくぶん退屈なものになることを認識していたが、彼自身の過剰信念は、感じられ理解できる世界の背後に別の存在の側面があると告白する。[10]『プラグマティズム:ある古い考え方をあらわす新しい名前』の最終章の「プラグマティズムと宗教」で、彼は、神学全体を始められないと言うが、次のように弁明する。

「かつて私は人間の宗教的経験に関する書物を書いたことがあり、その書は大体において神の実在性を弁じたものと見なされていることを申し述べれば、おそらく諸君は私自身のプラグマティズムを無神論的な学説であるという攻撃から免れさせてくださるだろうと思う。私自身としては、われわれの人間的経験が宇宙に存する経験の最高の形式であるなどとは断じて信じていない。むしろ私は、宇宙全体にたいするわれわれの関係は、われわれの愛玩する犬や猫が全人間生活にたいする関係と全く同じものであると信じている。犬や猫はわれわれの画室や書斎に住んでいる。彼らがその情景の一部をなしてはいるが、その意義については何も感知しないのである。彼らは歴史の曲線の切線でしかない。この曲線の初めも終わりも彼らの視野を全く超えている。そのようにわれわれも事物のより広大な生命の切線なのである。しかし犬や猫の理念の多くがわれわれの理念と符号するように、そして犬や猫はその事実について日ごと日ごとに、生きた証拠をもっているように、われわれもまた、宗教的経験が供給する証拠に基づいて、より高い力が存在し、われわれ自身の理想と同じ理念線上において世界を救おうとして働いていると信じてよいであろう。[11]」

ジェイムズは、彼の「過剰信念」と正統的キリスト教の間に互換性があるなどと見せかけたこともない。しかし、彼は、彼の「過剰信念」を神と同一視することがむずかしいと感じたことなどなかった。[12] 実際、『宗教的経験の諸相』の中で彼は以下のことまで発言している。

「神は、少なくとも私たちキリスト信者にとっては、最高の実在をあらわすごく自然の呼び名である。だから私は宇宙のこのより高い部分を神の名で呼ぼうと思う。私たちと神とは相互に取り引き関係をもっている。そして私たち自身を彼の力に委ねることによって、私たちの最も深い運命は、満たされる。私たちめいめい（各自、訳者）が神の要求を充たすか避けるかに比例して、宇宙は、私たちの個人的存在が構成しているその部分は、真に善くも悪くもなるのである。ここまでは、多分、諸君も私に賛成されるであろうと思う。なぜなら、私は、神が現実的な効果を生み出すから現実的である、という人類の本能的な信念と呼んでいいことを、ただ図式的な言葉に翻訳しているだけだからである。[13]」

それでもジェイムズは、何を基準にして自分をキリスト者とみなすかを全く明らかにしていない。この引用で、明記するように、またなぜ彼が「過剰信念」を「神（god）」にする権利を有していると考えるのだろうか。私たちが目にするように、ジェイムズは、彼の神つまり有限の神が、キリスト教の神と理解するものと共通点がないことも敏感に気付いていた。[14]

ペリーは、ジェイムズが1884年にトマス・デヴィドソンに書いた手紙に注目するように言うが、その手紙でジェイムズはどのような〝哲学的性格の人気のある宗教〟についても悲観的に観ていた。ジェイムズは自分で疑う自分に気づいていた――、

「古いキリスト教の廃墟の上に通俗的な宗教が勃興して来たが、それは新しい物理的事実と可能性への信条が存在しない。……魂と道徳的秩序の現実についての抽象的思慮は、現在の生の中に新しい現象的な可能性を含む世界への、かすかな洞察であり、私たちの自然的秩序への洞察力の延長によって支えられるが、短期間で簡単に成立することはない。[15]」

ジェイムズがその宗教の叙述を試みたとき、およそ誰もがプラトン的形式によってその信仰の実体的内容を変えてしまったが、キリスト教実践と関係した神を「普通の人々（common people）」に信じ続けるように認めさせようとした、と考えざるを得ない。[16]つまり、ジェイムズが「私たちキリスト者」というとき、キリスト教を確かめようとしたからではなく、普通の人々であることを確かめようとしたのである。[17]

しかし、この点についての私の関心は、なぜ彼が自分の過剰信念を「神」だと正当化したかではない。[18] むしろ、私の関心は、キリスト者がプラグマティズムの正当化によらず、キリストや三位一体や教会を過剰信念と信じることを、ジェイムズが理解した理由である。例えば、『宗教的経験の諸相』の「回心」の章で、ジェイムズは、キリスト者の罪の赦しについての経験を、ルターを実例として論じる。ジェイムズは、ルターが、キリストの御業が信仰にかかわり、しかも信仰を知的に考えると記している。ジェイムズによるなら、信仰の知的側面は最重要なものというわけではない。むしろ、信仰の他の部分は、

「知的なものではなくて、直接的で直感的なもの、すなわち、このあるがままのわたし、この個人としてのわたしが、弁解など一言もなくとも、いまそして永遠に救われているという確信である。キリストの御業に関する観念的な信仰は、しばしば有効であり先行するものではあるが、実際にはそのような信仰は付帯的なもので非本質的なものでしかなく、「嬉しい確信」はこのような観念とははるかに異なった経路を通しても得られる、このようにリューバ教授が主張しているのは、たしかに正しい。この嬉しい確信そのもの、自分には万事申し分ないという確信を、教授はほんとうの（par excellence）信仰と呼びならわしていたのである。[19]」

しかし、ジェイムズ自身のプラグマティズムの方法から考えると、彼の「さらに何かがある」という漠然とした信仰に比べて、キリストは非本質的信仰になるのだろうか。例えば、『真理の意味』でプラグマティズムに対する誤解に対抗する方策を探して、ジェイムズは、プラグマティズムが信じられるものとその信念を真実だと要求するも

のとの間に密接な関係があることを支持すると示唆している。「その理念が真実だと信じるのに十分だと思われる根拠、また私がその信念に到達した方法は、その理念が真実であるというまさに正しい根拠の中にあるであろう」と。[20]赦されることの意味に注目することは、神がキリストにおいて世界のためになされたこととキリスト者が考えることとが不可分だということに、ジェイムズには思いも及ばないことである。

ジェイムズがキリスト教について、何がといかにとの関係を探求する必要がないと考えた理由は単純である。ジェイムズは、キリスト教について、何が真理であり偽りであるかを理解しており、それが彼のプラグマティズムと関係していなかったからである。[21]ジェイムズの賛同者と批判者の両者は、しばしば宗教的経験についてのジェイムズの積極的で建設的な説明に注目しながら、ジェイムズのキリスト教についての理解の仕方に注目してこなかった。いまや私はこの課題に向かい、ジェイムズの恣意性について述べて行きたい。少なくとも、彼は、彼自身のプラグマティズムの方法でキリスト教信仰を非現実的な世界だとして見下していると。

2　キリスト教についてのジェイムズ

ジェイムズがキリスト教の理解に失敗したと批判する人に、彼はキリスト者や神学者であると主張したことはなかったと言って、そう言うのは正しくないと反論できる。しかし、彼は、自分が神学者でないと否認しても、そのキリスト教の記述についての批判をかわせないほど真面目な思想家であった。さらに言えば、ジェイムズは、宗教的信念の真面目な批判者になるのなら、不信仰者(unbelievers)は、神学者でなければならないと見なしていた。

「特定の神性（deity）の類型を独断的に信じないこと（disbelieving）が広がることに対して、私は率直に、私たちは神学者でなければならないと告白する。もし不信仰（disbeliefs）が神学を構成するなら、導き手として選んだ偏見や本能そして一般常識が特定の信仰に嫌悪を抱かせるときに、いつでも私たちは神学的党派を構成していることになる。[22]」

実際、ジェイムズは特定のキリスト教信仰を嫌悪させるものと認識したが、それはジェイムズのキリスト教の知識がニュー・イングランドの限界を超えた保証など全然ないからである。ジェイムズは明らかにコスモポリタンであったが、彼と彼の兄弟たちを教育すべき方法について父の常軌を逸した考えから、利益も迷惑も受けていた。[23]したがって、彼は、ニュー・イングランドの無味乾燥なカルヴィニズムにさらされただけでなく、ヨーロッパを多く旅してルター派やカトリックから知識をたしかに得ることもできたが、それでもさらに正統的なキリスト教実践が彼に印象を与えたとは思えない。[24]私には、それらが少なくともキリスト教の礼拝の粗末な理解を考え直すように求めたとは考えられない。

『多元的宇宙（Pulralist Universe）』で、ジェイムズは、神が宇宙を創造されたという主張を攻撃した。ジェイムズによれば、そのような見方は、人間の主体性を、宇宙の最も深遠な現実の外に置いてしまうことになる。創造神を永遠に自らだけ十分な存在として主張するなら、創造はあたかも、非本質的実体としての世界を放り投げたことが神の自由な行為となる。そして、神と世界の間で、人間を第三の存在としている。神が一番、世界が二番、人間が三番というような形而上学を作る。すなわち、ジェイムズに言わせれば、それが「正統的有神論となる[25]」のである。

正統的有神論は、ジェイムズによれば、

「神の栄光ゆえ、孤立と分離をもたらすその神概念のもとにあるものすべてはこの誇張のために苦しむ。スコラ哲学の書物にはページ毎に神の創造行為があるが、創造の業に参加することによって神を証明しようとするものではない。神とその被造物は、スコラ神学では被造物全体（toto genere）において区別されている。そこには、絶対、共通するものはない。そうすると、神を一般的な性質におとしめ、神は、何ものとしても分類されえない。哲学的有神論では、私たちが部外者となり、神との関係で疎外された者となる。そこでは、どのレベルにおいてもその関係は一方的であり、双方向でないように見える。(26)」

ジェイムズにとって、有神論的見解に固有な二元論は、神と私たちの関係の理解に影響を与える。人間の立場は、神に服従する以外にない。神は、私たちの心の心にはなりえず、私たちの理性の理性にもなりえない。むしろ、神は要求する判事になり、その気まぐれな命令に私たちは機械的に従うだけになる。そのような神と私たちの関係は、刑法の類比によって大きく影響を与える。それは、神と親密になりえないことを意味する。そのような親密さを求めてきた神秘主義に対して正統的神学は戦いを挑まなければならない。ジェイムズは、「ヒンズー教徒」にこの国でキリスト教が広まらない理由が「創造についてのあなたたちの教義が未熟であったからだ」と言われたと語っている。また「インドの文盲の土着の人の求めに適うだけの広がりもなかった」と言われたと語っている。(27)

ジェームズによるキリスト教の創造の教義は、彼の有神論（理神論と言わないまでも）とキリスト教の混同という問題となる。そのような混同は、おそらく許されるものであろう。なぜなら、ジェイムズが最も親しかったのは、カルヴァンのキリストを抜きにしたカルヴィニズムだったからである。しかし、ジェイムズは、アウグスティヌスの

『告白』を読んだことがある。少なくとも彼は『宗教的経験の諸相』で、アウグスティヌスを回心によって分裂を克服して統合に至った古典的例としていた。それなのに、アウグスティヌスの欲望の記述、つまり神のうちに心やすらうまでいかに安きをえないかを読むことが、彼の主張つまりキリスト教正統主義の神がご自身の被造物と親密になれないという主張を考え直させなかった。[28]

ジェイムズは、『宗教的経験の諸相』でニューマンの長い文章を引用する。それは、神の自存性の議論から始まる。つまり神の完全性から始めると明言する。すなわち、神は一であり、唯一であるゆえ、神の本質（essentia）と神の存在（esse）は一挙に付与されなければならない。それは、神の全能性に欠けが生じると、不変性、全知、全能がなくなるからである。ジェイムズは、それゆえニューマンの説明が彼の正統的有神論を確認するだけで説明を打ち切ってしまったと主張する。なぜなら、彼は、たとえば三位一体の神秘などという形而上学的規定の追求に読者が疲れないように打ち切ったからである。[29] 私たちが創造をどのように理解し、また神の述語的叙述を類比によるべきだという理由を考えることも、三位一体論に関わることなども、ジェイムズには考えられなかったようである。

ジェイムズにとって、そのような考えは的外れであった。神の属性をどのように主張されても、ジェイムズは、そのことを無意味だと考える。「私自身としては、なつかしい連想を傷つけるかもしれぬようなことを言いたくはないが、よしこれらの属性が誤りなく演繹されたものであっても、それらの属性のどれかが真であるとしてもそれが私たちにとって宗教的にほんの僅かな意義でももっていようなどとは、私は率直に否定せざるをえない。いったい、神の単一性により善く適応するために、私はどんな特別の行為をすることができるというのであろうか？」[30] と。実践的宗教の観点から考えるなら、「そういう属性が礼拝させようとして私たちの前に持ち出してくる形而上学的怪物などは、学者ぶった人間の考え出した絶対的に無価値な発明品にほかならない」[31] と。

ジェイムズは、形而上学的属性とは異なり、神に帰すべき道徳的属性には明らかに実用的意義があると考える。神の聖性は、神が善であること以外には何も行なわずに世界を支配することだと語る。神の全能は、神の意志の勝利を保証する。神の正義は、私たちに聖なる罰を与え、[32] さらに神は愛であるから、罪を赦すこともできるとする。簡単にいえば、神の道徳的属性は、恐れを与え、希望を与え、聖なる生活に根拠を提供する。それにもかかわらず、ジェイムズは、「ポスト・カント主義という観念主義」が神の道徳的属性の論証を徹底的に拒否するだけでなく、「自分の経験に基づいて見られた世界の道徳的様相こそ、かかる世界を善なる神が組み立てたということを疑わしめるに足る理由であると考えている人間を、その論証がかつて回心させたためしがないというのは、明白な歴史的事実である[33]」と明言する。ジェイムズは、ヨブ記が神の本質に非存在があるというスコラ的論証によって神の善性を立証する「まったく馬鹿げたこと」を試みたと言っている。

神の形而上学的述語の主張が少しも実用的差異（pragmatic difference）をもたらさないのと同じように、創造についての主張も、実用的効果をもたらさない。ジェイムズによれば、プラグマティズムにとって、物質主義も有神論も重要な選択肢にはならないが、それは説明する実用的効果をもたらさないからである。実用主義者は、神が全てを創造されたという見方も、宇宙が盲目的な物理的力の結果であるという見方も選ぶはずがない。そのような選択肢は、実用主義的には何の特徴ももたらさないからである。なぜなら、世界は既に完成されていることになるからである。ジェイムズにとって、現実に経験された世界は、両者の主張において詳細に至るまで同じである。つまり、世界は「返却できぬ賜物なのである[34]」。これは、ジェイムズの創造信仰が実際的意味をもたないという主張にあわせたにしても、驚くべき言語の選択である。ジェイムズは、この見方をただキリスト教の語り方にあわせるためにだけ主張しているかもしれない。[35] 私には、物質主義者が世界を「賜物」と呼ぶことなど想像できない。

ジェイムズは、彼のために言うが、かつて創造し裁く神を信じていた人々がそのような神をしだいに捨てるようになったのかと問うている。彼は、このような移り変わりがただ経験的進化論の結果だと考える。[36] 数世代の後、かつては広く受け入れられていた神的なもの（deity）の見解をうけいれられない世俗的変化が起きたのである。例えば、今日、宥めるために血を流す生け贄を要求する神的なもの（a deity）は、あまりにも血なまぐさいので、真面目に理解できないことになる。[37] 同様に、報復の正義などという残虐さと独断は、専制君主時代には神の特性と考えられたが、今日、私たちは明らかにそのような残虐さをとんでもないこととして否定する。同じように、現代の超絶主義者（transcendentalist）にとって、儀式的礼拝は、ばかばかしいほど子供っぽい神に向けられたものにしか映らない。[38]

ジェイムズの宗教についての説明は、明らかに進歩的歴史叙述を要求し、過去の経験より現在の意識の方が優位だとする。しかし、なぜ私たちがそのような前提を共有しなければならないのか、その基準は示していない。[39] ジェイムズは、自然神学を展開しようとしていた全ての試みがもはや説得力のない理由を叙述しようとして、このような歴史観の論証として使用したのであろう。ジェイムズにとって、自然神学を実践する試みは、自然現象とその背後で自然に現れた精神があるという熱望の間の対立に対する応答である。[40] そのような熱望が何百年にもわたって神の存在の論証に説得力を持たせてきたが、次第にそれに対する反論が、神が存在するという全ての論証の間の継ぎ目をうめてきたモルタルを洗い去ってきたのである。[41]

ジェイムズによれば、神の存在の論証は、すでに神を信じる者にのみに機能する。カント以来の全ての観念論者がこのような論証を無視できると感じてきた「ありのままの事実」は、それらが宗教の基礎になるには不十分なことを示している。さらに、デザインの論証は、ダーウィン以来できなくなった。ダーウィンは、私たちの精神を偶然の出来事という力にむけ――、

「不適合であるため滅ぼされた結果のいかにおおいか、この自然の浪費の莫大さを示している。彼は、また多くの適合の事実をとりわけ取り上げ、もしそれらが設計によるものであるとしたら、それらは善意の設計者というよりむしろ悪意の設計者の手になるものに違いないと強調した。この世界では、全ては観点にかかっている。樹皮の下に隠れている幼虫にしてみれば、キッツキの身体構造が自分を引き出すのに申し分なく適合していることは、確かに悪魔のような設計者の存在を証明することになるであろう。(42)」

ジェイムズにとって、キリスト教の神信仰を理解できないようにしたのは、最終的にはダーウィンとダーウィンが可能にした社会的調整である。

ジェイムズの自然神学に反対する議論は、私が最初の講義で、その議論を神学的基盤から引き離したゆえに悲惨な結果になったという示唆を確認するだけである。ジェイムズの神の存在の論証の記述も、彼のそれらへの批判も、哲学的には厳密ではないが、例えば、アクィナスの『神学大全』のなかで神の存在についての論証がどのように機能していたかについての彼の理解は、重要である。にもかかわらず、ジェイムズには、神のアイデンティティについて人が論じることが神学的であるとは思い浮かばなかった。ジェイムズは、理由がないわけではないが、神存在の論証がキリスト教を形而上学的有神論の変形だと確証するのを単に主張しただけである。

ジェイムズが創造の教理を拒絶したことは、この世界の冷酷な事実と混沌の中で人間存在がその能力と力以外の何ものでもないつまり偶然そのものだとするダーウィン的教義への信仰に関係するとは想像できなかった。ジェイムズは、私たちが動物であることを発見するのにダーウィンを必要とはしなかった。彼はこのことをアクィナスから学べたはずである。[43] アクィナスは、ダーウィンの見解を（厳密な批評にさらしたであろうが）私たちの被造物の立場から簡単に確認できたであろう。ジェイムズがアクィナスからも学べたことは、またダーウィンからは学べなかったであろうが、私たちが造られた立場だということを否定するなら人間の営み（human project）を支持しにくくするのである。ジェイムズが表明した説得力のあるヒューマニズムさえ、知解可能にしてくれる源泉から切り離されるなら、多かれ少なかれ、人間は本来の私たちではなくなるのである。

ジェイムズが人間の被造的地位を否定したなら、それだけ私は彼の自然神学への反論を彼のキリスト教への基本的反抗として真面目にうけとるのは間違っていよう。これらの議論は、ジェイムズのおもにキリスト教に対する深い道徳的反抗の表現である。本当にジェイムズを悩ませたのは、キリスト教が世界について間違った見方をしていると思うことではなく、キリスト教が神なしに人間の営みを支えるのに必要な道徳的、政治的調整に抵抗することであった。ジェイムズは、キリスト教が、彼の生じることを願った世界の敵になると観ている点では、全く正しかった。ジェイムズの世界が存在するようになり、ジェイムズがある疑惑を抱いていた世界が生まれたことは、彼の思想状況に関与するのがより一層重要になる。今日の多くのキリスト者は、ジェイムズが望んでいた世界を望んでいるが、他方でキリスト教の神も支持しつづけられると考える。しかし、ジェイムズが、あなたがたが両方を手に入れることは出来ないと考えたことは正しい。

3　ジェイムズの民主主義によるキリスト教批判

ジェイムズは、『宗教的経験の諸相』の結論のところで、次のように考察する。

「もし私たちが無造作に特殊な神学、たとえばキリスト教神学の立場をとって、『より以上のもの』を直ちにエホバと決めてしまい、「合一」をエホバがキリストの義を私たちに負わせることと決めてしまうなら、それは不当であろう。それでは他のもろもろの宗教に対して不公平なことになるであろうし、現在の私たちの立場からすれば、少なくとも余剰信念となろう。[44]」

なぜ、一人の実用主義者への関心が「不公平なこと」になるのだろうか。彼は、続く段落で、「あまり特殊化されない言葉」を使って正当化しようとする。つまり、他の科学とも関連付けて議論すべき宗教学者として論じようとして、心理学者が真実なものを認識できるとして宗教を叙述する。しかし、なぜ、宗教学が「公平」と言うことを主張しなければならないのだろうか？　もちろん、宗教学においても、公平さではなく、真理が対象である。他方、「公平さ」は、民主主義の重要な価値である。

『多元的宇宙』において、民主主義を支持する生活様式と共存できないキリスト教について率直に述べている。

「私たちの祖先に生き生きと話しかけ、世界の限られた時代の中で、無からの創造、その法的道徳と終末論、その報いと罰に対する喜び、外なる設計家として神を理解し、『知的、道徳的支配者』として理解する神学的仕組みは、私たちにはほとんど奇妙である。それは、あたかも野蛮で未開の宗教であるようである。科学的進化論が開いた広大な視野、また上昇しつつある社会の民主的理想が、私たちの想像力の形を変えており、過去の古い君主的な有神論は古臭く、時代遅れになり、廃れ行くものである。世界の神的な場所は、さらに有機的で親密なものであるべきである。外的な創造者と彼の制度は、教会の式文で気だるい言葉で告白されるかもしれないが、生命はそれらの外にある。私たちは、そこに住んでいない。私たちの誠実な心は別の処にある。[45]」

私は、民主的な社会調整に直面して、キリスト教信仰の文化力が弱っていることについてジェイムズの記述と論争する理由などない。しかし、明らかにジェイムズは、ただ記述するだけではない。彼は、民主主義がキリスト教に交代することを良いことだと思っている。さらに彼は、民主主義とはただ単に社会的、政治的調整だけでなく、現れはじめている宇宙の性質そのものだと考えている。

しかし、何を根拠に、ジェイムズはそのような宇宙論的主張をしたのだろうか？　彼の真理の実用的説明を考えると、なぜキリスト教の特殊性による主張が「不公平」になるという理由だけで、簡単に無視するのだろうか。そのような判断が働くのは、ジェイムズ固有の哲学的熟考ではなく、エマソンに継続的影響をうけ、特に1838年のハーバード大学神学部での有名な演説に影響を受けていた。[46]その演説でエマソンは次のように宣言している。

「歴史的キリスト教は過ちに陥っている。宗教と交流する全ての試みを堕落させている。イエスの人格（the person）について、有害な誇張をしてきたし、今もしている。人は、神が死んでいるかのように、いにしえに与えられた、行われたものとして啓示について話し始める。教会は、ほとんど全ての生命が滅んでいるかのようにぐらついているようである。歴史的キリスト教は説教の力を破壊し、人間の道徳的本性から退却し崇高なものが在るところ驚くべきものと力が在るところから退却している。一体いくつの教会で一体どれだけ多くの預言者によって人は分別ある者とされたのか。教えて欲しい、天も地も彼の心の内に流れ込む。彼は、永遠に神の魂を飲み続ける。[47]」

コーネル・ウェストは、シドニー・オールストロームを引用して、エマソンが「アメリカ的宗教」と称されるものの作り手となったと示唆した。[48]ウェストは、エマソンの宗教の主要な教義が、罪がただの限界であること、そして罪を克服すること、罪が存在しさらに克服されるべきであることは素晴らしく善いことだという考え方だと見ている。この観点から、イエスの「人格」を強調するのはおかしなことである。なぜなら、そのような強調は、人間精神の新しい普遍的宗教への成長を妨げることになるからである。ウェストによれば、エマソンがこの新しいアメリカ的宗教を作り、ジェイムズがその防御に立ち上がり最初の神学者になったのである。ジェイムズがその役割を果たした事実は奇妙なことではない。しかし、この新しい宗教の実践のためにキリスト教的正統性を簡単に排除できると考えたのは奇妙である。

さらに奇妙なことは、民主主義という宗教が彼の嫌った生活そのものに導かざるを得ないことを見落とした点である。すなわち、集団主義の中で個人を見失うことになるのである。1899年にジェイムズのヘンリー・ホイットマン夫人に宛てた手紙をウェストは引用する。その中で、彼の周りで始まった展開を彼は軽蔑していた。

「私はどんな形式にしても大きなもの、偉大なものに反対である。見えない分子的道徳力が、個人から個人に伝わる。あたかも世界の裂け目に盗み入る、多くの柔らかな幼根が毛細管から、水が流れ出るように、それでいて人のプライドのいちばん固い記念塔をもぎ取る。もし時間を彼らに与えるならば。あなたが扱うものが大きければ大きいほど、よりうつろでありより残酷でより偽りであることが露呈される生活である。それゆえ、私は、大きな組織には反対である。先ず国家的なものに反対である。また、すべて大きな成功、大きな成果に反対である。たえず個人に働きかけ、直接的には成功しない真理の永遠なる力に味方する、負け犬はつねに、歴史が来るまで、長く死んでいた後に頂点に置かれるであろう。[49]」

大きなものに対するジェイムズの嫌悪は、エマソンから受け継いだが、ただ個人主義の表現にしか過ぎない。[50]ウェストによるなら、その個人主義は、ジェイムズの中では苦難を経験した人たちに対する本当の共感だが、有効な変化にどのような政治的手段が必要かについてはナイーブである。ジェイムズは、政治的には右でも左でもなかった。彼は、民主的感受性に包まれたリバータリアンであり、国際的視野と深い道徳的感受性をもっていたが、彼を政治的に無力にしたが高潔さは保証した。[51]ジェイムズのキリスト教批判は、彼の立場で正当化するにはとても困難であるが、ある社会秩序に関与する表現である。成長していく社会の中で、富に対する彼の危惧がこれほどはっきり表現された箇所は他にない。

ジェイムズは、『宗教的経験の諸相』で聖人について語る章で、貧しい人へのキリスト教的愛は、英語圏の人たちには理解出来ないものとなったと言う。

「私たちは文字どおり貧乏を恐れるようになっている。自分の内面生活を簡易にし守護するために、貧しさを選ぶ人を私たちは軽蔑する。金儲けに夢中になっている金融街でみんなと一緒になって奪い合い、ひしめき合うことをしない人間がいると、私たちはその人間を気力がない、大志がない、と思う。私たちは、昔の人々が貧さを理想化したのが、何を意味したかを想像する力さえ失っている。その意味は、物質的な執着からの解放、誘惑に屈しない魂、雄々しい不動心、私たちの所有物にではなく、私たちの人となりあるいは行為によって生き抜いて行くということ、いかなる瞬間にも責任を問われずとも私たちの生命を投げ出す権利、――要するに闘士的な覚悟、道徳的な戦闘に堪えるような態勢ということであった。今日いわゆる上流階級の人たちがかつて歴史に見なかったほど、物質的な困窮や辛苦におびえているのを見ると、風雅な住家を建てられるようになるまで結婚を延期したり、銀行預金もないのに子供をこしらえて手仕事をせざるをえないことを考えて身ぶるいするのをみると、思慮ある人間なら、当然こんな女々しい非宗教的な考え方に抗議してしかるべきである。[52]」

ジェイムズは、読者に対して、このような貧困に対する態度が増えることについて真剣に考えて欲しいと訴え、「と申すわけは、教養のある階級に広がっている貧しさに対する恐怖心が、確かに、私たちの文明の罹っている最悪の精神的疾患であるからである[53]」と批判的に言うのである。

しかし、ジェイムズは、彼が「闘士的また宗教的生活様式」を維持するのに必要な徳目を侵食したと考えた困窮への恐れが、エマソン的世界が造られたせいであることに気づかなかった。その世界で、キリスト教はジェイムズが望んだように私的にされた「宗教」となる。たとえば、ハーバード・スペンサーの洞察を「同情的に」要約して、すべての人が聖徒である環境では完全な行為が可能になるが、ほとんど聖徒がいない環境では正反対になるだろうと考える。ジェイムズによると、

「現代の科学的な慈善組織全体が、ただ施し物を与えるだけの行為が失敗に終わる結果をあらわすのである。立憲政治の歴史全体が、悪に抵抗し、一方の頬を打たれたとき、他の頬をも差し出して打たせないで却って相

手の類をうちかえしてやることこそ立派な態度ということの注解のようなものである。諸君は一般論としてこの議論に同意されるであろう。なぜなら、福音書が何を言おうと、砲火には砲火をもって戦い、横領者は銃殺し、泥棒は監禁し、浮浪者や詐欺師を追放することを、当然のことと諸君は信じていられるからである」[54]。

簡潔に言うと、ジェイムズはエマソンが望んだことを望んだ。しかし、彼は、民主的世界にはある強制力が必要であり、たとえエマソン的術語において説明されたり正当化されたりしなくてもそう考える。しかし、ジェイムズは、このような暴力が社会の「境界」には必要だと考えた。彼が想像したり認識したりできなかったことは、彼が「民主的」と名付けた秩序の中心に暴力があることであった。

もし、ジェイムズの民主主義の名におけるキリスト教批判が混乱しているなら、彼の周囲に展開する世界がこの二人（エマソン、ジェイムズ、訳者）より更に多くの人々の道徳的精神だからである[55]。古代キリスト教に対する決まり文句として彼の批判は、個人と民主主義へのロマンティックな賞賛の逆転像(mirror image)にしか過ぎなかった。ジェイムズにとってキリスト教の間違いは、それがプラグマティズムに従わなかったことではなく、民主主義に従わなかったことである。ジェイムズの「大学育ちの社会的価値」という論文で、ジェイムズは、いつものように素晴らしく率直に、「民主主義は、ある種の宗教」であり、そこにおいて未来の高貴な人々は、「見えざる教会」[56]を形成するだろうと認識している。このような社会秩序は、発展している大学で形成されたエリートの育成によってのみ可能である[57]。

したがって、ジェイムズにとって、またキリスト教から離れることが最善だと考える人々にとって、大学は教会の代替物になる。少なくとも、大学は、近代社会でまだキリスト者であろうとする人に、キリスト者の確信が私事的幻想の維持のために用いられる「過剰信念」であり、知識としては気にしなくてもよいと考えさせる。このキリスト教の周辺化は、民主的社会秩序を維持するのには必要である。そこで、私たちが最重要視するものは、遠慮すべきであるゆえ私事化しなければならない。ジェイムズの民主化された世界で、このようなものが公共的になれば、ジェイムズは不公正だと考えるだけになり、悪くすると争いのもととする。

今日キリスト者が出会っている困難は、ジェイムズ的世界が一貫して「私たちの」世界になり、私たちにはそれ以外考えられないことである。マッキンタイアは、彼のギフォード講義を別の選択肢の大学をイメージすること、さらに広げるなら別の世界をイメージすることで終わろうとした。しかも、私は、彼が正しい道を歩んだと思う。[58] マッキンタイアがそうしたように、私は、このことについて、この講義の終わりまで示唆を待ってもらおうと思う。しかし、私は、ウィリアム・ジェイムズを終える前に、彼の望んだ世界の記述またそのような世界を不可避だと感じさせる大学の記述を、大学が暴力で可能にされ強制力で維持される生の形態を正当化する共謀に加わっていることを認識できなくしていると指摘しておきたい。

ジェイムズは、プラグマティズムがまさに合理性と一元論を避けるゆえ、暴力と正反対になると考えた。プラグマティズムは、理論によって世界を規定しようとする人々の偽りに対して、武装して戦うものであった。プラグマティズムは、特殊な成果やドグマに味方するものではない。むしろ、プラグマティズムは、

「ホテルの廊下のように、もろもろの学説の中央に位しているものである。無数の室がこの廊下に面して開いている。一室には無神論の書物を書いている人がいるかもしれない、隣の室では跪いて信仰と力を祈り求めている人がいるかもしれない、第三の室では科学者が一物体の性質を研究しているかもしれぬ。第四の室では、理

想主義的な形而上学の体系が考案されており、第五室では形而上学の不可能なことが証明されつつある。しかし彼らはみんなこの廊下を自分のものと考えているし、まただれでもめいめいの部屋の出入りに通ることのできる通路を欲する以上は、どうしてもこの廊下を通らざるを得ないのである。そこでこれまで述べたところから考えてみると、プラグマティックな方法なるものは、なんら特殊な結果ではなく、定位の態度であるに過ぎない。すなわち、最初のもの、原理、「範疇」、仮想的必然性から顔をそむけて、最後のもの、結果、帰結、事実に向かおうとする態度なのである(59)。」

ジェイムズは、彼のイメージしたホテルの廊下が非暴力的に維持されると考えた。しかし、私たちは、そのような廊下が大学にさえ存在しないことを学んできた。すべての廊下には、パトロールが必要である。このようなパトロールは、とくに大学では、しばしば非暴力であると主張し、最終的に戦争での勝利者は「平和」の側にいたと主張する。非暴力であると見せかける専制的権力を暴露することは容易ではない。しかし、ラインホールド・ニーバーは、キリスト教の真理の名において、この困難な課題をライフワークとした。したがって、ニーバーは、しばしばジェイムズに対抗するキリスト教における別の選択肢として解釈される。しかし、少なくとも私の見るところ、ラインホールド・ニーバーは、不幸にしてジェイムズに反対するより同意していた。私はそのことを次の二つの章で論じようと思う。

(Endnotes)

1　William James, the Varieties of Religious Experience: A study in Human Nature, foreword Jacques Barzun (New York: Mentor Book, 1958). 275-276

2　Ibid., 386.

3　Ibid., 37. エドワーズとジェイムズの魅力的な関係についてはマーサ・ゲイル・ハムナー（Martha Gail Hamner）を参照。"Habits of a Christian Nation: An Alternative Genealogy of American Pragmatism" (Ph. D. diss., Duke University, 1997), 229-289. ハムナーは、ジェイムズと比較してパースについて役立つ説明をしてくれた。

4　ウィリアム・ジェイムズ『宗教的経験の諸相』下（桝田敬三郎訳、日本教文社、1962年）275-276頁。

5　ウィリアム・ジェイムズ『宗教的経験の諸相』下（桝田敬三郎訳、日本教文社、1962年）276-177頁。

ウィリアム・ジェイムズ『宗教的経験の諸相』下（桝田敬三郎訳、日本教文社、1962年）276頁。パースとジェイムズのプラグマティズムの意味について類似点と相違点について明らかにすることは私の目的には必要ない。パースが彼自身の見方とジェイムズの見方のあいだに距離を置いたことは間違いなく正しかった。しかし、私は、彼らの違いは、ある人たちが主張した程大きなものではなかったと思っている。たとえば、Christopher Hookway, "Logical Principles and Philosophical Attitudes: Pierce's Response to James's Pragmatism," in The Cambridge Companion to William James, ed. Ruth Putnam (Cambridge University Press, 1997), 145-165. を参照。ホックウェイは、パースのリアリズムとジェイムズのノミナリズム（名目主義）を対比する。ジェイムズがある点において名目主義者であることは疑いのない事実であるが、ジェイムズをノミナリスト、あるいはリアリストと呼ぶことでどれだけ役立つのか分からない。例えば、The Meaning of Truth (Cambridge: Harvard University Press,1996) で、ジェイムズは、プラグマティストにとって、「真理になりうるものがないなら、真理などありえない。映し出された事実がそれらに認識の輝きを与えなければ、理念は、平板な心理学的表面である。

それゆえ、プラグマティストとして、注意深く、ad initio, そして、なぜ、私の議論を通して首尾一貫、断定して来たのか？私が認識論者的現実主義者となっていたのか？

6　Ibid, 369. パースとジェイムズのプラグマティズムの類似性と差異を明らかにするのが、私の必然的な目的ではない。パースは、彼自身の見解をジェイムズのそれと区別することにおいて疑い無く正しい。しかし、私は、彼らの間の差異がある人が示唆するように正確だとは考えない。たとえば、クリストファー・ホックウエイは、「論理的原理と哲学的態度：ジェイムズのプラグマティズムに対するパースの応答」in The Cambridge Companion to William James,ed. Ruth Putnam (Cambridge: Cambridge University Press,1997), 145-165. ホックウェイはパースのリアリズムとジェイムズの唯名主義を比較する。ジェイムズがある事柄についてノミナリストであることは疑い無く真実であるが、ジェイムズをノミナリストやリアリストと呼ぶことがどれほどその理解に助けになるか分からない。例えば、The Meaning of Truth (Cambridge:Harverd University Press,1966) でジェイムズは、「プラグマティストにとって、「真実がないとしたら、真理はありえない。ある反映した事柄が彼らに認識の喜びを与えなければ、諸理念には単調な心理学的外見もないであろう。これは、プラグマティストとして最初に (ad initio) 注意深く「リアリティ」を主張した理由である。私の全議論を通して示した理由である。私は、認識論的リアリストであり続ける。」と論じる。ジェイムズは、彼が誤解された理由が彼の批評家たちが真理とリアリティを混同したのではないかと疑う。「リアリティは真理ではない。それらは存在しているのである。また諸信念はリアリティの真実である。」(272) おそらく、ジェイムズは、彼のプラグマティズムがそのようなリアリズム一致している方法について不適切な説明をしたのであろう。明らかに、彼は意図的に反リアリストであると誤って論じたのであろう。ヒラリー・パットナムは、The Revival of Pragmatism: New Essay s on Social Thought, Law and Culture (Durham: Duke University Press, 1998). 37-53. パットナムは、ジェイムズの思想にある反リアリストの要素があることに気がついていた。しかし、彼がジェイムズの自然的リアリズムと呼ぶことを防御した。彼は、ただしくジェイムズの Essays in Radical Empiricism, intro. Ellen Sukiel, preface by Ralph Barton Perry(Lincoln: University of Nebraska Press. 1996). を引用した。John Smith の Purpose and Thought: The Meaning of Pragmatism (New Haven: Yale University Press, 1978) は、今でもパースとジェイムズとデューイの最も有益な比較の文献である。

7　William James, Pragmatism and the Meaning of Truth intro. A. J. Ayer (Cambridge:Harverd University Press, 1996). 40-41. 彼のジェイムズについての適切な説明で、エイヤーは、ジェイムズ自身の概念を用いて、ジェイムズが彼の経験主義において頑強であ

り、同時に自由意思と諸道徳と宗教に対する彼の態度において柔軟であった。エイヤーによれば、彼の柔軟な精神の信念を受け入れる「さらに柔軟な」理性を求めていた。

もし、私たちの思想が直接的な「金銭的価値」があるときのみ真実だという立場に見られるなら、それはジェイムズのプラグマティズムへの誤解である。Essays in Radical Expiricism, において、私たちの多くの認識は決して完全に固定化できないと注意している。「プラグマティズム」と名付けられたものは、議論が起こったときにも続けられる方法である。ジェイムズは、私たちの考え続ける能力が通常「私たちの認識の完成の意味」がなくても正当化されるということをよく認識していた（67-76）。

8 James, Varietis, 358-359.

9 Ibid., 424.

10 Ibid., 415.

11 James, Pragmatism、143-144. ジェイムズの動物の実例は、彼の健全な精神とアンヘドニアと呼ぶものとの間の動揺を見事に示している。たとえば、彼の論文（"Is Life Worth Living?" in "The Will to Believe" New York: Dover Publicatios. 1956). において、ジェイムズは、私たちの「全物質的生は、精神的雰囲気に浸りきっている」と観察する。それを私たちは認識できない。彼が示唆するのは、私たちは、人間の生活の中にいる犬のように、そこにはいるがそこに所属していないというのである。しかし、この場合、例の犬は、図書室や応接間に宿るのではなく、「実験室で解剖される哀れな犬、彼はベッドに縛り付けられ、処刑人のまえで金切り声を上げている。文字通り、彼の暗い意識は、地獄にいるのである。この仕業の前で一筋の救いの光さえ見ることができない。これらの悪魔的な出来事はしばしば人間の意図のもとで統御される。彼の暗い哀れな知性は、その意図をわずかでも知ることが出来るかも知れない。だとすれば宗教的默従におけるヒーローであろう。癒しの真理、獣と人間の未来の苦悩への救いは、それらによるのであろう。まさに贖いのプロセスである。ベッドに横たわることにより、イヌ科に属する生命のどのような価値より高い機能をはたしている。またそれは彼の限界を絶対的にこえた運命である。」（57-58）。ジェイムズが『プラグマティズム』の図書室に彼の犬をいれたことは、（彼の最晩年のムードを見事に表している。しかし、私は解剖された犬を彼が忘れたとは考えない。The Divided Self of William James(Cambridge: Cambridge University Press, 1999)において、リチャード・ゲイルは、ジェイムズの解剖の防御が極めて興味深い説明を提供した。ジェイムズが上の引用で示唆したように、英雄的な犬がその犠牲において宗教的に黙従したのであれば、ゲイルは修辞学的に問うのであるが、どのような根拠によってジェイムズは人間の犠牲の正当化に反対するのであろうか？　私は正しいと思うが、ゲイルは、このような議論をすることによって、ジェイムズは善の本質が要求を満たすこととする彼の見方を和らげればならないと論じる。

12　ジェイムズは、"Is Life Worth Living?"において、全体的に、自然主義的迷信すなわち自然の神を礼拝することが「教育された理性」の支持を失い始めたと宣言する。まさに、彼は、「健全な宇宙との究極的関係に入る第一歩は、そのような神が存在するという観念への反逆行為である」(44)とまで言い出した。この語句において、ジェイムズは、「自然の神」を「キリスト者が礼拝する神」と同一視していない。私は以下に示そうと思うが、彼は、キリスト教の神が自然の神と同じであると主張していると思う。

13　桝田訳、下、379頁。

14　有限な神の見解の詳細な防御を提供している。ジェイムズは、このような神が彼のヒューマニズムに相関すると理解した。『根本的経験主義』における「ヒューマニズムの本質」で、ジェイムズは、「私自身は、ヒューマニズムを有神論的に、多元主義的に読む。もし神がいるなら、彼は、絶対的な全ての経験者ではなく、最大の現実の認識的範囲の経験者である。」(194)ジェイムズのこのような神の見方が彼の生涯の最後の二十年においてどの程度変化したのか、はっきりしない。たとえば、根本的経験主義の神が『信じる意志』の「汝」ではないであろう。後者の研究において、ジェイムズは、本質的に神が宇宙における最も深い力であると認識されている。また精神的人格性の形態のもとに認識されている。しかしながら「内因的に」神の人格性に属するならあるものに親密になり、むしろ「外から来る」と彼は注意する。「神の人格性は他の人格と同じように、私自身の外側にあるもの、私以外のものであると考えら、私が出会い発見する存在とされる。」("Reflex Action and Theism," in The Will to Believe, 122)、有神論が「それ」から「汝」への運動を求める方法についてのジェイムズの省察は"Reflex

Action and Theism” 134 を参照。

15 Ralph Barton Perry, The Thought and Character of William James (Cambridge: Harvard University Press, 1948), p. 257.

16 ジェイムズは、A Pluralist Universe の曖昧な語句で彼の読者に、不注意に巻き込まれるがちな「他の対象」として描くものから遊離した観念を区別するように求める。「他の対象は、彼らの宗教における一般の人々の「神」である。また正統派の神学の創造者としての神である。ただ徹底した一元論者か汎神論者のみが絶対者を信じる。私たち庶民のキリスト教の神は、ただ多元主義体系の一メンバーである。彼と私たちは、悪魔や聖徒や天使が私たちのそとになっているように、互の外に立っている。私は、ダビデの神かイザヤの神という以外に、異なった何者かを知らない。その神は本質的にコスモスにおける限定された存在であり、彼におけるコスモスではない。まさに彼は、地域に住まっている。まさに一方的に地域的であり、個人的な愛着である」(110-111)。この語句でジェイムズが何を言おうとしているのか私には分からない。一般の人々がダビデの神かヘーゲルの絶対者を選ばなければならないなら、ダビデの神を選ぶであろうが、創造者の神が「相対者」でありうることを考えられないであろう。

A Pluralist Universe の結論において、ジェイムズは、一元論の代わりに「絶対者」を意味すると「私が考える観念を全て受け入れると言う、他の言葉で言えば、神がいるが、彼は力と知識において有限者であり、あるいは両方において有限者である。それらは、語る必要はないが、一般の人たちがいつも神との活発な交流を行う用語である。また彼の見解を実践的・道徳的に混乱させる一元論的完全は、遠い専門的理性による彼自身のものに代わる、遠くから働きかける冷静な追加である。」(311-312)。ジェイムズは、明らかに、彼の「神」が一般の人々の、知っていようが知っていまいが、実際に礼拝する神であると主張しているようである。言う必要がないが、彼はこのような主張に証拠を示していない。

17 ジェイムズの一般の人々の発見の重要性は、James Livingston, Pragmatism and the Political Economy of Cultural Revolution, 1850-1940 (Chapel Hill: University of North Carolina Press.1994). 158-180. を参照。リヴィングストンは、ジェイムズの 1899 年のホイットマン社の一般の人々への賛歌を引用している Talks on Teachers on Psychology (Cambridge: Harverd University Press, 1983). そこで、ジェイムズは、ショトーカ・イヴェント（一種の成人教育、訳者）からの帰りの列車旅行で「一つの啓示」を受けたと

叙述している。ジェイムズは、「中産階級のユートピア」の息苦しい日常業務（ルーチン）から逃れて救われたが、同時に「世界」に戻ることを予測していた。この不気味な性格付けは少なくとも興味深い。リヴィングストンは、「この旅行」がジェイムズのかたる顕現を準備したと示唆する。「ヒロイズムを求め、絞首台の光景を求め、私は、身の回りにあるヒロイズムの大きな広いフィールドに気がつかなかった。私は、それが今もあり、生きていることを見失なっていた。私はただそれが失われてレッテルを貼られて保存されているだけと思っていた。また作り話だと思っていた。そして、労働者階級の日常生活にはあったと思っていた。しかし音響連想の戦いや捨て鉢の行進だけが探求すべきヒロイズムではなく、全ての鉄道橋の建設や耐火性の建物が建設される。普通貨物車で、大型船のデッキで、牧場で、鉱山で、材木場で、消防署員や警察官の間で、勇気は絶えず必要である。その供給が失われてはならない。」(154-155)。このような語句を解釈する人々に対するジェイムズの防御は、Gerald Myers, William James: His Life and Thought(New Haven: Yale University, 1986), 406-409。を参照。マイヤーによると、このような語句のジェイムズの興奮した論調は、他の人の内的生に潜んでいる決定的な点と同一化する共感的観察の結果である。それは、人生を生きる価値があると考える希望を私たちに提供する。

18　ジェイムズは、「神」を資本化するかどうか決めていないようである。しばしば彼はそうした。私は、しかし彼の実践がそうするか否かの理由を私は識別できない。

19　邦訳、上、367-368 頁。

20　James, The Meaning of Truth, 275.

21　William James において、マイヤーズは、この判断を支持している。『宗教的経験の諸相』の冒頭において、ジェイムズは、彼の接近法がプラグマティックであり、結果に焦点を合わせ、また宗教経験の源泉を明らかにするために科学が哲学を超える方法の問いを横に置くと宣言していると見る。彼自身の神秘的な解釈は、ほとんどプラグマティックではない。なぜなら、現象から結果に進むのではなく、現象から推定された起源に進みこのような解釈がテストされないのである。彼の宗教哲学は、仕組まれたもので、決してプラグマティックではない。

22　James, Varieties, 279.

23　ウィリアム・ジェイムズの宗教観に父親のスウェデンボルグへの転向の影響が大きい。1844年の彼のイングランドにおける神経衰弱のあとのことである。しかし、父ジェイムズへのスウェーデンボルグの影響は誇張されている。しばしば考えられているが、父親はスウェーデンボルグの思想の研究者ではなかった。むしろ、彼は、自分の考えを補強してくれるかぎりスウェーデンボルグの追従者であった。疑いなく父ヘンリー・ジェイムズは、宗教についての哲学的問いとりつかれていたのである、たしかにこの点で、ジェイムズは、父の子であった。しかし、ウィリアム・ジェイムズが宗教についての父親の明らかな考え方に影響を受けているか受けていないか、はっきりしない。彼らの考えが似ている限り、その時代の知的階級を代表する宗教についての一般化された主張をただ分け合っていなのではないかと思う。

24　ヘンリー・レヴィンソンは、たしかにジェイムズの最も洞察力のある、また共感的な解釈者のひとりであるが、ジェイムズの新しい宗教を強調して受け取る一般的試みもかかわらず、彼は、古い異質なものと出会うことに失敗した。「彼は、ローマ・カトリックをヨーロッパの修道院運動として、同じものとして扱った。ローマ・カトリック主義は、世俗的で市民化された人間性より以下の精神を代表していた。アメリカのユダヤ人の人口が四倍になった時期にジェイムズは、ユダヤ教徒と情報交換していない。彼は、ハーバードの事務局に従った。インフォーマルでも、有望なユダヤ人と出会うが、彼らをアメリカ人と考えた。何回か訪問したサンフランシスコで、若い仏教徒の会を訪問することなどなかった。アフリカやオセアニアの宗教はただ野蛮な「マンボ・ジャンボ」だけだった。読者に請われた哲学者が、西洋を脅かすものとして「アジア精神」描き続け、他者である喜びを失わなかったのは無意味ではなかったであろう。他者であり特徴的であることは、限界でもあった。The Religious Investigations of William James (Chapel Hill: University of North Carolina Press, 1981), 23-24. ジェイムズのカトリック主義に対する態度は、ヘンリー・アダムズと対照的である。アダムズとジェイムズのこの点における効果的な比較は、John Patrick Diggins, The Promise of Pragmatism: Modernism and Crisis of Knowledge and Authority (Chicago: University of Chicago Press.1994), 108-113. 149-157. Robert Richadson は、しかし、ジェイムズがヒンズーと仏教のテキストを読んだと手紙で教えてくれた。

25　James, A Pluralistic Universe, 25.

26 Ibid., 25-26.

27 Ibid., 27-29.

28 ジェイムズのアウグスティヌスの告白についての議論は、『宗教経験の諸相』の「分裂した自己とその統合の過程」という章にある。（桝田訳上巻、246-282頁）。

29 James, Varieties,365-367. Essays in Radical Empricism において、ジェイムズは、行為者と行為の関係の説明を支持して、トマス・アクィナスの注で、第一次行為と第二次的行為を示している。

30 邦訳、下、278頁。

31 邦訳、下、280頁。

32 ジェイムズは、判事としての神ではなく、特別な「魂 animus」を考えていた。『宗教的経験の諸相』の注において、プラグマティズムの立場から見ると、神の最も重要な属性は、神の懲罰的な正義である。しかし、この点に関する神学的見解の現状から見て、地獄の業火あるいは何らかそれに相当する形のものが単なる論理によって確証されるなどと、誰が敢えて主張するであろうか？彼は主張しているが、神学者たちは、因習的な刑法上の理念に基づいて、神を判事として展開していうる。「しかし、星が輝き、風が吹き、空も海も笑っているこの輝かしい宇宙が、犯罪の専門語で計画されて、その梁と桷を置かれたなどという考え自体が、私たち近代人の想像には信じられないものである。宇宙がそのような基盤の上に立っていると論証されるのを聞けば、宗教の力を弱めるばかりである。」（邦訳、下、281頁）私たちがこれから考えるように、ジェイムズは、人類がこのような考えから解放されるような仕方で説明する。

33 邦訳、下、281頁。

34 『プラグマティズム』（桝田啓三郎訳、岩波文庫2011年44刷）、104頁。

35 私は賜物という言語が何の問題もなく使用されるとは思わない。例えば、私は、神の恵みを無感動の態度で受け取ることになる説明を批判するジョン・ミルバンクに賛同する。ミルバンクは、ジーン・ルーク・マリオンの批判において、マリオンが「交換が同じ隔たりを構成し、特に子から父への隔たりが交換における隔たりを構成し、立場における交換と同じく。

もちろん、三位一体の私たちからの隔たりは、私たちの三位一体との隔たりを超えて絶対的に優先している。しかし、私たちは三位一体の交換に参加するが、神の賜物は私たちへの賜物として始まるだけである（なぜなら、この場合、中立的な不毛はありえないからである）。それが受け取られたあとで、私たちにyよる感謝の返礼によって返すことは、返礼において思いやりのある贈与である。"Can a Gift Be Given? Prolegomena to a Future Trinitarian Metaphisic." Modern Theology 11, no. 1 (January, 1995)：136. ジェイムズは、おそらくミルバンクの分析に、「プラグマティックな意義」が欠けていると見るであろう。しかし、このような読みは、架空の読みであろう。

36　ジェイムズが宗教の発達の説明を展開するために読んでいるとは私には分からない。レヴィンソンは、The Religious Investigations of William James, において、ジェイムズが歴史的批評学を読んだ、とりわけシュトラウスを読んだと報告している。(17)。『宗教経験の諸相』（英文 100）において、注においてハルナックの『キリスト教の本質』記しているが、前の講義で述べたように、彼がプロテスタント自由主義者の仕事に依存しているとは思えない。全体として、ジェイムズは、キリスト教の核を歴史的偶然から救おうとする人たちに印象を受けているとは思えない。彼の研究がまさにそれであるので、そういった印象を受けるのは奇妙である。

37　ジェイムズが、犠牲について宗教的実践から削除したと考えるのはナイーブ過ぎるであろう。彼は、『宗教経験の諸相』において、神々への犠牲が原始的礼拝において偏在していたが、儀式が洗練されるにしたがい、たとえば、燔祭が本質的に精神的な犠牲に取って代わられるようになった。たとえば、キリスト教は、犠牲の見解をキリストの贖罪の神秘的形態に変形した。(383)

38　Ibid., 272-280

39　"The Sentiment of Rationality," in The Will to Believe において、ジェイムズは、人間精神の拡大という「歴史の要約」としてのみ叙述した。たとえば、彼は、原始的キリスト教が異教の看過する弱く優しい刺激を神が認識すると告知するところまで発展したと示唆する。特に、キリスト教は、悔い改めを獲得し、それを私たちの間の力つまり神の心に訴える力にしたのである。中世の夜のあとに、プラトン流の再生が真実性の原型の私たちの全体的美的存在あると宣言する。またルターとウエスレーが諸力と信仰と自己否定に訴え、人々の嘆きを祭司的仲介なしにもたらすものである。ジェイムズの人間の創造性の増加の説明の頂点は、エマソンであり、彼の信条は、ジェイムズによると、これまでとこれからの全てが今ここに含まれているのである。したがって、人間の計画の全歴史は「あなたの自立する」原理から始まるのである（87-88）。

40 James, "Is Life Worth Living? 40.

41 邦訳、下、265頁。

42 『プラグマティズム』（桝田啓三郎訳、岩波文庫 2011年44刷）116頁。

43 *Dependent Rational Animals:Why Human Beings Need the Virtues* (Chicago: Open Court, 1999), アラスデア・マッキンタイアは、例えば、人間と他の動物との関係についての素晴らしい説明を提供している。マッキンタイアは、私は正しいと思うが、アクィナスも共感するだろう説明を提供している。

44 邦訳、下、370〜371頁。

45 *A Pluralistic Universe*, 20-30. において、ジェイムズの自己と世界の関係に名づけた親密さへのアッピールはともかく偶然である。ジェイムズが *A Pluralistic Universe* で展開した形而上学は、人間の間の関係だけではなくて、全ての「それぞれ（eachs）」間の関係の様態としての親密さの発見の試みである。引用した文章の直後に、彼は「物事の内的生は、霊性の哲学において、実質的に人間の本性の優しい部分に類似している。「親密さ」という言葉は、本質的な差異を覆う」（31）。ディビッド・C・ランバスは、ジェイムズの作品の中で親密の概念の重要性を極めて有益な分析を提供している。"Intimacy, Panpsychism and Finite God in a Pluralistic Universe," in *The Cambridge Companion to William James*, 237-259. ランバスの論文と彼の書物、*William James and the Metaphiscs of Experience* (Cambridge: Cambridge University Press, 1999) は、しばしば批判されるジェイムズの「個人主義」は間違いではなく、彼の親密さの考えへの注目が少なくとも、彼の自己の説明が、パースと同じように、三副対であることを示唆している。さらに私は、ランバスがジェイムズの根本的経験主義と彼の「それぞれ」の相関的理解が彼のモニズムとすべてのヘーゲルにむすびついた全体主義的体系に対する抵抗の一部であると考える。ランバスの書物は、彼が *A Pluralistic Universe* をジェイムズの総合的な計画の一部であることを示している。

46 ジェイムズのエマソンに対する賞賛は、彼の生涯をつらぬいている。しかし、彼はエマソンの哲学は反対していた。

47 Ralf Waldo Emason. "Divinity School Adress," in The Portable Emason,new ed., ed. Carl Bode(New York: Penguin Book, 1981) 75-85. 私は、シドニー・オールシュトルームの編集した演説から引用した。A Religious History of American People (New York: Yale University Press. 1972.), 602-603. イエスの特殊性についてのエマソンの見方において、彼が牧会から退く理由が聖餐式を司式するのが牧師の本質的義務とされていることだと考えてはならないとするのに、驚かない。彼の「聖餐論」(48) については、"The Lord's Supper" in The Complete Writings of Ralph Waldo Emason, vol.2. (New York: Wise and Co. 1929)1099-1105. 参照。

Cornel West, The American Evansion of Philosophy: A Genealogy of Pragmatism (Madison: University of Wisconsin Press, 1989), 17.In The Real American Dream: A Meditation on Hope (Cambridge: Harverd University Press. 1999), アンドリュー・デルヴァンコは、エマソンとジェイムズが主役のアメリカ宗教の展開を魅力的に描いた。デルヴァンコは、アメリカ文明の最初の段階において、希望がキリスト教物語によって描かれた。この物語がおよそ二百年続いた。しかし、キリスト教が啓蒙主義の合理性のプレッシャのもとにおかれ、神の前での自己実現というピューリタン的関心がエマソンとジェイムズによって聖なる統合のもとでの市民性に変革された。この段階が1960年まで続くが、第三段階に結びつき、「超越の理念が一貫した超越体系から離れるのである。」(4-5)。デルヴァンコによると、これが先細りの歴史である。「最初、自己は神の強大さにまで広がる(またしばしばそれによって圧倒される。)。初期の共和国から偉大な社会まで、それは神より小さな、しかしどの個人の市民より大きく持ちこたえる国家的理想の中に包み込まれている。しかし今日、希望は自己という消滅地点に狭められている。」(103)

49 West, The American Evasion of Philosophy, 59.

50 Individualism and Its Discontents, において、ミッチェルは、ジェイムズのエマソンを用いたことについてのウェストの解釈に対して、個人ではなく共同体の指導における「エマソン的神義論の焦点」に至ると批判している。ミッチェルによると、ジェイムズは、個人と社会を競合すると考えることを拒否するかぎり、ウェストの選択肢を否定すると考える。たしかに、ジェイムズの漸進主義は社会的関係と個人的経験の相互依存への評価から生まれてくる。それは、ウェストが示唆するように、個人の欲望のために共同体の必要を犠牲にするためのスクリーンではない。(106-107).

51 West, The American Evasion of Philosophy, 60.Pragmatism and Political Economy of Cultural Revolution, において、リヴィングストンは、ウェストと同じ態度で、ジェイムズがウォールト・ウィットマンに魅了されて、ウィットマンが資本主義的発展によって正統化された非生産的な労働を主張する限り完全に認識可能だと見ている。(169-172).

ジェイムズは、社会変化に対する一般的スタンスを「社会改良主義」とするが、それを彼は楽観主義と悲観主義と異なる選択肢だと理解している。社会改良主義は、「救い」が必然的でもないが不可能でもないと主張する。むしろ、救いの現実的条件が非常に多くなる蓋然性が可能性である。ジェイムズは、このような位置がプラグマティズムと一致すると考える。

52 邦訳、下 62 頁 -63 頁。ジェイムズは聖性の章の初めの方で、このテーマについて「過去百年間に、私たちの西欧の世界では、一つの奇妙な道徳的変貌がおこなわれた。私たちはもはや、肉体的苦痛に平然と耐えることを要求されているとは考えない。人間というものは肉体的苦痛を自分でも我慢すべきであり、また他人に大いに加えてもかまわないなどとはもはや考えられておらず、そういう実例の話を耳にするだけで、私たちは精神的にも肉体的にもふるえあがるようになった。……このような歴史的な変化の結果として、かつては禁欲的鍛錬が一種の長所として考えられてあれほど確固とした伝統的な威信を保っていた母教会の内部においてさえ、禁欲的訓練は、悪評を蒙らないまでも、大部分のすたれてしまっている。」(桝田訳下　62 頁、英文 255 頁)。と見ている。

53 邦訳、下 164 頁。ジェイムズの貧困と宗教の関係の見解は、リチャード・ローティの繁栄の称賛がかつて宗教的実践を理解可能にした源泉から私たちを解放するとした考えと興味深い比較をもたらす。ローティーによると、「この世の過去の時代において、事柄は粗悪であったので、ガリ勉家が信じる理由また世界を得る方法は、私たちでない権力を追求せざるを得ないことであった。その時代には、実践的論理の前提を保つために、知性を犠牲にせざるを得なかった。洗礼の死後における実りに関する前提、巡礼や聖戦への参加に関する前提である。それらの暗黒時代において、想像力をもつことと宗教的であることはほとんど同じことであった。なぜなら、この世は、あまりにも哀れなものなので、心を高く上げられないからであった。しかし、事柄は今異なっている。なぜなら人間の生活形成が成功し、世界が哀れでなくなったからである。非宗教的ロマンの形態が開花し、世界の幸運な部分では、富と余暇と教養と民主主義が共に働いて、人生を引き伸ばし、私たちの図書室を満たしたのである。いまやこの世界は、幸運な人達にとって、歓迎されるべきものとなり、彼らは自然を超えて超自然を、生命を超えて死後の世界を求めなくてよくなり、人間の過去を超えて人間の未来を求めるだけになったのである。」"Religious Faith, Intellectual Responsibility, and Romace," in The Cambridge Companion to William James, 97.

54 邦訳、下146頁。ジェイムズの功利主義の礼賛は、彼の「大きさ」についての関心の光から考えると奇妙である。なぜなら、このような組織が資本主義の別名である限り、たしかに功利主義は「科学的な慈善組織」の正当化であったし、それが残っていたからである。おそらく、彼はコストなしに、利益を求めたのであるから、ジェイムズのこのような「組織」についての見解は、曖昧であった。The Divided Self of William James において、リチャード・ゲイルは、ジェイムズの功利主義的傾注と義務論的傾注の間の緊張感系について、継続的な注解を提供している。

55 ジェイムズの民主主義理解は、ジョン・デューイの民主主義を実験的方法の働きとしての理解を超えるものではなかった。ジェイムズにとって、民主主義とは民主主義的社会秩序が自己実現的な個人を生み出すのに必要であるという漠然としたエマソンの直観に名前をつけたものである。

56 William James, "The Social Value of the College-Bred," in The Moral Equivalent of War and Other Essays, ed. With an intro., John Roth (New York: Harper Torchbooks, 1971), 20-21.

57 フランク・リントリッチアは、ジェイムズが流動的な民主主義の脈絡における資本の堕落させる力を無視はしないが、低く見積もったと見ている。レントリッチアによるとジェイムズは、資本が、彼と同じように、アメリカの知識人たちを反戦、反帝国主義になることから防御したとは考えなかった。「ジェイムズは、アメリカの知識人を自己の擁護者、不可侵の私的所有者またアメリカの反帝国主義の原理のモーターであるべき自己の擁護者として想像した。ジェイムズの精緻なまた微妙な意味を知る困難は、彼の明らかな自己の非疎外的な私的所有への傾注、自発的行為の起源的感情、内的に感じる自由が資本主義の中心にある矛盾の処方である。（またアダム・スミスのような試論の理論家に対する処方である）なぜなら、資本主義下の所有は、それが疎外されうるものであり、購入され、売られ、盗まれうるものであり、必要であり、専有される場合であるからである」。Ariel and the Police: Michel Foucault, William James, Wallace Stevens (Madison: University of Wisconsin Press. 1988). 121.

58　Alasdair MacIntyre, Three Rival Versions of Moral Enquiry: Encyclopaedia, Genealogy, and Tradition (Notre Dame: University of Notre Dame, 1990), 216-236.

59　『プラグマティズム』（桝田啓三郎訳、岩波文庫 2011年44刷）、61～62頁。

第四章　ラインホールド・ニーバーのリベラリズム

1　ラインホールド・ニーバー

ウィリアム・ジェイムズとラインホールド・ニーバーは、思いがけない組み合わせであろう。少なくとも両者は、対照的な研究対象と見受けられる。ジェイムズは、国際的で洗練された都会［ニューヨーク、訳者］の出身であり、ニーバーは、中西部の田舎［ミズリー州ライトシティ、訳者］の出身である。ジェイムズはハーバードで学び、ニーバーはエルムハースト・カレッジで学んだ。ジェイムズは、キリスト教の神などいない世界に自ら生きていることを疑わなかった。ニーバーは、キリスト教世界（クリステンドム）などがないとは思いもよらなかった。しかし、私は、この二人の対照的な背景にもかかわらず、ジェイムズとニーバーの間に差異より共通点が多いことを中心に論じたい。まさに私は、ニーバーのギフォード講義が、ジェイムズの宗教的経験の記述のキリスト教版に他ならないと論じたい。

ニーバーはジェイムズに多くを負っている。このことは、少なくともアメリカにおいて、なぜ、『人間の本性と運命』がギフォード講義を特徴づけるテキストとしてジェイムズの『宗教的経験の諸相』の後塵をはいしているのかを明らかにする助けになろう。[1] ニーバーは、早くから「新正統主義」の神学者とされたにもかかわらず、つねにプロテスタント・リベラリズムの「所与」で研究していた。つまり、ニーバーは、ジェイムズと同じく、キリスト教を当時の知的エリートに受け入れられる基準に照らして検証すべきだと主張していた。ニーバーは原罪を強調し、またリベラリズムが人間の徳を不当に信頼していると考え、攻撃した。そのことで、ニーバーはキリスト教的伝統を再び積極的に主張しようと試みていたのだと考える向きもあった。しかし、彼は、自分の人生を通して、自己を神学的にプロテスタント・リベラルだと理解し、しかも自分をキリスト教のさらに正統主義の立場だとみなす人々を強く拒絶していた。[2] ニーバーの人生と研究を鼓舞した中心は、リベラルな文化とリベラルな政治に受け入れられるようにキリスト教についてのリベラルな叙述を上手に工夫することであった。多くの人が今でも彼をアメリカ最後の偉大な公共神学者だとするのは、その意味で彼の成功を証ししている。[3]

彼がどのように自らの研究を理解しているかの記述にこそ、まさにニーバーのリベラリズムが最も明らかにされている。ニーバーは、その『知的自伝』において、「バルト的信条」の代表者と見なした神学者たちの批判に反論し、決して自分の弁証学的関心がキリスト教信仰を妥協的にして傷つけたことはなかったと反批判した。彼によると、このような批判は、むしろ以下のような彼の研究を促進しまた弁明させることになった。それは、

信仰と経験を循環する関係だとする考えである。信仰によってはじめた前提が、経験に裏打ちされた証拠をもたらすある種のフィルターとして機能するなら、神学者たちがただしくなり、近代科学者はただ「経験」を真理の最終的権威者とする点で間違っているようにみえる。しかし、事態はさらに複雑である。はじめの前提は、まさに経験によって蓄積された証拠に影響を与えるが、それが経験をすべてコントロールするわけではな

い。その前提は、近視や視野狭窄の人にとっての眼鏡のようなものである。彼は眼鏡なしに見ることが出来ないが、もし彼の視野によって集めた証拠でないものがあり、彼の眼鏡で見るものが不適格だと責められるなら、彼は、その眼鏡を取り替えるにちがいない。(4)

彼の『知的自伝』が出版された1956年にニーバーは、彼の原罪の主張を批判する論文を書いたモートン・ホワイト教授に手紙を記した。ホワイトへの手紙で、ニーバーは、自尊心を不可避とすることを原罪と名付けたのが愚かだったかもしれないと認識していた。彼は、ホワイトが示唆するように、「アプリオリな」土台にもとづくことを拒否した。むしろ、ニーバーは、「悔悟に満ちた告白」を行って、彼の思想の年代史が逆であるという。彼は、まず「過度にふくらんだ自尊心の普遍性という神秘を学び、次に私たちの自己本位に対する責めという感覚の逆説」を学んだと叙述する。キリスト教的伝統の蓄積が自らの発見を記述する手助けになることにニーバーが気づいたのは、その後のことであった。

ニーバーは、実際に思想史とりわけアウグスティヌスを研究したのは神学教授になってからだと述べる。彼はその過程で、アウグスティヌスの批評的研究者になった。なぜなら、「彼の主張が、私を悩ませてきた事実に光をあててくれたからである」。アウグスティヌスを通して、ニーバーは、すでに教会で聞いていたパウロを発見したが、彼自身の言葉によれば、「リベラルなキリスト者として、それに触れることが恥ずかしいと考えていた」からである。したがって、ホワイトに答えて、ニーバーは、次のように言う。彼は、神学的アプリオリにではなく、はじめ彼がジョン・デューイに学んだ、と。つまりデューイは経験的方法も前提から逃れられないということである。そこから彼は原罪の叙述の仕方に到達したという。(5)

ニーバーは、ホワイトへの手紙の締めくくりに次のように告白した。「人間の歴史的自由についての包括的本質を検討し、私は、キリスト教信仰にはじめにもっていたものより多くを支持するようになった」と。この「キリスト教信仰にはじめにもっていたものより多く」という言葉で、彼は、責任や罪や恵みという理念によって理解される現実がかなり幅広いことを示している。しかし、彼はあとで、次のように述べる。

「私は最近、一方で宗教的反主知主義に、他方で宗教的独善主義と出会って大変衝撃を受けた」。ゆえに、私は、過去数十年の合理主義者たちの自己満足に対するのと同じように、いくつもの宗教的表明に対して論争的にならざるを得なかった。しかし、私は、自分の概念を構想するときに経験的でありたいと思うので、自己義認的潔癖症を批判するが、慈愛の心まで批判するつもりはない。(6)

私は、この講義で、ニーバーの信仰と経験の関係の理解の神学的含意を検討したい。ここで明らかにしたいのは、ニーバーの経験的でありたい願いと、信仰を眼鏡のようにして経験で「確証する」考えが、彼の神学と生き方を分離できないようにしたことである。私たちは、ジェイムズにおいても生活と研究の結合に向き合ったが、ニーバーではその研究から生活を区別することはいっそう困難である。なぜなら、彼の神学を検証し照らし出すためにニーバーが用いた「経験」という概念は、彼独自のものだからである。

もちろん、それは、「彼だけの」経験ではない。なぜなら、ニーバーが経験を語る力は、他の人たちもその経験に自分たちの生を発見するように語ることができたからであり、それがまさに彼の才能だからである。ニーバーの『教会と社会の間で』が1929年当時と同じように今日でも説得力があるのは、ニーバーの文章が雄弁なだけでなく、彼の素直な表現がまさに賜物であり魅力的だからである。[7] たとえば、そのデトロイトでの牧会について触れている書物の終りの方に、彼は次のように記している。

○○夫人が子供のような信仰と内面的な冷静さをもって、痛みにたえながら、究極的かつ確実にやってくる死を待っている姿は、哲学者たちもうらやむような見事なものである。学校に行かなくなった人々でも、生と痛みの学校からよく学んだ人々の生涯には、疲れ果てた人々の中には見出されないもの、私が感嘆してやまないところの一つの資質があると公言していい。そこには生の運命に対するぐちめいた反抗や、病的な内省といったものはあまりないし、それ以上に神の恵みに対する信仰がある。そしてこのような信仰は、つまらない冷笑家たちが何をいおうと、まことに究極的な知恵なのである。[8]

「つまらない冷笑家たち」などとうまいことを言う人のことなら読者は信じてみたいと思うだろう。ニーバーの説教や祈祷を読むなら、私たちは彼の公式の神学と同時に、正直に努力すればよい結果を与えられるという知恵を発見して喜びを禁じ得ないだろう。さらに、ニーバーが二十世紀に確信をもって成功する道を歩んだ事実は、まさに彼の神学的見解を確証するように見える。彼の人生（1892-1971）は、まさに、20世紀がアメリカの世紀であったことが何を意味するのかを理解させものと見なされてきた。[9]

ニーバーは努力してその信頼と成功を獲得した。彼には、ジェイムズのように、人生で何をすればよいのか、その不安を感じるいとまなどなかった。彼の野望を考慮に入れるなら、その境遇ゆえに、ニーバーの人生は、「遅れを取り戻す」ために不断の努力をせざるを得なかったと思われる。ニーバーの父母は、驚嘆すべき人物であり、彼の人生にそれぞれ異なってはいるが相互補完的な仕方で影響を与えた。ニーバーの父グスタフは、ドイツ人の多い中西部の教会エヴァンジェリカル・シノッドの牧師になったドイツからの移民であった。ニーバーの母国語はドイツ語であった。彼がイェール大学神学部に行ったときには、それが不利になるかもしれないと心配していた。しかし、彼のキャリアが進むにつれて、ドイツ語を語り読めることは有利になった[10]。なぜなら、ドイツ語を読む能力は、アメリカの学問の世界で生き残るためには極めて重要な技能であったし、現在でもそうだからである。

ニーバーは、父親とその影響について素晴らしい叙述を残している。

「彼は、ドイツ系アメリカ人で、ドイツの敬虔主義とリベラル・プロテスタンティズムの学問への情熱を結合した牧師であった。まさにその結び付きは、その時代の偉大な神学者アドルフ・ハルナックに体現されている。したがって、私は何ら制約を感じなかったし、他のものを求める気もしなかった。私はたまたま牧師を自分の仕事として選択した。私の友人たちはあまり適切な根拠がないと考えていたが。私は、父の説教にわくわくし、彼を町で最も魅力的な人物だと考えていた。そこで、私がなすべきことは、父のイメージの牧師になることであったと思う[11]」。

ニーバーは、まさにその父の子として、いつも真っ先にみずからを説教者とみなしていた。しかも「アメリカ」と呼ばれる教会のために形成されていた。［ニーバーが教会よりも「アメリカ」に取り組んだ神学者であると見るハワーワスのユーモア、（訳者）[12]］。

ニーバーは、1913年に父を早死で失い、大学院卒の説教者といわれながら、セントルイスのイーデン神学校の大学院をあきらめなければならなかった。そこで、彼は、父の牧会を引き受けただけでなく、生涯父にかわって家族に対する責任も担った。その責任には、兄のウォルターへの財政的支援も含まれ、さらにデトロイトとニューヨークでの生活で助けられはしたものの母の存在もひきうけなければならなかった。ニーバーが優れた著述活動に進んでいけたのも、家族の必要に見合う牧師としての収入を増やす必要があったからである[13]。

ニーバーには、ジェイムズほどの財産や余暇もなかったゆえに、人生において何をすべきかについての優柔不断には陥らなかった。しかし、彼の特徴的な環境は、ジェイムズに対するのと全く同じ影響を及ぼした。ニーバーは、ジェイムズと同じく本質的には独学の人であった。そして、多くの独学者と同じように極めて独立した精神の持ち主であると共に、アメリカの大学における専門分野の細分化のすすむなかでもその位置づけを拒み、独自の思考法をもちつづけた。彼の教派神学校であるエルムハーストやイーデンでの彼の研究は、彼が記憶しているほど不十分ではなかったが、彼の最終学位は1915年にイェール大学神学部からうけた修士号までであった[14]。しかしながら、ニーバーは、イェールを出てデトロイトで牧会を始めたことは、彼にとって、読書の時間がさらに増え、神学や哲学のみならず、(それはしばしば退屈させたと告白しているが）歴史や政治や社会理論にも及んだということに他ならなかった[15]。

1928年にニーバーが社会倫理を教えるためにユニオン神学校に移ったときも、彼の読書習慣は変わらなかった。最後に与えられた肩書きの「応用キリスト教学の教授（Professor of Applied Christianity)」[16]ほど、彼にふさわしい命名の仕方はなかったであろう。たしかに、彼は、ホワイトへの手紙に記したように、ユニオンに行くことによって、さらに徹底してキリスト教神学の古典を学ぶ機会を与えられた。しかし、本質的に彼の生き方はつねに活動的であった。それは、社会主義者ノーマン・トーマスのために働くことから、ヒュバート・ハンフリーとともに民主党左派である「民主的行動のアメリカ人たち」の結成にまで及ぶものであった。

ニーバーは、独創的であろうとする情熱でジェイムズと共通している。ニーバーは、ジェイムズより行動的であったが、ジェイムズと同じように私たちの生活を改善するために努力していた。ニーバーは、ジェイムズと同じく、あまりにも多く書きすぎる、あまりにも大雑把すぎる、またあまりにも通俗的聴衆を相手にしすぎるとしばしば批判された。彼が自分の好まない一般化に迎合しなかったこともたしかである。もちろん、彼の一般化の努力は、とりわけ歴史的展開に多いが、まさに欠けのあるものであった。たとえば、かつて「古典的人間観」のごときものがあったという彼の考えは誤りであろう。あるいは、もしもそのようなものがあったとしても、それを正しく特徴づけることはできなかったと思われる。」しかしながら、そのような批判は、少なくとも、ニーバーを無視して彼の中心的主張の力を認めることを避けるためのものだとしたら的はずれである。[17]

ニーバーの研究は彼の生活であり、彼の生活はその研究であった。彼のリベラルな楽観主義は、彼の牧会経験およびデトロイトの社会的現実で決定的に抑えられた。彼の楽観主義はこのようにして、彼がもともとは時代遅れだと思っていたキリスト教の伝統的側面を真面目に受けとるようにと彼に要求する「リアリズム」の方に道を譲っていった。1932年に『道徳的人間と非道徳的社会』が公刊された時、当時は多くの人々にとって社会的福音のリベラルな楽観主義を批判するものと受けとられた。[18] ニーバーはしばしば、集団の道徳は利己的計算を求めるが、そのことは社会的葛藤において達成できる最高の事が、公平な力の均衡であることを意味すると論じた。したがって、集団の関係に個人的関係に特徴的な自己犠牲的愛や公平無私な愛を適用することは、どのような試みでも不可能なだけでなく危険でさえあるとする。[19]

ニーバーの『道徳的人間と非道徳的社会』の議論は、彼が第一次世界大戦直後に一時的に採用した平和主義との決別である。ニーバーの平和主義との関わりの意義についてはほとんど明らかではない。しかし、第一次世界大戦にアメリカが介入するのを正当化するために用いられた理想主義の失敗で生じることになり、彼がリベラルな平和主義に幻滅を感じるようになったのは明瞭である。この幻滅は、社会的調和のためならそれなりの強制力が必要だという判断の高まりと結びつき、彼の政治的「リアリズム」[20]にふさわしい神学を探求させた。それは、ニーバーが自分の以前の立場であったリベラルな平和主義に対する攻撃でもあったので、いっそう強烈になったのであろう。しかし、平和主義がプロテスタントの義認の教えを否定するというニーバーの見解は、自己義認の誘惑や単純な社会政策としての平和主義を批判するより、さらに興味深いものである。1940年の「公開状（リチャード・ロバーツへの）」において、ニーバーは次のように言う。

「私は、戦争がただの歴史的「偶然」だとは考えない。むしろ人間の歴史的性格の最終的啓示だと思う。私は、「あらゆる国際的危機の中で、その具体化を抑えなければならない」とは思ってはいない。私は、国際的危機がただ人間の歴史を最も鮮明な形でその本質まで明らかにすると思うだけなく、そのようにその性格を明瞭に現すまで平和主義者たちが気づかなかったことを非難したい。そのとき、彼らは、諦念という最高の行為によって、歴史とその相対的責任から逃れようとした。私は、受肉を葛藤という歴史からの「解放」だとは考えない。私は、その罪深い利己主義が、道徳的また精神的業績のあらゆるレベルにも現れ、さらにキリスト教的生の最高レベルに現れると思うので、贖罪を罪からの解放とは考えられない。キリストの贖罪は、むしろ、私たちの最高のものでさえ避けられない人間の歴史的葛藤を克服できるのはただ神の憐れみのみだと啓示している。私は、プロテスタントの宗教改革と同様に以下のことを信じる。すなわち我々がこの葛藤を克服したとか、キリストが我々のものになったなどという主張はどれも、新しい利己主義いわばパリサイ的傲慢に結びつくだけだということである。言い換えれば、私は「信仰義認」という宗教改革の教義を真剣にうけとり、また近代的平和主義を生じた精神的根拠が分派的完全主義であり、少しも宗教改革が「信仰義認」の教義によって意味したものを考えていないからだと判断する。[21]」

1940年からニーバーは、これらの思想を発展させることにその人生と研究を捧げていった。ニーバーは、ひとたび決定的に（彼の理解したところの）リベラルな楽観主義および平和主義から方向転換すると、彼が学んだことを正当化できる神学的叙述を提出しようと努めた。その過程で彼は、多数の人々つまりキリスト者および非キリスト者のための、またその時代つまり二十世紀随一の神学者（the theologian）になっていった。まちがいなくニーバーの評判は、部分的にはニューヨークという彼の居場所にもよるが、その影響は彼の精力的な行動や知識人と他の人々への幅広い愛また主流派キリスト教によって生じた文化に根ざしていたことを証しする。

ニーバーのキリスト教の叙述が非常に多くの人に説得力があったのは、彼を生み支えてきたプロテスタント文化の活力を表現している。しかし今や（私はそう論じるつもりであるが）、ニーバーの神学的説得力は、ジェームズの宗教的経験の擁護と同じ程度であると我々は理解する。このことは、彼の研究を理解可能にしたはずのプロテスタント文化がもはやないことを示している。もし、ニーバーがもはや過ぎ去った文化の神学者であるという私の主張が正しいとすれば、また、もし、前の講義で示したように今日のキリスト教が直面する課題がプロテスタント文化に取って代わったジェームズ的［キリストなしの（訳者）］世界で神学的想像力を豊かにすることであるとしたら、なぜ「聖書的信仰」を確証しようとしたニーバーの試みが［事実上］失敗しただけでなく、［原理的に（訳者）］失敗しなければならなかった理由を理解しなければならない。

ある意味でニーバーの失敗は、ジェイムズの成功でもある。真の民主主義的社会秩序がキリスト者の神、またプロテスタント自由主義者の神にはつながらないとジェイムズが理解した通りである。しかし、別の意味で、皮肉にもニーバーは、彼自身がジェイムズ主義者であったためにまさしく失敗した。たしかにニーバーは、イェール大学を終了するまでに様々な宗教的主張の意義と真理について、第一にその倫理的意義を考察することによって吟味する理論を発展させた。事実、ニーバーの人生は、彼の理論をテストする一つの現場となっていった。

ニーバーは、この理論を「プラグマティズム」と名づけた。また彼自身の説明によるなら、彼は、ウィリアム・ジェイムズを読むことからそのことを学んだ。「聖書的信仰」を確証するためのニーバーの試みが失敗しなければならなかった理由を理解するには、まずジェイムズのプラグマティズムとニーバーの神学主張を確証する理論との関係を理解することである。ニーバーの理論は、彼のギフォード講義において大部分暗示される。またそれは、彼の講義が非常に説得力のあった理由のひとつである。ニーバー理論を理解すること、またそれらがどのように彼のギフォード講義を形作ったかを理解するには、細心の注意をはらって彼の最初期の研究にジェイムズが与えた強い影響を調べることを必要とする。

2　宗教的認識の有効性と確実性――ウィリアム・ジェイムズを応用するニーバー

私が示したように、ニーバーは、とりわけ『人間の本性と運命』の出版後に、キリスト教正統主義へ立ち返ったなどとしばしば誤解されてきた。さらに、ジョン・デューイにニーバーは遠慮なく批判を加えていた。ニーバーにとって、科学的手法と結びついたさらなる教育が多くの社会問題を解決できるとする典型的にリベラルな楽観主義的見解を代表するとニーバーが考えたジョン・デューイには遠慮のない批判を彼の研究全般にわたって加えていた。[22] ニーバーがデューイを批判するなら正統主義者とみられたことは、彼がプラグマティズムを用いなかったとか、プラグマティズムの伝統にある誰をも必要としなかったという印象を与えたかもしれない。しかし、ニーバーは、友人への手紙で、むしろ「私は、ウィリアム・ジェイムズの伝統にたっている。彼は、経験主義者と宗教的人間の両者をあわせもち、彼の信仰は、彼のプラグマティズムの前提でありまた結果でもあった。」と言う。[23] さらに１９６１年に、ニーバーは、『宗教的経験の諸相』の新版に序文を書いた。彼は、そこで宗教思想の「記念碑」として賞賛した。「なぜなら、ジェイムズは、宗教への実証的アプローチである宗教的生と宗教的経験の多様な諸類型と非教義学的で徹底的な経験的アプローチと結びつけた」からである。[24] ジェイムズのニーバーに対する影響を、彼の１９１４年のイェール大学神学部での修士論文ほど明白にしているものはない。それは「宗教的認識の有効性と確実性」という論文である。こうした初期の未刊の研究に注意を促すことは、著しく不公平に見えるであろうが、この論文でニーバーはその後の研究のすべてを決定した方法論的確信を述べている。[25] もちろん、その後、数年にわたって彼の議論は、他の資料によってさらに複雑になり洗練されていったが、彼の立場は基本的に１９１４年に展開した議論のままである。たとえば、リチャード・フォックスは、『人間の本性と運命』の第1巻の基本構造が「すでに、30年ほど前にイェール大学で書かれたニーバーの神学修士論文の命題に示されている」[26] と正しくも指摘している。

ニーバーは、その論文を「権威的宗教の崩壊」と名づけた章からはじめている。彼は、もともと人々が、神から以外には神について認識できないと信じていたが、しかしすべての知識の相対性ならびに宗教的認識の「特別な困難」をおぼえるようになったとき、人々がより強く確実性を求めるようになったと主張した。その確実性の探求が、正典化という啓示の標準化までもたらした。しかし、人々が、理性の使用によってさらに合理的かつ大胆になると、権威に訴える代わりに、信仰の合理的根拠を探求するようになった。この権威への反抗は、特に、正典に適用された歴史科学の発展と、実証主義哲学へと至る自然科学の誕生によって先鋭化した。歴史科学は、啓示の内容の確実性を弱め、自然科学はまさに啓示の可能性に疑いをもつようになった。ニーバーは、正典への歴史科学の適用に対して、古代信条の形而上学的教義を受け入れることによってキリストの絶対的権威を再主張しようとした人々がいたことに着目する。しかし、ニーバーは、その反応そのものがイエスの真の権威を偽造することになると考え、むしろその真の権威はイエスのパーソナリティに見出されると主張した。ニーバーは、色々な意味において、彼の修士論文において始めた議論の改訂版でしかない『文明は宗教を必要とするか?』において、「イエスは、古代信条の神学的不合理を避けさせてくれるので、近代のキリスト者には価値がある。他方、イエスの倫理的、宗教的理想主義は、イエスを主と告白する人々の生に影響を与えずにはおかない。それは、そのうち西洋社会の再生の道具となるにちがいない[27]」と言っている。ニーバーは、その後の研究で、教会の信条的試みのいくつかの「不条理」もうけいれられるようになるが、歴史批評の結果としてのイエスのみが私たちの「服従」できるイエスであるという主張を決して放棄しなかった[28]。

自然科学の誕生について言えば、ニーバーは、宗教が自然主義をつねに敵対者としてあつかわねばならなかったと指摘する。しかし、自然科学は、さらに強烈に挑戦した。確かに、進化の法則の発見は[29]、自然主義が真実であり、すべての超自然主義の形式を疑わせるように見せている。ニーバーは、ベルグソンの研究が、ある人々の進化論的見方と呼応すると考える物質主義に異義を申し立てる、と言う。さらに私たちが個別的原因を多く発見すればするほど、第一原因の必要は薄れてくる。さらに、心理学は、進化論的科学として発達したわけではないが、私たちの存在の自然主義的証明を確証する傾向にあると言う。

要約すると、この新しく発見された自然主義は、その時代に勝利したように見える。しかしニーバーは、その論文で、自然主義が不適切だということは、

「広く認識されている、人間における宗教と宗教的真理の必要」によって明らかにされると主張し、さら以下のように述べる。できる限り簡潔に言うなら、私たちは、宗教的要求とは人格への要求だと言えよう。私たちは、非人格的な世界に生きていることに気づく。その法則は、私たちの大切なもの、私たちの幸福に必要だと思われるものを尊重しない。私たちは、道徳法則の光においてのみ自分を理解できる。もし、権利や正義への闘いという目標がなければ、私たちの人生は目的を見失う。しかし、この宇宙（universe）は道徳秩序を評価しない。それは、道徳価値を認めない。自然の外的法則は、本質的に人間特有の精神的現実をまったく無視する。むしろ、それらを破壊さえする。それにもかかわらず、もしそれが永遠なるものでなければ、道徳法則などありえないことを私たちは知っている。もし達成した結果に永続性がないと考えなければならないなら、ひとは少しも道徳的努力をする気にならないだろう。いまや、人間が自分自身で価値の永続性や永遠性を必要なものと気づこうが気づくまいが、また彼の努力の結果が世界で保存されることを知って満足しようがしまいが、それが問題ではない。むしろ、人間は、道徳秩序なしでは自分を理解できず、またある永続性を保証する道徳秩序がなければ自分を理解できない。この事実はきわめて重要である。これは、道徳秩序と道徳価値また人格的現実の永続性を保証する神、まさに有効な神への要求である。この魂の要求は、私たちが知っている唯一ものでないとしても、あるいは最重要でないとしても、宗教の外にいる思想家にとって、あるいは宗教を外から

研究する人々にとって最も広く認識されたものである。それは、多くの哲学者の宗教的課題である。フィヒテは、それを世界の道徳秩序への信仰と名づけた。ヤコービにとって、それは理念というリアリティであった。それは、ジェイムズが宗教を最高の社会的価値意識と名づけた要求である。[30]」

ニーバーは、この人格への要求に対する典型的な答えがヒューマニズムであるとみなしている。さらにはっきり言うなら、その答えは、コントが人類のための道徳価値の保存と名づけたものに由来する。だが、この社会と人間性は、ただ個人の抽象にしか過ぎない。さらにそれは自然主義をディレンマに陥れる。なぜなら、それは、人格を高く評価する可能性を低下させたからである。人格は、非人格的宇宙においては決して意味を持たない。したがって、ヒューマニズムは、自然主義に対する不適切な解答となる。ある人々はこの不適切さに直面して、人生の努力を成功に導いてくれるたしかな神を熱望したくなる。そのような神を望む者たちは、ある自然主義の思想家によって「優しい心根 (tender-minded)」などと名付けられる。しかし、この目的の探求は正当な要求である。そうでなければ、私たちは、道徳的努力を伴う人生を理解できないだろうからである。

しかし、私たちは、そのような神が存在すると信じられるのかと、ニーバーは尋ねる。このような答えのない問いに答えて、ニーバーは、もし私たちがそのような神を必要とするなら、その神が存在すると主張すべきだとみなすはずであり、またそのことに従って行動するに違いないと言う。ニーバーは、この答えが、最近のプラグマティズム思想の発達で可能になった、と言う。それは「ここで完全にあてはまる[31]」というのである。

ニーバーによれば、カントの純粋理性と実践理性の区別は、本質的には理性と信仰の区別ともなるが、プラグマティズムの正当化を可能にしたのである。この区別は、一方でプラグマティズムにおいて、他方で価値判断理論において最高潮に達したのである。[32] ニーバーによれば、プラグマティズムとは、役に立つものはすべて真理であるという極端な不可知論的考えではなく、諸概念がどのように「役に立つ」のかによってその真理性が吟味されるという考えである。「したがって、プラグマティズムは、私たちに真理の概念は与えないが、真理を得るための新しい方法を与えるだけである。もしくは、より正確にいうなら、きわめて古い方法でも説明できるのである」[33]。ニーバーは、彼の第二部の議論の終りに、「ひとたび、宗教への要求や有効で親密な神への要求が正しいとされるなら、実証主義はそれが不適切だと示すことになると私たちは知っている」[34]と言っている。

ニーバーは、その論文の第三部「形而上学および超自然主義」で、彼の有神論の擁護を観念論的、一元論的形而上学と区別して主張する。彼は、「宗教は超越神を必要とするが、その神は、世界ならびに人間性とは距離をおくとしても、人間と神の社会的交わりを排除しないような存在である」と言う。ニーバーによれば、観念論はこのような神を支持しない。なぜなら、ジェイムズが正しく認めたように、誰もスピノザやヘーゲルの神と親しくなりたいなどと決して思わないからである。さらに問題なのは、絶対的観念論の世界が自由に余地を残さない必然性の世界だからである。ジェイムズを引用するニーバーの示唆によると、そのような世界は、結局のところ窮余の一策でしかない「道徳の休日」を人間にもたらす。なぜなら、もし、事柄の成否が自分自身にかかっていると思わないなら、人は決して最善を尽くすことはないだろうからである。ジェイムズのそのような世界に対する反抗は、その思考体系に対する哲学者の反抗だけでなく、「人々の中に育ちつつある道徳意識の反抗であり、それは人間の努力が実ることなく、その力が自分自身のものでないような宇宙に（universe）に対して募ってゆくいらだちだからである。人は、何かに心から関心がある」[35]ものである。

しかし、ニーバーは、観念論が拒否されたとき、現実主義がただ一つの代案となるが、しかも現実主義者は宗教の友人になろうとしない「頑固者」にみえる、と言う。しかし、ニーバーによるなら、現実主義はまだ比較的若く、またその若さゆえに超自然を語ることがない。ゆえに、それはまさに、宗教を確かなものとするのに必要だとされる、ジェイムズは「過剰信念」と呼ぶところのものに余地を残している。重要なことは、形而上学的リアリズムが宗教を支持するのではなく、それに反対しないことである。「この課題において、リアリズムは、宗教的超自然の真の友人になれると約束する。ジェイムズやベルクソンのような研究は、リアリスティックな思想の判断が宗教に好意的になることを示している[36]」。さらに、リアリズムは、経験的方法を使用するが、先入観のある形而上学を伴うのではなく、事実がそのような変更を求めるなら、喜んでその見解を変更することを示している。他の事実との完全な一貫性が難しくても、リアリズムは、喜んでその事実を受容することさえできる[37]。

　ニーバーは、リアリズムと宗教の友好関係についての説明を敷衍するために、ベルグソンを引用し、物質、生命、意識を三つのリアリティの「ライン」として識別する。物質においては必然性が優勢であるが、有機的生命を見るとすぐにある程度の自由があることに気づかされる。このような自由は、高等動物において増加し、人間の意識において最高潮に達する。ベルグソンによれば、意識は物質に入り込みその慣性を打ち破る。しかしまた意識は物質に負けることもありうる。ニーバーは、「したがって、私たちが無意識的生と呼ぶものは、意識と物質の奇妙な妥協である。しかし、それが生命の本質であるとするなら、どこかに完全な意識というものがなければ理解できないはずであり、ゆえに超越的意識つまり神が存在することになる。したがって、超自然主義は、厳密な経験的方法の成果でもありうる[38]」と言うのである。これらを根拠にして、ニーバーは、近年の思想史が超自然主義の必然性と意識の優位性を経験的に確認する希望をもたらすと示唆する。さらに彼は、このように経験を行使することが私たちを伝統的有神論に近い神概念に導くか、あるいは少なくとも奇跡に基づく宗教よりも近代性に貢献できる有神論に導いてくれると示唆している。

ニーバーは、このような神概念が完全に超越的ではなく（絶対的観念論におけるごとく）、また完全に内在的でもない（絶対主義的神学におけるごとく）と言う。あらゆる時間の過程に神がおり、また、その過程に自由に命ずると考えられないなら人間の自由や神との意識的関係の余地などなくなってしまうとする。そこでまた、ニーバーは、ベルグソンの意識と生命の区別が、いかに神が世界と人間の活動に内在ししかも人間の自由に余地を与えるかを理解させると宣言する。

「神が諸力の中に入るとき、その有限な諸力によって制限されるようになり、……その御方が入る場（フィールド）の決定性や必然性によって制限されるようになる。ここで、人間の意識においては決定性は最小限になる。他の言葉で言えば、どのような奇跡が可能になるにしても（私たちはこの超越性の正確な限界を定めることはできない）、啓示の奇跡つまり神との意識的交流の奇跡は、最も確かな可能性になる。また奇跡は信仰の最愛の子と言われてきたが、あらゆる啓示の奇跡の中で神の人間との意識的関係が唯一の絶対的必要性であることを私たちはすぐに知ることができると私は考える。[39]」

ニーバーは、このような有神論に対する原理的反論は、神が神の目的を保証する有効な世界統御には十分ではないという指摘も承知していた。ニーバーは、この神の力不足が「新しい有神論」の弱点になるかもしれないが、そのように考えてしまうと、古い絶対主義的神学に後戻りすることになろうから、そのことを必然的な弱点と考えるべきではないと答えている。真理を支える手段としての信仰は、理性や知識との調和が明確化されることによってのみ正しいとされる。しかし、ニーバーは、カントも指摘したように、いわゆる信仰の真理の特殊性は、完全には実証できないところにあると言う。また私たちがその判断を確証できなければできないほど、過去の概念や思考様式でそれにかかわらざるを得なくなるとする。ニーバーによるなら、それが宗教的知識を「信仰」と言い、頭ではなく心に由来すると考える理由とするのである。このような知識は、完全には実証されないだろうが、正当化できないわけではない。むしろ、ニーバーは、この新しい有神論がジェイムズの「信じる意志」についての見事な擁護と一致すると明言する。「信じる意志」とは、私たち全ての判断が主観的要素を土台にするだけでなく、現実存在の枠組みをこえて私たちの人格的価値を真実とするものである。(40)

ジェイムズは、ニーバーが彼の研究を「利用」するのを全面的には喜ばないだろう。しかし、少なくとも、ニーバーの有神論は、ジェイムズが、心を最大限に広くして見た場合に満足できると感じるように、あらゆる有神論に較べてまだ粗野なものに見受けられる。しかし、ニーバーの記述において大切な点は、彼がジェイムズを正しく受けとめるかどうかより、その修士論文の基本的方法論の転換にジェイムズが影響を与え、またそれがその後のニーバーの研究を形成していくことである。

彼自身の叙述によるなら、他の人も言うように、ニーバーのその後の研究は、キリスト教倫理の研究であった。しかし、彼の倫理学は、彼の宗教的確信を引き続き確証する試みの一部でしかなかった。この倫理学と宗教の妥当性の確証との絡み合いを示す初期の実例は、『文明は宗教を必要とするか?』にも見られる。そこでニーバーは、「実際、宗教が知的尊敬を得ることに失敗した以上に、文明を倫理化することに失敗したゆえに、ますます多くの近代の人民が非宗教的になった」(41)という。他の実例は、40年後に出版された『信仰と政治学』と名づけられた論文集にも見られる。この論文集の序文で、ニーバーは、彼の修士論文を思い起こしつつ自分の研究を描いている。彼は、その論文集に集めた論文が、人によっては二つの対照的な主題を示しているように受け取られるだろうと述べる。第一の主題は、以下のような試みで明らかである。

「(それは) 技術時代に隣人の福祉に責任をもとうとする道徳的命令や愛の法則を適用して聖書的信仰の源泉を確証する試みである。今日、社会的責任は、すべての道徳的、経験的学問に由来する規範に導かれなければならない。聖なるテキストあるいは過去の宗教的に権威付けられた伝統は、世俗文化のたえず変化する人間関係を導くには不適切である。第二の主題は、宗教の死が予測される時代、歴史学が初期の宗教的生に満ちている伝説を信用しない時代で宗教的生を確証する記述である。この確証の根拠は、自然と歴史に多様な相互に矛盾した目的があるにもかかわらず、また混乱があるにもかかわらず、またそこに病気があるにもかかわらず、宗教的信仰が人間実存の意味を信頼させる表現であることである。それらの病気が神信仰を不可能にするというのは、近代文化の誤解の一つである。まさに、実際は、それらの病気は、信仰を必然的なものとする。究極的、神秘的な源泉への信仰と、実存の目的が人々に生を肯定する力を与える」[42]。

これは、ニーバー的言説の真髄であるが、さらにこの心情はまさに純粋にジェイムズのものでもある。もちろん、その心情はジェイムズのものとはいえ、内容はそうではないと言える。なぜなら、ニーバーのプラグマティックな宗教の確証は、ジェイムズが共有できない神学的決断を含んでいるからである。しかしながら、実際に、ニーバーは、その心情においても内容においても、ジェイムズ主義者であった。そのことは、うまい言い方が見当たらないが、さしあたりニーバーの「神学的方法」とでも言いうるもの、つまりエルンスト・トレルチから学んだ方法を分析することによって明らかになるであろう。

3　ニーバーの神学的「方法」

トレルチは、ほとんどラインホールド・ニーバーと同じように、ジェイムズの研究を賞賛していた。トレルチは、ジェイムズを決定的な仕方で宗教哲学に貢献した最初のアメリカ人だと考えた(43)。トレルチがジェイムズに共感する理由の一つは、ジェイムズと共に、彼がウィリヘルム・ヴントの心理学を尊重し、それに学びまた批判するからである(44)。トレルチもジェイムズも、ヴントが宗教を還元主義的に記述するとみえるところを批判する。トレルチは、ヴントの還元主義を彼の実証主義へと帰し、宗教的経験についての経験的、非還元主義的記述を提供しようとするジェイムズの試みを「現実性に満たされたもの」であり、またまた偉大な前進だと考えた。しかし、トレルチは、またジェイムズの経験主義は、彼の判断によるなら、いまだにプラトン主義にコミットしているヨーロッパの経験主義にそぐわないと考えた。

トレルチは、プラトン主義が実体的精神と現象的経験の必然的関係を維持していると論じる。彼は、ケプラーやガリレオやデカルトまたニュートンによって生み出された科学の意味は「自然過程における合理的必然性の発見」であったことをジェイムズは理解できなかったと考える。トレルチによるなら、この発見は、プラトン主義に由来する合理的で必然的な法則の認識に他ならなかった。したがって、必然性も知性も無効にする純粋相対主義や物質主義に対して、カントでさえこれらの自然法則を精神の合理的必然性と解釈する意味でプラトン主義者だと考える(45)。

トレルチは、そのジェイムズの経験主義への批判にもかかわらず、自分とジェイムズには相違より一致が多いゆえに、同じ結論に到達すると考えた。

「両者における結論は、教義神学、教会、教会的礼拝、祭儀、聖礼典、教会法からの、純粋に個人的な宗教的態度という要素への完全な応答である。……両者の理論は、歴史的権威や伝統や社会学的構築物と対照的に、宗教的生の直接性を強調する。歴史的なものは、興味本位の出来事に引き下げられ、贖罪は、主体を神的な力との直接的一致へと引き上げる。両者において、宗教哲学によって主流の宗教が「純粋宗教」に取って代えられることはない。それは、宗教的生一般に堅固な土台と正当化を提供し、その生の過程を自由なままにしておくが、内省的な思想を必要とする人々のみに統制することが可能になる。このことが意味するのは次のようなことである。すなわち、最終的にはいずれの考え方も総じて、個人化され精神化されたプロテスタンティズムの中に最高のもしくは最も価値のある進化形態を見出す。それは例えば、プロテスタントの歴史の大部分に由来し、また、もちろんそれ自身がそのような理論の影響のもとにあるようなプロテスタンティズムである。[46]」

トレルチによる彼自身とジェイムズとの共通点の説明は、ジェイムズを正確には描いていないかもしれないが、ニーバーの中心的な神学的前提を確かに描いている。私は、ニーバーの最高の神学的前提がトレルチによって形作られたと言おうとしているのではない。トレルチを読む前に、彼のリベラリズムはかなり形成されていた。しかし、ニーバーにとって、トレルチが、いわば総まとめの役割を果たした神学者となったということは十分有りうるように思われる。H・リチャード・ニーバーは、1924年にイェール大学において『エルンスト・トレルチの宗教哲学』という博士論文を書いた。[47] ラインホールドが弟の書物と同時にトレルチの『キリスト教会と集団の社会教説』を読んでいなかったとは考えにくい。[48] リチャード・フォックスは、ニーバーについて、まさに正しく次のように言う。

「(ニーバーは常に) リベラルな近代主義キリスト者であり、ドイツのリベラル神学者ハルナックとトレルチの真の後継者である。彼 (ニーバー) は、1929年にトレルチからジョン・ベンネットまでが自分の知的見解を形成するのに決定的影響を与えたとするのは正しかった。トレルチのように、彼の出発点は、人間のニーズや力や責任であった。キリスト教は、世界を超越するように人間を招くのでなく、世界で生きる人間に手助けを提供するものであった。彼の思考の歩みは、人間性から神に至るもので、バルトやある程度のリチャード・ニーバーに見られるような、神から人間性に至るものではなかった。[49]」

ロナルド・ストーンは、ニーバーに対するトレルチの影響が1927年に出版された『文明は宗教を必要とするか?』において明らかだと指摘する。ストーンは、ニーバーが社会的課題について語れるという確信を得たのはトレルチの影響によると考える。[50] ストーンが、「社会的課題」という言葉によって、西洋文明の未来は人格を擁護するリベラルなキリスト教の力にかかっているとニーバーがトレルチから学んだことを意味するなら、間違いなく正しいと思われる。これは、確かに1929年の書物『文明は宗教を必要とするか?』で表現したニーバーが指し示した学習の成果であり、その書物自体で彼は受けた教えを以下のように完璧に復唱したのである。

「キリスト教という宗教の中に、西洋文明の霊的再生の根拠となる確かな源泉がある。エルンスト・トレルチが考察したように、キリスト教は、西洋社会の運命である。他の文化と社会の霊的理想主義は、西洋文明が自らの最高の源泉を回復するのを助けるかも知れない。しかも、西洋社会を救う課題は、特別な意味でキリスト教にかかっている。それは、西洋の人々のエネルギーや活動に親和的でありながら、しかしその膨れ上がる欲望を抑える事ができる。それは、自己肯定と自己否定という永遠の葛藤を、自己否定による自己肯定という逆説へと転換し、十字架を生の最高の達成を象徴するものとした。つまり、その楽観主義はその悲観主義を土台にするので、悔い改めと同時に希望も説くことができる。それは、生命力を低下させずに世界を批判でき、幻想にせずに信仰をもたらすことができる。キリスト教がイエスを賛美することは、ときどき彼の生の真の特質を曖昧にするかもしれないが、その霊感の豊かさを永遠に消すことにはならない。時に歴史のイエスと宗教経験のキリストの間にずれが生じても、歴史のイエスは、歴史上の誰より、キリストになくてはならない理念に歴史的リアリティを与えることができる。……生の究極性にかかわるとき象徴は不可欠である。またその歴史的出来事に根ざした象徴は、最も効果的である。この世に敗れても、その敗北においてさえ勝利を与える、力強い苦悩を担う神的理念という考えは、道徳的想像力に富むあらゆる世界観の基礎であり続ける。[51]」

トレルチがニーバーに提供したものは、逐語霊感説の誤りから切りはなしてキリスト教信仰の「不条理」を適切に理解させる力であった。ニーバーがこのような条件でキリスト教を適切なものにしたのは、「神話」の回復であった。しかし、そこにまたトレルチの影響がある。リチャード・ニーバーは、その博士論文で、トレルチの神話理解を詳細に論じていた。リチャードによれば、トレルチは、人間の原初的想像力がその直観を表現するのにどうしても神話という宗教的形態が必要だと考えた。[52] このような見方で、神話は宗教的真理を表現するのに不可欠である。しかし、それを逐語霊感的真理として理解しようとするなら、またそのように適用しようとするなら、誤りに陥れるおそれがある。ラインホールドが弟の博士論文をその神話理解のために参照したかどうかは明らかではない。しかし、そこに、彼が宗教言語の機能の仕方を考えるにいたった道のりを表現していることはまちがいない。[53]

ニーバーは、「欺いているようでいて、誠実であり」という題をつけたコリントの信徒への手紙二6：4—10のたぐいまれな説教において、このような見方で神話の理解がキリスト教の信仰の中心にある根拠を説明している。ニーバーの主張によると、キリスト教という宗教は、原初的な宗教的、芸術的神話および象徴を合理化しつくさない方法で変化させたところに特徴がある。世界には意味があるということと、世界は不完全であるということを表現するのが、すべてのキリスト教的神話の中心である。これがキリスト教的表現法の特徴だということは、私たちが自分の存在について全面的に合理的説明ができないからだと考える。それが「わたしたちは人を欺いているようでいて、誠実であるという理由であり、神が世界を創造したと表現する理由である。[54]」。

しかし、ニーバーは、神話の言葉を思い起こし、私たちの存在を理性だけで記述しようとする時の力の限界を示そうとしただけではない。ニーバーは、また私たちの時代で、神がこの世界を創造したという信仰を、まさに近代科学が不適切で信じがたい神話的主張だとみなすことも指摘している。

近代の経験科学、因果関係についてのダーウイン理論、さらに形態や構造が進化して、現実の秩序を自明なものとした。ニーバーによるなら、被造世界の特別な行為や出来事という「反啓蒙主義的理論」は信じがたいものとなった。さらに、「特殊的摂理という正統主義的概念は、人類史の多様なドラマで特殊な出来事を独裁的に説明する専制君主を前提にした」まったく信じがたいものである[55]」とも述べる。

ニーバーによると、造り主なる神の物語は神話的であるが、自然的歴史的出来事を経験的に分析した動向にさえある神秘的な半影部（penumbra）である。それらの出来事は、つねに手際よく記述されえないが、過去の原因と結果だけでだとうまく説明できない新しさ（novelties）も啓示する。ニーバーは、偉大な諸宗教の創造神話が、近代科学の光では原始的に見えても、「創造神話は、科学以前であっても、進化論の因果律の範囲にとどまり続ける永続的な確かさのある要素である」[56]と言う。要約するなら、ニーバーにとって、創造神話は、それ自身で断片的な世界を否定することなく、しかも首尾一貫したものとして描けるので必要である。原初的神話は、たしかに過去のものとすべきであるが、リベラルなキリスト者が原初的神話を否定して永続的神話の必要性をないがしろにするなら、大きな過ちを犯すことになる。[57]

ニーバーは、ジェイムズが「過剰信念（over-beliefs）」と名づけたものと彼が「永続的神話」と名づけたものとの関連を明らかにしていない。ニーバーは、バルト主義者たちとちがって、自分はプラグマティストであると主張する。なぜなら、彼らは、聖書的神話の全体を教条主義的に真理だと主張し、キリスト教を他の諸宗教という競争相手に対して経験的に確証する努力をしないからである。ニーバーは、このような教条主義を次のような認識によって克服できるとする。

「人間の認識と経験がつねにそれらをこえた生の意味の源泉を示唆しても経験の中にこの超越の特徴を示すものがあるはずである。偉大な神話は、まさに深い経験から生じるが、またつねに経験によって確証されるのを待っている。[58]」

ニーバーの神学的方法は、トレルチとジェイムズの興味深いブレンドであった。彼は、トレルチのように近代科学の発達がキリスト教信仰を疑わせると考えた。しかし、キリスト教信仰は、人間の状況についての洞察をもっているゆえに、十分に理解されるなら、よみがえるであろう。さらに、永続的神話の真理は、ジェイムズのような経験的検証によっても確証される。ニーバーのギフォード講義は、キリスト教神話を確証する最も息の長い試みであったのである。その神話は、人生には意味があることを肯定すると同時に悪の事実を受容することも求める。ニーバーによれば、この肯定と受容は、愛の神は十字架にかけられた方としてのみこの人生において見出されうるという認識を求める。次の章で、ニーバーのギフォード講義を考察し、キリスト教神話についての彼の記述を詳細に検討したい。

(Endnotes)

1 「20世紀のベスト・ノンフィクション100冊」で、ジェイムズの『宗教的経験の諸相』を二位に選定したモダン・ライブラリー社［ランダムハウス辞典などで有名なアメリカの出版社］は、ニーバーの『人間の本性と運命』を18位としている。

2 ジェーン・ビンガムは、1961年のニーバーの伝記で、ニーバーを避けられない誤解の犠牲者だと記した。「彼に全面的に同意する既存のグループはなかった。彼の考えがリベラル派にとってあまりにも正統的すぎるとすれば、正統派にとってはあまりにもリベラルすぎた。また宗教派にとってあまりにも世俗的だとすれば、世俗派にとってあまりにも宗教的であった。さらに、彼の両方に通じる考えの統一は、しっかりと見ない限り見落とされることもある。それは、音叉の軸のように地中で一つであっても地表では二つに見える。深く掘ろうとする人々には地中の軸が見えるが、掘る努力をしようとしない人々あるいは他の事柄に忙しい人々には、ほとんど見ることができない」。Courage to Change: An Introduction to the Life and Thought of Reinhold Niebuhr (1961; reprint, New York: University Press of America, 1993), 44-45. ビンガムの書物は、彼女がニーバーと親しい友人であっただけでなく、他では手に入らない資料があるゆえ、極めて貴重である。ニーバーが自分の研究が誤解されていたと考えていたことは言いすぎであろう。それでも、私は、彼がビンガムの判断におおむね同意するだろうと思う。しかし、私は、しだいに彼の研究がキリスト教倫理を考えるときの規範とされていったから、このような「誤解」が彼の生涯の終わりまで続いたとは考えない。

3　ニーバーの写真がタイム誌の1948年3月8日号の表紙になったことは、しばしば彼の公的に重要な人物であったことの証拠とされる。フリックス・フランクフルター、ヒュバート・ハンフリー、アブラハム・ヘッシェル、W.H. オーデンなど多様な人々との友情は、ニーバーの社交的で寛容な精神を表すだけでなく、宗教的見解が他の人々に高く評価される彼の力量を表している。

4　ラインホールド・ニーバーの「知的自伝」、Reinhold Niebuhr:His Religious,Social, and Political Thought, ed. Charles Kegley and Robert Bretall (New York: The Macmillan Campany, 1956), 15-16.

5　ニーバーのホワイトへの手紙は、Remembering Reinhold Niebuhr: Letters of Reinhold Niebuhr and Ursula Niebuhr, ed. Ursula Niebuhr (San Francisco: Harper, 1991). 378-379. ニーバーは、デューイがどのような厳格な方法論でもその前提を再検討できるはずだとただしく考えていたが、彼の考えた以上に難しいと考えるのには失敗したと記している。

6　Ibid., 380.

7　ラインホールド・ニーバー『教会と社会の間で』(古屋安雄訳、1971年、新教出版社)

8　同上書、153頁。

9　ニーバーとその家族についての著作と論文の数は際限がない。ニーバーの家族は、ジェイムズの家と同じように、その独自性のゆえに魅力的である。さらに両方の家族は、彼らが生きた文化的、政治的風景を映すプリズムになっている。私はすでにビンガムのニーバーについての素晴らしい書物に触れたが、リチャード・フォックスのReinhold Niebuhr: A Biography(New York: Pantheon Books, 1985)と、チャールズ・ブラウンのReinhold Niebuhr and His Age: Reinhold Niebuhr's Prophetic Role in the Twentieth Century (Philadelphia: Trinity Press International, 1992) は重要である。ブラウンは、その付録で、ニーバーの生涯と業績についての書物の有用な概観を提供している。フォックスが大胆にもニーバーの生涯と業績についての否定的判断を下した事実は、ブラウンの激しい攻撃の的になった。私は、ラインホールド・ニーバーとリチャード・ニーバーの関係についてのフォックスの心理学的推測には判断を保留するが、彼の書物は、ニーバーの生涯と思想の複雑な関係を理解する助けになる。

10　フォックスは、ニーバーがイェールの学生時代に英語とドイツ語のどちらかを選ばなければならないと考え始めた強力な証拠を提供する。イーデン神学校の彼にとって最も重要な教師であるサムエル・プレスへの手紙で、「英語の領域に多くを費やす」決意を語っている (Reinhold Niebuhr, 28-29)。これは、まったく当然の決断であったが、ただの言語についての決断ではなかった。ニーバーは、エヴァンジェリカル・シノッドにおいて教会を「アメリカ化する」のを助ける重要な人物となった。第一次世界大戦中、彼は、その教派のドイツ人アメリカ兵を支える側に立ち、彼らがドイツに敵対するアメリカ軍に入ることが正しいと励ました。ニーバーがドイツ的背景から距離をおかなければならなかった事実は、彼のアメリカ主義や親英国主義などという理由によるものではなく、アメリカにおける第二世代の移民の多くが示す特性を彼も確かに示したということであった。1916年にニーバーは、Atlantic 誌に「ドイツ－アメリカニズムの失敗」という論文を載せ、アメリカにおけるドイツ人は、アメリカ的原理を受け入れるのでもなく、ドイツの最良部分つまりリベラルで進歩的な宗教と政治を代表するのでもないと論じた。フォックスによると、ニーバーは、ドイツ人の神学者たちが正しく「キリスト教信仰の古い真理を近代科学の諸発見の光のもとで再解釈する」リーダーとなると論じた。(Reinhold Niebuhr, 44-45)

11　「ラインホールド・ニーバーのインタビュー」McCall's (February,1966): 171. これは、Commonweal の主任編集者のジョン・コグレイによる注目すべきインタビューである。コグレイは、ニーバーとその業績をよく知るカトリック教徒であった。このインタビューが幅広い読者層のいる平均的な知的雑誌 McCall's で神学者に対してなされたのも同じく注目すべきことであった。1966年でさえ、このような出来事はまれであった。またこのことは、ニーバーが広く知られていたことを証ししている。ニーバーは、コグレイの最後の質問（彼が牧師になることを選んだのは、喜ぶべきことかそうでないのかという問い）に対して、彼は全面的に喜んでいると答えた。「私の父のヴィジョンを充分かなえているから。あなたが、年をとって長い人生をふりかえり、多くの不適切な事柄を認識したら、全面的に喜べないでしょう。私が歴史に興味をもっていて、歴史学者になったとしよう。しかし、私に批判的な娘が、『パパ、良い歴史学者になるには経験主義者として不十分だわ。』と言ったらどうだろう」。ニーバーは、しばしば共感を得るために自分を題材にする。しかし、その自己描写は、つねに誠実であり、率直であり、正確である。

12 ニーバーには、幾つかの説教集がある。それが出版されると、彼は、「聖書的もしくは説教的論文集」と呼んでいる。『悲劇を超えて』(Beyond Tragedy: Essays on Christian Interpretation of History (New York; Charles Scribner's Sons, 1965) は、おそらく彼の最も有名な説教選集であろう。しかし、『時の徴』(Discerning the Signs of the Times: Sermons for Today and Tomorrow(New York: Charles Scribner's, 1946) と『正義と憐れみ』(Justice and Mercy, ed. Ursula Niebuhr (Louisvill: Westminster / John Knox, 1974) は、素晴らしい選集である。特に後者は、彼の深い敬虔をあらわすニーバーの祈りが多く含まれているので、重要である。フォックスは、ニーバーの父が福音主義的でありながら「逆説的に」リベラルであったとするがそのことは、敬虔主義とリベラリズムの密接な関係をフォックスが理解しそこなっていることを暴露するものであると私は考える。

13 英語を判読するだけでなく英語で書くことができるようになるためのニーバーの努力は、彼の1914年にイェールで記した修士論文「宗教的認識の有効性と確実性」に十分に現れている。彼は、その論文作成によって書くことを学んだように思われるが、ウォルターの新聞記者としての働きからニーバーが何も学ばなかったとは考えられない。どのように解釈しようとも、彼が魅力的な語り手になっただけでなく、並外れた名文家になったことは間違いない。

14 ブラウンは、ニーバーがエルムハーストとイーデンで受けた教育をあとでニーバーが説明したより、良いものであったと論じる。エルムハーストでの学びからニーバーが得た最も大きなものの一つは、ドイツ語に習熟できたことであったする点で、ブラウンは確かに正しい。ゆえにその後ニーバーは、トレルチやティリッヒやブルンナーまたキルケゴール(ドイツ語に訳されていた)を英訳ができる前に読むことができた。(Niebuhr and His Age, 12-20).

15 ニーバーは、「知的自伝」の中で、彼のイェールでの恩師、D・C・マッキントッシュの哲学的神学から学びまた尊敬してはいたが、その「哲学理論」(4)の講義に次第に退屈するようになっていったと告白している。

16 ニーバーの論考の素晴らしい選集として、D・C・ロバートソンによって選ばれ編集されたEssays in Applied Christianity(New

York: Living Age Books, 1959). である。

17　Reinhold Niebuhr, The Nature and Distiny of Man, intro. Robin Lovin (Louisvill: Westminster John Knox Press, 1996), 4-12.　ニーバーは、「古典的人間観」について人間の合理的能力を独自性の基礎とするものであるとしている。

18　Reinhold Niebuhr, Moral Man and Immoral Society: A Study in Ethics and Society(New York: Charles Scribner's Sons, 1960). この著作がニーバーの後援者や友人から裏切りだと見られた事実は、当時のニーバーの立場が急進的だと見られていたことを示している。フォックスは、Reinhold Niebuhr において、その著作がどのように迎えられたのかについて有益な説明をしている(132-150)。初期のニーバーはしばしば社会的福音に関連付けられるが、そのことが何を意味するのかはあまりはっきりしない。ニーバーは、キリスト教による救いが個人以上のものを含み、ゆえに、経済的また政治的関係に適用されるべきだと考えた。このような見方がニーバーによって単純に主張されたのは、確かに社会的福音の発展によるものである。しかし、ニーバーが社会的福音主義者の著作を深く読み込んだことを示すものはほとんどない。彼の1957年の論文「歴史的に見たウォルター・ラウシェンブッシュ」は、預言者を再発見したことによってラウシェンブッシュを評価しているが、社会的福音の社会倫理は以下のことを理解しそこなっているとして批判している。つまり、［真実の］愛とは、互いに見返りを求める愛に比べて思慮や計算を超えているものであるゆえにあらゆる個別の共同体に意義を申し立てる、いっそう普遍的な要求を持っていることを知らないというのである。さらに、ニーバーは、当時支配的であった進歩という思想をラウシェンブッシュが正当化していることは、たんに私たちの人間がおしなべて自らが生きる時代の幻想にいかに左右されやすいのかを示すだけのものであると述べている。ニーバーのラウシェンブッシュについての論文は、Faith and Politics: A Commentary on Religious, Social, and Political Thought in a Technological Age. ed. Ronald Stone (New York: George Braziller, 1968) というニーバーの論集にある。いうまでもないが、ニーバーのラウシェンブッシュについての叙述には、さらに社会改良の複雑さについてのラウシェンブッシュの非常に精緻な理解を評価しそこなっている。

19　ニーバーは、かつて一度、Moral Man and Immoral Society というタイトルは、The Not So Moral Man in His Less Moral Communities にすべきだったと語った。この発言は、ニーバーの1965年の自己の研究についての有益な概観、Man's Nature and His

Communities: Essays on the Dynamics and Enigumas of Man's Personal and Social Existence (New York: Charles Scribner's Sons, 1965), 22に記されている。

20　ニーバーの「正統主義」についての新たな評価の最初の表現は、1934年のコルゲート・ロチェスター神学校のラウシェンブッシュ記念講座にみられる。この講座は、An Interpretation of Christian Ethics (1934; Reprint, New York: Living Age Books, 1956). として出版された。リベラリズムと正統主義を相互に対立させるニーバーの戦略は、その後の彼の歩みにおいて用いられたが、それはその著作おいて充分に表現されている。ニーバーによるなら、リベラリズムは、つねに同時代の偏見である人間性についての過度の楽観主義を伴う同時代の偏見をそのまま受け入れてしまう危険である。正統主義の危険性は、はやめに神の超越的意志を正典の道徳規約あるいは権威主義的教会と同一視することである。Interpritation において、ニーバーは、イエスの倫理が非暴力を要求することを明らかにするが、それがイエスの倫理が近代的社会倫理に適合しない理由であり、全ての人間的完成を裁く「不可能な理想」である理由である。

21　ラインホールド・ニーバーの「(リチャード・ロバーツへの) 公開書簡」は、Love and Justice: Selections from the Shorter Writings of Reinhold Niebuhr, ed. D. B. Robertson (New York: Meridian Books, 1967), 268-269. 伝えられるところによれば、ニーバーは、政治的熱中から引き戻されるべきことを知っているゆえ、宗教改革左派を構成する平和主義グループに敬意を払っていた。しかし、彼は、彼らに神学的批判をも加えていた。ジョン・ハワード・ヨーダーは、果敢にニーバーの批判に応答していた。しかし、ニーバーが議論の期間を有効に限ったので、最近までヨーダーの批判は、効果がなかった。John Howard Yorder, Reinhold Niebuhr and Christian Pacifism, Mennonite Quarterly Review 29 (April 1955), 101-117. 参照。この論文は、あとで、Christian Peace Mission Pamphlet 6 (Scottdale.Pa.:Herald Press,1968) として出版された。この点で、ヨーダーを引き出したニーバーの批判については、Michal Cartwright, "Sorting the Weat from the Tares: Reinterpriting Reinhold Niebuhr's Interpretation of Christian Ethics. In The Wisdom of the Cross: Essays in Honor of John Howard Yorder ed.Stanley Hauerwas, Cris Huebner, Harry Huebner, and Mark Nation (Grand Rapids: Eerdmans, 1999), 349-372. を参照。

22　ニーバーのデューイへの攻撃は、1932年に出版された Moral Man and Immoral Society から始まった。ニーバーは、デューイが「近代社会の問題に関心をもち理解していながら、社会的惰性の真因が「私たちの略奪的な利己心」(xiii-xiv) であることを見ない失敗を指摘した。ダニエル・ライスは、Reinhold Niebuhr and John Dewey: An American Odyssey (Albany: State University Press of New York, 1993), で、ニーバーの人生の後期に彼が初期に考えていたより、デューイと考えを共有していたことを認識したという会話を記録している。それは確かなことであろう (xvii-xix)。ライスは、正しく、ニーバーが「ジェイムズとデューイに大いに学んで、神学的プラグマティズムという彼独自のあり方を形成する第二世代のプラグマティストであること」(xxii)を認めるべきだったと主張した。Faith and Knowledge: Mainline Protestantism and American Higher Edu-cation (Louisville: Westminster/John Knox, 1994). で、ダグラス・スローンは、デューイとニーバーが極めて近いと考えた。デューイは、自然的敬虔の脈絡でプラグマティズムの論理を追求し、ニーバーは、聖書的敬虔の脈絡で同じ道を歩んでいた。スローンは、次のステップで批判するのは比較的簡単だと見て、「私たちがどのような脈絡にあってもプラグマティックであろうとする」(123) と言う。

しかし、私は、デューイがニーバーを哲学的盟友としては疑っていただろうと思う。ライスは、デューイが 1947 年に記した度肝を抜くような手紙を引用する。そこで、彼は、ニーバーとキルケゴールが「キリスト教の伝統的言説への信仰を失っており、近代的代替物も得ていないので、彼らは自己流でキリスト教の中核に付け加えるものをつくり、そこに意味を見付け、近代思想で賞賛されるものにした。それはあたかも二つの新聞社が合併したようなものである。その新しい組織は、『両者の最善のものを維持できた』と言う。」(86-87) とその印象を記した。デューイがキルケゴールについては明らかに間違っているが、ニーバーについては繊細に理解したであろう。

23 ビンガムの Courage to Change, 224 から引用。

24 ニーバーのウィリアム・ジェイムズ『宗教的経験の諸相』(New York: Colleir Books, 1961, 5.) への序文。ニーバーのジェイムズに対する唯一の批判は、彼の神秘主義の説明が「歴史への責任から解放し、未熟な仕方で永遠に没入する傾向にある」点に思い至らなかったことである (7)。フォックスは、ニーバーを「一貫したジェイムズ的プラグマティスト」として描き、「道徳的領域における真理は、個人的、生命的であり、理性と共に意志の産物、論理ではなく経験において確証されている。

真理は、未知の事実に抵触しないかぎり、望ましい目的にむかって『機能する』ものである。キリスト者は、リベラルなプロテスタンティズムに含まれた隠された源泉を解放して人間の兄弟愛を芽生えさせることができる。それは、イエスの預言者的、逆説的福音であり、命題的真理ではなく、詩的、劇的、『非合理の真理』というメッセージである。」(Reinhold Niebuhr, 84）と．

25 「宗教的認識の有効性と確実性」のコピーは、国会図書館で手に入れられる。そこでは、ラインホールド・ニーバーの論文がタイプ領域で保管されている。ニーバーは、D・C・マッキントッシュの指導のもと、彼の論文を書いた。マッキントッシュは、プロテスタントのリベラルな神学者で、神学を「経験科学」として展開しようとした。マーク・ハイムの言葉によれば、経験論による宗教的調整が確かな神の知識を提供すると信じられていた」。「放蕩息子：D・C・マッキントッシュとニーバー兄弟」、Journal of Religion 65, no. 3(July. 1985): 337. 参照。ニーバーにジェイムズを紹介したのは、たしかにマッキントッシュである。

26 Fox, Reinhold Niebuhr, 202.

27 Reinhold Niebuhr, Does Civilization Need Religion? (New York: Macmillan Co., 1927), 68.

28 ニーバーは、1914年に素晴らしい、短い論文をイーデン神学校の雑誌“The Keryx”に記した。そこで、彼は、イェール大学神学部がユニテリアンでないかという疑義から守っている。彼は、聖書を他のテキストと同じように歴史的テキストとして扱うイェールの学者の実践からこの疑義がだされたと考える。これは、聖書が超自然的権威でなくなり、その真理が、昔スピノザが主張したように、他の立場と同じであり、人間性の最高の理性であり最高の精神的利益であると主張しなければならないことを意味している。しかし、ニーバーによると、この仕事のプロセスのあとで、組織神学者は、彼ら自身のキリスト論を手近にある事実に基づいて定式化しなければならなくなったので、キリストの概念が最も保守的な立場がのぞむ高い定式になったのである。“Yale-Eden,” in Young Reinhold Niebuhr: His Early Writings, 1911-1931, ed. William Crystal, foreword John Bennett (New York: Pilgrim Press, 1977), 53-58.

　しかし、ニーバーは、「高いキリスト論」を擁護しようとは思わなかった。たとえば、彼は、彼の研究全体で、「イエスの倫理」について語るのに、キリスト論的主張をしなくても、意味があると主張する。もちろん、「イエスの倫理」は根本的に中立的愛として解釈され、十字架がその究極的実例であった。例として、An Interpretation of Christian Ethics, 43-62. におけるニーバーのイエスの倫理の叙述を参照。ニーバーは、私たちが従えるイエスは、「歴史」のイエスのみであり、したがってキリスト教倫理は私たちがイエスの生涯から抽象できたものに還元できる、という彼の主張を再考しなかったことは、彼のキリスト教社会倫理の歴史という講義を定年まで教えたが、それによって理解できる。そのコースの第二の講義は、「新約聖書の倫理：共観福音書におけるイエス」という主題であり、それに「イエスの倫理学」という講義が続いていた。このコースのニーバーの講義の録音は、ヴァージニア州リッチモンドにあるユニオン神学校のラインホールド・ニーバーのテープ録音集を利用できる。私は、何回かニーバーの講義を聞いたが、ジェイムズ・フォーダーの筆記録も使用した。その録音集は、さらにニーバーの説教と幾つかの講義が含まれ、とりわけ最終講義の備忘録もあった。

29　ニーバーは、Does Civilization Need Religion? において、物理学の発達が全ての宗教的主張が土台にしている宇宙の人格化についての正当化を困難にすることを疑い得ないと考える。しかし、彼は、「リアリティの全体的観点がすべて永続的に機械論的にはなりえない。なぜなら、リアリティの新しい類型が生じ、科学はそのプロセスだけを説明できるが、その生起の原因を説明できないからである。」(11) と主張している。

30　Niebuhr, "The Validity and Certainty of Religious Knowledge," 11-12（ニーバーのスペルを若干修正して）。私は、ニーバーが『宗教的経験の諸相』のジェイムズの「結論」を読んでから書いたと考えなくてはこの文章を読むことはできない。『文明は宗教を必要とするか』において、ニーバーは次のように書いている。「都市の生活の洗練性と人為性でさえ、自然の最後の無慈悲な下僕つまり死から人間を救えない。自然が墓地において明らかな勝利を表すことから人間を救えない。自然に対するパーソナリティの戦いは、宗教の最初の戦いであり、また他の戦いがそれによって敗北せざるを得ない可能性がつねにあるひとつの理由である。伝統的宗教は、人間の罪より自然の罪によって長く苦しめられてきたゆえに、その社会的課題を果たせない。つまり宗教的形態と伝統は、人々が苦しむ他の何者でもなく、それらの失望に慰めを与えるように適応されなければならない。宗教は、文明において発達しているパーソナリティに対する新しい危険性に対してまだ十分方向づけられていない。良くて、宗教は、生きる意志を純化し、限定されなければならない」(25-26)。ニーバーは、人間存在が他の人間存在の罪より、自然の罪によって長く苦しんできたという彼の主張を支持しない。それはたしかに奇妙な判断である。

31 Niebuhr, "The Validity and Certainty of Religious Knowledge," 15. ニーバーがジェイムズを「全面的に評価した」かどうかは、開かれた問いである。たとえば、ニーバーは、ジェイムズが理解したより、ダーウィンの洗練された叙述の意味を把握したとは思えない。ニーバーにとって、ダーウィンは、宇宙の機械論的説明を確証したように思えただろう。ジェイムズは、ダーウィンの難題が私たちの存在の偶然的性格への問いだと正しく見ていた。また、ニーバーは、ジェイムズの『心理学の諸原理』が『信じる意志』におけるジェイムズの「意志」の叙述の必然的背景の役割を果たしていると評価できていないように見える。ニーバーは、ジェイムズの習慣の説明と「信条」の説明の関係性に着目できていないように見える。私は、ロジャー・オウエンズ氏によって、ニーバーがジェイムズを全面的に適切なし方で着目することに失敗した重要性に気づかされた。

32 Niebuhr, "The Validity and Certainty of Religious Knowledge," 31. ニーバーは、アルブレヒト・リッチュルの研究に着目し、その「価値判断」の理論を共にしている。のちのトレルチの影響が、どのようにニーバーに対するリッチュルの影響を修正したかは分からない。しかし、ニーバーの後期の研究は、リッチュルの業績が彼の背後にあることは確かである。

33 Ibid., 15.

34 Ibid., 16. ニーバーの議論全体の結論は、次の通りである。「もし、神とその活動が個人的実在の理解に必要であり、人生を耐えられるようにするのに必要であり、またこの知識の古い確かさが私たちから取り去られるなら、私たちの課題は、できれば超自然的世界とその実在を尊重する新しい合理的基礎を発見することになる。私たちは、この確かさが人々の心にある宗教経験を中心にしていることを見てきた。(16)

35 Ibid., 21. ブラウンは、ニーバーがこの論文を書く準備として、『宗教的経験の諸相』、『生きる意志』、『プラグマティズム』を含む50冊ほどの書物を読んだと言う (Niebuhr and His Age, 17-18). ブラウンは、ニーバーが生涯、ジェイムズの全集を手にしていたと記すが、私もそうであるに違いないと思い、しばしばそこに戻っていたと考える。ニーバーは、マスターした思想に安住する人物ではなかったし、あの著者やこの著者の言うことを理解したいと思う態度で読む人物でもなかった。彼は、学びさらに用いるために読んでいる。つまり、すべてが語られ行われた時に、彼が読んだことを意味していた。

36 Niebuhr, "The Validity and Certainty of Religiou Knowledge," 22.

37 ロビン・ラヴィンは、ニーバーの「リアリズム」の最も優れた分析を提供し、擁護している。Reinhold Niebuhr and Christian Realism (Cambridge: Cambridge University Press, 1995). を参照。ラヴィンは、ニーバーは、政治的リアリストだけでなく、道徳的、宗教的リアリストであったと主張する。ラヴィンによると、道徳的リアリストは、「語り手や語り手の集団が道徳的用語を特有な仕方で使用する理念から独立したものとして存在している事態に合っているかそうでないかを考える」(13)。もしリアリズムであることをこのように考えるなら、私は、ニーバーがリアリスとであったと思うが、さらに彼が経験主義者であったと考える方が適切であろう。

38 Niebuhr, "The Validity and Certainty of Religious Knowledge," 23-24.

39 Ibid. 26。ニーバーは、この点でジェイムズの哲学がベルグソンと同だと見ているが、ジェイムズが意識についての同じような網羅的な探求はしていないと考える。宗教の超越神を信じる理由は、むしろ宗教的経験がこのような神のリアリティを確立するという彼の信念である。(26-27)

40 Ibid., 34.

41 Niebuhr, Does Civilization Need Religion? 12.

42 Niebuhr, Faith and Politics, VII-VIII. これは、ほとんど手にできない諸論文の最善の選集であるだけでなく、ニーバーの業績の相互関連性を明らかにする論文集として最善である。ストーンの巻は、Robert McAfee Brown の編集と序文のある The Essential Reinhold Niebuhr:Selected Essays and Addresses (New Haven;Yale University Press,1986) と Reinhold Niebuhr: Theologian of Public Life, ed. Larry Rasmussen (Minneapolis:Fotress Press,1991) に優っている。ニーバーの研究がこのような収集を必要とするのは、彼の大量の文書のせいだけでなく、彼の書き方にもよる。彼の仕事を一冊の書物にすることは難しい。

43 Ernst Troeltsch, "Empiricism and Platonism in the Philosophy of Religion: To the Memory of William James," Harvard Theological

Review 5. no. 4(Octover 1921): 401-122.

44 マーサ・ゲイル・ハムナーは、ヴントの業績だけでなく、ヴントに対するジェイムズの反応についての良い概観を提供している。“Habits of a Christian Nation: An Alternative Genealogy of American Pragmatism” (Ph. D. diss., Duke University.1997)

45 Troeltsch, “Empiricism and Platonism in the Philosophy of Religion,” 405. トレルチのジェイムズ評価についての有用な叙述は、Henry Levinson, The Religious Investigations of William James(Chapel Hill: University of North Carolina Press, 1981), 277-281; と Roger Johnson, “Looking for Lost Absolutes: Troeltsch’ Reading of William James,” in Studies in the Theological Ethics of Ernst Troeltsch, ed. Max Myers and Michael LaChat (Lampeter, Wales: Edwin Mellen Press, 1991), 119-147. を参照。トレルチは、1913年に現れた“Logos and Mythos in Theology and Philosophy of Religion”; the article now appears in the collection of his essays titled Religion in History, trans. James Luther Adams and Walter Bense (Minneapolis: Fortress Press, 1991), 46-72. において、宗教擁護には「プラトニズム」が不可避であると彼の説明を展開した。この論文において、トレルチは、科学的発見を受け入れるがその発見が宗教に影響を与えないようにする反-知性的宗教性の展開を性格づけた。このような見解において、トレルチは、もし「哲学的に注目すると、全てを論理的必然性でまとめるより、ウィリアム・ジェイムズのプラグマティズムかベルグソンの生物主義の方向になる。それは、幸いなことに、カントの有名な理論理性と実践理性の区別に合致するが、この区別を完全に再解釈する。理論理性は、経験の組織化と一致し、実践的目的にとってのみ意味をもつ。また実践理性は、「生きる意志」の主権的表明と一致する(55)。それは、ニーバーの基本的見解のより良い叙述を見つけにくいであろう。

素晴らしい方法で、ジェイムズ・ガスタフソンは、彼の「神中心的倫理」の見解を支持するためにトレルチに頼った。ガスタフソンは、宇宙の創造、種の進化、天体の終焉を無視する「人間中心的倫理」に挑戦する点でトレルチを賞賛した。トレルチの見解が「最近の科学でいうと正確ではない」が、ガスタフソンは、トレルチが次のように言う時にただしいと考える。

「私たちは、コペルニクス的体系の結果を締め出すことはできない。私たちは、私たちが全太陽系とともに思想を排除する道を全体という無限の空間から縮小する必要はない。虚しい分析によって開かれた全宇宙の画一性という見方で、地球中心的、人間中心的観点は消滅するであろう。人は、もはや宇宙の物理的中心を確立できないと考えるべきであろう。……私たちはいまや地上の形成が他の天的身体に関係なく起こったことを知っている。また私たちの全的有機的生命は、世界の存続と比較できるように思う。丁度一瞬のうちに消えてしまう冷たい窓ガラスに吹き付けた息のようである。しかし、私たちは、有機的生命のない世界を知らない。私たちはある地点から成長してきたが、ある地点でまた消えていく。科学はそれ以上何も言わない。開始も私たち抜きであり、終わりも私たち抜きである。宗教に関連させるなら、この洞察は、終わりが黙示的でないことを意味している。」

これらのトレルチの言葉を肯定して、ガスタフソンは、私たちが「泡沫のような付帯現象」にしか過ぎないというジェイムズの見解と私たちが「非人格的宇宙」に生きているというニーバーの見解に結びつくと考える。したがって、トレルチもニーバーもガスタフソンも、目的のない自然に人間が押し付ける人間の目的以外に目的がないという見解を共有している。結果として、私は、彼らが各々にキリスト教ではなくストア主義に近いと言わなければならない。ガスタフソンのトレルチの利用については、Ethics form a Theocentric Perspective, vil. 1(Chicago: University of Chicago Press, 1981), 97-98.

46 Troeltsch, "Empiricism and Platonism in the Philosophy of Religion," 417-418.

47 H. Richard Niebuhr, "Ernst Troeltsch's Philosophy of Religion," (Ph. D. diss., Yale University, 1924). ニーバーの研究は、いまでもトレルチの哲学的神学の最善の説明の一つである。それは、トレルチについてだけでなく、リチャード・ニーバーについても私たちに語っているので、まだ出版されていないのは、残念である。ニーバーは、「トレルチの哲学が、社会的、伝統的宗教を多かれ少なかれ神秘的な人格宗教と結びつける試みであることを示しており、神秘主義の確証と直接的また非知性的、経験的宗教の領域にカント的合理性をもたらすだけでなく、祭儀の社会的必要性と宗教的思想の歴史的性格に適合していた」(116) と見ている。トレルチの概要としてこれ以上良いものを見ることは難しい。

48 ブラウンは、ニーバーが、翻訳される前にトレルチの『社会教説』をたしかに読んでいたと言うが、ラインホールドがH・

リチャードの論文を読んだとは言っていない (Niebuhr and His Age, 32). ユニオンにおけるニーバーのキリスト教社会倫理史のコースは、隔年であるが基本的には、ニーバーの強調点が付け加えられた、トレルチの『社会教説』のリハーサルであった。

49 Fox, Reinhold Niebuhr, 146. 私は、ラインホールドとH・リチャードの研究の間の複雑な関係を簡単に記すことはできない。彼らの差異の説明が誇張されていると言うことはできるであろう。

50 Stone, Professor Reinhold Niebuhr: A Mentor to the Twentieth Century (Louisvill: Westminster/ John Knox Press, 1992).1. ストーンは、ニーバーがトレルチの影響で、マックス・ヴェーバーも読み始めたと特記している。

51 Niebuhr, Does Civilization Need Religion? 235-237. An Interpretation of Christina Ethics, において、ニーバーは、「歴史のイエスは、まさに初代教会の生において、信仰のキリストを創造した。また、その歴史的生は、預言者的宗教が全ての生、歴史と超越の間に見る関係の最終的究極的象徴としての超越的キリストに関わる。」(111-112) と示唆する。ニーバーは、「歴史のイエス」を離れることに躊躇するにもかかわらず、なぜキリストという理念が「歴史のイエス」を要求するかについてはうまく説明していない。

52 H・Richard Niebuhr, "Ernst Troeltsch's Philosophy of Religion," 154-156.

53 1920年の『教会と社会の間で』(古屋安雄訳、1971年、新教出版社) の導入において、ニーバーは「宗教は詩である。詩における真理は、適切な詩的象徴によって生き生きとされ、したがって平凡な説教者が言語をこえたものを把握する貧しい散文より説得力のあるものとなる」(原文 50)。このようなやり方は、彼のその後の展開の先触れのように見える。

54 Niebuhr, Beyond Tragedy, 7.

55 Niebuhr, "Faith as the Sense of Meaning in Human Existence," in Faith and Politics, 3-13, esp. 6. この論文は、1966年に記された。

56 Ibid., 6. An Interpretation of Christian Ethics, において、ニーバーは、次のように考える。「それは、現実の深みを示唆し、科学によって分析でき発見される因果律が起こる歴史の表面を超越した本質の領域を指摘する真の神話の特徴である。」(21)。ダグラス・スローンは、まさに正当化されようが、ラインホールド・ニーバーの研究だけでなく、リチャード・ニーバーとパウル・ティリッヒの研究を特徴づけた「真理の二領域理論」の展開という一般的戦略であると描いている。スローンは、このような試みが高潔ではあるが、宗教的主張が事実認識に基づくと示す方法を語れなかったと判断する。

57 ニーバーは、その重要な論文である"The Truth in Myths,"において、原始的神話と永続的神話を区別した。それは、最初にD・C・マキントッシュに献呈されたThe Nature of Religious Experience, ed. J. S. Bixler, R. L. Calhoun, and H. Richard Niebuhr (New York: Harper and Row, 1937) に掲載された。いまこの論文は、Faith and Politics に掲載されている。ニーバーは、宗教がその神話的遺産の科学的正確さに基づいて主張する権利がないと考え、またまさに私たちの自然的、歴史的世界を構成する因果関係の成立によって引退させられたと考える。しかし、永続的神話は、科学を超えた現実の側面を扱うには必要である(16)。

58 Niebuhr, "Truth in Myths," 30.

第五章　ラインホールド・ニーバーの自然神学

1　自然神学としての人間学

罪！　ただの罪（sin）ではなく、原罪（original sin）。これが、ニーバーをプロテスタント・リベラリズムと区別するものとされている。ニーバーの『人間の本性と運命』と題されたギフォード講義は、こうして彼の初期の研究の特徴であるリベラリズムからの決別を示すものと見なされている。『人間の本性と運命』の読者が、ニーバーは以前の研究と決別したと考えるのは、彼にも責任の一端がある。なぜなら、彼はギフォード講座を準備する読書中に、予想以上にキリスト教正統主義とりわけアウグスティヌスの考えに共感することになり、自分でもしばしば驚いたと述べているからである。ニーバーは、その『知的自伝』で、アウグスティヌスを詳細に研究するのが遅すぎたとその驚きをかくしていない。なぜなら、アウグスティヌスは、それまでに答えが出せなかった彼の問題に多く答えてくれただけでなく、「キリスト教信仰は前世紀の道徳的理想主義に等しいものなのではないかという考えから」彼を解放してくれたからである[1]」。

たしかにニーバーは、ギフォード講義において、いくつかの点で、彼の過去の研究から決定的に決別したと考えた。しかし、彼は、——自分でも良く分かっていたが——依然としてプロテスタント・リベラリズムの前提で研究していた。彼は、ギフォード講座の招待を受けたとき、いつもの率直さで「キリスト教思想の他の分野」は自分の力量をこえるので「人間の本性と運命」に焦点をさだめたと述懐している。[2] ニーバーは、「人間の条件」を特徴づける試みが、ジェイムズの意図とただ継続しりだけのものとは決して言っていない。しかし、「人間性の研究」という副題をつけたジェイムズのギフォード講座と同じように、ニーバーはリベラルな先人たちと同様、神学が人間存在の記述を最優先すると主張した。[3]「自然神学」とは、神を「証明」するものだとしたら、ニーバーの計画は自然神学ではない。しかし、彼は、同時代の科学的、政治的諸前提に受けいれられるように神学的主張の「自然化」をはかったのである。そのようにして、彼が1939年のギフォード講義に招待されたことは適切であっただけでなく、素晴らしいことであった。[4] ニーバーは、自分を神の存在を証明できる哲学者や神学者だと見せかけようとはしなかった。しかし、彼は、ギフォード卿の遺志にそうかたちで、宗教的経験の証拠を提供しようとした。

ニーバーにとって、神学は、人間の条件を挑発的な仕方で叙述する力があるかどうかによって吟味（あるいは彼自身の言葉によれば、「確証」）されるべきものであった。その結果、ニーバーの神学は、ルドウィッヒ・フォイエルバッハの主張のうってつけの実例に見える。フォイエルバッハによれば、神学とは、その主題が神であるというみせかけの前提にもかかわらず、実は人間について語るために偽装された方法にすぎないのであった。[5] たとえば、ヴァン・ハーヴィは、彼の詳細で注意深いフォイエルバッハの叙述の結論で、フォイエルバッハとエルネスト・ベッカーを比較する。ハーヴィによると、ベッカーによる人間の条件の叙述は、キルケゴールから借用したものであるが、それは、第二次世界大戦後に盛んになった神学の読者たちには馴染み深いものであった。その神学は、ブルトマン、ブーリ、ブルンナー、ティリッヒ、ラーナー、ニーバー兄弟の研究に現れる。[6]

この叙述の仕方によると、人間は、意識を具体化できることによって他の生物と区別される。ベッカーが考えたこの決定的な特徴は、人間にディレンマをもたらす。つまり、人間は、死ぬべき被造物であるが、他の動物とちがって死ぬことを意識するように定められているということである。しかも私たちは、意識のある存在として、可能性をもつ自由な存在であるが、私たちが死ななければならないことを認識してその可能性は挫折せざるを得ない。宗教の根源は、この存在論的構造にある。私たちは、人生を謳歌したいというプロメテウス的欲望と、死と必然性に直面することに対して魂の不安との板挟みになっているのである。

ハーヴィによると、フォイエルバッハとベッカーの唯一の違いは、フォイエルバッハにとって宗教はただの幻想であるが、ベッカーにとっては、宗教的幻想は、被造物であることゆえの恐れを伴いながらも人間が生きることを可能にさせるという意味において正当なものとされるということである。[7] ジェイムズに学んだと彼が考えたところのものを活用して、ニーバーは確かに、キリスト教を「必要な幻想」以上のものとして擁護しようとした。しかし、依然として続いていたジェイムズの影響ゆえに、ニーバーが本当にその擁護をなしえたかどうかは定かではない。というのは、先に見たように、ジェイムズは、おそらくベッカー以上のことを言ってはいないからである。つまり、キリスト教は、偽装されたヒューマニズムであり、神学は実際には人間学あるとしか言っていないのである。

ニーバーは、その人間学を、ギフォード講義を超えた計画の一部として展開した。一九六四年版の『人間の本性と運命』の序文において、ニーバーは、彼の研究課題が西洋文化を二つの要点で特徴付けるものだったと言う。すなわち、「個人」という感覚と歴史には意味がある」という感覚であり、両者とも聖書信仰に根拠をもち、ヘブル的根源をもとにしている。西洋史の各時代におけるこの二つの概念を追跡し、その成長、堕落、浄化をあきらかにし、その人間的状況にかかわる歴史的根拠と近代文化の幾つかの学問間の理解を深めるためである」[8]。このような計画は、簡単には要約できず、まして批判しようもない、取りとめもない議論に陥らざるをえない。

私が彼の立場を論じる内容は、彼の古典的人間観や近代的人間観の性格づけを無視し、さらに彼の合理主義や自然主義やロマンティシズムについての理解を無視し、また彼の宗教改革とルネッサンスの総合への要求も無視することになろう。これらの、幅広い歴史的展開についての彼の概観は、きわめて興味深く、彼の全体の議論に妥当しないわけではない。しかし、ニーバーは、これらの歴史的運動を、人間の条件についての自分自身の理解を説明する比喩として、また彼の説明が否応なしに神学的であるのかを説明するために用いていることは明らかであると私は考える。[9] 別の言葉でいえば、ニーバーの歴史の概説は、彼の歴史の重要視の主張にもかかわらず、人間と神との関係についての無時間的把握という彼の本質を具体化するものである。[10]

2　罪、神、啓示についてのニーバー

ニーバーのギフォード講義で、彼の神学が人間学だという初めのヒントは、彼が『人間の本性と運命』を私たちの罪深さからではなく、「人間は常に自身ににについて最も厄介の問題を抱え続けてきた」という一般的な人間学的観察からはじめたことである。ニーバーは、人間が自分の位置づけについて主張するものはすべて、完全に分析されるなら矛盾にいたると言う（原文1頁）。人間の自己認識は、二つの事実を指し示す逆説になる。その一つは明らかであるが、もう一つはそれほど明らかなものではない。

明白な事実は、人間が自然の子であり、自然の移り変わりに従い、自然の必然によって強制され、自然の衝

動によって駆り立てられるということである。また人間は、瞬間ではなくある程度の自由を認められた様々の有機的形態をとることを許された束の間の年月の中に限られた存在である。もう一つの、それほど明白ではない事実とは、人間は、自然や生命や自分自身や、理性や、世界の外に立つ一つの精神（a spirit）だということである[11]（3頁）。

ニーバーは、まだ自然を越える人間の能力に人格という言葉を使用しないが、この人間の条件の叙述は、1914年に彼がベルグソンやジェイムズの影響の下に記した修士論文で展開したものと変わらない。さらに、1927年の『文明は宗教を必要とするか』における叙述とも変わらない[12]。そのうえ、彼が『道徳的人間と非道徳的社会』（1932年）で展開した個人と集団の道徳力についての理解も、この人間論に対応するものにすぎない。ニーバーによると、個人は、彼らを正義の感覚へ促す合理的な力をもつゆえ、その生存への利己的欲望を越えることができるであろう。そして、

［自己の利害や社会状況を］客観的に見ることができるようにまでなるのである。しかし、同時にこのことは、人間社会にとって、また社会的諸集団にとっては、不可能でないにせよきわめて困難である。人間のどのような集団であっても、その集団の中の諸個人がその私的諸関係において示すものと比較してみるなら、社会の本能的衝動を方向付けたり抑制したりするための理性が不足しており、自己超越の能力が不足しており、他者の必要をかえりみる能力が不足している。ゆえに社会のエゴイズムは個人よりもさらに野放しになっているのである[13]。

あまり厳密な対応関係ではないが、ニーバーにとって個人と集団の関係は、精神と自然との関係と同様である（「越える」とまで付け足すことなないと思う。精神は自然を越えるとともに、自然に拘束されているものでもあるので）。見てとることはむずかしくない[14]。

したがって、ニーバーは、フォイエルバッハやベッカーと同じように人間の有限性と自由の矛盾を、全ての宗教の根底にある問題として理解する[15]（178頁）。しかし、聖書的観点では、私たちの問題は有限性ではなく罪である。罪とは、われわれが立たされている矛盾によって「引き起こされる」（caused）のではなく、その「きっかけを与えられる」（occasioned）ところのものである。私たちは、自由でありつつ束縛され、無制約でありつつ有限であるゆえ不安である。ニーバーは、「不安とは、人間が巻き込まれている自由と有限性という逆説に必然的に付随するものである。」（182頁）と言う[16]。しかしながら、不安そのものは罪ではない。なぜなら、罪は、それが現実化するときにのみ認識されからであり、さらに重要なのは、不安が人間の創造性の源泉でもあることである[17]。ニーバーによるなら、私たちは、生が有限だからだけでなく、私たちの可能性も有限であることを知らないから不安になるのである。何が達成されようとも、私たちには達成したものを超えたさらなる可能性への誘惑がある。この誘惑は、人間の創造力の源泉でもあるが、またその達成によって安全性を確保できると背伸びする誘惑でもある[18]（183頁）。

このようにして、ニーバーによれば、誘惑は「人間存在の偶然性を否定しようとする（傲慢や自己愛における）傾向、あるいは自由から逃避（官能において）しようとする傾向の中にある。」（185頁）。ニーバーの傲慢の記述は、しばしば彼の解釈者たちによって注目されてきたが、それはまぎれもなく集団の傲慢についての彼の叙述が見事だったからである（208-227頁）。しかし、官能性を無秩序な欲望とするだけでなく、「無意識に飛び込む」ことによって自己理解の苦悩から逃避しようとする試みだと考える彼の理解の仕方は、依然として罪の働きについてのニーバーの最も説得力ある叙述の一つである（228-240頁、特に239頁）。

ニーバーによるなら、傲慢と官能の結合という心理的事実の複合は、原罪の教えを確証する（251頁）。私たちの不安は、罪の前提条件にすぎず、そこから自動的に罪の事実や現実があらわれるわけではないが、ニーバーは「現実の罪があらわれる歪みは、不安にまとわりつく罪である。あるいは、キルケゴールの言葉でいえば、罪はそれ自体を前提とする。もし人間がすでに罪をおかしていなかったなら、誘惑されることもなかったはずである。」（250-251頁）と言う。したがって、原罪とは、「神がたんなる無制約的あるいは未分化な永遠としてのXではなく、愛する意志として啓示され、その意志が創造、裁き、贖罪において働きかけるというキリスト教的有神論の立場からのみ可能な」キリスト教的自己理解に対応するのである（252頁）。別の言葉で言えば、ニーバーが考えるように、人間の条件は罪の視点からのみ理解できるが、その罪は、神に創造され、裁かれ、贖われる世界においてのみ理解できる。神がただ「未分化な永遠」であるなら、神が「配慮する」ということもなく、罪も存在せず、人間の条件も説明できない。

このように、ニーバーの原罪の記述は、彼の自然神学の試みである。キリスト者は、不可知論者や非キリスト者に対して神の存在を信じさせられないかもしれないが、キリスト者は、非キリスト者に罪があることを信じさせることはできる。さらに、罪があるなら、神が存在することも少しは考えさせられるであろう。ニーバーの企図は、人間の条件について叙述を与えることであったが、それがとても説得的であるために、神が存在するとか神が愛であるなどという「正統的キリスト教」のさらに「不条理な」側面という信仰を語り聞かせようとする。

しかし、ニーバーにとって「正統的キリスト教」は、結局のところ、私たちの経験の逆説的側面を叙述するのに必要な「永続的神話」あるいは象徴の名称である。たとえば、ニーバーは、１９６４年版の『人間の本性と運命』の序文で、彼の罪の分析を再度主張し、以下のことを依然として信じていると記している。すなわち主として過度の利己心としてあらわれるところの人間の罪は、人間の本質的自由の堕落であり、それはその自由と共に大きくなるというのである。それゆえ罪は、無知や身体的情熱の混乱と考えられたりするが、無知も情熱も罪の源泉ではない。ニーバーは、自分が「堕落」や「原罪」という伝統的な宗教的象徴を用いたことについて、今は後悔しているのだが、それは無知や情熱の混乱というような、皮相な罪の説明に対抗する試みであったと述べる。「私は、前者の「堕落」という言葉の伝説的性格と、後者の「原罪」という言葉の疑わしく見える含意が近代的精神にはあまりにも不快なものであったために、私がそれらの言葉を用いたことは、私の本質的主題と、人間の本質についての私の『理想主義的』解釈というよりは『現実主義的』な解釈を曖昧なものにしてしまっていたことに気づいていなかった」と言う[19]。しかし、罪が自己と神についてのキリスト教的観点から分離されて認識しうる、ひとつのリアリティの名にすぎないとしたら、私たちは、ニーバーの神学主張の位置をどう理解したらよいのだろうか？

『人間の本性と運命』第一章で、ニーバーは、いわば、彼の神学の手の内を見せたように見受けられる。ちょうど古典的人間観がギリシャ哲学に規定されていたように、キリスト教的人間観は、「キリスト教信仰という究極的前提」によって規定される。したがって、ニーバーは、神を世界の創造者として信じるキリスト教信仰が重要であると非弁証論的に主張するように見える。さらに、キリスト教の神は、混沌とした物質に形態を与える単なる創造神ではなく、精神と物質の二律背反を超えたものである。つまり「神は、すべての存在の活力、形態、源泉である。神が世界を創造する。この世界は神ではない。神ではないからといって悪でもない。世界は神の被造物であるゆえに善である。」(12頁)。

ニーバーによれば、神の善き創造の一つの面は人間の独自性であるが、それは理性的能力や自然と私たちの関係ではなく、神と私たちの関係にある（12-13頁）。ニーバーにとって、私たちの「真の個人性」は、意志と人格をもった神に基礎づけられる。彼は、「意志と人格をもった神への信仰は、神の自己啓示の力への信仰にもとづいている。神の自己啓示、キリストが啓示の頂点であると信じるキリスト教信仰は、人格と個人性というキリスト教的概念の基礎である（15頁）」と言う。

その「キリスト教信仰の究極的前提」の記述によると、ニーバーは、神が存在するだけでなく、その存在する神がキリスト者の礼拝する神でなければならないと断固明言することから始めたように見える。この宣言は、驚くにあたらない。なぜなら、前の講義で指摘したように、彼は教会の子であったからである。彼は、神について語り、説教し、神に祈った。それは、イエス・キリストの神への彼の深い信仰を疑いなく示すものだった。しかしまさに彼が、そのような活力あるキリスト者であったゆえに、弱々しい有神論としか思えないような神認識についての叙述を提出するのにためらうこともなかったのである。簡単に言えば、ニーバー自身も、彼に影響をうけた人々も同様に、ニーバーの実践やキリスト教的言語の使用が、彼のいう「神」が形而上学的には、ジェイムズ的な、「それ以上のものがあるはずだ」という感覚に他ならないことを理解するのを妨げていたのである。確かに、「すべての存在の活力、形態、源泉」を「神」と呼ばなければならない理由は決して明らかではない。それ以上に、またこのような神をキリスト教の神と同一視する理由も明らかではない。結局、私たちがニーバーの神を知るように求められる時、その啓示は、自分についての省察となる。これは、辛辣な判断であるにちがいないが、これは今後も変える必要のない主張であると考える。

ニーバーにとって重要なのは、啓示された神が何かより、神が啓示されたという単純な事実である。別の言い方をするなら、ニーバーは、彼の神理解を、人間が啓示を必要とするという理解に呼応させている。私たちは世界の外や向う側に立つことはできないので、自分たちを神であると見なし、世界はその周りを回っていると考える傾向がある。しかし、私たちがそれをもっともらしく見せるためには、あまりにも自然の有限性やはかなさに捉えられている。自由において私たちは永遠に取り囲まれているという確信は、まさに私たちの理解を超える認識の原理である。「人間は、このように彼の認識力を超える認識の原理なしに、その自由の全貌において自分を認識できない」(125頁)。したがって、私たちの条件は、啓示を受け入れるように要求する。また幸いなことに、キリスト教は人間性の自由と限界にしっかりと向き合う啓示宗教なのである。

しかし、神の啓示は二重であり、以下の二つのことを要求する。

人格的、個人的啓示と、また社会的、歴史的経験の文脈における啓示を［要求する］。公共的かつ歴史的啓示なしには、私的な神経験は依然として不十分にとらえられ、気まぐれに支配される。神の私的啓示なしには、公共的、歴史的啓示は、信頼を得ることはできないだろう。すべての人間は、ある仕方で自らを超えた実在を経験するゆえに、預言者的歴史という最も意義深い経験において啓示にめぐりあうとき、神の性格と目的についてのいっそう正確な啓示を受け入れることができる。私的啓示は、ある意味で一般啓示と同じであり、その前提なしには「特殊」啓示もあり得ない。私的だからといって、あまり普遍的でないというわけではない。私的啓示は、あらゆる人間の、以下のことについての意識における証明である。すなわち、人間の生は、自らをこえた実在、もしくは、自らが身をおく自然体系よりも深く高い実在に触れていることについての証明である。……神についての経験は、それだけが他から隔てられているようなものではなく、あらゆる経験の中に含まれている倍音［一つの一音に秘められていて響きを豊かにする、様々な異なる周波数の音］のごときものなのである。[20]

私的あるいは一般啓示は、ニーバーによると、三つの経験の型より成る。それらは、(1)存在の究極的源泉にある尊厳に対する畏敬の感覚と、それへの依存の感覚と、それへの依存の感覚(2)私たちを超えた源泉に由来すると考えられる道徳的義務の感覚。私たちはそれを前にして自らの無価値を感じる。(3)赦しへの切望である[21]（131頁）。この三つの型に対応するものが、三つの啓示の型である。そこで、神は創造者、裁き主、贖い主と規定される。神を創造者として受けとめることは、ある時まで世界がなかったと信じることではなく、「世界を神の主権的、自足的力の啓示」として受けとることを意味する[22]（132頁）」。

ニーバーは、私たちの一般啓示の経験の内容は、歴史的あるいは「特殊」啓示に助けられて明らかにされるべきだと「言えるであろう」と述べる。しかし、そのような議論は、魂という自然的賜物と恵みとの「接合点（point of contact)」を考慮していない。ニーバーは、「特殊啓示」によって解釈の原理が備えられなければ、良心における啓示についての一般的経験は歪められたものとなる可能性があるのは確かであると言う。さらに特殊啓示の外にある私たちの魂と恵みとの接合点がなければ、キリスト者が弁証論的課題を遂行することはできない。この弁証論的課題において、信仰によって認識される「特殊な」真理は、生と歴史についての一般的真理に関連付けられる。換言すれば、ニーバーにとって、一般啓示は、私たちの経験を規定する内容を与えるのみならず、一般啓示が人間経験の逆説を照らし出す仕方で、キリスト者が特殊啓示を明確に示す可能性を与えるのでもある[24]。

3　ニーバーのキリスト、十字架、キリスト教的真理の論証

ニーバーによる一般啓示と特殊啓示の関係の理解は、十字架における神の憐みの啓示の叙述に明瞭に示される。私たちは、創造主また裁き主としての神を一般啓示から知ることができよう。しかし、神がその裁きをこえる愛の源をもつという信仰の確信は、一般啓示では知ることができない。ニーバーによると、キリスト教信仰は正しくも、キリストにおける啓示を究極とする。なぜなら、「神の憐みがいかにして神の怒りを乗り越えるのか」という解決のつかない問題が、キリストにおいて解決されるからである。私たちは、被造物として裁きのもとにある。なぜなら、私たちの生を独立させ安全にする努力は、私たちの被造性と神への依存の認識を意志的に拒否することになるからである。私たちの高慢を罰する神の怒りは、歴史の破局や、自然が人間の計画に服従しないことによって啓示される[25]（138-139頁）。しかし、福音という啓示による善きニュースは、「神が人間の罪性をご自身に引き受けられ、人間の生では克服できないものを神ご自身の心で克服するということである。なぜなら、人間の生は道徳的進歩の全レベルで自己栄化の罪という悪循環に閉じ込められるからである」（142頁）。このようにして、ニーバーにとって、十字架に示された神の愛の啓示は、究極である。なぜなら、「歴史全体の意味の解釈に絶対的に必要であるだけでなく、個人の不安な良心という問題にとっても解決だからである」（143頁）。ニーバーは、神の赦しを特殊啓示の最も特徴的な内容と理解する。しかし、ここにおいてさえ一般啓示が働いている。私たちは赦しを切望するので、ひとたび特殊啓示に関して神のこの性格が認識されるなら、「人間の共通経験がそれを確証できるようになる」（143頁）からである。

神の憐みという特殊啓示を人間の共通経験によって確証できることは、十字架のキリスト教的叙述が合理的だということにはならない。まさにニーバーによれば、それは、不条理である。しかし、ニーバーは、「合理的に考えれば不条理である伝統的なキリストの両性論」を否定するプロテスタント・リベラルを批判する。リベラルが見逃しているのは、この不条理な教えが時間と永遠の関係についてのキリスト教的理解を含むことである。この理解に含まれるのは、歴史の流れの中にあるものが最高の献身に値するかどうかという問いに対する答えであり、またもしそうであるなら、私たちは、どのような基準によって、この特別な卓越性をもつものを見つけ出すことができるだろうかという問いに対する答えである。キリスト者は、このような献身にふさわしい唯一の基準が「実際には歴史を超越しているが、十字架においてのみ歴史に立ち現れるところの、完全な愛が歴史における受肉」(147頁)だとする。受肉の教えは不条理である。なぜなら、それはギリシャ的形而上学における絶対的溝つまり受苦性と受苦不可能性との間の溝によって叙述されたものだからである。しかし、ニーバーによれば、受肉という概念は、キリストの生において示された完全な愛が歴史的であり、しかも超歴史的であるという逆説を表現する手段として依然として有用だからである。

ニーバーの「キリスト論」は、十字架が歴史をこえた神の愛の歴史的啓示と理解することで終始する。イエスにおいて、私たちは「目的と行為の注目すべき一致」をみる。なぜなら、イエスは、人間の相対的状況にまどわされることなく、神の意志と妥協なく一致できるからである。イエスの生を鼓舞する目的は神のアガペーに従うことである。従って、イエスの生は自己犠牲という完全な愛を象徴するが、ニーバーにとって、象徴としての十字架は、個人の最高の行為以上のものである。[26]たとえ、その個人の生における諸行為がイエスと同一視されるほどのものであってもそうである。

十字架は、歴史における正義や相互性という特定の規範をすべてこえるアガペーの完全性を象徴する。それは、歴史をこえ、他の人間的利益や生命力との調和よりも、神の愛との一致を目指す。この調和は、歴史的努力が目指すべき目的であるが、決して最終的規範にはなりえない。なぜなら、罪深いエゴイズムが、あらゆる利益の歴史的調和を偏ったものにし、不完全にするからである。またこのような調和を最終的なものとして受け入れる生も、その倫理規範に自己主張を混入せざるをえないからである[27]（2：74）。

ニーバーによると、十字架はけっして歴史の限界内に閉じこめることはできないものであり、また、歴史を超越するゆえに不適合だとして破棄できるものでもない。むしろ、歴史が自らを超えるように、十字架が歴史を超えるのである。「すべての常識的規範とすべての形而上学的思索を越える」キリスト教信仰は、「十字架の完全が歴史的倫理学の完成また目的を表す」とただしく主張した。換言すれば、十字架の自己犠牲的愛は、あらゆる他の倫理体系に挑戦し、キリスト教的信仰の真理性についてのキリスト教の主張を正当化する。「キリスト教は、その真理の観点からみてキリスト教を伝達手段として用いる偽りの真理の出現を認識できるときにのみ、生と歴史の真理を確証できる（第2巻129頁）」のである。十字架がキリスト教の真理の名であることは、「生の最終的真理がつねに不条理だとしても、絶対的不条理ではない」（2：38）ことを思い起こさせる。

ニーバーは、この主張が合理主義者たちを失望させるにちがいないことをよく認識しているが、彼にとって十字架は、実存の基本的性格の名であり、私たちが知る世界で私たちの行動力の支えとして求める神の名である[28]。ニーバーにとって、キリストと十字架は、キリスト教の特殊啓示にだけ限定される実在ではない。むしろ、両者は、歴史の完成をのぞむ者としての、また、「あるキリスト」（a Christ）[29]を期待する者としての私たちが忍耐しなければならない緊張関係を象徴する。まさに罪が私たちの本性を叙述するように、キリストと十字架は、私たちの運命を叙述する。そして、ニーバーが見るように、いずれの場合においてもこれらの叙述は不条理であるが、確証へと開かれている。

ニーバーが『人間の本性と運命』で展開した神の主張は、彼が1914年に『宗教的知識の確証と確かさ』で展開した立場に符合する。きわめて重要な論文『首尾一貫性、矛盾、キリスト教信仰』で、ニーバーが、修士論文と似た姿勢で『人間の本性と運命』で展開した立場を守っている。[30] 彼は、人間の自由の中にある善と悪の可能性を全体的に理解するためには、神の定義が合理性の限界をこえなければならないと論じる。このようにしてキリスト者は、いかにして神が歴史をこえた全能の神であり、同時に歴史において苦悩する贖い主であるかを正しく知ろうとする試みにおいて神を三位一体として理解する。[31] 贖いの教えと三位一体を記述できるようにするキリスト者の試みは、他の定義があまりにも単純であることが示されなければ決して成功しない。ニーバーは、「キリスト教的真理の超合理性の頂点」が人間の生のドラマを認識し、しかも単純化を避ける鍵としてふさわしいと論じる。[32]

1951年の論文で、ニーバーは、キリスト教的真理のこの記述を確証する方法を、バルトの記述を確証する方法と比較する。ニーバーによるなら、バルトの記述は相対主義、実証主義、直解主義に陥っている。[33] バルトの立場がそうなるのは、彼の神学をカタコンベ（地下墓地）のためのものにし、その結果、政治の自然的要素を、福音の恵みや知恵によって変容させる課題を放棄しようとするからである。さらに、ニーバーの記述によるとーバルトは、以下のことを認識しそこなっている。すなわち、あらゆる文化的研究がみずからの限界を意識する点を真剣に受けとらないので、バルトは、福音の愚かさの中にある真理を確証できる方法を発見しそこなうのだと。またその過程において、全体としての文化の領域における現実が、合理的意味の枠組よりどれほど複雑であるのかが示されなければ、福音の愚かさにおける真理を充分に確証することはできないということである。しかし、あらゆる文化的領域をこれほどまでに真剣に受けとるということは、聖書的概念から離れると言うことである。たとえば、ニーバーは、

「自然科学の蓄積された証拠が私たちを次のように信じさせる。つまり、自然的因果律の領域がいっそう自己完結的になり、聖書の世界観が前提とする神の介入にますます服さないようになることである[34]」と述べている。

ニーバーによれば、いまや神が自然的世界で行為できないことを、私たちは科学から学びとり理解しているが、それでもそのことは、私たちが人間の歴史的ドラマを人間と神との関わり合いとして解釈できないことを意味するわけではない。さらにまた、私たちは、歴史における個々の出来事が全体の意味を見抜くことを助けてくれると言うことを認識する。しかし、私たちはもはや、奇跡を信じることはできない。そのことは、「処女降誕を信じられないし、キリスト体の復活を信じることにも困難を覚える」ことを意味する[35]。したがって、啓示の真理は、歴史的事実としては受け入れられず、さらに奇跡としても確証されない。むしろ、私たちは、より深い啓示の真理を「人間とは何か、何でなければならないか、神は人間との関係で何かという神秘をとく鍵」として理解しなければならないのである[36]。

ニーバーは、福音の真理についてのこのような解釈の仕方は、キリスト教をただ他の哲学に還元する危険があるものと認識する。それに応えて、彼は、「歴史的事実を真剣に、しかし字義通りでなく」と主張するが、このことは、彼も認めるように、それらを全く歴史的事実として受け入れない仕方にもなりうる[37]。ニーバーは、この問題に簡単な答えはないが、どの答えにも二つの主要な判断に依拠するだろうと言う。第一に、人間の自由という独自の性格があるゆえ、自然的世界と人間の歴史的世界との間にはラディカルな区別(distinction)があるが、それは、分離(division)でない仕方で維持されなければならない。第二に、「その出会いにおいて、神は、意味についての合理的概念を改めるために介入する。改めるべきものとは、人間と文化が以下のような誤った前提のもとで構築したものである。つまり、実際には、人間の精神は歴史の流れにおける特定の立場からから意味の領域を構築しているにすぎないにもかかわらず、歴史の流れを完全に超越する精神を持っているという前提である。」と言う[38]。

この点において、ニーバーに最も共感する読者は、私たちが始めた場所つまり「人間の経験」にもどってしまったのではないかと訝しく思わざるをえない。神にとって、「意味についての合理的概念を改めるために介入する[39]」というのはどういうことであろうか。ニーバーのそのような主張が何を意味しようとも、ニーバーの神が多かれ少なかれ、私たちの意識の不可避的側面以上の何かであるとは考えにくい。もちろん、「私たちの意識」は、以下のことについての認識を含んでいるであろうし、またニーバーによると、含んでいなければならない。その認識とは、人間の意識は自らを説明することはできないし、また、それゆえに、人間存在の方がより多く語れるにちがいない。最終的には、『宗教的経験の諸相』の結論部分でジェイムズが言ったことより多く語れるにちがいない。ニーバーにとって、神は、生に究極的統一があることを信じさせる要求の名前である。それは、世界の混沌を超越し、私たちがこの生において達成できる秩序を可能にする。ニーバーは、人がそのように思い描かれる神を礼拝し、あるいは祈るように強く促されると考えるようになる根拠については叙述していない。

ロバート・ソンは、ニーバーの言語がしばしば彼の神学体系の伝えうる以上のことを請けあっていると見ている。彼は三位一体的用語を用いるが、『人間の本性と運命』における神は実際にはユニテリアン的である[40]。ニーバーの主張とは反対に、三位一体というキリスト教の教理は、時間と永遠の関係を理解する試みとは逆に、イエス・キリストの生と死と復活に見られる神がイスラエルの神と違わないという主張から始まる。ニーバー神学は究極的には神に焦点を合わされていると考えるのは、あまりにも寛大でさえあると論じる。しかし、終始ニーバーの基本的目的は、人間の有限性に意味を与え、とりわけ「喜んで歴史的責任を受け取るように[41]」人々を励ますことであった。

私たちは、ニーバーの中に、キリスト教信仰の言語によって偽装された、込み入ったヒューマニズム以上のことを発見できるだろうか。恐らくできないであろう。しかし、そのような判定を下す前に、いかにしてニーバーの神学と倫理学との関係を理解したのかについて若干分析する必要がある。ジェイムズは、試練によって身についた習慣を必要とするような人間の生の側面をプラグマティズムと考えた。これと対照的に、ニーバーの倫理学は、態度の変化に名前をつけ、物事のあり方をあるべき物事の在り方として受容するように学ぶものとした。

4　倫理学と教会におけるニーバー

『人間の本性と運命』以後、ニーバーの神学的視座は定まった。『信仰と歴史』（1951年）と『自己と歴史のドラマ』（1955年）は、確かに神学論文集であった。しかし、ニーバーが『人間の本性と運命』において成し遂げたものに付け加えることはあまりない。結果として、『人間の本性と運命』は、ニーバーを初恋の相手である倫理学と政治学への回帰へと解放した。もちろん、彼の倫理的思索は彼の神学研究によって形成されたが、彼は、たとえば、再び愛と正義の関係を探求するにあたってキリスト論論的問いに立ち戻る必要はなかった。

ギフォード講義の後、彼の人生が次第にアメリカ政界の既成勢力における役割によって形づくられていくようになるにつれて、ニーバーの倫理学における著述が神学色を薄めていった言う者もあるかもしれない。フォックスは、ニーバーが「世俗的政治領域で、時の人(42)」となったと言う。しかし、アメリカの政治学や外交政策の役割をはたすようになったことが、ニーバーをして、その神学と倫理学の確信を変質もしくは妥協せしめたと考えることは誤りであろう。むしろ、たとえば、外交問題審議会［1921年設立。アメリカの外交政策に著しい最も大きな影響を及ぼすと言われたシンク・タンク。外交誌『フォーリン・アフェアーズ』などで知られる（訳者）］のメンバーになったことや、ジョージ・ケナンからの、アメリカ国務省の政策企画本部［1947年創立。アメリカ国務省の最高戦略部門（訳者）］の審議会への参加の打診を受け入れたことは、彼の神学的また倫理的確信が、そのようなことにもともと合致していたことを明らかにするものであった[43]。換言すれば、ニーバーの「リアリズム」つまり最高に公正な力のバランスという正義の理解は、第二次世界大戦後に向かおうとしていた世界に完全にマッチしていたと考えられる。したがって、ニーバーの生き方が彼の思想を裏付けているとしても驚くことはない。

ニーバーの敵や味方の多くは、彼らが歓迎する彼の倫理学が、歓迎されざる彼の神学から独立していると考えた[44]。あるニーバーの敵対者たちは、「ニーバーに味方する無神論者[45]」の運動の増大に興味さえを持っていた。私は、ニーバーがこの運動を楽しみ、実はひそかに喜んでいたのではないかと思う。なぜなら、彼は無神論が問題だとは考えていなかったからである。たしかに、ニーバーの生の理解を考えても、そこに無神論があるかどうか不明である。ニーバーにとって、無神論は不可能でないとしてもきわめてありえないことだろう。なぜなら、ひとは「その人生や行為に意味を与える一貫性や秩序を前提することなしには生きられない[46]」からである。こうして、ニーバーによると、問題は無神論ではなく偽りの神に対する偶像崇拝になるからである[47]。

ニーバーの無神論についての見解は、彼の神学が自然主義的世界観の制約において機能するものであったことのさらなる証拠となる。彼の倫理学は、あらゆる人々のための倫理学として仕組まれている。もちろん、「あらゆる人々のための」倫理学が必然的に道徳についての自然主義的説明を伴うものでもない。しかし実際のところ、ニーバーは、彼が考えるところの文明が直面する難題に対する応答を備えられるような倫理的自然主義の形態を発展させることに携わっていた。この倫理的自然主義によって、ジョン・ミルバンクは、ニーバーの倫理学はキリスト教的に言い直されたストア主義であると正しくも指摘することになる[48]。

しばしばニーバーは、自然法を基礎とした倫理学が相対的なものを絶対化すると批判していた。[49] しかし形式的には、彼が愛の法と理解するのは、自然法の倫理を展開する試みであった。[50] こうして、ニーバーは、「愛の法」つまり私たちが相互に支え合いまた中立を認めることが、「生の現実構造」[51]（275頁）によって求められると主張する。私たちは、他者がいなくては自己実現できない存在として造られている。私たちは、仲間との愛の関係の中でのみ自分自身でありうる。「愛の法は、人間の自由による要求である。また自己の自由と他者の自由は互いに愛を求め合う」（295頁）のである。愛が法の形態をとらねばならないこと、つまり「あなたはしなければならない」というのは、私たちには自己中心性があるゆえに、神と魂と隣人との調和がこの世の生においては決して十全に実現されえないことを示している。さらに、ニーバーは、実際には愛がいつも自己愛におちいることがあり、しばしば愛の必然性をみとめても罪の理解に欠ける哲学が、愛の法的性格を理解しそこなう理由である、と言う[52]（286頁）。

ニーバーによると、キリスト教倫理の究極的要求、「隣人を自分のように愛しなさい」、「あなたの神である主を愛しなさい」、また「思い悩むな」は、単なる自然的善の「頂点」となる完全の勧めではなく、私たちの自由を形成する基礎的要求でもある（272頁）。それらを罪人である私たちには達成できないので、私たちには完全の勧めに見えるのである。しかし、まさに私たちが罪人であるゆえに、愛の法則を、相互関係において実現される可能性とすることはできないし、またそのようにしてはならないのである。ニーバーは、イエスの犠牲的愛の倫理学が二人の個人間では可能かもしれないが、第三者がその関係に入るやいなや、「最も完全な愛が、競合する要求や利害を合理的に見積もることを求める」（2：248）ようになると認識する。[53] したがって、十字架つまり犠牲的愛という象徴は歴史の辺縁に立ち、正義を達成しようとする私たちの試みを審く平等の規範として機能するからである。

ジェイムズと対照的に、ニーバーは、道徳的生の大きな敵は、聖なる者となろうとする人々だと考えた。彼は、信仰によって人間の歴史の基本的性格を認識したキリスト者が、歴史を一方で論理的に、他方で経験的に見るべきだという問いに答えを出せたと考えた。それは、私たちの自己愛の認識また神の意志との不一致が、私たちの自尊心をくじくことが論理的だと見えるからである。悔い改めが確かに新しい生への第一歩であると考えるある証拠だとするからである。しかし、この見方は、ただニーバーにあらゆる道徳的前提を攻撃する機会を与えただけである。

キリスト教熱狂主義、神聖ならざる宗教的憎悪、宗教的高潔という衣の背後に隠された罪深い野望、神への献身を見せかけにした政治的権力欲という残念な歴史は、あらゆるキリスト教的教理における過ちを示す反論しえない証拠を示す。またその歴史は、恵みによって人間と神の間の最終的矛盾を取り除かれると主張する。このキリスト教史の嘆かわしい経験は、正しい留保なく神聖さが主張されるとこでまさに、人間の高慢と霊的尊大さが、いかにして新たな高み目で達するかと言うことを明らかにている（第2巻122頁）。

これがニーバーの倫理学の中心である。[54] 信仰義認はそのキリスト論的文脈から解き放たれ、真理を一般的な謙遜という徳を支持するものとしてしまう。それによって、キリスト者を寛容というリベラル・ゲームでの信頼できるプレーヤーにしてしまうのである。[55] ニーバーは、カトリック主義、ルネッサンス、カルヴィニズム、分派的プロテスタントを、聖化の倫理学を実現できるとする誤った試みだと判断する。[56] これらの歴史的選択は、確かに全く異なった方法においてであるが、歴史を完全な愛に一致させようとする誤った試みになり、それに失敗するなら後継者たちを世界から無責任に退却させることになる。ニーバーにとって、社会関係の領域における聖化は、聖化の不可能性を認識するように要求する[57]（259頁）。

倫理学においても神学においても、ニーバーは、教会の叙述を提供していない。ニーバーの研究において教会が欠けていることの標準的な説明は、経済的、政治的問題への集中が彼に教会論を全く展開させなかったということである。この説明は、ニーバーの研究における教会の不在は、偶然の過失であったことを明らかにするが、実際にはこの不在はニーバーの神学と倫理学に本来的であった。

まちがいなく、ニーバーは、キリスト教がいつの時代にも存続するために教会を社会学的必然とみなすが、倫理的、認識論的必然だとは考えなかった。彼の神学的見解から考えても、キリスト教を世界から「教会」を招いた神に仕える民の名であるとは信じていなかった。さらに彼は、この民の存在が信仰の真理の叙述に必要ないと考えた。ニーバーは、キリスト者にジェイムズ以上のことを提供しなかった。

よって、ある意味で「ニーバーに味方する無神論者」は間違いであった。ニーバーの倫理学と神学は一つである。彼の神学は、キリスト教信仰を、近代科学に必須であると彼が考えた自然主義的前提において理解できるものにしようとした。彼の倫理学は、政治的リベラリズムの前提においてキリスト教信仰を理解できるものにし、さらにその意味で有用なものにさえしようとした。しばしばニーバー以後の神学的リベラルは、その神学を倫理学なしに求め、また政治的保守主義者は、「ニーバーに味方する無神論者」のように、しばしば彼の神学なしに倫理学を求めた。しかし、私が考えるに、ニーバーは、彼の神学と倫理学は、そのどちらを欠いてもならないものだととらえていた。

ニーバーによる人間の条件の叙述がいまでも多くの人に説得力を持つとしても驚くにあたらない。なぜなら、ニーバーのキリスト教の叙述がどれほど古びていても、リベラルな社会秩序に育まれた人々には、他の仕方でキリスト教の真理を受け入れることなど想像もできないからである。ニーバーの「原罪」の叙述は、そのように育まれた人々には心地よい教えである。なぜならニーバーは、教会が提供する人間形成によって自己変革を求めることなしに罪を理解できるものとし、それを当然の人間の条件としたからである。それは、自らをプラグマティストと標榜する思想家としては奇妙な立場である。[58]

私のニーバーについての説明は、厳しいものに見えるかもしれない。多くの人にとって、ニーバーは（ティリッヒも）、彼らがキリスト者になることができるほどの力強いキリスト教についての記述を提供する。[59]また「ポスト・リベラル」の神学者は、しばしば当然のごとく、またまことしやかに、聖書物語の中に倫理学を引きいれた神学者の実例としてニーバーを読解している。私は、ニーバーの思想のインパクトを無視するつもりもないし、また、そのような人々を間違っているとして退けるつもりもない。確かに、私が示唆したように、ニーバーの神学と実践はしばしば、彼の自然主義的確信が許す以上に豊かであった。アメリカの政治的既成勢力における彼の役割にもかかわらず、彼は、教会の言語と実践を深くとどめている。また彼は、その神学に、ほとんど教会に位置を与えないが、それにもかかわらず、しばしば彼は。教会によって、自身の理論的傾向と反するように語り、行動している。たしかに、彼の祈りは、しばしば『人間の本性と運命』の神以上の神を証ししている。[60]

とは言うものの、私は、ニーバーをもちあげる人たちはみな、彼の神学の驚くべき「薄さ」を認めるべきだと考える。ニーバーの神は、何ら実質的な救いを提供できる神ではない。自己理解や態度を変えてみたとしても、それは、この世と異なる生き方（an alternative）を提供できる教会の存在に代わるものではない。もちろん、ニーバーは、そのような別の選択肢の生き方を提供しようとはしなかった。それは、彼がブルジョアの不安な良心に慰めを与える以外になにもなしえない飼いならされた神（a domesticated god）の神学者にならざるをえなかった理由である。

マッキンタイアは、ギフォード講座において、「アクィナスと伝統の合理性」という素晴らしい講演に続いて、「敗北した伝統の余波で」という主題の講義を行った。[61]私は、次の講義のタイトルを同じ脈絡でつけるとすれば、「勝利した伝統の余波で」と名付けたい。なぜなら、アクィナスが失敗したところでニーバーは成功したからである。あるいは、少なくとも彼の生涯と研究は、プロテスタント・リベラリズムの神学的伝統の成功を代表するからである。ニーバーの影響のもと、特にアメリカの神学は倫理学となり、倫理学はリベラルな社会秩序が機能するのに必要な条件の探求となった。[62]しかし、前の講義で示唆したように、ニーバーを理解可能にしたプロテスタント文化はいまや存在しない。正確にいえば、キリスト教的伝統が敗北したということではなく、もはや私たちはその勝利の略奪品に囲まれてはいないということなのである。

私たちの最近の文化的雰囲気において、ジェイムズ（あるいはジェイムズに似た立場）が、多くの人にとってニーバーに代わる魅力的な立場に見えるとすれば、それは、以前私たちの社会に必要であると考えられていたキリスト教的外観が、もはや必要のないものとなったからである。ニーバーが求めていたあらゆるものをジェイムズがいっそう簡明提供してくれるのならば、キリスト教の「象徴」を救い出すためのニーバーの言葉の訓練場にいちいち付き合う必要はないだろう。さらに、ジェイムズの立場の基本的概要をニーバーが受け入れたとすれば、ジェイムズに説得力があると思う人々に対して、ニーバーの視座から批判がむずかしくなる。しかし、すでに示唆したように、ジェイムズ主義者とニーバー主義者は同様に、近代性の中心にある空虚な暗闇から目をそらすことを拒否するニーチェやフーコーなどの思想家に付きまとわれ続ける。[63]

プロテスタント・リベラリズムの勝利の余波に生きることは、ニーチェが深淵として描いたものに付きまとわれる世界に住むことになる。しかし、それはまた私たちがニーバーの（そしてニーチェの）代わりにカール・バルトを評価できる世界に生きることでもある。バルトの神学は、ニーバー的世界においては理解できなかった。それが分かり始めるということは、ニーバーがそこでまたそのために描いた世界自体が理解しがたいものになることを確かに示している。奇妙なかたちで、ニーバーの研究は、いまや二つの世界の最悪のものを代表する。つまり、多くの世俗的な人々は彼の神学的議論を納得できない。また彼の神学は、キリスト者がみずからの生を持続するための方法を提供するには不十分である。もし、ニーバーのキリスト教神学の叙述がもはや説得力がないのなら、リベラルな社会的、政治的体制の合意を形成できる方法にキリスト教の未来がかかっていると信じる人々には確かに悪い知らせになる。他方、私のように、キリスト教的確信の真理が、神についての自信に満ちた語りを回復することを要求していると信じている者にとっては良い知らせである。その語り方とは、私たちを、倫理についてのニーバー的説明に反対するように促すものである。そして、バルト神学についての新たな理解の可能性へと私たちを促さずにはいられないものである。ニーバーの神学は、真実なキリスト教的語りの喪失を——またそれゆえに、さらに真実なキリスト教実践の喪失を反映している。対照的に、バルトの神学は、真実なキリスト教的言説の確固とした表現であり、また、そのようにして、もし私たちが礼拝している神に忠実であろうとするなら、文字通りそれなしでは生きることができないような源泉なのである。

(Endnotes)

1　ラインホールド・ニーバーの "Intellectual Biography" *Reinhold Niebuhr: His Religious, Social, and Political Thought*, ed. Charles Kegley and Robert Bretall(New York: The Macmillan Co., 1956). 9. ニーバーのアウグスティヌスの読み、とりわけ「二つの国」の説明は、多くの人に対して依然として説得力を持っている。しかし、ニーバーは、アウグスティヌスの教会の叙述と彼自身のそれとが異なっていることに気づいていた。たとえば、*Christian66 Realism and Political Problems*(New York: Charles Scribner's Sons, 1953)

119-146 における彼の論文「アウグスティヌスの政治的リアリズム」を参照。この論文で彼は、アウグスティヌスがプロティヌスに影響を受けすぎているとするアンダース・ニグレンの議論を受け入れた。そしてそのことによってニーバーは、アウグスティヌスによるアガペーの叙述が「神秘的」でありすぎるという結論に導かれる。この解釈は、ニーバーが、アウグスティヌスよりもニグレンのほうをよく読んでいたことを示唆する。同様に問題なのは、『人間の本性と運命』において、アウグスティヌスの自己理解を自己意識の発見と理解するニーバーの解釈である。ほとんどニーバーの解釈と反対方向のアウグスティヌスの最近の説明は、Denys Turner, *The Darkness of God: Negativity in Christian Mysticism* (Cambridge: Cambridge University Press, 1995), 74-101. を参照。『人間の本性と運命』からの引用は、ロビン・ラヴィンがその導入を記している 1964 年の再版からである。(Louisville: Westminster John Knox Press, 1996)。頁数は本文中にを挿入する。さらに、この講義の頁数の挿入は、すべて注がないかぎり、『人間の本性と運命』からの引用である。1964 年版の頁割付は、1941 年と 1943 年の二巻本の原版と同じである。第二巻の頁数は、新しく始めるので、前に「2」を付ける。

2　ニーバーの “Intellectual Biography” 9. ニーバーは、私が彼の研究にあると考える重要性を認めないし、認めたくないであろう。彼は、自分が神学者としてとらえられることを常に否定してきた。たとえば、彼は、“Intellectual Autobiography” を次のような告白で始めている。「神学を前提とする研究主題が私の第一の関心であるとされるのには、いくぶん困惑を覚える。私は、神学者ではありえないし、そう主張しようとも思わない。私はこの四半世紀キリスト教社会倫理を教えてきた。また私は、『弁証学』という補助的な領域を扱ってきた。私の、単科大学や総合大学における、ある種巡回牧師のような趣味的関心は、世俗時代、特にシュライアマハーの言う『宗教を軽んずる教養人』におけるキリスト教信仰の擁護と弁証への関心を掻き立てた。私は、純粋神学の微妙な点においてたいへん有能な働きをしたということは全くない。また私は、これまで、そのような有能さを手に入れることにはあまり関心がなかったと告白しなければならない。トクヴィルは、ずいぶん前に、ヨーロッパのキリスト教に比べて、アメリカのキリスト教が強い実践的関心をもっていることを考察した。この相違はいまでも確かなものである。私は、これまでたびたびヨーロッパの神学者たちの厳格な種類の人たちに、私の関心が実践的あるいは「弁証的」であるより、神学的であることを証明するように言われてきた。しかし、私は、要点はよく理解されていると思うゆえ、またその相違に関心がないゆえ、防御することを常に拒絶してきた」(3)。いつものようにニーバーの自己評価は正しいが、また誤解を招くものである。「純粋神学の微妙な点」においては有能ではないという彼の言明は、「純粋神学の微妙な点」とは、真にも偽にもなりえないジェイムズ的過剰信念であるとニーバーが前提していることを示すものにすぎない。

3　ニーバーは、『本性と運命』において一回だけジェイムズに言及した。それは、経験科学としての心理学にとって必要な、意識の統一性と超自我をジェイムズが否定していることに言及したものである。ニーバーは、それは、科学の限界を示すものでしかないと述べ、「単なる科学としての科学は、科学的に正確にはなりえない」(73)と記している。ニーバーによる罪の説明を考えるならば、彼が「一度生まれ」「現世肯定的で回心を求めないタイプ」と「二度生まれ」「危機の中で回心を体験するタイプ」の対比について何も語っていないのは、とりわけ不思議である。ジェイムズの後者についての特徴付けは、ニーバーに、彼の見解とジェイムズの見解の類似性と差違性の探求にとって豊かな資料を提供できたはずである。特に、この対比は、彼の罪についての記述が、ジェイムズにはできない神学的主張をいかに要求するかを明らかにできたかもしれなかったのである。

4　1930年代のはじめに、ジョン・ベイリーがユニオンで教えたとき、ジョン・ベイリーとラインホールド・ニーバーは友人になった。*Reinhold Niebuhr: A Biography* (New York: Pantheon Books, 1985)。リチャード・フォックスは、ベイリーがすぐにニーバーに好意を持ち、彼に神学を「そのようなものとして」評価するように促したと報告している。「ニーバーの目には、ベイリーが、人間自身の生来の神認識の能力という標準的なリベラルの出発点を保持していたゆえに、神学を擁護したものと映った」(125)。ベイリーがエジンバラで教えるためにスコットランドに帰ったことは、ニーバーへのギフォード講座への招聘に大きな関係があることは間違いない。

5　管見の限りでは、ニーバーは、その膨大な業績のどこにおいても、フォイエルバッハについて（議論はおろか）全く触れてもいない。さらに、彼がフォイエルバッハの挑戦を取り上げ得なかった理由を論じた者を私は見たことがない。ニーバーは、宗教は幻想であるとするフロイトの説明のほうが、キリスト教に対する異議申し立てとしてはフォイエルバッハよりも重要であると考えたのかもしれない。もしそうであったら、ニーバーは間違っていた。

6 Van Harvey, *Feuerbach and the Interpretation of Religion* (Cambridge: Cambridge University Press, 1995), 295. ハーヴィが、この時期に多くの神学者が概ね人間の条件について同じ説明をしていると考えたのは確かに正しい。この事実は、ケグリーとブレトール編集の論文集［注1］において、ニーバーとブルンナーの間で厄介なやりとりが多くなされていることについての説明を助けてくれる。ブルンナーは、"Reinhold Niebuhr's Work as Christian Thinker" という論文集に寄せたもので、彼の「驚き」を表現している。それは、『本性と運命』において、ニーバーがブルンナーの 1937 年の『反抗する人間』に記した諸理念にとらわれていたのにもかかわらず、ニーバーは、ブルンナーへの依存について正しく認識していたとはブルンナーは考えていないということである。ブルンナーは、1938 年にニーバーが語ったので、彼の書物を読んでいたことを知ったと言っている。その「応答」において、ニーバーがブルンナーに依存していたことを認め、多くを学んだことも認めている。しかし、「私ができる限り大幅に歴史を通して」罪の教理を跡づける過程の中で、彼がブルンナーからどれほど学んだのかを見失ったと認めている。彼は、他の神学者だれよりもブルンナーに依存していること、またブルンナーの立場に近いことを認めている。ニーバーがブルンナーに依存していたことを「忘れた」のは驚くに値しない。ブルンナーの神学的叙述がブルンナーだけの主張の特徴ではなかったからである。

7 Harvey, *Feuerbach*, 300.

8 Reinhold Niebuhr, preface to the 1964 edition of *Nature and Destiny*, xxv. トレルチのニーバーに対する影響は確かである。トレルチのように、ニーバーは、単純に、キリスト教の知解可能性を「今日の文化を新たに方向づける」(2: 205) 課題に応答できる力によると主張している。

9 ニーバーの研究の基本的な神学的前提に私は批判的ではあるが、幅広い歴史的展開を照らし出すそうとするニーバーの試みに対する私の性格付けは批判を意味するものではない。私は、キリスト教の神学的主張がニーバーの取り上げた課題を要求すると言いたい。たとえば、私たちは、その課題をアウグスティヌスの『神の国』にも、また最近ではジョン・ミルバンクの *Theology and Social Theory: Beyond Secular Reason* (Oxford: Basil Blackwell, 1990). に見出す。しかし、ニーバーがその課題を認識した方法と、アウグスティヌスとミルバンクが彼らの課題を認識した方法には大きな違いがある。アウグスティヌスとミルバンクは、教会が歴史の真の担い手だと主張するのに対し、ニーバーは、教会はせいぜい、彼が理解するところの人間の条件を明らかにする役割を歴史の中で持つにすぎないと主張する。

10 ニーバーは、彼の研究が「特殊性のつまずき」によって要求されたキリスト教の「歴史的性格」を前提にすると主張した。しかし、彼の「つまずき」を表現する方法は、「特殊性」とは程遠いものである。たとえば、*Justice and Mercy*, ed. Ursula Niebuhr (Louisville: Westminster/ John Knox, 1974). において、ニーバーは、「超時間的真理が、時間における特別な時点で預言者やキリストによって語られたとわれわれは主張する」(135) と言う。明らかにニーバーにとって特殊性は、真理の超時間的性格に影響を与えないものである。彼の *Nature and Destiny* のあとにも継続している唯一の神学的考察は、歴史の問題である。*Faith and History: A Comparison of Christian and Modern Views of History*(New York: Charles Scribner's Sons, 1951). *The Self and the Dramas of History* (New York: Charles Scribner's Sons, 1955). 彼は「知的自伝」において、*Faith and History* を彼のギフォード講座の第二部の詳述として描いたと記している。したがって、ギフォード講座後の数年間、彼の神学的関心は倫理的そして弁証学的であったことについて読者に注意を促している(9)。ニーバーは、*Nature and Destiny* の後の研究が神学的ではないと正しく判断していた。むしろ、それは、ギフォード講座の立場の「適応」という試みであった。ニーバーの研究の一つの印象的な側面は神学的好奇心の不在である。それは、彼のその後の研究にほとんど退屈な繰り返しという性質を与える。ニーバーの「歴史」理解についての分析と批判は、私の "History as Fate: How Justification by Faith Became Anthropology (and History) in America," in *Wilderness Wanderings: Probing Twentieth-Century Theology and Philosophy* (Boulder, Colo: Westview Press, 1997), 32-47. を参照。

ニーバーの超時間的見方は、キリスト者にとって神学的問題をもたらしている。なぜなら、私たちは、イエス・キリストにおいて見出される神が超時間的ではないことを信じているからである。その信仰は、少なくとも、私たちの時間理解の変革を求める。神の時間性についての最も持続的な研究は、ロバート・ジェンソンの *Systematic Theology: The Truine God*, vol. 1 (New York: Oxford University Press, 1997). に見られる。どのような様式で、キリストが「先在しているか」という議論において、ジェンソンは、キリスト教の神学者たちが、創造の教理が、時間とは「創造された出来事のみについての尺度」となることを要求することに気づいたので、アリストテレスの「物理的出来事の尺度」としての時間の見方を拒否したと述べる。「したがって、創造に先立つ直線的時間理解の延長という考えは矛盾にほかならない。アウグスティヌスの定式がよく知られている。『世界は時間において創造されたのではなく、時間と共に創造された』。『時間の内には時間はなかった』」(138-139)。

11　この定式がニーバーにとって重要であることは、彼の著述のほとんどすべてにおいて飽きることなくこのことを繰り返しているように見受けられるという事実によって少なくとも部分的には示されている。

12　私の見るところ、*Nature and Destiny* におけるニーバーの人間の条件の説明は、*Does Civilization Need Religion?*（New York: Macmillan Co., 1927）における、より批判的であった見解を失っている。ニーバーは、1927年に、次のように記すことができた。「都市の特権階級のあいだで繁栄したリベラルな宗教は、科学が明らかにした、一見したところ非人格的な宇宙の脅威に対して人々の人格性の価値を保証するが、社会それ自体における人格性への脅威を知らせる助けにはならない。あらゆる宗教を最終的に試すのは、人格の尊厳という基礎に立って倫理的行為を促す能力でなければならない。人格を高く評価することを正当化する世界観を作りながら、社会において人格の尊厳を保証する倫理を展開することに失敗するのは、大きな偽善である。それは、ほとんどすべての近代的宗教を堕落させる偽善である。ある意味で、偽善は、全ての宗教の避けがたい副産物である。人間は、その理想通りに善であることは決してなく、また、その理想からの逸脱について、中立的観察者のごとく自覚しているわけでも決してない」(31)。ニーバーは、1927年の時点において、依然として、人間の条件についてのその説明がたやすく階級的利益のイデオロギーになってしまうほど十分にマルクス主義者であった。しかし、*Nature and Destiny* において、「人間の本性」についての彼の説明が階級的偏りを反映していることを示すものをニーバーは何も記していない。

13　Reinhold Niebuhr, *Moral Man and Immoral Society* (New York: Charles Scribner's Sons, 1932). xi-xii［ニーバー『道徳的人間と非道徳的社会』、大木英夫訳、白水社、1998年、7-8頁参照。］

14　ニーバーの社会倫理学者としての評判は、個人性についての彼の強調がしばしば見落とされてきたことを意味している。ジェイムズを個人主義の廉で告発しようとする者は、同じようにニーバーに対して告発しなければならなかったはずである。

15　ニーバーは、*Nature and Destiny* の第7章をアルブレヒト・リッチュルの引用から始めている。それは、私たちは自然の一部であるが、また同時に自然を支配する能力を持つと標榜していると述べることによって人間の矛盾を描き出している部分である。ニーバーは、リッチュルは分析においては正しいが、聖書的見解が相対性の問題を罪の問題に従属させることを認識するのに失敗したと考える。ニーバーによるリッチュルについての説明が正しいかどうかはかなり疑わしいが、ニーバーの取り上げた対比は、彼がプロテスタント・リベラリズと距離を置くようになったとしばしば考えられたことの一つの根拠ではある。

16　ニーバーは、『不安の概念』におけるキルケゴールの不安と罪の関係の分析を「キリスト教思想の最も深いもの」と述べている。

17　ニーバーは、明らかに罪を人間の条件に一致させないように苦闘している。ニーバーによれば、罪は必然的ではないが、不可避的である（251-260）。多くのニーバーの決まり文句と同様に、このような問題の取り扱い方はたいへん巧みであるゆえに、真実であるとしか思えないと受け取られがちであろう。しかし、結局のところ、ニーバーの言語的すばしっこさも、彼の避けようとしている過ちから彼の立場を救うのに十分ではないのである。解けない問題を言語的に巧妙なごまかしによって避けようとする彼のもう一つの実例は「私たちはすべて罪人であるが、私たちは同じように罪責があるわけではない」という主張である。ニーバーの、異なった種類の罪を区別する試みは評価できるかもしれないが、彼の区別は最終的に、行為の結果で罪責を決定する功利主義的計算を支持することになってしまったのである。

18　ニーバーの偉大な洞察のひとつは、罪の最も自然な故郷が私たちの悪しき欲望ではなく、私たちがなそうとする善きものであるということである。たとえば、彼は、私たちの利己心を越えるだけでなく、私たちの共同体の利己心も越える能力がまさに、罪によって同様に堕落している、より大きなものへの忠誠に依存することを知っている。

19　*Nature and Destiny*, xxv.1964年版のニーバーによる序文。ニーバーは、*Man's Nature and His Communities* (New York: Charles

Scribner's Sons, 1965) においても一連の同様な発言をしている。さらに、「原罪」という概念が用いられてきたことは歴史的また象徴的には正しいが、教育的には過ちであったと付け加えている。彼は、堕落という素朴な神話の歴史性を否定するのに苦労し、罪は肉欲によって世代超えて生み出されるというアウグスティヌスの「恐るべき概念」を否定した。しかし、他の面においては彼のリアリズムに納得した政治哲学者たちも、彼の「神学的前提」からは距離を置いたのである。よってニーバーは、同じ人間の本性を扱う「この著作」においては、「よく知られた事実」を記す場合には、「より抑制された象徴」を用いると言っている。しかし彼は、「私はいまも、*London Times Literary Supplement*［1902年に*The Times*誌の付録として始まり、1914年より独立して発行されている文学批評誌。略称*TLS*］が数年前に、『原罪の教理は、経験的に確かめられる唯一のキリスト教信仰の教理である』と記したことが大体正しいと考えている」(23-24) と述べている。

　思想家が気を利かせてさり気なく言ったような言葉にこだわるのは不公平かもしれない。しかし、私は、*TSL*からの引用は、ニーバーの最も考えぬいた見解であると考えざるを得ない。しかし、もしそうであるなら、原罪というキリスト教の教理（彼は「教理」と誤って述べている）は、キリスト教的有神論に対応するという彼の主張はどのように解釈したらよいのだろうか。ニーバー的な罪の叙述についての私の理解については、Sanctify Them in the Truth: Holiness Exemplified (Nashville: Abingdon Press, 1998), 61-74 参照。

20　武田訳、『キリスト教人間観（I）人間の本性』（新教出版社、1951年）174頁参照。この見解を支持して、ニーバーは、ローマ書1：20によって、パウロは人間の神についての「経験」を語っていると主張する。いつものように、ニーバーは、パウロが、人間が審かれる形態としての経験に触れていない事実に、少しも困惑していない。

21　H・リチャード・ニーバーによる、時間と歴史、絶対的依存、罪と救いにおける自己をめぐる叙述は、魅力的な方法で、ラインホールドの*Nature and Destiny*での説明を反映している。H・リチャード・ニーバーの*The Responsible Self: An Essay in Christian Moral Philosophy* (New York: Harper and Row, 1963) を参照。

22　彼が何を言おうとしているのか正直なところ私には分からないが、ニーバーは、聖書の創造の教理は、それ自身では啓示の教理ではなく、啓示の教理の基礎であると考える。彼は、創造の教理が、神が超越的であると同時に世界との密接な関係にあるという基本的な聖書的理念を完全に表現していると見ることによってその主張を説明しようとする(133)。しかし、どうして神の超越性と内在性を表現するのに創造の教理が必要なのだろうか。必要なものは、ジェイムズの「それ以上のもの」という説明である。

23　ニーバーの「結合点」の使用は明らかに、自然神学についてのバルトとブルンナーの討論を参照したものである。ニーバーは、*Nature and Destiny* における初期は、ブルンナーが正しくバルトが間違っていると考えたが、ブルンナーがバルトの基本的前提をあまりにも多く受け入れたので、バルトが討論で勝利したのだと考えた (2: 64)。

24　ニーバー、*Faith and History*, 165. ニーバー自身が認めていることによれば、ティリッヒは彼に深い影響を与えた。彼は、ティリッヒを最終的にはあまりにも「プラトン的」であり、ロマン的だと考えた。しかし、控えめに言っても、ティリッヒの相関という「方法」は、ニーバーにとって、その最も根本的な方法論的前提を指すものとなった。

25　私は、ニーバーが、神を、少なくとも裁きと怒りの神を、歴史と自然の盲目的力のまさに別名だと考えたと言おうとしているのではない。しかし、神の現存についてのニーバーの見解を全般的に考えるならば、神の怒りの説明において、ニーバーは、キリスト教よりストア主義に近いと考える人びとに抗弁することはできない、と言うのが公平であろう。たとえば、1952年のマタイによる福音書5章43-48節に基づいた説教において、ニーバーは、歴史において善に対する報いと悪に対する罰に関して単純な対応はないと述べた。「神は自然のようであるとイエスは言っている。つまり、太陽は悪しき者にも善い者にも光を与え、正しい者にも正しくない者にも雨を降らせるのであるから、まったく道徳的でないということで非難することもできる偏りのない自然のごとき存在である。道徳的ではない自然は、超道徳的な憐れみを象徴へと仕立て上げられる」。「神の摂理」、*Justice and Mercy*, 15所収。

同じ説教の後のところで、ニーバーは、人生を単純な道徳的意味と呼応しないものとする「核のディレンマ」が、キリスト教と世俗主義の間の大きな論争となっている問題に関連して、自分にある当惑を与えると告白している。「私は、キリストにおいて啓示され、キリストが、自然の偏りのなさにおいて不公平であると語る神を信じるキリスト教信仰に確信を持っている。しかし、私にはある種の世俗主義が私たちより優っているということも真実に思われる。それはどのような点かというと、ウィリアム・ジェイムズを引用するなら、キリスト教は「全能者の法廷で特別な好意を得ようとするロビー活動」となるということである。この、特別な好意を得ようとするロビー活動に反して、人は、近代あるいは古代のストア主義にある高貴な要素があると認めなければならない。……ストア的勇気には高貴さがある。ストア派には、キリスト教信仰の最終的表現でもある、神との究極的関係という感覚はないが、現状においては、真実ではないのだろうか。自然科学の影響のもとにある近代人は、問題を以前より批判的に見ている。われわれは、神の究極的主権によって自然がどのように支配されていようが、自然は、それ自身の法則で動くと見ている」(19)。*The Character of God: Recovery the Lost Literary Power of American Protestantism* (New York: Oxford University Press. 1997). において、トーマス・ジェンキンスは、ニーバーが、彼以前の多くの19世紀の神学者たちのように、神の怒りを外に出すことによって神を救済しようとしたと見る。つまり、神の怒りを、法則や、歴史や、世界の秩序の自動的な表現とするのである。彼らは、神の怒りを神から遠ざけたが、そうすることによって感傷的な神を作り出したのである。感傷的などということは、普通はニーバーに似付かわしい言葉ではないが、ジェンキンスは、感傷性という概念でもってほとんど完璧にニーバーの神理解をまとめられると主張する(166-171)。

26 ニーバーは、「人間が決して失うことはない」ところの、神についての漠然とした感覚は、神の憐れみと裁きの啓示において具体化したと正しくも信じていると言う。しかし、キリスト者は、ただ現実の歴史的啓示においてキリストを知っている者のみがこのような回心の可能性をもつという主張を防がなければならない。『隠れたキリスト』が歴史において働いている。そして、歴史的啓示を知らない者が、それを知っている者よりも真正な悔い改めと謙虚さにいたる可能性がつねにある」(2: 109-110)。

27 ニーバーは、「真理」を「救う」ための彼の試みの一部として永遠と時間との関係を論じている。それは、教会が、受肉の教理においてはっきりさせようとしていたものであった。しかし、彼の前提は、そのようなあらゆる形而上学的表現と相反している。たとえば、彼は後に、「使徒以後の教会が気づいたのは、生と歴史についての主要な問題は、恵みと罪との関係であって、永遠が時間に従属することではないということであった。そのことは、アウグスティヌスの思想において、最初に明らかにまたはっきりと表現された(2: 134)」と見ている。ニーバーは、アウグスティヌスが形而上学を救いに従わせたことは正しいと考えている。奇妙なことであるが、私は、キリスト教神学は何よりもまず終末論であるという限りにおいては、ニーバーは正しいと考える。しかし残念なことに、ニーバーの恵みの説明には、彼の神学に整合性を与える終末論的表現が欠けていた。

28 ニーバーは、「キリストにおいて認識される知恵は、最終的に神の性格を明らかにする。神は、その法と裁きを超えた憐れみの源をもつが、神がただその怒りと裁きの結末を自らの上に引き受けるときにのみその効力を用いる」(2: 55)。ニーバーは、イスラエル支持者と同様に、反ユダヤ主義者に対する印象的な批判者であったが、構造的には、彼の立場は、多くのプロテスタント・リベラルの立場と同じように、「神」よりも「イスラエルの神」を低く見る現代の神についての進歩的見解に関わってしまったのである。

29 ニーバーによれば、歴史的な宗教・文化と非歴史的なそれとの基本的区別は、歴史を潜在的に意味のあるものと考え、その意味の完全な開示と実現を待つ人々と、そうでない人々の区別であった。歴史には意味がないか、あるいは歴史の意味は人間には分からないというふうに生の意味を自然や超自然に従属させるところでは、「救済者」が待望されることはないのである。ニーバーは、後者の人生観は、宗教的には仏教によってもっともよく例示され、哲学的には、自然主義と合理主義に例示されると言う。言うまでもなく、ニーバーの仏教の説明は、仏教の経典の詳細な研究によるものではない (2: 4-5)。ニーバーは決して、仏教的選択が「西洋」にとって可能であるとは考えなかった。トレルチと同じように、彼は、単純に、西洋が歴史と創造性の感覚を持っているので、東洋より西洋の方が優れていると考えた。

30 Reinhold Niebuhr, "Coherence, Incoherence, and Christian Faith," in *Christian Realism and Political Problems*(New York: Charles Scribner's Sons, 1953), 175-203. この論文は最初、*The Journal of Religion* 31, no. 3 (July, 1951). で発表された。

31 ニーバーはついに、三位一体についての見解を展開することはほとんどなかった。彼にとってそれは、神の超越性と内在性を両立させるもうひとつの象徴にすぎなかった。「『解釈と批判』への解答」Kegley and Bretall, *Reinhold Niebuhr: His Religious, Social, and Political Thought,* において、ニーバーは、イエズス会のグスタフ・ワイゲルが、キリストの三位一体性もしくは神性について、ニーバーは「ただ象徴的に信じているのであって、文字通りに信じているのではない」と示唆したことに抗議している。ワイゲルによれば、ニーバーは、いかにすれば神と永遠に「文字通り」に関連するものを信じることができるのかを知らないゆえにそうなのである。ニーバーは、象徴的なものと主観的なものを同一視してはいないとし、従って、自分の立場が、前科学的神話と永続的に確実な象徴とを適切に区別することができないブルトマンの見解と誤って混同されていると述べている（446）。ニーバーが「文字通り」ということに反論したのは正しかったが、ニーバーが依然として、三位一体を、人間の神「経験」を描く神学的理念としてしか考えていない限り、ワイゲルの関心を正しく受け止めていない。しかしながら、より牧会的場面においては、ニーバーは、しばしば断りなく三位一体的言語を使用している。"The Hazards and the Difficulties of the Christian Ministry," in *Justice and Mercy*. 129-130. を参照。

32　Niebuhr, "Coherence, Incoherence, and Christian Faith," 185. In *Faith and History*. ニーバーは、彼が「福音についての限定的な合理的確証」と呼ぶ彼の理解についての最も要約された説明の一つを提供している。「それは、福音の真理と他の真理の形態との関係に対する、また、完全な愛の善さと美徳の歴史的形態との関係に対する消極的アプローチと積極的アプローチによって成り立っている。消極的に言えば、福音は、知恵と美徳の歴史的形態の限界についての探求によって確証されなければならないし、また確証されうる。積極的に言えば、信仰の真理が科学的方法と哲学的方法によって認識されるあらゆる真理と相関し、より深く広い整合性のシステムに統合する源泉として自らを示すときに、福音は確証される」（152）。

33　ニーバーは、ほとんど無制限のバルトに対抗する情熱を持っていたように見える。彼のバルトに対抗する論文は、*Essays in Applied Christianity*, ed. D. B. Robertson (New York: Living Age Books, 1959). 141-196. にある。ニーバーのバルト批判は、必ずしも一貫しているとは限らない。たとえば、彼は、バルトを「相対主義」と批判するが、また同時に、バルトが有限性と無限性を留保なく区別するのでプラトン主義者であるとも考える。ニーバーによると、この区別によって、バルトは、身体と魂の統一を主張し、そのことによって歴史を可能にした預言者的伝統を放棄したのである（160）。たとえ、プラトン主義と相対主義がしばしば緊張関係において理解されるとしても、プラトン主義者になる可能性も相対主義者になる可能性もある。しかし、ニーバーは、バルトがその両方であるといかにして理解したのかについて少なくとも説明する義務を負う。*Nature and Destiny* において、ニーバーは、あらゆる形態の類比的推論をバルトが拒否したことについて簡潔に批判しているが、そここにおいて、バルトが神の人格性を土台にして人間に人格性を付与するかたちで類比の論理を転倒させた限りにおいて、バルトは類比を避ける事はできないと見ている。ニーバーは、バルトが、人間の生から人格性という概念を取り上げて神に適用している事実を隠せないと考える（2: 6-67)。この批判を魅力的にしているのは、私が知っている限り、ニーバーがなぜ神についての知識が類比的でなければならないかを決して考えなかったということである。次の講義で、私は、これらの根拠に基づきつつ、ニーバーのバルト批判を再度取り上げたい。

34 Niebuhr, "Coherence, Incoherence, and Christian Faith," 197. ニーバーは、社会科学の真理は、自然科学のそ真理と同じ地位を得られないと考える。なぜなら、社会科学者がデータを記録するときに、彼らは観察者と同時に行為者として振る舞うからである。ニーバーは、あらゆる知識は利害関係と力によって性格づけられると考えているが、それでも、物理学の知識に特権的地位を与えている。歴史はまさに固有の出来事の領域を含んでいるので、物理的世界における繰り返しの出来事と区別されるべきである。"Ideology and the Scientific Method," in *Christian Realism and Political Problems*, 75-94. 参照。ニーバーはしばしば、物理学が用いる「概念的枠組」を「隠された教義」であるとまで言うが、社会科学とは対象的に、物理学は、「それによって自らが試されるべきところの証拠を見つけ出すほどの力がある」という。*Reinhold Niebuhr on Politics*, ed., Harry Davis and Robert Good (New York: Charles Scribner's Sons, 1960). 49-50.

35 Niebuhr, "Coherence, Incoherence, and Christian Faith," 198. ニーバーは、身体の復活を主張する試みをすべて蒙昧主義者として非難した。彼は、「解釈と批判に答えて」において、歴史的学問は、古典的なブルトマン的仕方で「奇跡」を問題にしたりはしないというリチャードソンの示唆に対して応答している。「私の印象は、歴史的学問は、以下のことを示唆するように思われる。すなわち、空虚な墓の物語は後付けであり、真に立証された歴史的事実とは、様々な弟子たちの前で復活されたキリストについての経験であったということである」(438)。いつものように、このようなコメントは、キリスト者が復活について語るのを止めなければならないとニーバーが考えていたということを意味しているわけではない。なぜなら、「復活の象徴によって、キリスト教信仰は、時間的過程を変貌させるが、無効にはしない永遠を待ち望むからである（*Faith and History*, 237)」。

36 Niebuhr, "Coherence, Incoherence, and Christian Faith," 198.

37 Ibid. このコメントは、*Nature and Destiny* における、「重要なのは、聖書的象徴は真面目に受け取らなければならないが、文字通りにではないということである（2: 50）」というニーバーの主張の言い換えにすぎない。ニーバーによると、キリスト教信仰の終末論的象徴を真剣に受け取らない神学は、歴史をも真剣に受け取らなくなる。「彼らは、永遠とは、歴史的過程を成就するものではなく破棄するものであると考える。有限な知性は、歴史を超越し歴史を完成するものを認識できないゆえに、聖書的象徴を文字通りにとらえることはできない」（2: 289）。ニーバーの聖書の使用の批評は、Richard Hays, *The Moral Vision of the New Testament: Community, Cross, New Creation* (San Francisco: Harper San Francisco, 1996), 215-224. 参照。

38 Niebuhr, "Coherence, Incoherence, and Christian Faith," 199-200.

39 *Reinhold Niebuhr,* において、リチャード・フォックスは、ニーバーと彼の以前の学生であり友人であるジョセフ・ハロートゥニアンとの交換文書を示している。ハロートゥニアンは、*Beyond Tragedy* の書評で、ニーバーがプラトン主義者であると批判した。ニーバーは、そのような性格付けに反対して文書を記した。しかし、頑固にハロートゥニアンは、「あなたの神は、人間が全く到達できないような卓越性によって私たちを裁く倫理的理想であるゆえ、あなたをプラトン主義者と名づけた。私には、理想と現実の『緊張関係』は、あなたの宗教の本質だと思える。あなたの神は、奇跡を行わない。今までも、これからも。それゆえ、あなたにとって、受肉と死者の復活は、確かにお伽話ではないとしても神話であり（私はこれまで、このようなことは言わなかった。そのように言う「努力」もしなかった）、なおかつ超歴史的である。もしくは「非歴史的である」と言うべきであろうか。……ライニー、真理のために教えてほしい。あなたはパウロや、アウグスティヌスや、ルターと共に何をしているのか。彼らにとってキリストは、われわれを、罪と死から共に救ったのではなかったのか。……あなたのキリスト教は、頂点を切断されたキリスト教である。それは、永遠の神と共に生きたいという人間の切なる心を無視している」（183）。

40 Robert Song, *Christianity and Liberal Society* (Oxford: Clarendon Press, 1997), 78. 例えば、ソングは、ニーバーが「父と子が同じく神である」と主張しているが、この主張に明白な (*prima facie*) 重みを与えようとはしていないと指摘する。さらに、ニーバーは、聖霊が「人間に内住する神の霊である」と主張するときは正統主義に見えるが、彼は結局のところ、人間の霊の聖性に言及していることがわかるとき、神性という実体についてのニーバーの主張は虚しいものとなってしまうと述べる(78)。ソングは、なぜニーバーが神の最上の啓示がキリストにおいてであると言うのか理解できているわけではない。ニーバーが主張するように、もし神が歴史において何もしないのなら、なぜ、キリストの生涯や死や復活には意味がなければならないのかということがはっきりしなくなってしまう (80)。1964 年に、レイチェル・キングがソングと同じニーバーに対する批判を展開していた。*The Omission of the Holy Spirit from Reinhold Niebuhr's Theology* (New York: Philosophical Library, 1964). キングのニーバー批判は衝撃的なものであるが、無視され、私の知る限り、ニーバーの影響力を弱めることもなかった。ニーバー主義者たちは、キングの研究に何らかの注意を払ったとしても、彼女を「根本主義者」として無視した。彼女の書物の最後に、キングは、「ニーバーの同意する信条」を「ラインホールド・ニーバーが愛するが真理だと信じない理念」と比較する二つの有益なリストを提供している (216)。ニーバーが、ほとんど不思議な国のアリスのように、遠慮なく、言葉を望み通りの意味に仕立てることができたことは、キリスト教がすでに浸透しているという彼の前提と全面的に関係している。したがって彼は、キリスト教的伝統がすでに発している言葉や、章句や、記事や、書物を躊躇なく再現したのである。

41 *Song, Christianity and Liberal Society*, 82. ソングの引用は Nature and Destiny 2: 332 より。

42 Fox, *Reinhold Niebuhr*, 234.

43 Ibid., 238. フォックスは、ケナンが、自分では忘れているものの、ニーバーについて「私たちすべての父親」と表現していたと報じられていると記している。ニーバーの反共産主義は、アレン・ダレス、ジョン・フォスター・ダレスといった人々と共にあった彼の地位にとって重要であったが、同時に、それは心からのものであり、彼の「リアリズム」と一致するものでもあった。ユージン・マカーラーは、歴史家たちは、リベラル・プロテスタント間のリアリズムの議論を誤解してしまったと論じる。なぜなら、その対立は、社会主義と暴力の問題ではなく、キリスト教の政治的性質を中心としたからである。マカーラーによると、ニーバーは、左派と見なされながら、実際には彼の立場が宗教の意義を低く評価する限りにおいて、民主主義的左派の創造を妨げたという。マカーラーは以下のように論ずる。すなわち、ニーバーは、専門家たちの権力を抑えるようになる罪という宗教的意義を導入するどころか、「ニーバーの新正統主義―リベラルな宗教的理想主義の最も発展した近代主義的表現―は、独特な政治的固有性としての宗教を弱め、社会的、文化的政治領域を専門的、管理的エリート達に譲り渡してしまうことに奉仕した。プロテスタント的社会主義者としての役割において、ニーバーは、冷戦時代のリベラル派としての大審問官の役割を繰り返した」というのである。*Christian Critics: Religion and Impasse in Modern American Social Thought* (Ithaca: Cornell University Press. 2000), 64.

44 フォックスは、ニーバーの多くのリベラルな友人たち、特にアーサー・シュレジンガーは、ニーバーの著述における厳粛な雰囲気や抑制された希望を好んだが、神や罪についての部分は必要ないのではないかと思ったと報告している。*Reinhold Niebuhr*, 225. シュレジンガーは、その自伝、*A Life in the Twentieth Century: Innocent Beginnings*, 1917-1950 (Boston: Houghton Mifflin, 2000), において、フォックスの叙述を確証して、「ニーバーの人間と歴史の解釈は、大きな照明になった。彼の議論は、私にとって、ペリー・ミラーのピューリタニズムについての黙想によってすでに知っているものであったが、ヒットラーやスターリンの説明について大いに役立ち、また彼らに対立する必要を感じさせてくれた」(250) と報告している。シュレジンガーは、ニーバーが楽観的デューイより、ウィリアム・ジェイムズのプラグマティズムに共感している限りにおいてニーバーに傾倒したと報告している。シュレジンガーは、その自伝の後ろの方で以下のように述べている。すなわち、原罪について、それは啓示された真理としてではなく、力強い隠喩として受け入れようとしていた命題であったが、「絶対主義者の僭称を突き崩し、人間の智恵と憧れに鋭い限界を付すもの」(512) であると理解するようになったというのである。すでに見てきたように、このような理解は、ニーバーの立場から遠いものではない。彼ならびに他の「ニーバーに味方する無神論者」たちを魅了したのは、ニーバーの立場ばかりではなく、ニーバー(とウルスラ)の人格と、彼らに「独善的態度」がなかった点であったことをシュレジンガーの著作は明らかにしている。すべての世俗的知識人がニーバーに魅力を感じたわけではない。ジェーン・バーミンガムは、シドニー・フックの、「論理的には、ラインホールド・ニーバーの社会的、政治的、倫理的見解において、彼の神学に由来していると言いうるものは一つもない。ニーバーの神学と形而上学は、彼の見解と反対のものとも完全に両立できることは証明しうることである」という見方を引用している。*Courage to Change: An Introduction*

to the Life and thought of Reinhold Niebuhr (1961; reprint, New York: University Press of America, 1993), 229.

45 Fox, *Reinhold Niebuhr*, 246.

46 Niebuhr, *Faith and History*, 153.

47 ニーバーは、ほとんど無神論を論じていないが、彼の偶像についての所見が *Faith and History*, 152-153 に見られる。彼は、*Christianity and Politics* (New York: Charles Scribner's Sons, 1940) において、信仰者による世俗的な神礼拝に反対して、しばしば暗黙のうちに高度な有神論を示す無神論者を賞賛している（217-218）。

48 John Milbank, "The Poverty of Niebuhrianism," in *The Word Made Strange: Theology, Language,* Culture (Oxford: Blackwell, 1997), 233-251. ミルバンクは、「『キリスト教倫理についての一解釈』の第五章で、ニーバーは、生がその「本質」において理念的には私たちの具体的実存に可能である以上のものを含むという見解としての自然法の発見をストア主義に帰している。つまり、私たちの実際の生は、可能な限りその本質に適合させるべきである」(235)。ミルバンクは、ニーバーの多くの読者が見落としていることは、「ニーバー自身が固執した自然法の理解である」と考える。ニーバーは、彼のストア主義の理解をトレルチから手に入れたが、トレルチは、自然法のストア的概念がなければ、キリスト教には社会倫理を持たなかったであろうと論じていた。ストア主義は明らかに、社会倫理とは、帝国が機能するのに必要な要求を指し示そうとする試みであると考える人々との自然的同盟者である。

49 ニーバーは、離婚、中絶、自殺、ホモセクシャルなどをほとんど考えなかったように思われる。ほとんどの部分について、彼は、このような行動の道徳性について主流派プロテスタントの合意の立場を主張していたにすぎない。彼は確かに、このような問題を *Nature and Destiny* において自然法の議論と関連させて考えてはいる。彼は、自然における両性の主要な目的が出産にあるという自然的事実を回避できないと考える。しかし、彼は、人間の人格概念が歴史的に発展していく中で、性行動に制限を設けるための普遍的に確実な理性的法則を確立することは容易ではないと注意している。彼は確かに、母と子の自然的絆というものが意味するのは、合理主義的フェミニズムは自然によって定められた動かしがたい絆に背いているということであると示唆している。さらに、「一夫一婦制というような永続的規範があることはもちろんである。それは、カール・バルトのようなプロテスタント的懐疑主義者たちの相対主義とは裏腹に、聖書の権威だけによってではなく、人類の経験の蓄積によって維持されている」(282-283) と述べる。しかしニーバーは、西洋の近代文化のように、一夫一婦制が永続的規範ではないような文化が、なぜ「人類の経験の蓄積」を具現化できなかったのかを説明していないのである。

50 自然法の倫理に対するニーバーの批判は、彼の研究すべてを通して現れているが、最も完全な説明は *Nature and Destiny* (278-298) においてなされている。私が知る限り、ニーバーの研究が自然法の用語で解釈できる（ニーバーは否定するが）ことを示したのは、ジョージ・リンドベックであった。"Revelation, Natural Law, and the Thought of Reinhold *Niebuhr*," *Natural Law Forum* 4. (1959): 146-151.

51 ニーバーは、アガペーの叙述においてぶれている。彼は、*An Interpretation of Christian Ethics* の最終章で、愛を赦しとして扱うが、*Nature and Destiny* では、およそ愛を隣人に対する公平無私の配慮として描いている。彼は、隣人に対する公平無私の配慮は、ある意味において、赦しに含まれるある種の自己犠牲を要求すると考えていたように思われる。しかし、ほとんどの部分において、彼は、「赦しとしての愛と公平無私の配慮としての愛という」二つの強調の関係をまったく分析していない。ニーバーのカント批判にもかかわらず、彼の愛の説明の中に、カントに共鳴するところがあることは間違いない。

52 ニーバーの倫理には、彼が認識する以上にカントと共通点がある。彼は、多くの理想主義的哲学に特徴的な自己満足をさらけ出しているということでカントを批判している。しかし、彼は、カントの『理性の限界内における宗教』におけるカントの注目に値する罪の説明を認識していた。（ニーバーによれば、それは、カント哲学の全体的構造に完全に対立するということであるが）。彼は、カントが「根本悪」を認識する原因は敬虔主義の影響に帰せられるとし、よって、カント哲学の全体的構造に統合されないとみる。ニーバーによれば、もし、カントが罪を真剣に受け止めていたなら、彼の哲学構造は崩壊していたはずである。しかし、事柄を裏返して見るならば、もし、ニーバーがカントを真剣に受け取っていたならば、カントの「合理主義」をニーバーが簡単に却下することのほうがおそらく「崩壊」していたことだろう。

53 ニーバーは、家族は慣習と固定観念を用いるものの、その家族でさえも競合する利害について、その都度考慮しなければならないだろうと見ている。奇妙なことは、ニーバーが「さえも」という限定詞が必要だと考えたことである。もちろん、ニーバーは、相互愛が何らかのかたちで、自己犠牲的愛と正義の間に浮かんでいるような可能性だと考えたが、相互愛さえも行為の意図や目的になりえないのである。彼の自己犠牲的愛と相互愛の関係の理解については、*Nature and Destiny*, 68-70 を参照。

54 ニーバーのキリスト教倫理の講義は、「完全への衝動」をもつ人々と「責任への衝動」を持つ人々との歴史を通した緊張関係についての説明によって成り立っていた。この講義の全体的視点は、学生たちが「前者を批判する」ように勧め、後者を具体化できるようになることであった。ニーバーのこの講義の主題についての説明については、「分離主義プロテスタントの倫理学：平和セクト」、Union Theological Seminary, Richmond, Virginia. にあるラインホールド・ニーバーのテープ記録集所収を参照。James Fodor によるこの講義の筆記録における、ここで問題となっている部分については 203 頁参照。

55 ニーバーに公平を期すために言うならば、彼は、寛容が、「とりわけ歴史の断片的な諸真理と真理全般との関係を含む真理の究極的課題に無責任な態度になりうる。同じように、政治的葛藤における寛容も、政治的正義の問題に対する無責任と無関心を暴露するだけのものになりうる」(2: 238) とまったく正しく見ている。

56 ニーバーのカトリック主義に対する敵意は特筆すべきものである。ニーバーによると、カトリック主義は、教会を神の国と同一視する過ちを含んでいる。カトリック主義を批判するニーバーの論考集のよいものとしては、*Essays in Applied Christianity*, 197-262. を参照。ニーバーがカトリシズムを批判する理由は、第一に、カトリシズムが、教会を含む全ての人間的制度は罪深いものであると理解できなかったとされるからだと考えるなら間違いである。たしかに、彼は、それが中心的課題だと主張したが、さらに重要なことは、人間の神認識は媒介されたものでなければならないという主張にカトリック主義が依拠しているとニーバーが感じたことである。そのカトリック主義への反発ほど、ニーバーの立場のグノーシス主義的特色を明らかにするものはないであろう。

ニーバーの倫理に完全に欠けているのは、習慣の重大さと美徳の説明の重要性についての感覚である。この点で、ジェイムズの提供したであろう資料を有効に用いるのにニーバーは失敗した。さらに強く言えば、ジェイムズの習慣についての理解を評価できなかったほどに、ニーバーの「プラグマティズム」は不完全なものでしかなかった。神学的に言えば、ジェイムズはニーバーより「聖化主義者」(sanctificationist) であり、ニーバーのプラグマティズム、もしくは経験主義と言ったほうがよいかもしれないが、それは、私たちがいかなる種類の人間であるかということが、いかに物事のあり方についての理解を左右するのかについて、ジェイムズ的説明をなすことができない。

57　ジェイムズとニーバーは、広範囲に及ぶ社会問題に関わろうとする試みに対する恐れを共有している。ニーバーは、民主主義的漸進主義の説明によって、ジェイムズの改善主義に神学的確証を与えた。その結果、ニーバーは「[与えられた一つの]課題に集中する政治学」(“issue politics”) に同意することになる。なぜなら、それが安全だからというだけでなく、ひとたび民主主義が確立したら、そのような政治学が必要とされるもののすべてとなるからである。

58　例として、拙論 “Saivation Even in Sin,” 61-76. と、James Alison, *The Joy of Being Wrong: Original Sin Through Easter Eyes*(New York: Crossroad Herder Books, 1998). を参照。

59　ニーバーの研究に対するティリッヒの影響は明らかであるが、ニーバーは十分に認識していない。確かに、私が語っている物語において、ティリッヒに役柄が与えられるとしたら、魅力的な外伝となるだろう。ユージン・マッカラーは、そのティリッヒの叙述の終わりに、魅力的な、また私が思うに洞察に満ちた次のような見解を記している。「抽象的表現主義の宗教性がカンバスのウィリアム・ジェイムズだとすれば、ティリッヒの絶対的信仰は、会衆席のウィリアム・ジェイムズである」(*Christian Critics*. 144)。

60　多くの例の一つとして、この祈りを考えてみたい。「父よ、私たちが今日、恥じる必要のない労働者として自分の仕事に従事できるように、私たちに恵みを与えたまえ。私たちに、勤勉の心と真理追究の誠実な探究心、私たちの友人たちに対する愛の精神、すべての務めと責任に直面しての快活な精神と勇気、そして静かな知性を与えてください。」(*Justice and Mercy*, 12).

61　Alasdair MacIntire, *Three Rival Versions of Moral Enquiry: Encyclopaedia, Genealogy, and Tradition*(Notre Dame: University of Notre Dame Press,1990), 127-169.

62　この展開のさらに広範な叙述については以下を参照。“Christian Ethic in America (and the JRE): A Report on a Book I Will NOT

Write," *Journal of Religious Ethics* 25. No. 3 (25th Anniversary Supplement): 57-76. この論文を少し改訂してものが私の書物にある。*A Better Hope: Resources for a Christian Confronting America, Capitalism, and Postmodernity* (Grand Rapids: Brazos Press, 2000).

63　ニーチェとフーコーの挑戦の説明については、David Toole, *Waiting for Godot in Sarajevo: Theological Reflec-tions on Nihilism, Tragedy, and Apocalypse* (Boulder, Colo., Westview Press, 1998) 参照。

第六章　カール・バルトという証し

1　バルトにアプローチする

「ナイン（否）！」は、1934年の、エミール・ブルンナーの自然神学擁護に対するバルトの応答のタイトルであった。つまり、啓示を知解可能にするためには神と人間の間に接合点がなければならないとする主張への否であった。それゆえ「ナイン（否）！」は、多くの人にとってカール・バルトの神学をまとめる中心点となった。[1]例えば、「ザ・スコッツマン（the Scotsman）」誌は、ブラント・ブランシャードが、1952年のギフォード講義で、バルト神学（とブルンナー神学）が「宗教的信仰を非合理とすることによって救おうとした」試みだと報告している。ブランシャードによれば「バルトとブルンナーは、彼らの教師であるキルケゴールのように、逆説を喜んだ。彼らはまさに、神を『他者』としておおよそ隠れた存在だと考えた。神が自己矛盾に満ちたものだと信じるように考えられる。私たちの基準からすると、その行為は、ほとんど道徳的悪（evil）であるとさえ」考えられると指摘した。ブランシャードは、この戦略で考えると、思索的な人々が信仰を完全に拒絶することになるのではないかという。[2]『ザ・スコッツマン』の論文は、魅力的なT・F・トーランスとブランシャードの手紙の交換で終わっている。トーランスは、ブランシャードのような卓越した哲学者でさえ、バルトの初期の研究をまちがって推測し、バルト神学の後期の展開を見落としたことに「驚いた」であろう。トーランスによるなら、バルトは究極の意味での完全な合理主義者である。

「基本的に、理性は、無条件にその対象に規定され、設定される。そして対象の本質は、理性の動きを特別な仕方で規定するはずである。信仰とはまさに神の知識に向けられたその真理の認識である。それは、与えられた事柄に適切に正しく対応し、応答する理性に基づいた理解である。ここで、事柄はユニークで比類の無いものゆえ、神学に求められ期待されることは、（ユニークな考え、思想家と調和し一致する）合理的なものとして表わされなければならない。[3]」

トーランスから見るなら、バルトは、知性の犠牲の代表ではなく、むしろ第二次世界大戦後のヨーロッパ思想に特有な非合理主義に対抗しているのである。それに応えて、ブランシャードは、バルトが非合理主義だという理解に誰もが驚いていると、彼の驚きをあらわにした。[4] 彼は、バルトが、自然神学を否定したにもかかわらず、適切な神学的形而上学つまりある種の自然神学を展開するのに必要な源泉を提供したのでさらに驚いた、と私は考える。もちろん、私は、「自然神学」とはすべてを神の善き被造物として叙述する神学的確信の方法を示すことだった、と考える。

１９３７、１９３８年にアバディーンでなされたギフォード講義の『改革派による神認識と神奉仕』という主題は、私たちの神認識が、神を適切に認識するときに生き方と切り離せないことを、バルトが正しく示している。[5] 私は、バルトの「倫理学」のある側面については批判してきたが、それはバルトの素晴らしい業績がキリスト者にキリスト教言語の信頼回復を助けるだけでなく、キリスト教言語の機能する方法をも例証するからだと考える。この理由から、私たちは、バルト神学が終始読者をより良い神認識に至るように計画していたことを見逃すとするなら、バルトの実行力を評価しそこなうことになる。

私は、バルトがギフォード卿の意志に忠実だった人々の中に入ると思うが、論争に参加するならブランシャードに反対したトーランスがバルトを弁護したところに共感するからである。[6] それでも、ブランシャードがバルトの立場と理解したものに対する反応は有益である。ブランシャードは、バルトの研究に対するこの世界の反応とくに教養世界の反応を表現している。私たちの既知の世界で、ジェームズとニーバーは「説明される」必要がない。言うまでもなく、ジェームズまたはニーバーを理解するために、ひとが自らの人生や概念操作を逆転する必要はない。しかし、バルトの場合は、ジェームズとニーバーにとって知的、道徳的に説得力のあると思われる世界に逆らうことになる。彼がそうしたことは必要であり正しかった。とりわけ、それはバルトの挑戦を理解する試みになるであろう。

いつもの率直さでラインホールド・ニーバーは、ジェームズとニーバーの世界に育てられた者がバルトの行動を評価しにくいことをまさに例証している。しかし、ニーバーはバルトがすべての類比の理論形態に抗議するにもかかわらず、「神の性格を定めるときに、人格概念を用いる」と見ている。ニーバーによると、バルトが、『教会教義学』の第一巻で、人間の人格概念が神の人格概念に由来すると明言しても、彼が類比に依存している事実を隠せないとする。明らかにニーバーは、バルトの立場の矛盾を明らかにしようとして、「問題は神が人格であるかどうかではなく、私たちがそうかどうか」「あるいは、私たちは、自分たちの間で、この概念での本当に完全な人格と呼べるひとを見つけられるのかどうか。神は、本当に人格であり、本当に自由な主体であるのか」と主張して、バルトを非難し始めている。ニーバーは、バルトが人間の生から人格概念をとって神の生に適用した事実を隠せないと言う。それでは「他の何に由来するのか」と問う[7]。

このことに関して、ニーバーが、1931年のアンセルムスについての書物で例示されたバルトの類比についての積極的主張を全然知らなかったことが分かる。その時代のアメリカでは、ほぼ全員がバルトの信仰の類比(analogia fidei)という洗練された論述を知らなかった。明らかに、ニーバーも想像できなかったが、バルトは本当に神学を神についての学問と考えていたのである。しかし、バルトにとって、神学には他のいかなる主題もありえなかった。私は、私たちがニーバーよりバルトを好まなければならない根拠を提供したのではない。バルトを不合理だとするニーバーの試みそのものに注目したいのである。バルトとニーバーは、まさに別世界に生きていることを示したい。それでも、彼らに共通したものがないわけではない。

ニーバーやジェームズとバルトには連続性がないことを読むだけなら、私たちは、バルトの研究の意味を評価できない。バルトは、ジェームズとニーバーを生みだした同じ哲学的、神学的源泉の子でもあった。たとえば、カントは、三人全ての背後にいる思想家である。しかも最も顕著なのは、バルトの研究においてであろう。それは、キリスト教的発話(speeches)の統一を回復しようとするバルトの驚異的努力が、しばしば彼が捨てたと思う哲学的源泉によって困難にされたということになろう。それでも、バルトの偉大な美徳のひとつは、彼が自分の認識をいかに工夫するかと思うより、発言すべきだと考えた勇気であった[8]。本当に、バルトが実際に言ったことは、しばしば彼がその発言を擁護する試みよりまさっていた。

もちろん、バルトは、最善でも挑戦的であり、ジェームズ的またはニーバー的な人々がバルトを理解しにくいように仕向けたというわけではない。さらに私は、読者がバルトを理解するために格闘したが、ジョセフ・マンギナも格闘して問題を確認したと考える。

「バルトは、十字架を歴史のひとつの終りとして扱うので、聖霊（the Spirit）の働きを『短絡的に扱った』。聖霊は、キリストの和解の業の述語としてあらわれるだけで、行為者（*agent*）自体ではなく、むしろ行為者を表現（*manifestation*）するだけになろう。それに対応して、教会は、キリストを『示す』あるいは意味するものともなるが、キリストのもたらす新しい生命に信仰者が参加し始める道としては用いられていない。その結果、教会（完全に神学的意味であるが）と、時代を超えて続いて存在する、日常的、経験的実践としてのキリスト教共同体との間に奇妙な隙間が生じている(9)」。

きわめて簡単にまた明瞭にさらに簡潔にいうなら、問題はすべてが語られまたなされたときに、バルトが十分に公同的で（catholic）あったかどうかである。バルトの公同性（catholicity）を問うとき、私は彼の自然神学の叙述とその成果について言うわけではない。バルトの公同性を自然神学の問題に関係させることは、公同性の独自性を誤って問題にすることになる。むしろ、聖霊の業によってまた教会を通して神の世界配慮に参加することを認めにくくするので、私は、まさに彼のプロテスタント・リベラリズムへの批判とその否定がまだ十分に公同的でなかったと考える(10)。もちろん、バルトは、福音を宣べ伝えることによって教会が成立することを疑うわけではない。彼が認識していないのは、教会と呼ばれる共同体が福音宣教にとって本質的だということである。

このような批判は、奇妙に思われるかも知れない。なぜなら、私は、バルトがキリスト者の聖化をただしく展開しているると論じるからである。しかし、バルトは、決して私たち人間の行為を聖霊の働きに参加させられていると は語らない。その結果、バルトの理解には聖霊によって可能にされたイエス・キリストへの信仰の理解に欠陥が生じている。また、マンギナが次のように言うとき、それをよく指摘している。信仰における聖霊の役割の十分な叙述は、「教会の説教を喜んで受け容れることが、信仰を生じる媒介としての教会の結びつきそれ自身を受け容れることである。その媒介とは、メッセージとは言わなくても、そのメッセージを真理として把握する可能性の条件である[11]」ことを意味する。

その欠陥が何であれ、バルトの神学は、これから明らかにするが、分類したり、評価したり、知的好奇心の一部なるような、ある「立場」ではない。バルトは、近代が最も好む自惚れ、人間が万物の尺度であるという自惚れに対して真正面から攻撃したのである。私たちの自己認識を構成する人間主義的主張また社会的、政治的調整に対する容赦のないバルトの攻撃は、多くの人にとって、ブランシャードが示したように、合理的なものをあまりにも無頓着に排除するように思えた。しかし、私が正しいとするなら、神学の主題つまりイエス・キリストの神がまさに宇宙の形而上学的家具以上であることを示すなら、バルトは、神学がなさなければならない方法をまさに見せてくれたのである。

バルトにとって、神学は、イエス・キリストにおける神の和解と贖罪のわざを証しする教会に仕えるのである。もし、自然神学が神学に必要であるなら、それは教会がなすべき証し以上でも以下でもないはずである。バルトは、その生涯と研究において、イエス・キリストにおける神の和解と贖罪の業をまさに証ししようとしたがそれ以外の何ものでもない。したがって、彼は、キリスト者が神また神の被造物について信じ、その真理を「記述」しようとしたのではない。彼は、そのような記述が証しより重要であると印象づけようとはしなかった。長い人生においてバルトは証人以外の何者でもなかった。また、彼を理解するどのような試みも、彼の語ったことだけでなく、彼の語った方法にも注目しなければならない。バルトの生涯（1886～1968）を照らし出して観察しさらにその大きな業績をすべて見なければならない。それでも、私がとりわけ次の講義で示すようにバルトの研究の大きさの特徴は、決して偶然ではなく、彼の神学の本質と課題の理解を示している。バルトの体系の圧倒的な規模について、バルトがジェームズとニーバーとは異なる選択肢になる根拠を示す試みとして、私がまだ不十分であることを示している。ハンス・フライが言うように、バルトを要約することなど不可能である。

「バルトに賛成するか反対するかに拘らず、そして終わりのない主題の繰り返しと文体の重さにも拘らず、またドイツ語本来の語感を失う翻訳が増加するにも拘らず、それはますます魅力的で圧倒的な性質がその実質にある。しかも、それは近代神学より非常に接近しやすい。専門用語でさえ普通の言語に思えるほど、バルトは驚くべき言語の叙述力をもっている。しかし、人がそれを再記述しようとしても、実質がその人の手の上で死ぬこともある。それがなされるとしても、その人自身あるいは他人がバルトの用語やその展開を言いかえても、それが材木を鉄にするように武骨になることがある。まるで彼がその特定の言語とその展開を先取りしているようである。しかし、その理由で、「バルト学派」は、バルト自身と違って、それを読むのは痛々しいほど退屈になる(12)」。

私は、「痛々しいほど退屈になる」より、さらに下手なると告白したい。しかし、私がしようとしている議論は、バルトが私の手の上で死ぬよりも悪いことが起こるかもしれない。なぜなら、すべてが失われるからである。その意味でフライは正しいかもしれない。しかし、私は、彼の生涯と研究が、その後に生きている私たちにその証しとその源泉を提供してくれる根拠を叙述するために、バルトを再記述しなければならない。文字通りそうしなければ私たちは生きていけないからである。

バルトの人生は、彼の神学と同じように劇的であった。しかし、彼は、危険にさらされた人生と仕事も語ってはいない。バルトは、なさねばならないことをしただけだと考えたからである。それでも、ドイツの神学者たちはヒトラーに反対しなければならないとは思わなかった。あるいはバルメン宣言を書かなければならないとも思わなかった。だが、バルトは両方とも実行した。しかも、彼が実行したことは、彼の神学にとって偶然ではなかった。[13] このように、私は、カール・バルトが自分の人生と教育を形成したプロテスタント・リベラリズムの世界に別れを告げた方法を、報告しなければならない。またカール・バルトが、カール・バルトになるプロセスを記すべきであろう。

2　バルトはいかにしてバルトになることを学んだか

「私は、本来、穏やかな存在であり、すべて不必要な論争には全面的に反対する。ある人が論争の的となる論文を読んでしかも目の前にある事実に直面しても、神学者たちが団結して一緒に住むのなら、また誰かがそれを非常に素晴らしいと提案するなら、私は心から同意する。だから彼は安心するであろう」[14]。このように言い出して、バルトは、ブルンナーの自然神学擁護を攻撃し始める。ブルンナーに対する応答の激しいやり取りを考えると、バルトの人生を構成する他の論争と同様、ある人々は、バルトの自己弁明をまともに受け取らなくなるかもしれない。それでも、バルトは、本当に「不必要な論争」を避けた「穏やかな存在」であった。むしろ、彼は神学者になるつもりはなかった。彼は、博士号などを求めず、スイス改革派の牧師であることを使命にしていた。バルトの視点によるなら、牧師としての任務が聖書の神の再発見に導き、またこの再発見がバルトにリベラルな神学の先達と分かれることを求めたことは、間違いなかった。

ラインホールド・ニーバーとカール・バルトには、アメリカで育てられたかスイスで育てられたかの違いを考えても、共通するところが多い。両者ともプロテスタントの牧師館で育てられた。(バルトの父であるフリッツ・バルトは、のちにベルン大学の教授となる)。フリッツ・バルトは、グスタフ・ニーバーより神学的に洗練されていたとは言え、両者とも、プロテスタント・リベラリズムでの保守的な立場であった。ニーバーもバルトも、両者とも教会文化で育ったゆえに牧師となった。両者とも、牧会中に社会問題にかかわり、社会主義に共感し労働者の側についた。また両者とも、学問的な弟がいて複雑な関係をもっていた。バルトもニーバーも、一生を通じてその時代の政治的、文化的課題に熱心に関わった。両者とも、普通の人よりもエネルギッシュであった。彼らは、教鞭をとること、講義をすることで、さらに著作の力をましていった。両者とも、基本的に独学者であり、むしろ教師になってからキリスト教の伝統に親しむようになった。第二次世界大戦は、両者にそれぞれ異なった影響を与えたが、彼らの生涯と研究に消すことのできない痕跡を残した。しかし、バルトは、ニーバーの生涯と研究に終始影響を与えたプロテスタント・リベラリズムから意識的に脱出したと言ってよいだろう。

バルトの受けた正規の教育は、プロテスタント・リベラリズムによって形成された。その当時のドイツでは他の選択肢は考えられなかった。１９０６年にベルンで神学教育を終えると、バルトは、マールブルグに行こうと考えた。しかし、彼の父は、マールブルグはリベラルすぎると判断して反対した。したがって、バルトは、ベルリンに行くことになった。そのベルリンの地で、バルト自身が言うところによると、ハルナックの謦咳に触れたが、「初期の教義は、福音の領域にあるギリシャ精神の表現だった[15]」ということであった。ベルリンで、バルトは、ハルナックだけでなく、カントとシュラアマハーにも強い関心を示した。「以前よりも、強く関心をもった[16]」と。しかし、1925年の講義でバルトが語っていたことは、

「ウィリヘルム・ヘルマンこそ、私の学生時代の神学教師であった。20年前、ベルリンで初めて彼の『倫理学』を読んだことを今日の出来事のように思い出す。もし、クラウス・ハームスのような気性であれば、彼がシュライアマハーについて語ったように、またシュティリングがヘルダーについて語ったように、私はヘルマンについて語っていたであろう。『この書を通して終生変らぬ影響を受けた』と。控えめに言っても、変わらぬ感謝の念で、まさにその日に神学に対する深い関心をもちはじめた[17]」。

バルトは、マールブルグにおいてヘルマンのもとで研究したかったが、父の意にそうためにやむなくベルリンに戻り、その後、チュービンゲンに移った。やっとマールブルグに行けたのは1908年のことであった。バルトはヘルマンの（宗教概念序説という題名の）教義学と倫理学の講義を聴いた。彼は、「私はヘルマンにできる限り浸り切った。その結果、消すことの出来ない強い印象が残った」と言う。バルトによればヘルマンは「全てを異なる言い方で表現し、ついには彼とは全く違う根本的真理の解釈にさえ私を導いてくれた[18]」として根本的真理を教えてくれたと述べる。その「真理」とは「ヘルマンはカントとシュライアマハーの影響を多大に受けているが、キリスト中心の衝撃が彼を決定した。そのことを私はヘルマンから学んだ[19]」と述べている。

しかしながら、ヘルマンのキリスト中心主義はヘルマンのカント主義と同じくらい長くバルトに影響を与えたと言える。ヘルマンは、バルトがマールブルグで学んだことのあるヘルマン・コーエンとパウル・ナトルプのような新カント主義に批判的であったが、ヘルマンの基本的な神学的立場は、やはりカント主義であった。もちろん、バルトもマールブルグに来る前にカントについては学んでいた。[20] しかし、彼が「宗教の知性中心的概念」について学んだのはヘルマンからであった。すなわち、それは、科学の基準あるいは形而上学の基準から神を証明しようとする試みであった。ヘルマンの用語では、イエスの内的生が私たちの経験の現実になるという方法であるが、それを裏切らざるをえなかった。[21] ヘルマンから、バルトは、「証明された神は世界であり、世界の神は偶像である」[22] と学んだ。バルトの後期の神学がカント的枠組みを前提に発展していったことは、バルトの批判者、賛同者の双方からの賛否両論の火種となった。しかし、私が言いたいのは、バルトの研究は、彼の知的影響の背景から理解しようとしても無駄だということである。彼は、ただ、彼が神学研究の上で大切だと思ったことを語り実行しただけである。

１９０９年、バルトは、大学生活を終えて牧師としての生活を始めた。ジュネーブでしばらく副牧師として働き、その後、ザーフェンヴィルで１９１１年から１９２１年まで改革派教会の牧師として働いた。明らかに、バルトの人生と同様、彼の神学的視座は、ザーフェンヴィル滞在中に培われ、変化していった。しかし、彼が「聖書における新しい不思議な世界」の発見を決定づけた要因ははっきりしない。バルトによれば、この発見は、人間のもつ神についての思考が、聖書の内容を正しく理解していないと洞察したことである。

「聖書は私たちに、私たちがどう神に語りかけるかではなく、神が私たちに何を語りかけるかを教える。私たちがどのように神への道を発見するかではなく、神がいかに私たちへの道を探し、見つけたかを教える。私たちが神との正しい関係を結ぶのではなく、神がアブラハムの霊的子どもと結んだ契約であるキリストと唯一回的に結んだ契約である。これがまさに聖書にあるものである。神の言葉が聖書の中にあるのである[23]」。

毎日曜日に教会で説教しまた堅信礼のために講義することが、このように大きな変化をもたらしたかどうかは分からないが、この事は無視できない。バルトがザーフェンヴィルでの労働争議に関わり、クリストフ・ブルームハルト、ヘルマン・クッター、レオンハルト・ラガッツなどの宗教社会主義が彼の神学的計画表（アジェンダ）に影響を与えたことは疑いの余地がない。バルトにとって印象的だったのは、彼らの神学ではなく、プロテスタント・リベラリズムの確信が不適切であることを考えさせるきっかけになったことであり、彼らを問題にする意欲であった[24]。バルトは、ザーフェンヴィルからひと山越えた隣村の牧師、生涯の友エドワード・トゥルナイゼンにその神学的不安を明らかにすることができた。トゥルナイゼンは、明らかにバルトの神学的変化を可能にさせた最重要人物の一人であった[25]。

バルトは、彼自身の変革が、１９１４年の「運命の年」であると説明している。

「１９１４年8月上旬のある一日は、暗黒の日として私の記憶に強く刻まれている。93名のドイツの知識人はウィルヘルム2世とその臣下の戦争を支持すると宣言した。驚いて落胆したのは、私が尊敬していた神学教師たちがその中に何人もいたことである。その時の徴をみて、私は最早、彼らの倫理学や教義学さらには聖書に対する理解にも歴史理解にもついて行けないと即座に思った。少なくとも私には、19世紀の神学にはもはや未来が無いと思えた[26]」。

ザーフェンヴィルでバルトの人生に様々なことがおきたが、彼の恩師たちのリベラリズムに対して反旗を翻させた様々な出来事の記憶が正しかったかどうかは大して重要なことではない。それより重要なことは「暗黒の年」の4年後1918年、彼がパウロの『ローマ書』の驚くべき講解によって「神学者たちの遊技場に爆弾を落とした[27]」ことである。その書物は、バルトの人生を変えたばかりでなく、神学の世界を変えてしまった。しかも、それはきわめて注目に値する。なぜなら、そのメッセージは、それほど不思議なものではなかったのである。すなわちパウロの『ローマ書』であったからである。『ローマ書注解』でバルトは、この世界の間違いが神を神として認識しそこなかったことであると思い起こさせた。もちろん、この使信は、長い間、神ではなく、人間を信仰の中心に据えて来たプロテスタント・リベラル派たちには大変な驚きであった[28]。神は神であり、私たちではない、という主張の概念的、道徳的主張の意味は、その後のバルトの生涯と研究に大きく影響している。

ブルース・マコーマックは、『ローマ書』の初めで、バルトが自分に課した根本問題は（自問するどの過程においても）、「啓示の主体であることをやめることなく神はどのようにしてご自身を人間に知らしめることができるか[29]」であると指摘した。バルトは、この問題に関するどの解決策も簡単には出さなかった。『ローマ書注解』第2版で熱く語られた言葉からも分かるように、バルトは妥協には興味はなかった。例えば、バルトの特徴的なテーマは、序文の以下の文章からもよく分かる。

「神は未知の神である。さればこそ、神はすべてのものに生命と気息と一切の物とを与え給う。したがって神は自然力でもなければ、精神力でもなく、またもっと高い最高の力としてわれわれが知っているものないしは知りうるものの中のどれかでもなく、またその最上のものでもなく、その総体でもなく、その源泉でもなく、むしろあらゆる力の危機であり、全く別種のものである。これを基にして測ると、それらの諸力は何らかの意味をもちながらも無であり、無でありながらも何らかの意味をもつ。……神の力は、すなわちイエスをキリストと定め給うたということ（1：4）は、最も厳密な意味での前提であって、把捉しうべき一切の内容をもたない。それは霊によって実現され、また霊によって認識されることを求める。それは自己充足的で、無制約的で、それ自体で真である。それは端的に新しいものであって、神に関する人間の思念の決定的な因子となり、その転回の因子となる。まさにこの使信を陳述し聴取するということこそ、パウロとその聴衆および読者の課題である。キリスト教団のすべての教説、すべての道徳、すべての儀礼はこの使信に関係する――然り、もしそれがみな爆弾孔たるにとどまり、使信が述べられる場所としての空洞なるにとどまろうと欲するかぎり、そうである。キリスト教団は、それ自体として聖なる言葉や行為や事物は何一つ知らず、ただ欠如態として聖なるものを指向する言葉や行為や事物を知るのみである。いかなる「キリスト教的」なものも、もしそれが空洞の代わりに内容、凹の代わりに凸、マイナスの代わりにプラス、欠如と希望の表現の代わりに所有と事実の表現であろうと欲するなら、救済使信と関係がなく、人間的な付随物となり、危険な宗教的残滓となり、悲しむべき誤解となるであろう。それがさようなものたらんと欲してキリスト教からキリスト者―教に化し、復活の此岸にあってみずから蠢動する現世的現実との講和条約ないしさらに妥協の如きものになるなら、それはもはや神の力と何のかかわりもないであろう[30]」。

『ローマ書』第2版のどのページにも、このような文章が書かれている。そのことはバルトの賛同者、批判者双方に対して議論を惹き起こすのに十分であった。（バルトが実は望んでいたことであるが）、バルトの研究に対して「賛成か反対か」をはっきりせざるを得ない。バルトが語った内容だけでなく、どのように表現したかも他の選択肢を許さなかったように見える。

それでもバルトの後の研究からみる限り、『ローマ書』は、神についての発話文法（the grammer of speech）の入門書として最もよく読まれることになるのである。

言い換えれば、バルトの『ローマ書』は何かの立場を代表するわけではない。それは、むしろ、バルトが自分自身で調べて続けて、探求した発見であった。例えば、第2版の序文で、彼の本文で述べている弁証法的な方法が体系であるとバルトは、彼についての批評に答えている。

「私は、これに対して次のように答えたい――もし私が『方式』なるものをもっているとするなら、それは、私がキルケゴールのいわゆる時間と永遠との『無限の質的差異』なるものの否定的および肯定的意味をあくまでも固守した、ということである。『神は天にいまし、汝は地に在り』『ローマ書』でこのような文面に直面すると彼（パウロ）自身も私同様、同じような間違いのない数えられない前提（assumption）の解釈を迫れているのかもしれない。この状況が彼の思想（考え）と表現（発想）を形成した[31]」。

バルトの賛同者も批判者の多くも気づかなかったのは、有名な「私に体系があれば」という条件付きの陳述である。この条件は、バルトが「信仰の類比[32]（analogia fidei）」に賛同したときに「弁証法」を捨てたかどうかという点でとりわけ大切な問題となっている。１９２１年に改革派神学をゲッティンゲンで教えたことは、彼の神学的、概念的レパートリーを広げるために文献を読む機会を与えた。このことは疑い得ない。私が強調したいことは、ゲッティンゲンでバルトが書いた『教義学』は、彼の生前には出版されなかったが、『教会教義学』を理解する上で不可欠であり、生涯にわたる基礎となったキリスト論の展開にとって重要である。[33] そう述べたマコーマックは、的を射ている。しかしながら、バルトの方法論に関して、彼が立場を変えたかどうかに注目すると、彼の「立場」を展開させる上で重要な関心事であったように見える。しかし、このことに私はあまり関わりたくない。

私は、バルトが知的調和や一貫性を否定したとは主張していない。彼が『教会教義学』で神学を実行した方法は、キリスト教信仰の様々な局面を関係づけようとした試みである。[34] しかし、バルトは、神学をそれ自身のために研究すべきであると考えたことは一度もなかった。神学の正しい主題は神であるというバルトの発見は、キリスト者が直面する文化的挑戦を伴っていた。ドイツの国家社会主義の勃興と第一次世界大戦で避けられないと考えた挑戦は、この世界には文字通り神が居なくなったことを理解することに他ならない。プロテスタント・リベラリズムが衰退して行ったことからもわかるように、キリスト教世界（Christendom）は、神への礼拝を失い、その結果衰えていった。[35]

バルトは私たちの神認識と、神だけでなく自分をも疑わせようとする文化的実践の遍在との関係も理解していた。この理解があったからこそ、バルトは、彼の生きていた時代にフォイエルバッハが正しいと分かっていた神学者がほとんどいなかったことも知ることが出来た。もし信仰が個人の霊的生活と自分を知るための認識でしかないのなら、もし信仰が有限性の中での無限の力でしかないのなら、キリスト者の神との関わりである信仰は、最終的にはキリスト者の自分自身と関わりで終わってしまう。その結果、福音の真理は、キリスト者の内的体験の表現、その述語、その象徴として理解されるだけとなる。バルトは、近代神学は人間が万物の尺度であるというルネッサンスの発見を受け入れたと論じた。そのことは、「彼の理論を擁護するために、キリスト教信仰をはじめ、その他のすべての宗教を、多かれ少なかれ人間の深い無限への要求と欲望のプロジェクトだというルター的是認を呼び出したので、フォイエルバッハの主張に対して有効な回答を与えられないことを意味していた。[36]」

多くの人々が、バルトはフォイエルバッハに夢中になっていただけだと考えるのも、言いすぎかもしれないが、それはありえることである。そのような見方から、バルトはあらゆる自然神学の敵と見なされてしまった。もちろん、バルト自身は、そのことを十分に自覚していた。『教会教義学』I/1の序文で、彼は、『教会教義学』が神学に実存哲学の正当化を与えようなどと少しも思われないように『キリスト教教義学』を捨てると述べている。彼は、そのような様子を見せてはいけないと思っていた。なぜなら、そのような様子は、シュライエルマハーからリッチュル、ヘルマンまでの神学を繰り返すだけだからだと、次のようにその考えを述べている。

「私にはプロテスタント神学と教会がただ崩れて行くのが見える。というのもローマ・カトリックを基盤としてのみ正当性が保たれるバチカンの観点から、いわゆる神の自然認識の偉大さと惨めさを演じる「存在の類比(analogia entis)」の実践と、自分の足で立つまた世俗的悲惨から解放されるプロテスタント神学の間に、第三の可能性はない。それゆえ、ここでは「否」としか言えない。私は、存在の類比(analogia entis)」は、反キリストの工夫と感じている。私はカトリックになれないのでそう思う。そこで、私は、同時に近視眼的で深刻さを欠いているのでカトリックにならないあらゆる可能性について考えさせられている。[37]」

上記は注目すべき文章である。多くの人に、『教会教義学』I/1の序文で、バルトは自然神学についての彼の適切な立場の要約であると想定させた。しかし、この序文でバルトが語ったことが一番よく考えた判断を表してはいない。

それは、自然神学の問題をプロテスタント・リベラリズムから切り離した時にのみ可能となる。もちろん、経験から神について知ろうとするプロテスタント・リベラリズムに対しての攻撃を決して忘れなかった。しかし、彼は、自然神学を裏付けるのに十分な説明ができた。なぜなら、神学的省察で新しい方向を得ることができたからである。実際、バルトのキリスト論的省察が自然神学について再考することを可能にした。それは、自然神学の賛同者・批判者の目には奇異に映ったことだろう。それでも、私が最初の講義で指摘したことが正しければ、つまり自然神学がキリスト教的意味を神の全教義の一部でしかしないことが正しければ、バルトがキリスト論的主題として自然神学を回復したことこそ望ましいものである。

3　バルトの自然神学のキリスト論的回復

1924年5月、バルトは、教義学の最初の講義準備をしている間に重要な発見をしたと、ブルース・マコーマックは言う[38]。それは、驚くべき発見であった。なぜなら、ハインリッヒ・ヘッペの改革派教義学を読んだ結果生まれたもので、バルトは後で、「時代遅れでほこりをかぶった、魅力のない、まるで対数表のようで、読むに耐えない。開くページに全て書かれていることが融通の効かない、信じがたいものであった。わたしが今まで何年にも渡って聞いてきた古い伝統であったが、幸いわたしはそれを安易に片付けなかった[39]」と記している。その発見は、古代教会のアンヒュポスタシスとエンヒュポシタシスというキリスト論の教義であった。すなわち、キリストの人間性は、実体がないというより、父なる神と完全に一致することに依存するものであった。マコーマックは、バルトがその仲保者の理解に、受肉を問題にすることなく、『ローマ書注解』にしたがって神と人との区別を保つ道を見ることができた、とただしく示唆している。

バルトの初期の「永遠の時間の弁証法」は、形而上学的使用法になる危険があり、それは人間が神を認識できるという不当な要求を切り離すだけでなく、神がどのようにわたしたちに近づいてくださるかについて、また神がキリストにおいて完全に人であり神であると言うことをも曖昧にしかねないものであった。マコーマックは、マイケル・バイントカーの研究を参考にして、バルトが抽象的な形而上学の立場ではなく、永遠と時間の弁証法を救済論の主題としようとしたと、正しく指摘した。しかし、バルトが十字架と復活と切り離された時間と永遠の意味を知ることができないことを明らかにする神学的方法をもっていなかったことも事実である。[40] バルトは、どのような人間性の説明も、キリストの人間性でさえも、抽象的になるならプロテスタント・リベラリズムに逆戻りする危険を恐れていた。[41]

バルトは、発見したアンヒュポスタシス - エンヒュポシタシスの動態が教会のずっと前から神と被造物との距離について妥協することなく、またキリストの完全な人間性について予測していたことを理解させられた。つまり、妥協なく私たちの存在がまさに恵みによると理解させたのである。バルトは『ゲッティンゲン教義学』において次のように指摘した。

「キリストの人間性は、身体、精神、個人でありながら、それ自身で、実体も現実もない。そのようにして、それはロゴスと一体化する前には、何もない。つまり、それは、彼なくして、あるいは彼から離れて、独立に存在するものではない。人間性の理念それ自体を啓示として見たい人は、それ自体が無意味であるだけではなく、存在しないものを掴み取ろうとしている。同様のことが、イエスにおける啓示をそのような人間個人としてみようとする人々にも言える。彼らはまさに空虚なものを掴もうとしている。この理念、この個人性は一瞬たりとも、あのロゴスの人格という主張から抽象できない。自らをそれらと結びつける神の主体が、それらを啓示とするのである。キリストの人間性は、それ自体では人格性をもたない。それは、その叙述が到達するアンヒュポスタシスという定式である。あるいはさらに積極的にいえば、エンヒュポスタシスである。それは、まさに神のロゴスと結びついた人格性であり、実体であり、現実である。……マリヤが生んだ方は、他でもなく（二番目の者ではなく）、神の子であることから切り離せない。彼は、人間の本性を有し、しかもその人間性はただ神の子の人格においての現実であった。[42]」

ここにこそ、私たちは、後にバルトが「神の人間性」と言ったバルト的理解の始まりを見ることができる。神の神性は、神がただ神のためにのみ存在するという牢獄のような言い方より、むしろ、

「彼の自由は、彼の内に、彼自身のためだけでなく、私たちのためのものである。彼の自由は、彼自身を主張すると同時に彼自身を犠牲にし、完全に高挙され同時に卑下されたものであり、全能であると同時に全面的に恵み深く、主であると同時に僕であり、裁く方であると同時に裁かれる方であり、時間において永遠に人間の王であり、また人間の友である。そして、何ものにもまさって神性であり、彼の神性についての最高の証拠であり宣言である。[43]」

神の神性は、神の人間性を排除できない。なぜなら、神の自由な愛こそが、神の中にあり、神御自身のためだけ

でなく、まさに神のその他の明瞭な特徴を示す神の存在を可能にするからである。[44] バルトは、いまや永遠が時間に対立するものではなく、「自らの中に時間の意味を含むゆえに神の質なのである」[45] と言えるようになった。

「真理であるキリストは、多くある真理の中の一つではなく、神の真理、全世界、万人に通じる神の真理、第一の真理であり究極の真理である。なぜなら、イエス・キリストにおいて神が、万物を創造されたからである。彼は、私たちすべてを創造されたからである。私たちが気づこうが気づくまいが、私たちは、神から離れて存在できないし、また神の内に存在している。全宇宙も神から離れて存在することなく、神の内に存在し、彼によって、全能の言葉によって誕生したのである。神を知ることは、全てを知ることになる。[46]」

キリストが他の全ての真理を審査する真理であるというバルトの驚くべき主張の吟味は、次の講義を待たなければならない。[47] この点で、私は、そのようなキリスト論的考察がバルトにとって自然神学のより積極的な叙述を可能にした事実に注意をうながしたい。[48]

このように神の認識可能性に捧げられる『ゲッティンゲン教義学』の節で、バルトは、プロテスタントの先達たちがローマ・カトリックの信条を攻撃しないと考えていた、また1870年の第一バチカン公会議で宣言していた。神は、私たちが自然的な人間理性の光によって被造物から神を知ることを可能にしたと述べた。

「決定的な点は、ローマ・カトリックの見方によると、神認識のための理性の主張が、信仰箇条であり、教会が啓示と考える主張である。古正統主義は同じ線で考える。なぜなら、（1672年の）マレシウスの声明から、私たちは、多数派が小数派を含むように、啓示が自然宗教を排除しないで包含することを知るからである。重要なことは、ローマ・カトリックと古プロテスタント教義学において区別があることである。三位一体の神、真実の啓示の神は、この自然的、合理的宗教の対象ではなく、天地創造の神であるひとりの神である。この区別が維持できるかどうかはまた別の問題である。この区別がなされる事実は、その問題意識にあらわされている。」[49]

話題となっている問題の実例としてバルトは、私たちがアクィナスの『神学大全』の主要箇所にある神の存在証明を啓示信仰の知的基盤とするなら、その理解は間違いであると考える。アクィナスは、神の存在がどの証明にも拠ることがないと理解していた。なぜなら、そのような証明は、神を人間の手の内に従わせ、その結果、神を神以下にしてしまうからである。[50] バルトは、神の存在はアクィナスの問題だけでなく、自然科学の進歩が神の存在を問題にしたゆえ、むしろ近代性にとっての問題になったのである。バルトは、アクィナスが「啓示の中に両足で立つ」ので、神概念の問題点と必然性を指摘して、なすべき義務以上の連祷の業績として実証しようとしたと指摘した。[51] アンセルムスと同様、アクィナスは、啓示が最初で、証明によって得られるその立証可能性と洞察力が次に来ることを知っていた。証明は、「知らんがために信じる」という宣言の実例に過ぎない。[52]

バルトがアクィナスに訴えることは、ただ戦略的であるだけではない。彼は、アクィナスに教えられるためにアクィナスを読んでいた。たとえば、『ゲッティンゲン教義学』では、神の属性とくに人格性において、私たちが神を生ける神としてのみ知るために、すなわち神のみが神の生の一部として自己を知らしめると考える。[53] バルトは、したがって、アクィナスによれば、その生命は独立した動きや活動があるところに存在すると述べる。以下は、プロテスタント正統主義であるバルトが述べた定義である。

「定義された神の生は、神の本質のあふれんばかりの行動である。神の生とは、純粋行為として知ること、望むこと、愛することである。すなわち、独立しており、外部から制約されるのではなく、行動する方の性質によって内部から働きかける。この定義は大切であり、それゆえ、この属性と特性は重要で基本となる。神は、この御方、すべてのものが爪のように依り頼むものであり、私たちは、神の独立したまた無制約な行為を通して、つまり神自身の可能性と現実によってのみ、それを知るのである。私たちは生ける神として認識している。[54]」

このような文章からバルトがアクィナスを評価していたことは明らかである。だからと言って、バルトが自然神学者になったと言い切れるわけではないが。[55]実にバルトは、確証することに対して、依然として懐疑的であった。その語句をしばらくは、教義学の中に持ち込んできていない。と言うのも、彼らの目的がどれだけ必要で説得力のある神の確証に向っていたのかはっきりしなかったからである。もしその確証が神学の中で発揮されるなら、啓示の現実の中の必然性に導いてくれなければならないからである。[56]次の講義で、バルトにとってアンセルムスの偉大な業績が、神の存在証明を通して啓示の必然性と現実性へと私たちを正確に導いていると言いたい。バルトによれば、必然的でないにしても、神の被造物がその創造者に対して証言しないことはないという類比の説明を可能にした。

バルトにとって、人間だけでなく全ての被造物が恵みに感謝して造り主を証しする。バルトは、「人間は、被造物を与えた神に感謝するために招かれた。」と言った。しかし、このことは、人間以外の存在が人間より完璧に神への感謝を表せないというわけではない。したがって、バルトは「シリウス、水晶、スミレ、ボアの神への讃美の歌が聞こえるというのは必ずしもいつも間違いというわけではない[57]」と言っている。バルトにとって、私たちの神への讃美でボアや星と違うところは、知識と奉仕が伴うかどうかである。私たちは、どのような被造物に対しても信じることはできない。なぜなら、私たちは神のみを信じるように求められているからである。しかし、「私たちは、創造者と主（Lord）を通して生きとし生けるものを信じられるし、信じなければならないのである。[58]」

1926年に記した重要な論文『教会と文化』の中で、バルトは、どのような被造物でもそのものに対してではなく、造り主と主の内にある全ての被造物を信じ、確信することの意義を示唆する。神の友情は分け隔てしないことから、バルトは、罪が人間の中の神のかたちを完全に破壊したわけではないと観ている。人間は、罪人に過ぎないが、棒切れや石になったわけではなく、依然として人間である。神がイエス・キリストを通して、一人の人間として、これらの罪人にこそ語られた。こうすることで、人間に人間性を約束された。バルトによると、私たちは、これらの約束に参加できる。「それは、キリストにあって人間が神聖であると宣言され、更新されるのである[59]」。「文化」という言葉は、人間への約束を正確に意味している。すなわち、実現し、統一した被造者としての人間は、神の被造者として実現され、完成され、自然も精神も超越した天と地の造り主の内にある。バルトにとって「人間性」として「文化」を語ることは、人間が罪人や堕落した被造物としてだけでなく、神が約束された被造物の統一と創造の完成として語ることが出来るのである。

バルトが世界史の中での罪の結果を述べていることについて考えてみよう。

「辛い時期に私たちは、全面的混乱に陥ったと考える傾向がある。これだけでも十分、心痛める。しかし、別の側面がある。もし自分の力ではどうすることも出来ない人間が起こした混乱であれば、神の被造物であることの善さが部分的に獲得され、発見されるなら、人間がどうすることもできないとしても、さらに肯定できるであろう。世界史を垣間見ると、いつの時代でもどこにでも子供の笑い声が聞こえ、花の香り、鳥のさえずりを聞くことができる。虚無をともなう混乱に影響されることはない。詩人もいなければ、音楽家もいないし、またはその他の過去を観て何にも影響されない高貴な精神もない。（それゆえ）、感じ、他人に対しても敏感となれる。この混乱から影響を受けることはない。[60]」

1930年ミュンスターからボンに引っ越した頃には、『教会教義学』を記すために必要な資料はそろっていた。それは、次回の講義で論じる予定である神学的形而上学と初めであり終りである神を証しする倫理学を展開するための試みにすぎない。1920年代後半と1930年代の初めに、（多くの人にとって、実は現在でもそうであるが）、バルトの努力は、全体主義的で帝国主義的に見えた。[61] しかしながら、そのような神学がなければ、教会はよりいっそうヒットラーと対峙する源泉を欠いたはずである。私は、バルトがバルメン宣言を書いたから、彼のいう「私たちの神の認識」を受け入れるべきだと考えているわけではない。しかし、この講義の終りに近づくにしたがって、バルトがその宣言の最初の部分を記した内容を引用したい。それを聞けば、神がローマの信徒への手紙を通してバルトに触なければ、これは書かれなかったのではないかと思える。

「教会を破壊している現在の帝国教会である『ドイツ・キリスト者』の過ち、さらにドイツの福音主義教会の統一を破壊している過ちを鑑みるにつけて、私たちは以下の福音が真実であると告白する。

第一項

「わたしは道であり、真理であり、命である。わたしを通らなければ、だれも父のもとに行くことができない。」（ヨハネ14章6節）

「はっきり言っておく。羊の囲いに入るのに、門を通らないでほかの所を乗り越えて来る者は、盗人であり、強盗である。……わたしは門である。わたしを通って入る者は救われる。」（ヨハネ10章1、9節）

聖書においてわれわれに証しせられているイエス・キリストは、われわれが聞くべき、またわれわれが生と死において信頼し服従すべき神の唯一の御言葉である。

教会がその宣教の源として、神のこの唯一の御言葉の他に、またそれと並んで、更に他の出来事や力、現象や真理を、神の啓示として承認し得るとか、承認しなければならないとかいう誤った教えを、われわれは斥ける。[62]」

バルトにとって、自然神学の否定は、神学におけるキリスト論的中心の発見と同じように、ヒットラーに対立する一要素であった。彼がヒットラーに忠誠を誓うことを拒否したことは、ボンで彼の地位を失うことになったが、さらに彼の神学的展開に不可避であり、定めであった。バルトが独裁体制を認識し、それに対峙したことは、彼の神学というより彼のパーソナリティによると考えられるかもしれない。しかし、私は、バルトと彼の神学を分けることができないことを示していると思う。あのリベラル・プロテスタンティズムが、とりわけヒットラーの政治的支配の開始の時に、ナチズムに対峙できなかったことは、神学的判断の失敗であるより政治的判断であると考えられるかもしれない。いずれにしても、最初にヒットラーが何者であり、何をしようとしていたかを識別できる者はほとんどいなかった。しかし、ホロコーストにまでいたらないが、バルトは、デーモンと名付け、人間性の名のもとで解き放たれたデーモンに抵抗するのに彼の聖書の不思議な新世界の発見が必要であることを理解するように私たちすべてに委ねる権利を得た。私たちは、バルト以前に戻ることはできない。『教会教義学』に進む以外にない。それで、『教会教義学』が次の講義の主題になるのである。

(Endnotes)

1 Natural Theology: "Comprising "Nature and Grace" by Professor Dr. Emil Brunner and the Reply "No" by Karl Barth, trans. Peter Fraenkel, intro. John Baillie (London: Geoffrey Bles, 1946). バルトは、「自然神学」を「神学的と主張するあらゆるシステムの形成と理解した。つまり、神の啓示と解釈する主張であるが、その主体は、イエス・キリストにおける啓示とは根本的に異なり、したがってその方法は、聖書の釈義とことなるものである」(74)。

2 ブランシャードの見解は、"Theology of Crisis: Professor Blanshard Resumes Gifford Lectures," The Scotsman (April 9, 1952). に記録されている。私は、この論文を作るため、またT.F.トーランスとブランシャードの交換書簡を利用するのにアバディーン大学のイアン・トーランス教授に負っている。

3 T.F. Torrance, "Theology of Karl Barth," The Scotsman (April 14, 1952): 4.

4 Brand Blanshard, "Theology of Karl Barth," The Scotsman (April 16, 1952): 6.「スコッツマン」に続く手紙で、トーランスは、ブランシャードの合理性がドナルド・マッキノンやギルバート・ライルやジョン・マクマリーなどの哲学者によって受け入れられていない見解であると論じた。

5 カールバルト *The Knowledge of God and the Service of God according to the Teaching of the Reformation*, trans. J. L. M. Haire and Ian

Henderson(London: Hodder and Stoughton Publishers, 1938) 以後単に Knowledge of God. In Truthful Action: Explorations in Practical Theology (Edinburgh: T.&T Clark, 2000) ダンカン・フォレストは述べている。〝バルトがそれまでスコットランドでほとんど忘れられていた the Scots Confession (1560) を（自身の）1937-38 年のアバディーンでのギフォード講義の基礎に選んだという事実は思いがけないことであった。多くのスコットランドの神学者たちにとって自分たちの宗教改革の伝統（heritage）が 20 世紀中葉の危機に対して何かを提供しているとは思いもよらないことであったことは明白である。〟

6 彼のギフォード講義を始めるとき、バルトは自然神学が本来の神学における抗議運動であったと述べている。しかし自然神学が敵対者を失った時、それは「つまらなくなり、活気がなくなり」また関心を引き起こすものでなくなり、衰退し始めた（6-7）。従って、バルトは、自然神学者たちが反撃できるような意見を述べてギフォード氏の遺志に忠実であろうと主張している。講義の終わりごろに、バルトは自分の今まで述べてきたことを自然神学の代表者は誰一人として避けられないだろう、なぜならすべての代表者はバルトの信条が「彼自身の信条の全く反対でありそれゆえ必然的に彼が独自に行っている研究にとってとりわけ興味深く、益の多いものであるとわかるだろうと指摘する。従って、私はギフォード講義に対する責務を今果たしたと感じる。」と述べている。（243）

7 Reinhold Niebuhr, *The Nature and Destiny of Man*, Intro Robin Lovin (Lousville: Westminster/ John Knox Press 1996), 2: 66-67. バルトの引用は Church Dogmatics, I/1, 訳 GT Thomson (Edinburgh: T. & T. Clark 1960) 157. より。

8 バルトは、フランツ・オファベックのコメントを好意的に受け止め引用している「神学は大胆さにのみ基礎づけられうる」と。フランツ・オファベックは、教会史家であり、無神論者であり、バルトが感嘆する人物ニーチェの友人の一人である。バルトのコメントは、彼の評論、Liberal Theology, Some Alternatives," (Hibbert Journal 59(1961) に見出される。この評論に注目できたのはウィリアム・バックリー教授（Professor William Buckley）のおかげである。

9 Joseph Mangina, "Bearing the Marks of Jesus: The Church in the Economy of Salvation in Barth and Hauerwas," *Scottish Journal of Theology* 52, no. 3(1999): 270. 私が、私の研究とバルトの研究の相違（必ずしも不一致ということではない）に気付いたのみでなく理解するのを助けてくれたのはマンギナである。しかし、バルトにおいて事柄は決して単純ではない。例えば、彼は以下のように明示している。「教会は、聖霊の働きの歴史的形態であるゆえに信仰の歴史的形態である。」という。*Church Dogmatics, 2/2*, trans, G.W. Brimley, et al. (Edinburgh: T. & T. Clark, 1957), 160

10 たとえば Reinhard Hutter "Karl Barth's Dialectical Catholicism': Sic et Non," Modern Theology 16, no. 2 (April 2000): 137-158. を参照。ヒュッターは、バルトは教会がいかに身体化された形で存在しうるかを説明できていないと論じている。この論理に沿った批評を Nicolas Healy は "The Logic of Karl Barth's Ecclesiology: Analysis, Assessment, and Proposed Modifications," *Modern Theology* 10, no. 1(1994): 253-270 の中で始めている。

11 Mangina, "Bearing the Marks of Jesus," 294-295.

12 Hans Frei, "Eberhard Busch's Biography of Karl Barth," in Hans Frei, *Types of Christian Theology*, ed. George Hunsinger and William Placher(New Haven: Yale University Press, 1992),157. キャサリン・ソンダーガー（Katherine Sonderegger）は、彼女の好感のもてる論文、"On Style in Karl Barth," Scottish Journal of Theology 45, no. 1 (1992) で、フライに共鳴した意見を述べている。ソンダーガーは、バルトの方法に関する長く終わりがないようにみえる批評が、少なくとも的を射ているように進行していくが、それらは「バルトがいたるところで示す展開の喜びや自在さについてはほとんどあきらかにしていない。それらの論文は、バルトの注目すべき、大声で話すかのような文体の明るさにとらえられおり、なんと活力のないもののように見えることか。それらは論評の要約でしかなく、おおい隠すのが困難な濃縮されたにおいを放っている。しかし、どんな批評家も知っているように、事柄はそれ以上である。バルトを注意深く、詳細に読むことは、光と影のドラマ、絵画の明暗法で描かれた人物像たちのドラマ、熱情によってまた皮肉と共感のひねりによって刺激された論評のドラマに巻き込まれることである。そのドラマは、見事な腕前によって書かれ、どんな批評家もその手法をとらえきることができず、自分のものとすることもできない。」(65)

13 エバーハルト・ブッシュ（Eberhard Busch）は、彼の書いた伝記の中で「カール・バルトの業績は、彼の生涯において本質的なものであり、それと同じように彼の生涯も彼の業績にとって本質的なものである。多くの人が彼を個人的に知るようになるまで本当に彼を理解したことにはならなかったということは意味深いことである。このように読者は、バルトの教義は単に机上の知恵の神学的断片の集まりではなく生涯にわたる格闘と探究の行程で彼が遭遇した解釈と発見なのだと知るであろう。」と述べている。*Karl Bart :His Life from Letters and Autobiographical Texts*, trans. John Bowden (Philadelphia: Fortress Press, 1976), XV. ブッシュの伝記は、それが単なる伝記ではないという点において、バルトの生涯と思想を理解するために欠くべからざる資料であり続けている。彼の偉大なところであるが、ブッシュはバルトの生涯を解釈しようとしているのではなく、むしろバルトの自叙伝的省察、彼の手紙、そして彼の業績を描いて、バルトにバルト自身について私たちに語らせているところである。これからバルトの伝記を書こうとする試みは、多くをブッシュに負うことになるだろう。

14 Barth, "No!" 67.

15 Busch, *Karl Barth*, 39.

16 同上 40. バルトが生涯にわたりシュライアマハーに熱中していたことはよく知られている。彼のシュライアマハーに関する批判にもかかわらず、彼は敬服していたと同時にシュライアマハーの「歴史的キリスト者の信仰の様々に分かれた部分 (disjecta membra) を一つに、驚くほど一貫した見解の提示の方法」から学び続けていた。Theology and Church: Shorter Writings, 1920-1928, tans. Louise Smith (New York: Harper and Row, 1962), 181.

17 Barth, Theology and Church, 238.

18 同上 ., 239.

19 Busch, Karl Barth,45.

20 ブッシュは、バルトとの対話から引用している。バルトは、ヘルマンがカント主義者であったのでマールブルグへまず行ったと語っている。バルトは「マールブルグに巡礼の旅にでる前に私自身カントのすべてを学びとっていた。私が学んでいたこととは第一にカントの Critique of Practical Reason を研究し、そして Critique of Pure Reason を念入りに二回学んだ。その時我々はこれが神学を始めなければならない時の方法だと思っていた。そしてカントの後に私は Schleiermacher に出会ったのである。」(45) と言っている。ブルース・マコーマック (Bruce McCormack) は、バルトが自分自身を哲学的認識論に関わっていると考える限り、彼はカント主義の観念論者だと主張している。だがある視点から考えてみると、彼の神学におけるすべての努力を考慮に入れると「カントの手法によるカントの克服すなわち彼の後ろに隠れるのでもなくまた回り道を探そうとするのでもなく、彼を詳しく研究する試み」と考えられるのではないかとマコーマックは考えている。まさに、この視点からマコーマックはバルトの神学的認識論を「批判的現実主義」とみなすのである。*Karl Barth's Critically Realistic Dialectical Theology: Its Genesis and Development, 1909-1936* (Oxford: Clarendon Press, 1995), 465-466

21　Barth *Theology and Church*, 249-250. ヘルマンと共に学び始める前でさえバルトはトレルチの宗教の一般科学の一部として Christianity の根拠を発展させようとする試みに否定的な反応を示していたように見える。バルトが晩年の始め、のちには中止してしまう自伝的記録によると、しばらくのあいだ仲間の学生たちの間で〝トレルチの名前は我々の議論の中心であった。そしてそれは私が当時の支配的な神学に従うことを拒否するしかないと感じていた核心であった。〟(50) というバルトの言葉を Busch は引用している。マコーマックはトレルチのヘルマンに対する批判とイエスの人格が信者にとって経験的事実になる方法へのヘルマンの根拠を受け入れられないとわかった時（その批判が）バルトに与えた影響（を理解するのに）非常に役立つ根拠を示している。*Karl Barth's Realistic Dialectical Theology*, 64-66、73-77 を見よ。マコーマックは、さらにバルトとヘルマンの関係を示す欠くことのできない根拠を提供している。バルト自身のトレルチに対する評価に関しては *Church Dogmatics*, 4/1, trans. G. W. Bromiley (New York: Charles Scribner's Sons, 1956), 383-387. を参照。バルトはトレルチの教義は〝同時代の the Christian World（キリスト教世界）の構造に一致することを意識するという事実に依存するという。その自己認識が歴史主義である。シュライアマハーは教義の課題を同じ視点で見ていた。それは教会（the Church）における同時代性また同時代の原則にあった教義を発展させなければならないということである。〟(383) こういう歴史主義を考えるとトレルチは、バルトが考える克服されるべき位置を代表せざるをえない。

22　Barth, *Theology and Church*, 243. 彼の 1925 年の "The Principles of Dogmatics according to Wilhelm Herrmann," という素晴らしい論文の中でバルトは、弁証学（apologetics）はいずれにせよ消え去る副次的、一時的活動（activity）であるというヘルマンの見解にコメントしている。さらに彼は「神の知識は、全く対抗手段の武器を持たぬ宗教的経験の表現（expression）である。」というヘルマンの意見を引用する。彼の業績の中で終始ヘルマンの宗教的経験に関する見解を明らかに捨てているが、バルトは弁証学の役目に関するヘルマンの見解を共有している。例えば"Evangelical Theology in the 19th Century"という彼の極めて重要な論文で自由主義神学者たちは時代の様々な哲学に関連させるという二次的な課題を選んで欠くべからざる神学の積極的課題を捨て去ったとバルトは非難している。その結果、我々は「神学の基本的な関心事に対する自己確証における安心して喜びに充ちた自信、すなわち神学者たちがこの世の評判にとらわれず神学本来の目的にそう神学研究の成果をもってこの世と対峙する時もっとも誠実なこの世との交渉（commerce with the world）が約束されるという信頼を見失ってしまう。尊敬さるべき教義学がよき弁証学であることは神学者たちの心に届かなかった。もし神学者たちが人間をそんなに真剣に考えなければ、19世紀の人間はもっと真剣に神学者たちを受け止めたであろう。」*The Humanity of God* trans. Thomas Wieser and John Thomas (Richmond: John Knox Press, 1963), 20. Gary Dorrien は、*The Barthian Revolt in Modern Theology: Theology without Weapons* (Louisville: Westminster/John Knox Press, 1999). の中でバルトとヘルマンの関係についてとりわけ賢明な根拠を提供している。Dorrien の書物は、バルトの他の神学者たちとの関係について極めて重要な導き手であり、またバルトの神学的展開を理解する助けとなる。

23 Karl Barth, "The Strange New World within the Bible," in The Word of God and the Word of Man, trans. Douglas Horton (New York: Harper Torchbooks, 1957),43. これは1916年秋にレントヴィルの教会で行われたバルトの講演である。

24 マコーミックはラガッツとクッターの緊張関係およびなぜバルトが彼らから結局は距離を置かなければならないと感じたかの非常に有用な根拠を示している。Karl Barth's Critically Realistic Dialectical Theology, 78-125 を参照。彼の神学を形成するためのバルトの生涯にわたる社会主義者としての確信の意味は熱心に議論さるべき問題点である。F. W. マークワルトは、自分の神学を形成するためにバルトの社会主義の意味を強調しすぎたのかもしれないが、私はバルトの神学的展開は、彼の〝社会問題〟への継続する関心と切り離すことができないというマークワルトの主張に同意する。例えばマークワルトはバルトが『教会教義学』1/1の序文で、彼が「我々は、明確化（clarifications）にたどりつけないが——特に政治の広い領域において——それは今日必要なことであり、そのことに対して神学が何か言うべき言葉があるかもしれない（そしてそれに対して何かを言わなければならない）、すでに到達されていない神学において、または神学それ自身についての包括的明確化がなくても、ここで関心をもたなければならないと信じる〟というバルトの見解にまさに正しく注目を促している。マークワルトの議論をめぐる非常に有用な一連の論文は Karl Barth and Radical Politics, ed. and trans. George Hunsinger（Philadelphia:Westminster Press, 1976). を参照。ハンジンガーの書物には、マークワルトの "Socialism in the Theology of Karl Barth", とハンジンガー自身の有用なまとめの論文が含まれている。Dorrien は、さらに The Barthian Revolt in Modern Theology 32-34 で、バルトの生涯と業績におけるこの問題の有用な叙述を提供している。

25　ザーフェンヴィル時代のバルトに関する私の説明は、すべて Busch、Karl Barth, 60-125 による。

26　Barth, The Humanity of God, 14. 1914年における他の決定的な出来事の一つは、トレルチが組織神学から哲学へと立場を変えたことであると、バルトは指摘する。この様な動きは神学が知的に危険な位置にあることを示していた。

27　このコメントはローマ・カトリックの神学者 Karl Adam がローマ・カトリックの月刊誌 Hochland1926年6月号でコメントしたものである。これは後に John・McConnadine が自身の論文 "The Teachings of Karl Barth: A Positive Movement in German Theology," The Hibbert Journal 25 (April, 1927): 385-386 で引用している。この引用の源を探し出すのには Joe Mangina に負うところ多である。

28　マコーマックは、以下のことは明らかであると述べている。彼のローマ書の講解でバルトの「罪」の分析は、その対象として〝自律的世代（また課題の実現）によって構成された意識という近代的（理想主義的）概念がある。リッチュル学派の神学者（新カント派の哲学者と同じように）にとって、自由な（つまり自律的）人格性は、倫理的行為者という被造物と同義語であるなら、バルトにとって自律への欲望は原罪である。自律の追求は、個人主義、秩序破壊、社会での混乱の源泉である。〟（Karl Barth's Critically Realistic Dialectical Theology, 167）

29　Ibid., 207.

30　（バルト著作集14巻、45、46頁）

31　Ibid., 10. バルトのキルケゴールの理解は、それ自体検討が必要であろう。彼は、ローマ書講解の第一版と第二版との間にのみ集中的方法でキルケゴールを読んだように思える。彼の後の研究で次第にキルケゴールに対する批判を強める。しかし、彼の批判しているキルケゴールは、そのデンマーク人よりブルトマンを指しているように思える。好感のもてる後のキルケゴールに関する小論文で、バルトは、我々がかつて信じたいと思っていた以上に、キルケゴールは密接に19世紀に結び付けられると知ると述べている。それでも、バルトはキルケゴールが〝すべての神学者が一度は入らなければならない学校の教師である〟と主張している。Karl Bart "A Thank-You and a Bow" in Fragments Grave and Gay, trans. Eric Mosbacher. 序文と後書は Martin Rumscheidt による (London: Collins, 1971). "A Thank-You and a Bow" は、バルトがコペンハーゲンでソニング賞を授与された時のスピーチである、その賞は、ヨーロッパ文化に偉大な貢献したと判断される人物に贈られるものである。この受諾スピーチでバルトの皮肉は、最高潮に達している。

32　もちろん彼の思考が、ラディカルでないとしても、1931年 Anselm: Fides Quaerens Intellectum (New York: Meridian, 1960) の出版によって証拠づけられる意味のある転換を遂げたという見解の源は、バルト自身である。バルトは、その書の第二版の序文でハンス・ウルス・フォン・バルタザールがアンセルムスに対するバルトの関心は、彼にとって決して派生的ではないことに気づいていたと賞賛している。彼の研究についての多くの解釈者たちは、アンセルムスに関する彼の書物が「『教会教義学』で次第に印象強くなった思考過程の全行程を理解するのに不可欠とまではいかないが、重要な手引きをただ一つの神学にふさわしいものとして」(11) 含むことを見落としていると、バルトは不平を述べる。後に有名な論文『Humanity of God』でバルトは、彼の初期の研究にはディアスタシス（弁証法）の概念が支配的であり、類比（analogy）の補足的概念は全くまれであり付随的に使われているというフォン・バルタザールの指摘をふたたび認める。バルトは、これがありうることだろうと認めてはいるがそのことにあまりこだわってはいない。むしろ、バルトは当時の思考の「本質的脆弱さ」は、「我々が正しかった場所で間違っていたのであり、また我々と他者に対してとても刺激的な神の神性という新しい知識を十分な配慮と徹底さで完成する方法がはじめはわからなかったことである。」と言っている。バルトは、初期の研究であるヒューマニズムの讃美がときどき起こると気付きながら、ローマ書講解で神はすべてであり人は無であると教えていることを否定している。しかし、彼は「絶対他者（a wholly other）」というイメージと概念が彼の想像力をとらえていたことを認めている。それは、聖書において Yahweh-Kyrios と呼ばれる方の神性を哲学者たちの神と一致させる結果をもたらした（The

Humanity of God, 44-45)。バルトのフォン・バルタザールへの言及は、彼の偉大な書物 The Theology of Karl Bart, trans Edward Oakes, SJ (San Francisco: Ignatius Press, 1992) による。バルトの哲学との関係に関する最重要な探究は、彼の 1992 年の論文 Fate and Idea in Theology にある。その論文は今 The Way of Theology in Karl Barth: Essays and Comments, ed. Martin Rumscheidt, intro. Stephen Sykes (Allison Park, Pa.: Pickwick Publications, 1986) 25-61 に収められている。この論文の重要性についての有用な考察を Dorrien は、The Barthian Revolt in Modern Theology, 92-96 で提供している。

33 もちろん、バルトが弁証法から類比法に、いつまたほんとうに変更したのかさえも論じるフォン・バルタザールの説明に対するマコーマックの継続中の批評に関して、私はとりわけ立場を表明する必要はないと思う。一般に、マコーマックはバルトの研究にはローマ書講解から始まって終始重要な継続性が存在する事を明らかにする印象的な証明をしたと私は思う。しかしながら公平に見るとフォン・バルタザールのバルトに関する説明は、マコーマックのそれと多くの点でよく類似しているものである。「神学における類比の問題は最終的にキリスト論でなければならない」(The Theology of Karl Barth, 55) というバルトの主張のように、フォン・バルタザールは、マコーマックと同様に、この問題は単にバルトの神学が弁証法的か類比的特徴をもつかということではなく、彼の明瞭さが次第に増し加わったと考える。『教会教義学』4/2 の序文で、「人の子の高揚」というテーマと彼の聖化に関する議論を展開しているが、バルトは「私の自由主義 (Liberalism) からの離脱以来、私がとっている基本的見解には断絶はなく、その展開にはもっと一貫した様式があることを洞察力のある読者は必ず気づくことになろう。さらに明らかにするために、イエス・キリストの人間性の立場から議論しながら、私は、冒頭において、また中心の全体を含むキリスト論の部分にとりわけ注意深い表現を用いなければならなかった。」Church Dogmatics, 4/2, trans. G. W. Bromiley (Edinburgh: T. &T. Clark 1958), x

ハンス・フライは全く正当に、弁証法または類比が聖書と教会の言葉の中で語られた神と人との交流を「はじめは物語られ、しかしただ派生的に断片的にしかも適切に確かに再叙述され、そしてはじめは議論されないものであるというバルトの確信を表現するために用いた「工夫」であると示唆していると思う。バルトの神学は、記述の現実性や論理的可能性を強化する論証や説明の理論によってではなく、物語的、概念的に叙述された言説によって進んでいる。」(Types of Christian

Theology, 160-161)。したがって、バルトの類比の発見は、彼の立場の重大な変化を表しているのではない。類比は、バルトが彼のキリスト論を大きく損なうことなくかつての語りの方法より良い語り方をするのを助ける単なる新しい道具であった。ただ一つ、私がフライに同意できないのは、次の講義で示そうと思うが、バルトの研究の方法が一つの論証であると思うことである。バルトは単に「打撃を与えるような」論証はできないのである。しかし、彼ができないということは神学的に又哲学的に正当化される。バルト（研究）における語りの役割についての非常に有用な根拠をうるには David Ford, Bart and God's Story (Frankfurt: Peter Lang, 1985) を参照。

34　〝教義学の様々な分野は互いに平行に置かれているのではなく互いに関係づけられているのである、そのために我々はより広い範囲またはより狭い範囲であろうと他のすべての分野を特に考慮に入れることなしに、またすべての分野を考慮に入れて（研究を）成し遂げるのである。例えば三位一体の教義は教会教義のすべての確定的重要性、正当化の教義、イエスキリストの再臨（return of Jesus Christ）の教義をどの点で含むことを止めたのか？（いや、やめてはいない）それは直接的にまた明確に倫理学となった聖化の特別な教義 でも同じである。〟 Church Dogmatics. I/2, trans. G. T. Thomson and Harold Knight (Edinburgh: T. &T. Clark, 1956), 792

35　バルトは、キリスト教世界が消滅し、消え去ったとかなりはっきり理解していた。彼は「新しい時代」の勃興は、15世紀に始まり、18世紀啓蒙時代をもって完成したと考えていた。「新しい時代」は一人一人のキリスト者に各々の自律性と固有性の自覚を悟らせることによって特徴づけられる。我々の時代は、もはや「新しい時代」ではない、この様に、バルトによれば「他の遺産と一緒に自動的に与えられ受け取られたキリスト者であるという考えはもはや歴史的にみて不可能になった。どんなに執拗にその場にとどまろうとしても、また教会やこの世界によって回復しようとする様々な試みで新しくしようとしても、キリスト者の西洋社会すなわちキリスト者また非キリスト者の存在が集まる社会、またはそうしているように見える社会は都会にもまたもっとも辺鄙な村の平穏の中にも存在しない。スペインにさえそれは存在しない。従って、人はこういう社会の一員として育てられることはもはやできない。彼がキリスト者であることは社会の一員であるという事実からはもはやうまれて来ない。したがって彼が好むと好まざるとに関わらず彼がキリスト者であるということは時代錯誤の遺物としてまだ残っているかもしれない伝統のかけらよりも他の基盤があるかどうかということが今日問われるのである。今日、歴史的な観点からさえ人がキリスト者であるということは彼の召命に根差すか、または多分時間がたてば思い出せない「時」の名残の中で美しい単なる幻想であるかという驚くべき認識から逃れることができないとこの様に論ぜられるかもしれない。また生き残った自由主義神学者の中でもっとも急進的な人々は大変時代遅れの方法でキリスト者であることの自己理解の信仰をおそらくまだ存在し、われわれにとっては規範であるキリスト教の伝統という言葉を使って推定し説明しようとしてきた当人たちであるということは驚くべきことであろう。」Church Dogmatics 4/3. 2, trans. G. W. Bromilely (Edinburgh: T. &T. Clark, 1962), 524-525. この見解はバルトの後期の研究からのものであるが、このことに関する彼の見解は早い段階から持っていたことは疑う余地がないと私は思う。ともかく『教会教義学』の1/2にすでに存在する。そこでバルトはフォイエルバッハをこの趣旨で引用している「エゴイズムのプライドが砕ける初めての躓き石は汝（the Thou）言いかえると他者 (the other ego) である」。バルトはこの様に考える「さてこの問題に関してフォイエルバッハはキリスト者の洞察の生き残った伝統のかけらの上に育てられたのに違いない。すなわち彼がすでに気がつかないようにしていた (cease to be aware of) 起源（原点）の上に。」

36 Barth, The Humanity of God, 26. バルトは1920年にフォイエルバッハの研究の綿密な分析を書いている。それはTheology and Church, 217-237の中に収められている。この研究において、バルトはキリスト者の希望とその「この世性」の精神を神学が無視した事はたちまちそれを「真実の人間」から引き離しそれを「あまりにも人間的すぎる」ようにしてしまった。結果としてプロテスタント神学の「一番高い理想主義が「神」または「他の世界」の側が人間の幻想になってしまったのかもしれないという疑いを持つにいたってしまった。つまりそれに出会った時、人はまさに土のままでいた方がよいというようなことになったことをフォイエルバッハが思い出させる真の代表者なのである。」（232）バルトのフォイエルバッハに関する章はProtestant thought from Rousseau to Ritschl,trans. H. H. Hartwell (New York: Harper and Brothers, 1959), 1920年の論文のまとめのように読める。

この問題の典拠としてルターに関するフォイエルバッハの解釈を採用したことはたぶんバルトの間違いであった。しかし、キリスト自身よりキリストの恩恵により興味を抱いたすなわち神学を人本主義的に変形する道を用意するという間違いの一つを犯したフィリップ・メランヒトンのようなプロテスタント神学者の傾向よりバルトは確かに正しい。例えば『教会教義学』2/1trans. THL Parker, et al. (Edinburgh: T & T Clark, 1957) 259-260 のメランヒトンに関するバルトの批評を参照。敬虔主義と理性主義は、時に敵同士に見えるが実際の相違点よりも共通点の方がはるかに多いとバルトは正しく判断していた。1933年ボンにおける講義でバルトは敬虔主義と啓蒙主義は「実際より外見ではより相違点が目立つが、本質を一つにする二つの形、すなわち二つは〝人間の自己認識を王とする王国に神を組み入れよう〟とする試みにおいて結びついている。」というバルトの説明にBuschは注意を促している。(Karl Barth, 221)

37 Barth『教会教義学』I/1：X. ほとんど気付かれないが、『教会教義学』2/1にあるこの部分は少なくとも注目に値する。バルトは、ゴットリーブ・ゾーンゲン (Gottlieb Sohngen) による二つの論文に注目するよう促している。彼は、ローマ・カトリック教会の立場で行った神と我々を内包する「存在の類比」に関する推論に挑戦する「存在の類比 (analogia entis)」の根拠をローマ・カトリック信徒として与えている。「もしこれが「存在の類比 (analogia entis)」に関するローマ・カトリックの教理であるなら、私は「存在の類比 (analogia entis)」を反キリスト者の造り出したものであるという以前の見解をおのずから撤回しなければならない。」(82) とバルトは認める。バルトは、しかしながらゾーンゲンの見解が実際のところローマ・カトリック教会の見解であるのかどうかは自信を持っていない。それにもかかわらず、バルトがカトリックの伝統がいかに解釈されただろうかということから自分の見解がそんなに(撤回するほど)離れたものでないことに十分気づいていたということは興味深い。次の講義で検討するのであるが、いまあげたようなカトリックの教義との類似はanalogia ennti とanalogia fidei に関するバルトの根拠を区別するのをいっそう困難にする。すなわち信仰に根ざすわれわれの神の知識が存在に根差す神の知識といかに異なるかの彼の説明である。

38 バルトは、論争なしに何もなさないと思える。ゲッティンゲンでの約束は「変則的」なものだったので、ルター派の教授陣は、彼が教義学の講義をすることに異議を申し立てた。したがって、彼らは彼の講義は、改革神学 (Reformed theology) の範囲のものでなければならないと指定した。バルトは折れたが、彼は「あなたたちの言いたいように言いなさい。」というような態度で自分のしたいように講義を行った。ブッシュは、この件に関して鮮やかな説明をしている（Karl Barth, 155-156)。バルトはできるだけ早くゲッティングゲンを離れなければならないことを知っていた、それで 1925 年のミュンスター (Muenster) への招待は格別に歓迎された。

39 同書 153. バルトは、ヘッペだけでなくハインリッヒ・シュミットも彼の神学的思索を伝えるために一生読み続けた。彼なりに、バルトは、カトリックの ressourcement 運動に対応したプロテスタントであった。そのことは、彼の『教会教義学』で一貫して他の誰にもわからないプロテスタント・スコラ主義たちの言及をもたらした。大いなる忍耐をもって将来誰かによってこれらのほとんど（largely）忘れ去られた神学者たちに対するバルトの使用に関する研究はなされるべきである。バルトはプロテスタント・スコラ主義に関する使用について全く真剣であった。The Gottingen Dogmatics: Instruction in the Christian Religion, trans. Geoffrey Bromiley (Grand Rapids: Eerdmans, 1990), で、バルトは言っている。教理は人間の手によって確立され、据えられ、または維持されるものではなく、発見され、認識され、広められるものである。与えられたものは不変ではなく絶対正しいものでもない。つまり、すべての新しい教理的思索は、新たに証明されなければならない。「トマスにおいて教理が神の存在と三位一体から天使の世界と人間の命の位階のもっとも詳細を極める問題に至る神学的真実全般についての明快さ (clarity) をいかにして求めたかに注目せよ。これらは、トマス自身がもちだすことのできる全ての異議に対して考慮がなされた後にのみ解答されうる問い（Quaestiones）の目的である。プロテスタントの教理の伝統的な形式もまたカテキズムにおける質疑応答の方法であったことに注目すべきである。それはなにも当面は固定されていないかの様にすべてのものを含むのである。この様な指示の仕方は本質的な意義を獲得するためのものである。」(39-40)。続くページで「教会における不可欠な興味は人本主義者が初めにあげたよりも宗教改革者たちがよりよく又より深く理解していたかつての時の声の中に再び集約されるのかもしれない。原点に立ち返れ！である」(41) と、バルトは注意を促しながらこの思索を締めくくっている。

40 McCormack, Karl Barth's Cricically Realistic Dialectical Theology, 12. マコーマックはマイケル・バイントカーの著作'Die Dialektik in der'dialektischen Theologie'Karl Barth (Munich:Chr. Kaiser Verlag, 1987) に言及している。『教会教義学』2/1 においてバルト自身

が用いた「永遠の時間の弁証法」を批判している(635-638)。特に彼の論評において「何か確実なものとして」研究を支配し続けている一つのことは「私が格闘し始めようとした神に関する一方的な超時間的理解であった。」(635)ことに、バルトは驚きを表明している。間違いを犯したに違いないとバルトに示唆したと思われることは、テイリッヒやブルトマンが彼を同志と思ったことである。

41 バルトの『ゲッティンゲン教義学』への有益な入門書である"Karl Bart's First Lectures in Dogmatics: Instruction in the Christian Religion,"の中でダニエル・ミリオア(Daniere Miliore)は『教会教義学』1/2で「人間性は啓示の場としてのキリストの人間性となる能力を所持していない」(188)とバルトが言明していると指摘する。従って、処女降誕が人間性の象徴というより人間性の新しい始まりの条件という印象を残したかもしれないことをバルトは認めている。決定的な論争点はいつもバルトが「人間性」により何を意味するかである。もちろん理論上人間性は啓示のための「能力」を持ちえないが、バルトは、マリアの妊娠というよき知らせに対する応答が彼女の人間性の「一部」であったと示唆すること抜きに、マリアの物語を語ることが出来なかった。

42 Barth, Gottingen Dogmatics, 157

43 Barth, The Humanity of God, 49 バルトの三位一体理解は、明らかに、神の人間性とキリストを通じて知られることになる神の知識の説明を提供する。『教会教義学』2/1の特徴的な部分で「神は神によって知られ、そして神によってのみ知られるので循環的順路がとられる。というのは、人間により始められ、実行される行為としての神の知識は、客観的にも主観的にも、神御自身により始められ、最後まで導かれる。すなわち聖霊による父なる神と子なる神は、その重要な、正しい主題であり、目的であるからである。もしそれが人間の企てであり、行為であり、またそれがその目的に達するなら、彼の啓示の恵みの中で彼自身がその出来事の一部分を私たちに与えることなしに神がご自身を知ろうとなさらないという事実の結果起こることである。……ここで言われるべき始めであり、終わりであることも神御自身による神の知識において我々は、神ご自身と関係があり、神ご自身の真実に根ざした無比の、疑いえない確実さにおいて神と関係を持つのである。神のすべての知識の始まりはその終わりであり目標である、すなわち神の知識の目的としての聖霊による父なる神と子なる神と理解されなけ

ればならない。」(204-205)

44 Barth, The Humanity of God, 49. Barth's Moral Theology: Human Action in Barth's Thought (Grand Rapids: Eerdmans, 1998), の中で、ハンス・フライが初めて気づいたうちの一人であるとジョン・ウェブスターは保障しているのであるが、人間の切望と神の啓示のいかなる統合も許さなかったバルトの拒否は、神の絶対的他者（Totaliter Aliter）であるという事実に根差すのではなく「我々は神の側から作られた関係の中にすでに入れられているという事実に根差すと、フライが鋭くきづいているように、その点はバルトの研究中の深遠な継続性における根本である。」(38)。ウェブスターは、フライの 1956 年のイエールでの学位論文 "The Doctrine of Revelation in the Thought of Karl Barth, 1909-1922 に言及している。

45 Barth, „Gottingen Dogmatics," 436 カントの時代から「時間と空間」は我々が人間として存在する限界を表す言葉であるとバルトは述べている。しかし教義学において「時間と空間」は哲学的観念論と実在論とは関係がないと論じる。ひとは「時間と空間」が観念か？　実在か？　の間に揺れ動くことはできる、しかし永遠と神の遍在の間を揺れ動くことはできない。それは「時間と空間」は神を測ることはできない、神はむしろ「時間と空間」の基準なのであると、バルトは論じる。このように「啓示を考慮してのみ……これらのことを意義深く語ることができる。世俗の哲学における「永遠と偏在」に関するすべての知識は無礼なことであり愚かなことであるとだけわかるようなところでわれわれの知識は見出される。ここでの核心は、永遠の光は昇ったのである、そして全世界の体系は、処女の胎内に横たわるものを包含できないということである。"Gottingen Dogmatics", 438 〝時間が神の自由の行為のための劇場にみあうようにされたことは明白なので創造の雛型となった〃と暗示しながら創造の用語を用いて時間と永遠の関係をバルトは説明している（464-465）。ロバート・ジェンソンは、Systematic Theology, vol. 1 (New York: Oxford University Press, 1997) で、非常に構成的な様式でバルトの「時間と永遠」の説明を展開している。時間と永遠の弁証法はバルトの宗教批判に力を与えている、しかし、彼がそれをキリスト論の上に置き換えることによって弁証法の抽象性を制覇しているとジェンソンは述べている。したがって時間と永遠は神と創造物との間の一般的な境界ではなく〝一つの創造物の葛藤状態にある実在におきた出来事である、すなわち宗教的主張をくつがえす法則ではない（not a principle）キリスト自身の苦しみなのである。神と我々の間に無限の質的な相違が確かに得られる、しかしそれは神と我々の間の障壁ではない、それどころかこの相違はキリストの死と復活において働くのでそれは神の私たちとの一体感を構成する〟(170)『教会教義学』の The Time of Revelation (45-121) という見出しの項でバルトの時間に関するもっとも広範囲にわたる思索が見出される。そこで〝永遠に時間を超越する啓示の認識を使って「遊び」がなされ、時には研究さえ行われている私のローマ書の講解の中である部分又ある文脈に対する警告〟を彼は明確に発している。

46 Karl Barth, Dogmatics in Outline, trans. GT Thomson(New York: Harper and Row, 1959), 26. ある人たちは Gottingen Dogmatics, におけるバルトの〝発見〟の含意を詳細に述べるためにするバルトの後期の研究の私の用い方に疑問を持つかもしれない。私のバルトの後期の研究の観点から前期の研究を説明しようとする試みは、後期の研究でバルトはより集中した方法で以前からずっと言わんとしていたことを言っているとする私の判断のみならずこのような方法でバルトを読むことはなぜ彼が自然神学に対してより好意的な態度を取るようになったかを理解するのを助けるという事実に基づいている。例えばバルトは彼の前期の研究にすでに存在しているキリスト論の含意を『教会教義学』2/1で言明している。〝神の啓示と直面している宇宙の中にいる人間は（事実に気づくずっと以前に、どんな決断であろうと決断しなければならないずっと以前に）神の啓示に直面している人間として客観的に見て他の人間 (another man) となっている。しかし常にはじめはかなり客観的なこの人間の他者性 (otherness of man) は彼の真理であり、彼の明らかにされた事実である――彼の宇宙の真理と事実でもある。啓示はまさに真理である：神の真理である、が必然的に、その結果宇宙における人間の真理である。The biblical witnesses cannot bear witness to the one without also bearing witness to the other, which is included in it.〟(110)

47 How to Read Karl Barth: The Shape of His Theology (Oxford: Oxford University Press, 1991 において、ジョージ・ハンジンンガーは重要な出来事として、啓示と救いに仲介され出会った真理に関するバルトの解釈の有益な分析を提供している。

48 私がとりあげる事例が妥当だとしても、バルトは彼のキリスト論の考察を彼の自然神学に関する、より積極的な説明と明確には結びつけなかったと主張する人がいるかもしれない。しかし、"The Humanity of God" においてバルトは〝キリスト論の中心から第一歩として向かってきた神の人間性に関する宣言、すなわちインマヌエルが最も広範囲の結論にならざるを得えない。これらのことは、類比の概念がふさわしいが、神の人間性との思索と発話の対応について尋ねられる事実から来るのである。〃と言っている(52)。従って、神の人間性は、終始われわれにおいて、われわれを所有し、愛する神の切なる思い(desire)を明らかにせざるを得ない方法をわからせる類比の表出をわれわれに可能にするのである。

49 Barth, Gottingen Dogmatics, 344 バルトの自然神学に関する一番重い気がかりはそれがどんな神(god)を〝証明するか?〟であった。バルトの観点からすると、神は存在するのか? または神は知られるのか? の問いから始めることはできない、なぜならそれらの問いに対する答えである神は〝世界の根拠(the World-Ground)または世界の魂(the World-Soul)、至上の善(the Supreme Good)または至上の価値(the Supreme Value)、そのもの自体(The Thing in itself)または絶対性(the Absolute)、運命の神(Destiny)または存在者(Being)または絶対的実在(Idea) または存在者と絶対的実在の統一体としての造物主でさえある〟。『教会教義学』2/1.6 Nein におけるブルンナーに対するローマカトリック教会の自然神学に関する立場をバルトが擁護していることはほとんど気付かれていない。Gottingen Dogmatics, でしているように、バルトはどのローマ・カトリックの神学者も、ブルンナーが主張しているようには、〝theologia naturalis が理性のみから引き出されうる〟と決めてかからないだろうと注意を促している。どのローマ・カトリックの神学者もそのような主張を拒否するだろう。なぜなら〝もうすでに聖トマスによって条件づけられた(ということはアウグスチヌスのほとんどすべてを含む)理性と自然から引き出された真の神の知識は先行しまた前もって準備された恩寵なしには決して獲得することのできない「事実(de facto)」である。自然と恩寵を〝水平線できちん〟と分ける可能性はない。むしろ恩寵が自然を前提とするのと同じように、自然は関連する神学的知識と主張の勢力範囲として自然を越えた啓示である恩寵を前提とする。ローマ・カトリックによると、理性は全く恩寵なしに取り残されると回復の見込みのないほどいたみ、どんな神学的行為もできなくなる。〟(95-96) バルトは聖ペテロ大聖堂があざやかに見えるローマのピンチョの丘にある(ホテル?の)開放された窓辺に座っていると記しながらこれらの意見をのべ始めている。

信仰において神の存在は理性によって証明されることをわれわれが固守しなければならないという主張を真剣に取り上げている並外れた考察については Cornelius Ernest, O.P. Multiple Echo: Explorations in Theology, ed. Fergus Kerr, OP and Timothy Radcliffe, OP (London: Dalton, Longman, and Todd, 1979) 126-136 を参照。第一回バチカン会議は理性がそれ自身の力を主張するという哲学的主張を是認してはいないとエルネストは言う：〝しかしながら逆説的に思えるかもしれないが、カトリックとしての我々が信仰において受容しなければならない教えは出来うる最高位の哲学的神認識において人間の理性は啓示によって保証されることである。まさにこの啓示が信仰において私たちに理性の範囲を制限させる。……信仰において自身について思索する理性は、神の秘儀の中でそれ自身の秘儀と直面する。いずれにせよ私は理性によって神を確かに知ることができると信じるだけである。〟（130）と述べている。エルネストの継続中の分析はこの立場をより複雑にしている、しかしその方法はいかに理性が神の存在を発見しうるのかに関するエルネストの説明にバルトが賛成するのを妨げるものでは決してない。

50　ゲッティンゲンにいた時、バルトが行った講義でアクィナスの思想からそう遠くない意見を表明している。〝牧師として我々は、神について語るべきである。しかし我々は人間である。その故に神を語ることはできない。それゆえに我々は我々の義務と無能力を認めるべきである。そしてまさにその認識によって神を讃美する。〟と彼は述べている。The Word of God and the Word of Man, trans. Douglas Horton (New York: Harper and Bros. Publishers 1957), 186 That Jesus Christ Was Born a Jew: Karl Barth's Doctrine of Israel (University Park: Pennsylvania State University Press, 1992) で Katherine Sonderegger は、この言葉はバルトのローマ書の講解と後期の彼の間の継続性を示すと述べている。私は、彼女の正しさにいささかの疑問もはさむ余地はないと思う。しかし後期のバルトでは我々の神を語る〝無能力さ〟は、キリスト論的に鍛練される（disciplined）。バルトの研究のこの面を語りながら、バルトにとって特殊（the particular）は、一般原理からは引き出せない。むしろ一般原理は特殊に耳を傾け、特殊からその形式を受け取らなければならないとゾンダーガーは述べている。したがってバルトにとってすべての歴史は従属的であり神の存在、愛、自由によって裏付けられる（151-153）。彼女の著作のはじめの部分でバルトにとっては〝神が歴史において行動するのではなくむしろ歴史は神において開始し私たちの時代に神の子の永遠の選びを明らかにした。〟（78）とゾンダーガーは言う。歴史はバルトにとって用語（idiom）になった、そのことはアクィナスには当てはまらない。

51　Barth, Gottingen Dogmatics, 347 バルトが「私たちが知りうることのすべては神が何であるかではなく神が存在するということない、しかしアクィナスとバルトにとって我々の神の知識は秘儀の知識であることはいぜんとして事実である。

とである」というアクィナスの主張の意義を適切に評価していたとは私には思えない。興味深い点でバルトは「神は存在するものから正確に知ることができるなぜならばそのような知識は存在するものすべては不完全であるという認識の上に立つからである」というアクィナスの主張の方を取るべきだった。少なくとも『ゲッティンゲン教義学』の時点では、神学的論議とアクィナスの〝証明〟との区別をしないで〝証明〟は〝証明〟であるとバルトは推定していたように見える。バルトの問題の一つは〝証明〟というのは神を証明しようとするものではなく言語／理性がすべての始めであり終わりである神を証明するには不十分なものであると気づくであろうことを〝証明〟しようとするものであると理解するのに失敗したことである。カトリック教徒、少なくとも第一回バチカン会議の文書を製作したカトリック教徒が神はより説得力のある認識力で証明されると考えたとバルトが認識したことは大目に見られるかもしれない。第一回バチカン会議は〝証明〟は何ができるかについてであるべき程度ほど明解ではない。『教会教義学』の analogia entis に関するバルトの攻撃はアクィナスがカトリック教徒であるかどうかまたは〝カトリック教徒〟とは第一回バチカン会議と同義語なのかどうかという点に関する彼の不明瞭さを反映している。これらの見解はルイス・エイヤー（Lewis Ayers）に負う。

52　Barth, Gottingen Dogmatics, 347-348.

53　いつバルトがアクィナスを読み始め、彼の読みを展開し始めたかは明確ではない。ブッシュによるとバルトは 1928 年ミュンスターでアクィナスの Prima Pars についてゼミを教えている（Karl Barth 182）。しかし彼の Gottingen Dogmatics の引用から考えると、彼はそれ以前にアクィナスを読んでいたに違いない。マコーマックは、Karl Barth's Critically Realistic Dialectical Theology ですでに 1923 年にバルトは、バルトが神と被造物の類比を〝純粋な否定〟（pure negation）と入れ替えてしまったと批判していたエーリッヒ・プシュワラ（Erich Przywara）を読んでいたと主張している。プシュワラによると、神の被造物との関係に関するバルトの一方的な説明は、神と人間との真の一致は可能ではないととれる。結果としてこの世における継続的な神の存在を説明するのに共に助けになる受肉と教会論は、バルトからは得られない。プシュワラは不当に〝純粋な否定 pure negation〟の方法をバルトのせいにしたが、少なくともプシュワラはどのように彼の弁証法が受肉の教義の問題を提示したかを再考するようバルトに促したとマコーマックは注目している。（319-322）バルトがアクィナスをどう読むかをプシュワラから学んだかどうかは明らかではない。バルトは1929年にプシュワラを彼のセミナーに招待し、その経験をバルトは〝圧倒的な〟という言葉で記しているとブッシュは報告している。プシュワラは〝彼の教義によると「よき神」（少なくともカトリック教会の範囲で）が恩寵を持って人間に与える一つの例である〟とバルトは言っている。式文「神は神の側から人間のうちにまたそれを越えて存在する」というのは彼の存在の標語であると同時に「存在の類比（analogia entis）」の平穏の中でのすべてのプロテスタント信者と近代主義者の愚かさと制限の崩壊をも現す」(Karl Barth, 183)。我々の神認識の問題に関するバルトとアクィナスの類似性に関する膨大又徹底的な説明はEugene Rogersに負うThomas Aquinas and Karl Barth: Sacred Doctrine and the Natural Knoledge of God (Notre Dame: Uni-versity of Notre Dame, 1995)

54　Barth, Gottingen Dogmatics, 401-402. バルトの「機会主義」が何によって出来ていようとも彼が適切な含意を引き出したようにアクィナスを本質的に正しく読んでいたことは疑いのないことである。例えばDavid Burrell の Aquinas: God and Action (London: Routeledge and Kegan Paul, 1979) を参照。

55　いくつかの箇所でバルトはアクィナスを彼が自然神学に関するローマ・カトリック的立場をとることに没頭することから分離しようと懸命になっている。例えば『教会教義学』で2/1でアクィナスのDeus est in genere（神は類概念ではない）という主張を取り入れている。そして「Deus est in genere(神は類概念ではない）ので――トマス・アクィナスのこの宣言に対する理解できない否認と見えるもので――ローマ・カトリックがどんな機会にでも神と神でないものを把握する存在の概念を最後のよりどころとすることが可能であると考え、それゆえ実際はこの一般的概念の説明の形で神と神でないもののすべての関係を説明することも可能であると考える時、我々はローマ・カトリックの神学に異議を唱えなければならない。Deus est in genere.（神は類概念ではない）ので、カントにおける神の教理は全く耐えがたい、なぜならそこで神の観念は「自由」、「不死」のような他の至上観念と並んで据えられまたそれらと共に理性の最高の観念に属しているからである。」(310-311)。古代のまた中世の教会が大変明確に神の唯一無二性を結論づけていることを視野に入れながら同じ書物の中でバルトはこの点に戻っている。しかし「はじめて現実的理性の特徴を本当の焦点にしたのは実際16世紀の宗教改革である、とりわけカルヴァンの宗教改革である(444)」。私はバルトがこの後半部の主張を信じていたことを疑わない。しかしバルトがそれを信じていたと納得するのは私には難しい。なぜなら、少なくとも宗教改革のある局面がプロテスタント主義をプロテスタント自由主義への道へ至る避けられない過程へとおいたてたともバルトは考えていたからである。

56 Barth, Gottingen Dogmatics, 348.『教会教義学』2/1でバルトは、彼が言うすべての「キリスト者」の自然神学の「内なる矛盾」をこのように言っている：「〝キリスト者の〟自然神学として、それは信仰の立場をまさに表し、断言しなければならない。不信仰を切に導いていきたいとのそれの本当の目的は、神の啓示の中で神自身を通して本当の神を知る能力である。しかし「自然」神学として、初期の目的はこれを偽装することそれゆえ自然のままの人間の生涯の努力をわけあうふりをすることである。そして、それは少なくとも信仰に関する準備段階の決断を達成させることができる、または出来なければならないという期待をもって不信仰の弁証法に没頭するように見るべきだと考える。したがって、自然神学としてそれは不適切に話し、行動する。そして、この点で矛盾をさらけ出すのであるが、それは明白な誤りを犯している——主題に関するばかりではなく人間に関して、世界に関して、不信仰に関しても……不信仰——神に対する不信仰であるだけで——私たちがそれに間違いを確信させ結局はさらなる不真実であるものの熟練したやり方で、（意図としては予備的であり、学者ぶってはいるが）不信仰を真実と対決させることができるので不信仰はあまりに強く、あまりにもひっそりと（inwardly）真実を目指し否定的である時でさえ真実に興味を抱いている。もしわれわれが真実を彼に告げることなしに真実を宣言するなら、それはまさに教会のなすべき事ではあるが、我々は、ただ彼を真実に対する新しい憎しみへ追い込み、また真理の欠乏の痛みを増すのである。（94-95）

57 Barth, Knowledge of God, 41.

58 Ibid., 43 1968年のカール・ツックマイヤー（Carl Zuckmayer）にあてた素晴らしい手紙の中で「マックスボーンと共に自然科学が現代の知的精神的崩壊に責任があるとは言いたくない。逆に人間は、見落としたり、誤解したりしているが、自然は、客観的に神の証明を提供していると喜んで認めよう。しかし、古代であろうと、現代であろうと、自然科学に関してあえて同じとは言わない。」とバルトは認める。A Late Friendship: The Letters of Karl Barth and Carl Zuckmayer, trans. Geoffrey Bromiley, 序文 Hinrich Stoevesandt (Grand Rapids: Eerdmans, 1982), 42. 同じ手紙で「カナダ出身の未熟な神学生が今朝私に会いにきたそして訊ねた――いくつかの質問のうち――理性は私の神学で何の意味があるのか？と。答え：私が使うためだ！」とバルトは報告している。(43)

59 Karl Barth, "Church and Culture" in Theology and the Church, 343 論理的な言い方ではないが、Gottingen Dogmatics、で同じ主張をしている。彼は言っている。彼がただ（1）神は我々に語られる（2）神は無駄には何もなさらない、それゆえ（3）我々は彼の言葉を聞く者になる可能性がある、ということを支持していると「ここでの第一段階は神の啓示である、（そして）強大な聖霊の存在、それはどこにでも起こることではなく、自明のことではない、神のよき喜びの問題である。しかし前の二つにかかっている第三段階はひとたびもたらされれば常に正当である結論を表現する。もし啓示の事実が仮定されれば、我々は人々に神は見ておられる、神は彼の啓示のもとで彼らを探し、見出しておられる、彼らが神の前に立つことは可能であると語らねばならないしまた彼らをその事実につながなければならない（340）」。これらの文章はバルトの初期の研究から引用したが、バルトは彼の研究全体にわたり同じような意見を表現している。例えば私が下記に引用したテキスト『教会教義学』4/3 からの文章を検討せよ。

60 Church Dogmatics, 4/3. 2: 697-698.

61 私は「全体主義的」「帝国主義的」という言葉をある不安を持って用いることを打ち明けたい。これらは、バルトの研究の開放的な持ち味を確かに表してはいない。彼は、体制 (system) を持っていなかった。それは彼に従う人々を締め出すということはないはずだという意味である。バルトの神学に帝国的「雰囲気」があるということは、彼の研究自身から引き出されるのではなくバルトの敵対者から来るのである。ティモシー・ゴリンジ (Timothy Gorringe) が示唆するように、バルトの神学は、神ではなく我々が存在するという仮定により形成された文化的慣行の覇権的特徴に対抗して書かれた。この様な慣行に形成された人々にとって―すなわち思うに我々のほとんどの者にとってバルトの代案 (alternative) は全体主義的に感じることができ又そうであるべきである。異常な方法で只一つの（明らかに辛辣な）神のように見えるものの拒否の例であるバルトのヒットラーとの対決はバルトの現代の自治的信念に対するより確定的な政治的挑戦から私たちの注意をそらす。

62　バルメン宣言はArthur CochraneのThe Church's Confession under Hitler (Philadelphia: Wesminster Press, 1962) 172-178で見られるはずである。Cochraneの書物は、バルメン宣言に導いた「ドイツ・キリスト者の教会（German Christian church）」への反対を体系づけるための試みのよい説明である。Cochraneの書物は、何が原本の草案に入ったかの詳しい分析をも提供している。バルトは、彼自身のバルメン宣言に関する説明を『教会教義学』2/1: 172-178で提供している。そこで彼は少なくとも彼としては神に関する我々の知識の問題は「ドイツ・キリスト者」が提起した異議の核心にあるということを明らかにしている。〝唯一の達人になろうと努力しないような自然神学は自然神学ではない。〟このように啓示や理性について話そうとし「近代」と「実証性」、「宗教」と「社会的」という語の間に〝幸せなちょっとしたハイフン（happy little hyphens）〟を使うようなAbraham KuyperとAdolf Stockerのような保守的な神学者はナイーブである。(173)。またこのことを1933年の彼の論文（the First Commandment as an Axiom of Theology）に書いている。このように「18世紀は言った「啓示と理性」シュライアマッハーはこのように言った「啓示と宗教的良心」リッチェルと彼の弟子はこのように言った。「啓示と文化のエートス」トレルチと彼の弟子たちはこの様に言った。「啓示と宗教史」最近はすべての方面からこの様に言った「啓示と被造物」「啓示と原啓示」「新約聖書と人間存在」「戒律と人間の階級」バルトは述べ続けるand（の語）の創作は〝あるプチブルの道徳の弁解をもって18世紀にはじまった。今日それは国民性、道徳性、また国家の弁解を持って終わろうとしている、（または甘んじて終わろうとしているとは見えない）〟 The Way of Theology in Karl Barth: Essays and Comments, 72-73.

　バルトはユダヤ人の迫害をバルメン宣言の中心に据えなかったと非難されてきた。これらのことに対するFriedrich Marquardtの批判に対する応答としての短い手紙の中でバルトは、彼が〝教会の苦闘〟にあまりにもとらわれていたので〝今恥ずかしさを持ってそのことを考えるが――これらの点を強く直接的に指摘するのを無視した〟ことを認めている。バルトの短い手紙はSondereggerのThat Jesus was born a Jew, 136-137の中で役に立つように再生されている。バルトがキリスト者にイスラエルの選びの神学的意味を理解するよう強く勧めているにもかかわらずユダヤ教の神学的挑戦の十分な説明を提供するのには失敗しているとSondereggerは正しく論じている。公平を期すために言うが、キリスト教の神学者は誰一人としてユダヤ教徒に対して何を言わなければならないかについていまだ語っていないといえる。興味深いことではあるが神の存在の証明のためにFrederick the Greatの疑問に対する応答を引用することをバルトが好んでいたとSondereggerは指摘している。“Sire, the Jews” (68)。イスラエルに関するバルトの意見の弁護にはEberhard Buschを参照。The Covenant of Grace Fulfilled in Christ as the Foundation of the Indissoluble Solidarity of the Church with Israel: Barth's Position on the Jews during the Hitler Era,” Scottish Journal of Theology 52, no. 4 (1999) 476-503そしてMark Lindsay, “Dialectics of Communion: Dialectical Method and Barth's Defense of in Karl Barth: A Future for Posmodern Theology, ed. Geoff Thompson and Christian Mostert (Hindmarsh, Australia: Australian Theological Forum, 2000), 122-143. Bethgeのボンヘッファーの伝記の出版に関するEberhard Bethge宛の素晴らしい手紙の中でバルトはユダヤ人の問題を提起したのはボンフェッファーの功績であるとしている。〝長い間私は教会の苦闘の期間に同じ強さでこの問題を提起しなかった（例えば1934年私がまとめた二つのバルメン宣言の中で）ことについて自分に責任があると思ってきた。〟(Fragments Grave and Gay,119) バルトの上に建設的に構成された神の選びの説明を提供しようとする試みを知るにはScott Bader-Saye, Church and Israel after Christendom: The Politics of Election (Boulder, Colo.: Westview Press, 1999) を参照。

第七章 『教会教義学』という証し

1 なぜ『教会教義学』に「初め」も「終わり」も無いのか

「われわれはただ繰り返すことが出来るだけであるであろう」[1]。『教会教義学』全14巻をみると嫌気がさす人、ましてや読もうと思うだけでも嫌気がさす人にとって、バルトが繰り返せるだけと宣言することは、さらに嫌気を増幅させるだけである。しかし、バルトが繰り返しているのは、イエス・キリストにおいて私たちを見いだした神がキリスト教神学の主題であるという彼の発見を示している。『教会教義学』は、神学の形態が神学の主題を偽らない仕方で信仰の言語を表現するバルトの試みであった。『教会教義学』が神とキリスト教的発話を理解できなくした実践によってつくられた世界で被造物の贖いを提供するバルトの説得力のある方法だったことを示したい。またそれ以外にはないのである。しかも、とりわけ自らをキリスト者だと思い続ける人たちのために語る方法である[2]。

バルトは、神の真理の繰り返し（circulus veritatis Dei）という開かれた問いに対する答えは、私たちが達成する総合する行為とは関係ないと思い『教会教義学』（II/1）で繰り返すことしかできないことを明らかにした。むしろ、信頼できる答えは、神の答えの証しとなることである。言い換えれば、神学は、私たちの問いから始めるのではなく、信仰の行為として始まり、それゆえ「私たちの神認識の真理の事実によった証拠」を与えられることになる。バルトにとって、そのような「事実による証拠」は、私たちがイエス・キリストに言及することを要求するからであるが、キリストに言及することが最後の言葉ではない。なぜなら、神の真理の繰り返し（circulus veritatis Dei）を参照すれば、最終的な言葉などないからである。

「したがってイエス・キリスト（という言葉）をただもう一度、それから直ちにしばしば、結局は無限にしばしば、宣べ伝えることが出来るだけである。［われわれは、われわれの神認識の限界について、またそもそも神認識について、結論的に語りたいと思う時にこそ、まさにいかなる結論にも到達しはしないであろう。むしろただ、いろいろと違った言い回しの中で、繰り返し次のこと――いかに神がその真実な啓示の中で、神がなさる認識の真実性にわれわれをあずからせ給い、そのようにして［そこから結局、［このことを我々について語ることができるために］われわれは果たして信仰の中に立っているのかということ問われ、問われ続けるべく］われわれの認識に対して神の認識との類似性を与え、まさにそれと共に真実性を与え給うかということ――を語れるだけであろう。そのようなわけで、われわれは事実、真実な神認識にあずかっているであろうか。われわれはここで確かに最後的な言葉を持っていない。われわれがそのような［最後的な言葉を語る］ことができると考える時には、われわれは既にわれわれ自身に対し判決をくだしているのである。なぜならばわれわれはそのことでもって信仰を否定しているからである。まさにそれであるからこそ、イエス・キリストを指し示す指示も、いかなる場合にも決して、最後完結的な言葉という性格を、われわれの側でもつことはできないし、そのようなことはゆるされない。イエス・キリストは、実際、われわれの自己確認の最後の言葉として引き合いに出され、用いられるにしてはあまりに尊い。[3]」

『教会教義学』の全体を通してバルトはすでに述べてきたことを再叙述するしかなかったとすれば、それはアクィナスと同様に、「神学の形態が課題だ」と確信していたからである。マッキンタイヤは、『道徳研究の三つの対抗軸』の中で、『神学大全』の論争形態がトマスの合理性の叙述を構成すると論じている。[4] 論争は、合理的探求がどのような回答も（よい回答ならなおさら）次の質問を産み出して行くので終わらないという。それゆえ、『神学大全』がアクィナスの意図した実践であるならそれぞれの部分はお互いに切り離せない、と言う。『神学大全』は、一貫して読者に神を理解するのにふさわしい道徳的、知的美徳をはぐくむために構成された作業である。そのように理解する中心は、キリスト教信仰の実質的内容を与えた認識である。この信仰の合理性を表わす試みは終わるはずはない。

明らかに『教会教義学』は『神学大全』ではない。同じように、明らかにバルトが直面した難題はアクィナスの難題とは違う。それにも関わらず、バルトは、アクィナスが『神学大全』で試みたのと同じプロジェクトに関わっていた。『教会教義学』は、私たちが聖書に啓示された神の適切な証人となるための概念的、道徳的技能を示すバルトの企図であった。したがって、そのような概念的技能と道徳的技能は切り離せないのである。なぜなら、私たちが信じる神にふさわしく生きる力は、私たちが真摯に神について語り、そして何よりも大切なことは神に祈る能力から引き離せないからである。終わりのない、確信に満ちたキリスト教言説の表現である『教会教義学』は、唯一の真実な御方である神の真の証人となるために私たちを訓練するバルトの企図である。

ひとは『教会教義学』のこの記述を当然だと思うかも知れないが、まさにバルトが自分の企図を理解することを解説している。バルトは、結局、倫理学が神の教理に不可欠だと述べている。彼は『教会教義学』（II/1）の序文で述べるが、「倫理学を教義学の不可欠な部分としないこと、また倫理学を含まない教義学とすること[5]」は正しくないと考えている。しかし、私の示唆では、この倫理学の理解も、倫理的部分だけでなく『教義学』全体が実践的性格をもつことを示せていないと思う。『教義学』は徹頭徹尾（最後の部分は、バルトも止めざるを得なかったが、）バルトが、神についてのキリスト教言説を語るだけでなく、語る者の変革をも要求することを示そうとしている[6]。

バルト自身は、『教義学』が彼の人生そのものになったことで、語ることと語る者（speech and speaker）の関係について説明する。エバーハルト・ブッシュは、戦争が終わりに近づくにつれ、バルトの最大の貢献が『教義学』を書くことだと感じていたと見ている[7]。『教義学』は、命の息吹をふき込まれて、ある意味ではバルトの人生そのものになった。もちろん、バルトがボンで解雇され、バーゼルに戻った頃にも、その時代の社会的、政治的な事柄にあまり関わらなかったと言うわけではない。バルトが共産主義国のキリスト者を支持し助言していたことは、西側諸国では裏切り行為のように思われたが、『教義学』の作業で彼が政治的、文化的事柄に関わることをやめなかったことを示している[8]。

バルトの人生の物語が『教義学』になったことは疑問の余地がない。ハンス・フライは『教義学』は、神学者にとってさえ、キリスト教教義の根源（loci）の真の美しさ、崇高な適合そして理性的能力に対しても素晴らしい魅力だと感じていたので、次から次へと続いたとみる[9]。バルトには、フライが言う「美学的情熱」がある。とくに近代神学でほとんど顧みられなくなった三位一体論や予定説のようなキリスト教教義のテーマについてはそうである。実に、近代主義からみてその教義が奇妙だと思われれば思われるほど喜んで主張し実践していた。バルトは、なぜ、どのように、神学の基礎に立たなければならないか。たとえば神学が彼のしたように三位一体論から始まらなければならないかを主張した。

疑う余地なく、バルトの美的情熱は、『教会教義学』の限りなくつづく性質と関係し、またフライが主張したとおり、バルトが組織神学ではなく教義学の神学者であったことは重大である。1959年の『教義学要綱』の英語版の序文でその特徴に注目するようにしている。それは1946年にボンで文字どおり戦後の復興中におこなった驚くべき講演であった。バルトは、組織神学という記述は、最近のもので問題に満ちていると言う。

「組織神学という表現は『木製の鉄』というぐらい矛盾に満ちていないだろうか？　この表現は、いつの日か、現れた勢いと同じ勢いで消えてゆくであろう。いずれにしても、私自身が「組織神学の教授」と言われ、実際そう呼ばれたとしても、私の同僚で偉大な同時代人のティリッヒがなしとげたようにはこの題名の書物を書くことはないはずであろう。

ひとつの「組織」は、思考の複雑な組織によって、これらの概念と関連づけられた方法によってできたある哲学と調和して選ばれた一つの基本的概念に基づいて形成された構築物である。神学はこのような解釈の制限、圧力の下では実現されない。神学の主題は、むしろ神と人間、人間と神の交流の歴史である。この歴史は、昔も今も、旧約聖書と新約聖書において宣べ伝えられている。キリスト教会のメッセージは、その起源も内容もこの歴史の中にある。この意味で、神学の主題は「神の言葉」である。神学とはそれ自体が、天においても地においても、方法論を選ぶことにおいても、問いにおいても答えにおいても、概念でも言語でも、目標においても限界においても、この特殊な主題に対して責任のある生きた命令の学問、教えである。神学とは自由な学問である。なぜなら、「神の言葉」の王的自由の上に成立しているからである。まさにこの理由のゆえ、組織神学にはなりえない。……旧約、新約聖書の証しゆえに、教義神学は、教会が常に宣べ伝えてきたそして今も再び宣べ伝えなければならないメッセージの真理を証しすることに関わっている。[10]」

バルトは、神と人、人と神の関係が組織化できると思われてしまっていると同様に、『教義学要綱』を読めば、『教義学』を読んだ代わりになると思われることを危惧している。「そのような（近道を取ろうとする）安易な考えに対して、バルトはテサロニケの信徒への手紙一 3：13を引用して痛烈に批判している。「働かざるものは食うべからず！」と。バルトいわく、「耳障りのよしあしにかかわらず、表面的な印象にしか興味を持とうとしない者は、教義、諸教義の真理に参加する（理解する）ことはできない。その一方で、バルトはくわしく学ぼうとする者は神学的訓練で、神学のなかで、教会にとってまた世界にとって必要な実り豊かなスリリングな美しい仕事を見つけられると約束する。[11]」これは驚くべき主張である。ある段階でバルトは、『教会教義学』がキリスト者を訓練するマニュアルであり、キリストのうちに私たちを見いだした神による私たちの発話習慣（habit of speech）の訓練マニュアルだと理解するようになったことを示している。

バルトに言わせると、キリスト者が信仰の発話法を学ぶことは、教会の主要な、あたかも独立した題目で、「キリスト教神学のすべての実質的内容は、すべて明確な行いで映し出す」とフライが言ったことに他ならない。[12]バルトは、「どんなに神学そのものが真実で大切であっても、ただひとつの洞察しかなければ、活力も新鮮さもない[13]」と考えた。それゆえ、『教会教義学』の各巻でキリスト教物語のすべてを表現するように要求する。なぜなら『教義学』そのものが物語だからである。バルトは、キリスト教信仰の理解の根幹を次のように理解すると述べる。

「私たちは、しかし人が、イエス・キリストをただ時間的な生（きること）でご自身生き給う永遠の主として考えられるだけである。父が子を愛し、子が父に服従し給うということ、神がこの愛と従順の中で、ご自身を人間に対して犠牲として与え、人間を高所へと引き上げるために人間の卑賤を身に負い給うたこと、人間が自分の側でも、彼を選び給う神を喜ぶ間に、この出来事の中で、自由になるということ、そのことは、まさに徹頭徹尾、それとして何らかの結果の、憩い安らいでいる原因というものへと解釈し曲げることのできない歴史である。もしも歴史（出来事）が時間の前での永遠（というもの）の内容であるならば、その時、この永遠は時間の前に退いたまま残ってしまうことはできず、それは自発的に、ちょうど時間の前にあるのと同じように時間の中にあり、また時間の中でもただ歴史であることが出来るだけである。イエス・キリストが誰であり何であり給うかということ、そのことは、決して〈一つの〉体系として眺められ、記述されることはありえない。[14]」

「イエス・キリストが誰であり何であるかは、語られるだけであり、思索されたり記述されたりする体系ではない」。バルトによると、福音はまさに簡潔である。しかし、まさに簡潔であるゆえ、複雑な語り方（telling）がいる。というのも私たちは、終末が来ていて、しかも未だ来ていない万物の端緒についての物語を語っているからである。[15]この複雑な簡潔さが『教会教義学』の各巻が互いにとても似ていてかつ全く似ていないようにしている。[16]どの物語も「いっぺんに」物語ることができないように、神の物語には多くの語り方がなければならない。それぞれの物語が同じ神についての同じ物語であるが、違った方法で語られる。この違いは、キリスト教で三位一体と言われる。すなわち、バルトがいうには、「三位一体という発見は、ご自身の啓示において、この方はご自身を私たちのものになって下さった方で、彼こそが真の神である。」と。[17]

もちろん、しばしば『教義学』においてバルトのキリスト教物語の複雑な語り方は、回りくどく不明瞭になる。そのようなとき、バルトが、神のご自身を知らせる方法を理解するのに公式的な仕方で無理をしていると考えられよう。したがって、以下のような文章も頻繁にみるかもしれない。

「神は、そのみ業の中で［現に］あるところの方であり給う。神はまた自分自身の中ででも、またそのみ業以前においてもみ業の後ででも、み業の上においても、またみ業なしにも、同一の方であり給う。そのみ業は神に拘束されているが、神はそのみ業に拘束されてい給わない。み業は神なしには何ものでもない。……したがって、われわれが「神います」という命題を展開し、説明してゆく際にして、いずれにしても徹頭徹尾神の、その啓示の行為の中で出来事としておこっているあるいはそのようなものとして可見的となるみ業を堅くとって離さないでいなければならないということは、確かに正しいのである。しかも、われわれは神をまた神が誰であるかということをほかのところから認識することができないからという理由からしてだけでなく、むしろまたわれわれは神をまたほかのところででも――もしもわれわれが神をまたほかのところでででも認識することができるとしたならばのことであるが――ただまさに、そのみ業の中でいます方としてだけ認識するであろうからである。なぜならば彼はまさにこの方であって、ほかの方ではないからである。[18]」

このような複雑な文章がしばしばバルトの研究の簡潔さを飾りたてている。アメリカに旅行した際に、その土地でその時に、かれは神学の要約を述べるように頼まれた時に「主、我を愛す。主は強ければ。われ弱くとも恐れはあらず。聖書はそう教えてくれる……」と答えている。[19]

バルトにとって、キリスト教神学を物語的に記述することは、言葉の受肉に由来する。それは、神の物語と人間性の物語を証しする。すなわち、神学的に理解された歴史の物語であり、この二つは同一である。神の言葉は、今ここにあるものすなわちポンテオ・ピラトのような名前が、キリスト教の語る物語の部分である。つまり、キリスト者は「理性の永遠の真理は、どのように歴史の偶然的真理に基づきうるか」というレッシングの問いを恐れる理由はない。

「神の歴史は、ちょうどこの矮小な司令官と同様に、偶然的な歴史的真理なのである。神はこのような偶然性に生きることを恥と思われなかった。ポンテオ・ピラトの名によれば、イエスの生涯も苦しみもまた、われわれ人間の時間と歴史を規定した諸要因に属するものである。私たちは、この奇怪な世界の中で、ただ一人残されているのではない。否、この異境の中に、神は、われわれをおとない給うたのである。[20]」

ハンス・フライは、イエスにおいて神が私たちのところに来てくださったという簡潔な物語をバルトの複雑な語りを描こうとして再叙述したとみている。つまり、「バルトは聖書によって形作られた共同体的なキリスト教言語や伝統また礼拝での使用法、実践、教育、論争で使われる古典的なテーマを取り上げて、それら自体のための論争を発展させるのではなく、再記述して再描写したのである[21]」。フライが、教会内の言語自体の為に論争を惹き起こさなかったと述べたことは正しかった。しかし、フライが見落としたことは、バルトも使っていたとおり、教会の言語そのものが論争的であることである。彼の表現も再表現も、私たちの通常の世界の見方に挑戦しているからである。以前、『教会教義学』は、イエス・キリストの内に見出された神によって、発話習慣（habit of speech）を鍛えるキリスト教の訓練マニュアル（手引書）であると述べた。私は今なら、さらに付け加えて言うことができる。つまり、この知的、道徳的変革を必要とする訓練は、キリスト者に世界がどのように見えるかだけでなく、世界が世界であることを見ることができるようにするのである。

バルトは、もし私たちが神学で間違えたら、世界をみることも間違うと、私たちに理解させてくれた。あるいは、使徒信条の内容の要点を押さえなければならない。バルトが言う通り、もし使徒信条の第一項と第二項を切り離してしまうと、どの被造物についての問いも、間違ったことを述べることになる。もし、キリスト教を一般に妥当させる努力の中で、キリストにおける選びから切り離された被造物の記述をしても、信仰の外側の人々だけでなく、最悪の場合キリスト者も欺くことになる。(22)

「『造り主なる神』とはなにか、また創造の御業とは何かということは、我々人間には使徒信条が含んでいる他のすべてのことと同様に、本来隠されたことなのである。われわれにとって、造り主なる神を信ずることは、〈イエス・キリストは聖霊によって宿り、処女マリアより生まれ給うた〉ということを信じるよりも、容易なことではない。〈われわれには、造り主なる神の真理は直接近づきやすいが、ただ第二項の真理には啓示が必要だ〉というような次第ではないのである。そうではなくて、われわれは、そのいずれにおいても、同じ意味で、神とその御業との秘儀に直面するのである。そして、その通路もただ同一のものでありうるのである。

なぜかと言えば、使徒信条が天と地について語る場合、この世について語っているのではないからである。また語っているとしても、副次的に語っているにすぎないからである。それは『われは造られた世界を信じる』とは語っていない。否、『我は創造の業を信ず』とさえ語っていない。むしろ、それは、「我は造り主なる神を信ず」と語っているのである。創造について語られるすべては、徹頭徹尾この主語に従属しているのである。(23)」

彼の『教義学』を通して、バルトは、存在するものは全て神の恵みによると読者が分かるようにその技能を習得するようにした。それゆえ、私たちの神の知識は、人生を恵みとして受け入れ、喜んで従順でありたいと願うことに対応している。これらは、感傷的な敬虔ではなく、現実を作る主張（reality-making claims）である。私たちのような時代に、彼の神学がひとつ一つの主張として、キリスト者または非キリスト者に読まれて行くことをバルトはよく理解していた。しかし、説明を必要とすることも、彼がやむことなくたえず記述しなければならなくなったことも、それが十分できなくなったことも明らかである。しかし、このことは、神学がただ「信仰告白」だけでなく、悪く言っても主観だけないことも示そうとした。実際、私も読んだが、『教会教義学』は、読者たちにキリスト教的発話を適切に使えるようにするだけでなく、神学的形而学を展開するためでもある。つまり、存在するものすべての記述である。「アナロギア・エンティス」の代替としての「アナロギア・フィデイ」という彼の記述が、この点についてバルト神学の中で最も顕著である。

2　神の存在の表現としてのアナロギア・フィデイ

私は、バルトが自然神学から距離をおこうとしたこと、とりわけ彼がカトリックのアナロギア・エンティスと考えたことに立ち帰るなら、前の講義で扱った危険に陥ることを承知している。しかし、私が『教会教義学』の性格づけで示唆したことは、望ましいことに「アナロギア・フィデイ」の教えについてのバルトの理解に豊かな文脈を提供している。

私は、バルトの「アナロギア・エンティス」の性格づけがどの程度カトリックの立場に対して正しいかと判断するつもりはない。ただ一つのカトリックの立場があるとは考えられないからである。またそれが真実であるとしても、アクィナスの類比の理解とバルトの類比の理解に細かな違いがあることもいちいち詳細に論じようと思わない。[24] フォン・バルタザールが考察するように、「類比の概念がまさに不可避である」というバルトの認識は、これらより興味深いものである。

「神と被造物の関係は、決して同一性にはならない。『同一性は、神が神であることをやめることを意味し、逆に人間が神になることを意味する』。しかし、この関係は、同一性でもなく、類似性でもない。なぜなら、私たちが神を認識し直すなら、そのことは、わたしたちが以前の観点や概念や言語を使用して神を見ることを意味しなければならない。つまり、神を全面的他者としてみるのではない。しかし、イメージや概念や言語を用いてそれらの中で（私たちが得ている一つで）、私たちは、まさに神を見るのである。[25]」

バルトの「アナロギア・フィデイ」の主張は、（興味深いことに『教会教義学』においてはっきりとは言及しなかったが）、彼の探求の手法であり、行為としての神の存在と私たちの神について語る能力が切り離せない関係の探求である。[26] アンセルムスについての著作で、バルトは、神のみが欠陥なく行為できると語れる基本文法（grammar）を明らかにしようとした。皮肉なことに、神のみが非存在という仕方では考えられない仕方で存在している理由を叙述することが、神の中でのみ存在と本質が一つであるとするアクィナスの主張にバルトを近づけたのである。[27]

バルトのアンセルムスについての格調の高い分析は、完全な存在としての神がいないはずはないと、神の存在を

「証明しよう」としたのではないと、彼に理解させた。むしろ、アンセルムスの証明は、私たちの神の知識がとくに啓示と言われる知識に対して必然的に類比によるものだという事実にも気づかせた。バルトは次のように述べる。「神の名は、それが否定されても、神の存在は（付随的にその存在は否定できないが）、まさに一つの実在にすぎないのではなく、必然的にそのお方として理解されなければならない。」と。[28] アンセルムスの議論は、実在（existence）を一つの述語とするのではなく、実在そのものが一つの類比概念であることを啓示する。したがって、バルトは、「神がそれ以外の存在と共通点をもつ実在ではなく、特殊でユニークで最終的には唯一の真実な実在であり、一般的な実在を越えてそれ以上のもの、この方にのみ適用されるものである」[29] と解明する。

バルトのアンセルムについての読解は、「なぜ、『実在（reality）』は存在論的に『顕在性（actuality）』か」という彼の理解に呼応している。1929年の彼の論文『神学における運命と思惟』で、バルトは「啓示の概念は、まさに私たちに次の事実に注意を促す。つまり、もし神学がそれに相応しく「実在的（realistic）」であれば、それは神を一つの顕在性（actuality）と理解しなければならない。これらの用語で神を理解することは、私たちのリアリティの判断がどうであれ、たとえ私たちの自己認識や世界認識がすべてを運命に定められていると見えようとも、私たちの生が運命に定められていないことを理解することである。運命に定められることは、世界を必然にするが、私たちの神認識と世界認識は、賜物（gift）以外のなにものでもない。つまり、私たちの認識は、神の顕在性（actuality）に依存する。したがって、バルトは、「行為（act）は存在（being）を意味する。そして、存在は、ただ行為のみを意味しうる。」という。しかし、神の行為は、有効な因果律という仕方では理解できない。なぜなら、神とは、「それによって、またそこにおいて、われわれの現実と世界の現実とが現実であるような現実であり、また神とは『第一原因（causa prima）』であり、『最も実在なる存在（ens relissimum）』、『純粋行為（actus purus）』、すべての現実である。それはまさに、『類似において（in similitudine）』、われわれの経験の対象としていつも外的かつ内的な経験として理解される。[30]」

バルトが神の顕在性（actuality）の見解に頼るのは「アナロギア・フィデイ」の記述の一部としている。それは、神が同時に究極の必然性と究極の偶然性であることを明示する方法である。[31] すなわち、行為が存在であるという仕方で行為できるのは神だけである。

バルトは以下のように言っている。

> 「罪の幻想の中でのみ、この存在を自分に帰することができる。神の啓示の中で向き合うときいつも、この幻想は壊され、この存在も、彼に対してまた世界に対して否定される。神の啓示として彼にやってくる審判と恵みに照らし合わせ、人はこの存在を神に、神にのみ帰するべきである。もし、ある人格の存在が行為における存在であれば、さらに、もし厳密で適切な意味で行為における存在は、神にのみに帰することができるが、そうなすと、ある人格の存在という概念は、厳密かつ適切な意味で、神の存在を理解できる。存在それ自体（Being in its own）は、自覚し、意志があり、決断力があり、それゆえ、人格的な存在となり、父、子、聖霊の本性（the nature）を持ち合わせた神の存在である。[32]」

神の顕在性（actuality）についてのバルトの叙述は、私たちの生が運命に定められ、また閉鎖的宇宙に閉じこめられたという間違った概念と対決する。バルトの「アナロギア・フィデイ」の叙述は、同じことを別の視点から指摘する。バルト曰く「罪の幻想においてのみ、私たちの実在を私たちのものとして認識できる。私たちの生を私たちの行為に還元できる。そして、他のものはすべて運命に定められている。啓示は、この幻想を打ち砕く。なぜなら、私たちの実在は三位一体として明らかにされる御方を土台にして存在する事実を突きつけるからである。すなわち、神においては存在が行為であり、行為は言葉である。私（ハワーワス）が、今までバルトについて述べてきた限り、それは、驚くべきものとして到来すべきではなく、バルトが神について述べるとき、また神の幻想破壊的な啓示について述べるとき、彼は、神の言葉だとして述べている。

「教会の宣教は言葉である。聖書もまた言葉である。しかし、啓示そのものもそれ自身で言葉である。実際に教会で聴く神の言葉の三つの形態を私たちが抱いていれば、もし私たちが、神が実現を望まれたかも知れず、しかも、教会の中では絶対に実現されない、それゆえ望まれないなら、私たちが神の言葉という概念を最初に文字通り受けとらない理由はない。神の言葉は、神が語るという意味である。……私たちは神の言葉を神の行為としてまた神の行為を神の神秘として考える。しかしまさに、神の発話はまさに神の行為である。神の行為は、神の神秘である。（それは、他の神秘ではない）。したがって、神の発話のみが真実に神の行為である[33]。（他の種類の行為ではない）」

バルトの「アナロギア・フィデイ」の展開は、以前にあった形而上学的主張に基づいた理論や類比の方法ではなく、神学的発話に内在する形而上学的主張を表現する試みである。バルトの見解によると、形而上学は、それ自身特殊な主題の探求方法ではない。むしろ、私たちが語り、またその語ることの中心で、語る内容と共に、私たちは「形而上学」[34]と言われる努力に巻き込まれている。このような仕方で形而上学を語ることは、「神学のみが形而上学を克服する」というジョン・ミルバンクの議論に示される。もちろん、ミルバンクは、神学的発話が本来的に形而上学的であることを否定する意図はない。むしろ、バルトのように、彼は、神学的形而上学が神より決定的だなどということを主張しているわけではない。バルトとミルバンクの間の類似性を多く語るより、私は、バルトが、神学が形而上学を克服すると考えただけでなく、『教会教義学』がこの克服であることを語ると考える方が正しいと思う。

驚くには及ばないが、形而上学の克服は認識論の克服でもある。マッキンタイヤは、『道徳探求の三つの対抗軸』で、クロイトゲンのようなトマス主義者たちが、19世紀に大きな過ちを犯したと述べている。デカルトとカントを悩ませたのと同じ問いに答えるかのようにアクィナスを読んでしまった。彼の主要関心事が認識論であるかのようにである。事実、アクィナスは、原理上、始める場所をただ安全にしていたのではない。実際、マッキンタイヤは、そのような認識論的問いは「アクィナス自身の思考様式の中にはない」と論じている。この理由から、アクィナスは、マッキンタイヤが「認識論的問いを優先させる全ての哲学の宿命」[35]を避ける礎石となったと言う。類似した形で、私の物語の中でバルトは非常に重要な人物である。なぜなら、彼は、近代の認識論的偏見を論破するための偉大な試みに関わったからである。ジョン・ウェブスター（John Webster）がみるように、バルトにとって、啓示は認識論的な教えではない。なぜなら、バルトの「どのように私たちは神を知るのか」という問いに答えるためのあらゆる備えは、「神とは誰か?」[36]という答えにあるという見解だからである。バルトが啓示実証主義者であるとしばしば言われることは、バルトが問うべきではないと考えた問いに答えようとしたとして誤解している。[37]

『教会教義学』十四巻は、認識論を論破し形而上学を克服するバルトの試みを示している。これらの研究を取り囲む問いと答えの学びに、バルトは、ひとつの関心を持っている。イエス・キリストにおいて見いだされる神が神でないとするなら、私たちの実在と宇宙の実在が分からなくなることをあらゆる資料を用いて示そうとする。そのバルトが用いる資料が「アナロギア・フィデイ」であった。私たちが類比の理論から把握する（形而上学の主張を伴うことは言うまでもないが、）神を語る方法は、あまりにも多様であることをバルトは知っていた。もしバルトが類比する理論を持ち合わせていれば、『教会教義学』そのものを完全に見渡すことになろう。『教会教義学』は、どのようにして私たちの発話が神の証しになると同時に神の被造者としての私たちの本質の啓示となることを示す試みであった。このような意味で、『教会教義学』は、神学的形而上学である。

もちろん、バルトはつねに、神が私たちの発話を神の発話にすることについては私たちには確かめられないと主張していた[38]。しかし、『教会教義学』は、神がまさにそのようにした素晴らしい証拠である。また私たちの神が御自身をイスラエルの約束とイエスの生と死と復活によって知らせたなら、私たちの発話が神の発話になり、私たちが神の啓示に参与するとき、私たちは、ひとつの物語に巻き込まれることを見つけるのである。

神の啓示に私たちが参与することは、私たちが感謝を捧げることである。それは私たちが、神と私たち自身について真実を語ることである。私たちは、人生の全ての事柄で、神の啓示に対する感謝の応答以外のなにものでもない。バルトがいうように「神の知識の働きは、人が神の啓示の真実に参加することによって、たしかにその他の全ての働きへの問いまた招きとしての証人となる。それは、人間の働きとして、起こるべき同じ慎み深さによって、善き業として起こりうる[39]」のである。

これらの用語に参与して語ることは、バルトにとって、形而上学は（神学的形而上学さえも）教会の証しなしには理解できないことにもなる。世界が固く制定されているなら、神の本性は、反射において（in speculo）、類似性によって（per similitudine）、類比によって（per analogiam）明らかにされる。仮に何人にも明らかにされなくてでもある。しかし、「神の知識を持つことで、教会は、人類に開かれる可能性を実現できている。しかし、堕落ゆえに自分では実現できない。それでも、まさにその理由のために、現実が依存すべき可能性であり、教会内に実現するものである。[40]」

それゆえ、私たちの神認識の可能性を理解するために、バルトのどのような記述も、教会の神の証しを理解することに帰さなければならない。教会が可能とする道徳的生を彼が理解するのと同様である。

しかし、まず直前の講義で指摘したとおり、バルトの教会の記述は、彼の類比についての理解の含蓄を示すだけでは不十分であることに注目したいと言いたい。もちろん、バルトは、教会の課題がキリストの証人になることだと考えた。しかし、ジョセフ・マンギナによると、「人間の実践の形態としての教会として、この課題に大きな特徴が見つけられたかははっきりしていない[41]」とする。つまり、バルトの教会理解は、本質的なもの（教会は、キリストの体である）としての教会（church）と、ただ偶然的な経験に基づくものつまりバルトにとって関心が薄く神学的認識の外にあるものとの間で振り子のように揺れるのである。

教会に対してこのような理解を与えられて、バルトは、なぜ、どのように、教会が世界の認識に必要かを説明できていない。例えば、『教会教義学』III/4.2の「聖霊とキリスト教共同体の派遣」の中で、バルトは、私たちが三つの声明をあえて申し立てる可能性があると言う。「1、イエス・キリスト、彼の言葉と働きがなければ世界は失われてしまう。2、教会が失われれば、必然的に世界が失われるわけではない。3、この世界において対応物がなければ、教会は失われる[42]」。教会がないからという理由で、世界が必ずしも失われないのであれば、この世界が何であるかを、私たちがどのように理解するかという点でまた世界が何であるかを考えられる点で、さらに私たちがどう生きるべきかと言う点で、教会がどのように影響するかは決して明瞭ではない。バルトが私たちのどう生きるべきかをどう考えていたかを理解するために、彼の神学的形而上学で世界をどのようなものと述べているかをバルトの倫理学の理解で考えてみたい。

3 「不思議な人間性」――バルトの証人の倫理学

ウィリアム・ジョンソンは、『教義学』の各巻の頂点に倫理学があることを偶然ではないと示唆する。「バルトの得意分野が概念や教義の分析であるとしても、彼の思考の幅広い軌跡は、倫理学が彼の神学を確証する領域になることを示している」(43)。「確証すること」は、バルトの神学理解にともなう言葉だとはいえない(44)。しかし、ジョンソンは、あえてバルトの切り開いた神学と倫理学の相互作用が、「神学者(ハワーワス)が神学的主張を実践的にテストする『暗示的可能性』(またおそらく義務)を描くことを示す。その人の神学の保証は、まさに生きることの中にある」のである(45)。私はジョンソンと同じようには判断しないが、およそバルトの倫理学の重要性の示唆については共感する。

しかし、バルトの倫理学は詳しい記述を必要とする。『教会教義学』II/2とIII/4に明らかにした倫理学上の文面がある。しかし、もし私が述べた『教会教義学』の特徴が正しければ、バルトの「倫理学」を彼が明示的に表そうとした箇所だけに限定することはまちがいである。『教義学』全巻がバルトの倫理学である。なぜなら、バルトはキリスト教の神の言説の真理が、真理に満ちた証言であることを正しく見抜いていたからである(46)。倫理学を倫理学にする多くの人が「私たちは何をすべきか?」と主張する問いは、理解できる。そして、バルトは『教会教義学』II/2とIII/4で正しく問いを自分のものとして記している。しかし、なぜ、どのような仕方で、そのような問いが聴かれまた同様に答えられるかというバルトの記述は、キリスト者が神に招かれた、さらに決定的な証しによって明瞭にされる(47)。

したがって、倫理学は、キリスト者のなすべき証しの形態を示すひとつのモチーフとしてバルトによって用いられる。さらに証しの機会は、キリスト者が救われた後に実行する何かではない。むしろ、それはわたしたちの救いと、世界の救いを構成する。バルトはできるだけ簡潔にかつ直接的にそれを記した。つまり、「神は、キリスト教の宣教によって、世界に知らされた[48]」のである。もちろん、キリスト者が存在することは、彼ら自身の働きではない。むしろ、彼らが存在を可能にさせられただけでなく、証人として必要とされる。もちろん、しばしばキリスト者と教会は不信仰であるが、そのことで彼らの存在意義が不必要になるということはない。洗礼を通して、キリスト者は、不信仰の中でさえ、被造物を捨てない神の証人としてその特徴を与えられた。

> 「キリスト者が向き合う神は、人間に対して真実である真実の神である。神に向き合うと、人間はその被造物に向き合い、隣人、神の子である同じ人間仲間に、それゆえ彼の兄弟に向き合う。彼が神と出会い、向き合い、神と契約を結び、神に責任をもつなら、世界において神の知識に不思議に参加する無神論や宗教性や魔術だけでなく、非人間性もあり、それゆえ人間性もあるが、他の選択肢はなくなる。彼の行為において、彼の仲間がいなかったり、彼の仲間に対立したり、彼が他者のための存在になることの間に揺れ動くことはない。それゆえ、彼は自らをこの世界における他者に捧げて、ノンコンフォミストつまり神の栄光を現す者として、さらにこの世界の一人として、証人が誰であり何であるかを際立たせることになる。彼は不思議な人間的人格のイメージを提供する。[49]」

「不思議な人間的人格」を語ることは、バルトにとって、キリスト者が聖化されることを示すためである。聖化は、「彼らに定められた高尚な目的によって人格を見分け、主張し、命じ、準備すること、すなわち神への奉仕に専念することに他ならない」のである。[50]すなわち、バルトにとって、キリスト者は「屋根の上にひとりいる鳥のように（詩篇102：8）」、それにもかかわらず目覚めている。キリスト者が歌うべき歌は、古い馴染みのある、しかし人気のある歌ではなく、必ずしも全員で盛大に歌うことにはならない不思議な歌である。全体としてキリスト教はバルトが言うには、世界宗教と言われるか輝かしい賞賛を得る機会が少ないか、それがまったくない「わびしい望み」かである。[51]

バルトにとって、キリスト者であることは、いまここで、未来における神への普遍的賛美を待ちのぞみ、限られた預言者的少数者に参加することである。いまここでキリスト者の賛美が祈りの形になる。なぜなら、イエス・キリストが弟子たちに伝えたのは、福音という良きおとずれだったからである。「このように祈りなさい」[52]。このような祈りは、預言者的である。なぜなら、この世界は、賛美のために造られていたことを知らないからである。またそのような賛美が向けられるべき方の証人についても知らないし、知ることができないからである。それゆえ、証しというキリスト教の伝道（ministry）は、ある人々を混乱させ、彼らが逆圧力（counterpressure）をもって証しの圧力（pressure）に対抗してくるかもしれない。そのような「圧力」が、別の形を形成してくることは間違いのないことであるが、「真のキリスト者」は、周囲の世界の人々からいつも圧力をかけられる。実際に、バルトは、苦難なしには誰もキリスト者にはなれないと言う。なぜなら、「キリストの証人について聞くとき、この世界が受け取るものは、明らかに橋を壊して、うしろの船を焼き尽くし、同じことをするように要求する狂信者の見解としてみられる[53]」からである。

もちろん、バルトは、個人で証人になれるとは思っていない。個人のキリスト者はいつも教会にいる。キリスト者が教会の中にいるのは、偶然でもなく、付随的でもない。

「多かれ少なかれ個人的選択や個人的召命や個人的責任において孤独な神の言葉の聞き手が良いキリスト者になれるわけではない。後になって、おそらく、自らの好みでまたは自己満足から、彼はさらに教会の一員になると考えるかもしれない。もし教会の中にいなければ、彼はキリストの中にもいないことになる。彼は一人の私的キリスト者としての存在や行為のためでなく、生ける主であるキリストの生ける共同体の生ける成員として招かれ立てられたのである。[54]」

したがって、バルトによると、証人としての個人は、教会という大きな証人に参加する。そして、この証人として教会は、目に見えるものでなくてはならない。言葉は肉体となった。これこそ、全てのしるしの源であり、統御するしるしであるはずである。このしるしに関連して、神の永遠の言葉に対して全ての被造物の証しがなされる。バルトが言うには、そのような証しは、どこにでも存在するわけではない。つまり、言葉（the Word）が選んで、証人として招いたところだけである。それゆえ、バルトが言うように、「預言者の言葉、この言葉（the Word）の使徒による証言、彼（His）の民の証言による目に見える存在、福音を手渡され聞かれるようになった彼（His）キリストの教会、この福音が物理的に見え、そして理解できる形になったサクラメント、そしてついにこの証言を信じる私たちの存在によって存在するようになった」のである。[55]バルトにとって、教会はその教義においてはまったく正統であり、それ自体で善いものであるが、しかしもし信仰深い証人がいなくなれば教会も存在しなくなるのである。[56]

キリスト教正統主義は、生きたキリスト者なしにはキリスト教の真理にはなりえない。生きたキリスト者なしに、正統主義は、キリスト抜きの神秘主義やリベラリズムや実存主義的キリスト教をうみだし、それらによって対立されるだけである。[57] 真実の証人を生むための教会の努力は継続中の課題である。そのような証人が存在し、彼らの実りによって彼らは知られうる。それゆえ、バルトにとって、神の証人としてのキリスト者の生の特徴的な性格への問いは、まさにキリスト教的確信の真理の記述の必要条件として切り離すことができないのである。

「キリストの選びが真実であるゆえ、彼に招かれ（選ばれ）た者の特徴は、その他では考えられない真実の証人（the witness）である。そこにおいて、そしてそこにおいてのみ真理は試される。そこでのみ表現される。イエス・キリストの選びにおいて、選びによって宣べ伝えられ、彼（Him）に対する信仰を通して確かさをもつ。このようにしてその他から選ばれた特徴、彼らから分けられ、引き出された真理（the truth）の証人である。[58]」

キリスト者を明確にする真理は、彼ら特有の真理ではない。それは、彼らの（their）真理ではなく、あらゆる人の（the）真理である。キリスト者の使命は、特徴のある生によって特徴のある形態をとることだ、とバルトは言う。つまり、「全ての人の実存の未来や目的（telos）にかかわる全ての人の状況を規定する。このことは全ての人への責任を意味し、それゆえキリスト者に、自分のみならず、非キリスト者に対しても責任をもってみつめ、理解させることになる。そしてその意味で語ることになる[59]」。言い換えれば、キリスト者は、非キリスト者に対して、良心における責任とか真の宇宙の秩序や力という解釈で語ることはできない。むしろ、キリストの光の中に存在し立つ者として、全ての人に語るべきなのである。[60]

バルトによれば、キリスト者は、神の意志が教会の外で実現されたことを知っている。事実、教会にとって恥ずべきことであるが、神の意志は教会の中でより教会の外で実現されることも多い。これは、人間性の一般的善性の表れではなく、キリストが死から甦り、世界の王として神の右に座している事実である。[61] さらにバルトは、この「世界の世俗性（*worldiness*）」についてキリスト者が認識しなければならないと言う。すなわち、「システムと政治体制のバランスが神の名を使用するのは自明の理であり、またそのことは外で真の勝利を見出し、人が自分に安らぎを与え、支え、守る制度と保持の方法を見つける」のである。[62]

バルトによると、キリスト者がこの世界の世俗性（worldliness）について考える際に排除しなければならない2つの極論がある。第1は、修道院主義または十字軍という結果になる世界の否定的見解である。第2は、世界はすでにキリストによって神と和解しているというまさに正しい見解をもちいて、この世界の態度と言語をキリスト教的「近似値と同一化」の方法によって、ただこの世界の安全性を受け入れるだけの、世界の肯定的見解である。[63] 両者の選択肢は、キリスト者には向けられていない。なぜなら、キリスト者の証しを特徴づける謙虚・慎み・勇気が欠如しているからである。

バルトの見解によれば、キリスト者はこの両極の間を歩まなければならない。しかし、キリスト者はこれらの両極を結び合わせようとして円を四角にするような無理をすることなどはできない。しかも、「自由に数歩前進して、必要に応じて両者の間の善き道を進んで行かなければならない」[64]。それゆえ、キリスト者は、一方において狂信主義になる危険と他方においてリベラリズムになる危険にさらされている。キリスト者とは、御言葉を聴いて、それゆえ神の啓示を通して「この世界を突破し、勝利し、支配する」ことが可能になったこの世界の人民である。そして、それでもバルトが言うには、「神のもとで、この支配と統治が、人間の行為を育てる過程だとしても、それが意義と目的にはなりえない。キリスト者がこの時点で、人間のレベルで発言でき、実行できることのみに限定した方がよいからである。」[65]

バルトは、彼の「中間の道（middle way）」を支持する物質的な条件を特定することにしかし失敗した。もちろん、バルトは、意識的に中間の道が安定しないと記している。しかし、不安定は、真実を不真実にするように導いてしまう。修道院主義と世俗主義というリベラルな容認主義の中間を取ろうとするバルトの試みは、神の救いの計画のための教会の役割についてあまりにも用心深い記述でしかしない。教会が、神の証人となる招きに信頼できないなら、バルトは、世界を放置しておくことを望んでいるようにみえる。たとえば、『教会教義学』の冒頭で、神学が自己を他の学問の前で正当化できないという。なぜなら、神学そのものを他の学問体系に組み込むなら、特別な存在である神学をただ必要とされるものだと考えられることになるからである。しかし、それこそが、神学にはできないことである。なぜなら、そうするために秩序ある宇宙の一部となることを認めなければならないからである。しかも、まさに無秩序な宇宙の埋め合わせなどにだけになるからである。[66]

神学がその対象によって規定されなければならないとバルトが主張するとき、学問としての神学が他の学問の類似性や変更にかかわらないと主張することになるとしても驚かない。しかし、バルトは、キリスト教の真理性が学問や道徳や芸術についての誤った見解を神学的根拠によって正すことなど考えないようである。バルトによると、「勝利主義の近代的キリスト教世界（Christendom）」という信念は、「キリスト教的」宇宙観、「キリスト教的」道徳、「キリスト教の」芸術、「クリスチャン」ホーム、「キリスト教」新聞、「キリスト教」社会、冒険、制度というような章句を生じたという。[67]たしかに、バルトが、キリスト教世界がそのような章句を生み出したことの指摘は正しいであろう。しかし、私たちは、もはやキリスト教世界には生きていない。したがって、バルトは、なぜ信仰である知識と合致する知識を生むことに関わる教会と主張したのであろうか。[68]

もちろん、そのような問いは、バルトが直面する挑戦が、私たちのものでないと言うことを端的に示している。そして、それゆえ、私たちがどのように彼の業績を使用できるかということにも限界がある。もちろん、バルトはバルト主義者を生むことなどを考えたこともなかった。むしろ、彼は、私たちの存在を徹頭徹尾、神の証人として喜ばしく訓練するものとして自由な神学を求めた。私たちがバルトと違うのは、信仰に基づいたものとしても、この特徴がバルトの偉大な研究の結果であると思うことである。バルトは、神を私たちの存在の初めと終わりと認識するとき、考えるだけでなく生きることを教える。それゆえ、彼が死を目前にして記した文章で私の記述を終わるのが最適だと考える。

「私が楽な死をむかえるか、それとも苦しんで死ぬかはどうしてわかるだろうか？　私が知っているのは、ただ私の死もまた私の「生」に属している……のだろうということである。……その時私は、――これこそがわれわれすべての運命であり、限界であり、目標であるが――もはや〈存在〉しないであろう。だが、私はそこでは、私がほんとうに良いこととほんとうに悪いこととによって考え、語り、行ったすべてのことを含み、私がほんとうに困難なことで苦しみ、ほんとうに美しいものによって体験したすべてのことを含んだ私の全〈生涯〉において、その全〈生涯〉によってあらわにされるであろう――すなわちキリストの審きの座の前で。そこで私は、まさに疑いもなく全体としてそうなってしまった努力放棄者として、まさにただ……彼（キリスト）の約束によって、義トサレタ罪ビトとして立ちうるであろう、また事実そのように立つことになろう。そこでは実際……恩寵の光の中で、今は暗いすべてのものがまったく明るくなろうし、また事実そうなるのである」[69]。

このようにバルトは証ししている。

(Endnotes)

1 Karl Barth, Church Dogmatics, 2/1, trans. T. H. L., Parker, ed al. (Edinburgh: T. & T. Clark, 1957), 250. 私は、ルドウィッヒ・ヴィトゲンシュタインの同じ特徴を指摘せざるを得ないが、しかし、バルトの反復の必要性の理解についての方法を照らそうが照らすまいが、その他の主張を否定しながらそうするのである。ヴィトゲンシュタインは、Culture and Value, ed. G. P. Von Wright, with Heikki Nyman, trans. Peter Winch (Chicago: University of Chicago Press,1984), において、哲学問題に対するカントの解決についての議論の文脈で、「言語の限界は、文節の単純な繰り返しではなく、文節（の翻訳）に対応する事実を叙述できない不可能性によって示される」と言う（10E）。Persons in Communion: Trinitarian Description and Human Participation (Edinburgh: T. &.T Clark, 1996). において、アラン・トーランスは、言語が思想を創造し限定するというヴィトゲンシュタインの理解が、神学的発話がキリスト教信仰の全体的叙述に必要な関連性と関係性によって意味をもたらすことをバルトが示した方法を照らし出すと示唆する。トーランスは、この点でバルトの方法が悪循環ではないが、私たちの発話形態が私たちの神について語ることまた私たちが神について語る方法が私たちの語り方を形成することについての継続的な探求に招くと主張する。まさにこの講義のあとで、私は、Christopher Steiz, Neil MacDonald's Karl Barth and the Strange New World within the Bible: Barth, Wittgenstein, and the Metadilemmas of the Enlightenment (Carlisle, Cumbria: Paternoster Press, 2000). の素晴らしい貢献を最終形態で見出した。マクドナルドの議論は、ヴィトゲンシュタインとバルトの方法が互いに照らし合う方法について重要なものである。私は多くの人々に読まれるべきだと希望する。

2 この文章の要約は、私がチャールズ・テーラーから多く学んだことを暴露するに違いない。とりわけ、『自我の源泉』（下川、桜井、田中訳、名古屋大学出版会、2011年2月10日）(Sources of the Self: The Making of Modern Identity (Cambridge: Harvard University Press, 1989). から。ジョン・ウェブスターは、この課題を次のようにいう。「近代におけるキリスト教神学の宿命の一部は、自然と人間の歴史の秩序を包括的叙述において事実上変更したことである。創造と人間存在と摂理的支配の教理によって（つまり贖罪の神学おいて描写して）「自然的」現実を包括的に解釈する代わりに、キリスト教神学がその手続きにおいてできる限り普遍的に見えるようにし、なるべく伝統的―特殊的でないようにして、その探求方法で自己を相対化した。」のである。ウェブスターは、この状況が弁証学を避けられないように見せるという。なぜならキリスト教神学者たちが究極性や超越性の必然性に関して、自然や歴史や人間の意識の理論の中で神学概念の必要性や合法性を証明して、その後の神学主張の基礎を提供しなければならないと主張するからである。ウェブスターは、顔をしかめて、これはバルトの神学のやり方ではないと考える。Barth's Ethics of Reconciliation (Cambridge: Cambridge University Press. 1995). 59-60.

3 Barth, *Church Dogmatics*, 2/1: 250.（『教会教義学』井上訳、神論I/1 新教出版社、461頁）バルトは、『教会教義学』第四巻の頂点となるべきところで、彼の倫理の未完の最終的省察への付録で、『教会教義学』III/4において展開した特殊倫理学を自由の概念で形作るものと考えた。バルトは、自由が「豊かで美しい概念」だと言った。なぜなら、神と人間と恵みの契約の議論は極めて論じるに値するものだからである。しかし、バルトによると、「神学には、概念の独裁がないのである」、つまり彼は、その特殊倫理学の第二部において新しい基本概念を探求することが良いと考えていた。バルトの最終的省察の未完の性格を考えると、およそ証と忠誠の概念が優勢であったにもかかわらず、この新しい概念について最終的決断をしたかどうかはっきりしない。Karl Barth, The Christian Life: Lecture Fragments, trans. Geoffrey Bromiley (Grand Rapids: Eerd-mans, 1981),277. 参照。私は、バルトが、神について話すことが神の物語を語ることであると理解していたゆえに、神学においていかなる要約的なイメージにも抵抗していたことを以下に示すつもりである。それは、神が証明できないだけでなく、把握できない理由でもある。聖書は、神を規定しようとしたり、私たちの概念で把握しようとしたりしていない。聖書において、神は、哲学者がするように無時間的存在として名付けられていない。むしろ、自分自身を知らせようとする働きかける主体(a working Subject)である。「聖書は、神の物語を語り、神の行為と至高の神の歴史を物語り、また同時に人間の領域である地上で起こったと物語る。」Dogmatics in Outline, trans. G.T. Thomson (New York: Harper and Row, 1959), 38. バルトは、それ以上神学における物語の位置についての思索を展開していないが、彼の研究は、私たちの神認識が物語の形式をとるだけでなく、物語であることを前提にしている。このようにして、The Christian Lifeにおいて、彼は端的に、「神の国について語ることは、まさに彼の物語を語ることを意味する」(253)と言っている。デヴィッド・フォードのBarth and God's Story: Biblical Narrative and the Theological Method of Karl Barth in the Church Dogmatics (Frankfurt am Main: Peter Lang, 1985)は、バルトが物語を用いる方法についての最善の説明であり、同時に物語の概念がバルトの仕事を照らし出す方法についての最善の説明である。

4　Alasdair MacIntyre, Three Rival Versions of Moral Enquiry: Encyclopaedia, Genealogy, and Tradition (Notre Dame: University of Notre Dame Press. 1990). 76-81, 127-138.

5　Karl Barth, Church Dogmatics, I/1, trans. G.T. Thomson (Edinburgh: T. & T. Clark, 1960), xiv. バルトは、Church Dogmatics, I/2, trans. G.T. Thomson and Harold Knight (Edinburgh: T. & T. Clark,1956) において、あきらかに「理論的」と「実践的」の区別が意味のあることを否定した (787)。

6　ジョージ・ハンジンガーは、バルトとジョージ・リンドベックの神について語る場合の自己参与的（self-involving）性格の興味深い比較を提供している。ハンジンガーは、バルトとリンドベックには多くの共通点があるにもかかわらず、「キリストは勝利者である」という十字軍の叫びが異教徒を撲滅しながらその主張を裏切るというリンドベック主張に同意しないであろうと論じる。ハンジンガーは、バルトが十字軍の言っていることの意味がその使用の仕方で決定されるという理由を認めないだろうと考える。バルトは、たしかに自己参与が真理に依存することと考えるが、真理が自己参与の性格に依存するとは考えない。ハンジンガーは、私は正しいと思うが、バルトとリンドベックの基本的差異が彼らの自然と恵みの理解の差異を反映していると考える。ハンジンガーによれば、リンドベックは、アクィナスの理解のようにカトリック的理解に近く、バルトは、「神の自由な行為が人間の行為から独立しておりその意味で外的であり、人間の自由な行為は、神の行為に対して内的に依存する」と見ていた。「自己参与としての真理：神学的言説における認識論的、遂行的側面におけるバルトとリンドベック」。Journal of the American Academy of Religion 61. No.1 (spring, 1993): 41-56, esp. 52. ハンジンガーは、さらに How to Read Karl Barth: The Shape of His Theology (New York: Oxford University Press, 1991). 165-173. において同じ議論をしている。私は、ハンジンガーのようなバルト神学の優れた解釈者ではないので、それに反対しようとは思わないが、私は、自分の意見を求められれば、ハンジンガーが考えるより、バルトは、リンドベックに近いと思っている。

7　Eberhard Busch, Karl Barth: His Life from Letters and Autobiographical Texts, trans. John Bowden (Philadelphia: Fortress Press, 1976), 322. Katherine Sonderegger, は、That Jesus Christ Was Born a Jew (University Park, Pa: University of Pittsburgh Press, 1992) において、

カール・バルトは、その生涯と研究を「参与的客観性」と性格づけたと記している(5)。バルトは、戦争中も「何事もなかったかのように」、教会教義学を研究し続けるべきだと考えた。このような特徴は、バルトの政治的、社会的課題からの撤退を印象づけるが、真理から決して遠ざかることではない。戦後、バルトは、東側に対立する反共産主義の陣営に対抗しており、イスラエル国家の支持者にも距離を置いていた。しかし、バルト神学をある特別な政治的立場によって解釈することには注意深くなければならないとしたソンダッガーは正しいと思う。彼女は、バルトの「被造物の影の部分の善性についいての主張、リベラルな神の国に対する生涯に渡る批判がバルトを頼りになる政治的パルティザンにはしなかった」(85)と正しく見ている。

8　たとえば、*Against the Stream: Shorter Post-War Writings*, 1946-52, trans. E. M. Delacour and Stanley Godman (London: SCM Press, 1954). を参照。ティモシー・ゴリンジは、Karl Barth: Against Hegemony (Oxford University Press, 1999), において、世界に起こっていることとバルトが自分の周りに起こっていることをどのように理解したかについての対応関係を理解できるように説明している。ゴリンジは「バルトをただ理念の人として読むのは、深いところで過ちを犯す。教義学の構造、つまり神学と倫理の統合、また律法と福音の分離の拒否は、理論と実践を鋭利な刃物で切ってはならないことへの彼の決断の徴である(8-9)。

　バルトの教義学の作業は、シャロッテ・フォン・キルシュバウムの助けを得ている(おそらく言葉としては弱い表現であるが)。バルトは、1925年に彼女と出会い、残りの生涯において彼女は、彼の神学的援助者であり友人であった。この関係は、バルトの結婚関係に緊張を与えたが、少なくとも晩年にはバルトと夫人の間に和解が見られる。

9　Hans Frei, *Types of Christian Theology*, ed. George Hunsinger and William Placher (New Haven: Yale University Press, 1992), 158. バルトの聖書と教会の古典信条の用法は、彼の権威についての問題の検討であると思われる。1923年の論文「教会と神学」で、バルトは、ハルナックとパターソンの意見交換に注目を促している。そこで、ハルナックは、パターソンに教会が権威をもっていた世紀にどの教義がそれに値したかを定めるように促した。バルトは、パターソンと共に、神学者がその告白を究極的に依拠する古代教会の主張を前提にした信仰の告白のあれやこれ、また教会の分派のあれやこれを決定することを要求する神学を支持している。しかし、バルトは、悲しい真理はこの解答がいまだ彼自身のものであり、また基礎づけられた解答であるにしてもただ彼だけの解答であることであると告白する。彼は続けて、「ここで、教会は、熟慮された解答の責任を負わなければならない。たとえ、小さな地域教会でも、あるいはそのような一つの教会を適正に代表する教会会議であってもそうである。我々の今日の神学の弱点の根本原因は、神学を探求する時に、我々が語り合う限りそれが最高に具体的なものであることを曖昧さなしに主張する勇気をもつ教会が我々の背後にないことである。もし諸教会がこれを我々に対して語らなくて、『教義学』を学び教えることを要求するだけであるなら、彼らは、その賢者が彼の夢の意味を語るだけでなく、その夢を語るように命じたネブカドネザル王のようである」。*Theology and Church*, trans. Louise Smith (New York: Harper and Row, 1962), 290. バルトは、諸信条と、もちろん聖書を用いて、教会の証言に信頼するように試みていた。しかし、このような依頼も、教会論的課題を解決するものではないと彼は知っていた。私は、『教会教義学』の大部な特徴がパターソンによって提起された教会論的課題を解決できないというバルトの認識の結果ではないかと思っている。パターソンは、ローマ・カトリックになった。バルトは、『教会教義学』を書いて、教父となった。パターソンとバルトの交換書簡の素晴らしい説明は、Richard Hutter, *Suffering Divine Things: Theology as Church Practice* (Grand Rapids: Eedmans, 1997), 95-115. を参照。ヒュッターは、注において、バルトのパターソンへの応答をまとめている。「聖霊と教会の関係は、根本問題であることに気が付いた。バルトは、教会内の真剣な実践として神学を革新したにもかかわらず、彼自身は、神学をカリスマ論的に展開しただけであるが、つまり彼自身の個人的な実践になったが聖霊論的－教会論的基礎を与えなかった。すなわちなぜこの教会論的実践に次々に触れなかったか、また教会の教義に結びつけることが出来なかったのかである。

10　Barth, *Dogmatics in Outline*, 5.（井上、加藤訳、カール・バルト著作集10、新教出版、1968年）バルトは、これらの講義を原稿なしで行った。そのことは『教会教義学』では捉える事のできない「新鮮さ」と「率直さ」を示している。

11　Ibid., 6 バルトは *Dogmatics in Outline* は、『教会教義学』を読む替わりにはならないとはっきりと正しているが、私はこの小さな書物が私たちの世紀の偉大な書物のうちの一冊であると確信している。まさにこれは、バルトの並外れた功績のうちの一つであると思う。誰もこの本を読みそしてバルトがありふれた〝神学者〟だったと思うことはできない。ヒットラーとの対立のためにかつて解雇された大学へ、またドイツ人が彼らの間違った神々への崇拝と大戦の間の関係を理解するのを助けるために1946年ボンにバルトが来たことは彼の勇気と同時に謙遜のよい例である。これらの講義の背景は、その形式のみでなく内容に紛れもない美しさ（an unmistakable beauty）を与えている。

12 Frei, *Types of Christian Theology*, 158.

13 Barth, *Church Dogmatics*, 2/1, 636. バルトのコメントは、彼の新約聖書の終末論の発見に関する論述の一部である。それは「危機の神学」をうみだした。この運動はある種の興奮を創出したが、活力と新鮮さに欠けていたので興味を持続することが出来なかったとバルトは述べている。彼は、さらに興味深いコメントをしている。世俗化はこのような体系化に「大急ぎで」ついていく、まるで退屈した人々が「おもしろすぎる」一切のものについていくように。

14 Karl Barth, *Church Dogmatics*, Ⅲ/2, trans. G. W. Bromily, ed. Al. (Edinburgh: T. & T. Clark, 1957), 188. 吉永正義訳、『教会教義学』神論I/2神の現実〈上〉新教出版社、（1979年4月20日）。

15 バルトが神学をはじめる場所がないことは、ある人々に彼がいま「非基礎付け主義（nonfoundationalism）」と呼ばれるものの先駆者とみなさせてきた。例えば、ウィリアム・ジョンソンは、バルトが非基礎付け主義者であるという、少なくともこの語が一連の認識論的主張より思索の方法を明示する点において。ジョンソンによると非基礎付け主義者は、彼らの知的主張のために仮定された自明の、推定できない、根強い根拠の要求すべてを無視するという共通の目的を持つという。ジョンソンは、我々の神の知識に関わるすべての争点に関してバルトは確かに非基礎付け主義者ではないかと論じる。*The Mystery of God: Karl Barth and the Postmodern Foundations of Theology* (Louisville: Westminster/John Knox Press, 1997), 3
ジョン・ウェブスターもまた、*Barth's Ethics of Reconciliation* でバルトを非基礎付け主義者としている。その根拠としてバルトは「信仰、教会、またそれらの知的表現を〝知識〟〝宗教〟〝歴史〟、（キリスト教の確信の詳細は例であり、一般的にみて事件（affairs）のよくある説明と表現になってしまうような）より大きな現実の部類に置くことを拒否するからである。このような意味で少なくともバルトの初期の教義学研究は基礎付け主義ではない。すなわち彼は全く、絶対者または至極の意義、とキリスト教の信仰とくに三位一体とキリスト論の内容との間の同一性（identity）を切り離すことに気が進まなかった。これらのすべてに内在するものはバルトの神学的現実主義である。教義学への無神学的序言の拒否すなわち彼の〝科学的理論（Wissennschaftslehre）〟と神学の間の相違の最大化は、神学と〝非神学的（or えせ神学的）学問〟を分けることにより認識的特権を神学者に確保するための試みであるという以上のものである。それは神の自己開示における神の存在論的至上権の断言に根拠を置く」（26）。私はウェブスターが述べた以上にこの問題に関してバルトの立場を述べることは誰にもできないと思う。

16　バルトは『教会教義学』I/1を〝序言〟と呼んでいる、しかしそれは19世紀神学の序文的特徴を持ったものではない。バルトはこう記している。「教義学への序文はただ教義学自体の一部にすぎないだろう。「序文」（prolegomena）という語の音節pro- は象徴的に理解されるべきであるすなわち当該の語（の意味は）前もって述べられるべきことではなく、第一に述べられるべき事柄である。（45）」。ロバート・ジョンソンは、バルトの「方法」の特徴を以下の点に注意しながら述べる。『教会教義学』の新しい巻に進むたびに「バルトは彼の思索をあらたにしている。それゆえにどの重要な部分もはじめから読み始めることが可能である。すなわち全く前もって理解しておくべきものは要求されていない」。*The Modern Theologians: An Introduction to Christian Theology in the Twentieth Century*, 2nd ed., ed. David Ford (Oxford: Blackwell, 1997), 28 の中の"Karl Bart"を参照。

17　バルト『教会教義学』I/1：436-437. バルトのペリコレーシスの教理に関する説明は、彼の神性における単一性と相違の理解に関して大変興味深いものである。彼は、弁証の一つの重要な形式としてその教理は三つのペルソナがお互いの間に、いやむしろ永遠から永遠まで神自身を断定する一人の神の共通する形態としてどのように〝住む〟のかを表現することを要求するとみなしていた（『教会教義学』I/I 425-426）。多くの神学者と異なり、バルトは〝一神教〟の主張を〝神なしに〟少なくとも神としてのイエス・キリストなしに〝直接的に神性化され、または論理的に数学的に構成された観念とみなしながら、決してその主張に感心することはなかった（『教会教義学』II/1 448-450）。アラン・トーランスは、バルトが「啓示の出来事」をギルバートライルの言葉を借りれば当然「成就した出来事」と正しく主張していると論じている。しかし、トーランスは、バルトの三位一体の「啓示モデル」は、この強調がいかに三位一体の各位格が、従って我々が三位一体に参加しているかの説明に失敗しているという点では彼の説明を多くのもので限定しすぎていると論じている。トーランスは『教義学』第四巻でバルトの示した進展は、彼の三位一体的意見の批評の質を決めると認める『教会教義学』I/1。

18 Barth, *Church Dogmatics*, 2/1: 260.『教会教義学』「神論 I/2　神の現実〈上〉」吉村正義訳、新教出版社（1979年）8-9頁。

19 Karl Barth, *Fragments Grave and Gay*, trans. Eric Mosbacher, (London: Collins, 1971) 序文と結語は Martin Rumscheidt. この本でラムシャイトは、バルトがこれらの言葉は Union Theological Seminary in Virginia で学生の質問に答えた時のものであると報告している。

20 Barth, Dogmatics in Outline, 109.（井上、加藤訳、カール・バルト著作集10、135頁、新教出版、1968年）

21 Frei, *Types of Christian Theology*, 158. バルトの「方法」に同類の見解は、Johnson, The mystery of God, 58-60 を参照。

22 たとえば、バルトは、「近代神学において、神学者が神の存在証明をできなかったり、またしようとしなかったりした時、彼は少なくとも人の存在すなわち宇宙におけるヒトの特徴的な存在を証明しようと試みた。我々が理解しているように、彼はこの点でキリスト者の立場を弁護するように強いられていた。そして、それは近代神学がみずからを擁護しまたこの点に関して降伏するつもりはなかったと認めることにまさに関係している。キリスト教信仰の『然り』と『否』についての「洞察」や「告白」は、科学的な人々に対してまた同じくすべての世界観に対してわかりやすく語られねばならなかったことは疑いの余地がない。未知の能力や傾向を人間自身が見せる特別な人間性の拒絶と怠慢（or 健忘症 forgetfulness）を否定することは重要であった。ひとに人間性を与えないこと、彼が宇宙の動態の表現であると理解することは只それ自身に仕返しになるようなことをすることである。今までそうしてきたし、またさらに多分（将来も）していくだろう。これらの人間に関するキリスト教的弁証論者たちは彼らがより良いと思った理論に対比するようにこの理論を据えた時この来るべき危険の予見をしていたのかもしれない。彼らの著作中の特徴である驚くほど楽観的な調子は彼らの迫りくる危険の敵対者に基本的に彼らがほとんど気付いていなかったと示唆するともちろん受け取られるかもしれない。しかしそうであっても彼らは彼らの立場を確保した。彼らは正しい側についた。しかしながらこれらのことは注意されなければならない〝批判的〟ということは彼らがしようとしていたことに対する態度だろう。"*Church Dogmatics*", III/2 trans. Harold Knight, et al. (Edinburgh: T & T Clark, 1960) 84 バルトがウィリアムジェームズのことを考えずにこの文章を書いたとは思えない。しかしジェームズに深く関わったことはないと私は思う。

23 Barth, Dogmatics in Outline, 50. ここでバルトは、The Gottingen Dogmatics の頃から始めた議論を表すだけである、すなわち教義学の論題の一つとして「選び」は創造に先駆けて論じなければならないことである。したがって、神の教えについて扱った『教会教義学』第二巻でバルトは創造の前に選びを論ずべきだと言っている。なぜなら、神は「彼が存在することを意志し、実際に神である最も重要な基本的決断のもとで、彼とともに、彼の三位一体の内部で永遠から永遠に至るまで起こる秘儀のもとで、神は「御子」言いかえると「言葉」の中で彼自身を選び、彼のもとで彼と共に彼の民を選ぶ、神はまさにそういう御方である。」『教会教義学』II/2 :76。バルトが『教会教義学』で明確に創造を主題として選ぶ時、その主題は創造のみでなく、創造と契約の問題であると主張し続ける。このように有名な公式、創造は「契約の外的前提」そして契約は「内的な前提」であるからである。*Church Dogmatics*, 3/1 trans W. Edwards, O. Bussey Harold Knight (Edinburgh: T. & T. Clark, 1970) を参照。

24 *Church Dogmatics*, で、バルトは、ブルンナーの神と人間の「接点」の必要性の説明から自分の意見を再び遠ざける。なぜなら、そのような「接点」は、信仰においてのみ現実になりうるからである。バルトは、しかしながら、我々の神の知識の現実性と可能性がいかに可能になるかを叙述するために、彼は「神との一致（conformity with God)」という表現を使用する。そして、彼は「それはまたイマゴ・デイの概念で表現される。それはアナロギア・エンティスというカトリックの教理と紙一重の近さに我々を置くことを明らかにしておかなければならない。しかし、もしそうであっても、またはその近接のゆえに、我々の教理はそれと全く相違したものでなければならないだろう。我々は確かに今ここでまさに断言することが求められる神と人との類比、類似性、均一性という類比を、アナロギア・エンティスでもなく、見物人の立場から「総合」でもないとみなしている。すべての相違にもかかわらず、被造物は、創造主と共通すべき存在ではなく、単なる理論では近づくことのできない、人間の決断、信仰における、すべての相違のただなかにおける神の恵みの決断と類似した行為である。(274)」。

ジョージ・ハンジンガーが、バルトにとって確定的な問題は、バルトが何を我々が神と共有する共通の「存在」、神の創造と贖いの意味のない特徴を否定するアナロギア・エンティスの教理の主張としたかであると示唆したことは正しい。対照的に、アナロギア・フィデイは、存在論的共通性が存在すると考えられていない状態で人間の行為（信仰）と神の行為（恵み）の類比を想定する。(*How to read Karl Barth*, 283)。George Hunsinger, *Disruptive Grace: Studies in the Theology of Karl Barth* (Grand-Rapids: Eerdmans, 2000) を参照。この本の論文、初掲載 1987 年 "Beyond Literalism and Expressivism," で、ハンシンガーは、アクィナスとバルトの違いは、バルトにとって強調点は、知られた神におかれ、他方アクィナスにとって強調点は、知られざる神におかれると論じる。したがって、アクィナスにとって、神学的思考力における類比の重要性は、神学的真理の「遂行的」側面の強調に導き、対照的にバルトにとって強調は類比のより「実在的」側面におかれる。ハンジンガーは、「アクィナスは、あたかも類比が有効であるかのようにみえるので我々は応答することになると最終的に強調するように見える。他方バルトは、類比が有効なので、我々は応答することになると強調する。(220-221)」と指摘しながら説明する。

ノリス・クラーク、デイビット・バレルによるアクィナスの類比の説明に関する最近の解釈や、おなじくエバハード・ユンゲルのバルトの立場を発展させようとする試みは、過去の多くの定式や類比に関する〝カトリック〟と〝プロテスタント〟の見解を比較するステレオタイプは間違っているばかりではなく、的外れであるとする。クラーク、バレル、ユンゲルの解釈の欠くことのできない分析と比較は、Philip Rolnick, *Analogical Possibilities: How Words Refer to God* (Atlanta, Ga. Scholars Press1993) を参照。ロルニックは「類比は関係を表現するために長い間もちいられてきた。そして創造と十字架の間の関係を表すのに際立ってふさわしかった。そこで「恵みの上の恵み」が受け取られた。Analogia entis and analogia fidei は、異なるが矛盾するものではない。」(300) という見解をもって類比に関する議論の詳細な分析を締めくくっている。

25 Hans Urs Balthasar, *The Theology of Karl Barth*, trans. Edward T. Oakes, S.J. (San Francisco: Ignatius Press, 1992), 109。内部の引用は Church Dogmatics,2/1: 225. The Gottingen Dogmatics, で、バルトは、類比を広範囲に論じるようには発展させてはいない。しかし、人格の属性の説明で、彼は神の知識と意志の関係を論じている。また彼は「我々は我々の概念が壊れるような事実に直面する、それらが壊された時それらは我々にそれらを壊したものについてなお語る」と論じる。彼は少なくとも反類比は全くの類比と同じぐらい重要と感じていた。*The Gottingen Dogmatics :Instruction in the Christian Religion*, trans. Geoffrey Bromiley (Grand Rapids: Eerdmans, 1990), 412.

26 私はバルトがアナロギア・フィデイについてあまり言及しないのでそれが重要でないと示唆するのではない。むしろ、私は、彼のこの語そのものに対する関心のなさがアナロギア・フィデイが彼が常に行っていることの名前であることを映していると思う。

27 少なくともこれは、デイビッド・バレルのアクィナス解釈である。この点に関するアクィナスについては、*On Being and Essence*, translated and interpreted by Josef Bobik (Notre Dame: University of Notre Dame Press, 1965) を参照。バレルのアクィナスの説明は *Aquinas: God and Action* (London: Routledge and Kegan Paul, 1979) を参照。バルトの結論は、アクィナスの存在論的議論に対する批判のせいでアンセルムスのどのような擁護もアクィナスに対する不同意を含むという一般的憶測になるから、皮肉たっぷりである。バルトのアンセルムスに対するアクィナスの批判への明らかな反応は *Anselm: Fides Quaerens Intellectum* (Cleveland: World Publishing Co., 1962)136-137, 153 を参照。Lewis Ayres は、私に、バルトとアクィナスの相違と類似を示す素晴らしく簡潔な方法を示してくれた。

バルト：行為が存在であるとはキリスト論的である、それゆえ万物が含まれる

アクィナス：存在が行為であるのもキリスト論的である、それゆえ万物が含まれる

28 Barth, *Anselm*, 148. ブルース・マコーミックは、いつものようにある示唆をしながら問題をうまく処理する。バルトは、言う。アンセルムスが「神が存在することを証明しようとしていたのではない。啓示に基づいて多くのことが知られるということ(を証明しようとしたのである)。The Credo の真理を考慮してアンセルムスは神の存在について我々が他に何を言うべきかを求めていた。神の存在はここでは探求さるべき未知の項目 x として現われる。アンセルムスが神の存在(それ以上偉大なものが思いつかれないもの)を論じようとする定式は彼の考案ではない。禁止の形態の明らかにされた名である。それは、彼がより偉大なものを思いつくのを許すような方法で神を考えるのを禁じる。アンセルムスはこの「思考法則」を神の存在の意味を解明する鍵として用いる。そのことが「証明」が最終的に意味することであるという。バルトがそれを理解するよ

うに、それは *explicatio* を意味する」。 *Karl Barth's Critically Realistic Dialectical Theology: Its Genesis and Development*, 1909-1936(Oxford: Clarendon Press, 1995), 433-434.

29 Barth, *Anselm*, 149. 興味深いことに、以前の講義で述べられたニーバーのバルトに対する異議はまさに問題の核心に至る、すなわちもしわれわれの存在が自明であり存在がそれ自身で類比の概念でなければキリスト教信仰は誤っている。別の言い方をすれば、我々は「人格＝ペルソナ」を一般的な文化人類学からではなく、神の三位一体の命からだけ知りうるのである。

30 Karl Barth,"Fate and Idea in Theology"in *The Way of Theology in Karl Barth*, ed. Martin Rumscheidt, intro. Stephen Sykes (Allison Park, Pa.: Pickwick Publications, 1986), 36-37. (『カール・バルト著作集Ⅰ』新教出版社、1968年、302-303頁）この論文は、クリストファー・シュヴェーベルが「存在」、「知ること」、「現実性」「可能性」の近代的反転と名付けたことに対するバルトの最も集中した議論である。これらの近代的反転に対してバルトが神の存在はあらゆる神の知識の基盤であること、また神の言葉の現実性は神学の可能性を決定すると論じていることをシュヴェーベルは立証している。Christoph Swobel "Theology" in *The Cambridge Companion to Barth*, ed. John Webster (Cambridge: Cambridge University Press, 2000)17-36.（全く異なった方法で）現実主義と観念主義が存在論的また認識的に神を人間の運命としようとする試みを表すバルトの分析方法は、全く正しいように思う。存在論と観念論の用語でキリスト教信仰を説明する工程は、キリスト教信仰が偽りのストア哲学になるという結果に陥る仕方を彼が示唆しなかったことは興味深い。しかし、キリスト教の希望が「単なる徳」ではなく、我々が閉ざされた因果律の体系を前提とする被造物であることを否定する宇宙の形而上的設計図であると、バルトは正しく理解している。

31 Barth, *Church Dogmatics*, 2/1: 548. バルトは、〝どんな必然性にも限定されない神の本質における究極的偶然性、すなわち彼の本質における「計り知れない」具体的な要素、「計り知れない」というのは決して途絶えることなく疲れ果てないからである、とは、神の意志である。彼はいまし、住みたまい、力を持ち、知りたもうだけではなく、これらすべてにおいて神は意志を持ち、そしてこれを実行するところで神は最終的に神が人格であり霊である事実を明らかにし保証する。神が意志なさるので、神は神であるばかりではなく、神の言葉、神の働きがあり、また神は探し求められ、他の場所ではない神の言葉と働きのうちに見出される。〟と説明する。バルトは、この巻のはじめでこう記すように〝神は活動的な愛であり、またこの点でイエス・キリストにおけるこの方法で私と共に住まわれる。まさしく他でもないこのような神として限定されてきた。神は、御一人子において神の創造に対して永遠に真実であると約束なさってきた。〃（518）

32 Barth, *Church Dogmatics*, 2/2:271. 機会主義を含むように見えるバルトの「現実主義 (actualism)」に対するよくある批判は（批判を始めようというのではなく論理の続きでおこなっていた）、私はだんだん確信を深めるが、不適切だと思う。ある人は神の活動を叙述するのにより適切な概念の方法をバルトが発見したと望むかもしれないが、ゴリンジ（Gorringe）が示唆することが正しいと思う。彼は、バルトの〝現実主義〃によってしようとすることは、神がUrsache（源泉）であるゆえUrsprung(第一原因）であることを否定するのである。バルトの「出来事」の言語は、神を因果の連鎖の最初という意味を含むことなしに、神を語る方法を探しだす試みである。（Gorringe, *Karl Barth*, 58-59, 135）

33 Barth, *Church Dogmatics*, I/1 :150-151 *Dogmatics in Outline* で、バルトは、雄弁に語っている。「教会の宣教は言葉である、そして偶然の気ままな混乱した理解不能な類の言葉ではなく真理であり、虚偽に対抗する真理であることを支持する主張と共に出される言葉である。この立場の明確さから我々を離れるように強要してはならない。教会が宣教すべき言葉の中に暫定的な二義的な意味ではなく、御言葉 (the Word) の一義的意味における真理が含まれる。ロゴス（the Logos）が含まれ、人間の理性に、人間の心（nous）にロゴスとして、すなわち学ばれるべき意味と真理として示され明らかにされる。」(22)。言いかえれば「イエスは主である」は真理の主張である。真理であるから、共同体の実践に言葉の真理は、巻き込まれる。その主張の真理は、しかし世界のあり方 (the way the World is) にやはり「合致する」のである。

34 John Milbank, *The Word Made Strange: Theology, Language, Culture* (Oxford: Blackwell, 1997). バルトが神学的形而上学を発展させているという意見に関して、私はロバート・ジョンソンに負う。なぜなら、彼は、Church Dogmatics が巨大な形而上的体系であるというからである。「存在の巨大な教義である。それはひとりの個人、復活したイエス・キリストを現実の根拠（the Ground of Reality）に据えて過去の西洋思想の伝統を打ち破った」。(Karl Barth,34-35). *Immortal Longings: Versions of Transcending Humanity* (London: SPCK,1997) のバルトに関する章でファーガス・カーは、バルトの研究を「キリスト論の形而上学」と述べる（23－45)。カーは、ジェンソンがバルトの研究の論理を彼が理解するのに大いに功績があったと述べている。

35　Alasdair MacIntyre, *Three Rival Versions of Moral Enquiry*, 68-81, 特に75. マッキンタイヤは、近代性の認識論的焦点によって起こされた変化をこのように説明する：「職人技の伝統」の哲学は、注意を促すために神学が提示した目的に適合するまで精神は不十分であると提示した。百科事典の哲学が形而上学を第一義にしたところでは、職人技の伝統の哲学にとって知識の目的を考慮に入れると、知識は理解されるべき第二義的な現象となる。その反対ではない。哲学の認識論的転回の全体は、このような視点からすると誤解から生じた結果である。すなわち、一般的合理性に対する正当性の立証に立ち向かうべき懐疑論者の挑戦を推定する結果だからであった。その立証の場では、どんな精神にとっても明白なことは真理のための適切な基準を与えることができた。」(69)。

36　Webster, *Barth's Ethics of Reconciliation*, 24. ウェブスターは、彼の書物の前半で同じ点を「事柄の本質的には時間に支配されないまたは時間以前の状態の知識の委託または神の行為という意味で、啓示を単に〝認識論的〟とバルトが理解したと解釈するのは適当ではない (6)」と述べる。言いかえると、バルトは、彼が事柄の中以外に開始する場所がないと想定する限りで、ずっと歴史主義者である。

37　バルトは、神学の任務の一つがある種の質問を黙らせることだと理解していた。彼がアンセルムスの研究に感心した一つの理由はこれである。それは明らかにされた神の言葉に関するより多くの質問を訊ねることはその言葉がいかにわれわれの質問の形に異議をとなえるかを理解し損ねることであると愚者が理解するのをアンセルムスが助けた点においてである。(Barth, Anselm, 28-29). バルトの神学を「啓示実証主義」と書いたボンヘッファーとっさの説明は、バルトとボンヘッファーの間の深い連続性を裏切る。とりわけ、彼らの神学的形而上学において。例として、Charles Marsh, *Reclaiming Dietrich Bonhoeffer: The Promise of His Theology* (New York: Oxford University Press, 1999). を参照。Andreas Pangrits, *Karl Barth in the Theology of Dietrich Bonhoeffer* (Grandrapids: Eerdmans, 2000) を参照。パングリッツは「啓示実証主義」の告発の詳しい分析とバルトにそれが適用されないかの理由を提供する。

38　下記でバルトの聖化の理解を論じて、この問題についてもう少し詳しく述べよう。バルトにとって我々の神についての発話の重要性の問題は、キリストの人性の重要性と相関関係にある。“The Fate and Idea in Theology” の中でバルトは「言葉は肉体となったしかしだからと言って肉体は言葉ではない。この関係は不可逆的である。特定の時に言葉は肉体となったまさにその時にのみ肉体は言葉である。(46)」と言う。いかにキリストが実際に教会におられ続けるかを示唆しなかったバルトの拒否は、我々の神についての言語に対する彼の理解だけではなくサクラメントと我々の聖化についての彼の見解を反映している。明らかに、私はこの点に関するバルトの実践を彼の神学的躊躇より豊かに示そう。

Henri Bouillard は、彼のバルト研究の最後でこの問題をうまく表現する。*The Knowledge of God* (New York: Herder & Herder, 1968), において、「神の知識に関する本書を構成する三章すべてを通して我々は実際のところ一つの事だけ言ってきた。バルトがこの主題に対して一つのことだけ言っているように。すべてのキリスト者は、聖書の啓示の土台の上にまた信仰の内でわれわれは神を通して神を知ることを認めるだろう。しかし、神を知るのはまさに我々であることを認める必要がある。したがって、まさに信仰の知識は「証明」のもとで明らかに示される神の自然的知識を含む。そして聖書の言語を含む人間の言語は、類比の属性の特徴である内的否定の方法以外では的確に認識できない神を指示するには至らない。もしこれらの正確さが受容されれば、バルトの思考の積極的発言の正当性は受け入れられる。」(127)。

39 Barth, *Church Dogmatics*, 2/ 2: 216.

40 Barth, *Anselm*, 117. バルトは、神の知識は教会で実現「される」と言った。私は、それが実現されるべきであると言いたい。そして、バルトの明確な「できる(can)」の言葉にもかかわらず、教会まさしく具体的な経験的教会が存在しなければならないと示唆するように見える多くの章句が彼の研究にある。彼は「可視的」と「不可視的」の区別をつけていない。例えば *Dogmatics in Outline* で「不可視性」という考えを教会(Church)に適用しないのが最良である。我々はすべてそれを civitas platonica あるいはある種の空想の世界、そこでキリスト者たちが内的に不可視の仕方で結びあわされる方向へすべりおちる傾向がある。一方で目に見える教会は価値を減じることになる。使徒信条で教会は、不可視の構造ではなくまさに見える集まりであり、12弟子と共に生じた。最初の会衆は、可視的なグループだった。それが可視的な公の騒動を起こした。教会がこの可視性を持っていなかったら、それは教会ではない。我々は教会の存在を信じる、つまりそれは我々がそれぞれ個別の会衆がキリストの会衆であると信じることを意味する(142-143)。類似の個所は、*Church Dogmatics*, 2/ 1: 199-200 を参照。

41 Joseph Mangina, "Bearing the Marks of Jesus: The Church in the Economy of Salvation in Barth and Hauerwas," *Scottish Journal* 52, no. 3 (1999) 278. マンギーナは、バルトの教会理解に関する彼の見解は、ラインホールド・ヒュッターとニコラス・ヒーレイによって形成されてきたと述べている。Hutter, *Suffering Divine Things: Theology as Church Practice* と Nicholas Healey, "The Logic of Karl Barth's Ecclesiology: Analysis, Assessment, and Proposed Modifications," *Modern Theology* 1- no. 3(July, 1994) を参照。

42 Karl Barth, Church Dogmatics, 3/4. Trans. G. W. Brmiley (Edinburgh: T.& T. C;arl, 1962), 826.

43 William Johnson, The Mystery of God, 8.

44 バルトが "Fate and Idea in Theology" でこの問題をこのようにいう。「神学は哲学が語ることができるよりも多くのことを主張している。それは聖なる啓示の認識に頼る人間の知識を提示し又そのものでもあると主張している。しかし神学はその主張の真実を正に可視化できない、さらにそれを立証することもできない、なぜなら単に神学はそれ自身人間の知識以外の何物でもないし、そうとしか提示できないからである。」(27-28)。*Church Dogmatics*, I/1 において、彼はこの問題を出来る限り力強くこのように言っている。「神の言葉が教会を越えまた教会へ向けられたことは、証明できない。この信仰による証明は全く教会には存在しない。」(300)。バルトの証しの説明は、これらの主張の否認を意味しない、むしろバルトにとって証しの重要性は、神学が物事のあり方について主張するための源として不十分ではないことを私たちが理解するのを助ける。

45 Johnson, *The Mystery of God*, 155. ジョンソンは、バルトの倫理学のプリズムを通しての神学の確証は近代以前の存在論を基礎にしたアプローチと近代の認識論を基礎としたアプローチからポストモダンである倫理学を基礎とした開放性への移動を示すと示唆する。明らかに私はバルトが存在論から移動したとは思っていない、またなぜポストモダンが〝倫理学〟とみなされるのかも理解できない。どちらかといえば現代性は神学の倫理学的還元を示す。ジョン・ウェブスターが Karl Barth: A Future for Postmodern Theology, ed. Geoff Thompson and Christian Mostert(Hindmarsh, Australia: Australian Theological Forum, 2000), 1-69 でバルトと現代性とポストモダンについてのもっとも洞察力のある説明を提供している。『教会教義学』のはじめにバルトが教義学はそれが評価される基準を考案しながら開始する必要はないと(立場を)明らかにしている。(or 明言しているとウェブスターは述べる。) そのような基準は教会によって与えられる。この様に『教会教義学』1/1 でバルトは言う〃それはそれの独特の方法で与えられる、イエスキリストが与えられたように、神が啓示において自分自身を信仰に与えるように。しかしそれは与えられる。〃(12) ウェブスターはコメントする。〃それは与えられる＝It is given.〃これらの三つの言葉に私がバルトのポストモダニズムとの関係について述べなければならないことの全体が実質的にまとめられている。三位一体の、受肉のカテゴリーを通じて神がいます事の自由な、自己明示的権威としてあらわされたバルトにとっての〃与えられること＝givenness〃はある種の神学的行為を可能にする。その行為の第一義の関心は混乱の文化におけるそれの実現可能性の問題ではなく全くの啓示に関する神の行為の現実性をもっていわばそれはすでに神学をその行くべき道に据えたので、ある神学者（the theologian=Barth）に与えられた、霊的に与えられた、やはり与えられたといえる、存在することと活動に従うことを要求する。多くのポストモダンの神学と異なりバルトは教会とその発話の伝統に対する疑い深い態度を支持する必要を感じなかった。〃(18-19) グラハムウオードはバルトが現在ポストモダニズムと結びつけられるテーマのいくつかを先取りしていたといえるだろう事の最上の説明を提供している。ウオードはバルトの無基礎付け主義は彼の神学的現実主義によって可能にされた哲学的懐疑論であると正しく主張している。ウオードによるとバルトもヴィトケンシュタインも多くの解釈者とは反対に言語的観念論者ではない。"Barth, Modernity, and Postmodernity," in *The Cambridge Companion to Karl Barth*, 274-295

46　キリスト教の倫理学が教義学にきちんと位置付けられているというバルトの断言は「倫理的論理の定義に用いる文脈としての神の存在と行為についての神学的また存在論的確信への参照がなければ理解できない事になる」とバルトの倫理学の解釈者としては他に並ぶもののないジョン・ウェブスターは述べている。ウェブスターによると、結果としてバルトの手中にある神学的倫理学は「善良な人々（the good）の存在について不可知論的でもなくまた懐疑論的でもないそしてその特徴についての明白な記述を不承不承に行っているのでもない。まさに神学的倫理学の重要な任務は以下のようになる：キリスト者の信仰にとって実例（the case）とみなされるものの確固とした説明である。そのような説明は広範囲な要求により（and by extensive appeal）キリスト者の信仰告白の言葉の近くに至るようにされるであろう。すなわちキリスト者の生活の説明のための枠組みとして主の祈りを用いるバルトの使用法は、単なる偶然による仕掛けではない。なぜなら、神学的倫理学は超絶主義的なまたは批評的な道徳への探求ではない。神学的倫理学はすべての神学と同じように、ある問いに支配される。その問いとは：クリスチャンが信じている現実と実際の現実の差はどの程度のものなのか？〟(Barth's Ethics of Reconciliation, 218-220)。ナイジェル・ビガー（Nigel Biggar）*The Hastening That Waits: Karl Barth's Ethics* (Oxford：Clarendon Press, 1993) もまたバルトの倫理学を理解するのに非常に価値のある本である。私の過去のバルトに関する論議、特にバルトの〝機会主義〟批判をよく知っている人々は、この文脈でわたしがその話題に戻らないのを奇妙に思うかもしれない。私がしないことの理由の一部は、ウェブスターやビガーがこの問題についてある程度バルトを擁護したと思うからである。またもっと重要な事として、私はマンギーナの示唆に納得させられた、バルトの世俗性（temporality）の理解を批判してきた人々は、私も同様であるが、自らの批判が聖霊論的不安（worry）と特に救済史における教会の役割についての不安（worry）と言明された方が良いということを理解しそこねたということである。要するに、教会は、単に人間性の反映かキリストの達成した働きの類比かということである。バルトにおいてと同じように。それともそれは現在と終末の間に神が関わられる新しい活動の宣言なのか？〟（"Bearing the Marks of Jesus" 282）

47　バルトの有名な「我々はなにをすべきなのか？」という疑問に関する議論は、*Church Dogmatics*, 4/3. 2, trans.G. W. Bromiley (Edinburgh: T. & T. Clark, 1992) を参照。キリスト者の解放は「彼がもはや道徳と不道徳の類比の中に存在する必要がなく、赦しと感謝のなかに存在して良いという事実にある。または、我々はもっと親しんでいる言葉で言い直せるかもしれない。彼はもはや律法のもとに生きる必要はなく、福音のもとに生きるのである。」とバルトは述べる。罪に汚れていようとも従順の真の行為が道徳によってよきまた従順な行為に作られると考えるのは間違いである、とバルトは注意する。もし「キリスト者の行為がこのような意味で本当に善良で従順であるのなら、それはすべてのまじめなそして注意深いユダヤ教、ヒンズー教、イスラム教、規律にうるさい教師、心理学者がよく善良な行為として述べることと全く合致することになるだろう。しかしそれは和解の聖なる行為と、イエス・キリストのもとで成し遂げられた罪びとの義認と聖化、すなわちキリスト者を一人のキリスト者とすることの知識と証明とは全く合致しないであろう。」(670) とバルトは言う。「道徳」と呼ばれるものの存在を否定はしないが、私たちの命をもっと包含的な語りの中に置くことによってキリスト者の物語が「道徳」に挑戦し、またそれを変革していくとバルトが教えることを、このような主張は明らかにする。したがって、バルトの倫理学は『教義学』の倫理の節に限定されえない。

48 Barth, *The Christian Life*, 119.「証し」は、私たちが三位一体の命に参加していく事とは何を意味するかをはっきり表現するバルトの方法の一つである。ジョンソンがこの問題をこう示している。「神は、人間の贖いの経験を可能にする行動する主体であり、その行為そのものである。神は主語であり神自身の啓示的行為の述語でもある」。ジョンソンは加える:「誰もこのことを体系的に述べるのに、バルトより徹底した方法を想像することはできない。神は、神が人間に成し遂げたことである。(KDI/1315, CD 299)」(The Mystery of God, 50)。ジョンソンが引用したテキストのドイツ語版と英語版のまとめは、バルトがこの問題を全く上記のように説明していないことを示しているように見えるので、明らかにジョンソンはここでバルトを意訳している。いずれにしても、ジョンソンはバルトの主張の一面を確かに捉えていると思う。しかし、彼の記述は、バルトにとって、神はキリストによって私たちの神との一致を成し遂げて下さったが、我々はキリストの人格と同一でないことを示すことは出来ていない。ジョンソンがキリスト者の証しを、彼らが証しするものと同等にしまったので、バルトは、ジョンソンが境界を越えてしまったと思うだろうと思う。『教会教義学』において、バルトは、いつも神の発話と発話の結果とを区別することに注意を払っていた。彼は、こう記す「神が語るところで対応する行為を探しまわることには意味がない。」と(162)。バルトは、証しと倫理学の問題を扱うときにも同じ注意を働かせる。例えば『教義学綱要』でバルトは、我々の神の知識は怠惰な知識ではないと述べる。「啓示の時の結論は、見世物の終焉ではない。そこでカーテンは降り、見物人は家路につくだろう。しかし、それは挑戦と命令を伴って終わる。救いは、世界の出来事のわずかな一部にさえなる。」。しかし、彼は付け加える。「イエス・キリストの働きはキリスト者の生活と教会の存在に単に続くといわれるべきではない。聖徒の生活はイエス・キリストの地上での啓示の延長ではない。」(127)。

バルタサールの聖徒に関する研究へのとても興味をそそられる反応のなかで、イエス・キリストの歴史「すなわち聖徒」または神なる義務を果たした人々により「なされた行為とキリストの存在の繰り返しと再演」の「可能なまた実際的な表現」の全分野をフォン・バルタサールは明解にまた詳細に把握している、とバルトは記している。全くフォン・バルタサールは、聖徒を確信的なまた刺激を与える力をもって提示しているので、フォン・バルタサールがバルトの「キリスト論の圧縮」に対して「穏やかに非難する〟時、彼の意図に最終的に気がついたと、バルトは言っている。しかし「我々は彼（バルタサール）に対して対抗する質問をしなければならない。」とバルトは言う。「イエス・キリスト（Him）を象徴し、（その業を）繰り返すとされる聖徒の霊的卓越において、イエス・キリストは理論ではなく実践において、キリスト者の信仰の対象であることを止めていない」。カトリック主義での「キリスト論的ルネッサンス」において、希望的であるかもしれないが、神の義認を聖化に吸収する危険性があるとバルトは言う。*Church Dogmatics*, 4/1, trans. G.W. Bromiley (New York: Scribner's Sons, 1956), 768.

49　Barth, *The Christian Life*, 203-204.

50　Ibid., 150. バルトが広範囲に聖化の説明をしていたことはよく見落とされる。ジョセフ・マンギーナは、"The Practical Voice of Dogmatic Theology: Karl Barth on the Christian Life" (Ph. D. diss. Yale University, 1994) でバルトの聖化の理解の素晴らしい説明を提供している。バルトの罪の理解についての章で、マンギーナはバルトとニーバーを有効に比較している。ニーバーと異なり、マンギーナによると、バルトはどのような罪の説明もキリスト論的に決定されなければならないと適切に主張する(127-143)。それにもかかわらず、バルトの「罪の実存的現象学」の説明はいろいろな方法でニーバーの高慢と怠惰の説明によく似ている、とマンギーナは示唆する。ニーバーと異なり、バルトは罪の特別な人間学的手がかりは提供していないが、彼の説明は罪の概念を適用すべき場として我々の世界を参照する、とマンギーナは見ている。『教会教義学』で誇りを我々自身の人生における「判事」になりたいという欲望としてこのようにバルトは述べている。:「それぞれの人間の歴史は実際のところ何が正しいかの明確な見解の歴史である。すべての人々の歴史は、彼らの多くのいつも起こるお互いに矛盾しながらも交差しあう見解の歴史である。人間として生きることは実際長い道のどこかにいるということである。その道とは私たち自身または他者の人間的事件を判断する基準の熱心な探求から」我々は自分自身を評価することもできないし、まして他者などはという事実を明らかにする確信に対して無感覚になるような「基準の発見までの道である」。マンギーナは、誇りのこの説明はフライがバルトのその都度の弁証論の特徴として指摘した事の一例であると考える(155)。そうだとしても、それらの章句がバルトの罪の理解を指し示していようとも、私は彼が罪を彼の神学の支配的カテゴリーにすることを拒否したことを理解する方がはるかに重要と考える。

51 Barth, *The Christian Life*. 96. バルトがいかにキリスト者は神の証人であるかを示唆するのに音楽を用いたことは彼の音楽への愛好、特にモーツァルトへの愛好を考えに入れるのももちろん偶然ではない。まさしく神が創造において可能にした証人に関するバルトのもっとも「際立った」文章は、我々がいかに神の歌の一部になるかを表す手段として音楽を用いる。たとえば「被造物の自己確証のために欠けているのは何か……神御自身が話し始められ、求められ、彼の奉仕に彼らをお用いになる時、彼らは獲得できる……彼らは神の声と彼らの声をブレンドすることができる。もし彼らが神によって求められたように、また力を与えられたように、これを出来なかったとしたら神はこれらの声を貸し与えた神ではありえないだろう。彼らの話したことは、神御自身が言われることと大変よくハーモニーするので、神のことを聞くことは彼らのことを聞くことであり、彼らのことを聞くことは神のことを聞くことになる。結果として契約の外的基礎としての被造物のポリフォニーを聞くことは、永遠から選ばれ、定められ、創造主のみが呼び起こすことができ、神の言葉により彼の意志も呼び出されるシンフォニーを聞くことである。彼のみが意志を持つのではない。なぜなら、創造の内的基礎である契約に関する彼の一つのまた完全な言葉を彼が話すとき、この交響曲は実際引き出され、その声のすべての多様性のもとで創造の自己証言さえ全員一致した喝采をあげることができ、またあげるようになる。」」。Karl Barth, *Church Gogmatics*, 4/3.1 trans. G. W. Bromiley (Edinburgh: T.&T. Clark, 1961) 1059-1160. 我々が我々の声を〝ブレンド〟させなければならないとバルトが理解していることは、すくなくとも「屋根の上にひとりいる鳥」は、実は群れであることを示唆している。私が鳥のよく群れをなすことを思い出せたのは、Rev. Michael Baxter, C.S.C. のおかげである。

52 Barth, *The Christian Life*, 70. バルトにとってキリスト者とは祈る誰かであるばかりではなく祈りになった誰かである。例えばChurch Dogmatics, 2/2 に、ほとんど即興の感想のように見える表現がある。「神の永遠の意志は神に信頼する前に自分に自信を持つことを諦めて祈る行為である。」(180) とバルトは言う。彼が彼の「特殊倫理学」を始める前には、バルトの聖日、懺悔、祈りに関する意味は十分認められなかった。Church Dogmatics, 3/4: 47 を参照。もし、我々の神の求めに対する従順な返答が自由であるなら、祈りは我々の神の認知を得なければならない形式である。

53 Barth, *Church Dogmatics*, 4/3.2: 623. この段落はこの書物の「苦しみにあるキリスト者」(614-647) と題される部分のバルトの言葉をまとめたものである。ジョンソンは The Mystery of God の中でバルトのトレルチに対する拒絶少なくともその一つの局面は、トレルチの宗教へのアプローチが中産階級とその保守的なライフスタイルの社会政治学的統一見解を支える役目を担ったというバルトの見解であると示唆している (15-20)。ジョンソンが述べているように、私はバルトがブルジョワに対する一般的嫌悪を持っていたことは否定しない、しかし、バルトがキリスト者の証しの特権と彼の中産階級に対する彼自身の反感を混同していたとは思わない(ジョンソンもそう思っていないだろう。しかしある人は彼の書物からそのような印象を受けるかもしれないが)。自然神学の危険の一つは福音を尊敬すべきものとする危険であると、バルトは確かに考えていた。たとえば *Church Dogmatics* の 2/1 で「啓示の吸収と教化とがあらわされうる教会における自然神学の功績は、福音を尊敬すべきものにするとても明瞭な過程である。福音が人間に提示され、彼が手を延ばしてそれを受取り、彼の手中におさめた時、重大な危険、彼がそれを理解しないかもしれないか、それを怒って拒絶するより大きい重大な危険が発生する。その危険は、彼が受容し平穏にそしてたちまち自分自身をそれの主人また所有者にしてしまうことである。このようにそれを害のないものにしてしまい、彼をえらんだものを彼自身が選んだもののようにしてしまい、それゆえ彼が選び、支配できる他の物全てと同じものにしてしまう。」(141)。

54 Barth, *The Christian Life*, 188. 数ページ後にバルトは、このテーマを続けて次のように言っている。キリスト者は他のキリスト者との結束をほどいてはいけない。しかし、「教会の一員として神の栄誉を求める熱意を実現する」責任を引き受けなければならない。「彼は別の方法で神と和解することはできないし、彼の栄誉のために別の戦いをすることもできない。彼は、教会の目標のために立ちもしまた倒れもする。」(190)。

55 Barth, 2/1:199. バルトはもちろん、キリストの可視性と教会が神の隠蔽性についてどんな形にしろ、妥協することができないことを私たちに飽きることなく思い出させる。バルトにとって、神の隠蔽性は、我々が神を理解することに対する我々の無能についての単なる主張ではない。神を理解できないことは、神の疎遠ではなくイエス・キリストにおける神の接近である。バルトはこのように言う：「神が啓示されるところのまさにその隠されていることは我々の神の知識が開始しなければならないまた決して離れてはいけない知識を伴う神の啓示の恵みの印でしかない。しかし、神の啓示のもとでは、隠された神はいない〝no Deus absconditus, 彼の啓示の後ろで、彼の存在と行為と共に我々は時に彼の言葉と霊を越えて評価しなければ（reckon）ならない、そして我々は彼の啓示の後ろで彼を畏れまた光栄を帰さなければならない。〟『教会教義学』2/1：210 Hutter が論ずるように聖霊と教会の特別な実践との絆の維持をバルトが拒否したことは彼の教会研究と倫理学を弱めたかどうかはこの問題に残されている。Hutter の Evangelisch Ethik als Kirchliches Zeugnis:Interpretationen Zu Schlussel-fragen Theologischer Ethik in der Gegenwart (Neukirchener Verlag: Neukirchen, 1993) を見よ。バルトの側に立ってウェブスターは Hutter の批判に対してバルトは正に神の事柄（affair）である責任を教会におわせたいと思っていなかったことを Hutter は理解し損ねたと論じている。John Webster, Barth's Moral Theology: Human Action in Barth's Thought (Edinburgh: T&T. Clark, 1998) 146,170 を見よ。私はウェブスターのバルトの弁護に賛成したいと思う、特に仲介（agency）に関するバルトについての説明に、しかし私はまだ確信は持てていない。バルトは『ゲッティンゲン教義学』の頃からこれらの問題に明確に照準をあてていた。（set his sail on) そこでは彼はカトリックのサクラメントの見解とは距離を置いていた。バルトは私の知る限り彼がそこでとった立場から揺らぐことは決してなかった。バルトの聖別に関するツイングリ的見解がいかにキリスト者の聖別に関する彼の躊躇を少なくとも反映しているかに気付いているのは私だけではない。例えばトーランス Persons in Communion, 116-119 を見よ。

56 バルトはこの問題を *The Knowledge of God and the Service of God according to the Teaching of the Reformation*, trans. J. L. M. Haire and Ian Henderson(London: Hodder and Stoughton Publishers, 1938) の中で数多くの回数で語っている。そのことは、ドイツ「キリスト者」との戦いに関わるものにとっては驚くに値しない。彼は、次のように言う。〝真の教会は真理を依り所とし、真理の中に住む、そして真理はその反対、あやまちとの融合を認めないであろう。〟(167)

57 Barth, *Church Dogmatics*, 4/3. 2: 656.

58 Barth, *Church Dogmatics*, 2/2: 345-346. バルトの真理の説明が哲学者たちをいらいらさせるように意図されていることに、私は気づいている。さらにバルトの真理理解を明らかにしようとするハンジンガーの説明のような試みは、ほとんど助けにならない。:「神学的真理に関するバルトの見解は多面的である。真理は同時に、奇跡的に現実化され、しかしテキストとしては固定化され、客観的には有効であるが、実存的には本来化され、本質的にはユニークであるが、普通の人々の中で習慣化している。それは、いつも全面的に神の確証に従い、しかしその人間の受容と主張は、共同体的信条と実践の織物を伴った正当化の整合性主義の様式に開かれている。」(*How to Read Karl Barth*, ix)。「整合性主義の正当化の様式」は、「保証された主張の可能性」のような現実主義的傾向をもつ哲学者にとっては行きすぎに聞こえるかもしれないが、どんな場合でもバルトもハンジンガーも「整合性主義」の立場には満足しない、と私は思う。しかし、バルトが断言された事とその話者の未解決の問題とを切り離そうと試みる主張の自己参加型の説明の特徴に関わろうとしたとは、私は思わない。明らかに、そのような説明は提示される必要があろう。私の指摘は単純に、バルトの神学的真理に関する立場が少なくとも、キリスト者に彼が何者であるか彼らが語るものであることを要求し、それは真理の問いの意義なしではありえない。

59 Barth, *Church Dogmatics*, 4/3. 2: 494.

60 我々が今Dogmatics in Outlineとして知っている一連の講義の途中でバルトはそれまでに講義の最中何回も聞かれた質問について話すために一時中断した。(その質問とは):「貴方はこのクラスにキリスト者ではない人が座っているのを気付いていないのですか?」であった。バルトは、この質問を聞かれた時こう言ったと報告している。「私はいつも笑ってこう言ったのです。『そのことは私には何の問題でもありません。』」。キリスト者の信仰がある者と他の者たちとを分けたり、切断したりすることであれば、それはかなり恐ろしいことになるだろう。事実それは人を選んでまとめるという最も強い動機である。何が束ねるかは、単純にまた挑戦的に、共同体がそのメッセージを伝えなければならない任務である(同時に)もしわれわれがこの問題を共同体の見地からもう一度考えるとすなわちキリスト者になろうと真剣に考えている人々の立場から考えると、——〝主よ、私は信じます、私の不信仰をお助けください〟〝すべてのことはキリスト者が非キリスト者のために言葉や行いにおいて主の絵やキリストの考えを描く(or 生き生きと述べる)ことではなく、キリスト自身を指し示す中で彼らの人間的言葉と考えとで彼らの継承(したもの)の上に描くこと(or 生き生きと述べること)による事を我々は思い出さなければならない (or 覚えていなければならない remember)。〃 (93-94) バルトが下記のような勧めをした時に講義のはじめの方（earlier）で今まで述べたことを (this note) 警鐘を鳴らす形ではなした。〝不信仰と闘わなければならない人は誰でも彼自身の不信仰をあまり深刻に取り過ぎないようにすべきと助言されるべきだ。信仰だけが深刻に受け止められるべきである。もしわれわれがからし種程の信仰を持つことができれば悪魔が戦いに敗れるのに十分である。〃 (20-21)

61 Barth, Church Dogmatics, 2/2: 569.

62 Barth, The Christian Life, 197.

63 Ibid., 197-199. この講義の初期の草案で私がバルトの第二の立場の認識を正せたのは Bill Werpehowski のおかげである。バルトはこれらの二つの立場を拒否するいくつかの理由を述べている。第一の見解をとる人は、バルトによると、世界における神の客観的知識を過小評価し、教師や征服者としてみずからが世界に立ち向かうことに自信を持ち過ぎており、キリスト者が世界に負う証言の明白な内容を曖昧にし、証しが依然として純粋に人間的であることを否定している。第二の見解をとる人は神がキリストにおいてなしたことへの反対が神が参与することを妨げるほど辛辣ではないとみなし、キリスト教が世界に示す何か新しいものを持っている事実について秘密にしておかなければならないと考え、神の福音に形を与える〝No〟を曖昧にし、神の栄誉のためのキリスト者の熱意にはキリスト者に要求される特別な行為が必須であることを忘れる。Werpehowski は役に立つバルトの〝政治学〟の概観を提供する "Karl Barth and Politics" The Cambridge Companion to Karl Barth, 228-242.

64 Barth, The Christian Life, 200-201.

65 Ibid., 201.

66 Barth, Church Dogmatics, 1/1: 9

67 Karl Barth, *The Holy Spirit and the Christian Life: The Theological Basis of Ethics*, trans. Birch Hoyle, 序文 Robin Lovin (Louisville: Westminster/ John Knox, 1993)37-38. Church Dogmatics,4/3. 2 でバルトは、キリスト教の歴史哲学 (713-715) あるいは聖なる言語 (735) の展開のいかなる試みにも忠告を与えている。

もちろん議論されるべきは、ただ「知識」のみでなく、さらに重要なことはキリスト者がいかに社会的政治的問題と折り合っていくかの問題である。バルトはいつも「国家」の問題は使徒信条の第二項に属すると論じてきた。それはあたかもすべての猫は灰色である夜に生きるようであるように、教会が国家と関わって行動しないということである。しかし、バルトがただこの期待できる神学的主張の結果を展開する方策を持っていなかったというのが公平な見解であろう。このように彼の神学的政治学とも呼ばれるかもしれない説で、彼は国家に自立を与えすぎた。これはバルメン宣言の書き手としては奇妙な結果だと私は認める。それにもかかわらず、これが残念ながらバルトの最終的な立場である。バルトの「神学的政治学」については *Community, State, and Church* (Garden City, N.Y. : Anchor books, 1960) に収められている Will Herberg 監修の三つの論文に最上の形で示されている。バルトの「夜にはすべての猫は灰色」についてのコメントは、この本の 119 ページに見られる。Against the Stream のバルトの論文でバルトの政治的見解はしばしば彼の政治的見解の明確な神学的説明より良いことを示唆している。John Howard Yoder の *Karl Barth and the Problem of War* (Nashville: Abingdon Press, 1970) は非暴力の問題ばかりではなくバルトの国家の重要性の理解に関してバルトの批評の依然として最上のものである。David Matzko McCarthy はバルトが国家を下記に示すような類比が社会化される場所とみなす時、神の恵みと証明の責任が暴力を行使しようとする人々に常にあるという教会の主張の間の類比の基礎を提供するすべてのこの世の王国に関するバルトの相対化は無効になる（is undercut)。「彼が共同の人間性への自然の形態を探す時、彼はキリストと聖霊を指針として暮らし続けこの世界に平和な、恵み深い人間社会を実現しようとしている殉教者達、聖人たち、普通の人々の歴史からそれてしまうのである。」。D. M. McCarthy, "Hazarding Theology: Theological Descriptions and Particular Lives" (Ph. D. diss., Duke University, 1992), 206

68 The Mystery of God の最後の方で、ジョンソンは、「『教義的』だけでなく同時に『実践的』である神学を生み出す」とはどのようなことかを私たちに示すのに、バルトは失敗したと論じる (174)。ジョンソンの論にはいくらかの真実があるが、私は「教義的」と「実践的」とを区別することが気になる。バルトは、間違いなく彼の神学は実践的だと考えていた。ジョンソンは、バルトが神学的理由と実践的理由を区別していないと述べている。そのことは、私は思うのだが、バルトがすべての彼の研究が「実践的」だと思っていたところまでは真実である。しかし、もしバルトが実践的理由のもっと豊富な説明を展開させていたら、彼の主張を助けられたであろう。彼がそれをしなかったことは、彼の倫理学のある側面に損失を与えた。なぜなら、彼は、なぜ行為が行為者から分離できないかを示す資料を十分に持っていなかったからである。

69 Quoted in Busch, *Karl Barth*, 499.

第八章　証しの必要性

1　証しなしに論証なし

これまでかたってきた物語の簡潔な要約は、次の通りである。

「ギフォード卿は、近代性とその前提によってすでに知的、道徳的市場を席巻されてしまった教会の後継者であるが、科学的方法を適切に変更して『無制約者、全体、最初で唯一の原因、……唯一の実在』などに光をあてる連続講義を提供した。彼は、『非伝統的合理性の記述が自然科学を類比した自然神学を主題にしても少しも有効ではないとは認識していなかった。』。ジェイムズは、ダーウィン主義とプラグマティズムという不思議な結合によってギフォード卿の願いを完全に実現している。彼は、被造物の中に神を発見する自然神学を、宗教心理学に変更して、人間の主観性の中に人間性の価値を発見しようとした。若い時のニーバーは、ジェイムズのプラグマティズムと宗教の「経験的アプローチ」を採用したが、無神論と有神論を方法論的に比較するのに、彼のキリスト論がまったく役に立たなくなったことに気がつかなかった。彼が見出した神は、人間の要求の最終的実現者であるが、その規準をあまりにも完全に定めたので、その達成は、かえって「新しいエゴイズムの形態すなわちパリサイ的傲慢」にすぎなくなった。それに対して、バルトは、人間の理性や人間の宗教的経験や科学的発見からではなく、神について語ることから始めるので、自然であろうとなかろうと、神学の主題は神だと主張する。神が啓示する（その逆とは言えないが）という神学の方が、人々の生について主張できる。つまり、神から始める方が、人間について何かを語り、人間は何者か、人間はどうあるべきかを語れるようになるのである。[1]」

私は、この物語が真理だと考えるだけでなく、魅力的な物語にはつねに伴うが私たちを楽しませる（entertaining）ものと考える。もちろん、私のかたった物語が、真理であるだけでなく楽しませるのなら、ある向きには、私の提示した形態がまさに偉大な論証形式（an argument）にはなりえないと考えさせる。近代の哲学者や神学者は、およそ物語は論証形式にはならないと考える。しかし、私は、物語がまさに特殊性についての「科学」であるゆえ、説明や理解より「物語ること（narrating）」がより基本的な概念であるとするジョン・ミルバンクに同意する。[2]この見方は、全ての物語が平等に作られたというより、真理を主張する物語が、それぞれ特色ある語り口を促すとする。したがって、私が物語をみごとに語ったかどうかは、他の人々が物語の形態だけでなく、物語の実質を変化させる特徴的な登場人物によって定められるであろう。

私は、二十世紀におけるキリスト教神学の運命の物語を語ろうとしたが、それが唯一の目的ではない。バルトが私の物語の主人公であるなら、その志を控えめにすることなど無理である。つまり、バルトが私の物語の主人公なので、私の志が全面的に困難にたちいたる。バルトが、自然神学を神の教え全体から切り離しては理解できない理由を理解させるので、私は、多くの近代の神学者たちよりバルトに焦点をしぼった。私たちのような時代に、私のバルト物語は、この目的に仕えるとしても、教会にも個人のキリスト者にも善いニュースではないであろう。私たちは、バルトをキリスト教神学が合理的に正当化をなしえないと判断するときの代表と考える時代に生きている。とりわけ近代の大学を構成する知識によって考えると、そうなる。バルトが神学的主張を非神学的規準にあわせることを拒否するのは、キリスト教神学とキリスト教実践を自己正当化（self-justification）と同時に全面的に自己指示的（entirely self-referential）だと示すことになるように見える。もし、そうであるなら、私が語った物語は、ジェイムズとニーバーが彼らなりの仕方で理解したことを単純に承認するだけになる。つまり、キリスト教を偽装されたヒューマニズムだとする意味だけになる。それ以外に全く意味がなくなろう。

この私の最終講義の課題は、講義全体をつなぐことであるが、さらにキリスト教信仰とキリスト教実践が自己指示的でも自己正当化にもなりえないことである。なぜなら、バルトが主張したように、キリスト者は、父、子、聖霊の神を証ししなければならないからである。み子が御父を証しするように、聖霊が私たちにみ子を証しできるようし、その結果、世界が御父を知るようになるからである。(3)

神と世界について信じる内容を、証しなしに認識できるとするなら、キリスト者は、神と世界について信じる内容を真理でないと証拠立てることになる。すべて存在するもの、すべて造られたものは、太陽と星だけでなく私たちの心も動かすことのできる唯一の御方を証しする。もし、必然性によってだけ私たちと世界が存在するなら、証しも創造物語もいらないであろう。しかし、神は創造しなければならなかったのでもなく、さらに贖わなければならなかったのでもない。むしろ、神が創造し、贖われたのは、善き権威があることによって私たちに与えられたのである。創造と贖罪は、私たちが何者であるかを知るのに必要な物語を構成する。このような知識は、ただこの物語を語ることによってのみ理解される。

証しの必要性に注目することは、多くの人とりわけ哲学好きの人にとって、論証形式の終わりを意味することになりかねない。しかし、「証し」は、キリスト者が論証形式を始める必要条件である。証人となることは、キリスト者が自分に注目させるのではなく、私たちの生を可能にした方を証しする。少なくともキリスト者が招かれる証しは、神と、全存在と神の関係を証しするためである。

したがって、証しを語ることは、論証形式の終わりではない。キリスト者が、神と、神と世界の関係について信じるところを独特な論証形態と独特な姿勢で求めさせることになる。たとえば、ブルース・マーシャルは、「キリスト教神学者が長い間維持してきたもの、つまり教会の主要な確信は、ウィリアム・ジェイムズが『威圧的論証（coercive arguments）』と名付けるものにはならない」と考える。（これらの信条に対立することが合理的強制ではないことを示して、キリスト教共同体がどのような論証形式にも対応できることを期待する。[4]）マーシャルによると、聖霊の働きは、否定が合理的かどうかを考えて、すべてを信じ判断する方法を教えることになる。[5] 別の言葉によると、物事の在り方についてのキリスト者の主張は、つねに合理性の根拠によって否定されようとも、説得力や論証がないわけではない。

キリスト教信仰に「威圧的論証（coercive arguments）」がありえないことは、聖なる教えが議論の対象になるかどうかというアクィナスの丁寧な議論をみればわかる。アクィナスは、教義が論証の事柄にならないと論じる人たちに対して、テトスの手紙を引用して、監督は「教えに適う信頼すべき言葉をしっかり守る人でなければなりません。そうでないと、健全な教えに従って勧めたり、反対者の主張を論破したりすることもできないでしょう[6]」と語る。アクィナスは、他の学問がそれ自身の原理の証明ではなく、その原理から学問の中にある他の真理を明らかにするのと同じように、教義から論証していくと説明する。したがって、信仰箇条である教義は、その原理によって論証されるのでなく、そこからさらに何かを証明することになるのである。しかし、アクィナスは、下位の学問（哲学）が「その原理も論証しないし、それを否定する人たちとも議論しないが」、哲学における最高の学問つまり形而上学にその論証と議論を委ねると言う。しかし、形而上学は、アクィナスが神的科学（the divine science）と呼ぶさらに高位なものがあるので、最高の学問にはならない。

アクィナスによると、学問の第一原理に関する議論の相手が少しでも譲歩するなら、論証は可能である。しかし、相手が少しも譲歩しないなら、その学問が「相手の批判に答えられるにもかかわらず」議論できなくなる。したがって、

「聖なる書物は、それ以上の学問がないので、啓示によって獲得した真理の一部を相手が認めるなら、その原理を否定する人物とも議論できる。このように私たちは、聖なる書物のテキストにしたがって異端とも議論でき、信条の一部を否定する人とも他の部分から討論できる。もし相手が神の啓示を少しも信じないなら、信仰箇条を理性によって証明する方法はなく、ただ彼らの信仰に対する異議に反応するだけであろう。信仰が不可謬の真理を土台にするゆえ、また真理に反する過ちが表現されえないゆえ、信仰に対立する論証が表現されることが困難なことは明らかであるが、その困難に応えられるはずである。[7]」

このような見解は、キリスト教の教理に対する異義申し立てを避ける防御的戦略を意味するわけではない。[8]むしろ、アクィナスは、神学だけでなくあらゆる主題を論じるのに必要条件を説明することを提案している。アクィナスの見解には、キリスト教信仰を正当化できない一連の信条だなどと主張するところはどこにもない。キリスト者

は、真理でないのではないかと恐れるところから、信じることを正当化するのではない。むしろ、正当化は、彼らが信じていることを証ししなければならないところから生じ、信じることを構成する実質的確信に由来する。[9]キリスト者の証しは、異なった時代と場所によって論証形態をとったりとらなかったりする。しかし、聖霊がキリスト者の証しによって御父とみ子を証ししなければ、キリスト者は議論できなくなる。[10]

キリスト者の論証は、証しに依存するが、論証も証しも聖霊の働きである。まさにマーシャルが論じるように、キリスト教の世界観を習得することは、

「私たちの認識論的優先順位を転換することをもとめ一貫した自発性をもとめる、そうでなければ、そのままにされやすい（信条の全体ではないとしても）。少なくとも、イエス・キリストを最高の認識論的優先順位とする信仰は、理性の変化だけでなく心の変化も求める。イエス・キリストの福音は、愛されなければ認識できない真理を宣べ伝えるのである[11]（二テサロニケ2：16参照）。」

キリスト教信仰の真理が証しを必要とすることは、神が三位一体に生命をもたらす愛によって世界を創造し贖われた事実を示す「実践的（pragmatic）」表現である。それは、証しと論証が聖霊の働きであること、また真理が理性だけでなく心をも巻き込むことを意味する。キリスト教信仰は、ただ証しによってのみ知られる。なぜなら、キリスト者が礼拝する神が三位一体だからである。キリスト教信仰が証しなしに知られるとするなら、真理はもはや三位一体の働きではなく、それを採用する者もはやキリスト者ではなくなること。[12]ウィリアム・ジェイムズが生活を重要視したのは正しい。しかし、不幸にして彼は、しばしば人々の生を可能にした神を語ることが、人々の思考し

ながら生きている方法にかかわることを理解していなかった。別の言葉でいえば、ジェイムズは、彼が賞賛する生が証人の生であること、また彼らが証しする御方なしには証しがありえないことを理解していなかった。

キリスト者が自己を理解するのに、またキリスト者でない人にも理解できるようにするのには証しがなければならない。それは、ちょうど科学の知解可能性が実験の成果によると言うのと同じである。マーシャルは、科学者が実験結果に生命をかけたのと同じである、と論じる。たしかにキリスト教の殉教者がよろこんでキリストへの信仰のために生命をかけたが、科学と神学の間に類似性があるということは、そう正確な言い方ではないかもしれないが、まさに証人であることを最高に表現したのが殉教者であるが、福音が真理であると信じて死を覚悟するのと同じように、科学者は、一連の仮説としての信条が真理かどうかを確信するために実験を行う。さらに、科学者にとって、想定された結果が出ないと、彼らの実験を設計した理論が破綻することを意味する。しかし、キリスト者は、真理にふさわしい生が破れても、またその真理が死を要求したとしても、福音に信頼する。[13] キリスト者は、聖霊の継続的な働きを通して、自らを神の行為する物語の登場人物と理解して行動する。キリスト者は聖霊の働きの一部として罪の告白から学んでいるゆえ、失敗したように見える生も福音を無にしないのである。

それでも、科学者のように、キリスト者は、その実践に参加するだけでなく、その成功したキリスト教的実践が他者に開かれることをこばまない。マーシャルは、たとえば、アウシュビッツで自発的に他者に代わって死刑を宣告された殉教者、聖マクシミリアン・コルベ神父がその行為について無神論的説明がなされたとしても、キリスト者がそれをこばむ根拠はないと指摘する。このような叙述は、殉教者となった信条をコルベが真実だと考えたことを承認しても、その信条が実際に真実だとは認めてはいない。キリスト者は、このような別の説明にも開かれていなければならない。しかし、科学者のように、それが最初に叙述しようとしたことを全面的に変更した時を識別できていなければならない。マーシャルが指摘するように、キリスト者の実践の代替的選択肢の記述の仕方は、しばしば、キリスト教的実践の叙述でなくなることがある。

キリスト教的実践の代替的記述の仕方は、このような記述が実践を信条から切り離すため、しばしば出来事を裏切ることになる。たとえば、マーシャルは、精神分析によるコルベ神父のような行為の記述が、「実践の切迫感や、その実践を叙述するさらに大きな信条の織物（web）」を矮小化すると論じる。[14] 別の言葉によれば、正しく聖マクシミリアンの死を殉教と言うことは、つまり三位一体の神が世界に向けてその自己犠牲的愛を十字架によって示したことにある人物が参加することが、ただその行為の叙述だけでなく、神についての信条という複雑な織物つまり神が世界で行動する方法についての信条である複雑な織物の叙述でなければならない。したがって、聖マクシミリアンの死が正しく殉教だと叙述されるかどうかは、その叙述がより大きな信条の織物にふさわしいかどうかを問うことになる。マーシャルによると、ある一つの実践の叙述はそれだけでは、キリスト教信仰の真理は、さらに大きな信条体系の認識論的評価にとって決定的にはならない。[15] 別の言い方をすると、キリスト教信仰の真理は、「その共同体の最も中心的な信条の意味をまとめる[16]」のに必要な実践を支える政治から切り離せないのである。

マーシャルによるなら、「実践的定義」つまり「キリスト教共同体とその成員の達成した実践が共同体の中心的信条を正当化するのを助ける[17]」という見方は、キリスト教信仰にとって根本的であると見る。共同体の実践がその信条を正当化するという見方は、キリスト教が「真理の実用的定義」によって機能すること、つまりキリスト者が十分努力すれば世界を望むようにできることを示唆する。しかし、マーシャルの実践的定義はこれとは異なっている。

聖霊の働きは、キリスト者が信じる真理に証拠をつくりだすことではない。なぜなら、競合する主張をもたらす信条全体を越える信条という「証拠」はありえないからである。このようにマーシャルが言うように、聖霊は、私たちが持っていなかった理由や証拠を与え「信条の全体性に何かを付け加えるようには説得しない。むしろ、全体を形作る方法について私たちの同意を引き出すことによる[18]」のである。他の言葉によれば、殉教者が自らの信仰のために死ぬことは、イエスの復活を証明したりはしない。むしろ、ある人々がイエスの復活を信じる信仰もふくむ信条全体に同意することは、そこに殉教者が信仰のゆえに死ぬこともふくむようになるのである。[19]

マーシャルの実践の定義をこの講義の慣用句でいうなら、キリスト教は証しなしには知解可能とはならない。つまり全体を構成する特徴的な方法に同意する実践者たちなしには知解可能にならない。しかし、このような証人が存在することは、キリスト者の信じる内容を信じるように他の人々に強制できず、またそういう効果ももたらさない。証人は、証拠ではない。むしろ、彼らは、信条全体を生きる人々であり、したがって「どのように世界を調整するか[20]」をも主張する。教会が信じることを理解することは、その信仰が真理であるなら、世界のあり方も理解することになる。マクシミリアン・コルベのような証人がそれらの信条を真理だと示すように生きることによって、彼らは世界のあり方をも示すのである。

キリスト者が世界をある仕方で構築されることを信じるに至ることは、マーシャルが言うように、「彼らが描く世界を魅力的にすることや住むに適したようにすること」に依存する。しかし、世界が愛によって創造され贖われるときに魅力的になるように、このような魅力は、このような世界が存在することを誰かに信じさせるのに有効だというのではなく、さらに重要だが、有効だとするはずはないのである。魅力的な世界は、しばしばファンタジーに変わることがある。求められる激励は、喜ばせるだけでなく、キリスト教信仰に生きることがキリスト教共同体の生を実例とするように住むに適した世界（a habitable world）を表現するのである。マーシャルが示すように、「これらの信条とその生活を支えて共同体的成功をおさめることは、このような信条に描かれた世界を望むだけでなく、それがリアルであることを支持する実際の公共的自発性に出会い励まされそのように促されることである。[21]」

マーシャルのキリスト教信条と実践の関係の説明は、キリスト者がその神学でまちがうと、彼らの生もまた世界の叙述もまちがうことになると警告する。さらに正確に言えば、キリスト者が彼らの生き方をまちがえれば、しばしば彼らの神学もまちがう。バルトは、まだキリスト教を信じない人々を惹きつける方法としての自然神学を用いることを拒否した。なぜなら、彼は、キリスト者にとって、全ては他の全てに関連するので、キリスト教を魅力的にする真実な方法はただ証しによると理解したからである。バルトは、神学を正しく行うために、私たちの生を正さなければならないと考えた。バルトにとって、キリスト教とは「ある立場」や一連の信条ではなく、全てを含む単純で複雑な物語である。したがって、キリスト者は、教会と呼ばれる共同体を通して、全てのものの造り主を証しする人々である。しかし、前の講義で示唆したように、バルトは、教会がなす証しに必要な実践の全体的記述にはいたらなかった。マーシャルが論じたように、私たちは、その全体的記述をしなければならない。その実践は、キリスト者が記述するように、世界を住むに適したものにするように叙述することである。[22]その課題に向かおう。

2　バルトの証しから証しするバルトへ

さらに、マーシャルは、「初代（教会）の日常」においてキリスト教的実践を正当化することは、それらの実践を「近代西洋文化という特徴的な成果に密接に結びつけ、西洋文化をキリスト教の真理の実践的証拠とすることである[23]」と見ている。マーシャルによると、私たちの時代に福音を知解可能にする神学的試みは、それを対抗文化にすることであった。たしかに、神学者たちは、しばしば自分たちを対抗文化というスタイルとしたと。しかし、私はマーシャルがまちがっていると思う。最近のキリスト教神学と実践は、対抗文化的ではない。もちろん私は、多くのキリスト者とまたそうでない人にとっても、キリスト教信仰の力が失われてきたのは、多くのキリスト者とりわけ多くのキリスト教神学者が世界に対する教会の文化的妥協に異義を申し立てなかったことだと言いたい。

しかし、マーシャルは、キリスト教神学が福音に忠実であろうとするとき、世界の「特性に対立するように」ならなければならないと考えるようにもみえる。マーシャルは、「キリスト者は、必然的に、ある種の認識論的困難に出会う」と見ている。「なぜなら、彼らは、有効なだけでなく、認識論的境界をこえて、いつまでも合理的には競合する信条を認識論的に優先して主張するからである」[24]と言う。マーシャルは、私たちにどの信条がひきつづきキリスト者に困難をうみだすのかを語らないが、キリスト者が自分たちの信条を無批判に「この世」の認識論的要求に従わせるときに、つまり神の忍耐によって作られた時間を少しも神を知るために用いないものすべてに従わせるときに、キリスト教信仰が知解不可能になると指摘したのは正しい。しかし、私は、ギフォード卿が自然神学の名のもとに支持しようとした企図がキリスト教をあまりにも安易にこの世界に妥協するように考えさせ、またそのことを再生産させることになると指摘してきた。簡単に言うと、ギフォード卿の自然神学の理解は、滅んでゆくキリスト教世界(Christendom)で知解可能性を失うまいとし、さらにリベラルな社会秩序でも力を失うまいとする絶望的な試みの一つである。

カール・バルトは、キリスト教神学が真理について語る発話条件を、この世界の設定した前提にあわせようとすることに異議を唱えた。彼は、驚くべき知的偉業をなしとげた。しかし、それはまさに知的偉業であった。バルトの研究は、彼が愛したモーツァルトの音楽のように、あまりにも容易にゼウスの頭脳から溢れてくるように見える[25]。それは、バルトの達成したものがジョン・ハワード・ヨーダーやヨハネ・パウロ二世のような証しなしには、しばんでしまう理由である。私は、この証人の選択が気まぐれでないとしても、思いつきだと見えることに気がついている。メノナイトの人物と法王のペアは、まさに思いがけないものであるが、ヨハネ・パウロ二世がバルトとつながっていることなども思いもよらないであろう。しかし、戦争が不思議な友人をつくるように、キリスト教世界なき(after Christendom)時代に、私たちキリスト者は、以前に敵と思われていた人物が友人になることがあっても不思議ではない。ジョン・ハワード・ヨーダーとヨハネ・パウロ二世は、ただキリスト者が「証しする」だけでなく、キリスト者の証しがいかに真実かを理解させる政治の回復を象徴している。もし、彼らのような生がなければ、私の議論は、ただの「理想論」だと思われるだろう。

ジョン・ハワード・ヨーダーとヨハネ・パウロ二世は、私の論証にとってきわめて重要である。それは、彼らの生と働きが、その教会論的脈絡から切りはなされては理解できないからである。ヨーダーとこの法王は、もちろん素晴らしい知的賜物ももっているが「思想家」ではなく、近代性という前提に挑戦する教会の代表者である。彼らの教会は、ジェイムズやニーバーに代表されるような合理性や民主主義の名のもとに、神を「私事的な事柄」に従属させる試みに挑戦する。ヨーダーとこの法王は、バルトの神学がもとめた証人であっただけでなく、バルトが示す神学的発話を確信をもって使用することを回復したキリスト者である。彼らはまさにそのような証人である。さらに、教会の不一致のゆえに確信にみちたキリスト教的発話が妥協させられそうになるとしても、これから示すがジョン・ハワード・ヨーダーとヨハネ・パウロ二世は、太陽と星を動かすと同時に飼い葉桶に生まれた御方をも証しする点において一致している。(26)

もちろん、ジョン・ハワード・ヨーダーとヨハネ・パウロ二世以外にも多くの証人がいるであろう。神学者や法王で福音を決定的に証しした人物はまれかもしれないが、まさにヨーダーとあの法王がその第一人者になるであろう。福音に忠実な生活を生きる無数の匿名の人たちがいるゆえ、信仰を証しする点において彼らより優れた主体がいると二人は言うにちがいない。私は、彼らが他の人たちに注目することには疑う余地がないと思う。しかし、ジョン・ハワード・ヨーダーとヨハネ・パウロ二世は、教会が宣べ伝える真理を証しなしには知られない理由を語り、またその証しを神学的に言語化することを求めた。私がこの講座で言語化を試みるが、彼らは、その良い証人たちである。

3 ジョン・ハワード・ヨーダーとイエスの政治

この講義の主題つまり「宇宙の筋目に沿って」は、私がヨーダーに寄り頼んでいることを示している。さらに、私のジェイムズ、ニーバー、バルトの記述は、私たちの世界でヨーダーの研究がキリスト教信仰の真理を再生する試みとして意味がある理由を理解するのに必要である。もちろんヨーダーは、ギフォード講座が提出する問いに関して彼の研究が意味をもつと考えたことに戸惑うにちがいない。

私たちは、ヨーダーがこのような問いを取るに足りないなどと考えなかったと思う。さらに、私たちは、バルトの自然神学に対する否定的な描き方であっても、このような問いが彼の研究にないとは言えない。またヨーダーがバルトと共に研究し、その研究全体にバルトの影響がみられるとしても、そうである。バルトのように、ヨーダーは、自然神学の問いを病んだ形態と考えたであろう。しかし、バルトは、ヨーダーに自然神学を避けるようには教えなかった。ヨーダーがバルトから学んだことは、師から学んだ確信と技能によって神学することである。そして、その師は、バルティアンという追従者をつくろうとしたのではなく、キリストと教会に忠実な神学者になることをのぞんだはずである。[27]もし、ヨーダーが自然神学の問いをとりあげなかったとするなら、それは誰も彼に問いかけなかったという単純な理由からであろう。ヨーダーは、キリスト教的非暴力に賭ける人物であるからこそ問いかけられ、また自分をそれに応える奉仕者だと理解していたので、つねにその忠実さのために問われてきた。[28]まさに、このためヨーダーは、誰よりも、キリスト教信仰の真理への問いが教会の証しから切り離せない根拠を、またその証しが非暴力でなければならない根拠を示すことができた。

ヨーダーは、いつでもキリスト者がマーシャルのいう「認識論的困難」に出会わなければならないと主張する。ヨーダーにとって、このような困難は、ただ認識論だけでなく、根本的には終末論的現実だからであり、さらに政治的現実だからである。福音は、世界でくつろぐ（at home）ためのものであるはずがない。なぜなら、聖霊の働きによって存在させられた教会は、キリストの生と死と復活に見ることのできた神を証しするために誕生したからである。ヨーダーにとって、

「キリストはアガペー、自己贈与的愛、無抵抗的愛である。十字架において、この無抵抗の愛は、自己防衛という政治的手段の使用を放棄することも含めて、潔ぎよく忍耐強いものであった、また赦しのための死を罪人の手にゆだねたところに、究極の啓示を見いだした。この死は、神が悪に対処する方法を示している。ここにキリスト教的平和主義あるいは無抵抗主義の確かなまた唯一の出発点がある。十字架は、アガペーが成果や正義を求めないこと、さらにあの服従のために喜んで全てを失い、表面的な敗北に耐える極限を表している。[29]」

ヨーダーのキリスト教の非暴力のケースは、彼の非暴力の理解と正当化が、神を私たちの造り主であり贖い主で

あるとするキリスト教信仰と切りはなされえないゆえ、感動させずにはいられない。換言すれば、ヨーダーは、私たちに、神と非暴力が相互に構成しあうことを認めるように促している。神が私たちを抜きにしないで選ばれたこと、神が世界を私たちなしには贖われなかったこと、そのことは、神の国が非暴力によって構成される根拠と方法を私たちに認識させる。福音の良いメッセージも、私たちに受けとられてこそ善いメッセージになる。無抵抗とは、神が私たちを贖うことを選ばれた方法に名前を付けたものである。[30] つまり、キリスト者の無抵抗は、キリストに啓示された神の性格に根拠をおいている。神が世界に存在することは、キリスト者が世界に存在することである。それはヨーダーが言うように、「私たちの服従とその最終的結果の間の」計算が「ありえないことを」意味する。「なぜなら、神の勝利は、効果的な支配や保証された生存ではなく、復活によって到来したからである。神の民の服従と神の大義の勝利の関係は、原因・結果の関係ではなく、十字架と復活の関係である。[31]」

キリスト者が非暴力に責任を持つのは、しばしば考えられているように、キリスト者がこの世界から撤退することではない。イエス・キリストの教会は、彼がこの世界におられるように、この世界に存在すべきである。まさに、教会なしに世界はありえない。なぜなら、ヨーダーが言うように、教会は認識論的に世界に先行するからである。なぜなら、キリスト者は、物事の在り方をキリストの信仰告白によってすべて完全に認識できると信じるからである。つまり、「自然や社会」などという概念の意味、妥当性、範囲は、自己正当化できるものではなく、キリスト主権の告白によって支えられなければならないからである。さらに、教会は、ただ認識論的にだけでなく、価値論的にも世界に先行する。キリストの主権は、キリスト者がすべて行いまた尊重するものを導く中心点である。したがって、キリスト者は、イエスの弟子であることを阻害する欲望や愛を下位におき、また拒否しなければならないのである。[32]

教会の大義を世俗的標準やその過程にあわせて守ろうとするなら、歴史の真の意味を教会の外におくという主張でそれを裏切ることにならざるをえない。ヨーダーによると、神のなさることを基本的にキリスト教共同体によって認識せずに社会の枠組みだけで認識することは、教会がこの世界に対してコンスタンティヌス主義的妥協をおこなう証拠となる。[33] 簡単にいえば、コンスタンティヌス主義は、もはや証しを必要としない方法で、キリスト教をこの世界に必要なものとし、教会をこの世界に安住させる試みとなる。

たしかに、コンスタンティヌス主義は、歴史上さまざまな形態をとってきたが、そのさまざまな形態の中に類似性があるとすれば、それは、教会とイエス・キリストと新約聖書の妥当性をこの世に由来する標準ではかることを共通点とする。ヨーダーによると、最初の「世俗的啓示」は、ローマ皇帝の権力によりたのむ方法によって到来したと考える。しかし、私たちの近代性という世俗主義によって培われた人々にとって、この「啓示」は、私たちの唯一の選択肢が民主的、技術的社会が機能するという空想的能力を信じることであり、あるいは物事がうまくいかないので革命を唯一の意味ある命令だと信じることであった。[34]

したがって、私たちの信仰を「正当化する」関心のもと、あるいは社会に「責任を果たす」ために、キリスト者が自分たちの言語を周辺の主流言語に翻訳しなければならないと考えるのはまちがいである。初代のキリスト者つまり「メシア的ユダヤ人たちは、ヘレニズム世界にはいってよいだろうか、またその考え方に適応するだろうか?」とは問わなかった。彼らの問いは、ヘレニズム世界にはいるかどうかではなく、そこでどうあるべきかであった。ヨーダーが言うように、彼らの問いは「キリストの主権という宣言を、このような主権を問題にする状況(とりわけその状況)で、改めてどのように真正のものにできるかを問うことであった」。[35] 初代のキリスト者がしたように、私たちがしなければならないのは、ヘレニスト・キリスト者にならなければならいのかではない。私たちがなすべき最終的なものは、たとえばキリストの先在や御子の創造のわざへの参加を、私たちの時代の「多元主義的・相対主義的」言語に翻訳しようとすることではない。[36] ヨーダーが言うように、それは次のようになるであろう。

「(アメフトの、訳者) フィールド・ゴールを狙うか (ゴルフの、訳者)、スリー・アイアンを狙うかというようなものとなる。私たちが見つけなければならないのは、次のような世界内的な変形文法 (チョムスキーの法則、訳者) である。それは、イエスのメッセージと私たちの多元主義的・相対主義的世界が激突し、世界の形態を再構築するなら、何が起こるかを見抜けるようにすることである。『私たちは、多元主義的・相対主義的言語で話そうか?』というのは、ギリシャで『ギリシャ語を話そうか?』というのと同じくらい愚かな問いである。問題は、私たちが何を話すかである。私たちは『イエスは主なり、メシアなり』と語るであろう。それを多元主義的・相対主義的言語でどのように語るのか? その言語が語ること自体を禁止するなら、私たちはその禁止を尊重するのか? あるいは、なんとかそれを語る方法を見つけるのか? 私たちは、その多元主義的・相対主義的殻をあちらこちらから突破するようなユートピアを望みはしない。私たちが自分たちの主張をなんとか再表現しなければならないのは、この殻のなかでである。『真理を主張する』ことが、ある人にとって神政政治的強制や無謬性の主張のように響くかもしれないが、私たちは、聴き手を強制しない仕方でつまり聖書的用語では「証言」また「宣教」というコミュニケーションの形態を用いたいのである。[37]」

私たちは、ヘレニズムとの出会いのあとで、先達たちがキリストの主権を語ったことを、翻訳するのではなく、彼らの実践に見習うように招かれている。初代のキリスト者が神の造る平和を主張する方法としてヘレニズムの宇宙論を求めたように、今日のキリスト者は、多元主義的・相対主義的世界において、キリスト教の主張する真理を再構築する道を見つけなければならない。多元主義・相対主義の世界は混乱しているが、なじみのない世界ではない。このような世界は、最後にヨーダーが私たちに思い出させたように、歴史におけるユダヤ・キリスト教的介入の産物である。私たちは、私たちの見出した世界が少なくとも部分的には教会の伝道のもつ移動性、キリスト教的な敵への愛、教会による政治支配の相対化、教会の多くの成員によるカリスマ的ヴィジョン、帝国や神政政治に対するキリスト教の否認の結果であることを覚えなければならない。もちろん、キリスト教的証しによる少なくとも部分的結果である相対主義は、キリストにおける善いメッセージを証しする世間に対する風刺のきいた語りかけの結果である。しかし、ヨーダーによるなら、相対主義が免れないように見える世界は、福音が与えたさざ波のような衝撃の結果である。(38)

効果的な証しに対してはつまずきの石になるかもしれないが、相対主義は、教会の敵対するあるいは敵対するはずである相関的認識論という二種類の政治を深く脅かすことになる。相対主義は、特定の信条体系の背後にある政治的権威の力を確認する体制派の認識論を脅かす。ヨーダーは、この認識論がモノカルチャーの統一性を求める人々の間では、まだ信条から「主観的」選択を取り去るための規範となっていると注意する。キリスト者は、しばしば「統一性」として考えられた平和を欲するが、私たちがそうした場合にはキリストの平和とこの世的秩序を混同することになる。つまり、ヨーダーが言うように、それは、まさにローマ教会が偉大なコンスタンティヌス主義的教会になった時に起こったものである。

相対主義が脅かす他の政治的、認識論的選択肢は、主流のキリスト教とりわけ主流派プロテスタンティズムの弁証論的戦略に同意することである。なぜなら、教会には政治権力が足りないと考え、他者の拒絶に合わなくても良いような、また自分を疑わなくても良いような、ある作業つまり言語的、統計的、論理的作業を探求しなければならないとするからである。ヨーダーによると、このような戦略は特殊性を否定することになる。それは、「たえず新しい世界と出会いつづけなくても良いような安全性を見つけようとする虚しい努力で、あるいは過去の解答にしがみつくように、また明日の安全性も手にいれようとする、不調和をこえたメタ言語をつくるという虚しい努力で[39]」特殊性を否定することになる。ラインホールド・ニーバーの「永続的神話」と「原初的神話」の区別は、まさにこの誤った戦略のひとつの形態である[40]。

　これらの認識論的戦略は、両者ともイエス・キリストが主であることを否定する。キリスト者たちは、強制力によって安全性を約束する世俗的正統主義を問う多元主義的／相対主義的問いかけを戦術的同盟者にするであろう。しかし、キリスト者は、相対主義を新しい一元論にしようとするすべての試みに挑戦しなければならない。神がメシアをすべての宇宙論と文化の上においたとするキリスト教的告白は、宇宙がキリストの主権に真の結合力を見つけたというキリスト者の主張を意味する。このような確信によって灯火をともされて、パウロは、コロサイの信徒への手紙において、諸力がその主権によって打ち砕かれただけでなく、人間性に奉仕し、神を賛美する本来の創造の目的に再び参与させられると言う。ヨーダーは、次のようにヨハネ文書においても同様になると考える。

> 「宇宙と歴史の合理性であるロゴス／ソフィアは、世界に登場するすべての人を退位させるだけでなく、彼らを照らし出し、さらにその子女たちに力を与えるようになる。屠られた小羊を知ることは、弟子たちに必要なら殉教に向き合う力を与えるだけではない。それは、また日毎の熟達した仕事や取引に向かう力を与え、宇宙に対しての不安なしに、親としてまた隣人として義務を果たせるようにする。崩壊した世界が回復される再臨のときの前でさえ、最初の到来の証しは、諸力を克服したキリストを宣べ伝え、天使以上の御子を宣べ伝え、全

被造物の贖罪の先取りを可能にする。この熱く福音を伝えるキリスト論だけが、文化に対する真実な変革的アプローチをなすことができる。

私たちは、まだこの世界が信頼できるものになったとは考えない。私たちには、もともとフェアだという証拠（proof）がない。私たちは、歴史的不確実性から飛躍して、人々を信じさせあるいは私たち自身の信仰をたしかめ、他者に到達するさらに確かな土台という橋や道を知らない。私たちは、全てが彼に従っているのを見ていない。しかし、私たちは、イエスを見ている。すべての人のための死を味わって神の恵みを啓示していることを見ている。[41]（ヘブライ人２：８―９）」

これは、ジョン・ヨーダーの証しである。それは、すべての善き証しの真実であるが、しかしそれ自体に注目させるものではない。むしろ、彼のアナバプテストの先達たちと彼らの生死を可能にした神に注目させる。彼らの非暴力の力が存在しないなら、ヨーダーは、その主張の根拠を失うであろう。もし、アナバプテストたちが時代をこえてキリストに忠実に生きたキリスト者たちであることを証ししないなら、彼らの証しは不可能になろう。もし、十字架におけるキリストの犠牲を復活と昇天によって神が確証しなければ、時代をこえたキリスト者たちの証しは、不可能になろう。このような証しの根拠によって、キリスト者たちは、十字架を担うことが彼らの特徴的な告白だけではなく、彼らの生き方が「宇宙の筋目に沿うこと」を開示すると主張できるようになる。

4　ヨハネ・パウロ二世――非コンスタンティヌス主義の法王

十字架を担う生き方が宇宙の筋目を啓示すると言うことは、たしかに勇気のいる主張である。しかし、それは次第に多くのキリスト者に受け入れられている。少なくともヨハネ・パウロ二世がそうである。私は、あの法王が平和主義者になったと言いたいのではない。私は、彼の回勅を正確に読むことを通して、彼がその方向に向かっていたといいたい。さらに、私は、ヨーダーが正しく見ていたように、第二ヴァチカン公会議がローマ・カトリック教会のコンスタンティヌス主義の野心を放棄し始めたと思う。ジョージ・ワイゲルが明らかにしたように、このポーランドの法王は、ローマ・カトリックの中心で始まった第二バチカン公会議のプロセスを具体化した。[42] まさにワイゲルは、ヨハネ・パウロ二世を最初の「ポスト・コンスタンティヌス主義の法王[43]」と性格付けた。ワイゲルによると、ヨハネ・パウロ二世のポスト・コンスタンティヌス主義の立場は、彼が法王制度にもたらした精神によって確かめられる。それは、私たちが普遍的教会の一員であることをキリスト者に理解させる彼の旅路によって、またなによりも彼の厳格なキリスト論的焦点によるものである。

ヨハネ・パウロ二世の最初の回勅、『人間のあがない主 (Redemptor Hominisi)』は、「人間の救済者、イエス・キリストは、宇宙と歴史の中心である。私の想いと心は、教会と今日の人間つまりすべての家族が生きるこの世界で、厳粛な瞬間には彼の方に向かっている[44]」とする。ワイゲルは、『人間のあがない主』においてカロル・ヴォイティワが30年間練ってきた同時代の人間の条件についての神学的分析を全世界の聴衆に語りかけたという。[45] この回勅で、ヨハネ・パウロ二世は、キリスト者の一致だけでなく、その一致がキリストにおけるすべての人の一致を暗示する希望を提供している。さらに、このような一致は非暴力において見いだせるとする。

「キリストが『天の国は力づくで襲われており、激しく襲う者がそれを奪い取ろうとしている』と言われ、さらに『この世の子らは、……光の子らよりも賢くふるまっている』と言われたのは、理由がないわけではない。私たちは、喜んでこの非難を受け止めよう。私たちは、しばしば教会史に見たような、また今でも見るような、暴力的な神の民にみえる。また私たちは、キリストを世界に啓示する偉大な使命を与えられていると感じており、すべての人がキリストの中に自分を見出し、今の時代の兄弟、姉妹、人民、諸民族、諸国、人類、発展途上国、豊かな国々、簡単にいえば全ての人が『キリストの未曾有の豊かさ』を知るに至るように助けたい。なぜなら、この豊かさは、全ての人々のためであり、すべての人々が所有するためだからである。[46]」

平和の神の民は、世界に対して「暴力的な民」として見えざるを得ない。それはまさに、暴力の常態に挑戦するからである。ヨハネ・パウロ二世の招く一致が、キリストにおいて見出されるべき一致であるからである。つまり、これがまずナチスに苦しんで生き延び、後に共産主義に苦しんで生き延びた頑固者の心をもつ法王である。彼が後で表現したように、「私は、同時代の偉大な経験に参加した。悪の手に落ちて謙遜を学んだ[47]」のである。ヨハネ・パウロ二世の提供する希望は、聖霊によって教会に現存するキリストのわざ以外のなににものにも土台をもたない希望である。彼は、教会を「霊と言葉と愛の他に少しも武器も持たないが、時が良くても悪くても（Ⅱテモテ４：２）その言葉を宣べ伝えることをやめないもの」と考える。この法王は、教会が神の名と人間性の名において国々が互いに戦争しないようにと懇願することをやめない、と宣言する。「殺してはならない。人々を傷つけたり、殺戮したりする準備をしないようにしよう。飢餓と苦悩の中にある兄弟姉妹のことを考えて欲しい。互いに自由と尊厳を重んじよう[48]」と。

ヨハネ・パウロ二世にとって、教会は、真理の行為者であるかぎり、暴力に対する代替的選択肢である。彼は、『人間のあがない主』で、彼が記したすべての回勅の中心にある主題を指示している。つまり、教会が世界に対して義務を負うのは、そこに存在しまた「イエスはキリストなり」と真理を語ることである。第二ヴァチカン公会議は、世界を前にして、教会が神的真理に責任をもつ社会的主体として出現することであると明確にしている。

「深い感動をもって私たちは、キリストが『あなたがたが聞いている言葉はわたしのものではなく、私をお遣わしになった父のものである。』（ヨハネ福音書14：24）と語られるのを聞く。私たちの主による主張において、私たちは、啓示された真理つまり神ご自身の『属性』について責任をもつわけではないと知るのではないか。なぜなら、『父のふところにいる独り子』（ヨハネ福音書1：18）でさえ、預言者、教師としてその真理を伝達するときに神的源泉に全面的に忠実に行動しなければならないと強調するからである。教会が教え、告白するときにも、同じ忠実さが信仰の構成要素となる。特別な超自然的美徳としての信仰は、人間の精神に注入され、神が啓示された言葉に応答して神の認識を分け合う。[49]」

ヨハネ・パウロ二世は、『人間のあがない主』で、キリストを希望の源とするだけでなく、近代に対する見事な病理学的分析で、その希望の根拠も提供している。彼は、恐れが近代的生の特徴だとして指摘する。近代人としての私たちは、自分たちが作ったものを恐れている。とりわけ自分たちの特産（genuin）と主導性（initiative）の結果を恐れていると指摘する。私たちは、自分たちの作り出したものが自分たちに対立し、思いがけない仕方で自己破壊の道具となることを恐れている。[50]最近の回勅では、子どもをこの世界に受け入れることの躊躇に、まさに私たちの状態を「死の文化」と描く。なぜなら、私たちが神の善き被造物であると呼ばれることを恐れるからである。妊娠中絶は、私たちが真理を恐れた結果、破壊と死に魅入られた徴である。私たちが死に魅入られるのは、私たちの死の意識が一瞬でも存在したことを確かめるからであり、その瞬間に私たちの存在が課題になるという淡い希望を提供するからである。[51]

ヨハネ・パウロ二世は、死の文化に直面した教会が、信仰と道徳の分離を真剣に考える余裕などないと言う。信仰と道徳とを分けることは、多くの人々にとって、少なくともキリスト者にとって神がいないかのように生きることになる。したがって、法王は、キリスト者がその信仰をただ単に知的に受け入れるだけの一連の命題にはならないことを再発見すべきだと語る。むしろ、「信仰は、キリストの生きた知識であり、彼の命令に生きた記憶であり、生き抜くべき真理である。どのような場合でも、それが行動に移され実践されなければ、その言葉を受け入れたことにはならない[52]」となる。ヨハネ・パウロ二世によれば、キリスト者の生活は、証しの生活にならざるを得ない。またその証しは、つねに殉教の可能性にあるものである。「福音（the Gospel）のラディカルな命令に同意するなら、慈愛（Charity）は、信仰者を殉教という最高の証しへと導くのである。[53]」

おそらく、法王がキリスト者の殉教を日常的実践に結びつけるのは、まことに奇妙だと思われよう。しかも、妊娠中絶は、ただの道徳的選択ではない。自殺も単なる選択ではない。さらに死刑も戦争も大きな課題である。私は、ヨハネ・パウロ二世がこの結びつきに注目したことに感動する。彼は、殉教が神の法の聖性を証しし、神の教会の聖性の印であると言う。殉教者を生むことによって、教会は市民社会に奉仕する。また人間を苦しめる極めて危険な危機を回避することに仕える。「善と悪の混同は、個人と共同体の道徳秩序を形成し保持することを不可能にする[54]」。多くの場合、法王は寛容となり、キリスト者が殉教者になることはないであろうと言う。しかし――、

「すべてのキリスト者が日常的に、労苦を惜しまず犠牲をはらってもなすべき終始一貫した証しがある。まさに、道徳秩序に忠誠が求められるときには多くの困難があり、日常的環境の中で祈りもとめる神の恵みによって、キリスト者はときには英雄的決断にいたらなければならない。[55]」

私は、少しもヨハネ・パウロ二世の証しをきれいごとですませようとは思わない。[56] また、ヨハネ・パウロ二世とジョン・ハワード・ヨーダーの生涯と働きを比較しようなどとも思わない。メノナイトの神学者は、あの法王と異なり目立たないが、ヨハネ・パウロ二世とジョン・ハワード・ヨーダーは、教会の生と証人のキリスト論的中心性を再発見した点で明らかである。さらに、この中心性は、この世界の生を掴んでいる死に対抗する代替的選択肢としての平和を教会に証しさせる。ヨハネ・パウロ二世とジョン・ハワード・ヨーダーが幾つかの違いを越えて共有するのは、二人とも高く評価するひとりの人物の生を実例とすることである。その生には、ドロシー・デイという名前がある。

ドロシー・デイは、従順で敬虔なカトリック信者で、平和主義者であり、マーシー（慈愛）という協同事業の日常的実践に献身していた。[57] 彼女とピーター・モウリンは協力して「カトリック・ワーカー」を創設したが、マルキストや社会主義者よりラディカルであった。彼らは、ここにこそ力を注ぐべきだという仕方で「ホスピタリティの家」を幾つか建てた。[58] 私たちは、ドロシー・デイが存在していたので、ヨハネ・パウロ二世とジョン・ハワード・ヨーダーが証しした教会がただの理想ではなく、否定できない現実であることを知る。さらに、このような教会は、まさに剣ではなく十字架が私たちにとって宇宙の筋目を啓示することを示すために存在している。

5　教会と大学

ジョン・ハワード・ヨーダーやヨハネ・パウロ二世のような証人がキリスト教信仰の合理性にとって決定的だと示唆することは、ギフォード講座の講師に、神の存在について説得力のある哲学的議論を期待する人々に忍耐を求めることになろう。わたしは、ドロシー・デイに少しく言及して、それらの人々にもこれまでのギフォード講座で展開した議論を支えてくれる素晴らしい実例であることを確証できると確信する。私の議論に反対する人々に対して、彼らがドロシー・デイのしたような実践を提示できるかどうかを問いたい。

しかし、キリスト教実践の外側にキリスト教信仰の真理を評価する立場がないとするなら、マーシャルの用語でいえば、信仰の「認識論的困難」となるが、彼らの生き方を信頼する以外にないのではないか。キリスト教信仰の評価に生き方が求められても、そのような生は、魅力的かそうでないのかと言うだけではないだろう。キリスト教信仰の真理は、教会の真実（the faithfulness）に依存する。そうだとすればその真実を構成するものをどう決定すればよいのか。教会が非暴力の力をもつかどうかで、キリスト教信仰の真実を主張できるという理解を形作ると示唆するのか。私は、キリスト者の証しの真実が、キリスト者が「死の文化」つまり妊娠中絶や自殺や死刑や戦争を受け入れるときに妥協的になると考えるのか。

その通り。答えは全く「然り」である。さらに、私がただしいとすれば、論証が循環するだけという問いに答えられる方法となる。キリスト者は、その循環という非難に答えようとして、信仰を私たちの生活に根ざす方法から引き離したり、さらに重要であるが、私たちの生活が教会に根ざす方法から引き離したりするなら、キリスト者はキリスト教信仰の文法を裏切ることになる。簡単に言うと、近代におけるキリスト者は、信仰の真実についての問いに答える力がなくなったのである。なぜなら、神には意味がないという前提を受け入れた世界の考えを認めたからである。キリスト者にもそうでない者にも、同じ問題は、キリスト教であるかどうかによって特徴を表現できる仕方で生きられなくなったことである。

第一講義で、私は、何がキリスト者をキリスト者とするかを、キリスト者が表現できなくなった理由を多く述べた。しかし、最も重要な理由のひとつは、キリスト教大学として知られた大学を、キリス者が維持できなくなったことである。[59] まさに、キリスト者として証しの生活を導く力が、殉教に匹敵するほどのキリスト教の知的証しを維持できなくなった教会の力であるが、妥協によって失われたのである。[60] よくて、民主的な社会秩序に求められた実践と知識によって形作られた大学で、キリスト教の存在は、倫理学科目にだけ関連し、あるいは「学生生活」の課題に含まれた「価値」の領域にだけ限定されている。キリスト教信仰がカリキュラムの実質的内容と教育実践に少しも関わるとは考えられなくなっている。

世界に要求することによってキリスト者の特徴を再発見する場となる大学に注目するが、私は、キリスト者にとっての大学の意味を過大評価するつもりはない。近代的大学の性格によって、私たちの時代の最も重要な知的研究が大学の外でなされることを私たちはよく知っているので、驚くことはない。[61] さらに、ドロシー・デイが具体化した「ホスピタリティ」というキリスト教実践とヨハネ・パウロ二世が中心にいる教会一致の試みは、私たちの大学を維持する力より、世界を住めるようにするキリスト教理解にとって重要である。[62] しかし、大学に参加することによって、少なくとも私は、いかにキリスト者と非キリスト者の間に有用な違いがあることを発見できる方法を示唆できる。また、私は、大学がキリスト教であるかどうかより、教会の存在がキリスト教大学を支えるのに有効であるかどうかを問題にしなければならない。このことを明らかにしなければならない[63]。

ジョン・ハワード・ヨーダーとヨハネ・パウロ二世がキリスト教の知識を大学の「ソフトな部分」にだけ限定するのを拒んでも驚くことはない。たとえば、ヨーダーは、神の民の服従と神の大義の勝利の関係が、原因・結果の関係ではなく、十字架と復活の関係であるなら、キリスト者によってなされる歴史記述は、自分の生が神と関係ないという人々によってなされる歴史記述と異なるに違いないと論じる[64]。したがって、歴史は、軍事的歴史家と戦争年代記と統治機関の手から取り戻されなければならなくなる。そうすれば、ある社会の性格は、「歴史に役割を与えられなかった」普通の人々によって叙述され、判断されるようになる。こうして、ヨーダーは、次のように問いかける。「歴史をある政治学理論の証拠として読む代わりに、つまり物理的強制の独占としての国家を必要条件として定義する代わりに、私たちは、本来的な力をつねに別の仕方でまとめ正当化する同意に呼応する仮説に開かれた物語に学ぶべきではないか[65]」と。

ヨーダーは、キリスト教的歴史編纂が歴史の他の認識方法や叙述方法から孤立すべきだと言っているわけではない。彼は、キリスト者が「あなたはあなたの物語をもてばよい。私は私の物語で行く」という状態を推薦しているわけでもない。むしろ、彼は、キリスト者の証しが真実なら、キリスト者の語る物語の方法と他者の物語の方法が、キリスト教的ではない歴史編纂を支配的前提に置くことにはならないと言う。さらに、歴史を自分たちの語法で記すキリスト者は、教会と世界の間に差異をおくことを学ぶのである。もちろん、キリスト者は、彼らの出来事の記述と他の記述の間に深い連続性も発見するであろう。しかし、それは、教会が社会から孤立して存在しないことを示しているにすぎない。私たちがキリスト者として礼拝する神を与えられるなら、私たちの神が存在しないかのようにあらわされたとしても、また証拠立てられたとしても驚く必要はない。

ヨーダーの立場は、キリスト者にも非キリスト者にも、まさに問題とされるが、ヨハネ・パウロ二世が『信仰と理性』という回勅で哲学に対して示した立場に比べるなら、弱いものである。しかし、この法王の立場がいかにラディカルであるかは、直接的に明らかにならないであろう。[66] ヨハネ・パウロ二世は、「哲学」という用語に様々な意味があり、哲学体系に多様性があるにもかかわらず、キリスト者が関わる哲学研究には中心があると主張する。たとえば、彼は次のように問いかける。

「自由で知的な主体としての人格概念と同時に、整合性や究極性や因果律という原理を、神と真理と善を知る力と共に考えてみよう。またすべての人に共有される基本的道徳律について考えてみよう。これらは、異なった思想学派を越えて、人間性という精神的遺産として判断される知的集合体である。それは、あたかも暗黙の哲学（implicit philosophy）に到達するようなものであり、一般的であり省察されない方法であるにもかかわらず、全ての人が所有する原理であると感じるものである。まさにすべての人が何らかの仕方で共有しているゆえ、この知識は、異なった哲学学派にとってもある参照点として働くにちがいない。[67]」

したがって、ヨハネ・パウロ二世は、教会が私たちの生をさらに価値あるものとする活動に名前を付けた哲学を評価せざるを得ないと主張する。まさに、彼は、「教会は、信仰をより深く理解しまた福音の真理を知らない人々に伝達するのに哲学が不可欠な助けになると考える[68]」と主張する。

このことは少しもラディカルなところがないように思えるが、ヨハネ・パウロ二世は、さらに教会にイエス・キリストの啓示を担う力があると確信するゆえ、また第二ヴァチカン公会議が司教たちを「神的、普遍的真理の証人」

であると主張するゆえ、哲学が「人間の真理への志向を主張するより、むしろ多くの知識を支えられなくなり、しだいに眼差しを高く上げる力を失い、存在の真理を掲げなくなったと批判せざるを得ない[69]」のである。ヨハネ・パウロ二世の視座からみるなら、近代哲学は、認識が真理であることを保証する認識論を展開しようとしてかえって哲学的失敗をおかしたのである。近代哲学は、その過程において、存在が認識に優先するあり方を忘れ、認識することを私たちがいかに認識するかによって規定しようとするのである[70]。

20世紀の終わりに、少なくとも北半球で極めて世俗的になった世紀の終わりに、私たちは、法王ともあろう方が理性的な行為を守ろうとするのを見る。さらに、私たちは、彼が学問としての哲学の善さを讃えるのも見る。しかし、私たちは、また彼が理性の働きの成果が真理であったとしても、「より大きな信仰の地平においてそれらの真の意味を習得する」と論じることも知っている。つまり、「人の一歩一歩を定めるのは主である。人は自らの道について何を理解していようか[71]」（箴言20：24）と言う。別の言葉でいえば、哲学によって発見された真理は、啓示によって知られた真理によって試され判断されなければならないのである。なぜなら、後者は、人間の理性によって工夫された論証の産物や蓄積ではなく、イエス・キリストという生の賜物として与えられるからである。この賜物は、理性の働きに対して思考を刺激し、愛の表現として受け入れるように目的を示すからである[72]。

したがって、ヨハネ・パウロ二世は、カトリック大学でなされる哲学の方法と世俗的制度でなされる哲学の方法に差異があると主張する。もちろん、カトリック哲学者のなすことの多くは、非カトリック哲学と区別されない場合もある。しかし、カトリック哲学者は、非カトリック哲学からよく学んでいくであろう。明らかに、あの法王は、哲学における専門性また他の学問の専門性を尊重し、カトリック的なものとそうでないものをそれほど強く区別するわけではない。しかし、彼は、近代的大学のカリキュラムに特徴的な断片化（fragmentation）を受け入れたくない。

この断片化は、私たちが何を知るかについての秩序がなく、またそれをどう知るのかについての秩序もない文化的前提を表現する。[73] ヨハネ・パウロ二世の視座からみると、哲学者たちは、私たちの認識、したがって私たちのカリキュラムについて特別にその知的作業に責任をもつのである。

この信仰と理性の関係の理解を与えられるなら、ヨハネ・パウロ二世が、大学としての活動に少しも妥協せず、大学が完全にカトリック大学でありうるとするのであり、またそうでなければならないと考えても不思議ではない。[74]『教会の心から（Ex Corde Ecclesiae）』において、彼は、教会が大学の働きに重要な役割を果たすだけでなく、真理である神が認識されるなら大学の働きが最高になるとする。別の言葉でいえば、大学は、教会において重要な役割を果たすのである。したがって、カトリック大学は、大学としてまたカトリック教会の延長として、絶えざる変革に招かれる。なぜなら、両者において人間の人格の意味を共通の課題とするからである。神学は、カトリック大学において特別に重要な役割を果たさなければならない。なぜなら、「他のすべての学問においてそれらの意味探求に奉仕するからである。それは、それらの意味の発見がいかに個人と社会に影響を与えるかを調べるのを助けるだけでなく、それらの方法論には含まれない視座や方向性を与えるからである。[75]」

マッキンタイアは、『道徳研究の三つの対抗版』（Three Rival Versions of Moral Enquiry）の最終章で、近代的大学がトマス主義のある問いに直面していると示唆する。どのようなトマス主義の具体化の試みも、「現代のアカデミアが提供する分割と断片化をもたらす区画化による学問とは異なったカリキュラム秩序と、現代のアカデミアが提供できない道徳的責任をもった対話的探求の展開の、両者を求める[76]」のである。したがって、トマス主義者、とくにヨハネ・パウロ二世のようなトマス主義者は、近代的大学がどのような特定の善のために仕えるのか、さらに近代的大学が何のためにあるのかという問いを避けることができない。しかし、マッキンタイアによると、それらは、大学が矛盾を克服するという幻想を保持するために近代的大学が抑えてきた諸問題そのものである。ジェイムズの有名なホテルの廊下のように、近代的大学は、(金銭をもっている)すべての人のためにすべてをであるが、ジェイムズが言ったように、「第一のもの、原理、概念、推定された必然性から眼をそらし、最後のもの、実り、結果、事実に目を向けている」[77]。

これと比べて、マッキンタイアは、大学が「合理的正当化の概念や標準を詳細に検討し、研究という詳細な実践を行う場所またそれら自身が合理的に評価される場所であり、その結果、幅広い社会は、大学によってのみ実践あるいは理論として合理的に防御できる議論の仕方を学べる」[78]と論じる。したがって、マッキンタイアは、前近代の強制され、制限された合意をもつ大学と、いわゆる強制されないとされる合意のもとにある近代的大学つまり不同意を強制された大学の両者とちがった代替物が私たちに必要であることを示唆する[79]。マッキンタイアの大学には、百科辞典的、起源論的、伝統主義的教授陣がいるはずである。つまり、真剣な研究にはあらゆる見解が含まれるだろうということである。時間がたつうちに、この調整は、幾つかの対立する一連の大学の設立になろう。この結果は、幅広い社会における対立軸の主張になる。つまり、それ自身の用語で研究を発展させる大学に対応し、それ自身の排除と禁止のセットによって探求の進歩を保証するという合意を確保する大学に対応する[80]。

マッキンタイアの近代的大学の性格の分析は、ヨーダーが歴史について語り、法王が哲学について語った理由を教育課程の事柄として示唆するだけでは終わらない。むしろ、ヨーダーと法王は、このような認識が教会といわれる政治によってのみ合理的に支持されると主張する。問題は、世界のあり方についてのキリスト教的主張が、キリスト者が別の観点をもつ人々との議論に参加できなくするかどうかではない。むしろ、問題は、教会がキリスト者と非キリスト者が互いを熱く必要とする論証を維持できる人々を生み出しているかどうかである。この視座から考えると、キリスト者と非キリスト者は、両者とも同じく、教会と世界を区別しにくくすると絶望的になる。もちろん、キリスト者にとっての絶望は、私たちが目にしていることの意味を知る力を奪う悪徳である。私たちは、ジョン・ハワード・ヨーダーやヨハネ・パウロ二世やドロシー・デイという名の人物たちの生を知らなければならない。

★　★　★

長い期間（また全て長い期間であったが）、全てが語られ行われた時、ジェイムズが正しかったと思う。私たちは、その果実によって真実を知るようになる。しかしながら、ジェイムズは、彼の最大のプラグマティックな責任に従うことにおいて失敗した。ジェイムズは、アメリカ文化の実践によって形作られたゆえ、究極的には個人化された行為を好む脈絡に限定し、認識者の共同体から切り離されただけでなく、伝統や歴史や物語によって共同体が機能することからも切り離された。さらに、ニーバーもまた、行為を理解する脈絡から切り離された行為の個人化に限定し、ジェイムズと同じくプラグマティックであるより神学的でなければならない最善の責任を負う点でも失敗した。もちろん、これらのギフォード講座の講師たちの働きを性格づける抽象性は、ギフォード講座の講師たちを基礎づけた前提を決定したのと同じ抽象性である。[81]

キリスト教は、クリステンドム（Christendom）のたそがれの中で、それ自体不可視的にならざるを得ない、また完全消滅させたくない人たちにとっても不可視的にならざるを得ない。この不可視性は、ジェイムズの研究にもニーバーの研究にも同じように認識されるが、同じではない。カール・バルトは、希薄になったキリスト教を維持しようとした近代的小片を、想像力に富む態度で拒絶した。バルトは、キリスト教の伝統である聖書的、神学的源泉を再び強調して、クリステンドムなき世界において、福音の可視性をイメージさせた。バルトは、自分自身に教えただけではなく、望ましいことに遠慮なく神学する方法で彼に倣う人たちにも教えたので、それが可能になった。

バルトは、悟らせるのではなく、まず証しすることを求め、まさに証しによって悟ることを求めたが、彼の証しは更に証しを求める。まさにバルトの仕事は、さらなる証しが求められなかったなら、それ以上の力をもたなかったであろう。そのような証しに訴えることは、時と時の間で、キリスト者としての私たちがなすべき論証を避けることではない。むしろ、キリスト者は、神がいつでも私たちに異議申し立てと論証を同時に表明する時間を与えてくれると信じる。私たちは自分の人生が自分のものでないことを知っているゆえ、私たちの論証のために時間を与えられてきたし与えられうるのである。このようにして、私たちは、死に対する防御策をこうじなくても生きられるようになる。いや証しとしての人生を生きることが可能になる。私はすでに、証しなしに論証なし、と言っておいた。しかし、論証がつねに証しを伴うとは限らない。いつか証しは、すべてのキリスト者が提供しなければならないものとなる。またいつか証しが十分できるようにする。なぜなら、人類がナザレのイエスの十字架と復活を通して神の被造物の配慮に参加することを発見するだけでなく、むしろ発見より力強く参加するようになるからである。

(Endnotes)

1　この要約は、ジェイムズ、ニーバー、バルトについて論じた第一章から第七章までを講義したギフォード講座に参加した学生の一人サラ・コンラッド・ソアさんによるものである。私は、批判的であるだけでなく、私が言おうとすることをさらにより良く理解できるように助けてくれるこのクラスに大いに感謝している。ソアさんの要約は、私の講義の初版に対するレポートの一部である。私は、私が作るのにより良いものであると考え、さらに私は、著者の記したことを読者より著者の方がよく知っていると主張するのではなく、著者の記したことを他の人から聞いた方がよいと考えるから、彼女の要約を用いたのである。もちろん、常にそうであろうが、別の場合もあろう。私の語った物語の叙述を用いることを許可されたソアさんに私は感謝したい。

2 John Milbank, Theology and Social Theory: Beyond Secular Reason (Oxford: Basil Blackwell, 1990), 264-267

3 私は、この定式についてブルース・マーシャルに負っている。彼は、「三位一体の神は、ご自身の生を共有させるために、私たちに真実な信条を与えられた。被造物についての無数の信条は、三位一体の神と世界におけるその目的についての信条に結び付けられる。またおそらく、そうであるものとそうでないものの区別は、明瞭にあるいは有効に線引きなどできないであろう。したがって、聖霊は、私たちが神についてだけでなく、その他すべてのものについて真実な信条を私たちに持たせると考える仕方で、神の生に参加させる。私たちがそれらを他の全てのものを真実にするものと見る限りにおいて信じるゆえに、それは、聖霊が、私たちの信条を普遍的に（もちろん、いつもそう思えなくても）真実であることを保証するのだと言うことになる」。Trinity and Truth (Cambridge: Cambridge University Press, 2000), 281.

4 Ibid., 181. もちろん、近代性におけるキリスト者たちの最大の失敗の一つは、アラスデア・マッキンタイアが主張するように、無神論者に徐々に不信仰をゆるしたことである。Alasdair MacIntyre, with Paul Ricoeur. The Religious Significance of Atheism (New York: Columbia University Press, 1969), 24. 参照。キリスト者たちは、神が存在しないという主張になる世界の叙述について、マッキンタイアのいう「認識論的危機」をもたらした責任がある。近代性におけるキリスト者たちの最大の失敗は、この世界と私たちが安らいでしてしまったことである。

5 「全てを判断する」という語句は、私が最初の講義で「物事のあり方」と語った慣用語法と同じ位置づけである。つまり、神学がその叙述をすべきであることである。「全てを判断する」と「物事のあり方」は、さらに哲学的な実在についての見解の代役として考えられるであろう。エイダン・ニコルス（Aidan Nichols）が示唆するように、神学の習慣は、適切な対象によって刺激される自発性である。そのような対象は、①「実在」、②「聖なる歴史」、③「聖書」という三つの中心点にまとめられる。「実在」は、最大の円であり、ある人々には最重要な「対象」だと考えられる。それは、神学が適切な形而上学の展開のために依存することを意味している。しかし、ニコルスは、「実在」が「注目すべき何かの」省略表現でしかないと示唆する。残念ながら、神学者たちは、存在としての存在（being qua being）の叙述を展開することによって、つまり哲学が「存在」と呼ぶ特別な主題をもつという間違った見方を模造する叙述を展開することによって、「注目すべき何か」と関わりをもつことを避けられると考える。まさに、この間違いを避ける方法として、「物事のあり方」という日常用語を私は支持する。Aidan Nichols, The Shape of Catholic Theology (Collegeville, Minn.: Liturgical Press, 1991), 18. 参照。

6 St. Thomas Aquinas, Summa Theologica, trans. The Fathers of English Dominican Province (Westminster, Md.: Christian Classics, 1948), 1.1.8 トマスは、テトスの手紙１：９を引用している。

7 Aquinas, Summa Theologica, 1.1.8. 第一原理が論証には必要であるというアクィナスの主張は、今日の哲学者たちには広く受け入れられていない。アクィナス（とアリストテレス）の第一原理の理解については、Alasdair MacIntyre, First Principle, Final Ends, and Contemporary Issues (Milwaukee: Marquette University Press, 1990). を参照。マッキンタイアは、第一原理を無視する現代の哲学的習慣が個別的な存在の活動を叙述するのに必要なテロスを排除することと密接に関連していると論じる。マッキンタイアによると、「本来的第一原理は、ある規定された固定的で変更不能な目的によって特徴づけられた宇宙にだけ一つの場所を持てる。その目的は、私たちの個別的な目的、欲望、関心、決断が評価されまた間違って方向づけられる標準を提供するものである。」(7)。マッキンタイアは、第一原理が分析的であるが、それがアプリオリに真理であると知られうることを意味しているわけではなく、第一原理は、それらが埋め込まれた活動に参加して知的に把握される判断である。マッキンタイアの第一原理の理解は、物事のあり方についての別の説明に出会うとき、探求の伝統がどのように「認識論的危機」に置かれるかの説明を理解するのに重要である。このような危機は、理論的達成が物語的表現という実践に根付いていることに注目させる。私が考えるようにマッキンタイアの探求の理解がただしいのなら、私のキリスト教的確信の構成要素としての証しの強調は、神学的探求がいかにただしいかを示す試みとなる。

8　防御的戦略の見解については、Wayne Proudfoot, Religious Experience (Berkeley: University of California Press, 1985), と、Mathew Bagger, Religious Experience, Justification, and History (Cambridge: Cambridge University Press, 1999), 103-104, 133-134. を参照。バッガーは、プラウドフットに続いて、防御的戦略を宗教哲学者によって宗教の外からの批判的探求を排除するものと特徴づける。換言すれば、それは、それが正当化されえないし、偽造されえないことを示して、宗教経験の叙述あるいはその信条の叙述を維持する試みである。私は、バッガーがこの「戦略」を正しく批判したと考えるにもかかわらず、彼は、なんの保証もないのに神学的主張が立証責任を負うという文化的前提のゆえに、近代性における神学者たちをそのように促す理由を示していない。「防御的戦略」は、しばしばその前提に対する抵抗の試みである。

9　マーシャルは、殉教者の血が彼らの信条の真理とはちがう他者にとって証拠を提供するであろうが、それは、殉教者にとっての真実ではないとただしく注意する。殉教者は、「彼が福音を信じ福音の神を愛するゆえに死ぬのであって、信じるゆえに死ぬのではない。したがって、実践的理論の参加主義的解釈は、矛盾に逢着する。∴人は、教会の実践に卓越的にまた成功して参加すればするほど、それらの実践を教会の信条のための証拠とする必要は少なくなる（あるいは実践がこのように第一に扱われることが疑わしくなるのである）。聖徒の生が認識の意味を持つとしても、新約聖書が主張するように他の人々のためであっても、それは聖徒自身のためではない。むしろ、聖徒は、その確信によって存在するのであり、聖徒らしくなるためではない。」（Trinity and Truth, 190-191.）人は、私が正当化の問題と真理の問題を混同していると反論するかもしれない。しかし、私にとって、正当化と真理の間の厳格な区別が問題なのではない。それでも、マーシャルは、正当化された信条と真理の信条の間の区別を説明する叙述を提供する。（Trinity and Truth, 7-9, 105-106, 223-226）. マーシャルの殉教者の説明の素晴らしい確証は、Brad Gregory's Salvation at Stake: Christian Martyrdom in Early Modern Europe (Cambridge: Harvard University Press, 1999). を参照。グレゴリーは最近の宗教の説明において殉教が信じる内容が真理であるために誰もが喜んで死ぬと考えるなら、それは方法論的欠陥だと注意する。なぜなら、それは「職業的」になるからである。彼は、「ニーチェがそれほど衝撃的でなくなる。∴もう彼は過去である。同時に無関心の結果が無神論的前提を現状維持（status quo）に深く埋め込むことを助け、懐疑主義と無神論を中立と取り違えることになる。制度的にまた知的に、我々の世界は初期の近代的キリスト者の信じ想像した世界である。私は、彼らがそれで生きようとは思わなかったと確信する(352)。

10 ジェイムズ・マックレンドンは、『組織神学』の第三巻に『証し』というタイトルをつける。なぜなら、それは、伝統的に最終巻が宣教論にかかわり、宣教論の領域を描きまたその領域の戦略と戦術に関わるからである。したがって、彼は、キリスト教と文化に関わる問題を取り上げ、同時にキリスト教信仰がいかに正当化されるかを取り上げる。私は、マックレンドンが正しいと考える、つまり正当化の問題はまさにキリスト教的証しの部分の集合だからである。マックレンドンの『証しの神学』と名付けられた書物とりわけ最終章を参照。そこには世界における私たちの位置づけについてのキリスト教的理解と「証し」との関わり方またその理由が見事に叙述されている。James McClendon, Witness: Systematic Theology, vol. 3 (Nashville: Abingdon Press, 2000).

11 Marshall, Trinity and Truth, 181. マーシャルの「信条の全体ではないとしても」という修飾語が極めて重要である。だれも、人の信条をいっぺんに疑うことはできない。福音は、私たちが信じることをすべて疑うことを要求するのではなく、私たちが信じることを整理し直すことである。マーシャルは、誰もがこれらを扱うように、「信条」を「変革された心」から孤立させられると示唆するように見える言語習慣と戦わなければならない。愛されるべき真理は、結果として起こる愛の基礎を提供する信条ではない。むしろ、私たちの心を変える愛が知識なのである。私はマーシャルの研究を高く評価するので、私は、アルフレッド・タースキとドナルド・デヴィッドソンによって設定された真理の説明の条件への決断が、彼があたかも文法や文章が語り手と関わりなく判断されうると信じると思わせる。彼を信用するが、マーシャルはこの問題によく気づいていた。「タースキ・デヴィッドソンのアプローチは、それ自体で真理が何であるかについての神学的説明に適切ではない。なぜなら、それは、真理と担い手がどのように関連するかについて糸口を与えないからである。」(245)。マーシャルは、イエスが真理であるという必要な神学主張を探求する時にこのコメントを提供する。

ファーガス・カーは、またタースキ・デヴィッドソンの真理の説明がアクィナスの真理の存在論的理解を認識し損なっていると、マーシャルの両者の使用を問うている。カーは、アクィナスにとって、真理が文章においてまた思考と事実の一致において見られるだけでなく、世界と神の関係においても見られると注意する。したがって、アクィナスにとって、人間の理性がないとしても、神の理性との関係において事柄は「真理」なのである。「こうして、『私たちにとっての真理の道』がまさに私たちの救い主キリストに「現されている」が、トマスは、論理的にそれに優先して、神御自身の存在への被造物の参与に基づいている理性と世界の一致によって、どのような真理ももたらされると考える。」Fergus Kerr, "Book Symposium: Bruce D. Marshall, Trinity and Truth," Modern Theology 16, no. 4 (October, 2000): 503-509. カーに応答して、マーシャルは、被造物が神に似ているゆえに持つ真理を含めて、どのような真理もイエスが真理である道に論理的に（あるいは存在論的に）先立つことをトマスが主張するかどうか疑っていると言う。」Bruce Marshall, "Theology after Cana," Modern Theology 16, no.4 (October, 2000),517-527, esp., 524. 私は、タースキ・デヴィッドソンの真理の説明が「私たちの利用できる最良の哲学」であるというマーシャルの判断には賛成しない。ただし、この説明がカーの注目を促す存在論的主張を排除しないことにおいて、マーシャルはただしいと思う。他方、マーシャルの「バルト的」なアクィナスの読み方については賛成する。マーシャルは、三位一体のキリスト教的用語が神的一致の形而上学的主張ではなく、キリスト者が神を語るときに彼らが語りかけることに注目を求める方法であると見ることがバルトの偉大な業績であるとする点でただしく論じている。マーシャルによると、三位一体を語ることとは、キリスト者が信じなければならない神学的条項ではなくて、「公共的キリスト教実践の分析によって保証された経験的判断」である。私が第二番目の講義で暗示したように、ジェイムズは、このような判断が私たちのキリスト者として信じることを語るときに私たちがしていることを信じるだけでなく、信じることが真理であると理解するのを助ける働きの方法を表現している。

12 思いっきり強く言うなら、神と世界についてキリスト者が信じる真理を表現できる議論に「打撃を与える」ことがあるなら、私たちは、キリスト者の信じることが真理でないという証拠があることになる。

13 Marshall, Trinity and Truth, 185-186.

14 Ibid., 188.「より大きな信条の織物の実践と叙述の結びつき」は、私が長い間「倫理学を研究してきた」方法の活力の中心であった。神学科目としての倫理学は、私にとって私たちの生活を福音という物語の中に位置づけるときのキリスト者に必要な結びつきの名前である。したがって、私は、キリスト者が妊娠中絶を道徳的に受け入れるとするなら、マリアが「わたしは主のはしためです。お言葉どおり、この身になりますように。」といった言葉を私たちがどう理解するかと、簡単な問いを引き出すだけである。私は、マリアの答えがキリスト者の妊娠中絶について言わなければならない全てを決定するとは思わないが、議論をスタートする良い場所にはなると思う。

15 Ibid.

16 Ibid., 202. マーシャルは、詳細に述べる。「聖霊が、共同体とその成員（そしてまさに全人類）の語る実践的状況において、その卓越性においてそれ自身の信条の意味を、教会に教え、それゆえ世界にも教える。聖霊が適切な発信力をあらわす全体的状況をつくりだし、またそれを支配するゆえに、それらの発信力の意味は、はじめに聖霊自身の行為に基づいており、二義的にそうする人間の自由な行為に基づいている。世界における三位一体の統一的行為の直接的行為者として、聖霊は、神以外の全ての全面的原因である。ニケア信条によると、「目に見えるものと見えないもののすべて」「すべて」がおそらく人間の自由な行為と他の種類の原因をもった出来事も含んでいる。必然的に結果となった原因と偶然の結果となった原因の区別を超越する神は、存在するものを全体として自由に創造し、必然的にも偶然的にも全てのものの存在した方法を含んでいる(203)」。私の展開にそったマーシャルの立場での詳細は、Nicholas Healy, *Church, World, and the Christian Life: Practical-Prophetic Ecclesiology* (Cambridge: Cambridge University Press, 2000), 115-128. を参照。

17 Marshall, *Trinity and Truth*, 182.

18 Ibid., 204.

19 Ibid., 188.

20 Ibid., 194.

21 Ibid., 205.

22 キャサリン・ソンダーガーは、ただしくバルトの「観念主義」が決定的に彼のイスラエル理解によって規定されたと示唆する。バルトの神学は、それ自身の声を見つけた。彼女が「その性格、語調、規範においてもまた反ユダヤ主義において中世風である」と特徴づける声であり、彼の観念論への依存を離脱している。この声の発見は、バルトに近代文化の制約から神学を解放させた。六番目の講義において、バルトがフレデリック大王の神の存在証明としてユダヤ人についての論評を好んでいたと脚注に記した。*Church Dogmatics, 2/2* (Edinburgh: T.&T. Clark, 1957) において、イスラエルのキリスト拒絶についてコメントして、「このような方法でさえ、それは、世界に対してまさに求められた証しを提供する。神がその偉大な愛によって引き受けた重荷の本質、神が人間のためにご自身に引き受けた呪いの本質、イエスがそのために十字架にかかりまた十字架につけた人間、これらすべてまたその意味は、このような方法でも、不信仰においても不信仰を伴っても、またシナゴグの光景においてさえ、それを啓示している。ユダヤ人の存在は、一般的に認識されるとして、適切な神の存在証明となる。それは、人間の深みにある罪と求めの適切な表現であり、したがって神がキリストにおいて世と和解された出来事における神の愛という驚くべき絶大さの表現である。ゲットーのユダヤ人たちは、この表現を自発的でなく、喜びのない、陰りのある仕方で示すが、たしかに彼らはそれを提供した。彼らは、何もこの世に対して証ししないが、彼らの上に落ちるイエス・キリストの十字架という影を証しするのである。だから、彼らは現実にまた必然的にイエス・キリストを証ししているのである」(209)。ソンダーガーのこの章句は、*That Jesus Christ Was Born a Jew: Karl Barth's "Doctrine of Israel"* (University Park, Pa: Penn State Press, 1992), 68-69. を参照。

23 Marshall, *Trinity and Trust*, 184.

24 Ibid, マーシャルが取り組む方法は、この状況がキリスト教に独自だという考えに特権を与えるかもしれない。しかし、それは、実態から言うと、「論争する信条」を含まない奇妙な立場になろう。キリスト教的信条は、時期によってまた異なった方法で「認識論的疲弊」にあるかもしれないし、ないかもしれない。さらに、異なった種類の疲弊は、キリスト者が信じることを理解することにとって重要である。それは、異端が罵られる理由である。つまり、彼らなしに、私たちは信じていることを理解できないのかもしれない。

25 たとえば、彼の *Wolfgang Amadeus Mozart*, trans. Clarence Pott (Grand Rapid: Eerdmans, 1986). を参照。ジョン・アップダイクは、この小さな書物に素晴らしく洞察力に満ちた序文をつけている。もちろん、バルトはモーツァルトの音楽の麗しさを愛していたが、私は、彼が神の恵みを体現していたのでモーツァルトを愛していたと思う。つまり、そのような音楽がどうして彼から生まれたのか容易に説明できないからである。

26 例えば、ブルース・マーシャルは、教会の一致が福音の真理にとって必要条件だと論じる。「世界が教会の一致として信じると考える福音は、イエスが父なる神によって永遠に愛されており、まさにそれゆえにこの世界の贖いのために父なる神によって遣わされたということである。この愛と派遣の一つの結果は、来るべき可視的聖餐共同体であり、神が自由にまた本来的にその存在を共有するように認めた人間であり、その愛によって構成されその派遣によって可能にされた一致である。しかし、それは、福音が必然的に可視的聖餐共同体を含み、その存在を暗示することになる。福音が真実であるなら、そのような共同体が時間と空間において存在することになろう。このようにして、福音（それを真理とする）の信頼性は、三位一体の神の生命である愛の世界における可視性に依存する。すなわち、福音が語りついでいるものをこの世界において可視的にする継続する共同体史の聖餐的一致に依存する。つまり、父なる神からの御子と聖霊の派遣がその愛を時間において実行するのである。」"The Disunity of the Church and the Credibility of the Gospel," *Theology Today* 50, no. 1 (April, 1993): 82. マーシャルは、したがって、福音の信頼性がその内容だけでなく、宣べ伝えられている共同体史という偶然的で経験論的形態に依存すると考える。」(84). このようにして、教会の分裂という暴力は、ただの「道徳的」問題ではなく、キリスト教的神論の核心にある問題となる。誰も、この課題をエフライム・ラドナアほど追求した人はいないであろう。Ephraim Radner, *The End of the Church: A Pneumatology of Christian Division in the West* (Grand Rapids: Eerdmans, 1998). リチャード・ポプキン（Richard Popkin）の研究によると、ラドナアは、懐疑主義の生起を宗教改革において始まった教会の分裂に呼応させる。まさに、ラドナアは、いまや「世俗主義」を伴ったキリスト教の多くの批判がプロテスタントによる反カトリックという論争として始まったことを効果的に示している。ラドナアの難しい書物をとてもよく助ける説明として、ブルース・マーシャルの "The Divided Church and Its Theology," *Modern Theology* 16, no. 3 (July, 2000): 377-396. と "Who Really Cares About Christian Unity," *First Things* 109 (January, 2001): 29-34を参照。またJoseph Mangina, "Review Essay: Ephraim Radner, *The End of the Church: A Pneumatology of Christian Division in the West*," Pro Ecclesia 9, no. 4 (fall, 2000), 490-496. を参照。

27 ヨーダーは、バーゼルにおいてバルトに学んだが、博士論文は、エルンスト・シュテッヘリンの指導のもとでストラスブールにおけるアナバストと宗教改革者との論争について記した。ヨーダーは、しばしば彼の論争の領域が初期のアナバプテスト運動の歴史にあると語った。しかし、彼の共同体が彼に依頼したことに従って、『倫理学者』になった。たしかに、ヨーダーは、何をするにしても、驚くべき論理的、概念的賜物をもっていた。

ヨーダーが『教会教義学』III/4 になったバルトの講義を聞いたとき、*Karl Barth and the Problem of War* (Nashville: Abingdon Press, 1970), と言われる戦争についてのバルト批判を記した。この書物は、ヨーダーがバーゼルの学生であった時のオリジナルな論文を書き直したものである。彼は、この書物を出版したとき、オリジナルな論文に対するバルトの反応も注意深く記録している。彼は、バルトも反対していないが、バルトが全てにおいて平和主義者であったが、名ばかりのものであったと論じた。なぜなら、彼は、ほとんど過去、現在、未来の戦争において、キリスト者がまとめて良心的拒否者であり、そうすべきであったと信じていたからである（104-105）。

28 ヨーダーの生涯の最良の記述は、マーク・シーセン・ネイションの博士論文の第一章であろう。“The Ecumenical Patience and Vocation of John Howard Yoder: A Study in Theological Ethics” (Ph.D. diss., Fuller Theological Seminary, 2000) 参照．この章は、“*The Wisdom of the Cross*: Essays in Honor of John Howard Yoder, ed. Stanly Hauerwas, Chris Huebner, and Mark Thiessen Nation (Grand Rapids: Eedmans, 1999), 1-23. として収録されている。

29 John Howard Yoder, *The Original Revolution* (Scottdale, Penn: Herald Press,1971), 59.

30 私が知っている限り、ヨーダーは、福音がバルトの立場からはなれて彼の立場を受け取る必要性の強調を考えたことなどなかったであろう。もちろん、この差違がどれほど深いかを知ることは容易ではない。なぜなら、私たちが見たように、バルトの立場を固定することが簡単ではないからである。ヨーダーは、バルトと同じように、福音がその受容の条件を創造すると主張しているようであるが、ヨーダーがある時点にはバルトが快くないと思うような態度でその条件を特定しようとしたであろう。

31 John Howard Yoder, *The Politics of Jesus* (Grand Rapids: Eerdmans, 1972). この引用の最初の文章は、246 頁からであり、二番目の文章は 238 頁からである。私は、これらを合わせることがヨーダーの立場を強めることになると思うので、自由に用いさせていただいた。

32 John Howard Yoder, *The Priestly Kingdom:* Social Ethics as Gospel (Notre Dame: University of Notre Dame Press, 1984), 11.

33 John Howard Yoder, "Christ, the Hope of the World," in *The Royal Priesthood: Essays Ecclesiological and Ecumenical*, ed., with an intro., Michael Cartwright (Grand Rapids: Eedmans, 1994), 198. この論文集の序文において、カートライトは、ヨーダーが「コンスタンティヌス主義」をコンスタンティヌスのキリスト教公認からはじまったと主張していないと注意する。ヨーダーは、私たちがコンスタンティヌス主義と名付けるものがコンスタンティヌスより相当前から始まったことに気づき、様々な多様な種類があったと主張していた。たとえば、ヨーダーは、1648年のいわゆる「宗教戦争」から起こった「新コンスタンティヌス主義」が中世の教会と社会の一致という種類より多くの点で悪質であると示唆した。「宗教戦争」のあとに、教会は、聖なるローマ教会に見出される統一という名における同一性を批判する力を弱められた個別の国民政府と結合された。宗教改革後、諸教会はもはや人間性への奉仕者と主張できず、ただ個別の社会への奉仕を正当化するだけである。

すなわち、私は、コンスタンティヌス主義の告発が、非暴力的形態より福音に忠実であろうとするキリスト教的コンスタンティヌス主義の形態を正当化できないことに「名前をつけること」になることを否定はしない。ヨーダーは、非暴力がそのままで真実な信仰に結果しないことを認識した第一人の者であろう。この問題への極めて重要な研究は、Gerald Schlabach, "Deuteronomic or Constantinian: What Is the Most Basic Problem for Christian Social Ethics," in *The Wisdom of the Cross*, 449-471. トラヴィス・クレーカーもまた、コンスタンティヌス主義のヨーダーの説明についての適切な批判を提供している。"Why O'Donovan's Christendom Is Not Constantinian and Yoder's Voluntariety Is Not Hobbesian: A Debate in Theological Politics Re-Defined," in *The Annual: Society of Christian Ethics* (Washington, D.C.: Society of Christian Ethics, 2000), 41-64. クレーカーはただしく、ヨーダーが不可視的教会という躓きとなるキリスト論的「しるし」つまり実現した終末論の読み違いをコンスタンティヌス主義をとみなしたが、教会がどのようにこの世界に仕えるために招かれているかをヨーダーが強調していないと考える。クレーカーは、私のオドノバンの終末論の実現への批判をただしく問うている。なぜなら、私のコンスタンティヌス主義の実現への批判がヨーダーの標準的批判に依存しているからである。クローカーは、問題はオドノバンが国家についてあまり問題にしないことではなく、ヨーダーの根拠によってさらに問うことであると示唆する。クレイグ・カーターは、ヨーダーのコンスタンティヌス主義の理解について助けになる章を提供する。The Politics of the Cross: The Theology and Social Ethics of John Howard Yorder (Grand Rapid: Brazos Press,2001), 96-111.

34 Yoder, "Christ, the Hope of the World," 198

35 John Howard Yoder, "But We Do See Jesus': The Particularity of Incarnation and the Universality of Truth," in *The Priestly Kingdom*, 56.

ヨーダーは、この論文をボストン大学での協議会のために記した。それは、「倫理学の基礎」という問いに答えている。これは、めずらしくヨーダーが基本的な「方法論」について論じるものの一つである。ヨーダーは、語るべきものを語る前に「方法」を明らかにすることをすべて疑っていた。彼の見解から考えると、方法論的考察は、しばしばいつまでもうがいをしているようなものとなる。The Priestly Kingdom, の序文において、彼は、このような行為が最初に来ることの可能性を疑っていた。たとえ、彼が「概念的分析に本来ある自己批判」を尊重しないとしても。二つの文化あるいは共同体の間の意味のある会話が成立する条件を提供してはならない。

36 ヨーダーの「多元主義者／相対主義者」の使用法は、純粋に叙述的である。換言すれば、彼は、多元主義や相対主義に対する理論的傾向の説明をしていない。彼はそのような諸理論があることはよく知っていた。しかし、彼は、一般的な意味でそれらの用語を用いるのを好んでいた。それらは単純に世界が名づけているだけである。さらにヨーダーは、相対主義を否定するために真理についての根底主義的理論を提供するつもりはなかった。私は、ヨーダーがこのような理論が「相対主義」をこのようなやむにやまれぬ哲学的立場にすると主張とは考えない。ヨーダーの視座から考えれば、相対主義を打倒する議論を展開する試みは、私たちの生を構成する現実の相対主義に少しも影響を与えない。私はまたヨーダーが相対主義に対抗する哲学的議論を展開する試みがしばしば問題が哲学的ではないことを見誤ったと考える。なぜなら、誰かが相対主義が真理だとしてもそれでは生きていけないからである。この点で、ヨーダーの相対主義の理解とアラスデア・マッキンタイアの "Whose Justice? Which Rationality?" (Notre Dame: University of Notre Dame Press,1988), 352-356. のそれとを比較することは素晴らしいと思う。マッキンタイアは、相対主義の見解を「相対主義」がコスモポリタンの文化が発展しそのような文化を生み出す哲学的正当化が現実の選択肢となる時にのみ比較できまた対照的に検討できると正しく歴史化した。マッキンタイアとヨーダーの建設的な使用が相対主義の神学的説明を提供できるということに私はおよそ同意できる。それは、ブラッド・カレンバーグの "The Gospel Truth of Relativism," Scottish Journal of Theology 53, no.2(2000): 177-211. を参照。

37 Yoder, "But We Do See Jesus," 56

38 Ibid., 59-60.

39 Ibid., 60

40 ヨーダーは、1995年に早くもラインホールド・ニーバーの鋭い批判的な評価を記している。"Reinhold Niebuhr and Christian Pacifism" Mennonite Quaterly Review 29(April,1955):101-117. ヨーダーは明瞭にニーバーがリベラル・プロテスタントに留まっていると見る。たとえば、ヨーダーの Christian Attetudes toward War, Peace, and Revolution: A Companion to Bainton (unpublished lectures, 1983), で、ヨーダーは、ニーバーの神学を「応用人間学」として性格づけている。古典的な伝統において偉大な神学的主題の全ては、人間の本性あるいは人間の希望について意味するものに導入された。また人間本性が今日の倫理学を意味するものに導入された。三位一体の教理、創造論、堕罪論、さらに複雑な教理つまり神の存在証明などが人間の本性や希望について意味するものに導入された。したがって、ニーバーは20世紀前半の中頃の神学的文化的リベラリズムの意味でリベラルである。つまり理性に開かれており、あらゆる議論を語り、すべての決断を可能にしていた。ニーバーは、しばしば他のリベラルより否定的な事実つまり人間と文化における悪の問題についての積極的な読みにおいても、また進化論や熱狂的な楽観主義の洗脳的主張に対しても正直であった。たとえデータを直説的に読まなくても、進化論や熱狂的楽観主義に飲み込まれなくても。」(345)。ヨーダーの『国家への証』The Christian Witness to the State (Newton, Ks:Faith and Life Press, 1964) は、ニーバーのメノナイトについての「職業上の平和主義」という説明を受け入れないようにする、少なくとも部分的にはヨーダーの試みであった。マーク・ネイションは、"The Ecumenical Patience and Vocation of John Howard Yorder" においてヨーダーがニーバーに彼の論文を送ったが、ニーバーは、応答しなかった。とレポートしている。

41 Yoder, "But We Do See Jesus," 61.

42 Geoge Weigel, Witness to Hope: The Biography of Pope John Paul II (New York:Harper Collins, 1999) ワイゲルは、カロル・ヴォイティワが第二ヴァチカン会議に参加して、すべてのセッションに出席したという役に立つ説明をしている。とくに、ヴォイティワは、Dignititatis Humanae and Gaudium et Spes についての会議に参与した。ワイゲルの書によると、ヴォイティワは、宣言が宗教的自由つまり「実質的に啓示された教理が健全な理性と全面的に共鳴する」(165) と提案しなければならないと論じた。彼がそうしたことは、宗教の自由を自然法で守ろうとしたアメリカのイエズス会師ジョン・コートニー・マーレイと反対の立場だったことを意味する。

ヨハネ・パウロ二世の回勅のほとんどが何らかの点で第二ヴァチカン会議に触れている。例えば、Dives in Misericordia において、教会の宣教が人間を中心にすればするほど、いわば人間中心主義になればなるほど、神中心が確かにされ実現されねばならない、つまりイエス・キリストにおける御父に向かわかければならないのである。過去においても現在においても様々な人間の思想の流れは、神中心主義と人間中心主義が分離する傾向にあるが、また対立する傾向にさえあるが、教会はキリストに従って、むしろ人間の歴史において、より深く有機的な仕方で両者を関係付けなければならない。そして、これはまた教えの基本的な原理の一つであり、前の会議の最も重要な教えである。

43 Weigel, Witness to Hope, 295-299. 私は、ワイゲルがヨハネ・パウロ二世は「ポスト・コンスンティヌス主義、つまりヨーダーが「非コンスタンティヌス主義」とだと正確に考える仕方でそう信じているとは思わない。私が論じようと思うが、ヨーダーが様々なコンスタンティヌス主義があるという認識論的前提になる背景を理解するならヨハネ・パウロ二世はコンスタンティヌス主義の知的習慣よりヨーダー（とバルト）に接近する。「法王と権力」(First Things 110 (February, 2001) 18-25 において、ワイゲルは、近代において国民国家の魅力に抵抗する政治学を見出す法王の探求をいかに代表するヨハネ・パウロ二世の方法を詳細に展開した。この論文でワイゲルは、コンスタンティアニズムを教会と国家権力に伴う法王制度の深い絡み合いとする。また法王制度の福音主義の機能と矛盾する政治的判断基準との戦術的受容は、この営為の状態は、区別の歴史と戦略的判断の産物である。教会の真理主張と公共の立場は、「クリステンドム」のような何かを隠すことを要求した。)(20) ワイゲルの論文に対する素晴らしい応答において、ヨハネ・パルロ二世の法王制についての私の読みを支持しているものについては、ポール・グリフィスの「法王制度の将来：シンポジウム」First Things 111(March,2001), 34-35 の寄稿を参照。グリフィスは、法王は、「世界で最も力強い人間」である、なぜなら「彼の権力は、弱い者に対する思慮賢慮をもって用いる」からであると論じる。グリフィスは「現実の力は偽造のもの（軍隊や金銭）を諦めることによってのみありうるという理念は、キリスト教的思考にとって根本的であると説明している。それは、イエスの誘惑物語の中心部分である。またそれは、永遠に十字架のキリストの姿に込められている。その理想形態として（決して現実には起こらない形態であるが）法王制度において、この真理のサクラメンタルな徴として仕える。またこのようにして弱い者の力のサクラメントとして仕える。法王は、世界の舞台で演じる唯一の行為者であり、その力の理解は、（理念的には）自己無化の平和である。したがって、それは法王が世界で最強の男である理由である。彼は忍耐を代表し、他の人々ががみ、その対立が失効するという理解になる。

44 John Paul II, Redemptor Hominis, in The Encyclicals of John Paul II, sec. 1, par.1, p. 46.

45 Weigel, Witness to Hope, 288.

46 John Paul II, Redemptor Hominis, The Encyclicals of John Paul II, sec.11. par. 5. p62.「神の暴力的民は」もちろん「神の国を暴力で守ることを拒否した非暴力的な人々である。」

47 Weigel, Witness to Hope, 87.

48 John Paul II, Redemptor Hominis, sec.16. par. 11. p74.

49 Ibid.,sec.19,par.1,pp. 81-82.

50 Ibid.,sec.15,par.2. pp. 67-68. キリスト者の殉教と英雄主義の複雑な関係に関し、特に両者を否定する時代におけるものに関しての洞察的探索についてはBrian Hook and R. R. Reno, Heroism and the Christian Life: Reclaiming Excellence (Louisville: Westminster/ John Knox Press, 2000) を参照。

51 ヨハネ・パウロ二世は、この思考の線を彼の回勅 "Veritatis Splender" と "Evangelion Vitae" で完全に展開した。特に、ヨハネ・パウロ二世における回勅 Evangelion Vitae" sec58 ～ 63, pp846 ～ 853 を参照。私たちの生命を握っているネクロ・フィリアについての分析は、キャサリン・ピックストックの After Writing on the liturgical construction of Philosophy (Oxford. Basil Blackwell, 1998, 101-118. 参照。

52 John Paul II. Veritatis Splendor. in The Encyclicals of John Paul II 88. par. 4. pp.746-747 参照。

53 Ibid., sec. 89. par. 2. p. 747

54 Ibid., sec. 89. par. 1. p. 747

55 Ibid. , sec. 93, par. 1, p.750 〝自然神学〟の全く素晴らしい例である Viritatis Splendor の次のパラグラフ（段落）でヨハネ・パウロ二世はキリスト者のみが殉教を要求するような道徳的義務を持つ信念に立つのではないと示唆している。〝少なくとも彼らの倫理学の教えにおいてストア学派は、すべての人々の中にある御言葉の種のおかげで、知恵を論証した。また彼らの教義に従った人々が憎しみにあい、殺された事を我々は知っている。〟と彼は聖ユスティノスを例に引いて語っている。(sec. 94, p.751).

キリスト者の殉教と英雄主義の複雑な関係に関し、特に両者を否定する時代におけるものに関しての洞察的探索については Brian Hook and R.R. Reno, Heroism and the Christian Life: Reclaiming Excellence (Louisville: Westminster/John Knox Press,2000) を参照。

56 白状すると、ヨハネ・パウロ二世を私の物語の一部にすることは私のアイデイアではなく私の友人であり学部長である Greg Jones のアイディアである。私はヨハネ・パウロ二世が私の証しの実例の究極の証人だと今も思っているが、この最後の部分に至りフラストレーションしか感じない。私がこの問題に関してヨハネ・パウロ二世またジョン・ハワード・ヨーダーに対して公平に評価していないと分かっている。私はヨーダーについては過去において彼に関して書いたこともあるので私のフラストレーションは少ない、しかしヨハネ・パウロ二世の生涯や業績はあまりにも豊かで彼に関して論じることはたとえ短かくても長くてもだれもがその作業に対して不十分だと思わされる。

57 ドロシー・デイの自叙伝、*The Long Loneliness* (New York: Harper and Row, 1952) は今でも彼女の生涯に関する叙述の最高の情報源である。私の証しの説明にドロシー・デイが重要であると思いださせてくれたチャーリー・レイノルドに感謝する。

58 ピーター・モウリンの *Easy Essays* (Chicago; Franciscan Herald Press, 1977) の序の中でデイは彼らがいかにホスピタリテイの実践をしていったかについて述べている。彼女は記している。モウリンは教会法（canon law）がすべての管区におけるホスピスの設立を求めていると指摘しながらビショップ達に向けて一連の文章を書いていた。「ある日地下鉄で寝泊まりしていた一人の読者がカトリック・ワーカーの事務所にやってきて、彼女の窮状（すでにアパートも事務所も満員であった）についてうち明けた時、『もしあなたの兄弟が食べ物や飲み物が必要な時は与えなさい、もし彼らに宿が必要な時は宿を貸しなさい』の御言葉に対するピーターの文字通りの受諾は、私たちが後に最初の女性のための「ホスピタリテイの家」となる大きなアパートの部屋を一ブロック先に借りた事である。」デイの序のページは頁数がつけられていない。

59 どうやってまた、なぜキリスト者が彼らの設立した大学を維持していく能力を失ったかには複雑な事情がある。例えばGeorge Marsden, *The Soul of the American University: From Protestant Establishment to established Nonbelief* (New York: Oxford University Press, 1994) Douglas Sloan, *Faith and knowledge: Mainline Protestantism and American higher Education* (Louisville: Westminster/John Knox Press, 19949; James Burtchaell, C. S. C., *The Dying of the Light: The Disengagement of Colleges and Universities from Their Christian Churches* (Grand Fapids; Eerdmans, 1998); and Julie Euben, *The Making of the modern University: Intellectual Transformationand the Marginalization of Morality* (Chicago: University of Chicago Press,1996)　などを参照。

60 チャールズ・テイラーがわれわれに使用するよう教えた言葉で言うとキリスト者は単に不明瞭になったのである、ただ単に私たちの実践を分かち合うことのない人々の面前でだけでなく、さらに重要なことは私たちが私たち自身を理解するのに必要な技術を失ったのである。テイラーによれば明瞭であることは〝変遷の時〟に理論づけの能力を要求する。そのような理論づけは伝記的物語を出所とする議論を巻き起こす。なぜなら私たちに信仰の一貫性を持たせる関係性を私たちが作ることができるような物語を通じてなされるからである。例えばキリスト者が暴力の問題をいかに考えるかはイエスの十字架と復活に表された神に対する礼拝と不可分だと考えられる。近代性がキリスト者と非キリスト者の両者をいかに不明瞭にしたかのテイラーの説明には Sources of the Self: The Making of Modern Identity (Cambridge: Harvard University Press, 1989) を参照。

61 特に大学からまったく意識的に離れた立場をとるウェンデル・ベリーを私は考えている。彼は近代の大学が各学科で行われる研究の〃地域的またはこの世的効果〃についてほとんどまたはまったくと言ってよいほど注意を払わないでよいというような流儀で学科を分けるように組織されているのでそのような立場をとっている。ベリーによるともし大学が学科間の信頼出来る会話を後援したのならば農学部は芸術、科学、医学の各学部によって議論の対象とされただろう。ベリーは正直に述べている。彼にはいかに学科を組織したらよいかの知恵はないが、かつて召命（vocation）の観念が有効であったとき学科はお互いに有用であると考えられていたことだけはわかるという。しかしながら、召命の観念がひとたび失われてしまうと富んだ者または権力を持つ者がより成功することを確実にすることだけが大学の目的となった。ベリーは皮肉をこめて人は富をうるまたは権力を持つように〃召しをうけている〃とは思えないと述べている。現代の大学の特質はその宗教(religion)が進歩にある専門的技術（professionalism）である。そして〃その事は実用性とリアリズムを好む専門的技術の雄弁な偏見にも関わらずそれは未来を選んで現在と過去両方を破棄し、その未来は決して存在しないし、実際的でもなく、現実的でもないことを意味する。〃ウェンデル・ベリー *Life Is a Miracle: An Essay Against Modern Superstition* (Washington, D. C.: Counterpoint Press, 2000) 129-130 ベリーの批評はヨハネ・パウロ二世の死の文化の理解と比較すると有益であろう。例えばベリーは私たちの時代を支配する物語は敬愛、忠誠、（隣人としての）思いやり、受託責任（stewardship）からの自由に関する物語であるという。際立っていることには〃私たちの時代を支配する物語は疑いもなく不倫と離婚の物語である。これは文字通りにまた比喩的にも真実である：われわれの時代の傾向は信仰の分裂またかつてはつながれていたものを分裂させることである。〃(133) と彼は示唆する。

62　ホスピタリティと教会の統一（unity）に関する問題は、しかしながら学者たちの研究を含む卓越性の文化を維持しようとするキリスト者の実力にすべて関係がある。キリスト教はその本質において熱心に私たちの信仰について思索する人たちを必要とする。そのように選ばれた人々の研究は様々な時代において様々な形をとるだろう。しかしそのような研究の一部はその研究をする人々に過去になされた研究との関係を苦労して理解することを要求する。時々ジョン・ハワード・ヨーダーやドロシー・デイまたはピーター・モウリンのような人々によって提示されたキリスト教信仰のラディカルな理解はそれらの研究とは無関係とみなされる。それはまったくおかしい。例えばピーター・モウリンは優れた論争だけを好み思考の生活に深く傾倒していた。"Back to Newmanism,"と題された文でシカゴ大学のハッチンス学長に同調し学生がもはや〝欧米世界の優れた本〟を知らないと不満を述べている。モウリンはニューマンを引用して「もし知性が良いものであるなら、その育成は優れたものである。それらはただ優れたものとして育成されるのみでなく有用なものとしても育成されなければならない。それらは低級で、機械的な、また物質的な意味で有用であってはならない。それは善を広めるために有用であらねばならない。それはその所有者の善のためにさらに世界の善のために使われなければならない。」(Easy Essay, 126-127) と言っている。近代の大学に対するモウリンの態度は現代の大学のカリキュラムに対するウェンデル・ベルの批判に全く類似している(前注を参照)

63 私の大学に関する意見はジェームス・マックレドンの Witness "Theology and the University" (387-420) の最後の章により教えられている。マックレドンが我々の必要なことはキリスト教主義大学とか世俗大学ということではなくそれらの実践の利点によって認められる大学であることに注目しているのは正しいと思う。マックレドンは下記のような実践をあげている。(1) 紛争解決 (2) 人種間の包含性 (3) 経済的平等化 (4) 召命の承認を根拠とした分業、そして (5) 全体のための意見 (403-406)。マックレドンによるとそのような大学は神学を排除する必要性を感じないだろう、むしろそれらが大学である限りにおいて神学を排除できないとわかるだろう。Faithfulness and Fortitude: In Conversation with the a theological Ethics of Stanley Hauerwas, Mark Thiessen Nation and Samuel Wells, eds. (Edinburgh: T. & T. Clark, 2000) の中のジョン・ミルバンクの"The Theology and the Economy of the Sciences" (39-57) も参照。ミルバンクは私の立場よりより強固な立場をとっている。つまり〝他の学科が(少なくとも暗示的に)神学をするよう命じられないならば(これは神の自覚に参加することと思われる。アウグスチヌスの伝統のように)客観的にまた明らかに無価値であり、空虚であり、まったく真実に欠けるのである。〟(45)

64 この文の前半は The Politics of Jesus (238) の一部をまとめ後半は"Christ, the Hope of the world," (208) をまとめた。

65 Yoder, "Christ, the Hope of the World," 208 ヨーダーは〝まとめられた同意 (consent of the governed)〟と民主主義とを同一とは見なしていない、また民主主義が本質的により暴力的ではないとも考えていない。例えば"The Christian case for Democracy," in *The Priestly Kingdom*, 151-171 を参照。"Christ, the Hope of the World," でヨーダーは彼が求めているある種の資料編纂的実践の

魅力的な実例を提供している。彼はヨーロッパ人の侵略に対する北アメリカの先住民族の対応とラテン・アメリカの先住民族のそれとを比較している。北アメリカの先住民族は戦い、敗れた。その結果彼らの文化は貶められた。一方ラテン・アメリカの先住民族は防衛手段がなかったので倒され、その結果彼らは多くの命を失うことがないばかりではなく結果として生じた文化形成をもなした。(213) 私はヨーダーがこの例から多くの事を引き出しすぎることは望んでいないと思う。なぜならこの例は明らかに北アメリカとラテン・アメリカの先住民族に対する侵略の類似点と相違点に関する詳細な説明によって〝濃厚化される〟必要があるからである。しかしながら彼の主張は、植民地時代のいわゆる従属的社会集団 (subaltern) の歴史の発展によってますます明らかになっているので、いまだ有効である。例えばデイペシュ・チャクラバーティの素晴らしい著書 Provincializing Europe: Postcolonial Thought and Historical Difference (Princeton University Press, 2000) を参照。チャクラバーテイは近代史の〝時〟は〝神不在、連続的、であり、ベンジャミンに従い、空嘘で均一的である〟と述べている

66 John Paul II, Fides et Ratio (Boston:Pauline Books and Media,1998).

67 Ibid., pp. 12-13, par.4. バルトがこれらの哲学についての主張から何を引き出すかを思いめぐらすのは魅力的だろう。彼が完全にそれらを捨て去ると考えるのは間違いだと思う。結局法王は哲学が私たちにイエス・キリストに関する知識を与えることができるとは示唆していない。

68 Ibid., p. 13, par. 5. Ibid.,

69 Ibid., p. 14, par. 5

70 近代哲学に関するヨハネ・パウロ二世の説と *First Principles, Final Ends, and contemporary Philosophical Issues.* におけるマッキンタイアの説を比較することは大いに啓発的企てになると思う。マッキンタイアはトマス主義とアリストテレス主義の哲学に従事している、すなわち訓練によって私たちは物事のあり方を理解するのにふさわしくなれると考える哲学者は、現在の哲学にニーチェ主義的起源論者と類似した方法で関わらなければならないと示唆している。起源論者は彼らの敵対者がなぜ袋小路にはいりこんだか、またなぜ彼らが (袋小路を) 認識しまた彼ら自身の用語で (そこから) 抜け出せないかを説明しようとする。したがってトマス主義者は分析的また脱構築的な現代哲学の窮状は、近代の出発点におけるアリストテレス的で

ありまたトマス的である目的論の否定に対する長期にわたる結果であると示そうとしなければならない。(59)

71 John Paul II, Fides et Ratio. p. 32, Par. 20.

72 Ibid p. 26, par. 15. 回勅の後の方でヨハネ・パウロ二世は神学と哲学の関係を理解する一番良い方法は円環の関係であると示唆している。〝神学の源と出発点は常に歴史の中に顕現された神の言葉でなければならない。一方その最終的なゴールは過ぎ去るそれぞれの世代によって増し加わる言葉を理解することになるだろう。神の言葉は真理であるから（cf. ヨハネによる福音書17章17節）人間の真実の探求、すなわちそれ自身の規則を守ることによって追及される哲学、は神の言葉をより良く理解することだけを助けるだろう。それはあれかこれかの哲学的概念や構成要素を神学的論説が用いるという問題だけではなく最も重要な問題は信仰者の理性が神の言葉によって動機づけられた真実の探求においてその熟考の知力をそのより良き理解へと向かうように用いるだろうということである。神の言葉と共にあるこの円環の関係は哲学を豊かにするだろう、なぜならば理性は新しく、思いもよらない展望（horizons）を開くだろうからである。〟（p. 92-93, par. 73)

哲学と神学の関係に関するマッキンタイアの理解とその関係に関するヨハネ・パウロ二世の理解を比較することは魅力的なことになるであろう。マッキンタイアは大体において法王の説を受け入れるだろうと私は思うが神学が哲学を評価するだけではなく哲学の主題に内容（content）を加えるという部分はマッキンタイアが今まで明らかに言ってきたこと越えているように思える。ヨハネ・パウロ二世は哲学と神学に関する彼の理解の典型をあげている：聖ナジアンサスのグレゴリウス、聖アウグスチヌス（St. Augustine）、聖アンセルムス（St. Anselm）、聖ボナヴェントウラ（St. Bonaventure）、と聖トマス（St. Thomas）、そしてもっと最近ではジョン・ヘンリー・ニューマン（John Henry Newman）、アントニオ・ロズミン（Antonio Rosmini）、ジャック・マリタン（Jaque Maritain）、エティエンヌ・ジルゾン（Etienne Gilson）そしてエーデイト・シュタイン（Edith Stein）である。マッキンタイアが受け入れるだろうと思われるリストである。興味深いことは、しかしながらリストに挙げられた人たちの多くは哲学と神学の間に強固で確固たる区別をしていないことである。

73 多数の彼の論文の中で、マッキンタイアはトマスーアリストテレス主義（a Thomistic-Aristotelian）によって少なくとも考えられる道徳的生活を不可能にする現代生活のひとつの特徴は我々の生活の個別化された特質であることに注目してきた。大学のカリキュラムの断片化はこの個別化の反映であり同時に再生産である。結果として教育は自身のすべきこと、すなわち学生が自分たちの研究に持ち込む欲求を変質させるということができなくなった。もちろん現代の大学は学生が彼らの生活全体を考えられないようにしながら学生の生活の断片化を強化していくような道徳的訓練をある意味で提供している。この種の訓練は大学が自由な民主主義を維持するために必要な（心理学でいう）ある種の〝性格型〟(personal type) を製造することが期待されているということで正当化される、すなわち公正という名のもとにどんな (any and all) 平民 (people) や地位に対する偏見なしに理解し、正しく評価できると信じる人々（の型）である。マッキンタイアの個別化の説については“Social Structures and Their Threats to Moral Agency,” Philosophy 74, no. 289 (July, 1999): 311-328 を参照。

74　もっと強く言うとすると、ヨハネ・パウロ二世は大学であろうとする大望を持つどんな大学も、それが公式に教会によって後援されていようとなかろうと、カトリックの大学の特徴を示すことは避けられないと考えているように私には思える。そのことは私たちの時代のカトリック大学のみが大学に関する首尾一貫した説明を与える合理的な可能性を託されている大学でありうるという潜在力をもつことを意味するだろう。ラインハルト・ハッターが示唆するように：〝神は大学のために問題にする。なぜなら神が問題とする場、そのために神が問題にする大学のみがその意義は何であるかの包括的説明を与えることのできる企て (enterprise) となりうるからである〟（個人的な見解＝ correspondence）カトリック大学は教会という証し (the witness) からその理解力を得る限り証人となることができるはずであろう。）

75　ヨハネ・パウロ二世 *Ex Corde Ecclesiae*, in Origins 20,no.17(October 4, 1990): 269 ヨハネ・パウロ二世は他の学問との相互作用は神学的探究を現在の必要性により関連付けるという事で神学を豊かにするとも述べている。*Ex Corde* の実践に関する周辺の問題についての議論に入り込もうとは思っていない。実践記録のテキストには“*Ex Corde Ecclesiae*: An Application to the United States,” in Origins 30, no. 5 (June 15, 2000): 65-75 を参照。プロテスタントの信者として、私は法王が現代の大学についての挑戦を理解しているようであると明らかなに敬意を表す（畏敬の念を持つ）ものである。彼は神学が〝倫理学〟もっと悪くすれば〝価値観〟に貶められるままにしようとはしていない。ヨハネ・パウロ二世は神学と哲学はカリキュラムに関連する物事のあり方についての主張に関わると考えている。ジュリー・ルーベンスの *The Making of the Modern University* は神学が物事のあり方についての主張をもはや含まなくなり、せいぜい〝道徳〟に変えられた時何が起こるかの解説となるだろう。

76 Alasdair MacIntyre, Three Rival Versions of Moral enquiry: Encyclopaedia, Genealogy and Tradition (Notre Dame: University of Notre Dame Press, 1990), 220.

77 William James, Pragmatism and the Meaning of Truth, 序 A. J. Ayer. (Cambridge: Harvard University Press, 1996) 32. ジョージ・マースデンは大学におけるキリスト教（者）の学問の存在と同時に可能性を正当化するためにジェームズからのこの引用を用いている。*The Outrageous Idea of Christian scholarship* (New York: Oxford University Press, 1997) 45-46 を参照。多くの人はマースデンの〝キリスト教（者）の学問〟に関する弁護は急進的であると思う。私の考えからすると、マースデンは決して十分急進的とはいえない、なぜなら彼がジェームズの比喩を使用したことで明らかである。キリスト者は〝食卓〟(at the "table") の場所などは欲しがらない。特に近代的大学が用意してきた食卓は。
　キリスト者は食事の場所は欲しがらない；彼らは食卓そのものを作りまた準備することを望む。たとえばマイク・バクスター、C. S. C（聖十字架修道会）の "Not Outrageous Enough" First Things, 113 (May,2001)14-16 を参照。

78 MacIntyre, Three Rival Versions of Moral Enquiry, 222.

79 Ibid., 230-231. マッキンタイアはある人々が彼の提案を非現実的だと考えるかもしれないことは認めている。しかし彼はそう考える人たちに以下の事を考えるよう求めている〝起源論的見地とトマス主義の見地の間の合理的正当化の標準に関する組織的な論争をわれわれの共同の文化的な社会生活の中心的優先事とする為に大学の再構築を思い描くことが困難である度合い (degree) はまた現在の社会の構造がそのような知的なまた道徳的な探究によって問題にされることからみずからを除外しまた防御してきた度合い (degree) である。政治的官僚的交渉に関する既定のフォーラムにおいて議論を起こすような正当化の事実上の基準として受容されたことは破壊的な挑戦に対して目立つほど今や防御されている、なぜならばどんな特定の挑戦も同一の標準によって評価されるからである。〟
　マッキンタイアの強制された不同意の大学はノートルダム大学がしたように神学学科にジョン・ハワード・ヨーダーのための場所を用意することをのぞむ。

80 Ibid. 234 マッキンタイアは〝自らや相手を負かすことなしにその出会いから学ぶことをしないことによって対立的にいかに読み取るかはそのものなしにどんな伝統も繁栄することがなかったような技術であると分かっている〟(233) という点ではそのような出会いは常に危険であると分かっている。教会がこのような仕事をする為に確保している人々は彼らの魂が試される必要のある徳によって明らかに鍛えられねばならない。

81 私が語ろうとしてきた物語をこのように要約できたのはピーター・オークス Peter Ochs のおかげである。

2013年版・あとがき

セント・アンドリューズ大学でギフォード講義を実施してから本当にもう十年以上たったのだろうか。ほとんど同じ期間で『宇宙の筋目に沿って――教会の証しと自然神学』という講義の出版がつづき人々が手に入れられることになっている(1)。私は、とても喜ばれたからこそ出版が続いていると考えたい。とくに私は、読者が新鮮な目で本書を読むことを願っている。

私自身には新鮮な目がないことは確かである。しかも、私は、本書の多くの段落、幾つかの頁さえ忘れてしまった。また、後書きを記すために本書を読んだが、私が語ったことを見つけて少し驚いた。「これはいい。これが言いたかったのだ」と思わせてもらった。しかし、私が語ったことを考えてみたい。私はしばしば過去に記したことについて語らなければならなかったことを考え、語ったことがうまく書けなかったと思い出す。とくに、私は、本書の構想をもっと論じるべきだったと今でも考えている。私は、自然神学を神の全教義から切り離せないという中心的主張を今でも正しいと考える。この主張がひとたび受容されるなら、「自然神学」は、私たちが神に見捨てられた世界では生きていけない事を知るのに神学的課題が正当であり必要だと考えさせられる。つまり、自然神学は、私たちの生涯を神の生に位置づける助けで継続的な試みだと理解させられている。私たちは、偶然的被造物なので、神によって人生を物語っていただかなければならない。

『宇宙の筋目にそって』の全体の議論と、読む方が好きな私には後書きを記すことを難しくしている。私は、本書を記してから、本書で言わなかった事柄がまだあるかどうか分からない。詩人がしばしばその詩の「意味を」あとから説明したくないように、私は、『宇宙の筋目にそって』で語った以上に上手く言えることはないと思う。それは、私が語ったことを裏切り、特に私の語った方法をも裏切ることになる。ときには私たちが語ったことでさらに言うべきことを考えさせられ、語る必要のあったことをさらに上手く語る場合もあろう。そして、『宇宙の筋目に沿って』で言ったことをさらに良く言える振りをして、すでに語ったことを混乱させたくはない。

どうか誤解しないでいただきたい。私は、神学者として成長し続けたいと願っている。私は、この成長の最良の審判者かどうか分からない。しかし、私は『宇宙の筋目にそって』を記してから、幾らか進歩させられたが、それは、この書物を記したことによる。私は、バルトの『教会教義学』をキリスト教的発話（speech）の訓練マニュアルだとして読むことが最善と論じた。私は、バルトの「マニュアル」に注目して書いたことで考える訓練もし、さらに確信をもったキリスト教神学者になったと思う。

私は、『宇宙の筋目にそって』を再読しただけでなく、本書にかかわる多くの書評をも読んだ。私は、自分が読むことが好きだと分かってさらに驚いた。書評のほとんどは、批判的なものまで含めて私が展開しようとした議論全体に対しておおよそ肯定的であった。読者の皆様、失望しないで欲しい。私は、この後書きを十年以上の間の書評者による批評に回答しようとは思っていない。私は批評を読んで、結論でないとしても本書がその時どのように読まれたかを思い出したのである。

しかし、書評者の幾人かは、私の応答を助けるかのように全体的な感想を述べてくれた。その人たちは、私が直接的に自分の意見を記さなかったことに失望した。彼らは、私が扱ったジェイムズ、ニーバー、バルトという主人公を擁護し過ぎると示唆する。その結果、私独自の声（my voice）が失われたと判断し、「なぜ、ハワーワスはこれらの昔の知的巨人たちの考えではなく、自分の考えを多く語らなかったのだろうか?」と問う。

ある批評家たちは『宇宙の筋目に沿って』を書くのに私独自の声（my voice）を抑制したと考える。それは、私のこれまでの研究の評価に由来している。つまり、彼らは私独自の声（voice）を想定していたからだろう。ある批評家は、私が「挑発的であり、論争好きで、直観に逆らう」と示唆する。同じ批評家の一人は、本書で想定された方法によって抑制されると推測した。彼は、他の考えを報告しながら、私の研究全般を特徴づける預言者的切れ味が失われたと言う。私を預言者だと叙述した方々にどのように反応していいか私には分からない。私は、預言者的たろうとしたり、乱暴になろうとはしていない。ただ私は、しかるべく語ろうとしてきただけである。だから私は、『宇宙の筋目に沿って』が過去の研究と際立って異なることはないと考える。

しかしながら、私は、ジェイムズ、ニーバー、バルトに集中したので、自分独自の声（my voice）が聞こえないのだと示唆しておきたい。真相はちがうと思うが、私は、本書全体の構想に集中できなければそう考えるようになることも理解できる。もちろん、私は、ジェイムズ、ニーバー、バルトの研究に公正であろうとした。しかし、「私独自の声（my voice）」は、彼らを選択したことだけでなく、語ろうとした物語での彼らの登場の仕方にも現れている。『宇宙の筋目に沿って』は、私が頻繁に書いてきた論文にあるはずの迫力に欠けていたとも思われている。しかし、私は、本書にはこれまでの研究と同じく随所に「切れ味」があると思う。多くの書評者が考えたように、カール・バルトがギフォード講座の最大の自然神学者だと論じることは、とても同意できる穏健な立場だとは考えられない。私は、倫理学者だということを認めるが、私の優先すべき最大の実践義務は、キリスト者として真理の在り方を主張する方法を私たちが示すことである。さらに、真理は、実践理性の働きによって実証される確信の特質だと思う。私は、神学を実践理性での終わりのない進行中の実践だとする私の見解を確認するなら、喜んでこの独自性が倫理学者になることだと承認する。ジェイムズ、ニーバー、バルトへの注目で、私は、キリスト教の確信が「物事のあり方」をより良く理解させる助けだと示す仕方で働きかける物語だと語ろうとした。私の議論は（また私のなそうとしたことが論証として適切に叙述されると考えるなら）物語の形態が、実践理性が偶然的結合を明らかにして構成されるという私の確信を明示している。[2]それは、神学が決して終わらない理由である。なぜなら、その結合がつねに新しい発見に開かれるからである。たとえば、私は、コンスタンティヌス的野心が捨てられたなら自然神学が全く異なった研究課題となり、新しい神学的道筋を促す政治学的視座の導入を示唆できることを望む。

私が『宇宙の筋目に沿って』の目的として理解したことは、このような仕方で、私の論証の仕方をある書評家が信仰主義的だ（fideistic）と特徴づけたのに少々反論したいからである。このことで、彼は、私の立場が全て語られ行われたら神学者がキリスト教の信じることについて語る全てが「受容か、拒否か」ということになる。私が『宇宙の筋目にそって』を記したのは、私の業績のこの性格付けの拒否を望んだということになる。私は、このような『宇宙の筋目に沿って』の読み方が事前の性格ずけつまり誤った性格ずけをつねに反映するのではないかと懸念する。それは私の業績についてでもあり、おそらくヨーダーやバルトの神学の方法についてでも同じであろう。

私は、このような批判に対して大げさに防御したくはない。しかし、私は、本書の構想（plot）に注目できない場合にだけ『宇宙の筋目に沿って』の議論の誤った性格づけを妥当だとされることを懸念している。私は、神学書が構想をもつことを示唆するのが奇妙に思われると気づいている。しかし、本書で前世紀の神学物語を語ろうとした。とりわけジェイムズに対してバルト神学の方法が説得力のある応答を提示する方法だと示そうと願った。

しかし、私は、本書が信仰主義的（fideistic）な読み方に開かれている理由の一つをジェイムズの「信じる意志」の記述がバルトの実践をより良く理解する助けになると考える理由をつまびらかにできなかったせいだと思う。私が示唆したように、たしかに、バルトの神学は、一つのカント的モチーフを反映している。しかし、私は、バルトをジェイムズのプラグマティズムの実例となると読もうとした。（もちろん、ジェイムズの業績もカントに影響を受けていた）。

私は、バルト神学を実践理性におけるジェイムズ的実践だと示そうとしたが、それはジェイムズのニーバーに対する影響の重要な批判的記述によって失われた。ニーバーとジェイムズを同一視した私は、ジェイムズを過去に追いやった印象を与えたかもしれない。しかし事実、正確な強調をもなくニーバーがジェイムズのプラグマティズムの有望な側面を壊さなかったことを示唆しようとした。

もし『宇宙の筋目に沿って』の受容について失望があるとするなら、それは私のジェイムズの読みがジェイムズ研究家たちの注目を惹かなかったかもしれない[3]。私は神学者によって他の神学者にむけて本書を書いたからだと思う。ジェイムズが哲学者であるゆえ、私がジェイムズに関して語ったことは、その意味でずれたかもしれない。多くの人が私のニーバーの読みについては、異議を申し立てる用意をしていよう。しかし、たとえば、ジェイムズのキリスト教に関する問題が彼の合理性の理解の実例として妥当性の条件（conditions of reasonableness）に合わせられなかったという私の主張を、誰も指摘していない。むしろ、ジェイムズのキリスト教に関する問題は、彼の民主的感性を反映したことである[4]。

従って、私のジェイムズの「信じる意志」を理解する叙述が私のバルトの読み方を照らし出す働きになったと望んだ。とくに、私の合理的に行動する能力を支える習慣の意味をジェイムズが理解していることに注目して、私はジェイムズを意志の意図的な理解の擁護者にする読みに挑戦することを求めた。[5] 結果として私は、ジェイムズをアリストテレスと変わらない実践理性と行為の叙述を提供する者として読もうとした。

信じる意志は、私たちが実存することまた実存を思慮することに必要な認識を表現するジェイムズの方法である。[6] したがって、信じる意志は、私たちの実存の道徳的性格に名前をつけた方法である。私たちは、私たちが存在する世界の外にいるのではなく、世界を形作る部分であることを認識する事を求められる被造物である。[7] このように、ジェイムズは、私たちの生の大部分が、それ自身を立証する「信仰」によって構成されていると主張する。これは、そのような信仰が問われえないということではなく、むしろその問いがその信仰をもつ人の人格的性格から切り離せないことである。

これらは、人が早まって間違う方向に進みやすい複雑な諸問題である。ジェイムズの合理性の叙述が充分であると示唆するのが私の意図ではなかった。とくに私は、彼が言語の役割に注目していないことが深刻な問題だと論じた。たしかに、私はジェイムズができたことまたしなければならなかったこと以上のことを行おうとした。しかし、私は、もし私たちが近年の認識論的前提に必要だとする不幸な二元論を幾分か避けなければならないとして、実践理性における実践としての神学の性格に注目することがさらに重要だと信じる。

これらの最後の所見をさらに具体化する方法として、私は、ユージン・ガーヴァーの書物『論証の目的について——実践的推論と性格と信仰の倫理』"For the Sake of Argument: Practical Reasoning, Character, and the Ethics of Belief" における実践理性の叙述に注目したい。私は、『宇宙の筋目に沿って』を記していた時にガーヴァーの書物があったら良かったと思う。なぜなら、実践理性についてのガーヴァーの説明が、ジェイムズを通して言おうとしたことをさらに上手く言えるようにしてくれたと思うからである。特にガーヴァーが示した（また「示す〔show〕」は正確な語である）ブラウン対教育委員会の最高裁判所の判決に至った論証に注目させて、実践的推論が倫理的過剰（ethical surplus）を産み出し、理性の説明だけでは認識できない傾倒（commitment）を生み出したのである。[8]

ガーヴァーは、アリストテレスの『修辞学』を引用して、実践理性がいつも私たちの生にあると論じる。なぜなら、私たちは、互いに説得したり説得されたりすることを避けられないからである。[9] ガーヴァーによると、重要な問いは、このような推論が互いの操作を覆い隠すのが避けられる方法かどうかである。ガーヴァーによると、中立的あるいは普遍的な推論の叙述がなければばつまり理論理性と呼ばれるものがなければ、利害と権力の継続的な争いに使われる武器としての理性に他ならなくなる。[10] しかし、ガーヴァーは、このような理性の見方がアリストテレスの支えていた理性と性格の重要な結合に貢献すると論じる。それは、私たちが考える方法と私たちが誰かという実践理性の中心にある統合を構成する理性と性格の結合である。

私たちが誰でありどう考えるかの間にある重要な結合を私たちが維持するなら、ガーヴァーは、私たちに修辞学の意義を発見すべきだと論じる。なぜなら、私たちが、合理的であることを止めずに、理性がいかに偶然的であり、感情的であり、利害に動かされ易いかを発見するのが修辞学だからである。彼の修辞学の重要性を強調することを支持するのに、ガーヴァーは、ニューマンの『承認の文法』（A Grammar of Assent）の見解を引用する。

> 「具体的な推論において、大きな尺度で私たちをそこから救おうと提供する論理の条件にとりかえすからである。私たちは自分自身で、判断し、自分自身の光で照らし、自分自身の原理によって判断する。……それは、個人の知性における生きた能力の実践としての論理的思考と、ただ単なる論証科学の技能との区別である。それは、世間一般の精神での論理に対立する偏見の真の解釈であり、それに対立する批評の解釈でもある。またそ

れは、学者ぶる人の形式また空想を作るものであり、少しばかりの常識が多くの論理の荷馬車を超えて進み、ラピュータが論理家などの土地となるのである。[11]」

実践的推論が「生きた能力」の実践であることは、アリストテレスが友人たちの間の熟慮（prudence）を実践的理性のパラダイムと考える根拠である、とガーヴァーは論じる。ガーヴァーは、これは、近代的前提にある見知らぬ人（ストレンジャー）同士の取引を実践理性の基本的様式とするのとは対照的になると論じる。彼は、実践理性の見方を近代的発展と結びつける。それは、見知らぬ者同士の合意である。そのように解釈される理性とは、友情が決定的な美徳だと考えるよりむしろ正義を求める。[12]ガーヴァーは、「南アフリカの真理と和解の委員会（South African Truth and Reconciliation Commission）」に注目して、真理は、共同体を崩壊する危険でもあるが、良い政策（a good polity）のための条件ともなると論じる。

ガーヴァーは、彼の立場を次のように要約する。

「政治学的友情を通して、実践理性は、真理を目的にできる。理性にだけ頼る議論より公共的議論に賭けることによって倫理的議論はさらに力強く合理的になり得る。疑いと不信の状況では、リベラリズムが解決しようとする設計にとどまり、性格や感情へのアッピールは偏見や権威へのアッピールになり、真理の発見の障害物になる。倫理的議論を表現する能力と説得力のある倫理的議論を聞く力は、友情という環境の中にある。友情がなければ、潜在的な合理的アッピールを感情的にまた強制的に受け取る。私たちは、幅広い合理性の感覚によって、共通の推論（common reasening）の形態として真理に関心をもつのであり、暴力の形態としないのである。[13]

ガーヴァーは、決定的に信頼の叙述によってジェイムズに言及する。実践理性が善き共同体のエートスを反映するために必要な議論として起こらなければならない、とする。修辞学は、私たちが、語ることそのものが語ったことを真実にするのではないとしても、物事を真実だとする言語行為によって構成される。ガーヴァーは、ジェイムズの信じる意志と信じられる意志の両者がそのような叙述を生むと考察する。したがって、信頼される最善の方法は、私がまず自分を信じることである。そして自分を信じる最善の方法は、自分を信頼に足るもの（trustworthy）にすることである。ガーヴァーは、ジェイムズの中に悪循環でない循環があることを認識し、自己信頼（self-trust）と信頼されうること（being reliable）の関係の理解があることを認識する。なぜなら、自己信頼と信頼性（reliability）の関係はそう自明ではなくても、自己実現になりうるからである。それは、信じる意志と信じられる意志の両者が、論証として困難な業を意味するからである。[14]

とりわけ、実践理性は、権威の認識を求めるが、その権威は、論証と議論の継続を可能にするエートスのあることに依存する。このようなエートスは、記憶の共同体を設立させている物語にある。またその結果として、未来の共同体も成立させる。私たちはこのような共同体の成員になり、テキストの手ほどきをうけ、過去の模範に学んで倫理的行為者になる。したがって、物語は、（共同体への）加入の招きである。[15] それは、生きることによって物語を具体化し、同時に生きることによる実証であり改訂作業でもある。[16]

私は、ただガーヴァーの実践理性の叙述の主な概要を提供しただけである。彼の主張の多くは、さらに探求さるべき議論にも招いている。しかし、『宇宙の筋目に沿って』において行おうとしたことだけでなく、私が行なおうとした方法をも照らし出す。なぜなら、本書の構造がバルトの信仰の言語の再主張に決定的に貢献することを知解可能にする実践理性の実践であると考えるべきだとするからである。その言語は、キリスト者がなぜ私たちが語ることを真実だと信じる理由を語る意味でも決定的である。

しかし、私は、私のバルトの取り扱いにおいて無言であったことが真実だと考える。バルトは、圧倒的な人格また神学者である。バルトを囲む学問もバルトの業績と同じように、圧倒的である。読者は、彼が申し分のないものかどうか分からないかもしれないが、私は、「私のやり方」で彼を読んだ。第七章の最初の部分で私は「なぜ教会教義学には初めも終わりもないのか」というタイトルでスタートしたが、そこで私はバルトの業績を実践理性の一つの課題として読むことを指示した。しかし、その方法でバルトを適切に表現することは、具体的にはバルトの言語が要求する倫理学や政治学を示すことをさらに求めた。

ケヴィン・ヘクター（Kevin Hector）は、この点において、彼の『形而上学なしの神学――神、言語、認識の精神』(Theology Without Metaphysics: God, Language,and the Spirit of Recognition）において、興味深い示唆を与える。彼は、信仰と真理の関係を探求する方法によって、ある人の言語が信仰に巻き込まれた言語であることと、ある信条に全身全霊によって自己同一化する信仰を識別した。あるレベルで、「イエスは主なり」という信条の主張は、他の信条を判断する標準的特徴ではないが、彼は「イエスは主なり」というような信条を適切に叙述することは、その信条に賭けるだけでなく人間が変革されることの叙述でもあることを求める。彼は、バルトがこのような真理の主張を特定の生活様式での役割に依存するのではなく、そのような認識をする人の能力には依存しないという仕方で神学的発話を理解する点でバルトが実例となると考える。その場合、彼は、神と言語の間に想定されたギャップが存在しないと論じる。[17] それは、今や言語の働きが分かっているので、（ギャップは）存在しないのである。たしかに、私は、ヘクターがバルトの証しの理解に注目して名づけたものに近づいたと考える。しかし、私が自由裁量でガーヴァーの実践理性の叙述を用いるなら、証しの叙述がさらに知解可能にしたと考える。証しは、私たちが「イエスは主なり」というときに、私たちが語ったことをさらに確信して同時に広める倫理的過剰（ethical surplus）として理解できる。もちろん、それは私が最終章とりわけブルース・マーシャルのキリスト教の確信が直面する「認識論的困難」に答える叙述に注目して明らかにした。

私は今でもヨーダーとヨハネ・パウロ二世を証しの範例とすることをバルト神学が要求する具体的実例として適切な方法だと考える。しかし、それは個人に注目することであるが、ヨーダーもヨハネ・パウロ二世も共同体的によって確証された個人であり、真実な政治学に必要な教会的リアリティを示唆しそこなったかもしれないが、私はヨーダーとヨハネ・パウロ二世（たしかに、それぞれ異なった方法であるが）がキリスト教世界（クリステンドム）以後でも継続する方法の具体化だと考える。このような認識は、物事のあり方とそこで与えられた生きるべき方法についての真実な叙述を維持するキリスト教的発話に本来的な概念創造の源泉力を発見するとする私たちの能力にとって決定的である。

しかし、それは、『宇宙の筋目に沿って』の最終章が書物の中であまり成功していない章であることを続けて示している。その章を再読すると、私は、本書を穏やかに閉じようとしたと思わざるを得ない。そうすることが本書で論じたことに相応しいであろう。バルトのように、既に本書で論じたことを繰り返すだけである。しかし、本書の最後に大学に焦点を定めたことは、キリスト教的特徴を現すために最善であったのだろうか？私が、続いて大学についての書物を出版したが、そこで私は、キリスト教信仰が大学の業績に対して特徴を与えることを示唆しようとしたが、その書物は、キリスト教信仰と実践が私たちの認識の仕方と認識すること自体に特徴を与えるはずだということを示すための探求の出発点に過ぎないと思う(18)。

私は、『宇宙の筋目に沿って』の終わりに大学に焦点を当てた。なぜなら、本書は、マッキンタイアの『道徳研究の三つの異説——百科事典的、系譜学的、伝統的』の議論ではじめ、彼がその書物を終えた方法に倣って、終わろうと考えた。[19] 私の友人たちの幾人かが、特にマーク・ネイションは、本書の原稿を読んで、このように本書を終えることは、自然神学が神の全教義によって規定されるという強い主張を強化しそこねると忠告してくれた。今、私は、彼らが正しかったと考える。とりわけ、実践理性の働きについて論じるなら、論じるのに十分なエートスをもった共同体を支える実践にキリスト教的非暴力が必要な構成要素であることを最後に論じるべきだと忠告してくれた。[20] 私は、ギフォード講座以来行った幾つかの作業がその仕事のより良い終わり方になったと考えたい。[21]

私は、『宇宙の筋目に沿って』が最近の神学にどのような特徴をもたらしたか分からない。私は本書が私の研究を第一の重要な神学的冒険であることをより良く理解されることになると考える。私は、最近数多くの書物がジョン・ハワード・ヨーダーの研究に打ち込んでいることを喜んでいる。しかし、『宇宙の筋目に沿って』におけるヨーダーに対する注目がこの展開にどれほど関連しているか分からない。私も歓迎している政治的神学における多くの研究が、キリスト教世界（クリステンドム）の弱体化によって神学のなすべき方法に特徴を与えるという私の見方に刺激されている。しかし、『宇宙の筋目に沿って』が政治的神学の研究に対してどのような特徴を与えたかは私には分からない。

私はどのような決定的な変化が起こるにも時間がかかることを敏感に自覚している。私は、バルトとヨーダーが神学的世界を変えたと考える。彼らが与えたことを受け取るには多くの年数がかかる。なぜなら、彼らは古い諸問題に対して新しい答えをもたらしたのではないからである。彼らは、問いを変えたのである。『宇宙の筋目に沿って』が少しでも彼らの研究を受け取る助けになれば、無上の幸いである。

友人たちと私がこのあとがきに何を記すべきかを話し合っていた時、何人かは、『宇宙の筋目に沿って』"With the Grain of the Universe"と『ハンナの子ども——神学者の回顧録』"Hanna'Child: Memoir of the Theologian"の関係を私がどう考えるかについて語るべきだと示唆してくれた。[22] 私は、喜んでそうすべきだと考えたが、『宇宙の筋目に沿って』を書かなかったら、『ハンナの子ども』も書けなかったことは確かである。そのことは奇妙かもしれない。しかし、私が書くことは、私にとってキリスト者であることが何を意味するかを発見する一つの方法である。『宇宙の筋目に沿って』を書く準備とその過程の働きは、『ハンナの子ども』を可能したキリスト教的言語の使用に確信を与えてくれた。

さらに言うなら、両方の書物にとって物語が決定的であった。しかし、私はそれを明らかにすることがどれだけ助けになるか確かではない。それは完全に正しいわけではない。明白なことを言うことは常に助けになる。問題は、明白なことを間違いなく言うことが非常に難しいということである。したがって、私は、私が言えること以上のことを言おうとは思わない。私は、この後書きの読者の多くが『宇宙の筋目に沿って』を読む前に『ハンナの子ども』を読んだかどうか分からない。私は、彼らが『宇宙の筋道に沿って』の読み方に差違を与えたかどうか確かではない。しかし、私は、このような読みから、私が良く語ったか、あるいはさらに良く語る必要があったかを発見してくれると希望する。[23]

私は、これらの最後の所見が奇妙に思えることを認識するが、『宇宙の筋目にそって』のこの版の読者の多くが過去の私を規定した主張と無関係であることを望んでいる。端的に言うと、本書を読んだ人々が私を「分派主義的、信仰主義的、部族主義者」と呼ぶかどうか私には分からない。『宇宙の筋目に沿って』がこのような誤った性格付けを終わらせることを私は確かに望んでいる。しかし、私は、本書がそれ以上のことになるとも望んでいる。本書がさらに若い神学者たちによって読まれるなら、私は、「さらなるもの」が明らかにされまた有用になると願っている。

おそらく、このことを促す他の方法は、『宇宙の筋目に沿って』と『ハンナの子ども』間に関係があり、私にそれを示してくれる点で、私は友人グレッグ・ジョーンズを明らかに必要とする。つまり、二つの書物は、道徳的推論また神学の働きについて友情の重要性に依存している。奇妙に思われるかもしれないが、たとえば、私は、ラインホールド・ニーバーを欠かしてはならない友人と見なしていることを明らかにしたい。私は、彼が抗しがたい存在だとしても、彼と知り合いになることを望むであろう。『ハンナの子ども』は友情についての書物だけではなく、友情の行為についての書物でもある。私は、私が書きまた読むことが、友人が私の人生を生きるに値するようにし、以前は知らなかった友人を発見することを可能にする点において重要であることを示している。

このことは、過去の読者であれ、新しい読者であれ、神と神の教会に情熱的に関わろうとするなら、私が何か言わなければならなくなる読者たちの賜物に感謝する所以である。私は、ある小さな方法で、私が書いたことがただ私をキリスト者にするだけでなく、結果として私の書いたことを読む人々にとっての真理であることも望むだけである。なぜなら、すべてが語られなされた時に、私は、『宇宙の筋目に沿って』においてなしたことで幸福だからである。私は、本書を読む人々がキリスト者であることが彼らを幸福にすることだと発見してくれることを願っている。

(Endnotes)

1　ある批評家たちは、『宇宙の筋目に沿って』における大量の注について不満を述べている。その注のいくつかは、本文に入れられるはずだったと言う。しかし、各講義が一時間少々だったので、私は注を利用しようと考えた。私が試みている議論でも重要な部分なので、変えるつもりはない。

2　ピーター・ヴァン・インワゲンは、ルドルフ・ブルトマンの電球や近代医学を使用している人々が新約聖書の世界を特徴づける霊や悪霊をまだ信じることは不可能だという主張に注目させる。ヴァン・インワゲンは、ブルトマンの主張が何かを信じるための根拠の整理された提案になっていないと述べている。むしろ、私たちが信じることを発議する何かになっているだけだと言う。しかも、その発議は、ヴァン・インワゲンも受け入れられないものだと言う。ヴァン・インワゲンは、議論 (argument) と積極的主張 (assertion) の混同という悪徳は、ブルトマンの問題だけではなく、ほとんどの近代神学の特徴である。ピーター・ヴァン・インワゲンの God, Knowledge & Mystery: Essays in Philosophical Theology (Ithaca: Cornell University Press,1995), 3-5 を参照。私は、『宇宙の筋目に沿って』における主張の多くが積極的主張 (assertion) であると認識しているが、論争によって弁護されることを望んでいる。

3　しかし、私は、ヘンリー・サムエル・レヴィンソンの私のジェイムズの読みに対する批判的応答に注目せざるを得ない。レヴィンソンは、ジェイムズの思想の主導的解釈者であるが、私がジェイムズをまちがって自然主義者だとしていると論じている。しかし、私は、レヴィンソン自身のジェイムズの説明が世界の形而上学的家具として神や神々を用いないことだと確認する。わたしはまださらにジェイムズの偶然の理解がライトのダーウィンの説明と似ていると考えている。サムエル・レヴィンソンの “Let Us Be Saints If We Can: A Reflection on Stanley Hauerwas's “With the Grain of the Universe,” Journal of Religious Ethics 32, no. 1 (Sping 2004): 219-234. を参照。ジェイコブ・グッドソンもまた “ 'Philosophy' in The Varieties of Religious Experience: From Theology though the Science of Convictions, ” Streams of William James 5, no. 3 (Fall 2003): 2-7 の論文において私のジェイムズの読みに対して非常に洗練された応答を書いた。グッドソンは、その博士論文において、ジェイムズを活用する非常に興味深い展開を示した。早く出版されることが望まれる。“Narrative Theology after William James: Empiricism, Hermeneutics, and Virtues (Ph. D. diss., University of Virginia, 2010).

4　ロビン・ロヴィンは、数多くの論文の中で、ニーバーの最善の擁護を提供している。“Reinhold Niebuhr in Contemporary

Scholarship: A Review Essay," Journal of Religious Ethics 31, no. 3(Winter 2003), 489-505. を参照。ロヴィンはさらに Reinhold Niebur and Contemporary Politics: God and Power, Richard Harries and Stephen Platten, eds. (Oxford: Oxford University Press, 2010) において一章を記している。ハリスとプラッテンの書物には、ニーバー擁護の章が数多くある。その書物の纏めにおいてハリスは「ニーバーの思想は、彼の神学的方法論を教会論的母体に有効に根付かせることを明瞭に試みると、さらに強力にできる」(242) と認めている。それに対して、私はただ、教会論的母体の特徴をすべて明らかにして欲しいと言いたい。またニーバーの擁護者たちに彼のキリスト論から生じる諸問題に言及しないのは奇妙だと考える。ハリスとプラッテンの書におけるサムエル・ウェルズの章は、ニーバーのキリスト論が受肉論の叙述に失敗したと明確に示した。ゲイリー・ドリエンは、Social Ethics in the Making: Interpreting an American Tradition(Oxford: Wiley-Blackwell, 2011), 226-304. において、ニーバーについての決定的な叙述を提供している。

5 ジェイムズの習慣の叙述はパースの叙述より豊かではない。しかし、私は、ジェイムズとパースの差異を強調する人たちがジェイムズの習慣の役割理解の説明に失敗していると考える。G. Scott Davis, Believing and Acting: The Pragmatic Turn in Comparative Religion and Ethics (New York: Oxford University Press, 2012), 37-42. を参照。私は、宗教研究にとってのプラグマティズムのデイヴィスの説明に深く共感する。

6 私は「認識」という言語を用いる、なぜなら私は、ジェイムズが「信じる意志」に関わっていることがケイヴェルの極めて重要な概念の展開と何らかの関係があると考えるからである。

7 私は、これがウイットゲンシュタインの中心的洞察の一つを表現していると理解する、つまりその言語は、事柄を構成するものの外にあるのではない。

8 Eugene Garver, For the Sake of Argument: Practical Reasoning, Character, and the Ethics of Belief (Chicago: University of Chicago Press, 2004), 9. 参照。私は、ガーヴァーの「倫理的過剰」の理解が生み出した結果を守る以外に何も言えないとは考えない。むしろ、それは、結果がさらに議論を可能にすることを意味する。簡潔に言えば、物語がさらに探求をもとめる方法を私たちに理解させる助けを提供する。ガーヴァーは「理性だけ」の理解の実例を指示したのではなかったが、私は、その慣用句がカントを示唆すると言いたい。少なくとも、それは私にとってカントを示唆している。私がカントの実践理性を偶然の判断から解放する試みとして読む点である。つまり、カントは、実践理性を他のものにはなり得ない事柄を扱う理性の形態として理解することを求めたのである。簡単に言うと、カントの偉大なプロジェクトは、実践理性を偶然性から解放できる実践理性の説明を与えることである。

9 私は、偶然性を避けられる理性の説明を展開する試みが説得という困難な作業を避けることに打ち込んでいるかどうか疑っている。別に言えば、それらは、根拠を与える作業の政治的性格を避ける試みである。しかし、それが全て語られ行われた時、それはすべてを退ける説得である。

10 Garver, For the Sake of Argument, 2.

11 Quoted, in ibid.4

12 Ibid, 14-15.

13 Ibid, 28-29.

14 Ibid, 147.

15 Ibid. 130

16 ガーヴァーは、あきらかにマッキンタイアに影響を受けている。とりわけ、彼は、マッキンタイアの議論に強い同意を表現している。それは、前提の認識という最初の行為がそれらに続くものの理解なしに認識され得ると考えるのは間違いであるという議論である。それは、道徳的生を最初の諸原理を目的として発見する旅路として理解さるべき理由である。つまり私たちは、最初に私たちがたしかに真実の開始が何であったかを知っていたかどうかを、終わりに知ることが出来るのみである。すなわち、道徳的生は、回顧的判断における実践として最も良く理解されるのである。ガーヴァーのマッキンタイアの引用を参照。Ibid., 78-79.

17 Kevin Hector, Theology without Metaphysics: God, Language, and the Spirit of Recognition (Cambridge: Cambridge University Press), 235-239. 私はまた Timothy Stanley, Protestant Metaphysics after Karl Barth and Martin Action :The Theological Shape of Barth's Ethical

vision (London: T. &T. Clark, 2007) は、バルトの極めて有益な読みである。

18 Stanley Hauerwas,"The State of the Universe:Academic Knowledges and Knowledge of God. (Oxford: Blackwell, 2007)

19 Arasdair MacIntyre, Three Rival Versions of Moral Enquiry : Encyclopaedia, Genealogy, and Tradition (Notre Dame: University Notre Dame Press,1990).

20 ガーヴァーは、なにゆえにまたどのように論争が合理的権威を創造するために必要かの強い説明を提供する。For the Sake of Argument, 109-131 を参照。

21 私がこのテーマで触れた全ては、とりわけ私とロマンド・コールの書物、Christianity, Democracy, and the Radical Ordinary: Conversations between a Radical Democrat and a Christian (Eugene, Ore.: Cascade2008) と私の Working with Words: On Learning to Speak Christian (Eugene, Ore.: Cascade, 2011). に関連している。私は、ある人がこの異議申し立てを私の研究の中心に位置づけた、私が説教で行っていることを私の研究の一部であると見なすことができると考えなければならない。たとえば、Disrupting Time: Sermons, Prayers, and Sundries (Eugene, Ore.: Cascade, 2004) と A Cross-Shattered Church: Reclaiming the Theological Heart of Preaching (Grand Rapids: Brazos Press, 2009). を参照。

22 Stanley Hauerwas, Hannah's Child: A Theologian's Memoir (Grand Rapids: Eerdmans, 2010). 私は、後書きを書く仕事をしているが、Hannah's Child. のペーパーバック版のために書いている。また書きやすいと感じている。

23 私は、以下のジェイコブ・グッドソンの二冊の書物の関係について考察を受け取ったが、非常に興味深いものである。グッドソンは、二冊の関係について、以下のように示唆している。

スタンリーの神学的論法における「モラルヒーロー」の機能の仕方において関連している。ピーター・デューラは、しばしば、スタンリーの「モラルヒーロー」が非キリスト者であることも表現している。"Naming the Silences" におけるドン・ワンダーホープまた "In Good Company" におけるエバレット・チャンスのように、である。本書の原稿段階で、私は、スタンリーにこのリストにエリザベス・コステロを追加する意義を示す。しかしながら、『宇宙の筋目に沿って』においては、キリスト者だけが「ヒーロー」である。カール・バルトとヨハネ・パウロ二世、ジョン・ハワード・ヨーダーである。スタンリーは、『宇宙の筋目に沿って』の厳密な神学的論法を守って"Performing the Faith"においてはディートリッヒ・ボンヘッファーを「モラルヒーロー」に挙げている。私は、『ハンナの子ども』において、スタンリーが自分の生涯がチャンス、コステロ、ワンダーホープに近いとスタートするが、次第に、神の摂理的恵みのみによる、さらに特別な友情に見られる聖霊の働きを認識して、彼の生涯が彼の記したキリスト者のモラルヒーローに似てくると認識する。もちろん、スタンリーは自分を「ヒーロー」に入れないが、それが強調点である。チャンスとコステロとワンダーホープは、伝統的（アリストテレス的）な意味での「ヒーロー」であるが、バルトやボンヘッファーやヨハネ・パウロ二世やヨーダー（またハワーワス？）は伝統的な意味での「ヒーロー」ではなく、ルターとウエスレーの義認と聖化という道徳的生における神の働きによるものである。スタンリーはしばしばこのことをアッピールしている。バルト、ボンヘッファー、ヨハネ・パウロ二世と、ヨーダーは、二次的行為者と自覚していた。スタンリーの言葉によるとボンヘッファーの場合は「演ずる行為（performative）」であり、『宇宙の筋目に沿って』においては「証し」である。つまり神の恵みによってヒーローになるのである。バルトが最高の「自然神学者」であると言うことは、彼が最高の「自然的」あり方を二次的行為者と理解していると言うだけであり、つまり私たちを招いている状態である。『ハンナの子ども』においてスタンリーは、彼自身を一次的行為者と主張するが論理的には彼の自伝的観察であるが、彼は他者との（驚くべき）友情における聖霊の働きに対して「二次的なもの」にとどまることを発見している。そこで、最近の後書きでハワーワスが記している以上である。私は、非常に意義深く、照らし出す方法で二つの書物が関連していると考える。

このグッドソンの認識は、この後書きを読んだあとの2012年7月11日のイーメイルに含まれている。したがって私は、彼がヒーローとセインツの差異を理解した上で探求していると考える。彼は、私の研究におけるドロシー・デイとジャン・バニエの役割を見出したと考える。しかし、私自身が自分の生涯をチャンスやコステロに近いと考えているとしたのは正しいということで十分である。良くて私は「不完全なキリスト者（half-Christian.）」である。

おわりに（訳者）

本書は、近年世界的に注目されているアメリカの神学者スタンリー・ハワーワスのギフォード講座[1]、"With The Grain of Universe : the Church's Witness and Natural Theology"（2001, Stanley Hauerwas, Brazos Press）の邦訳『宇宙の筋目に沿って――教会の証しと自然神学』である。それは２０００年、２００１年にスコットランドのセント・アンドリューズ大学で行われた。本書の意義と背景を記しておこう。

ハワーワスは、ウィリアム・ウィリモンとの共著『旅する神の民（The Resident Ailiens, 1989）』（邦訳１９９９年）を出版していきなり五万部が売れ、アメリカの神学界にまたキリスト教界に衝撃を与えた。それは、従来のアメリカの市民宗教のイメージとは逆にキリスト教のアイデンティティを強く主張するものであった。また冷戦構造の終わった時期のアメリカの大事件２００１年9月11日のいわゆる「セプテンバー・イレブン」のニューヨークのツィンタワーの崩壊テロ事件直後の『タイム誌』の投票でハワーワスは、全米の「ベスト・セオロージャン」に選ばれた。それは、キリスト教が社会に役に立つと主張するプロテスタント・リベラリズムではなくまた「市民宗教」でもなく、同じ主流派に属していても「教会が教会である」ことと「世界が世界である」ことの差違を大切にし、礼拝共同体の伝える福音がイエス・キリストの十字架と復活の出来事による救いであり、神と人また人々と人々の和解の源となり、21世紀初頭に聖書の「平和と非暴力」を主張するキリスト教が脚光を浴びるようになったのである。宗教社会学者ロバート・ベラーは1960年代に「市民宗教」としてアメリカのキリスト教を性格づけたが、決して「市民宗教」の主張ではなく分析の道具であるが彼はむしろそれを否認するようになっていた。[2] 彼は、教会と文化の関係を深く問うようになりハワーワスに期待していた。[3] 21世紀に入りあらためて聖書による神の言葉そのものとその証の生活が課題となってきた。それが今「ポスト・リベラル」[4]という呼び名になっている。

さてハワーワスによると、20世紀初めのウィリアム・ジェイムズは、近代の科学的世界観、彼の場合はダーウィンの生物学的進化論の適者生存と言われる偶発的な生命現象の広大なリズムで生まれては消えていく大海の泡沫のように感じる人間存在に意義を与えるものとして宗教心理学を通して絶対的実在に触れる宗教的経験を確保しようとした。これがジェイムズのライフ・ワークであり、哲学的著作『信じる意志』から現れていた人間の宗教的経験の意味の探求であり、さらにラインホールド・ニーバーの「永続的神話」に継続されたと考えられる。しかも、その継続の中には民主的社会調整への傾注も含まれている。ラインホールド・ニーバーは、新正統主義の神学を展開したと見られるが、人間から神に至るジェイムズの宗教的世界観のリベラリズムの線上でつまり人間の民主的努力によるプラグマティックな世界観にそったキリスト教理解を展開していた。これに対して、K・バルトは、人間の理性や経験また科学的発見ではなく、神の啓示である神の言葉から人間の生と世界の意味を主張した。K・バルトは、この神学的言語の働きかけを「アナロギア・フィデイ」と「キリスト論的普遍性」の主張によって自然的世界観に対処する。[5] ハワーワスはこれを物語の神学によるバルト解釈によって、21世紀の世俗的科学主義を克服する新しいキリスト教使信を回復した。それが信仰共同体の礼拝行為を通して証しの力にもなるのである。従って、本書ではウィリアム・ジェイムズとラインホールド・ニーバーの世界観とカール・バルトの聖書的言語による世界観の習得だけでなく、彼らの生き方まで描かれる。加えて、神学者ヨーダーの生き方やヨハネ・パウロ二世の生き方まで学ぶことになる。ところで、ハワーワスは、形式的に礼拝中心の神学を構想するのではなく、また信仰共同体を単に市民社会を補完するものとするのではなく、神の国の「先駆的な役割」をはたす実質的な内容をもった倫理的形成的行為としての礼拝を考える。それは、礼拝に参加する者に習慣、態度、生活形態を形成し、神の国の先取りを示す。

第一に、彼は、「キリスト教的生と思索に対する礼拝の中心性の再発見」するが、それは、神学的倫理学が「神賛美の神学」を土台とするからである。ハワーワスと問題意識を共有する英国の神学者ゴリンジによるなら、神賛美の神学はつねに偶像崇拝に挑戦する神学的倫理学になる。

第二に、ハワーワスは「賛美は、イエスの父なる神との関係の特徴である」と言う。これも、祈りつつ聖餐に与る時に、イエスの全生涯を通して示された神の愛が再現され、その歴史的世界のリアリティに参加することになる。このように神学における思索と実践の一致を考えるなら、礼拝において、キリスト者は毎回巡礼し、固有の文化を形成して、コリント教会や南米の宣教師ラス・カサスの記憶なども生かし、新しい共同体を形成することになる。

第三に、ハワーワスが戦っているのは、「神学的リベラリズム」であるが、その前提には既存の社会秩序の中で補完的な仕方で倫理的機能を働かせることであった。しかし、礼拝を中心に置く神学的倫理学は、社会秩序を根底から問い直し、キリスト者の社会的実存を形成し、単に正しく行動することを教えるだけでなく、人々を聖なる実存に招き、神の平和（シャローム）の前味に参加させ、証をする共同体の一員にするのである。ここに21世紀の神学の使命を考えさせられるのである。

このような貴重な文献を日本語で読めるように努力した助けには、特に本書の圧倒的に数の多い注に関して、青山学院大学卒の新島学園教諭の相澤賢治氏にご協力いただいた。さらに総合文化政策学部大学院生の清水香基氏また我が妹東方和子氏にご協力をいただいた、また現在ラインホールド・ニーバーを研究しておられる聖学院大学の柳田洋夫教授にも貴重なコメントを頂いた、その他ある神学研究会の仲間や多くの友人たちに支えられたことを心より感謝したい。

(Endnotes)

1 ギフォード講義 (Gifford Lectures) は、英国スコットランドの諸大学が合同で主宰している自然神学についての連続講座である。120年近くの歴史があり、グラスゴー大学、エディンバラ大学、セント・アンドルーズ大学、アバディーン大学によって開催される。寄付をしたアダム・ロード・ギフォード (1820-1887) は哲学や文学に関心のあったスコットランドの法律家であったが、彼の遺志と莫大な寄付金によって1885年から開催されている。それは科学的世界観と対話できる自然神学の研究を広く発展させるためである。開催当初から、英語圏を中心に一流の神学者・哲学者による一流の講義が展開されたことで有名である。科学技術の発達を反映して、近年は歴史学者や科学者なども講義している。この講義の内容は、哲学・神学の主要な業績として、日本でも知られている。

2 S. Hauerwas, "In Good company" (University of Notre Dame Press, 1995) p. 238

3 Richard Madsen, and others, edited "Meaning and Modernity" (University of California Press, 2002) p. 268 のロバート・ベラーのあとがき。

4 「ポスト・リベラル」の主唱者ジョージ・リンドベックは、1923年にルター派のアメリカ人宣教師の子として中国に生まれた。イェール大学の神学大学院に進み、歴史神学部門の教員となり、中世哲学と神学を講じていたが、1962年に大転換を経験する。それは、第二バチカン公会議に中世思想の専門家として招かれたからである。ルター派世界連盟を代表してオブザーバーとして参加し、プロテスタントとカトリックの対話の当事者として責任を果たすことになり、一人の教理学者から一躍最も現代的なポスト・リベラル神学の提案者になった。そのとき著した『教理の本質』（1984年）によってポスト・リベラルの方法による最新の神学の方法についての論争の火蓋を切った。リンドベックは、従来支配的であった別の二つのタイプを要約的に提示する。

第一のものは「認知的（cognitive）」ないし「命題的（propositional）」モデルである。これは宗教の認知的側面を強調し、教会の教理が客観的実在について伝達する命題として機能することやそれについての真理主張を行うものとして機能する仕方を強調する立場である。宗教的な教理が客観的実在を指示しているとするこの立場は、基本的に古典的であるが、しかしカント以来の啓蒙主義による批判によって現在ではあまり有効性を保持していない。

第二は「経験――表出主義的（experiential-expressive）」モデルである。これは、前述の立場を批判的に乗り越えた近代的な宗教理解の典型であり、歴史的にはシュライエルマッハーに遡り、さらにリンドベックの著作までに主流であった自由主義神学の試みである。リンドベックによればその内実は、「教理を、内的な感情や態度、あるいは実存的方向づけについての非認知的で非論証的な象徴として解釈する」ので、この立場では、宗教にとって人間の経験が最も基礎的な要素とされ、宗教的教理や象徴はすべてそうした経験の「表現」と理解される。リンドベックにとっての中心的な仮想敵国はこの立場であり、実際その著作においてこれに対する批判に多くが割かれる。そこでの批判の要点は、この立場が宗教を人間の普遍的経験へと「還元」し、「諸宗教の個性や特徴」を損なう。宗教心理学を追求したウィリアム・ジェイムズもこの立場になる。この立場を貫くなら、究極的には「仏教徒とキリスト教徒は、表現の上では非常に異なっているとしても、基本的に同一の信仰を持っているという、少なくとも論理的な可能性が存在する」ことになる。

そこで、リンドベックがこの二つの立場に換えて提案するのが「文化――言語的」アプローチである。これは、教理や儀礼といった宗教的なものを「現実を記述し、信仰を形成し、内的な態度・感情・情緒の経験を可能にするイディオム（慣用句）」として捉える。そうなれば信仰共同体の言語使用が重要になる。それによって「宗教は第一に主観性の現れであるよりも、文化や言語のように、むしろ個人の内面を形成する共同体の現象」とみなされる。つまり、ここでは経験から表現という順序が逆転され、文化的、言語的資源としての宗教が、人間の体験を可能とすると捉える。人々は、其々の宗教的枠組みによって世界を解釈し、それによって描かれる現実の中で個人的な体験を形成する。この観点に立つ場合、宗教とはなによりも人間の経験を可能にする「包括的な解釈の媒介あるいはカテゴリーの枠組み」として理解される。そして、リンドベックはそのような宗教を、さらに言語のあり方と結びつけて説明する。例えば、人間は何らかの言語を習得しない限り、思考や行動、感情といった人間に固有の能力を現実化できない。その意味では「言語がリアリティを生み出す」のである。それと平行して、宗教的であるためには、特定の宗教の言語や象徴体系を習得しなければならない。この点で神学言語を大切にして「神の言葉の神学」を習得させるバルトの『教会教義学』の習熟訓練が大切になる。要するに、文化‐言語的観点から捉えられた宗教とは、個々人の内に内面化された技術や技能のように機能するのであり、その資源は礼拝共同体を通して受け継がれる。それゆえ、キリスト者になることは、「キリスト教の用語で自己や世界を解釈し、経験するのに充分なまでにイスラエルやイエスの物語を習得することを含む」のである。こうした考え方は、「言語論的転回」を経た後の記号論的文化理論、言語論に近い。クリフォード・ギアーツやウィトゲンシュタインの議論を参考にする。この点で、文化――言語的アプローチは「宗教なるもの」を一般化するのとは異なり、諸宗教の特殊性を重視すると理解できる。つまり、文化や言語のように伝承されてきた諸宗教のあり方を人間にとっての「共通の体験」等へと還元することなく、それらが共同体や個人の生へとルール化されることで機能する点を強調する。その意味では聖書の物語や神学的言語は信仰共同体にルールとして機能する。

5　S・ハワーワスは、「信条主義者、部族主義者、分派主義者」と言われる批判に対して、神の言葉の神学を物語の神学としてまたキリスト論的普遍性から自然的世界も論じ、教会の証言による世界の論じ方を証ししたのである。

【著者のプロフィール】

スタンリー・ハワーワス（Stanley Hauerwas）

1940年7月24日生。現在、アメリカのノースカロライナ州ダラム市にあるデューク大学神学部に所属し神学的倫理を教えるギルバート・ロー教授。2013年名誉教授になる。2001年に『タイム誌』で最高の神学者（Best Theologian）として選ばれた英語圏で最も著名な神学者。2000年と2001年に世界的な講義、ギフォード・レクチャーに依頼を受け、"With the Grain　of the Universe" という題名でバルト的神学による自然神学を展開して現代神学に刺激と論争の火蓋をきった。テキサス州出身でホスピタリティ豊かな性格で、明るくデューク大学院の指導的教授として大学全体で活躍し、デューク大学法科大学院でも教鞭をとる。

他方、快な側面も見せる。従ってデューク大学の学生、教授、職員たちに愛されている性格の持ち主でもある。しかし、論争するときの舌鋒は鋭く、神学のみならず時代の最先端の思想と対決している。アメリカのキリスト教思想界の台風の目のような存在であり、平和主義を標榜する。

彼の弟子たちが英米の大学で活躍している。2000年には来日し幾つかの大学、神学校で精力的に講義を展開した。ポスト・リベラルの立場で神学、キリスト教倫理を主張し、神学と政治学の対話、教会論と社会倫理の立場から、アメリカ支配の世界観に挑戦し、資本主義、戦争論に徹底的に批判を加えている。

著　書（これまでに邦訳された著書）：

『平和を可能にする神の国』（現代キリスト教倫理双書）
　スタンリー・ハワーワス、東方敬信訳、新教出版社、1992
『主の祈り ――今を生きるあなたに』
　W. H. ウィリモン、S. ハワーワス、平野克己訳、日本キリスト教団出版局、2003
『旅する神の民 ――「キリスト教国アメリカ」への挑戦状』
　S. ハワーワス、W. H. ウィリモン、東方敬信、伊藤 悟共訳、教文館、1999
『美徳の中のキリスト者 ――美徳の倫理学との神学的対話』
　S. ハワーワス、C. ピンチス、東方敬信、伊藤悟共訳、教文館、1997
『神の真理 ――キリスト教的生における十戒』
　S. M. ハワーワス、W. H. ウィリモン、東方敬信、伊藤悟共訳、新教出版社、2001
『大学のあり方 ―― 諸学の知と神の知』、青山学院大学総合研究所叢書、ヨベル、2014
　S. ハワーワス、東方敬信監訳
『暴力の世界で柔和に生きる』、日本基督教団出版局、2018
　S. M. ハワーワス、J. バニエ、五十嵐成見、平野克己、柳田洋夫共訳
その他、多くの書物で現代社会に問題提起をおこなっている。

【訳者のプロフィール】

東方敬信（とうぼう・よしのぶ）

1944 年生。青山学院大学名誉教授。元青山学院・大学宗教部長。

著書

「神学のねらい」銀座教会、1974

「H・リチャード・ニーバーの神学」日本基督教団出版局 、1980

「物語の神学とキリスト教倫理」教文館、1995

『キリストの平和と文化の諸領域――第 27 回フォーラム東方敬信師講演会』東京ミッション研究所　1996

「ポリスの神学 美徳の誕生――ハワーワス神学をめぐって：第 39 回フォーラム東方敬信師講演会」東京ミッション研究所シリーズ 、2000

「神の国と経済倫理――キリスト教の生活世界をめざして」教文館、2001

『生きるための教育――教育人間学とキリスト教』教文館　2009

『文明の衝突とキリスト教――文化社会倫理学的考察』教文館　2011

共編著［編集］

「キリスト教と生命倫理」教団出版局、1993

「思想力――絵画から読み解くキリスト教」海津忠雄、茂牧人、深井智朗共著、キリスト教新聞社、2008

翻訳［編集、監訳］

H. リチャード・ニーバー『近代文化の崩壊と唯一神信仰』ヨルダン社　1984

J.M. ガスタフソン『キリスト教倫理は可能か』ヨルダン社　1987

ゴードン・D. カウフマン『核時代の神学』ヨルダン社　1989

S. ハワーワス『平和を可能にする神の国』新教出版社　1992　現代キリスト教倫理双書

セオドア・W. ジェニングス編『神学者の使命――現代アメリカの神学的潮流』伊藤悟共訳　ヨルダン社　1994

S. ハワーワス , C. ピンチス『美徳の中のキリスト者――美徳の倫理学との神学的対話』教文館　1997

S. ハワーワス ,W.H. ウィリモン『旅する神の民――「キリスト教国アメリカ」への挑戦状』伊藤悟共訳　教文館　1999

S. ハワーワス , W. H. ウィリモン『神の真理――キリスト教的生における十戒』伊藤悟共訳　新教出版社　2001

ポール・プルイザー『牧師による診断』斎藤武共訳　すぐ書房　2004

ジョン・マッコーリー『平和のコンセプト――聖書的・神学的視座から』新教出版社　2008

リチャード・ヘイズ『新約聖書のモラル・ヴィジョン 共同体・十字架・新しい創造』河野克也共訳　キリスト新聞社　2011

S. ハワーワス『**大学のあり方――諸学の知と神の知**』監訳　ヨベル　2014

ウィリアム・T・キャヴァノー『政治神学の想像力――政治的実践としての典礼のために』田上雅徳共訳　教文館　2020

宇宙の筋目に沿って――教会の証しと自然神学

2020 年 4 月 15 日 初版発行

著　者 ―― スタンリー・ハワーワス
訳　者 ―― 東方敬信
発行者 ―― 安田正人
発行所 ―― 株式会社ヨベル　YOBEL, Inc.
〒 113-0033 東京都文京区本郷 4-1-1　菊花ビル 5F
TEL03-3818-4851　FAX03-3818-4858
e-mail : info@yobel. co. jp

装丁 ―― ロゴスデザイン・長尾 優
印刷 ―― 中央精版印刷株式会社

配給元―日本キリスト教書販売株式会社（日キ販）
〒 162 - 0814　東京都新宿区新小川町 9 -1
振替 00130-3-60976　Tel 03-3260-5670

Yoshinobu Toubou©2020　ISBN978-4-909871-13-8 C0016

使用聖書は、聖書 新共同訳（日本聖書協会発行）を使用しています。

スタンリー・ハワーワス著　東方敬信監訳　青山学院大学総合研究所叢書

大学のあり方——諸学の知と神の知

評者：朴　憲郁

英語圏で最も著名な神学者の一人であり、世界的にも注目されるS・ハワーワスは、2001年の著書『宇宙の結晶粒と共に——教会の証言と自然神学』（編注：本書のこと）の最終章で、近代的大学論を神学的に探求した。それを発展させたものが、東方敬信監訳により共同邦訳出版された本書（原書は2007年発行）である。これは、青山学院大学総合研究所・研究プロジェクト（代表：西谷幸介）「キリスト教大学の学問体系論」（2010～2013年）の成果の一つとのことである。

評者は数年前に、近代以降の古典的大学論の名著であるニューマンの『大学の理念』(J. H. C. Newman, “The Idea of a University”, 1852)を中心とするキリスト教大学論の研究を志すある大学院神学生の修士論文指導をしたことがある。その際に、近年この分野で本格的に論じた諸文献を探す内に、東方氏を介してハワーワスの“The State of the University”に出会って、それを手にした。このたび彼の優れた大学論、いや、神学的学問体系論である北米発信の本格的「大学の神学」が日本の読者に、特に建学の理念構築とその実現に頭を悩ますキリスト教大学関係者に、広く共有されることは極めて意義深い。

神学的大学論については、P・ティリッヒ、R・ニーバー、W・パンネンベルクなどから多くを学ぶことができるが、ポストモダンの最近の神学的、世界的諸状況を鋭敏に捉えて論戦を張るハワーワスの論述は群を抜いて注目され得る。ただし、本書でそれぞれ刺激的なテーマを扱っている1章から12章までは、順序立てて構想されたものでなく、その都度必要に応じて論考したもの、論敵との自由闊達な論争、講演の原稿などを一書にまとめたものである。たとえば、第1章は3章と8章の執筆後に書き下ろしたものである。しかし、著者自身が序章で述べているように、第1章「神学の知と大学の知——探求の開始」は腰を据えた意欲的な大学論であり、他の全章を俯瞰させる内容となっている。

先に、「最近の……世界的諸状況を鋭敏に捉えた」と述べたが、その一例として、第8章（エクレシアのため、テキサスのため）

で著者は、民主的アメリカを今なお世界に誇っているアメリカ市民とその中の自分たちキリスト者自身に向かって、2001.9.11.を踏まえた現在、「暗黒時代に生きている」と段落ごとに言い切って、それがなぜかを多様な仕方で述べる。「セプテンバー・イレブンに反応して私たちの命を捉えた悲しみについての真実な説明を提供できなかった無力は大学の失敗というほかない。『これは戦争だ』は、悲しみに対する適切な言葉ではない。……」（217頁）。

第1章は、リチャード・レヴィンが1993年、イエール大学の学長就任後に行った「独立した思索の力」と題する講演を取り上げ、彼がニューマンを引き合いに出して強調した〈リベラル・エデュケーション〉を批判する。確かにニューマンは、すべての科学とは区別される哲学こそ「諸学問の学問」と信じる。しかし諸学統合の理論たる哲学の意義は、彼の次の主張においてである。「神学抜きの大学教育はまさに非哲学的である」。この点をニューマンの『大学の理念』から適切に引用したハワーワスは、他の諸学問は神学を必要とし、知識全般もしくは種々の学問的真理を保持するための条件として、神学を位置づける。もちろん神学は他の諸学問を必要とし、諸学問から謙虚に学ぶべきであるが、そのように関わりつつ、諸学を持つ大学に建設的な役割を果たし得ると、ニューマンの大学論から引き出す。

さらに、神学はもう一方で、教会に仕える至高の学問でもある。振り返ってみれば、中世ヨーロッパと新大陸アメリカにおける大学発祥の母体は、キリスト教共同体・教会であった（49頁）。しかしその後の諸経緯の中で、近代的大学において神学は適切な科目でなく、大学から排除されてきた。なぜかとハワーワスは鋭く問いつつ、論争的にその動向を押し返し、諸学の認識論的慢心に対する神学的批判を忘れない。しかしそれは、諸学を根拠づけ生かす神学の奉仕的批判である（49頁）。

本書の付論A、B、Cでは、キリスト教大学とチャペル礼拝、大学と教会・神学校との関係における今日的問題を論じていて興味深い。ハワーワスの神学的大学論が、日本キリスト教大学、とりわけプロテスタント大学の代表の一つである青山学院大学の今後の大学論形成に少なからぬ示唆と課題を提示していることは間違いない。

（ぱく・ほんうく＝当時：東京神学大学教授、日本基督教団千歳船橋教会牧師）

（再録「本のひろば」2014年11月号　A5判・三八四頁・本体三五〇〇円＋税・ヨベル）

ヨベルの既刊書のご案内

基督教共助会100周年記念

恐れるな、小さき群れよ —— 基督教共助会の先達たちと森 明

発行所：基督教共助会出版部

四六判・二八八頁・一三〇〇円

ISBN978-4-909871-02-2

ジュゼッペ 三木 一 佐藤弥生訳 監修・松島雄一

アベルのところで命を祝う —— 創世記を味わう 第4章

［師父たちの食卓で2］ A五判・一九二頁・一五〇〇円

ISBN978-4-909871-08-4

師父たちの食卓で —— 創世記を味わう第1章〜第3章

A五判・二七二頁・二二〇〇円

ISBN978-4-907486-27-3

松島雄一（大阪ハリストス正教会司祭）

〈メッセージ集〉神の狂おしいほどの愛

新書判・二五六頁・一二〇〇円

ISBN978-4-907486-95-2

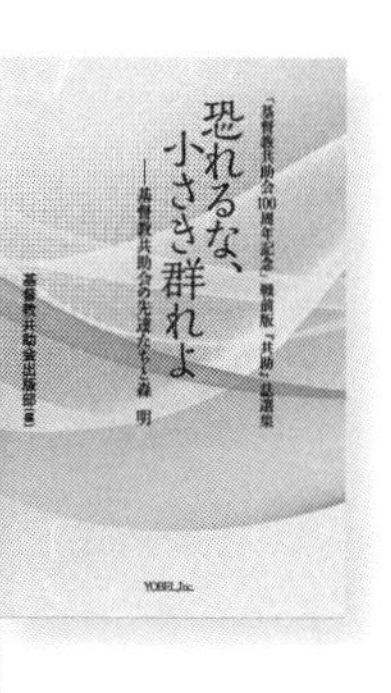

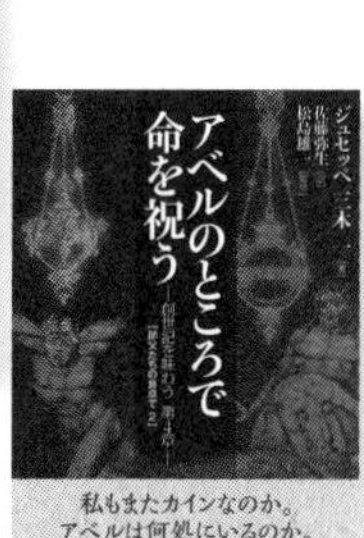

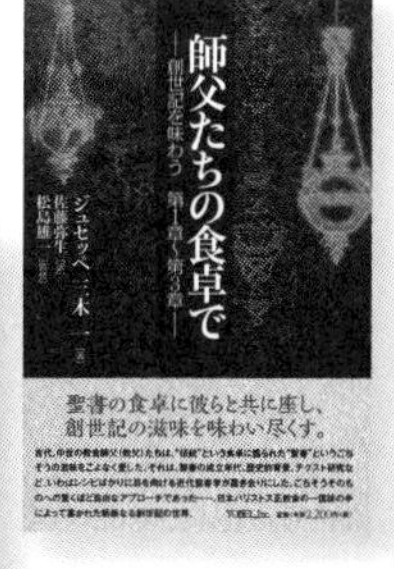

加賀乙彦 散文詩集

鈴木比佐雄・
宮川　達二 編集

虚無から魂の洞察へ

――長編小説『宣告』『湿原』抄

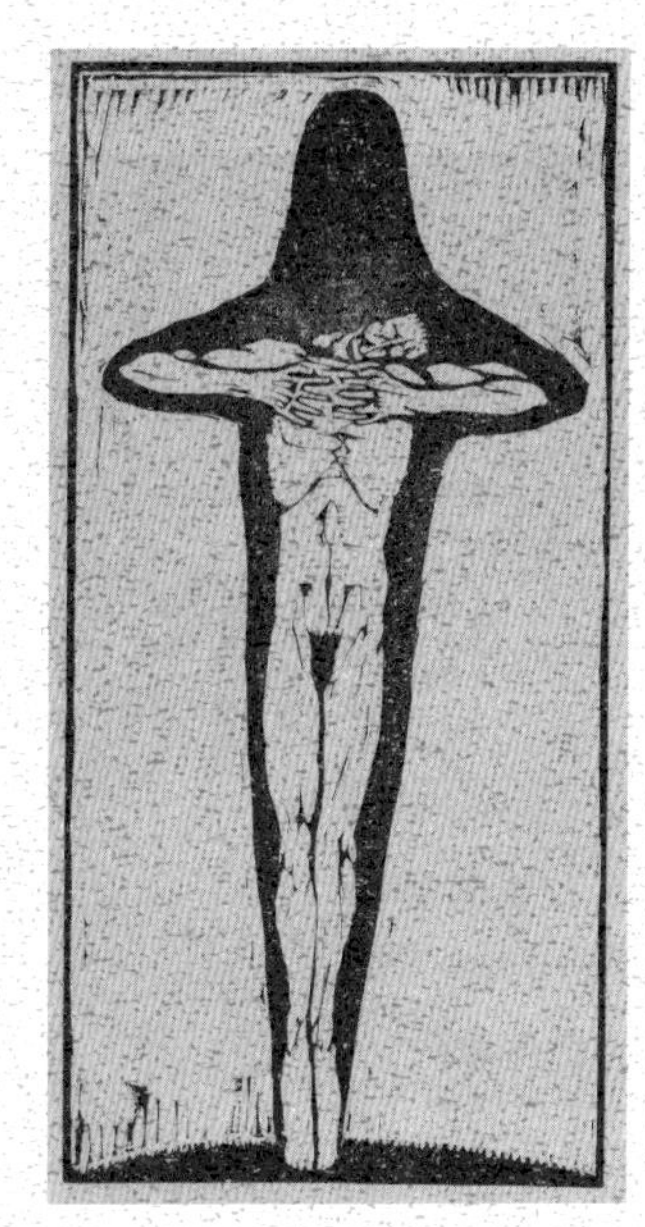

コールサック社

加賀乙彦 散文詩集

虚無から魂の洞察へ

——長編小説『宣告』『湿原』抄

目次

I部　小説『宣告』抄　（鈴木比佐雄選）

Ⅱ部　小説『湿原』抄（宮川達二選）

＊本書は加賀乙彦著『宣告』及び『湿原』の文章を〝散文詩〟として抜粋、編集したものです。

加賀乙彦　散文詩集

虚無から魂の洞察へ

――長編小説『宣告』『湿原』抄

鈴木比佐雄
宮川　達二　編集

Le couloir de la mort semble être une façon spéciale d'être.
Mais je ne le pense pas, je pense que, comme le disait Pascal,
"nous naissons condamnés à mort".

死刑囚というのは特殊な在り方のようですが、
そうではなく、パスカルがいっているように
「人間は生まれながらの死刑囚」なんです。

——『加賀乙彦自伝』（ホーム社）より

Ⅰ部　小説『宣告』抄

（鈴木比佐雄選）

第一章　春の吹雪

1　楠本他家雄の部屋

鉄と石とが響き合う。コンクリートに嵌め込まれたレールを重い車が行く。食事運搬車である。青衣の雑役囚がいやいやながら押す様子が目に見えるようだ。看守が鍵を取り出した。鍵先が油染みた音をたて、鉄扉が開くと、鋭い錆の軋みが耳底をひっ掻いた。

その一刻を待ちうけていた人々がにわかに動きだした。さわがしく物音が立つ。足音、声、とりわけて水の音だ。食器を洗い、便所をつかい、洗濯をする。壁の中を盛んに水が流れていく。まるで壁が生きていて、腸液、血液、粘液を複雑な内臓の中に通わせているようだ。しかし、ひとしきりの盛りをすぎると騒音は徐々に鎮ってきた。人々が各自の部屋の中でおのがむきむきに時間を使い始めたのだ。噂話にふける者、将棋をさす者、請願作業にはげむ者、短歌をつくる者、手紙を書く者、そして読書する者。

他家雄は畳の上に毛布を敷き、積みあげた蒲団を机に見立てて坐った。読みさしの『自然の中の人間の位置』を開き、目を馴らすため数行読んで、気乗りせぬことに気付いた。視線が文字に弾ね、先へ進めない。

不吉な予感がする。今朝こそ自分の番だという気がする。自分が風にゆらめいている蠟燭（ろうそく）の小さな焰（ほのお）のように頼りなく思われる。不意に扉があき、それで吹き消されてしまう。一切が終りになる。

明け方に長い夢を見た。夜通し風雨の荒れる音を聞いていると思ったが、夜が明けてみると乾いた中庭に日光が当っていて、それが夢であると分った。しかし、夢が現実を予告することはよくある。いつかも隣房の者の不幸を夢で見たあと、その者が本当に不幸に会ったことがあった。あの嵐が実際の予兆でないという保証はどこにもない。

黒い未来が確実に忍び寄ってきている。この予感の鮮かさはただごとではない。

彼は窓の方角を見た。そこは一畳ほどの板敷で、窓の真下に洗面台、右手に水洗便所、左手に戸棚がある。洗面台には木の板が渡してあって机を兼ね、水洗便所は蓋をしめると椅子（いす）になる。戸棚には荒目の金網戸がつき、中が透かしで見える。それはここではどこでも同じ設備であり、彼には見慣れて何の変哲もない。

が、いま、彼はそれを死者の部屋の光景としてひとごとのように見た。男たちが声高に話している。

「はあ、これがさっき処刑された楠本他家雄の部屋か。なかなかよく整頓（せいとん）されているじゃないか」

「綺麗好（きれいず）きだったらしいねえ」

「おや、辞書が一杯あるね。勉強家だったんだな。カトリック大辞典、聖書、基督信者宝鑑。あいつは信者だったかな。そういえば壁に、カトリック・カレンダー、マリア像、トラピスト修道院の絵葉書」

「下着は全部洗濯してあるよ。やっぱり相当の綺麗好きだね。この段ボール箱の中は手紙でぎっしりだ。輪ゴムできちんと束ねてある。掃除も行き届いている」

「花が好きだったんだねえ。チューリップと菊がインスタント・コーヒーの空瓶にさしてあるよ」

男たちは部屋の中を片付けていく。彼の持物は集められ、持ち去られる。裸の部屋には住んだ者の痕跡がもはや何も残らない……

2　安藤修吉のチューリップ

「それからぼくはね」と安藤修吉は言った。「公園に行ったんだ。小学校の隣に公園があったんだね。八重桜が満開で不思議な気がしたよ。なぜ不思議かっていうとね、それが美しく見えたからさ。あんなことをしたあとでも花が美しく見えるなんて、人間て何ておかしいんだろうと思ったよ。それから、こんなに花が美しいなら、自分のしたことなんてどうでもいいと思ったね。で、ぼくは安心して母親の家へ行ったのさ。二度ほど道を尋ねてね、この道を尋ねたことがあとで逮捕のきっかけになるんだ。母親は喜んでくれてね、おれはそこに十日いたのさ。十日間、本当におれは楽しかった。毎日御馳走（ごちそう）を食べ、母親と一緒にデパートに行ったり、遊園地に行ったりした。母親はぼくを小学生みたいに思ってたらしいね。まるで子供あつかいでね……」

「いまだってお前は子供さ」と他家雄は言った。「お前ときたら、いつも無邪気で陽気なんだからなあ」

「ハハハ、そうだな」と安藤は肯定して笑った。「要するにおれは莫迦（ばか）で気にしない性分なんだよな」

二年前、安藤の刑が確定した日は、月に二度の大運動場での野球の日で、顔を揃（そろ）えた仲間たちはしきりと彼をからかった。

「坊っちゃん。いよいよ確定だってな、おや笑ってやがる。お前さん、度胸あるぞ」

「もってえねえな、おめえみてえな可愛い少年（あんこ）がよ、ただで首しめられるっちゅうのはよお」

何を言われても笑顔を返し、不断と変らず野球に興じていた。出を待つあいだ、彼はふと他家雄に言った。

「死ぬってどんな気持かなあ」

「それだけは誰にもわからないね」

「そりゃそうだろうな。でも、死んだあと人間はどこに行くのかなあ」

「それも誰も知らないことさ」

「でも、死んでから生れ変るっていうだろう。あれは本当かなあ」

「それは本当かも知れんぞ」他家雄は賢（さか）し顔で言ってみた。安藤の希望を知りたいと思ったからである。「えらい人がそう言ってるからな。お前は何に生れかわりたい」

「そうだなあ」安藤は笑を消し、真顔で考え込んだ。「こんどはぼくはチューリップに生れたい。赤いチューリップに」

　二人の会話を聞いていた連中が吹き出した。一人が「チューリップだとよ、それも真赤なやつだとよ」と言うと、他の一人が「坊っちゃんは赤がお好きだからな」と被害者の女の子が赤いパンティをはいていたことを当て擦（こす）った。

「どうしてチューリップなんだ」と他家雄が尋ねた。彼は安藤の表情に笑えぬ何かを感じていた。

　安藤は他家雄の目をまっすぐに見詰め、一語一語を手渡すように言った。

「ぼくは、もう、人間は、いやなんだ」

　さっき笑った連中がまた笑った。連中にとっては意外なことは何だっておかしいのだ。しかし他家雄は笑えなかった。安藤の絶望は彼自身の絶望でもあった。もう人間でありたくないと何度彼も思ったことだろう。

3　大田長助の発作

大田が叫んだ。為次郎が反射的に走り寄った。垣内がかがみこみ大田をなだめている。為次郎はこちらに走って来た。

「どうした」河野が尋ねた。

「また発作だ」

「いつものやつか」

「ああ、そうらしいや」

「ふむ、あいつ、おとぼけがうまいからな」河野は気に入らぬというふうに頭を振った。為次郎も全く同じ速度で頭を振り、二人は向き合って笑った。

　他家雄は大田の傍（そば）に行った。急に萎（しぼ）んだようで囚人服の背がだぶだぶである。しきりと叫んでいるが意味は不明だ。

「どうしたい」他家雄は垣内に言った。

「さっきまで泣いてたのが、急にこんなになっちゃった」垣内は大田の右手の甲をさすっていた。

「いつものやつだろう」他家雄は大田の顔を覗（のぞ）き込んだ。瞑（つむ）った目の周りも鼻の下も濡れている。それが大口あいて叫び続ける。泣いているようでもあるし、ふざけているようでもある。この男が泣き喚くのはゼロ番区ではお馴染みになっている。しかしそれを眼の当りにしたのは他家雄にも初めてだった。

「いつもこうなのかい」と彼は尋ねた。

「さあてな」垣内は眉根を寄せた。「おれも初めて見るんでね」

安藤が来た。バドミントンのラケットを空振りさせながら面白そうに大田を見ていた。砂田も来た。それが癖の腕組みをほどき、大田の背中を軽く撫でた。と大田は弾かれたように前につんのめり地べたにひしゃげてしまった。

「よせ、あんたの莫迦力じゃ背骨を圧し折っちまうぜ」と垣内が言った。

「へ、てめえに何がわかる。下手な歌読みは、すっこんでろい。おらはこいつをようく知ってんだから」

大田は、やおら起きあがり、再び叫び出しそうに口を開いたが、こんどは大きく息をつくのみで砂田を見た。何か奇態な動物に襲われたように、目を見開き、じりじりと後ずさりした。

「やい、長助、心配すんな。おらの飼ってるのをやらあ。ちゃんと生きてるだぞ。わかるか、イ、キ、テ、ル、ダ、ゾ」と砂田は幼い子を諭すように言った。

「イ、キ、テ、ル」大田は口を尖らせ、そこから一塊ずつ空気を押出すように言った。

「やあ、喋ったぞ」と安藤が嬉しげにラケットを振回した。

「そう、イ、キ、テ、ル、だからさあ、泣くでねえ。わかっか。ナ、ク、デ、ネ」と砂田。

「ナ、ク、デ……」と大田は頷（うなず）いた。

「そうだす。ようくわかったすな。ちゃんとせい、な」

砂田が顎先（あごさき）をしゃくると、それが鏡に映ったように大田も顎先をしゃくった。

「たいしたもんだよ、砂ちゃん」と安藤が言った。砂田は振向きざま手をのばしたが、安藤はそれを予期していたらしく身を躱（かわ）した。

「え、坊っちゃん、こっちきな。可愛（かあい）がってやるから」

「やだよ」安藤は遠くへ逃げた。


急にまた、大田が叫び始めた。手放しで泣いている。涙が頬へ鼻の下へと流れ出た。全身の筋肉が麻痺（まひ）したようにぐったりと両膝（りょうひざ）をつくと、そのまま俯（うつぶ）せになった。額がアスファルトに当たって鉛玉を落したような音をたてた。

「えい、しっかりしろ」砂田は大田を引起した。埃（ほこり）まみれの白い額から血が流れていた。大田は答えず、相変らず泣き続けている。砂田が揺さぶっても反応はない。看守たちが駆け付けてきた。為次郎も河野も来た。みんなが大田のまわりに集った。

4　楠本他家雄のめまい

大きなヒマラヤ杉のあいだ、丁度、目の高さにコンクリートの塀の縁があって、近くの繁華街の下半分を切り取っている。広告塔や煙突を載せた大小のビルはおたがいが鈍色(にび)に融合して、攻め寄せてくる大艦隊を思わせる。

銀鼠(ぎんねず)の虚空(こくう)から墨色の粉が染(し)みだし、見る見る大きくなり、魚のように身をくねらせて泳いで来ると、壁を背景とする所から急に白い死骸(しがい)に変身した。硝子に当った雪は、一瞬のあいだ結晶を輝かすとすぐ水滴と化した。

ひとしきり吹き荒れたあと、ふと、風が休む一刻がある。そんな時雪は急に秩序を取戻し、幾条もの紐(ひも)にまとまって垂れた。それが風に崩されるあいだの束(つか)の間(ま)の光景が好ましくて、他家雄は目を凝らした。

風が立った。さきほどより強い吹きで視野一杯が白に渦巻いた。これでは吹雪である。けさの晴天が嘘(うそ)のようだ。ふと彼は夢で、夜中嵐が続くのを見たことを思い出し、雨と雪の違いはあるが夢が正確な予知能力を持ったことを不思議に思った。

机からおりると衣裳(いしょう)戸棚から毛糸のセーターを出して着こんだ。そうしてから、さっき風よ、嵐よ、寒さよと望んだ自分がセーターなど着込んだ矛盾に気付き、苦笑いした。と、それが始まった。

神経が一本どこかで切れたように足元が定まらず、壁につかまろうとすると壁がそのまま後に倒れたような気がし彼は倒れていた。じっとしていると床は静止してはいるが、起きあがろうとすると揺らぎ始め、下へ下へと落ちていくようだ。やっと起きて彼はどの程度のそれかを確めたくて強いて立ってみたが、耐えられず椅子（いす）に腰かけ、机に俯（うつぶ）せになって喘（あえ）いだ。それの正体は不明である。何度か医務で診察をうけたが医者にも診断がつかないらしく、いつも一日分の鎮静剤をくれるだけだ。それは病気ではなくて、何かの予兆だと彼は思っている。何もかもが変ってしまう。壁はゴムのように彎曲（わんきょく）し、電燈は針の束のような光を落す。体は骨を抜かれたように軟かく、立ち上るのが億劫（おっくう）となる。そして世界は地震の揺り返しのように、断続的に揺れる。

しかし何かといっても、何の予兆なのかは分らない。ただ、それがよいことでないことだけは分る。彼は喘いだ。為次郎が悲しげに叫んでいた。どう聞耳を立ててみても陽気な笑声なのだが、そうであることは頭では理解できるのだが、それが切ない悲鳴に聞えてくる。そして風の音は、死者たちの呻（うめ）きのようだ。彼がここに来てから数十人の男たちが殺されていった。彼の聖書の扉には小さな十字架が印されてある。年に数個のことが多い。全くゼロの年もある。しかし、十を越えることもある。去年の暮には実に十五を数えた。一日に二つという日もあった。正月以降は途絶（とだ）えているが、またいつ始まるかも知れぬ。あの風の音はまさしく殺された死者たちの呻きのようだ。が、彼にとっての慰めは、それが処刑の予兆ではないことだ。現に暮の大量処刑の前にもそれはおこらなかった。

「なぜさっきから返事しねえんだ」と河野が言った。

「ごめん、ちょっとメマイが来たんだ」と他家雄は弱々しく答えた。「ときどきおこるんだ。こいつがおこるとおれはてんで駄目になっちゃうんだ」

5　他家雄の死者の目

「楠本」と呼ばれた。他家雄が立ってみるとそれがすっかり去って、足元も確かになっていた。それでも彼はよろけた振りをして、一度ベンチの背につかまってから看守の前を頼りなげに歩いてみせた。

近木医官は、他家雄の訴えを一通り聞き終ると二、三補足的な質問をしたうえで考え込んだ。年の頃は、二十六、七であろうか。房々と立つこわい髪の毛はポマードでぐっと押えられたようで結構艶(つやや)かである。浅黒い整った顔立ちにはまだ少年の面影がのこり、何かというとすぐ現れる笑顔には育ちのよい坊っちゃんといった善良さが見てとれるものの、医者としてはどこか頼りない。

「あのね、きみ、夢見ないかしら」近木は大きな目をくるくるさせた。

「見ます」他家雄は質問されたことを喜ぶように微笑してみせた。

「どんな夢」

「こわい夢が多いです。追っかけられたり、殺されそうになったり……」

「殺されるってどんなふうに」そう言ってからはっと他家雄の身分に気がついた近木は真剣な面持になった。その正直な様子に他家雄は親しみと失望とをおぼえた。

「絞首刑の夢なんか見ます。いよいよ刑の執行まぎわというのなんかですね。これはわたしどもの置かれた状況じゃ仕方がない夢なんでしょうけど」

「きみ、確定者なんだね」近木はカルテを返して表紙をちらと見た。そこに被告か受刑者かが印されている。死刑確定者というのはどんな記号で書かれているのだろうか。死刑確定者は処刑されたときに初めて受刑者となるのだから、それまでは一応被告並の待遇を受ける。法規上は被告でも受刑者でもない、中間的な身分なのだ。特別な記号、たとえば十字架印でもついているのか。他家雄は近木の目の先を注視した。近木はカルテを置き、茶表紙の分厚い書類に手をのせた。それは他家雄の身分帳であった。

「これ読みましたよ。きみは、ずっとながいことここにいるんだね。入所時の身上調書によると、T大学を出ている。実はぼくも同じ大学なんだ。いや怒らないでください。同学の大先輩に向って恥をかかせようって思ってこんなこと言うんじゃない。ただきみが、うんと苦しんだんだろうと思って」

答えようがなく黙っている他家雄の気持に無頓着なのか無邪気なのか近木はかまわず続けた。

「結局、外の人間であるぼくなんかには、とても分らない苦しみなんだろうね。そいつが分ればと思う。あのね、床が傾いで落ちていきそうになるとき、さっきの恐怖、死の恐怖が感じられないだろうか」

何と単純な解釈――他家雄は拍子抜けして言った。

「いいえ、何にも感じません。もう少し複雑な感覚なんです」

「そうなんだろうねえ」近木は溜息をついた。

「先生」他家雄はこの青年に幾分の軽蔑を覚えながら言った。「高いところから落ちた経験がおありですか」

「いや、ないなあ」患者から逆に質問された医者の常として、近木は幾分不快な表情で身構えた。

「わたしは昔あるんです」他家雄はちょっと微笑み、物静かに続けた。「北アルプスの剣岳にのぼりましてね、岩場の崖で落ちたんです。さいわい下に雪溜りがあって足をくじいただけでしたけど、落ちていく間、てっきり死ぬと観念しました。ふと下を見てあの岩に当れば死ぬとはっきり分ったんですね。あの時の感じは恐怖じゃないですね。もう恐怖を通り越して、一種の諦(あきら)めと一種の、奇妙なことですけど歓喜の念がおこって、それにここがもっと奇妙なところなんですが、自分がふつうに生きてるんじゃなくて、もう死んじゃって死人の目でこの世を見てる感じなんです。晴れてましてね、雪はキラキラ輝いていたし空は水晶みたいに透明で、ひどく綺麗(きれい)でしたが、ふつうの綺麗さじゃなかったですね」

「それで……」近木は不思議そうな顔をした。

「その時の感じと、いまの発作とよく似てるんです」

6　神への愛か、人民への愛か

垣内という男、あの痩(や)せた大工の歌人は、不断は無口で何を考えているかわからぬが、いったん喋(しゃべ)り出すとなかなかの雄弁だ。いつか神はあるかないかで河野とやり合った。いや、神はあるかないかという単純な問題ではない。河野はこう切出したのだ。

「神はあるとしてもだね、神への愛と、人民への愛とどちらが大切だろう」

垣内は、穏かに答えた。

「その二つは比較ができないよ」

河野は怒った。この男はすぐに激する。

「神への愛が、すべてに優先すると、いいてえんだろう。わかってるさ」

垣内の声は相変らず柔和であった。

「人民への愛を、それを成り立たせてる根拠みたいなものがあるんだなあ。きみ、なぜ人民を愛するの」

「理由なんかねえよ。人民が新しい世界を創り出す原動力だ、それだけさ」

「それだけの理由じゃ人民を愛せないだろうねえ。きみは人民のために命を捨てようと思ってるでしょ」

「ふむ、まあそうだ」

「そういう気持をおこさせる元は、人間ていう生命が好きだってことだろうねえ」

「ふむ、まあね」

「ほら、生きてるものが好きだっていうことが、命が大事でいとおしいってことが、すべての先にあるわけでしょ。そうじゃないかなあ」

「待て。おかしいぞ。どっかに、論理の矛盾があるぞ」河野は鋭く叫んだ。角のように立つ白髪を一層立てて、三角の目で睨めつける。垣内のほうはそんな河野の視線を弱々しい微笑で受止めている。

そう。弱々しい微笑の男だ。この男も長野県で大田長助と同郷の筈だが、長助と違ってほとんど故郷のことを語らない。いちど母親が面会に来たとき林檎（りんご）を持ってきて、それはゼロ番区の者に一個ずつ裾分（すそわ）けされた。アダムとイヴ。蒲団机の上には聖書が開かれたままだ。「ヨハネ第一書第四章」と欄外の見出しに読める。

愛には懼（おそれ）なし……懼るる者は、愛いまだまつたからず。

金網のむこうに裸電球が光っている。まるで夜のようだ。まだ昼食前だというのにもうとっくに午後五時十五分の仮就寝許可の時刻を過ぎた気がする。この世は暗い。暗いなかを無数の青白い死者たちが落ちていく。この世の底の底へ。命を与えられた者は結局は奪われる。〝……また裸にてかしこに帰らん。主あたへ主とりたまふなり〟おや、また風が吹き立った。闇の彼方（かなた）より押寄せた冷い風の石を擦（こす）る音。無機質の音。酷薄な音。死の音。

寒い。畳を透してコンクリートの床の冷えが伝わってくる。獄中の暖房のない冬には慣れたつもりが、時として堪（こら）え切れぬ思いにもなる。真夏の酷暑よりもまだ防ぐ手立てがあると思いながらも震えている自分がみじめになるのだ。毛布の中で両脚を縮め、母の胎内に浮く胎児の形をしてみる。〝われ裸にて母の胎を出でたり〟

7　砂田市松の後悔

「おらは何人もぶっ殺してるうぢ、どうせとっつかまりゃ死刑だと気づいたよね。何人ぶっ殺しても死刑ならよ、沢山（ずっぱり）ぶっ殺して楽しんだほうが得だと思うようになったよ。

で、機会をねらってた、いつ女をやろうかとな。あそこは国道からちょっくら入った旧道だったよな。町までは近道だからそこへ行こうというと、女は暗いからいやだと吐（ぬ）がした。だが真夜中で、子供（わらし）は睡たがってるしやっぱし近道がええって誘いこんだ。山が両側から迫ってよ、道が悪くてよ、自転車に乗せてた男の子が尻（しり）がいてえってゆうから、傍の家の軒下にあった莚（むしろ）を拾ってやったのよ。おらの目的は女だから、子供（わらし）は殺す気はなかった。それが崖っぷちの道に来たら気が変った。あそこはおせんころがしと言ってな、すげえ絶壁なんだ。凪はあんまし無かったけどよ、波の音がしてたよなあ、そこへ落ちれば磯に落ちて誰だってくだばてしまう。おらはなぜあんなことしたかね、男の子を締めたんだよな。あんましその子が泣いだがらだと思うね。少しあわてて、あわてるとかっかときて、変な夢見るみたいになるなあ、おらの癖だ。んだほら、女とやる気がなくてもやり始めるとやる気がおきて止めようがなくなる、あんなのとおんなじだものな。始めたら止まらねえ。ぜんぶぶっ殺しちまえ、どうせおらは死刑なんだと思ったよ。

四人を崖からぶん投げたあど、おらは後悔しとったよ。また、ばかくせえことやらがしたと思って、岩の上に寝てたらよ、月が沈んで真っ暗でよ、星がいやらしいほどピカピカよ、虫もうるさく鳴きやがって、おらも死にたくなったよな。この先何人ぶっ殺したらおわりになるやらわがんねえし、いま追っ手でもくりゃ崖から飛びおりてみせらあと思ったよ。だけど、ひとりじゃ死ねなかったな。おらは叫んだよ、波にむかって、だけど山びこはなくてよ、波の音ばかり知らん顔して響いてよ、本当におらはひとりぽっちだったよなあ」

人を殺した砂田は自分も殺される。世間は、それで事件が終ったとする。なぜなら物事には終りが必要だし、砂田市松という一人の男が物事を始めた以上、それを終らせるためには砂田の死が必要だからだ。世間はそう考える。そしておれもそう考えてきた。おれが自分の処刑を正当な罰と認め、自分が社会と法律によって憎まれ断罪される必然を受入れたのはそう考えたからだ。

芝居にだって poetic justice ということがある。この言葉をおれは何か演劇の解説書で覚えたと思うのだが、要するに劇中の悪人は罰せられねばならぬということ、それによって劇が均衡を保つことだ。犯罪についてもこの種の均衡が必要なのだ。人を殺した者は殺されねばならぬ。

砂田が死ねば事件は均衡を保って終る。世間は一件落着として安堵（あんど）するのだが、この均衡が心情の中でのみ保たれていることに気がつかない。砂田は十数人を殺したという。ならば真の均衡を保つためには十数人の砂田を殺さねばならぬ。おのれ一人しか罰せられぬことで、砂田はいつも得をしている。より多く殺した人間ほど得が大きい刑罰、それが死刑だ。死刑は殺人者を増やす。死刑があるために殺人はいくらでも増えていく。

8　おれは落ちていく

おれは落ちていく。深い黒い井戸に沈みいく無数の青白い死者の一人として落ちていく。底は深く、深い底は遠く、底の底は深く遠く暗くそこには到達できず落ちていく。それだ。しかしそれは死の恐怖などではない。

おれは明日と明後日の二日間は生きられる筈(はず)だ。明日、処刑されるのは砂田であっておれでなく、明後日は日曜日で処刑がないからだ。

もしかしたらおれの死は月曜日かも知れない。あと二日とちょっとで殺されるのかも知れない。

それはかも知れないということをおれは知っている。おれの知っていた何十人の男たちもかもしれないと思いながら或(あ)る日突然に生を終えた。そしておれも彼らの一人になる、それはもう確実で明らかなことだ。

　人間の未来におこる唯一(ゆいいつ)の確実な出来事は死だが、おれにはその確実な出来事が間近でしかも恥辱の形で迫っている。

　にもかかわらず、おれはそれほど恐がっていない。おれがそれをおこすのは、恐怖とは別次元のことだとおれは知っているし、死に直面してむしろ平気でいるおれ自身におれは驚いてさえいる。

　ふとそれが終った。底に到達した感じがある。例の地獄に来た。闇(やみ)の中にわずかな光が射(さ)す。悪。おれは悪という字そっくりだ。残念ながらおれはこの字の中にもぐりこんでしまっている。


「神父様、悪とは何ですか」

「悪とは善の欠如した状態です」

「悪とは、そうすると、善に対して二義的なのですか。善がなければ悪はない」

「その通りだ、わが子よ」

「しかし、わたしたちの上に現に強く悪の力がはたらいていています。それは何なのですか」

「そんなことを考えるより、お祈りをなさい」

「しかし神父様、神が悪を許し給(たも)うは、その悪より善を導き出すほどに全能だからであると聖アウグスチヌスが言ってますが、本当でしょうか」

「…………」

悪がなければ善はない。

イエスは悪魔との対話から出発したのではなかったか。

闇がなければ光はない。

この世はわずかな光にすぎぬ。この世の外側には広大な闇がある。光が消えれば闇が来るのだ。

『自然の中の人間の位置』をおれは思う。百万年前か二百万年前か、正確には分りませんが、大分の昔、地球上に人類が発生しました。その時人類は闇の彼方(かなた)より来てこの世に光る存在となったのです。そして一人一人がこの世を照らす小さな光でした。一人一人は死んで小さな光は消えましたが、人類という光の帯は残ったのです。しかし、それに初めがあったということは終りがあることです。いつか人類は亡(ほろ)び、光は消えねばなりません。人類は闇の彼方(かなた)に去るのです。

第二章　むこう側

1　ガンゼル症候群

「冗談じゃないよ。大田良作はお前の大嫌いな伯父さんじゃないか。良作のために罪に落されたとあれほど悔しがっていたじゃないか。ええ、大田、お前、自分の名前がわからんことないだろう。もう一度言ってみろ。オマエワダレダ」

「オオタ、リョウサク」

「まてよ」と気合を入れたように叫ぶと近木は腕組みし、部屋の端から端まで素早く歩いては身をひるがえした。そして何度か靴の爪先（つまさき）で壁を蹴（け）った。脳の中を血液が流れていく感じがする。エネルギーの補給を受けた脳細胞が熱して活動しはじめたのがわかる。大田が陥っている状態について考える。わざと間違った応答をしているのか、それともはっきりとした病的状態か。仮病か、それとも本当の病気か。ふと適当な質問を思いついて、大田を睨（にら）まえた。

「3タス2ワイクツダ」

大田は考え込んだ。近木は同じ質問を繰返した。

「6」

「よし、それならば」近木は組んだ腕を胸に押し付けながら襲いかかるように言った。

「5タス3ワイクツダ」

「7」

「はは、そうだろうね。そうだろうとも」近木は笑い出し、次の質問を投げつけた。

「生れはどこだい。ウ、マ、レ、フルサト」

「グ、ン、マ」

「ああ群馬県だね。長野県じゃなくてね。正解から少しずつ違いますね。お前の名前は良作で長助じゃなく、3タス2は6だと言いたいんだね。正解を知っているのにわざと間違った答をする。いや、間違った答をせざるをえない状態ですね。ええ、お前はガンゼルじゃないか」

目の前にいる大田が前世紀にドイツの医師ガンゼルが記載したガンゼル症状群と名付けられている症例と一致する、この小さな痩せた死刑囚が多くの古典的症例の一例となる、一人の独自な人間がその独自性を失って或る名前のついた症状群に一般化される。こういった具合に精神医が診断を下すときに体験する安堵(あんど)を近木は覚えた。彼は教科書の一節を正確に思い出そうとした。一八九八年、医師ガンゼルは四例の奇妙な囚人を発見した。いままで何等知能に欠陥が認められなかった囚人が、或る日とつぜん簡単な質問にも答えられなくなる。囚人は質問の内容をかなり正確に理解しているらしくみえるのにわざと間違った答をするかのようだ。この場合、答は莫迦(ばか)げた誤り方を示すが、答は一応質問の目指す方向にはある。一種の意識障害があって、囚人はまるで子供にかえったように退行現象を示し、言葉づかいも子供じみている。身体症状として必発するのは皮膚知覚の異常、とくに痛覚の減弱である。しかしこれらの異常な症状は多く短時間で正常な状態に戻る。要するにガンゼル症状群とは拘禁された囚人のおこす特異なノイローゼ発作である。

「そうだよ。お前はガンゼルじゃないか。ええ」近木は今度は後手を組み、彼の大学の虻川教授がやるように胸をそらせて首を少し傾げた。そうすると得意な気持がおこってきた。この男はガンゼル症状群の特徴をすべて備えている。太股を抓っても反応がなかったのは〝痛覚の減弱〟であるし、ふざけたような応答も子供じみた身のこなしも、すべてガンゼルだ。それがガンゼルであるからには〝短時間で正常な状態に戻る〟はずだ。何も心配はいらぬ。この男は放っておけば自然に治ってしまう。

2　死刑という刑罰

「要するに、そのガンゼルですか、そこにヤツは逃げこんでいる、ガンゼルってえ穴の中にもぐりこんどると、こういうわけですな」

「そうです」

「その穴から戻って来ても、もぐりこむ前の状況に戻るだけだから、いつまたもぐりこむかも分らないと、こういうわけですな」

「そうです。その通りです。大田の場合、いまの状況が変らない限り、同じことが繰返されるだろう。治癒可能性はあるが、再発可能性もあるってことなんです」

「よく分りました」藤井区長は手帳のメモを頑丈な顎で擦るようにしながら言った。

「お聞きしたいことがある」近木は相手の隙に打ちこむように言った。「違憲訴訟のことです。あれは一体どういう内容のことなんでしょう。実はこの前所長に教えられて始めて知ったんですが」

「その件の委細については関係書類が身分帳に綴じてありますから御覧になればお分りになりますが、要するに、死刑という刑罰が憲法第三十六条違反だという訴訟の提起なんです。三十六条てのは公務員による拷問および残虐な刑罰を禁止したところで、よく問題になるんですがね。なに、違憲訴訟そのものは別に珍しいことじゃなくって新憲法が施行されてから、たんとありまさ。それに対する判例も出てて、昭和二十三年の最高裁判決ですか、これは例の名文句で有名な判決です。〝生命は尊貴である。一人の生命は全地球より重い〟と大上段に書き出して、しかしながら死刑は残虐な刑罰ではないというつつましい結論なんですな。まあそのほかにも同じような判例がいくつも出てます。最近はとくに絞首という執行法が残虐か否かという論点で争われていて、これも残虐ではないという判例があります。すなわち、死刑は違憲にあらずというとこはいまんとこ日本では最有力なる意見であるわけですが、依然としてゼロ番のヤツラは違憲訴訟をおこす。大体ヤツラの上告趣意書のほとんどが違憲性を論じておるのですからな」

「すると大田のような訴訟は珍しいことではないと、つまり拘置所側としては別に問題とするほどのことはないと、言われるわけですね」

「はい」藤井区長は深く頷きそのまま面を伏せてしかつめらしくタバコを吸った。「実のところそこに矛盾した問題がひそんどるんで、ヤツの訴訟には従来の判例からみて勝目はないと決定的に言える面と、そうでない面とあると、こう考えられるわけで」

「何だかよく分らないですね。どういうことです」

「ヤツのには、或(あ)る意味で従来の違憲訴訟になかった新味があると、こう思われるんです。先生だからお話ししましょう。ここだけの話ですよ。実のところ従来の違憲訴訟はすべて絞首刑という執行法の残虐性を中心にして争われてきたんです。例の〝一人の生命は全地球より重い〟判決でも、絞首が人道的な刑罰であり、火焙(ひあぶり)、磔(はりつけ)、晒首(さらしくび)、釜茹(かまゆで)のような残虐な執行方法ではないという点を強調しとるんです。ところが大田の今回の訴訟は、死刑が精神的拷問であり精神的に残虐だという点をついているので、これは従来なかった視点なんですな。人間を狂わすほどの精神的苦痛という点まで残虐性を拡大解釈したのがヤツの論旨なんで、どうしてヤツはばかじゃないですよ」

「なるほどね」近木は意外に思った。大田ときたら日頃は子供っぽい、むしろ知能の低い男に見え、到底法律学と判例を巧みに操れるような知識を持つとは思えない。

「先生」と藤井区長は急に口調を変えた。「そう言っちゃなんだが、大田のはほんとの神経症ですかい。ヤツが狂って、その、ガンゼルになってるてのは確かですかな」

「確かですよ」虚を衝（つ）かれた近木は相手の意見を押えるように声を高めてしまい、かえって自分の周章を示してしまった。「あれはガンゼル症状群といってね、拘禁環境でだけおこる特殊な神経症なんです」

藤井区長は太い首を重々しく振った。

「それは違うんじゃないですかな。あれはオトボケだ。ヤツは気違いの真似ぐらいちゃんとできる男ですぜ。こんどの違憲訴訟をおこしたすぐあとおあつらえむきに狂ったってのは出来すぎてるじゃないですか。死刑の精神的残虐性を証明するためには、自分で狂ってみせ、証拠を作る必要があったと、こう考えりゃ筋道は立つ」

「オトボケとは思えませんね」近木は、ともすると甲高くなる声をやっと制御しながら言った。

「症状がきれいに揃（そろ）ってるんです。この診断には絶対間違いありません」

3　志村なつよの「あめふりおつきさん」

「主人はよくしてくれました。ずっと生活費も送ってくれて夫としての責任は果していました。でもなぜだかふたつき以上も会いに来てくれなかった。それで淋しくって中の女の子をつれて川口の家まで会いに行ったんです。木枯のすさぶ寒い日で呼鈴を押して門のインターホンに答えがあったのに名前を伝えたら答えなくなった。ずい分待ったけど女の子が寒いというので帰ってきた。その夜は頭が熱くて寝られませんでした。明け方冷えこんだため上の女の子がオシッコと言っておきたのでトイレに行かせたんです。戻ってきた女の子を抱いて寝かしつけているうち大きくなってもこの子も結局は不幸だと思い可哀相になりました。母ちゃんと一緒に遠いところに行くかいときいたら喜んで笑いました。遠いところって死ぬんだよと教えたら死ぬのは淋しいからいやよとかぶりを振った。そこで淋しくないよとなぐさめ〝あめふりおつきさん〟の歌を唄ってやったんです。女の子が大好きな歌なんです。そしたら女の子も唄い出し二人で合唱になりました。わたしは枕に巻いてあった手拭をはずし女の子にさよならねと耳こすりしたらにっこり笑ったんで女の子の首をしめたんです。鶏なんかよりずっと簡単に死んでしまいました。可哀相な子ねとキスしてからこんどは中の女の子をしめました。中の子はちょっとあばれましたけどやっぱりすぐ死にました。あとは下の男の子でこれはまだ赤ん坊ですから手拭では太すぎ救急箱からガーゼを出してそれでしめました。赤ん坊はほんとうにいい子に死んでくれました。湯を沸して死んだ子供たち三人を綺麗に拭いてからみんなに一番いい洋服を着せてやりました。子供の時大事にしてた人形に着せるみたいでした。それからわたしは喪服に着替えお化粧をしました。鏡の中のわたしは主人と知り合った頃のように若く見えました。首を吊ろうと思ったけどベルトや紐しか見当らないのです。暗い外へ出ました。川っぷちを歩いているうち橋があり欄干に登ってとびこみました。だけど浅い川で死ねず死のうと無理に顔を沈めましたがぬるぬるで臭くてだめでそのうち人が来て岸にあげられ救急車で病院に連れていかれました。主任さんが来て子供を殺したかときかれ急に悲しくなり泣きました。あまり泣くもんだから注射をされて眠り目がさめると主人がいてとんでもないことしたと叱りました。主任さんが社会の法には従わねばとさとし手錠をはめ留置所へ連れていきました。留置所は男の人ばかりでおねえちゃん元気ないねとなぐさめてくれました。主人が来て葬式はすんだと知らせこれで手を切りたいから判子押してくれとたのむので拇印を押しました。それから段々留置所の壁が暗くなってここに移管されてからもっと暗くなってきょう裁判のときとうとうまっくらになったのです」

　語りおえると女は急に顔をゆがめ膝をくずし俯した。小さな肩がわななき涙が滴り落ちた。

「どうした」近木は女の名前を呼ぼうとしたがそれを度忘れしていた。

「志村なつよ」と区長が女を呼んだ。まずいな、と近木は思った。せっかくの催眠状態が区長の介入で解けてしまう。彼女は入ってきて女にわざとらしく笑顔を向けた。「聞いたわよ、みんな。あんた全部覚えてるじゃないの。これで裁判はちゃんと受けられるから、安心して申しあげて早く判決を受けなさい。あんたは運がわるかったんだよ。これから真面目につとめればそれが何てっても子供たちの供養になるのよ」

「忘れちゃったのよ。忘れちゃった。何にもおぼえてない」女が癇性に叫んだ。

「だっていま覚えてたじゃないの。子供たちはどうしたと思う。言ってごらん」

「わかんない。何もわかんない」

「自分の子をあんたはどうしたの。言ってごらん」区長は苛立った。

女はかぶりを振った。近木は区長に目くばせした。廊下へ出るとすぐ区長は振返った。

「よく覚えてるくせに、何もかも忘れたなんてオトボケもいいとこですね。もっと弱い女かと思ったらしぶとくて驚きます」

「やはり弱い女ですよ。仕方なしにああなってるんです。おそらく、さっき喋ったことは、いまは全部忘れてるでしょう」

4　なつよの「すばらしい旅行」

その男は彼が週一日行く精神病院の慢性病棟にもう三十年ほど、つまり彼が生れる前から入院しており、三十年間に莫大(ばくだい)な量の大学ノートを宇宙船の絵を描くために消費していた。大学ノートはその男の周囲に堆(うずたか)く積みあげられ、まるでその男を堡塁(ほうるい)で守るかのようであったが、それでもそこにある大学ノートはその男の消費したもののごく一部分にすぎず、古いノートは看護者にどんどん捨てられてしまったのである。病室のなかではほかの患者たちが袋貼(ふくろは)りや雑誌の付録作りや荷札の針金通しなどの作業をしており、看護者は時折その男をも作業に導入しようとするのだが、その男は自分の宇宙船の絵こそがこよなく価値高き作業であると強く抗議するのが常であった。「たまには仕事をしろよ」「仕事してるじゃないか」「だってそれは絵じゃないか」「絵だってちゃんとした仕事じゃないか」そうなのだ、それにいま近木は気がついたのだ、あの稚拙な、円や楕円や四角や台形の幾何学模様は、その男にとって「ちゃんとした仕事」であり、そのことに反対するだけの根拠を看護者は持っていないことを、それに反対するためには、看護者がほかの患者たちに課している袋貼りや雑誌の付録作りや荷札の針金通しが「ちゃんとした仕事」であることを証明しなくてはならないことを。精神医である自分はあの男を狂人と診断したときから、知らず知らず社会的正義や秩序や常識や、要するにこの世で大多数を占める平凡な人間の平凡な信条と平凡な生活様式の側に立ち、〝宇宙船の絵を描く〟というあの男の真剣さと勤勉と禁欲とを否定することにつとめてきたが、それはいまこの監獄で法務技官という官職につき囚人たちを診察する場合にもいえることではないか。あの女は三人の子供を道連れに死へ旅立ちを決意し、それがすばらしい旅であることを信じて、子供たちに一張羅を着せ自分もお化粧して喪服を着こんだのに、ことのほかの手違いで子供たちだけが旅立ってしまい、自分ひとりが居残ってしまった。あの女の決意と信念を、平凡な人間の平凡な信条を成文化した法律は殺人と規定し、法務技官である自分は法律の側に立って、殺人犯であるあの女が法律のさばきを受けやすいようにあの女の意志に反して治療せねばならぬ。あの女がいまもっとも望んでいることは、死であり忘却であり狂気であり、人間としての一切の条件を棄てさることであり、いやすでにあの女は人間であることをやめてしまっているのに、裁判官も検事も区長も若い看守も法務技官である自分も、あの女を無理やりに人間の次元にひきもどそうとしている。分厚い堅固な壁の隧道にこもる冷い空気を、何か透明な固体を割っていく気持で進みつつ、近木は息の詰まる思いがした。

石段をおりてくる足音がする。手錠をはめられ腰縄で繋がれた一隊の女たちが現われた。丸く柔かく小さい肉体が赤や黄の原色をちらつかせて歩いて来る。女たちは近木に向ってほとんど視線すら動かさず、前こごみになって手錠で合せられた両手をふりふり、囚人であることに慣れきった態度で足早に通り過ぎていった。縄尻を手首にからげた女看守たちは家路に急ぐ家畜にひきずられていく農夫のようにそり身になり、勤務中のこととて敬礼を省略して、しかし何故（なぜ）か気恥ずかしげに目をそらした。

　保安課の看守溜（だま）りのあたりに来ると急に男っぽい雰囲気（ふんいき）に変った。ドアを開け放した特別警備隊の控室では腰に拳銃（けんじゅう）をつけた隊員たちがテレビを見ていた。帽子、警棒、手錠、捕縄などの戒具がずらりと三列に並んで壁を装飾している。正面の壁には何か特殊な蒐集（しゅうしゅう）品の展示を思わせて、白い麻布や馬の轡（くつわ）様の皮製品が懸けてあるが、実はこれは鎮静衣と防声具であり、その部屋には不要なものはまず何も置いてないのだ。近木は何度見てもこの控室の様子に馴染（なじ）むことができない。なにがなし自分が罪人で警備隊員にうろんな目で見られている気持がする。その気持がきょうはとくに強い。なぜかはわからない。さっき女区の区長が鉄格子（てつごうし）を閉めたときから、自分が一歩囚人たちの暗い世界に足を踏みいれた気がしていたが、多分その一歩のせいかも知れない。

　彼は庶務課のドアを押し、顔見知りの看守部長に、大田良作の身分帳の貸し出しを頼んだ。

5　長助の違憲訴訟

「急にわからなくなったと言うんだな」と近木は言った。「まあそれはいいとして、大田、お前は違憲訴訟してるそうじゃないか」

「ああしてるだよ」と大田は悪びれずに肯定した。「いまもよ、裁判官に上申補充趣意書書いてんだけどよ、ここには辞書ねえだから、うまく書けねえや。ねえ、先生、はやく舎房に返してよ。おれ、こんなとこやだよ」

　大田は卵色の小さな頬をひきつらせた。

「お前がしっかりすれば舎房に返してやる。しかし、がらりっとわかんなくなるんじゃまだ駄目だよな」

「もう大丈夫だ。わかんなくなりゃしねえってよ、うん。おれ、いま、大事な時なんだ。死刑囚の苦しみを裁判官にわかってもらわなきゃなんねえ。弁護士もこれでいけるって言ってくれるだからよ。いま一押しで、こんなむごい刑罰は憲法違反だってことになるだよ。そうすりゃ、みんな助かるだ。おれは駄目な男でどうせ生きてたって芽がでねえから殺されたっていいけど、殺されちゃ気の毒なヤツもいっぱいいるだよ、うん。垣内なんかそうだよ。あいつは大して悪いことはしてねえ、いたずらでやったことが結果として人ひとりを殺しただけでよ、水銀中毒なんかで大勢人を殺した何とか窒素の社長よりかよっぽどいい男だよ」

「みんなのためにか。お前、それを自分で考えたのか」近木は後手に組んでゆっくり歩きながら言った。

「やだよ、先生」大田は笑い出した。「変なこと言うよ。人間は自分で考えねえでどうするだ」

「誰かに教わった。たとえば垣内に教わった」

「冗談じゃねえよ」大田は激しく頭を振った。「垣内は死刑を認めてるだから。死刑は当然のむくいだって認めて、殺されるのを平気で待ってるだから」

「じゃ、楠本だ。彼はインテリだから……」

「それこそ悪い冗談だよ」大田は目を剝き、本気で怒った様子を示した。「楠本なんておれ、大嫌いだ。あんなヤツの言うこときくわけねえだろう」

「よしよし」近木はベッドに腰を降して大田に身を寄せた。「あやまるよ。で、お前の違憲訴訟の要点は何なんだ。死刑は残虐な刑罰だと主張する根拠だが」

「先生、本気できいてるのかね」大田は疑わしげに身を引いた。

「本気だよ」近木は身を乗り出した。

「いいよ、先生が本気なら、おれも本気で言おう。おれはこう考えただよ。おれたち確定者がこわいのは絞首台で吊されることじゃねえだよ。そりゃ考えりゃこわいけどよ、うん、絞首台だろうが電気椅子だろうがギロチンだろうが殺されるのはあっという間だろ。絞首台だけがとくべつこわいってことはねえだよ。そうじゃなくてよ、本当にこわいのは、いつ殺されるかわかんねえってことだよ。だいたいが長い裁判でやっとこすっとこ死刑を決めて、いざ執行の時になると法務大臣の命令でやるってのはおかしいやね。法務大臣がいつどうして刑の執行をしようとするかわかんねえってのは変じゃねえかよ。刑が確定してから四年も五年も生かしといて、ある日法務大臣がよ、便所で糞ひりながらよ、あいつを殺そうと考えつくと殺される。人間ひとりの命をよ、たったひとりの人間の思いつきでよ、殺すってのは変じゃねえか。こっちは、四年も五年もいつ殺されるかって毎日、そうだよ毎日苦しんで、その苦しみは日数の倍数分だけ、つまりよ、千倍も二千倍にも大きくなってんのに、そのあいだ法務大臣は確定者の苦しみなんか忘れて暮してる。そして、確定者の苦しみはよ、大臣が便所でひょっこり思いつくまで続くってのはおかしいじゃねえかよう。死刑の判決があってから長く生かしたほうが人道的だとでもいうのかい。こっちは、死を待つことが一番苦しい、そうだよ死ぬよりもっと苦しいのによ、その苦しみを毎日毎日続けさせるのが人道的だっていうのかい。ねえ先生、確定者だってよ、苦しみがわかる人間だ、死刑になるってことについちゃあきらめてる人間も多いだよ。だからさっさと決めたとおり殺しゃ死刑の苦しみだけですむのによ、死刑のほかに余計な、死を待つてえ苦しみが加わってよ、その苦しみのほうがずっと大きいだ。そうしてよ、妙チクリンなのは、それが確定者によって違うってことさ。確定後、すぐ執行されるヤツもいりゃ、為や楠本のように長いこと生かされるヤツもいる、同じ確定者の間に、わけのわからねえ差別があるってのは、うん、こんなおかしな不公平な残虐ってねえじゃねえか。え、先生。先生はどう思うだよ」

「そうだ」近木は真顔になった。「ぼくもそう思う。いまの死刑制度は不公平だ」

6　砂田の遺体提供

「さて、近木先生、実はもう一つお願い、というよりご相談があるんだが」

「なんでしょう」近木は用心深く医務部長の笑顔の裏を読もうとした。

「これもやっぱり砂田のことなんだが、先生に彼を説得する方法を考えて欲しいんですよ。こういうわけなんです。これはまあ多くの確定者がようやることなんだが、困ったことに彼は自分の遺体を医科大学に寄贈しとるんです。御存知のように今はどこの医科大学でも学生の解剖実習用の屍体が不足してましてね、そのため学術研究用に死後自分の遺体を寄贈する白菊会という篤志家の団体があります。その白菊会に彼は入会しとるんですな。ぼくも医者ですからその志は尊いと思いますよ。しかし、今日の事故でちょっと事情が違ってきましてね。つまり厄介なことになりおったんですな。まだお分りにならない。まあ大したことはないんだが、砂田は看守数人と渡り合った際、体の方々に擦り傷や内出血ができましてね。あのままで屍体になると拘置所側が誤解を受けそうで困るってわけなんです。そりゃ解剖用の屍体は半年から一年はホルマリンで固定されて擦り傷や内出血ぐらい分らなくなるとは思うんですが、砂田の場合、度重なる自傷行為で体中の皮膚がひどく傷だらけで、それだけでも妙な誤解をさそいそうなところに、今日はまた大分派手に暴れたため特警の連中もついやりすぎたってこともあって、虐待拷問なんかと間違われそうな傷があっちこっちに付いちまった。まあこの頃の医学部の学生は相当の過激派がおるようで、砂田の場合、遺体の寄贈先が、なんと、先生のT大学、そういっちゃ何だか、名にし負う学園紛争の発端となった大学ですからねえ。で、この際最良の解決は砂田が白菊会を脱会してくれる、そのことを一筆書いてもらえれば一件落着といく言うんですが。これは所長ですよ、所長がそう言うんです。それでご相談なんだが、近木先生、一つどうですかね、先生から砂田に頼んでもらえませんかね。今のところ彼は先生を一番信頼しておるようで、鎮静房の中でもさかんに先生を呼んでくれ言うとるらしいんですが」

「ぼくにはできませんね」近木はきっぱりと言った。「遺体寄贈は彼の自由に属します。ぼくはおせっかいは大嫌いな性分なんです」

「これはまあ、おせっかいじゃないんでしてね」医務部長はまるで吹いてきた風から蠟燭の炎を巧みに守ったようにすこし顔色を変えながらもにやにや笑は絶やさなかった。

「一種の忠告ですよ。彼のためなんです」

「だって」近木はあきれてしまった。「拘置所側が誤解を受けないためだって、今おっしゃったじゃないですか」

「いやいや、彼のためなんです。なぜかと言うと砂田は平生から完全な美しい肉体を学生に提供したいと熱望してましてね。自傷事故のあとは必ず皮膚に傷跡が残りゃしないか心配しとるんです。それはもう医師にうるさく治療内容を注文し、一度なんかは腕の傷跡が消えなかったいうて医務部長面接までつけてきましてね、自分で自分に傷つけときながら治療は医務の責任だと難癖を付けるとは身勝手きわまる話ですが、それだけ自分の体を完全に美しく保っておきたいって熱望しとることは確かです。まあ砂田にとってはあの立派な体がこの世に生れて人に誇りうる唯一つのもので、それはもういじらしいほどののぼせようで、そうそう、或る時なんか房内でボディビルをやるためエキスパンダーと鉄亜鈴の使用を許可しろ言うてきましてね。こっちが拒否すると、また目茶苦茶な自傷行為で体中傷だらけ血だらけにしちまう。まったく訳が判らない男ですが、立派な体を鍛えに鍛えてより以上立派に、完璧なものに仕上げたいいう熱意だけは認めてやらんとね。だから、今度の擦り傷や内出血は彼の熱望を実現する大きな障碍でしてね、不完全な、醜い体を提供するくらいならむしろ提供しないほうがいいと忠告してやるのが彼のためじゃないですか」

7　砂田の文鳥を長助へ

「薬はいらねえすよ、もう。おらは今晩はずっと起ぎでいてえ。自分の最後の夜がどうなるか起ぎて試してみてえ。いいっすべ」

「ああいいとも。きみの時間だ。きみの自由に使いなさい」

「それからおらは文鳥を一羽飼っているんす。雛（ひな）から育でだヤツでね、房んなか飛び回っていても、チョッチョッて呼ばればすぐと手の平に乗ってくる。それは慣れて可愛（かわい）いヤツだけどおらがいなくなると淋しがるがら、大田長助にやってほしいんす。長助は鳥こが好ぎだし、あいつの文鳥は糞詰（ふんづま）りで死にそうだって言ってだから。頼むんすよ、先生」

「いいよ。引受けた」

「長助はまだ泣きべそかいてるかなあ。けさ運動の時、文鳥が死にそうだって泣いてだからなあ。それから女みてえに失神しやがった。あいつは気こやさしいんだな。先生、長助どうしてるが知らねえすかね。担架で医務に運ばれてったが」

「ああ元気になったよ」近木は大田長助のガンゼル症状群がいまのところ回復していることを思った。が、それはほんの一時的なもので、いつの日か彼は再び狂気の闇に陥るだろう。〝むこう側〟という言葉が再び脳裡（のうり）に昇ってきた。広漠とした闇の世界から大田は出たり入ったりしている。

「それがら……ああっと、何かあったっけがなあ」砂田は腕組みして考えた。近木は遺体寄贈の件を思い出した。医務部長は遺体寄贈を取下げるように説得せよという。

「傷はどうなの」と砂田の額の絆創膏（ばんそうこう）を見ながら近木は尋ねた。彼の視線は左頬にてらてら光る赤い創痕を滑り落ちた。

「なあに、大したことはねえすよ」

「でも大分方々傷めたってきいたが」

「なあに、これっぱっこのこと、傷めたうちに入りゃしねえんす。おらだばもっと凄え傷が体中にあるだがらよ。ほら、見でけれ」

砂田は腕組みを解くと左の袖をまくって前腕を見せた。縦横の引っ掻き傷の跡が無数にあって、まるで象か犀の皮を思わせる。これは全部硝子片で自傷した跡であった。さっきのと思われる内出血が紫色の地図を作っていたけれども思ったほどには目立たない。医務部長が心配するなら、今日の傷などより体中にある無数の傷跡の方であるべきだ。

「きみ、白菊会に入会しているそうだね」

と近木は言ってみた。

「どうして、そいづを」砂田は一瞬驚いたが、すぐ顔を明るくした。「わがったす。医務部長に聞いだな。何しろ自分の屍体を寄付するにゃ拘置所側の承諾が必要だから、医務部長には話したすよ。だけどこんなことは別に大っぴらにしなくてもいいがら先生にも、誰にも黙ってたす」

「いまでも、その決心、遺体を大学に寄付する決心に変りはないかね」

「あるもんすか」砂田は笑い、それから急に気掛りな様子となった。「おれの体じゃ何か差支えがあるかね」

「いいや……別に……」近木は口籠った。

「何か差支えがあるんだね」砂田は敏感に近木の心を察した。「なぜだが言ってけれ。おらの体は医学の研究に役立たないのがね」

「そんなことはない」近木はきっぱりと言った。

「本当だね。おらの体は役に立つんだな」

「本当だとも」

8　長助の神話狂

良作は嬉しげに、すこし大袈裟（おおげさ）と見えるほどに笑った。

「そうかい。そうかい。殺人犯には見えないかい。そうだともよ。殺人犯じゃねえもんな。ずっと真面目（まじめ）な百姓で通してきたもんな。で、なんですかい。長助はノイローゼだと。そりゃ罰があたったたよ。野郎は悪党のくせに気がちいせえとこがあって、いつもめそめそ心配ばかししやがるからね」

「長助は昔から気がちいさかったかしら」

「ええ、まあちいさかったね。いつかも村の不良仲間のボスが殺しにくるって急に言いはじめて、寝所に入らず納屋（なや）で寝泊りしてからよ、調べてみりゃ別にそんな話はなくて野郎のひとり合点だったことがあったな。うん、ありゃ気がちいせえってのと違うなあ。駄目な人間なのに大きなことをいう。コケオドシのとんでもねえ嘘をつくだ。そしてよ、自分のついた嘘がいつの間にか本当のことだって信じこんでしまうだね」

「自分の嘘を本当のことだと信じこむ。面白いな、それは」近木の声は急に弾んだ。良作の言葉には近木の医学的知識と響き合う部分があった。

一八九一年、ドイツの精神医学者デルブルユックは、五例の奇妙な法螺（ほら）吹きを学会で報告した。彼らは一見世間によくある法螺吹きであるが、自分のついた嘘をいつのまにか真実と信じてしまう点が常と変っていた。嘘と真実が彼らの意識では分離したり融合したりし、ある場合には嘘をついていることを知っているけれども、別な機会にはそれが真実あったことだと固く信じている。デルブルユックはこの五例の法螺吹きに空想虚言（Pseudologia phantastica）の名を与えた。つまり彼らは自分で勝手な空想をたのしむ空想者と他人を欺（あざむ）く虚言者との丁度中間にいる人間であると。

約二十年後、フランスの医師デュプレはデルブルユックとは無関係に、一種の自己暗示から自分の作り出した物語を現実にあったことと思いこんでしまう詐欺師（さぎし）を記述した。デュプレはこの型の人を神話狂（mythomanie）と名付けた。神話狂は、自分が創造した御伽話（おとぎばなし）をたえず豊かな想像力によって脹（ふく）らまし、御伽話の世界が広がった分だけ現実の世界が狭くなっていく。

空想虚言にしても神話狂にしても、元来は小心で弱々しく、なまなましい現実世界を真正面から受けとめたり、それに対応して生きていったりすることが出来ない。彼らは嘘を作り出して現実を変え、空想をひろげることで現実を押しのけていき、そうすることでどうにかこの世に生きていける。つまり嘘と空想なしには生きていけぬ弱者なのだ。彼らのうちの或る者は全く現実離れをした夢想者となり、文筆の才のある者は詩人や小説家になり、金儲けを目指す者は詐欺師になる。

大田長助がもしも空想虚言者や神話狂であったとすれば、当面の謎の大部分が解けることになる。つまりこういう推理が可能だ。元来単独犯であった長助は、良作と共犯で事件をおこしたという嘘を考えだし、その嘘ははじめは検事や裁判官を瞞すためであったのが、次第に自分でも本当にあったことだと思いこみ、その確信から来る弁舌に人々は欺かれてしまった。そういったことは充分にありうることで、現にデルブルユックもデュプレも自分たちの典型的な症例として大詐欺師を例としてあげているくらいだ。もしそうだとすると長助がこんど示したガンゼル症状群もあるいはわざとやったことが本当の病気になってしまったと解釈が出来る。藤井区長の気張った声が耳の奥で反響した。「あれはオトボケだ。ヤツは気違いの真似ぐらいちゃんとできる男ですぜ」「要するに大田長助てのは、狡猾な男で、人をだまくらかすのがえらくうまい野郎なんで」たしかにそうなのだけれども、藤井区長の言うことは実際には半分しか当っていない。長助は気違いの真似をしているうちに気違いになってしまった男であり、人をだまくらかしているうちに自分がだまくらかされてしまった人間ではないか。

良作が訝しげに上目遣いでこちらを見ていた。

9　安藤の「死の恐怖」

「本当にそんなことがわからないのか」

「わかりません」

　近木は安藤の表情を注意深く見詰め、その顔に今にも笑を浸(し)み出すような弛(ゆる)みを認めた。

「つまりさ、昔からそうなってる。人を殺すのは罪だということになっている。なぜかというとだね……」近木はあとを続ける自信が自分にないことに気付いた。なぜ人を殺しては悪いのか。殺人は悪だと誰がきめたのか。人は誰でも人を殺したがると今しがた砂田に話したばかりではないか。「とにかくきみ自身のことをききたいんだ。きみ、事件をおこしたあと後悔したかしら」

「忘れっちゃいましたよ。もうずっと昔のことですもの」

「あの事件は自分とは関係がない気がするか」

「そうですね。そんな気がしますね。ずっと昔のことですからね。誰だってそうでしょう」

「そうかな。でも、きみはこうしてここに入れられてる。それは、あの事件のせいじゃないか」

「見付かっちゃったからね。仕方がないですよ。あん時、お袋の家を訪ねようとして道を尋ねたのがいけなかった」

「それじゃ、見付からなければよかった。そうすれば事件とは一切関係ない」

「ああそうですよ。あん時見付からなけりゃ、今頃うんと遊べたのになあ。惜しいことしちゃった」安藤は夢見るように天井を見上げた。

「惜しいことか……」心の暗所にまだ何かが居残ってこちらを窺っているようで、近木の言葉は歯切れがわるくなった。「それじゃ何だね……きみはここから外へ出たいって思ってるんだね……まるでこう事件と無関係みたいにして」

「何ですか」

「まあね、被害者のことさ。相手は小学校の女の子だったんだろう。思い出すと可哀相に思うだろう」

「可哀相てんじゃないですね。運が悪かったんですよ。あんな時に便所に来るんだもの。来なけりゃよかったんだ」

「けっきょく、きみは人を殺すことを悪いことだとは思ってないな」

「そうですか。ハハハ、そんなこと考えたことないですよ。どうでもいいことでしょう」

「いや、よくないよ」近木は安藤の笑に水をかけるように真面目くさった表情を作ってみたが、安藤は依然として笑い続けていた。「自分が殺されたと想像してごらん。こわいだろう」

「わかんないですよ。ハハ、そんな変なこと」

「きみ、自分が死ぬってことこわくないの」

「死ぬってさきのことでしょう。さきのことなんか、わかりゃしませんよ」

「でもさ、想像することはできるだろう」

「それはできるけども、でもそんなこと想像しても痛くもかゆくもないですよ。おんなじことですよ、昔のことだって痛くもかゆくもないですよ。先生、その指、怪我してますねえ、血がにじんでら。痛いでしょう。でも先生、怪我する前に痛いと思いましたか。それからさ怪我が治っちゃってからも痛いって感じますか」

「ふうん」近木は唸(うな)り、安藤の、しなやかな脚の動きを追い、ズボンの内側で伸縮する柔かな筋肉の形を美しいと思った。この青年が確実な肉の塊として目の前に存在していること、自分の指がうずくこと、あたりに精液臭と腋臭(わきが)が充満していること、そういったすべての事象から、いま、死は何と遠くにあることだろう。死の恐怖とは、全く単純に、未来の彼方(かなた)にある痛みを恐れることではないか。死と痛みとは同質のもので、それをこの死刑囚は知っている。

10　他家雄の「恥辱こそが義務」

闇は隠されていて、おれたちの毎日の生活には現われてこない。科学者や政治家や、残念なことに神学者までが目に見えるこの世に幻惑されている。そして神は、目に見えるこの世を闇から創(つく)ったとされている。もし神が全能であるならば闇の世界も支配せねばならぬ。この世に隠れていて、何もない、むろん天国や地獄の形で目に見えるものとして表象することのできない闇を暗黒を虚無を、神はいかにして支配するのか。おれは悪の根源がそこにあると見当をつけているのだけれども、このようなことをこの男に語ることは出来なかった。おれが闇を幾分知っているのは、おれが悪人であり殺人者である（殺人者だから悪人なのではない）からだし、屍体(したい)の意識を持つ死刑囚だからだけれども、そのようなこともこの男に語ることが出来なかった。わずかにおれは、闇が他人を殺すように自分をも殺すこと、したがって闇にむかって飛翔(ひしょう)する人間には恐怖がないことを述べえたにすぎない。

　案の定、この男は誤解した。この世を支える根拠である闇ではなくて、ごくわかりやすく死と取違えた。そして白菊会と屍体の話を始めたのだ。おれが感心したのは彼が屍体に、この闇からの贈物に尊敬を示したことだ。おれは警戒を解き、言わずもがなのこと、イエスの復活の話まで始めてしまった。本心は別なのに調子にのり、言いたくないことを言い、不可能な約束を交わしてしまう。おれは言いすぎたと悔んだ。信仰についてうかうかと口にすべきでなかったのだ。罰を受けたようにそれが始まった。おれは母について喋った。が、それはひどくなるばかりであった。おれは〝極刑囚を慰める会〟のおばちゃまに会ったこと、来所を予告していた玉置恵津子が来なかったことを思った。すると、この男はそのことを知っているような口吻(くちぶり)ではないか。監獄の完璧(かんぺき)な監視網については知悉(ちしつ)しているおれとしたことが、うっかりしていた。

あやうく、この男を人間として信用しかかっていた。闇だの信仰だの復活だのについてはこんな男に話すべきではなかった、絶対に。

落ちていく。堕ちていく。まだ底へ来ない。これは夢でもなければ錯覚でもない。おれはもう睡くはなく、完全に目覚め、近木医官が傍にいるのを、独居房の設備一切を、戸棚を聖書をカトリックカレンダーを視察口を、細部まで知覚している。おれの記憶は確実で、いま近木と交わした会話全部を思い出すことが可能だし、判決主文だって一字一句諳んじることができる。しかもなお、井戸の底にいるようにあたりが見え、落ちていく。

「死はこわい」とおれは答えた。それは事実だ。しかし、死より以上に恐いことがあると彼には言わなかった。彼は死の恐怖によってそれが起ると理解していて、そのほうがおれには便利だからだ。単なる死の恐怖ならば減刑されれば消失するだろう。安藤修吉のように死は傷の痛みと同一で、傷つく前には痛みは感じない。つい最近『悪について』のノートの最後におれは書いたばかりだ。

「処刑台への恐怖など大したことではない。それは高層ビルの窓から首をつき出したときの戦慄とそれほど変りはしない。本当の恐怖は処刑台にのぼる自分を謙遜に受入れ、それ以外の生き方がないことが自分の人間である証しだと自己規定することの恐怖である。それは自分が生きていることが悪であり、恥辱こそが義務であると不断に自分に言いきかすことだ。しかもその悪の程度は、人間のなかで最低であり、自分がこれ以上どんなに悪を働いても今までよりも悪いことはできぬほどにひどいものでなくてはならぬ」

お前、近木医官、善良で無邪気な青年よ。形而上学にひそむ苦しみを知らぬ若き科学者よ。死ぬまで悪人であらねばならぬ恐怖、それが本当の死の恐怖なんだ。いいかね、安らかに処刑台に上るには、自分が処刑台に価する人間だと百パーセント納得していなくてはならないだろう。もし悔悟し改心し悪人であることをやめたら、信仰によって神の許しをえてしまったら、もはや自分は処刑台に価しないじゃないか。お前にこの矛盾が解けるかね。イエスと立場が正反対なんだよ。無垢なる人は殺されることに意義があった。しかし悪人は殺されることに意義がないことで、はじめて意義があるんだ。おれが死はこわいと言ったのはそのためさ。わかるかね、お医者さん。

第三章　悪について

1　他家雄の殺意

やたらと空腹であった。どこの家庭も食糧は不足がちな時代で、わが家も配給だけでは足りなかった。私は学校農園や農家から芋や野菜を持帰ったり、千葉のシズヤの家へ買出しに行った。シズヤの夫は瓦職人であったが、田畑をかなり持ち、そのほうは妻にまかせていた。シズヤは、成人した坊っちゃんをなつかしがり、リュック一杯に食糧を充たしてくれた。買出しから帰った日には母があきれるほどに私はむさぼり食べた。空腹は心の空虚と違って充たされるだけよいものであった。

母は、以前の幾久雄との抗争については話さぬようにし、それがなかったかのように生活していた。しかし幾久雄は上京の都度、必ず姿を現わし泊っていった。彼がいると母は無表情に返り、家の中は突然陰鬱な気配に変った。

或る夜、幾久雄は父の財産について母に尋ねた。私はまた始まったかと思いながら聞いていた。母は財産などないと言い張った。幾久雄は、顔を顰めながら、とにかくこの家の財産は長男のおれの財産なのだから疎開だけはしておいてくれと言った。十一月になってからＢ29の来襲があって下町方面に被害が出始めていた。疎開の荷物を荷車やリヤカーに乗せて駅へ向う人々の列が連日みられた。

「とにかく、お前、財産なんか無いんだよ」

「嘘だ」幾久雄は拳をかためて卓袱台を打った。茶碗や皿が飛びあがった。一度怒りが湧くととめどもなくなる彼は、鍋を畳に突き落した。私が買い集めた鶏肉や野菜がこぼれ散った。幾久雄が母の腕をつかんだとき私は言った。

「兄さん、やめなよ」

幾久雄は聞き慣れぬ私の大声に「なにを」と言いながら、一刻怯んで腕を離した。今までは母への暴行が始まると私は別室に姿を消すのが常であったし、まして彼に抗弁することなど無かったのだ。

「きさま、生意気になりやがったな」幾久雄は私の肩を小突いた。当り所が悪かったのか手の先まで痛みが貫いた。

私は叫び、体中に溢れてきた怒りを両手にこめると彼に飛びついた。意外にもろく彼は仰向けに引っ繰り返った。私は彼の眼鏡を引きむしり、顔を三、四回殴ったすえ、首を両手で締めつけた。両の頸動脈に親指をくいこませ、力一杯に押すやりかたは、昔、松川に教わったのである。もっとも私は、体力において勝る兄が私をはねかえし、反対に打ちのめされるものと思っていた。しかし兄は力弱く体をゆすっただけで私の手を払いのけることも出来なかった。紫色に変り、驚愕と苦痛で歪んだ醜い顔を見、指先でぬめる筋肉の感覚を嫌悪するうち、私はこの男を殺してやろうと決心した。それまで私は何度も自殺しようとした。が、何とその考えは間違っていたことだろう。なによりもまずこの男を殺すべきだったのだ。熱い融鉄のように胸を咽喉を腕を焦がすものがあった。自分には一人の人間を殺せるだけの体力も憎悪も勇気も備わっているという自覚が殺意を強めた。

「この野郎、死んじまえ、死んじまえ」と私は叫んだ。

「おやめ、他家雄、おやめったら」と母が言うのが聞えた。母は私にむしゃぶりつき、やっとのことで幾久雄より引離すことに成功した。私は殺人者には、まだ、なれなかった。

2　兄の殺意と母への嫌悪

「いや駄目だ」幾久雄はしゅうねく言った。「おれの条件をいま、みんなに納得してほしい。そのかわり、みんなの経済的面倒はお母さんとおれがみる。真季雄はもう一度大学に戻って勉強してるそうだが、そのための学費、他家雄が大学を卒業するまでの学費もお母さんと折半しよう。しかし、この家とこの土地はおれがもらいたい」

「だけどねえ、兄さん」真季雄が反駁した。何でも不動産については自分にも権利があると主張したのだと思う。兄に逆ったことのない彼にしては珍しく激しい言い振りだった。幾久雄は弟の攻撃を避けて母に向い、例によって父の遺産の明細を要求しだした。母は、疎開さえしなかったら荷物は無事だった、お前の差出口で大切な財産が焼失したのだと応酬し、三巴の争となり、私は圏外に取残された。ついに幾久雄と真季雄が立上り、拳を構えて向き合った。まともに格闘すれば軍隊帰りの真季雄に分かあることは確かであった。私は彼が持前の膂力で兄を制圧してくれることを望んで見守った。が、幾久雄は腰のあたりに隠していた登山ナイフを出すと鞘を払って身構えた。それは父の愛用品で、刃渡十五センチ、鹿革の鞘が付き腰に下げるように出来ていた。真季雄は後ずさりし、卓袱台に足をとられてよろめいた。浅黒い上に日焼した顔に血がのぼり、赤銅の擬宝珠のようであった。幾久雄が実際にナイフを突き出せば、母が悲鳴をあげて止めると私は思った。が、母は冷然と坐ったままだった。それからあとの幾久雄の動きはひどくゆっくりとしたように見えた。彼はナイフを相手の裸の左肩に突き立て、そこから血が二つの条に分れて落ち、血まみれの太った体が転がり逃げるのを更にもう一突きし、それが逸れて脇腹をかすめ、相手は縁側から庭へと脱出した。

幾久雄の眉宇には明瞭な殺意があった。もし背中を突き損じさえしなければ相手を殺したに違いない、そんな並み外れた決意が残る目で彼は母を、私を順に睨めつけ、「生意気は許さん」と権柄尽くに叫んだ。そして私にはナイフを突きつけ「あっち行ってろ」と命令した。

その夜、私は病院まで真季雄に付添っていった。焼跡を散々探したあげく、繁華街の端に焼け残った医院を見付けたのだ。医者はかつて私を手術した人で、兄が受けた傷の原因についてこっそり真相を聞きたがった。兄は闇市の不良に言い掛りをつけられたと言うが本当かと尋ねるから、本当だと答えた。傷はさして深くはなかったが、それでも三針縫い、肩と首とに大形な繃帯がまかれた。帰り道に私は、幾久雄の気が狂ってるのではないかという恐れを真季雄に伝えた。

「そうとは思えんなあ」と彼は言った。「兄貴はあれでなかなか正気なんだ」

「でもこわいなあ、あんなことがまたあると」

「大丈夫だ、おれだって用心するからな」

「でもどうしてあんなに乱暴するんだろう」

真季雄は大きく息をつき、怒りを吐きつけるように言った。

「兄貴をあんなにしたのはお袋さ。お袋なんか殺されりゃいいんだよ」

私は理由を聞かなかったが、前からぼんやり思っていたことが大胆に言い表わされた気がした。少くとも幾久雄への嫌悪がかなり軽減され、そのかわりに母への嫌悪が増大した感じがした。

考えてみれば母は、ずっと以前から、事態を解決するために何の手も打たなかった。息子に連日乱暴をされながら、ただ悲鳴をあげるだけで、非難するでなく、和解するでなく、相手の為すがままになっていた。私に傷の手当をしてもらっても礼も言わず黙りこくっていた。そうして、いま、息子たちの血の争いを目前にして表情一つ変えずに坐っていた。

「どうしたらいいの。ちい兄さん」

真季雄はしばらく黙っていた。二人の下駄の音が街燈のない暗い焼跡に吸いこまれていった。

「おれはな、いずれは家を出る。お前も一緒に出るか」

「ああ、それはいいや。ぼくも連れてって」私は声を張りあげた。いままで何故(なぜ)そんな簡単な解決法を考え付かなかったのかが訝しかった。

3　花を食べる宮脇美納

「わたし、ミヤワキ・ミノよ。お宮の脇に美を納めるって書くの。あなた、だあれ」

子供にでも話しかけるような無遠慮な口調である。私は、さっき菊乃に対して覚えたように年上の女を意識した。そう意識することはいやではなく、むしろ相手に甘えてみたい気持を引起した。私は目上の人に対するように鄭重(ていちょう)に言った。

「楠本他家雄といいます。他人の家の雄(おす)というので、妙な名前なんです」

「そうでもないわよ。でも、すこうし家出男みたいな名前かしら」

「そうです。ぼくは家出男なんですよ」

「わるいこと言っちゃった。ごめんなさい」

「いいえ。実際、ぼくは家出したいと思ってる男なんですから」

「どうして」

　私は答に詰った。初対面の女に家庭の事情を打明ける気はしない。が、彼女は別に私の答を待つ風もなく、目の前の花に鼻を埋めた。

「きれいな花ですね」と私はどぎまぎして言った。不意に気がついた、彼女が美しい女であると。オレンジ色の花弁に触れた、褐色の頬と真珠色の眼に私の気持は吸い寄せられた。花に映えた若々しい微笑がこちらを向いた。私は顔を赤らめた。すでにして汗は額一面から流れ出していた。

「ノウゼンカズラよ。別に大した香りじゃないけれど、夏の香りらしくって好きなの。でも、これ毒なのよ。わたしって、小さい時から花を食べる癖があるの。あるとき、これを食べてひどい下痢をしたわ。あ、ヨットだ」

　青い海に三角帆が波と白さを競い、やがて丘の端に消えた。

「ああ、泳ぎたくなったな。舟唄なんて大嫌い」

「なんのことですか」

「ショパンよ。さっき弾いてたでしょう。わたしもピアノ科だけど、本当はピアノは嫌いなの。それより泳ぎたいわ。ね、いまから行きましょう」

「ぼく水泳パンツ持ってこなかった」

「そんなの、海岸で売ってるわよ。みんなで行きましょうよ」

「ぼくは」私はきまりわるげに告白した。「泳げないんです」

「泳げない」彼女は笑い出した。別に手で口を覆(おお)うこともない、歯と舌とをまるだしにしたアメリカ人風の笑い方である。「だってあなた楠本さんでしょ。高ちゃんが言ってたわ、葉山に住んでるんですってね。その人が泳げないっての偉いわ。見上げたものだわ」

「何がです」

「だって海のまん前に住んでいて泳がないでいられるなんて余程意志堅固な方じゃないこと」

私は吹き出した。

「ええ、ずっとぼくは泳がない主義でしたから。でも、あなたが教えてくださるなら主義を変更してもよろしい」

「いいことよ。教えてあげる。いまからすぐ行きましょう」彼女は両手を前で握り合せ、競技の勝利者が表彰台上でするように振ってみせた。そうすると胸のくびれた脹らみがぷりぷりと揺れた。その時、飯沼が私たちを探しに庭に出てきた。美納は、すばやく私に囁(ささや)いた。「きょうはやめたわ。あとで電話するから、電話番号書いて、そっと渡してちょうだい」

翌朝、彼女から電話があった。電話口に出た母は、女の声なので自分の学校からの連絡と勘違いし、「国語学科の楠本教授ですが」と言った。母の女学校は新制大学に昇格し、母は大学教授となっていたのだ。ずっとあとまで美納はこの時のことを忘れず、何かというと母のことを〝教授〟と陰口したものだ。

4　剣山からの墜落

後続の人々が待っているし、結局あきらめてみんな帰ることにした。しかし、登りよりも下りが恐いのは険山の常で、美納は一歩ごとに足が竦み、私が下から手を差しのべ励まさないと、たちまち動けなくなった。ほとんど泣き声で、来なければよかったと後悔する。そのうち切り下った大岩をおり始めたところで、彼女が足をすべらした。私は咄嗟に腰のところで抱きとめ、鎖を握るように叫んだ。私の右足は宙に浮かんでいる。と左足も滑った。一旦、岩肌に弾ねた靴底の鋲は、やはり宙にあった。私は落ちていった。

この墜落のことを、その後、私は何度も何度も思い返した。そこに今までの私の生涯になかった新しいものが顕われて、そのものによって私自身が根本的に変った、あるいは変ることをうながされた気がしたからである。しかし、何が新しかったのか、私がどう変ったかについて、精確には、また全面的には、言い尽くせないできた。何かがそこにあるのだが、それが何であるのか不可解なもどかしさが残って、現在にいたっている。以下の記述も、不充分で、当座の、今の私に可能な限りの成果でしかない。

落ちたと思った瞬間、私はまず美納を見上げた。彼女の驚愕した顔付は、そこにスポット・ライトを当てたように、きらやかであった。谷より吹きあげる風になびいた髪は、生えぎわを白く引き立て、開いた赤い唇の間の歯が柔かい水玉のようにふわふわとゆがんだ。彼女は叫んでいたと思う。が、声は聞えず、そう言えば落ちていく間、私は耳孔を擦る空気の音以外、何も聞かなかった。一切の物音が消えた、そんな感じであった。

ついで、彼女は遠ざかっていった。私と別れていく彼女を見て私は安心した。彼女は落ちはしないと思ったからである。鎖を握って、凝っと岩壁にへばりついている様子がいじらしかった。死んではいけないよ、と声援をおくりたい気持だった。このことを思い出すと、少くともあの瞬間（それは本当に瞬間なのだ）、私は彼女を愛していたように思う。その後、彼女との仲がどうなったにしろ、あの瞬間の、克明な記憶だけは真実である。

と同時に、岩壁にいた人々の、冷ややかな態度、無関心な面持もはっきり追想される。人々は岩場を登ること降りることに、おのがじし、専念していた。それから、その時、見たのか、あるいはあとで別な記憶が入りこんだのか分らないが、一人の男が一人の女にかがみこみ楽しげに話していた光景がぼんやりと思い出される。男が飯沼で女が菊乃であった気がするし、それがあの場合ありうべきことだが、はっきりしない。二人の楽しげな様子がぐんぐん小さくなっていった、そんな光景を見たように思う。

下を見たことは確かだ。崖はいくつかの岩を拳（こぶし）のように突きだしながらも、大部分はすぱっと切断されたように下っていた。まさしく断崖である。丁度私の落ちていく方向に大きな岩畳が張り出していて、そこで私は砕け死ぬことが分かった。これが死ぬということなのかと私は納得したが、死への恐怖はかけらもなかった。おそらく人間は避けられない確実で強力な運命に直面した場合、じたばたせずに、全き諦（あきら）めと受動性に身をゆだねるのではなかろうか。

恐怖がなかっただけではない。私は、その死の瞬間を悦（たの）しげに味わっていた。そう、瞬間に見るというより、長い時間をかけて、慎重に味わっていたといったほうが的確である。私のまわりには、明るく美しく、すべてが深い意味をもって、私のために配置された世界があった。空、雲、山、人、風、光、岩、雪が深い意味をもって語りかけてきた。深い意味といっても小難しい議論や理窟（りくつ）といったものではない。それらの一つ一つはまことに単純で明快であった。丁度、交響楽が多くの楽器の単純で明らかな音によって成りたっているように、空、雲、山、人、風、光、岩、雪はそれら全体として、一つ一つを超えた大きな何かを表現していた。

いや、また私は間違ってしまった。それは表現ではない。何かそこにないものが表現されたのではなく、そこにあるものがすべてなのだ。うまく言えないが、私の体でも例外ではない。落ちていきながら、私の体は空や雲と同等の資格で、世界のすべてを構成していた。私の意識などはもはや問題ではない。私の心は体に吸いこまれ、落下の法則に従う肉の塊になりきっていた。繰返して言うが、その瞬間は実に悦しかった。

岩畳が近付いてきた。死である。黒い翳(かげ)の中に緑の苔が、雪が、それから私の見たこともない奥深い暗黒があった。私は気を失った。

5　悪の楽しみ

美納と別れてから、とめどもなく暗黒の底へ転がり落ちていくような毎日であった。私の意志ではなくて、何かの魔力が私を操り、崩壊と虚無へ向って転落させていくかのようだった。その魔力を悪魔と呼んでいいならば事は簡単だ。私は悪魔に忠誠を誓ったといえる。悪魔に服従している限り、私は何もかも失って虚無に帰するという悦楽を手に入れることができた。

人はあの時の私が絶望のあまりヤケになっていたという。絶望の〝素材〟としていくつかの事実を並べて、〝そのために私が絶望に陥っていた〟と帰納しようとする。美納と不和であった、結核にかかり美納に嫌われ、就職に失敗した、母と諍(いさか)い家出した、職場の仕事が面白くなかった、と、たしかに素材を列記はできる。私は絶望のあまり、浪費し遊興に耽(ふけ)り、ますます絶望の深みにはまったと人は解釈しうる。けれども、当時を顧みて不思議に思うのは、絶望という言葉の持つ陰惨な経験を私がしたとはどうも思えないことだ。悪魔という絶対の権力者に服従することにより、私は安全で喜びに充ちていたように思う。さっき私は何もかも失って虚無に帰するという悦楽と書いた。しかし、虚無は終点である。そこまでに到る道程においても悦楽には事欠かないことを付加えたい。悪は楽しみだというのは真実である。

何か奸智で私は金を手に入れようとする。それを計画しているときの喜びは神聖なおこないを志すときよりもはるかに大きい。次に仕事にかかったときの喜びがあり、金を手に入れたときの喜びが来る。ついで金を使う喜び、一銭も残さずに費す喜び、そして、ふたたび金を入手する喜びがくる。それは喜びの循環だ。私が真季雄の家を担保にして借りた金を消費したのは明かにそうだった。金が無いからそうしたというのは、事柄のほんの一部しか見ないことだ。その前には金を使い切る喜び、その後には金を盗む喜びがあった。絶望という言葉ほどその時の私にとって無縁な言葉はない。

金をもうけるため私は二つの計画をたてた。第一計画のその一は失敗、その二は成功。しかし第二計画のその一は中途でおかしな方向へ捩じ曲ってしまった。塚本ツネから預った現金と株券を波川の信用取引に斡旋するつもりが、現金をつい私が使いこんでしまったのだ。そして株券を持って波川に会ったとき、私の口から出たのは、それを信用取引のカタにすることではなくて、「この株券を現金に換えたい」であった。波川は指し値注文を承諾してくれた。十日後二十万円の金が私に手渡された。

こうして第二計画は、その一において失敗してしまった。これは、検事にも裁判官にも、そして弁護士の並木宙にさえも信じてもらえなかったのだが、塚本ツネの現金と株を流用してしまった私が覚えたのは、彼女への申し訳なさであった。計画を案出したとき私は彼女との約束を果し、斡旋料さえもらえれば満足だったので、彼女から盗む気は全然無かったのだ。美納の身内としても、一人の女としても、ツネは私にとって大事な人であった。

美納に会いたいという思いはこの頃強くなっていた。美納が私の病気や私との疎遠について、何一つツネに話していないことを何度も思い返した。美納と一緒に生活するという以前の夢が時とすると強く甦（よみがえ）ってきた。

誰一人信じてくれなかったが私はここにはっきり書いておく。私は塚本ツネに損害をかけたくなかった。その点だけはきちんと整理しておきたかった。言いかえれば、私が流用してしまった現金十万円と二十万円分の株券を、いずれは返し、約束どおり、波川の証券会社から彼女に〝信用取引口座設定約諾書〟を送付させるようにしたかった。差当り彼女から三十万円を借りている、そんな気持が本当のところだった。といって、職を失った私に新しい収入の当てがあったわけではない。私は絶えず金儲（かねもう）けの方途を考えていた。麻雀をやりながら「何かいい話がないかなあ」と再々呟（つぶや）くものだから或（あ）る日矢島から「金持でも一人ぶっ殺したらどうだ」とからかわれた。「そうだなあ」と私は苦笑いした。「ひょっとすると、そいつは妙案かも知れないな」

6　暗黒の宗教

この時、私は自分の新しい可能性を発見した。もっと言えば自分が本当にしたいことを自分の内側に見出した。蕎麦屋を出たときの私は入ってきた私と同一人ではなかった。入ってきたときの私は、人々から追放された、すこし気のたかぶった、盗む喜びを知ったぐらいの、平凡な悪党にすぎなかった。しかし、出たときの私は、殺人者というまれな人間、暗黒（悪魔といってもいい）の宗教に回心した信念のある男に変っていた。

なぜ殺人を決意したか。あの木曜日の昼下りに何がおこったかについて、人はいろいろに推測した。いわゆる犯行の動機なるものを云々（うんぬん）するのだった。むろん裁判ではその点が焦点であり、微細な尋問がおこなわれた。が、結局人がつかみえたのは、ごくありきたりの動機であった。典型的なのは、検事の冒頭陳述書のそれであり、それはまた結審時の裁判官の意見でもあった。要するに、塚本ツネの株券と現金を「遊興費等自己の用途に流用したため同人への返済金および自己の生活費等に窮し、種々思い余った結果、昭和〇年七月二十三日、右波川を殺害して金員を奪おうと決意し」となる。殺人は金を奪うためだという。そのことを私は否定はしない。それどころか、塚本ツネから私が詐取（さしゅ）した三十万円をかえすために波川に千ドルを融通してくれと頼んだに違いない。私は警察でも、法廷でもそうのべたし、現在でもそれが本当の気持だったと思う。けれども蕎麦屋で私は金を奪うことをもはや第一義とは考えていなかったこともまた事実だ。殺すこと、それによって自分に力を与えること、それこそが第一の大事だった。もし金が単純に欲しかったのなら、塚本ツネの金と株をもって逃亡しさえすれば充分だった筈だ。二十万円を二十日間で費った男が、四十万円を盗って四十日生活しえたとしてもどんな意味があったろう。私は、いま、言える。それは金だけのためではなかった。それはなによりも自分のためだった。自分をよりよく生かすためのギリギリの決意だった。殺しさえすれば、私は過去と訣別しうると信じていた。交叉点で車を人々を見渡しながら、私は思った――私の決意にくらべれば、この世は何と淡い影のような存在であることか。この世こそは非現実であり、私の殺人という行為だけが、生々しく、熱く、活力に溢れた、鮮明な、唯一の現実だと。

7　悪夢の世界

ボーイ然とした福田が来たのでレモン・スクワッシュを注文した。

「さて」と波川は腕時計をちらと見、鞄を大事そうに脇の椅子に置き身を乗りだし、珍しげに天井やバンド席を見た。櫛目立ったオールバックの髪が窓の光にてらてらし、一仕事しようとする心構えのためか整った顔の中で大きな目が鋭く輝き、それはいかにも証券会社員らしい隙の無い形であり、そんな波川の前で彼は自分が何か背広を着ただけの贋（にせ）の会社員、あるいは安っぽいマネキンと思えた。いまに見ろ、この男の充足した職業意識、忠実な会社員の心、十も年上であることから来る先輩めいた自信、いっさいがっさいをこの男の脳髄から叩（たた）き出してやるからなと彼は自分のいじけた心に力をこめて言い聞かした。何だか無性に咽喉（のど）が乾き、コップの水を一気にのみ、勢いよく立ち上り、波川の背後へ行き、ポケットからコードを引出そうとすると波川が振返った。会釈をして便所にいき、昨日浅草で買ったコードを取出して二重に綯（な）い、真っすぐに彼の後姿へと歩み寄り、縄飛びをするようにして首へかけると力一杯に締めた。その刹那（せつな）、彼は自分がとんでもない悪夢の世界に踏みいった気がした。自分はいま夢を見ている、この夢の中ではどんなに意外なこと異常なことも起りうると思った。彼は両手で彼の腕を掻（か）きむしるようにしたが及ばず、体を弓なりにのけぞらした。マナジリが裂けて眼球が卵のように脹（ふく）れあがり、額の血管がミミズのようにのたうった。突然福田が木の棒で殴りかかった。それは椅子の脚をばらした角材だったがなにやら特別に用意した武器のように見え、数回胸や腹を殴るうち彼はグタリ腰を落し動かず、福田の棒打ちを避けて彼が手をゆるめるやさらに頭や顔を三、四度殴って終った。「殺（や）ったぞ」と一人が言い、「ああ」と一人が応えた。彼は鞭（むち）で一晩中さいなまれた囚人のように体中の皮膚が痛み、立っていられぬ程の疲労に襲われ、人間一人を殺すというのは二人掛りでも大仕事だと思い知った。すると福田が悲鳴をあげた。死んだ筈（はず）の彼が半分おきあがり顔を小刻みに振りながらこちらを睨（にら）んでいた。髪を面に垂らし潰（つぶ）れた鼻から血の糸を引いて豊国描く佐倉宗吾の怨霊にそっくりだ。ふたたび福田は棒でめった打ちをし、しぶき散る血の焦げるような臭いのなかで彼はコードを絞めるうちコードが切れてしまい、ぼんやりしてると福田がどこからか新しいコードを差出したのでそれで絞めた。彼が絞めているあいだ福田は絶えず打ち続けさいごには棒が折れて飛んだ。

　彼が腕の力をゆるめたのは福田が「もういいだろう」と言ったからだがもし福田が黙っていればいつまでも絞め続けたに違いない。それほどに彼には彼を殺せるという自信、殺したという確信がいだけず自分には何も出来ないという執拗な無力感にとらわれていた。が、いま、我に返った彼は長い眠りから覚めたように目の前の情景を的確にしかもすばしこく見てとった。彼は仰向けに赤いペンキを塗りたくられた人形のように横たわっていた。彼は相手の腕がすでに冷たいこと脈が絶えてることを確め、「死んでいるよ。とにかくこいつを隠さなくちゃならない」と言った。福田が三階のバンド控え室から毛布を二枚持ってきて屍体を包みはじめた。彼は二度と生きかえらぬようコードで首をぐるぐるまきにすると力一杯に締めて結んだ。二人は熱心に作業にかかり、コードで縛った包みを作りあげてバンド席の天井裏に隠すことにした。これが中々の荒骨折で、脚榻に登った福田が厚さ一センチほどのプラスチックの天井板をずらして穴の中に入り、彼が包みを背おって脚榻の踏み台を一歩一歩あがるのだが、包みは重く脚榻は不安定で、そこに福田が動くたび天井裏の埃が簾のようにこぼれ落ち目を開いていられず、どうにか包みを押しこむと今度は福田が外に出られずにやり直すという具合だった。ついで二人は清掃にかかったが、レザー張りのソファや床に流れた血はまるで洗面器を返したように夥しく、バケツの水は代えても代えてもすぐ赤くなった。こういう作業となると福田のほうがはるかに有能で、雑巾とモップを器用に使い、たちまちあたりから血の跡を消し去ってしまった。

「ほら」と福田は掌の上の腕時計をみせたが彼のしてたスイス製のペルタに違いなく、それで気がつくと黒鞄はカウンターの上に置かれてあった。それが目当ての仕事であったのに彼は全く鞄のことを忘れていて、照れかくしに落着き払ったふりをして鞄を開き、帯に銀行の印のついた千円札の束が四つあるのを確めた。「こいつを始末しなくちゃなあ」と福田は血まみれの棒の断片を集め、脚榻に身軽にのぼると天井裏に投げいれた。「とにかく顔を洗って着替えろよ。すげえ顔をしてらあ」と福田に言われ、便所の前の洗面所にいってみると血と汗と埃とで物凄い顔付でまるで彼の死顔にそっくりだ。眼鏡がないのに気付くと福田がひろってカウンターに置いておいたと言った。彼は自分では冷静に理性を働かしているつもりだったが万事につけ福田のほうが沈着で細かに注意を払っていた。顔を洗い体を拭うとひどく渇きを覚え、蛇口に口をつけて続けさまに飲んだが、飲んでも飲んでもなお渇きが残るのが不思議だった。

8　崖淵に立った

彼は崖淵(がけふち)に立った。切り立った崖の、はるか下に白濁した川と岩がある。飛びおりれば多分死ねるだろう。それは死に場所としては恰好(かっこう)だ。この世にはもう何の未練もない。逮捕され、人々の晒(さら)し者になり、恥辱の刑を受けることに何の意味があるだろう。と、「あんたの体はあんたひとりのもんやおへんわ」という女の言葉が平手打ちのように頰を打った。

　それからどこをどう歩いたか、彼は注意を払わず、アパートのそばまで来たとき誰かがうしろから追跡してきたことに気付いた。それが誰であるかを彼は振向いて見なかったし逃げようとして足を速めもしなかったから本当に誰かが追跡してきたのかどうかを判別できなかったけれども、その時の彼の確信は強くほとんど駆け込むようにして自室に戻り身辺の整理をした。一番気になったのは汚れ物で、夢精したパンツをはじめ下着を洗面所で洗い、紐(ひも)にかけ、あと小帯で隅々までを丹念に掃いた。

　誰かがノックしたとき彼は箒をしまい、もういちど室内の整頓(せいとん)ぶりを見廻し、机上の文鎮を机の縁と平行の位置になおしてから「どなた」と尋ねた。

「管理人です」と老人が言った。

「何か御用ですか」

「お客さんでっせ」

掛金をはずすと、老人のうしろに二人の男がいた。黒い背広の黒い顔の何から何まで黒っぽい男たちだ。彼らの目だけが青白く、特殊な豆電球でも点したように光っていた。背の低いほうの男が嗄れ声で言った。

「あんた佐藤はんやろ。聞きたいことがあるさかいに、ちょっと来てんか」

「どなたでしょう」

「こういうもんや」男はまっ黒な手帳を開いてみせた。

「はい」彼は上着をとりに戻ろうとした。すると背の高い方がさえぎった。

「ちょっとやから、そのままでええわ」

靴下に下駄をつっかけた。落着いているつもりだったが靴箱からどうしても自分の靴を探しだすことができず、誰かの脱ぎ捨てた下駄をはいたのである。アパートの前に車がとまっており、警官がドアをあけてくれた。男たちに左右をはさまれて彼は坐った。振返ると管理人が玄関に立って、緊張した面持で見送っていた。街が柔かに揺めきながらずれていき、子供の頃よく遊んだ移し絵が水からはがれていくのを思わせた。

「楠本他家雄やな」

「はい」

「強盗殺人容疑で逮捕する」

男が彼の手を握った瞬間ひややかな感触があって、手錠がかけられていた。この美しく磨きあげられた鉄の輪が、彼を、あの揺めく街から決定的に引離し、容疑者、被告、死刑囚という堅固で単純な身分へと変えた。

普通の物語だったらここで終りになるところだ。犯人が逮捕された瞬間に事件が解決すると考えるのは世の中の常道である。しかし彼にとってはここから一つの新しい物語が始ったのである。世間の人が楠本他家雄なる殺人犯の逮捕に沸きたち新聞が大々的に書きたてた時から、彼の中で何かが始った。東京へ護送される間彼をとりまき彼の写真をとり彼に話しかけ、犯罪の動機や現在の心境や逃走中の生活についてそれらが彼らにとって最大の関心事のようにほじくりだし、一度記事にすると彼から離れてしまった記者たちの大群は、彼にとってはまるで果しもない静寂のなかでスクリーンに映る影の群のように見え、またまさしく影の群のように自分とは無関係なのであった。たしかに犯罪を犯した彼が逮捕されたということは犯した人間が犯された側から犯しかえされるという点で心理的均衡はえられる。けれども彼にとっての物語はまさしくその心理的均衡の先にある。それは逮捕や裁判や断罪という外的な出来事とは別の次元の物語である。なぜならば……

第四章　涙の革袋

1　ショーム神父の『砂漠の水』

「わたしのところに、山羊と猫と犬と文鳥と金魚がいて、みんな仲がいいんだが、よくふざける。この前も猫と犬がふざけているうち、熱湯の入った薬缶を落してね大さわぎだった。いや、大さわぎしたのは実はこのわたしで、下にいた犬が火傷しやしないかとあわてて抱きあげたまではよかったが、わたしの足の甲に湯がかかって火傷してしまった。そしたら傍にいた老婦人が、タバコを一、紅花を二、布袋に入れて煎じた汁を、脱脂綿に漬して患部につければいい、というので、同じく傍にいた青年に紅花を買いにいってもらい、薬を作ってつけたらきれいに治ってしまった。その老婦人が誰だと思う。あなたのお母さんだ」

神父は頷いた。他家雄は神父の澱みない話口に感心して頷き返した。

「母は昔の人ですから漢方の処方なんかよく知ってるんです」

「それからもう一つ」神父は人差指を一本立てた。太い毛深い指である。「浜防風の若葉の酢漬」

「ええ、それも母の得意の料理です。よく自分で海岸へいって葉を摘んできては漬けていました」

「それを瓶に詰めて持ってきて下さった。それはそれはおいしかった。ところでわたしのところの動物たちは、一応仲好しなんだが、猫と犬は時々喧嘩をする。それで勝つのが決って猫で、だから家の中を威張って歩いている。こう胸を張って尻尾を立てて、アカンベエと言ってるみたいだから、名前はベエだ。なあにベエときたら素性の知れぬ雑種で、ある日強引に家族の一員になってしまったんだが、犬のほうは血統正しきマルチーズで、毛なんか真っ白で房々しているのに、意気地がない。夜なんか、ベエに追っかけられてわたしのベッドのなかに逃げてきて、しくしく泣いている」

　他家雄は思わず笑いだした。

「で、その犬はなんていう名前なんです」

「そのものズバリ、泣いて意気地がないからナイという」

「面白いですね」

「そう、面白いでしょう。わたしはうっかり者で、しょっ中物を無くす。そこで、あれどこへ行った。無いぞ、無い、無いと叫んでいるとナイが飛んできてね、心配して一緒に探してくれる」

「それで見付かりますか」

「いや、それが、ナイの鼻はよくないから、さっぱり見付からない。かえって、無い、無いという騒ぎにならないわけにはいかない」

　他家雄が笑うと、神父は片目を瞑ってみせた。若林看守部長も相好を崩した。接見所という石の箱の中で場違いな現象がおきたと気がつくと他家雄は笑いやめた。母のときと同じように心の底から泥が舞上り、自分が不幸だという気持が覆い被さってきた。相変らず風の中にいるように神父は立っていた。

「あなたは疑っている」と神父が言った。語り口は前と少しも変らなかった。「わたしが何か変なことを押付けに来たのではないかと疑っている。あなたは人を信じられない」

「はい」他家雄は相手をよく見ようと目を細めた。眼鏡をかけている場合、そうする必要はないのだが、この嫌な癖がつい出てしまった。「わたしは人間が信じられないのです。母も、申し訳ないが、あなたも」

「それではひとりぼっちだ」

「はい、ひとりぼっちです。それがわたしの不幸なんです」

「不幸というと……」

「いまはうまく言えません」

「それでは今度話してください。きょうはわたしはこれで失礼する。わたしの著書『砂漠の水』を差入れしたから、もし気が向いたら読んでください」

　神父はむこうへ歩いて行った、杖をついて片脚を引き摺りながら。ドアの前で振向くと微笑し「また来ますよ」と言った。

ショーム神父様。あなたがお帰りになったあと、私は『砂漠の水』を読み始めました。しかし、何の準備もなかった私には宇宙と生命についての省察をよく理解できるわけはなく、むしろ多くの箇所で反撥さえ覚えました。にもかかわらずたったひとつ、私を打った挿話がありました。それはひとり砂漠で渇き苦しむ青年が、自分はいま完全な孤独の中で死ぬが、実はずっと以前、社会で暮していた頃から孤独な牢獄にいたのだと気付く場面でした。あそこを読んだとき、鉄と石でできた私の特殊な独房が、思いがけず普遍的な意味を帯びて外へと拡がってきて驚いたものでした。そうでした。その瞬間から何か新しい一歩が私の中のどこかで始まりました。「寒いですか」と訊ねられたとき、「ええ、寒いです」と素直に私は答えるべきでした。事実、あの時、私は寒くて寒くてたまらなかったのですから。

2　滝先生の助言

「先生を尊敬していますよ。白菊会のことを先生に教えていただいたとか言って」
「ああ、あれねえ」滝は顎の先の剃刀傷に付いた血の塊を爪で何回も掻いて落してしまった。剃り残しの白い鬚が数本ピンのように光っている。

「砂田は、自分の遺体が医学生たちの解剖実習に役立つことを誇りに思ってますね。それがたった一つの彼の希望なんですね。彼のような人間にとっては、それくらいの希望しか持ちえない。何かいじらしい気持です」

「そうかしら」

「ぼくが不思議に思うのは、先生がどうやってあの男に遺体寄贈という決心をさせたかなんです。何かコツがありますか」

「コツねえ」滝は気恥ずかしげに俯いた。伏せた眼蓋の脹みを眼球が不安げに波打たせている。

「難しいことだと思うんです、絶望している人間に希望を与えるということ」そう言って近木は自分がまだ学生みたいに事態を単純化して抽象的断定をする青くさい言葉を並べてしまったことで自分を呪った。もっとうまく正確に実体的に言えないものか。

「何だか大層なことみたいだが……」滝は足踏みしてサンダルで床を鳴らした。「そんなんじゃない。ぼくはただあの人の傷を治療してやっただけだ。ひどく暴れてねえ、怪我をしてねえ、橈骨動脈なんか危うく破れそうだったから。そのときにね、もったいないなあって言ったんだ。こんな立派な体を傷つけちゃって、なんてもったいないことするんだって言ったんだ。それからうらやましいって言った。ぼくなんかよりよっぽど立派で完璧な体格なんだからねえ」

「それで白菊会のことを教えてやったんですか」

「教えてやる……」滝は何かに襲われて脅えたように後ずさりした。「そんなんじゃない。ぼくには人に何かを教えるなんて出来ないんだ。あの人に教えられるものなんかぼくには何もないんだからねえ。ぼくは自分が駄目な男だってことを話しただけだ。自分は死んだら屍体を大学に寄付することにしているが、それがぼくの出来るたった一つのことだが、体格は貧弱だし、不養生で病身だし、年はとるし、事態は悪いほうになるばかりだって、そう言っただけだ」

「御自分も白菊会に入ってらしたんですか」近木は生唾を飲みこんだ。

「ええ」それがどうしたのかと問う様子で滝は目をあげた。が、その目は重しでもつけられているかのよう再び伏せられた。

「ぼくは、その、何というか……」近木は言い淀んで唇を噛んだ。さっきのような青くさい言葉が飛びだしそうで恐かった。が、さらにそういう言葉を口にするのを恐れる気取った自分がたまらなく嫌だった。自分は滝のような心境になれない。砂田市松は自分にとって、患者であり死刑確定者であり殺人犯であり囚人であり〃あの男〃であって、〃あの人〃ではなかった。それで医務部長に向っていっぱし正義派ぶった口舌を吐くとは何という思いあがりだったろう。

「あしたは、あの人の死に、立ち会われるそうですね」

「立ち会いじゃなくて、処刑に協力するわけだ。検屍係だからねえ、こいつはいやな役目だ」

近木は頷いて、滝の後から小声で、しかし明瞭に言った。

「お帰りになったらぜひ話してくださ い、あの人がどんなふうに死んでいったか」

滝は返事をしなかった。しかし承知したという意を示すためか、それともドアの把手を握るためか、合点らしき仕種はした。

3　私はイエスと一体となる

コリント前書第十五章を私は何度読み返したことであろう。パウロは地上の肉としての肉体と天上の霊としての肉体を区別した。復活したイエスは霊としての肉体だという。だが、それならばヨハネ福音書やルカ福音書で、復活したイエスの体にある傷痕や、食事をするという地上の肉としての行為をどう解すべきか。聖書学者は、それを後世の挿入だとか福音書記者の創作だとかいろいろに批判する。しかし私は、いやしむべき屍体がそのまま復活したという素朴な話に真実を見出すのだ。パウロの霊としての肉体のほうが私には不可解だ。

体を離れて私の心はない、いや体の中に心は含まれている。祈るとき、私の体内にイエスが住み、私はイエスと一体となる。そしていつしか、イエスの体内に私は生き始めている。私は神よ、と天上のイエス、私から離れた彼方のイエスに呼びかけはしない。そうではなくて、私はイエスとなって、父よと天上の神に呼びかけている。昔の私は死んだ。一粒の麦は死して、多くの実りをもたらす。死がなければ再生がないとはすばらしい教えではないか……

他家雄は筆をとめた。パウロを浅く解釈しすぎているような気がした。それに『あこがれ』という一般読者向きの雑誌に載せる文章としては抽象的言辞を多用しすぎていると思い返した。蜘蛛の記述から妙な方向へと筆がそれていった。もうすこしわかりやすいことを書くべきだ。

某月某日

独房にいる人間は孤独ではない。むしろ決して孤独になりきれないのが私たちだ。自分ひとりきりという瞬間はまず無い。巡回する看守の視線に曝（さら）されている上に、近隣の房からは遠慮なしに話しかけられる。返事をしなければいいがそれも度重なれば仲間からは付合の悪い男と爪弾（つまはじ）きされるし、かえって騒音でいやがらせをされる。

独房といっても狭い空間を仕切って多くの人間を収容する設備である以上、その実は強制的な集団生活に近い。規則では隣房同士の〝通声〟は禁じられている。が、看守の監視が間歇（かんけつ）的である以上、通声は半ば大っぴらにまかり通ってしまう。ドストエフスキイが〝決してひとりにはなれない苦しみ〟と呼んだのは真理である。（ドストエフスキイなんかをここで引用するのはいやみだ。この文章は削ってしまおう）。

何度、私は腹を立て、この強制的集団生活から逃れたいと願ったことだろう。真の孤独が与えられるならばと思ったことだろう。が、それは死ぬまでかなわぬ願いだ。むしろ、死が与えられた時、本当に孤独が来るので、私はそれを待ち望んでさえいるのだ。（自殺への希求につきあからさまに書きたいがこれは書けない）。

この世に執着を残さずに済むためには嫌なことは、なるべく沢山あったほうがいい。

神よ。生きていることに希望をもたしめたまえ……

他家雄は万年筆を離して溜息（ためいき）をついた。今晩は文章を書く気分にまるでなれない。暗い想念ばかりが筆に伝わってきて、紙におぞましげな染（し）みを作ってしまう。

一審でも二審でも、判決のあと何度も上訴権の放棄を思い立ち、また思い止（とど）まった。

母がいなかったら、彼、楠本他家雄はおそらく上訴権を放棄し、すぐ確定者として処刑されることを願ったろう。もう沢山だと何度思ったか知れない。検事、裁判官、ジャーナリズムと、彼を裁く側には正義があり、彼ひとりが邪悪な人間である単調な劇に、飽きたのだ。彼はどうか早くお殺し下さいと法廷で叫び出したかった。

おやおや、殺されることにおをつけねばならぬ、尊称つきの殺戮（さつりく）に従うこと、それが兇悪（きょうあく）犯楠本他家雄に課せられた唯一の義務であり、正義派を自任する世人との唯一の懸橋であった。

4　近木の虚無について

「あの男に」と近木は素直に言った。「ぼくが特別な関心を抱いていることは否定しませんよ。関心以上かも知れない。大層ぼくに興味があるのは、いろんな面であの男がぼくに似ていることです」近木は誤解を避けるためいそいで付加えた。「純粋に形而上の問題なんですけどね、この世を支えている虚無について似た感覚を持っている」

〝むこう側〟のことを語ろうかと近木は思ったが、これについてうまく説明するのは難しいと躊躇した。果して藤井は近木の言ったことを理解出来ないのかまばたきを繰返した。

「先生は何か信仰をお持ちですか」と、どうにか話の糸口を見出したように言う。

「いいえ、全くの無宗教です。第一、信仰という言葉、ぼく大嫌いです」

「いや、わたしも信仰ちゅうと何となく外国出来の感じで嫌いでして」藤井は首をゆっくりと振った。「ただ、虚無ということを先生が言われたんで、それは禅のほうでいう無と関連があるかなと、こう考えたもんで。わたしもすこし坐禅を組むもんだから。まったくもって野狐禅ですがな」

「へえ、禅を」無骨一方の刑務官と思っていた藤井にも意外な側面があったものだ。

「ぼくは禅のことは一、二冊本を読んだだけで全然不案内なんだけど、無というのは何もないってことじゃないんでしょう」

「違います。自己が空であり無限であり宇宙と同じであり無限のエネルギーを持つことですな。主観も客体もないのが無です」

「ええそんなこと読んだことがあります。しかし、ぼくにはよく分らない。ただそういうのだと、何か積極的な動き、生命みたいなものを指すでしょう」

「ええ、ま、何か生命みたいなもんですかな。仏性(ぶっしょう)や宇宙は外にはなくて自分の体の中にある。尽十方世界真実人体と申しますな。（藤井はポケットから大型の手帳を出し、字を書いてみせた）。もっとも言葉でこういうことを言うても、とど、真底は伝えられんわけでして」

「ちょっとぼくのいう虚無と違うみたいなんですね。これは楠本には強くある感覚なんだが真黒な深淵(しんえん)に吸いこまれてしまい何も無くなるってこと、生きてるってことはある時床が落ちて墜落するように頼りないってことなんです。これは宗教じゃなくて、単なる感覚のことなんですけどね」

「失礼かも知れんが、それこそ宗教でしょうな。いや、宗教の端緒というべきか。そこから道が出発するんです」

「そうですか」近木は不思議な僧侶(そうりょ)でも見るように藤井を見た。椅子からそそりたつ上半身が仏像の感じである。常々この人は打込む隙(すき)がないように姿勢がよく、それは剣道をやるせいだとばかり思っていたが、坐禅で鍛えられた形だとも思われる。

「宗教と言っても、キリスト教とか仏教とかいう宗派とは違うんで。わたしの言うのは何かこう根底のところで、宗教というのは一つだちゅう観点があるんですな。わたしの師家であられる老師は曹洞から出られ、臨済も極められた方だが、両派の区別、言葉でいう概念をきらっておられる。真の宗教体験ならば同じですからな。老師のところには、だからキリスト教の人々も参りますな。神父や修道女で禅者でありうる。道元に一顆明珠ちゅう言葉がある。全世界はただ一個の明らかな珠だというんだが、これと、パウロの〝一切は神によつておこり、神によつてなり、神に帰一する〟なんて言葉は同じことでしょう」

「なるほどね」近木は感心して聞いていた。自分が若く、何も知らないという謙虚な気持になっていた。大学に入ったとき、自分が医学について無知で、これから広大な体系を学んでいく出発点に立つ初心者だと思った、あの気持に似ている。「でもね、宗教ってのは結局ぼくには不可解だな。神なんて存在しない。想像もできない」

「それでいいんでしょうな。これもわが老師の言われたことですが、聖書には神は一度も姿をあらわさないそうで。〝いまだ神を見し者なし〟とか〝なんぢはわが顔を見ること能はず〟なんと書いてあるそうですがな。仏陀も、神や魂や来世のことを質問された場合には、いつも沈黙を守られたといいます」

「その場合、姿は見えないが、存在するというわけでしょう。ぼくにはそこが……」

「そうなると仏陀にまねびて、沈黙ということになります。しかし、申せることは、求めないとそれは与えられないようなもんで、普通に、ただぼんやりしていてはだめで」

5　唐沢の「隠された悪」

「まあ予想どおりの結果だったと言おうか。悪というのは、神がなければ存在しないようだ。丁度、平和がなければ戦争がないようなものかな。マルチン・ルターの〝隠されたる神〟てのが、ぼくにもやっと分るようになった」

「〝隠されたる神〟か。神の憐憫は怒りのもとに隠され、光は闇に隠され、命は死に隠され、神自身は否定のもとに隠される」

「そうなんだ。かくて悪人スタヴローギンはチーホン大僧正よりも神を知り、放蕩者ドミトリー・カラマゾフはゾシマ長老の足元に身をなげだすというわけだ」

「そこまで分っていれば、お前は神を信じているんだよ」

「いな、決して」と唐沢は、空気を突き刺すような甲高い声になった。「〝隠されたる神〟ても幻影なんだ」

「幻影のほうが現実よりも、もっと現実だという逆説をお前はよく知っているわけだ」

「どうかな。幻影は幻影にすぎないだろうよ」唐沢はにやりと笑った。「命は死に隠されるというが、その死は現実世界での出来事でもある。命は夢でも錯覚でも幻影でもないが、死だってそうだろう。え、楠本さんよ。自分の死をわれわれは想像することしかできないけれど、それは想像の世界の出来事じゃないやね。そいつは何ていったって、現実の、うつつの、この世界でおこるものだものね」

「それが、まさしく大きな問題なんだ。現実とか、うつつとかとお前が分類しているこの世界が、夢にすぎない、影にすぎないいってことがあるんだ」

他家雄は、注意深く、唐沢の表情を読みとろうとした。簾（すだれ）のように垂れた髪の毛の内側に唐沢の殺人光線を放射する銃眼のような眼が見え隠れした。

「誤解しないでほしい」と唐沢は、よく考えぬかれた言葉を要領よく繰り出すように言った。「おれはルターの〝隠されたる神〟を転倒して〝隠されたる悪〟という考えを持っているんだから。悪は善によって隠されている。死や憎しみや屈辱や滅亡は生命だの愛だの栄光だの救済だのっていう御託に隠されてるってわけさ。つまり神は否定と悪をこの世にもたらした大元兇（げんきょう）だといえる。エデンの園でのは象徴的な話でね、幸福はつまりは裏切と不幸を生みだすだけなんだ。善人づら信者づら義人づらしているヤカラこそ悪を生みだす。つまり、おれのいう革命とは神を徹底的に抹殺（まっさつ）することによって悪を根治しようというわけだ」

「悪を根治する……」と他家雄は呻いた。唐沢の言葉の意外さに驚いたのではなく、むしろ唐沢が彼の考えていることとあまりにも似ていたことに驚いたのだ。「悪を滅すために悪を積極的におこなうてのは、つまりは神をもとめていることじゃないかね」

「いいや、ルターは神を前提としている。おれは神など断乎として前提としない。この世を殺戮と血と否定と不義と憎悪とで充たすんだ」

「それじゃ、まるでヒトラーだ」

「そうね。ヒトラーてのはあらゆる種類の革命家の理想的なタイプではあるね。あの男は善人どもの息の根をとめようと志した。その志は諒とすべきだ」

「そうすると……」他家雄は言い淀んだ。

「このおれもそうだと言いたいんだろう。何も遠慮することはないさ。おれは善良な同志たちを次々に十三人も殺してきた。裸にして針金で縛って、ナイフで目を突き、鼻を削ぎ、最後には心臓に止めを刺してね。人間に苦痛をあたえるにはいかにすべきかを科学的に研究し、革命的に実践してきた」

「その行為の果てにどういう結論をえたんだ」

「徒労だね」唐沢は額の髪を払い除け、痛々しいほど蒼白な肌を陽に曝すと、自嘲するように目頭を押えた。「善人てのは無限にいるだけだとわかったんだ。一人一人殺す方法はきわめて効率が悪いんだな。トルーマン式に原爆を使わんことにゃ、まだるっこしくていけない」

「自己の筋力だけで人間ひとりを殺すってのは結構大仕事だからな」と他家雄は経験者らしい思い入れをした。

第五章　死者の舟

1　玉置恵津子の「カロンの呼び声」

「ここに来た理由だ」

「そうそう、それなの。つまり、彼と喧嘩別れし、バス・ルームで死にかけたあと、急にあなたに会いたくなったのよ。なぜだかわかる」

「わからない」彼は気持のよい微笑を浮べ、突然真顔になった。「でも、すこしわかるかも知れない。もしかすると、あなたは、ぼくが死に近い人間だってことを、どこかで、あなたの用語を借りれば、無意識にでも、思ったんだ」

彼女は懐の奥を覗き込まれたような気がした。〝この人は、人の心を見透す能力があるんだわ〟彼女は両脚をきちんと揃えて俯いた。

「告白。あなたのおっしゃる通りよ。わたし、そのために来たんです。だけど、それを言うとあなたを侮辱するような気がして、躊躇してたの」

「決してそんな御心配はいらない。それより教えてよ。あなたは倒れた瞬間、真っ暗闇の中にいたってことだが、もうちょっと詳しくいうとどんな闇だった」

「真っ暗な中を自分がどこかへ運ばれていく心持。何だか船に乗せられて遠い所へ連れていかれる感じ。ゆらゆらとゆれていい気持」

「ああ、それがきっと死だ。あなたは死を見たんだ」

「死ですって、まあ……」

「いろんな国の神話に、死者の船というのがあるんだ。有名なのはカロンの艀(はしけ)だけどね。とにかく真っ黒な水の上を真っ黒な艀が死者たちをのせて死の国へ運ぶって話でね、カロンというのはその艀の船頭の名前」

「でも、わたしは船頭なんかに遭わなかった……待ってちょうだい。思い出したわ。真っ暗闇のなかで誰かに呼ばれたような気がしたの。あれがカロンの呼び声だったのかしら。でも、こんな話、薄気味が悪い」

「ええ、もうやめよう。でも、一つだけ教えてもらいたいのは、その真っ黒な船に乗っている時、恐いと感じたかということだ。どうだったの」

「恐くはなかった。かえっていい気持だったわ」

「ありがとう」彼は深々と頭を下げた。それがあまりに芝居じみた所作に見えたので、彼女は不愉快を覚え、向きになった。

「あなたはどうなの。死者の船を見たことがあるの」

「いいえ、まだだ」彼は口惜しげに頭を振った。「見たいとは思うんだが、まだだ。しかし、ぼくなんかの境遇そのものがそれに近いんで、死者の船に似たものは常日頃見ている、ということは言えるけど」

こんな話題はやめて、もっと明るいことを話したいと彼女は思った。自分が暗い地底に引摺(ひきず)り込まれるようで恐い。と、彼の面相が突如として引き攣(つ)り、一変してしまったことに気付いた。何か、神経の発作ででもあるのだろうか。脂汗(あぶらあせ)で額が異様に光り、眼鏡に映る蛍光燈が小刻みに震えている。話しかけようとしたが、看守に異変を知らすのがなぜか嫌で彼女は黙っていた。彼の震えが止るまで長い時間が経(た)ったと思えたが実際は十数秒だったろうか。ふと彼の顔に微笑(ほほえ)みが戻った。しかしその微笑には不自然な努力の跡が見え痛ましかった。

「どうした、楠本、気分でも悪いのか」と看守が言った。

「大丈夫です」彼はポケットから手拭を出して額を拭い、ついでに曇りの来た眼鏡も拭った。右が一重、左が二重の目蓋(まぶた)の下に、近眼の人らしい焦点の定まらぬ目があった。「わたしがわるいんです」と彼女が言った。「つい、変なお話をしてしまって」

「いやいや、あなたのせいじゃない」と彼が遮(さえぎ)った。「ぼく、時々軽いメマイが来ることがあるんだ。きょうは、あなたに会えて嬉しいもんだから有頂天で、つい興奮してしまって……」

2　古畑博士の鑑定

「え、死んだ。やっぱり、わるい予感の通りだったあ。おれは、もう駄目だな。あいつが死ねばおれも死ぬだよ」

　大田の眼から涙が溢(あふ)れ出た。それは、袋に穴でもあいたようにいちどきに溢れ出たので、泣くというより巫山戯(ふざけ)ている体(てい)だった。

　近木はしかつめらしく言った。

「雛は死んだが代りの文鳥が教育課からとどけられている。つまり死んだ雛が生き返ったわけだ。かえってめでたいじゃないか」

「ああ、めでたいな。そうだ、めでたいや。生き返ったもんな。で、その雛はどこにいるだ」

「雛じゃない。もう大きい鳥だ」

「変だな、教育課が大きい鳥くれるなんて初めてだな」

　訝(いぶか)しがる大田を前に近木は迷った。さっき、山崎部長は籠(かご)の鳥を見せ、砂田の遺言で大田に贈られたのだと報告した。が、死人からの贈物を、担(かつ)ぎやの大田がどうとるかが心配だ。と言って黙っていれば砂田の好意はないがしろにされる。

「実はな大田」と言ってから、近木は打明けてしまおうと決心した。「鳥は砂田からお前への贈り物だ。彼はきょうお迎えだったんだ」

鈍痛が指に蟠（わだかま）っている。噛（か）まれたときの砂田の熱い息遣いが指に甦（よみがえ）る。大田は涙に光った頬をシーツで拭（ぬぐ）った。すぐ新たな涙が伝わり落ちてきた。

「でよう、その鳥はどこにいるだ」

「むこうの診察室に置いてある」

「見たいよう。すぐ見たいよう」

近木は報知機をおろし、飛んできた山崎部長に文鳥を届けるよう命じた。大田は鳥を掌（てのひら）に乗せようとしたが、鳥は籠の端から端まで逃げて回るだけだった。代って山崎部長がやってみると、鳥は難なく手に乗った。肥えた元気のよい桜文鳥で青灰色の艶（つや）やかな翼が老人の褐色の岩のような肌によく映った。

「山崎さんには、もう、よく慣れているな」

「はっ。まあ、小鳥を飼うのはわたしの趣味ですからな。手乗り文鳥てのは、鳥好きを本能的に見分けるんです」

「駄目だよう。おれの手には乗らないよう」

「莫迦（ばか）だな。お前、この鳥は全然人見知りせんぞ。やり方がなっとらんのだ。こう、そうっと手を入れる。ほら」

山崎部長は目を細めて鳥の胸を太い指先で軽く撫（な）でた。鳥は後ずさりしたが、別に逃げもせず掌の粟をついばんでいた。山崎部長が立去ったあと、大田はもう一度籠の中に手を差入れた。散々逃げ回ったすえ、小鳥はあきらめたようにひょいと手に飛び降りた。

「乗ったあ」大田は涙を飛ばしながら笑った。「いい鳥だ。これなら飼えらあ。砂田はいいヤツだ。ほとけさまだ」

「お前、砂田と仲が好かったのか」

「そうでもないだが……そう言われりゃ不思議だな、なぜヤツがおれに文鳥くれただか」

「砂田には、いつ会った」

「きのうの運動のときよ。だけど、あんときのことは何だか霞がかかったみてえで、ちょっぴりか覚えてねえだなあ」

「そこで文鳥の話しなかったか」

「覚えてねえだよう。何でもおれが泣いてると垣内が傍にいてくれたのは、覚えてるけどよ」

「そうか……」運動場で大田は、ガンゼル症状群の発作をおこし、そのあとの記憶がないらしい。とすれば、彼の病は詐病ではなく真性の拘禁ノイローゼだということになる。

「文鳥さえ生きてりゃ、おれは大丈夫なんだよ。ほんとだよ。夢枕に、観音様とマリア様とが並んで出てきて、そう言っただから」大田は何かを思い出したように急に身震いして手を抜出し、書きかけの上申書を愛しげに撫でた。

「いいかい、先生。おれの訴訟は絶対に成功するだから。裁判所も、おれの訴訟だけは却下できねえに決ってるだよう。どうしてかと言うと、ねえ、死刑は残虐な刑罰に決っていて、憲法第三十六条には〝公務員による拷問及び残虐な刑罰は、絶対にこれを禁ずる〟とあるからよ。ところで、先生は死刑の残虐性についての、古畑博士の鑑定知ってるかい」

「いいや……知らないな」

「有名な鑑定なんだよ。昭和三十四年に出たもんでね、死刑執行の時の肉体的・精神的苦痛についてああだこうだ言ってんだけどよう、死刑てのは縊死じゃなくて絞死で、絞死の時は首を絞められ瞬間に意識がなくなるから、精神的・肉体的苦痛はほとんど無いというんだが、だけどおかしいじゃねえか。なぜ絞首の瞬間だけに限って、なんだかんだ言うんだよう。おれたち確定者の苦痛てのは、その前の長い長い期間にあるのによう、それを全然問題にしねえってのは片手落もいいとこだよ。確定者は長い精神的・肉体的苦痛に耐えかねて、先生なんかよく知ってるように、みんな気が変になってるだ。ええ、先生、おれ、気が狂ってるんだろう。おれの気が狂ってるのは、確定者の苦痛のせいだろう」

3　垣内のとこしえの命

垣内は自分を省みる。おれはどうか。おれとて同じようなものだろう。おれはこの房内の生活に一応甘んじている。外の明るい自由な世界をあきらめて、ここに死ぬまで閉じ籠ることに決めている。しかしおれは文鳥ではないからどうにかすると逃げ出そうと思ったりする。本当に一度逃げ出す機会があった。二審のとき精神鑑定のため都の南西部の精神病院に移されそこで拘置所では考えられぬ自由な生活ができたことがあり例えばタバコを喫みテレビを見鑑定医との面接以外は何をしても横になって眠ってもかまわずまして若い看護婦を凝っと見ることは勝手であった。或る看護婦の横顔が朝子にちょっと似ていて彼女の住む横浜が病院の近くであることを思い病室の窓から街に点る灯を見ているうち朝子と過した頃の記憶が次々に意識にのぼり窓の下三メートルの所にある露地までなら大工の彼には容易に飛びおりられると考えたものの実行はしなかった。入院数日後に線路を隔てた反対側の病棟で検査がおこなわれることになり看護婦のうしろに従っていくとそこは商店街で人々が往来し彼は手錠も捕縄もなしに歩いていた。逮捕されて以来このように自由な状況で街中に出たことはなく彼は一刻夢を見ている思いがしたが事実彼は自由で前を行く看護婦は振返りもせず道行く人々も彼が凶悪犯であることを知らず背広姿の彼はごく普通の町の人間のように歩いていた。逃亡の欲望が胸苦しいほどに熱く湧きおこり彼は目を輝かしてその中に自分をまぎれこます横丁を群衆を車を見たがいざ一歩を踏み出そうと決意すると八十歳に近い老牧師の顔と聖書の一節〝信仰の善きたたかひをたたかへ、とこしへの命をとらへよ〟（テモテ前書、六・一二）が思いだされ彼の脚は相変らず三歩前を行く看護婦のあとを追った。彼は自分を信用しきって振返りもせずに行く若い看護婦の白い項を見詰めこの人を決して裏切ることはできないと思った。楠本他家雄が四点打を送ってくる。垣内は四点打を壁に返し、窓辺に行く。「何か用かい」「いまさっき、或る女性と面会してきた。もう一年も文通を続けていた人なんだが、ひょっくり会いに来てくれたよ」「そうかい。それはよかったなあ」「こんなことを言っても仕方がないが、もっと早く、まあ二十年以上も前に彼女に会えればと思った」「その女性は、いま、いくつなんだよう」「二十二、三だろうな。そりゃおれの言い方はおかしいやね、二十年前と言えば彼女はほんの赤ん坊だから。そう言う意味じゃないんだ。おれの言うのは……」「わかるよう」と垣内は言い、楠本他家雄がその女性に爽かな印象を得たことを感じ取る。「おれはな、昔、或る女性に裏切られたことがある。それは心気臭くおぞましい体験だった」「おれもだよう」「女てのは信用できない、人間てのは信用できない、これがおれの出発点にあった」「おれもだよう」垣内は自分が偶然考えていたことを楠本他家雄が言ったので不思議な共感を覚え、同時に病院で彼の前を歩いていた看護婦の項の白さを思い浮べる。いつも人声の絶えぬ窓外は、いま静かで、喋っているのは彼ら二人のみだ。暖かい風が吹きこみ、風に乗ってくる楠本他家雄の声も暖かい。「もうひとつきもすると桜が咲くんだねえ」と垣内は言う。故郷の丘の桜並木が華やかに見える。「この陽気なら春は近いね。しかし春先の天気は変りやすいからまだまだ油断できない」「まったく、きのうの雪には驚いたよう」「彼女だがね」と楠本他家雄が垣内を遮る。「風呂場で一酸化炭素中毒になって死にかけたんだ。何だか真っ暗ななかを船に乗って揺られているみたいだったって。死ぬってのは船に乗っていく感じらしいんだね」垣内は黙って楠本他家雄がなぜそんな話を始めたかを考えている。楠本他家雄もそれ以上言葉を継がない。高速道路の轟（とどろき）のみがゴウゴウと無意味に続いている。垣内は、楠本他家雄が面会した女性の顔を想像する。ふと朝子の顔が、長い睫毛（まつげ）をしばたたき八重歯をみせる笑顔がありありと見え、欲望が体の奥から湧きペニスを硬く突出させる。多摩川べりで爆破実験をしたときのわくわくした感覚には欲望が溜（たま）りそのあげくついに放散する悦楽が混っていた。朝子は彼の悦楽の性格をよく知っており抱擁の場合にも出来るだけ彼を避けて焦（じ）らし時としては彼の手足を麻縄で縛って梱包（こんぽう）された荷物のようにころがしては愛撫（あいぶ）を続けたりした。それはまた幼年時代に朝子が悪漢である彼を縛って苛（さいな）んだことを彼に思い出させ自分が幼い男の子になって彼女の前にいる気にもさせた。いま、垣内は、手首や腕に縛られたときの痛みの記憶を甦（よみがえ）らせようと、わざと縛られたように後に手をまわし、顔をゆがめてあえいでみる。すると幼い朝子が「悪漢」と言って可愛（かわい）く笑うのが見え、ついで成熟した裸の朝子が彼を焦らして楽しむ血ののぼった高慢ちきな笑顔が迫ってくる。朝子さえいなければおれは事件をおこしもせず、こうして死刑囚としての日々をおくることもなかった。おれはもうすぐ死ぬが、それは朝子に殺されるのだから、本望だと言うべきか。だとしたらもう待つのはあきあきした。早く殺してもらいたい。

4　他家雄の墜落感覚

「墜落感覚ですか」

「そう、それそれ。その墜落体験というのが楠本独自の症状とあなたはおっしゃるが、そこがどうもよく納得できない。どうでしょう、死刑囚一般の濃縮された時間と墜落感覚とは関係があるのではなかろうか」

「はい。そうおっしゃられてみると関係があるような気がします。楠本はおそろしく勤勉な男でして、房内では終日読書に耽り、絶えず物を書き、という生活を送っています。身分帳によりますと、この暮しぶりは入所以来十六年間一貫しております。十六年間の読書量は厖大なものでしょうし、書いたものも未発表分を入れれば夥しい。房内捜検をした担当の報告では、彼は秘かに『悪について』という手記を書き続けているし、獄中日記も大学ノートで数十冊にのぼります。あの勤勉努力は、考えてみれば、濃縮された時間のせいとも言えますね。ただ、その濃縮された時間が、十六年間、何か鋳型に嵌ったように休まず持続した点が、ほかの死刑囚と違う。彼は、わたくしの言う熱いノイローゼには一度も陥っていないんです。終始冷静で、興奮もせず、他囚とトラブルもおこさず、従って、十六年間に反則行為なんかただの一度もありません。もっとも十五年前、つまり入所直後、隣房の死刑囚が脱走したとき、鉄格子を切った帯鋸（おびのこ）を神父から手渡されたと疑われて十日ほど取調べられたことがありますが、本人は犯行を否定し、懲罰にもなりませんでした。彼の場合、何かあんまり冷静な日常で、死刑囚らしくない。わたくしはその原因をキリスト教の信仰のせいと思ったりしていますが」

「その点には異議がある」相原は近木の話を断ちきるように言ったが、すぐ穏かに言葉を継いだ。「楠本の信仰は本当ではないとぼくは思いますよ。彼は、たまたま死刑囚という極限状況に追いやられたから、何かこう仕方なしに信仰に入ったという気がする。あの『夜想』は母宛に書かれ、いたる箇所に、〝お母さん〟の呼びかけがあって母への愛を表しているけれども、そして聖書の引用が多く宗教的な関心はみられるけれども、とどのつまりは、信仰不能の表白と思われる。あの美文は、神を求める者にそぐわない。ぼくは最近は年に数度文通しているだけだが、精神鑑定のときは松沢で二ヵ月とくと観察し、そのあとも音信は密に行なわれたから、楠本他家雄について、とくにその信仰について見当はつくんです。丁度、精神鑑定となる少し前からショーム神父が彼を訪れ始め、松沢に鑑定入院しているあいだ彼に洗礼を授けたのだから、ぼくはショーム神父にしばしば会う機会があった。神父は、楠本の信仰が、まだ底の浅い、頭の信仰だと言っていた。あのような美文で自分を飾るのは真の宗教者にあるまじきことでしょう。そう、これは、はなはだ疑問な点なんだが、楠本はなぜ、自分を、自分の宗教心を美化するのか、あるいはせざるをえないか。端的に言って、彼は殺人者であり凶悪犯罪者であり死刑囚である自分自身への反省が少ない。『夜想』の中には被害者とその家族への謝罪の言葉がただの一回も出てこないんだからね。ぼくは鑑定の時、被害者の家族からも調書をとった。波川とかいったな、あの人は」

「波川という人は証券会社の外交員で横浜に住んでいたんでしたね」と近木が言った。

「そうだ、その波川の未亡人に会ったが、中学生と小学生の二人の子供を養うすべもないと泣き崩れていた。最近、或る週刊誌にその後の悲惨な生活の記録が出ていたが、殺人とは一人の人間の自由と可能性を暴力的に全的に奪う行為のみならず、被害者の家族や子孫の生活と心すべてを一生傷つける、決定的な悪なんだ。そこまでの省察のない信仰は、どこか大事な基盤の欠けた、きれいごとではないですか」

「はあ、しかしですね」近木は目の細かい投網を正確に投げていくような相原の話の隙間(すきま)に潜り込むように急いで言った。「あの『夜想』という本の主題にとって、犯罪行為への反省はあまり重要でないと言えませんか。楠本が書こうと思ったのは、獄中の幻想であり、死に阻(はば)まれた極限状況を象徴的に述べることだったと思うんです。現実の生活や思惟(しい)を赤裸に述べるのではなくて、夢想の世界で暗示的に示す、そういう文章の方法ではないでしょうか」

「いやいやいや」相原は自分より三十も年下の若い医者の言葉を、激しく頭を振って否定した。その真率ではあるが子供じみた熱中に思わず近木は苦笑した。「あれはね、あんた、幻想とか象徴とかいう高級な表現ではない。単に美文に逃避しただけですよ。その逃避を支えているのが、獄中という閉鎖状況における、これはビンスワンガーのいうVerstiegenheitという意味で言うんだが、思い上りの心理です。外の世界からの情報は乏しく、他者との交流はない、隔離された状況では、人間は自分自身と対話を交すより方途がなく、結局は自分に都合のよい面だけを肥大させていく。自分ひとりが世界の中心にいて、他人よりも一段も二段も上にいるという思い上り、名付けてみれば拘禁性誇大妄想が、楠本に見られる。あの自信ありげな、自分が聖者だという筆致は、やはりただごとではない」

「お言葉を返すようですが、拘置所の生活は、それほど外部からの情報に乏しくも、他者と隔絶してもいないのですが……」

「一般社会と比較してみたまえ。拘置所の特殊性は歴然としている」

「それはそうですが」

「楠本の思いあがりも、拘禁反応の一種ですよ。あんたのいう死刑囚の、その……」

「熱いノイローゼ」

「そうそう、熱いノイローゼの、つまり濃縮された時間から来るノイローゼの一種ですよ。楠本だけが例外ではない。こう見てくれれば、楠本の墜落感覚も説明がつくでしょう。これはガストン・バシュラールも言ってるがね、墜落する人間というのは飛翔（ひしょう）している人間なんです。まあ正確に言えば、無理に、思い上って飛翔しているからこそ墜落の不安がおきてくる。

5　虻川教授の『拘禁状況の精神病理』

「監獄を無くせばいいんだよ」青年は自信ありげに言った。「それですべてだ」

「監獄解体」「そうだ」「異議なし」

「監獄解体か」近木は苦笑した。「それは立派な理想ですね。しかし、監獄は、現在タダイマ、存在するんですよ。そして、病人は、現在タダイマ、監獄にいるんです。それは今すぐ治さなくちゃならない。監獄解体まで何十年何百年も待っていられない。それにぼくには人間の社会から監獄が無くなるなんてこと考えられないですけどね。文明が始っていらい、一体、いつの時代、どんな国で監獄が消滅しましたか。きみたちの革命が成功したとする。それでもやはり監獄は必要でしょうね。なぜなら、人間がいる限り、犯罪者は存在するでしょうから」近木は自分の舌が滑らかに動くのに感心し、同時に自分が壇上に立って学生たちと応酬などしていることをありえぬ非現実的な出来事と思った。学生時代から彼は政治運動が嫌いだった。ましてデモ隊を前に自分が演説する場面など想像したこともなかった。

「病気とは何か、それが問題なんですよ」と肥った男が言った。「病気とは結局医者が診断するんでしょう。つまり病気を作り出すのは医者なんだ。精神科でいえばね、精神病を作り出すのは、精神科医なんだ。河野氏がいい例ですよ。彼を精神異常だと極め付けているのはそこの大古場先生でね、ほかの誰もそんなことを主張していない。いいですか、異常なのは第一にわれわれが住むこの社会であり、第二に監獄です。河野氏は、社会において最も正常な行為、すなわちプチ・ブルジョワの抹殺をおこない、監獄において最も正常な行為、すなわち反権力闘争をおこなっている。そういう人物に異常者のレッテルを貼るのはラディカルに根源的に間違いです。河野氏は被害妄想患者ではない。監獄がそもそも加害的な施設であり、河野氏は現実を精確に科学的に革命的に認識しているだけです」

「そう言えるかどうか」近木は努めて冷静に言った。しかし、話している間に、汗が腋窩や背中の窪から流れ出すのを抑えることはできなかった。「科学的と言うが、本当に科学的なのは監獄の現実をよく調査して解釈し理論化することじゃないですか。ぼくは拘置所で多くの囚人に会ってきたが、拘禁という状況にいる人間は明かに異常な反応に陥ることがあるのです。つまり拘禁反応というノイローゼにかかる。たとえば、或る囚人は、食道と胃の痙攣をおこして食物を吐き出してしまう。そのために栄養不良になり、栄養剤を注射や胃内注入管で補給してやらなくちゃならない。これは神経性の痙攣です。また或る囚人は、二、三歳の幼児に退行してしまい、質問にも満足に答えられなくなる。これはガンゼルという精神医が最初に記載したんで〝ガンゼル症状群〟といわれていますが、もう七十年も前から監獄に特有なノイローゼとして知られていたものです。拘禁反応については、ぼくなんかまだ研究を始めたばかりで、今からお話するのは虻川教授の『拘禁状況の精神病理』という本の受け売りですが、今言ったほかにも拘禁反応としてよく知られた精神異常が沢山あるんです。ドイツで〝懲治場爆発(ツフトハウスクナル)〟として知られていた爆発反応、レッケという医者が発見した動物の擬死反射にそっくりの昏迷反応、これは〝レッケの昏迷〟と呼ばれています。監獄にのみ出現する被害妄想もよく研究されていま す。ガンゼルやレッケと同様これもドイツ人で、なぜですか拘禁反応の研究者にはドイツ人が多いのですが、ジーフェルト、フェルスターリンク、ビルンバウムなどは、拘禁性妄想の研究で画期的な業績を残した人々です。中でもビルンバウムは〝妄想様構想〟という特異な妄想を記載しました。突飛な内容の被害妄想が不意に、何かこう思い付のように囚人の頭をとらえます。かつて河野晋平にみられたのはこのビルンバウムの妄想様構想なんです。彼は、寝ている間に看守が針金を背骨の中に挿入(そうにゅう)したと信じたことがある。これはぼくの友人の医者が診察して発見した症状です。そして、いま、彼はフェルスターリンク型の被害妄想に陥っている。看守が寄ってたかって彼の睡眠を妨害するとか、わざわざ腐った食事を出すとか、いろいろな妄想がある。彼の妄想は、別に珍しいものじゃなくて、すでに拘禁反応の研究史で知られた事柄に属するのです」

6　死神がこの扉を開く

……垣内は鉄扉の前に正坐している。洗ったばかりの手にまだ糊の気が残っているのをズボンの膝にこすりつけ、きょうは目標とした作業量に達しなかったと思う。仕上った状袋数から暗算してみると、きょう一日で七十二円の収入だ。文庫本が一冊三百円の時代にこの低収入では何も買えない。が、垣内は悲観してはいない。これできょう一日が消費されたという喜びのほうが強い。それだけ死が近付く。こんな嫌な生活をすべて消滅してくれる親切なやさしい死。彼にとって死神は、蠱惑的な女の姿をしている。たとえば朝子の顔形、朝子の肢体、朝子の肉を備えた死神を、彼は待ちこがれている。鍵音と足音と声が近付いてき、ついに目の前の鉄扉が油の効いた蝶番を鉄の重みで締めつけながら開く。藤井区長と田柳看守部長と看守二人が並んで立ち、「九百十番垣内登」と呼ぶ。「はい」と答えて一礼し、これで日夕点検が終りだ。鉄扉が閉っている。それが、いましがた開いたことが信じられぬように、黄色い塗料に刷毛の跡を残して、変哲もなく静止している。死神が扉を開くと垣内は思う。いつの日か、明日は日曜日だから、あさってにでも、死神がこの扉を開く。それが朝子でなくて、脂肪の塊の教育課長や野暮天の藤井区長であるのは残念だが。ラジオが鳴り出す。きょうはビートルズの『アビイ・ロード』だ。悪くない。スイッチを切らないでおこう。Here comes the sun……Here comes the sun, and I say……It's alright……垣内は、蒲団を、浅葱色の煎餅蒲団に浅葱色の摩り切れ毛布を、扉に対して直角に、つまり眠ったとき視察口から顔が見える位置に敷き、上着だけ脱ぐとズボンをはいたままで横になる。五時十五分から九時までは仮就寝が許可される。九時に減燈となって、それから翌朝の七時までの十時間が本就寝だが、垣内は点検がおわるとすぐ横になってしまう。以前はそうではなかった。ラジオなんかはすぐ消してひとすじに読書を続け時には減燈後も薄暗がりに痛む眼をもみながら読み耽り聖書文学英語ヘブライ語と時間を惜しんで勉強したものだ。ところがこのごろ、彼は勉強の意欲を全く無くしてしまい、ねそべってラジオを聞き、誰彼と漫然とお喋りし、睡気が訪れれば抵抗もせずに寝てしまう。窓の外は翳っている。つまりまだ夜ではない。夜のほうが明るい。窓全体が水銀燈の光で冷たく白く光りだすからだ。Sun, sun, sun, here it comes……睡い。垣内は目を瞑る。両手を屍体のように組み、屍体の感覚になりきろうとする。と、あたりが薄明るくなって彼は法廷にいる。朝子が証人台に立って裁判長の訊問を受けている。朝子の顔はヴェールを覆っているかのようによく見えず、発言内容も聴き取れない。しかし朝子が一言言うたびに傍聴席からはどよめきがおこる。傍聴席もヴェールがかかっていて、大勢の人々がいるということが察しられるだけだ。朝子の顔がすこし見えてきて、口を開くと何か彼のことを、人の前で言うべきでない男女の機微を告白し、人々はどっと嗤い、拍手し、嘆息した。Sun, sun, sun……垣内は目を開いて金網に遮られた黄色い電球と報知機の釦とラジオのスイッチとが四角い穴の底にへばりついているのを眺め、一審の時と打って変って二審の裁判では力一杯に自分の真実と信ずるところを述べたが遂に入れられず、死刑確定者としてこの狭い密室に閉じこめられてきた自分を思い、屍体のように組んでいた手を見て、自分が屍体と何程の差もないことを感じた。この密室は最近流行りのアパート式の墓地に似て、囚人たちは生きていると自ら思いまた他人からも思われてはいるが、その実、とっくの昔に葬られていたのであり、さかのぼれば死刑宣告の刹那に殺されていたわけだ。であれば、死神が今更のように扉をあけて誘い出すのは単なる形式的茶番にすぎず、死刑執行とはすでに死者である者を殺す無駄で滑稽な儀礼にすぎない。二審、三審と裁判のあいだ彼はひたすらに電車の爆発に計画性が無くまた乗客への殺意が無かったことを述べ続けた。検事が推測した通り当り前の神経を持つ人間なら裏切った朝子を怨んで殺そうとするのだろうが彼には朝子を怨みながら殺すことなど全く思いつかずむしろ大事に取っておきたかったのでその結果朝子が乗る横須賀線の電車への八つ当りとなった。なぜといって朝子よりも朝子が利用している電車のほうが十倍も二十倍も憎らしかったからである。

7　唐沢の「でっかくやる」

「実はな、楠本」藤井区長は幅広の肩をゆすり、聞きとれぬほどの囁き声で言った。

「唐沢が自殺をした」

「はっ」他家雄は、相手が冗談を言ったのかと思ったが、区長の表情は真剣で笑の影はすっかり消えていた。そうだったのかと思い当る。夜明け前の騒ぎは唐沢の房だったのだ。どんな方法で死んだのか。シーツやタオルで縊死したのか。それともよくあるように硝子の破片で頸動脈を切ったのか。ところで、自殺という最高の秘密を、区長はなぜおれに洩らしたのか。他家雄がここにいる十六年間に、七人か八人が自殺した。が、それはすべて囚人仲間の噂であって、拘置所側からは何の情報も伝えられなかった。ここでは囚人が管理上の理由で不意に転房させられることは日常茶飯事だ。自殺の事実を秘匿することはたやすい操作である。

「けさだ」と区長が言った。「お前も気がついただろうが」

「いいえ、よく眠っていたものですから」他家雄は驚きの表情として口を尖らしてみせた。が、内心では唐沢が自殺したと言われてもそう意外ではない。なぜかあの男なら落着いて計画的に自分を殺すことができそうに思える。

「あらかじめ言っておくが、この件は極秘でな、誰にも言ってはならぬ。ゼロ番区ではお前だけに洩らすのだから、心得て欲しい」

「なぜでしょうか」他家雄は鄭重だが臆せずに言った。

「こういう件が極秘事項なのは、お前みたいなベテランなら心得ておろうが」

「ですから、そんな極秘事項をなぜわたしだけにお洩らしになるのでしょうか」

「あ、そっちのほうが気になるのか。ふうむ」区長は腕組みした。それから普通の胡坐に戻り、片目を瞑(つむ)り打って変って親しげに言った。「要するにこちとらは情報が欲しいからよ。なあ、楠本よ、協力してくれんか。お前は唐沢や河野と親しい間柄だったし、ま、親しくなくともヤツラと時々会話を交した仲ではあったしな。それに河野の隣房にいて、ヤツラの話を盗み聞く、やあこれは言葉が悪いが、偶然耳にする公算が多い立場だったしな。どうだろう」

「と、おっしゃっても、お役に立つようなことは何も知りません。何しろ唐沢にはきのうの運動で初めて会ったきりですから」

「何でもいいんだ。唐沢が自殺をほのめかしたことはなかったか。河野と何か打ち合せたことはなかったか。そのかわり、お前を悪いようにはせん」

他家雄は不愉快だった。〝悪いようにはせん〟とはこの区長の口癖で、十五年前の逃走事件の際も、裁判に有利な口添をほのめかしたあげく何もしてくれなかった。いま、区長の上申ぐらいで刑の執行がのびることなどありえぬことは充分に心得ている。彼にとって区長に期待できることは何一つないのだ。しかし、そ知らぬ顔で彼は頷(うなず)いた。

「わかりました。そうまでおっしゃられれば、多少は思い当ることがあります」彼は藤井区長が興味深げに眉(まゆ)をあげたのに被(かぶ)せて言った。「いったい、彼はどんな方法で死んだんですか」

「それは、ちょっと言えん」区長は制服の右胸に光る二本の金モールを、職責を思うかのようにちらと見た。それから言い訳めかして言った。「どうせ、いずれは新聞に出ることだろう。その時はお前も知ることができる」

「でも、その新聞記事は全面的に削除なさるんでしょう」

「そうだ。しかし削除しても、お前たちはどこからともなく聞きこむではないか。一昨日の事件ももう知っとるんだろう」

「運動場のことですか」

「それは昨日だ。一昨日の事件」

「新聞が真っ黒でしたからね。何かあったことは推察されますが、もちろん何もわかりません」

「それも、いつかはわかるようになる」

「はい」

「ところで、唐沢の件だ。せっかく極秘事項を教えたのだ。お前も見返りに報告せい。くどいようだがな、お前、これは絶対人に洩らすな。もし洩れた場合はお前の責任として応分の処置をとる。いいか、収容者ではお前ひとりしか知らんことだからな」

区長の取引の趣旨は単純で明確だ。秘密と情報とを交換しようという。余程情報に飢えているらしい。

「いま思い出しましたが、唐沢はこう言っていました。紀律違反はやらない、ただし、やるならでっかくやると」

「それは、いつだ」

「きのうの運動時間です。その準備はもうあらかた出来てるとも言っていました」

「なるほど、きのうの時点ですでに準備をしとったと、これは重要な事実だな。動機は何と言っとった」

第六章　光る花

1　『神の痛みの神学』

日曜日の朝

鳩がクウクウないてます。えさがほしいのでしょう。みんなまだ寝ています。静かな朝です。鳩にパンをやりたいけれど金網が邪魔してできなかった。そこでこのあいだから、金網越しにパンを投げる練習をしています。固く乾いたパンを砕いて、手の平に満遍なくのせ、エイヤッと投げる。いまのところ三分の一ぐらいが窓の外に飛び出し、三分の二は窓枠に残っちゃう。窓枠のパンは鼠が食べてくれます。ただし、窓枠に鼠の糞があると役所からお叱りをうけるので、そうは繁々と投げてやれない。ほんのちっと投げてやりました。ケチなヤツと思ってるだろうな。

あなたの二通目のお手紙いただきました。大学の四年生、心理学の学生、どんな方かなと想像しています。ぼくの頃は大学生といえば男子が多かった。あなたの大学の文学部では女子学生のほうが多いと聞いて、時の移りを実感します。

あなたの御文、二つとも戸棚の上（ここは一番神聖な場所でマリア像とカトリック大辞典が置いてある）で壁にたてかけてあるので、四角い人形みたいに見えます。犯罪心理学者で拘禁心理に関心のある女の子って、ちょっとこわいよ。それに、あなたときたら『十人の死刑囚』を読んじゃったんですって。あの本、ぼくを極悪人として描き出してるんで困りますが、ぼくの家庭、性格、犯罪なんかについての記事は一応正確です。ただし、見方が浅くて、新聞記事みたいに型にはまっているのは心外ですが。

でも、あなたがぼくの極悪人ぶりを知っておられることは、ぼくにとって大安心です。もう、ぼくはあれ以上は悪くならないからね。何を書いても、あれよりは良い人間の文章になると思うと、ぜんぜん安心。

夕方

いちんち、本を読んでました。何を読んでいたと思う。カトリックの本じゃありません。プロテスタントの牧師さんの書いた『神の痛みの神学』です。三度目ですが、またまた、いろんなことを教わりました。

ぼくはね、あなたがキリスト者でないからと言って、別にどうも思いはしません。神父、修道女、信者という人々のなかにも心の冷たい人がいますし、むしろぼくの付合ってきた非キリスト者のなかのほうに親しい人々が多いくらいです。ただ、あなたが「神はわからないけれど、神を信じている人は尊敬します」とおっしゃるので、ぼくは安心して話すことができます。そしてぼくの考えをあなたに隠す必要もなく、気が楽になりました。

ぼくは不確かな人間で、自分も大きな生命の流れのなかの一滴にすぎないと思っています。つまり自分自身は決して存在の根拠ではありません。自分は大いなるものの影に過ぎない、ここからぼくの思惟(しい)が出発しています。人間の未来において確実なことは死だけでしょう。死は自分を生み出したと同じ、大いなるものがもたらすとすれば、人間において確実なものは大いなるものだけということになります。

2 「光る花ですよ」

木曜日

速達が来ておどろきました。きみがそんなに心配してくださるとは、うれしくて、涙が一杯でました。

きみが懸命に慰めてくださったおかげで元気になりました。もう大丈夫です。きょうなんか、もうナマケモノにならず、ずっと読書にはげみましたし、原稿も書いた。不思議なことに、夢中で机に向っていると汗もあまりでません。本を三冊贈ってくださってありがとう。手紙は到着してすぐに手元に届けられますけれども、小包は舎下げの手続に一日かかり、明日まわしになります。早く見たいな。フロイトは読んでいましたがユングはまだで、丁度読みたいと思っていたところでした。ぼくは心理学の本を随分読んだつもりだけど、シロウトの独学ですから、新刊や文庫など手に入りやすいのばかり読んでいました。恥かしながらバシュラール、フレティニ、デゾワイユなどの夢の研究を全然知らなかった。きみが心理学科の学生で、そんなにすごい読書家だというのにおどろきました。

まったくきみはぼくをおどろかします。もう一つ、「軽井沢はやめちゃいました。あなたの部屋の暑さを思えば、とても避暑どこじゃありません。今年はクーラーもやめて、暑い部屋でこもってみます」だって。やめてください。そんなことをしたら、体をこわします。ぼくはね、十数年間、ここの暑さに馴れているのです。暑い盛りは食欲もなくてナマケモノに退化はしますが、病気にはならない。

それに、ぼくには暑さが必要なのです。暑熱をくぐりぬける試練がぼくのような立場の者には大事な戒めだと思うのです。

きみはどうか軽井沢へ行って、涼しい処で卒論を書いてください。

夕方、そこはかとなき涼風です。いい気持。

火曜日の朝

お早よう。朝は涼しい。しかし、この日射しのギラギラした輝きには暑さへの予告があります。しかし中庭にはほとんど日がささない。ヒマラヤ杉というのはもともと明るい光を嫌う〝陰樹〟なんですね。だから中庭に育っているんです。いまのうちに出来るだけ読んでおこうと暗いうちからずっと机にむかっていました。

夜

やっぱり予告どおりの炎暑でした。昼は役所の食事が咽喉（のど）を通らず、それでも何か食べなくてはとお握りにして無理に押し込んでみたのです。半箇ぐらいしか中に入らない。おかしいですね。夕食は油がいやであきらめ、お茶の湯でインスタント・ラーメンを作りました。でもしまった、これも油だった。

昼

堀ぎわの花壇にカンナが咲いています。アサガオも咲きそろった。リンドウも、キョウチクトウも、なんだか、太陽に笑いかけてるように、咲ききそっています。さあ、ちょっと見にいらっしゃい。夏の花々ですよ。光る花ですよ。きれいですよ。

夜

お手紙落手。けっきょく、きみ、軽井沢に行かずにずっと東京にいるんですか。本当に強情っ張りのお嬢さんで、おどろきました。小さなきみが、三十五度の室内でデーターの整理をしている姿を思うと、ぼくまで暑くなりますよ。仕方がありません。どうか体に気をつけて頑張ってください。

ユング、読んでます。原型（アルケテイプス）という概念が面白い。いろいろ勉強になります。

おや、太鼓の音がする。盆踊らしい。花火も鳴っている。夏の夜らしい音です。

3 「小鳥に化身して」

日曜日の昼

けさ、きみの夢を見ました。カウボーイ姿のエッコ君がピストルをかまえてパンパンとぼくを射っちゃうの。驚いたお転婆(てんば)さんですよ。ぼくは心臓をやられていい気持で倒れちゃった。フフフ、目がさめたら何ともない。きみも何か夢みなかった。

例の人がさかんにお経を読んでいます。頭上にはヘリコプターが旋回しています。何やら騒々しい日曜日。せめてもとラジオを切り、読書にはげんでいます。『自然の中の人間の位置』を朝のうちに読み終え、『キリストの道』を再読中、この次には『十字架の聖ヨハネ』を予定しています。何だか、ガゼン猛烈に勉強したくなりました。きみに会ったおかげで何かぼくの内部で化学反応がおこり、エネルギーが増大したらしい。そうそ、『あこがれ』の原稿も今日中には書いてしまうつもり。大忙し。

夕方

原稿を書きあげました。きみとの面会でカロンの艀(はしけ)について話したことを潤色しました。むろん、きみだということはわからないように書いたから御安心を。シスター国光に真っ赤っかに嫉妬(しっと)してた女の子だなんて書かないからね。原稿はここ二日ほど書きあぐんでいたのです。それが難なく出来た。昨日より余には超能力が備わったらしいぞよ。子供のワアーという声が聞えてきて、あたりが静かなのに気付きます。お経の爆撃もないし、ヘリコプターもどこかへ行っちゃったし……

夕食。カレーだ。におうにおう。

では残りは明日。小さな友よ、今週も元気でいこう。やがて春の桜よ、美しく咲け。

月曜日の朝

曇って生暖かい日。風がガアガア音をたてて吹いているけど、南風で、むかいの舎房にあたっています。ほんとに変で汗ばむほどの陽気。こういうの春一番というのかな。

おはよう。もう起きたの。むろん、きみはまだぐっすりだよね。雀と鳩がヴェランダで鳴いている。パンをすこしやろう。……食べてる。ちっちゃな雀と巨人の鳩が仲好く食べている。雀が数羽、鳩は二羽。

さあ、きょうも頑張るぞ。『十字架の聖ヨハネ』を読みおえ、『あこがれ』の手記全体に手を入れる作業を開始しようと思う。昨日床のなかで考えたんだけど、獄中記は世間へ本としては出さないけど、きみだけには切抜を整理して、本の体裁にして、贈ろうと思うんです。ぼくの一部が、きみの心の中に生き残ってくれれば嬉しい。ただそれだけの気持です。『悪について』のほうはどうするか迷っています。あれは過去の汚辱にまみれてるから、きみなんか読んだらぼくを誤解しそう。この点もうすこし考えてみます。

きみに会えてほんとによかった。今後も会いに来てくださると思えばたのしみが倍加します。オヤ雨だ。ガラスをたたいてる。一雨ごとに春が来てくれるらしい。きみは三月に卒業ですね。ああ春、花の季節。四月はぼくの誕生日、大食の祝日。四十歳、まだ若いよ。きみからみれば、お爺さんかも知れないけど、実は人生始まったばかりという感じ。

ぼくはね、ぼくの人生において、今が一番幸福だと思ってます。母と心の底から打ち解けているし、きみというすばらしい人が小鳥に化身して飛んで来てくれるし、ちょっとしたメマイはあるけど、体は健康だし、言うことないな。幼年時代は暗かったし、戦争中はひどかったし、戦後、大学生の頃はもっとひどかったしね。ほんと、今が一番幸福。そしてその幸福をマドモワゼル・エツコに報告するのが楽しい。

高速道路の車の数が増えたらしい。濡れたタイアの音がにぎやかです。もうすぐ起床。あ、チャイムだ……

点検、おわり。区長さんでした。きのうも来てくださいました。きっと日曜日から泊り込みだったのでしょう。役所勤めも楽じゃない。

朝食……何だと思う。ジャガイモの味噌汁でぼくの大好きなヤツ。さいわいジャガイモが三つも入っていた。汁をかけてオジヤ。おいしかった。

さて、仕事にかかるといいたそう。

第七章　裸の者

1　執行宣告

「被害者のことを考えますか」

また答えにくい質問で他家雄は黙った。ショーム神父の教えにより、毎日の祈りの中では、必ず被害者の霊へ語りかけている。しかし、祈りの内容は口にすべきではない。それを伝えることは偽善めいていやなのだ。

「お母さんは毎週来てくださるんだっけね」

「はい」

「十五年間毎週かね」

「はい、わたくしが洗礼をうけました年からずっと。病気で休むことはありましたが」

「それは容易ならぬ行為だな。たしかきみは十四年前に洗礼をうけたと言ってましたね。十四年間、毎週か。しかもお母さんは遠いんだったね。葉山からここまでは二時間はかかるだろう。えらいお母さんだ」

喪服のような黒い外套を着た母を見たときの不快がよみがえった。外套はパリの真季雄兄の土産であったが、前の紺の外套、味噌汁や御飯粒がこびりついたどこか牧歌的な古外套にくらべると、黒い生地が殊更に新しく見え、彼の不吉な予感に暗合する感じであった。母を一点愛しえないと思った。しかし、その時、気詰りな沈黙を続け、せっかく遠くから寒い中を訪れてくれた母を邪険にしたのを、いま、彼は悔んだ。母は「えらいお母さん」などと言われるのを嫌がるだろうが、いまはそんな気がする。この二、三日、何か冷たい固いものが彼の中で急速に融け、母を全面的に受け入れたい気持になっている。なぜか、母と同時に恵津子が思い出されてきた。たった一度面会に来てくれた女の子を、彼は以前どこかで見たような気がする。手紙の往復の間にぼんやりと想像していた顔、それは、さきおとといの朝見た夢の中の、若い頃の母、彼が生れる前の小娘の母、天神丘の古い家で三匹の子猫とたわむれていた母の顔にそっくりだった。

「なにを考えこんでるんだね」と所長が気遣わしげに言った。所長はつと立ちあがり、息を吹きつけるほどに顔を近付けて幾分あわてた様子で言った。声がすこし嗄れている。

「あす、きみとお別れしなければならなくなりました」

「はい」他家雄は無表情のまま、凝っと所長を見詰めた。

「いいですか」所長は焦り気味に、言葉全体に真実らしさを与えるべく、重々しく言った。

「これは冗談ではないのです」

「わかっております」

「あ」所長はほっとしたように肩の力を抜いた。「きみなら別に取り乱さないとわかっていた。これで安心したよ。ね、諸君」机を取り巻いていた人々が輪をくずし、まるで非常な名誉を受けた人物を祝福するように微笑を向けた。人々は所長がその一言を言う瞬間まで、全身の筋肉に力瘤をつくって固くなっていたらしい。

「楠本、きみは度胸がありますね。大抵の者は明日を予告すると腰が抜けたり動揺したりするんだが。砂田なんか、べらべらと喋りまくった。きみは違いますね」

「そうでもありません」他家雄は鼻をうごめかした。度胸があるどころではない。楠本他家雄なる人物に明日刑が執行されるということが、自分の身にふりかかったこととしてよく理解できない。それほどまでに自分が動転していると思う。それに拘置所の枢要な人々が自分に注目し、自分一人のためにそこに集ってくれていることが面映いし、不思議なのだ。

「それでは諸君、執行宣告をします。まあ、きみ、これは形式なんでね」と所長が照れて頷いた。人々はまた石化した彫像となった。庶務課長が一枚の美濃紙を差出す。所長の顔から微笑が消え、硝子を打つ風雨のみがひときわ激しさを増して聞えてきた。

「楠本他家雄、昭和〇年四月十九日生れ。右の者、昭和四十〇年二月十二日より五日以内に所定の方法により死刑の執行をおこなうべし。法務大臣」所長は美濃紙を置き、やさしく言った。

「わかるね。五日目というと十七日、つまり明日だ。慣例により明日午前十時に刑が執行される」

「はい」他家雄は頷いた。すでに十二日、つまり木曜日に執行命令が出されていた。母が来てくれた日だ。あの喪服のような外套は立派な告知だったのだ。

2　明日の朝

カルテを書き、処方箋を切りおえると、保健助手を呼ぼうとして立ちあがり、しかしドアを開かず、密室の中を後手をくんで歩きまわった。部屋の端まで行くと勢いよく廻れ右をし、また同じ具合に身をひるがえす。それは考え事をする時の彼の癖であったが、きょうは何か背後から得体の知れない黒い影が追いかけてくるような不安な気持にかられ、凝っとしていることができないのだった。それが始まったのは藤井区長が来たときからだった。

「ちょっくら、御報告しときますが、楠本他家雄が処刑されることになりました」区長は、いきなり切り出した。診察を始めようと近木が坐った矢先にずかずか入ってきた。

「ほんとですか」近木は衝かれたように背筋を伸ばした。

「え、明日です。明日の朝」

「そうですか……」近木は、二度会ったきりだが鮮明な印象を残している、青白い顔と縁無眼鏡の冷たい輝きとを思った。「彼が……何だか信じられないけれども」

「まったく、致しかたないです。ヤツは確定者だからね、ま、これも宿命で」

「それはそうだけど……何だか急でね。ぼくは先週の金曜日に初めて会ったんだから、まだ三日も経(た)ってないのに。で、彼はもう知ってるんですか」

「これから知らせるところです。執行宣告というのをやらにゃならんのですが、それで御相談したくて、かく参上した次第です」

「何の相談だが、こわいな。まず、お坐り下さい」

「どうも」区長は患者用の小さな丸椅子(いす)に窮屈そうに腰を下した。「御聞きしたいのは、ヤツは大丈夫かという問題です」

「難しいな」近木は腕を組んで項垂(うなだ)れた。

「その時のことなんて、てんで分らないな、彼なら大丈夫だという気がしますけどね」

「いやいや、その点ではなくて、現在におけるヤツの精神状態が執行に差支えないかという点なんで。御承知のように、刑事訴訟法では……」

「ええ、知ってます。その点ならば、彼の眩暈(めまい)は、心神喪失には相当しません。ごく軽いものですから」

「気のせいだと」

「それは正確な表現じゃないけど、重大な精神障害じゃないという意味で、そう言ってもいい。しかし、このことはさきおととい、お話ししましたよ」そう言って近木には思い当ることがあった。あの日、藤井区長は楠本の状態についてしきりに聞きたがったが、すでに楠本の処刑を知っていて情報を得たかったのではないか。午前中、近木が楠本を診察したあとに、すぐ様子を聞きに来、夕方もう一度楠本に会うと、夜になってまた様子を探りに来た。そういえば昼間庶務課に寄ったとき、所長が楠本他家雄の身分帳を見たがっていると教えられた。すでにあの時、彼の処刑は決定していたのだ。

「つまりさきおとといと現在とは変化なしと。わかりました。おそれいりますが、そうだと、医務部長に報告していただけますか。いずれ所長から医務部長に諮問があるはずですから」

「変化がないと言ったって、その後ぼくは彼を診察してないんです。なんなら、きょうもう一度、彼を診ましょうか」

「いやあ、必要ないでしょう。わたしも、きのう、きょうとヤツに会い、別に変化がないという感触を得ましたからな」

「そうですかねえ……」口籠っている近木を尻目に藤井区長は大股でせかせか出て行った。あとに何か不快な思いが残った。それが何かを考えてみる。藤井が彼に会いに来た目的がよくわからない。彼の意見を聞く姿勢は最初からなくて、彼に会って報告を得たという事実のみが入用であったらしい。それにしても、楠本が依然として心神喪失には該当せずと言ったことで、あの男の死を正当化したという思いが、取り切れない不快な滓のように胸にこびりついている。この不快にいわれがないとは承知していた。精神医学の常識にもとづくと楠本の墜落症状は心神喪失という法律用語にまず相応しない。にもかかわらず、彼は自分が処刑に加担した気がするのだった。

3 「死を迎え撃つ」

おや、と他家雄は目をこすった。戸棚の上に、恵津子の描いた三匹の猫が取り残されている。完全だと思った後始末のあとに、これはどうしたことか。猫たちが、彼に挨拶をしに、わざわざ飛び出してきた感じだ。おかしな猫たち。こんにちは。猫たちに微笑みかけると、恵津子と文通した一年が、まだ母と長兄がいがみあう前の幸福な幼年時代と同じ、ほのぼのとした思いとともに回想されてきた。尻尾をピンと立てたベエ、泣きむしのナイ、丸々とした笑い上戸のコケ。恵津子の筆遣いは無造作だが素直で、人柄がよく出ている。長い拘禁生活の間、数多くの人々と話し、文通してきたが、こだわりなく付き合えたのは恵津子ひとりだった。本当に、何のこだわりもなかった。彼女には、準備も思惑も気取りもなしに、ただ思ったままを書けた。しかも不思議なことに、彼女を知ってから、母への遠慮や面映さも消えていったのだ。むろん、母は母で恵津子ではなく、先週木曜日に黒外套を着て来所した母を、何となく不吉に思ったりした。が、そんな母に、彼は甘えたくてならなかった。いや、甘えてるからこそ、すねたり、駄々をこねたりしたくなるのだろう。彼は、母を、〝許し〟また〝愛し〟ている。〝愛なき者は、神を知らず、神は愛なればなり〟とあるのはヨハネ第一書第四章だ。この句に彼は時々絶望するが、いま、それは強い励ましの言葉として響いてくる。〝愛には懼（おそれ）なし。まつたき愛は懼を除く〟そう、この春めいた気持、暖かで平和な心、それは恵津子が与えてくれたものだ。彼は、昔、宮脇美納（みやわきみの）と過した日々を愛だと考えていた。が、そうではなかったと、恵津子と知り合ってからやっと気付いた。さようなら。本当に、いろいろと有難う。彼は三匹の猫の絵を丁寧に畳み、トレシャツのポケットに入れた。旅立つとき、それを着ていくつもりだ。

　さて、すべては終った。彼は報知機の釦（ボタン）を押そうとして、壁のむこうの隣人を思った。親しくしていたK歌人だけには、別れを告げていきたい。ゆっくりと四点打をおくる。壁の内側でゴウゴウと流れていた水道の音が止った。K歌人が朝の日課としている洗濯をやめた。

「何か用かなあ」

「お前と話したかった。洗濯中、相すまぬけどね」

「もう終った。あとは干すだけでいいんだよう」

「おとといの話の続きだけれど、お前のいう〝あちら〟っての、それは暗くて何もない世界かい。もちろん、よくわからないのは当然だけど、感じとして何かあるだろう。おれのあちらってのは真っ暗でね、何もない、生れる前と同じような世界なんだが」

「それなら、おれとは逆だよう。おれの、あちらは、すごおく明るくて、この世のほうが薄暗い。あちらには永遠の生命が息づいているもんねえ」

「ありがとう」他家雄は声を弾ませた。

「それを聞いて大層うれしい」

「なぜ、なぜだよう」

「この世が、うんと暗い。まるで深夜のようだってことが、うれしいんだよ」

「よくわからないよう」

「あちらが光輝く世界。おれたちの暗夜に、あちらから光が射しこんでくる。それがうれしい」

「そ、そうかい」垣内は、話相手のはしゃぎぶりに戸惑う様子だ。

「いつだったか、お前、悪魔の夢を見たといったな。悪魔てのはふつうの人間で、地獄てのはこの世の中みたいだと、そうだったろう」

「そうだよ。そんな夢はしょっ中見るよ」

「この世は、地獄みたいに暗いというわけか」

「そこまではわからないよ。夢とこの世は別だものねえ。だけど、何でそんな話を急にするのかなあ。あちらのことなんか気にしても仕方がないじゃない」

「気にはしてないが、お前に励ましてもらいたかったんだ」

「楠本よ、前から聞きたいことがあるんだが、お前、死ぬのがこわいかい」

「それはこわい。人間としての自然の感情だもの。自然にはさからえない」

「でも、〝いのち〟が充実して死を圧倒することがある。お前は、そんな人だと思うけどなあ」

「とても、とても、買いかぶりだよ」

「でも、そのような生き方をしたいとは思ってるんじゃないかなあ」

「お前のいう〝死を迎え撃つ〟という心境に感心してるが、おれはそこまでに到（いた）らない」

4　次は誰か

朝子が好きでその結果朝子を殺したくないために電車を爆破しその結果無関係な人を殺しその結果殺人犯となりその結果死刑囚となったからには朝子が好きだったのがすべての根源で朝子を好きにならぬことなどおれには不可能なのでこの根源を母は理解しなかった。母は口癖で運命だとか星まわりが悪かったといい朝子との出会いもそのせいにするが朝子を好いたのはおれで死刑囚になったのもおれである以上そしておれはおれ自身で自分の人生をえらびとったのである以上運命や星まわりなどとは無関係な人生であった。お母さんと口走り、垣内は文鳥の籠（かご）がさわがしいので作業の手を休める。どうしたことだ、彼女はもう卵を抱いていないで盛んに飛びまわっている。七個の卵を二週間の余も一所懸命に暖めそれが孵（かえ）らぬ無精卵だとついに気が付いたのかそれともくたびれ果てたのかまたそれとも不順な天候に驚いたのか。おや、卵を一つ落して割ってしまっている。子殺しの残酷ママ、過失ママのあわてぶりだ。垣内は文鳥を掌にのせて籠から出すと卵をとりのぞき、底の抽出をぬいて餌と糞をこそげ落す。文鳥は窓枠の上へ飛び、それから畳に降りて糊をつっついている。生温い卵を捨てるこの文鳥、冬になると産んだ卵を巣に入れてやればいつまでも温めている。以前一個を二週間抱いてやめたことがあったけれどもそれは一休みにすぎずその後三個産んでは三日休み四個産んでは四日休みでボツボツ卵を産んではボツボツ抱いていてという具合に始終卵とかかわり夏場のように啼きわめく暇もなかった。彼女は巣に卵があるかぎり母親然として温めるので一個なら二時間でぬくもりを与えてしまうしたとえ五個六個でも小さな体の全エネルギーを惜しげもなくつかいカタカタ震えて羽を開き上にかぶさっていた。垣内は何度も無駄だからやめなさいと言ってやりたかった。いままでに二羽飼って二羽とも死に最初のは動きが鈍く頭をたたいてやっと動き出すという風で二番目のは頻りに鉄格子の外ばかり窺って落着きがなくこの三番目は夏は終日囀りちょこまか動き続け冬は卵を抱く以外凝っと静止していた。囚人がそうであるように鳥も各自各様である。ところで大田長助の文鳥はどうしたろうか。糞詰りで腹が大きくなったというのが悪い兆候で、おれの最初の雛はそれで死んだ。大田長助は発狂したがそれというのも文鳥が死にかけたため自分が追いつめられている現実をさとったからだ。何とか死刑囚なる状態から逃げようと努めてきた大田長助は自分の犯行を叔父の大田良作におしつけたり所長管理部長医師区長に絶えず面接をつけたり訴訟をおこしたりジタバタを続けていたがついに追いつめられてしまった。文鳥がジタバタ騒ぎたてるので糊皿を見ると変なびっこをひいている。作業台にしている板の割れ目に脚をひっかけ前爪（まえづめ）を半分折ったのだ。止血剤として歯磨をつけ端切の繃（ほう）帯（たい）をしてやり籠にもどしたが嘴（くちばし）で器用に突っつきすぐとってしまい、止り木や胸を赤く染めて大きく息をしている。人間ならば中指を折られた傷で痛みはひどいはず、もう一度繃帯をきつく巻いてやるがまたすぐほどいてしまう。「莫迦（ばか）」と垣内は叱（しか）りつけ、籠から出さなければよかったと後悔し、腰から力が脱けていき、鳥の爪からにじむ血と洗濯した靴下の滴（したた）りとを見較（みくら）べ、雨と風を聞き、きょうは陰気な一日だと思う。処刑が再開された。三四〇番砂田市松、六一〇番楠本他家雄、つぎは誰か。16の暗合と文鳥の災難から推せば二三〇番垣内登があやしい。彼は手をかざし、かつて罅割（ひびわれ）と傷と油で汚れた大工の爪が、やわな白い罪人の爪に変ったのを見る。そう、罪の垢は白い。これを歌に詠（よ）めないかと考えたが脳の出口で言葉がつかえてしまう。彼はこんなときのまじないで、〝和歌分解単語カード〟を取りだして一枚一枚読んでみ、それは新古今集から式子内親王の二十六首を選び分解しカードに書きつけたもので読むうちに脳の中の言葉がなめらかに流れだす効能を持っている筈（はず）だが、いまは成功せず、言葉が角張って奥へ引っ込んでしまう。そこでもう一つのまじないである絵葉書の束を引きだして眺めはじめ、その六十枚余の絵葉書は送ってくれた人の好意で知床半島から宮古島まで日本各地の海辺の写真で以前車で海岸を巡った日を追憶しながら絵葉書をくっていくと何がしかの歌心がおこる筈だが、いま、伊豆西岸の黄金崎にきて、あのとき死ねばよかったという母の言葉が胸をつきあげ、味気なくなって絵葉書を伏せる。

5　「お母さん、肩かして」

「お母さん、肩をかして」彼は母の背後に回り叩（たた）き始めた。幼い頃たわむれにしたことはあるが成人してからは絶えてそうした覚えはない。想像していたよりもはるかに小さく華奢（きゃしゃ）な肩で、強く叩くと毀（こわ）れそうだ。

「凝ってる。ぼくが楽にしてあげるから」彼は一しきり叩くと指先を器用に使ってもんだ。死刑囚仲間で肩をもみあう機会が屢々（しばしば）あり、元按摩（あんま）の男からコツを教わった。束ねられた腸詰のようだった筋肉が柔かく融合し、彼は母の体のなかに入りこむ。ヨブ記の一節が指の先から浸（し）み出てくる。〝われ裸にて母の胎（たい）を出でたり、また裸にてかしこに帰り行かん〟彼は、母の櫛（くし）で髪を梳（す）き始めた。昔風の長い髪が白濁した渓流のように流れた。先週、面会室では、こんなに白毛が多いとは気付かなかった。それは美しいけれども痛ましい。彼は、何本かの白毛をいたわりながら抓（つま）んでみた。その一本一本を白くした責任は不肖の息子にある。

「お母さん」と思わず呼ぶと、母はふらふらと立ち上り、顔を近寄せてきた。幾重にもからんだ複雑な皺（しわ）の中から、若い頃の母が仄見（ほのみ）えてくる。息子は母の手を握ってさすり始めた。母は息子の為すがままにしていたが、ふと穴に足を取られたようによろけ、そのまま息子の胸に顔をうずめて身悶えした。「ああ、他家ちゃん……お前……お母さんが代ってやりたいよ……お母さんなんか、もういつ死んでもいいんだもの。お前は、若いのに……」泣き声と熱い息とが心臓に染み透り、息子は腕一杯に母の頼りなげな骨を感じていた。どのようにして母をなぐさめたらよいものか息子には見当がつかない。彼はせわしい息遣いに交ぜて「お母さん」と何度かつぶやいた。眼鏡が曇ってきて目頭を押えている真季雄の姿が母のむこうで霞んでいる。

「さあ」と他家雄は我に返り、母を離した。「もう泣くのをやめて、お話ししましょう」と言ってみる。その言葉が自分を励まし、彼はハンカチで母の涙を拭うと微笑みかけた。すると母も微笑んだ。真季雄が、母を坐らし、三人はまたテーブルを囲んだ。空気が柔らぎ、くつろいだ雰囲気ができていた。

「ちょっと聞きたいのだけど、きょうは鈴が鳴らないね。どうしたの」と彼が尋ねた。

唐突な質問を聞き取れなかったらしく、母は「え」と聞き直した。

「鈴。財布につけて、いつもチリンチリンと鳴らしてたじゃないの」

「あれはね、お前、ここに……」母は黒いスーツのポケットを探り、そこにないとわかるとハンドバッグを開いてみた。

「いやだな、お母さん」と真季雄が笑った。「財布は忘れてきたんじゃないの。何しろ、明け方に教育課長さんからお電話をいただき、すぐ料理を作りにかかり、九時には家を出たんで、何もかも大忙し、財布を忘れたってわけ」

「そうかい」母は首を傾げた。「落したんじゃないかね。いつも忘れたことなんかないんですからね」

「葉山の駅で気がついたでしょう」真季雄は他家雄に片目を瞑ってみせた。「この頃……すっかり……忘れっぽいんだから」

「何をお言いだ。お前こそ忘れっぽい。あの写真どうしたんだね」

「いけねえ、忘れてた」真季雄は巻き舌で言うと背広のポケットから一枚の写真を出した。「正月に、天神丘で撮ったんだ」

　庭先に一家が並んでいる。椅子にかけた母の後で幾久雄と真季雄が肩を組み、幾久雄夫人と二人の子供、久美子と幾太郎が枯れ芝生に足を投げ出している。背景には工事半ばの城壁さながらに雑然とした新宿のビル街が迫り出していた。高校の詰襟服を着ている甥の幾太郎の姿に他家雄はびっくりした。あまりにも少年時代の自分によく似ていたからだ。一家で写真を撮るなどという行為が嫌で、庭へも降りて来なかったのを、父に呼ばれて渋々来たというように、みなからぽつんと離れ、斜め横を向いて唇を嚙みしめている。幾太郎は父の幾久雄の面影を受け継いでいる。とすれば……他家雄は不意に気がついた。幾久雄と自分とは似通ったところが多いのだ。顔だけではない。過度の几帳面さ、勤勉、知的好奇心、短気、乱暴、ひとりよがり、と気がつけば、以前の彼は自分を憎むと同じ具合に兄を憎んでいたと言える。

6　「人間とは全くわからない」

禁制のタバコを再生所持したとなると懲罰はまぬがれない。むろん看病夫は馘（クビ）で、所内成績優秀者に与えられる仮釈放の恩典もなくなる。近木は気の毒になった。たかがタバコで大した反則とは思えない。そんな近木の思惑を察したらしく牧は深々と頭を下げた。

「すみません。許してください」

「許すなんて、ぼくにはそんな権限はないけれど、滝先生には報告しなくちゃならない」

「駄目です。滝先生は絶対に許してくださいません」牧は顔を悲痛にゆがめ、厚い肩を無理な形にすぼめて項垂（うなだ）れた。その仕種（しぐさ）に誇張とわざとらしさを認めた近木は同情から嫌悪（けんお）へと心が振れていくのを覚えた。

「とにかく、そいつを拾いなさい」

牧はかがむと吸い殻を集め、手製の紙巻と一緒にシャーレに入れ、うやうやしく近木に差出した。自分の行為がいかにも当然だというような落着いた身のこなしが近木を鼻白ませた。しかも、ほかの看病夫たちが洗い晒（ざら）しの青衣を着ているのに、牧は折目のついた新品を着ている。要領よく立ち廻る男だと思うと、近木は邪慳（じゃけん）に言った。

「そいつは受け取れん」

「お願いします」牧は強引にシャーレを近木の手に押しつけた。脹れた顎が魚がはねるように動き、眼球が眼窩のなかから転げ落ちそうに痙攣していた。粗野な意志が牧の体全体から溢れでてきて、近木はたじろいだ。と、牧はシャーレを離した。持たなければ床に砕け散ってしまうと怖れた瞬間、近木はそれを持っていた。

「お願いします」と牧は飛びのいて最敬礼した。

「見のがせというのかね」

「お願いします」牧は何だか体操でもしている具合に、頭を床に近く垂れた。次の段階は土下座だが、この男ならやりかねない。近木の脚にすがって泣くことだって平気でするだろう。

「仕方がない」近木は苦笑し、シャーレの中身を灰皿の水の中にあけた。「そこを片付けておけ」

　牧はペコペコ頭をさげながら、驚くべき敏捷さで白布や移動テーブルを運び、床のタバコ屑を拭い取った。その滑稽なほど一所懸命な動作が近木の気持を柔らげた。

「きみは工場主だそうだが、ほんと」近木は親しげに言ってみて、自分の言葉から親しみがすんなりと漂い出るのを感じた。

「工場主なんてものじゃありません。わたしと従兄の二人でやってる小さな工場でして」牧はおだやかに答えた。「親爺の代には二十人も使ったそうですが、わたしの代に失敗しまして、不渡り承知で手形を振り出し、詐欺罪であげられました。お恥ずかしい」

「まあ……間が悪かったんだな」牧の身分帳には、四十歳まで一応真面目に働いていた男が、小豆相場と競馬に狂い、何もかも売り払って詐欺を働くまでの経過が記載されていた。若い頃より犯罪を繰り返してきた習慣性の累犯者と違い、中年になってからの犯罪者には裏に苦しい生活の急変化がある。牧だけでなく、この男に殴られた小林も、総じて医務部で働く看病夫にはそんな中年者が多い。

「ところで、きみ、一つだけ聞いておきたいんだが、こんな風にタバコを集めて吸うのは、ずっと前からしてたの」

「はい」牧は警戒するように目を光らせたが、すぐ率直に頷いた。「みんなやってます」

「きみたちの側には、ぼくら拘置所側の人間には知られない秘密が沢山あるんだろうね」

牧は頷くかわりに目を伏せた。近木はこの先何年監獄で働こうとも、医官である限りは知りえない秘密が囚人たちの懐に常に隠されているだろうと思った。牧は二重三重の膜のむこうの人間だ。まして大田長助、大田良作、楠本他家雄、安藤修吉といったゼロ番囚となると秘密の深さは絶望的に深い。大田良作は冤罪かどうか。〝大田良作を救う会〟の活動家たちは、会ったこともない囚人の無罪をなぜあのように確信をもって主張できるのか。そう、〝河野晋平を救う会〟の学生たちもそうだ。河野が革命のために雑貨屋夫妻を殺したと信じている、「同志河野晋平は、下層プロレタリアートとして、失職赤貧飢餓の被圧迫状況に追いやられたあげく、ブルジョワ権力に飼い慣らされた、プチ・ブルジョワの雑貨商夫妻を革命的に抹殺したのだ」という黄色い声が耳に響いた。学生たちは河野晋平を信じている。しかし、指導者である肥った男だけは信じていなかった。どちらに分があるだろう。人を信じていけない方に分があるとすれば、大田良作も信じられなくなる。わからない。人間とは全くわからない。

7　透明な湯の中で

「早くしろ」

「はい」

他家雄は思いきって脱いだ。思いきってと言っても、看守の前で裸にさせられる経験はそう珍しいことではない。入所した時がそうだった。調べ所で素裸にされ、いきなり四ん這いを強制されると肛門に硝子棒を突っこまれた。検便のためといわれたが、直腸内に兇器でも隠されてないかを調べたらしい。隣房者の脱獄事件の折には、大勢の看守の前で、衣服を剝がれ、およそ体の穴という穴、肛門はむろん耳の奥、目蓋の裏まで、徹底的に覗き見された。入浴だけでなく、日常の捜身でも裸を命じられることがある。制服を厚く着こなした看守の前では赤裸は、制服の権威への完全な屈従を示している。ところで、もう馴れっこになっている筈の屈従の姿が、いま、どうもためらわれた。それは彼一人に看守二人が身近に立っているという状況のせいらしい。この二人、二瓶看守と特警の看守は、彼が四舎二階から一階に転房になった時から、彼の行く所へかならず付いてくる。面会、理髪までは我慢ができた。しかし、入浴は……せめて最後の入浴ぐらい、ひとりでのんびりさせてくれないだろうか。

　空気はまだ暖まっていない。流しのコンクリートが乾いて冷たい。他家雄は浴槽(よくそう)まで走る。手を入れると湯は熱すぎてうめねばならない。水を出す。他家雄は寒さに震えた。

「熱すぎたか」二瓶看守が靴のまま入ってきた。「どれ」水道の栓を全開にし、蒸気の栓をしめた。

「お前、風邪ひくな。上着を羽織ったらどうだ」

「大丈夫です」他家雄は勢いよく立ち上り、前を隠さず体操を始めた。体を左右に廻転させるとペニスと袋が遠心力で振れた。今度はピョンピョン飛んだ。下腹の肉塊が踊り出した。男の肉体の中で唯一(ゆいいつ)の非合理的な部分がちぎれるように弾(は)ねた。

　二瓶看守は板の蓋で湯を掻(か)き廻し始めた。他家雄があわてて手伝おうとすると二瓶は「いいよ。お前は飛んでろ」と言った。しかし、〝飛んでろ〟といわれるとにわかに自分の姿が滑稽に見えてき、他家雄はタオルで前を押えてしまった。二瓶は長身だけに動作が大味で、揺らめいた湯はもったいないようにざぶざぶ溢(あふ)れ出た。ついに二瓶看守は編上靴を脱ぎ素足になって洗い場に入ってきた。

「いいぞ。早く入れ」と言われて他家雄は飛び込んだ。まだ熱すぎるが耐えられぬほどではない。二瓶看守は着衣所の簀子へあがって足を拭った。

「どうだ、具合は」

「いいです」

「ゆっくり入っていいぞ」二瓶看守は快活に言った。「お前ひとりの風呂だ。贅沢なもんだぞ」

眼鏡がないため、二瓶看守の容貌を薄気味悪くしている目や乱杙歯がぼやけ、体格のよい青年が立つと見える。何かというと大学出をひけらかし、衒学癖があるものだから囚人たちには嫌われ、中卒者の代表と自認している河野晋平など、二瓶が自分を迫害する元兇だと決めてかかっているが、もしかしたら二瓶は善良で率直な青年なのかも知れない。すくなくとも、いま、他家雄は二瓶の親切を体を包む湯の温もりとして感じていた。ひげ剃り跡に湯がピリピリ染みるのも快い。

透明な湯の中で白い脚がゆらめいていた。体を浮かすと泳いでいた昔の時間が浮びあがってきた。波、海、太陽、夏、宮脇美納。美納に水泳を教わった時、背中が日焼けで火脹れをおこした。その背中の痛みが思い出される。美納と結びついたのは水泳のせいだった。水泳が長い物語の発端にあった。あれから二十年経っている。二十歳の彼は、二十年後にどのような運命が待ち受けているとも知らず美納を抱いた。ドブ川の悪臭と蚊の群と背中の痛みのなかで、彼は彼女の体に入っていった。

盛んにあがる湯気は冷気に吸われてすぐ消え、磨硝子の高窓や灰色の粗壁が、風呂場というより倉庫を思わせる。しかし、彼は窓枠の錆びや壁のちょっとした凹凸に視線を注ぎ、それらを鮮明に見ようと近眼の目を細めた。それらが美しくないことは彼を悲しませた。この世の見納めに、海辺か森へ行ってみたい。そんな大袈裟な場所でなくてもせめて木々の茂みを仰ぎ見たい。たとえ一輪の梅の花でも、地面に根付いた樹に咲く花を愛でてみたい。この十六年間、中庭のヒマラヤ杉と桜と花壇しか、それもごく限られた視野の中で覗き見るだけであった。さきおととい、雪の降り積る桜の大木の下で砂田と雪合戦をした有様が、なつかしく思われた。あの時、せめて桜の幹に触れ、それを撫でるぐらいはしておけばよかった。〝せめて〟という言葉の次に無限に欲望が続く。〝せめて〟といくら考えても、それは不可能なのだ。頭がのぼせ、彼は湯船から出た。

8　「幸福を探すんですよ」

おはよう。いま、七時半。

食事をおわったところです。ワカメの味噌汁に沢庵。きのうあんなに食べたのに、もう空腹、だからおいしかった。

腹ごしらえだ。あと三十分で出立ですから。いま、母に書いた。これからは全部きみの時間です。

何をあげようか。ロザリオは入れたし、もう何にもあげるものはないな。あたりはさっぱりしたものです。

洗濯をした下着を着て、きみのトレーニング・ウエアをちゃんと着ていますよ。上着のポケットには御文も子猫たちも入っています。ちょっと見ようか。ベエ、ナイ、コケ。フフフ、かわいい子供たち。

晴れて寒い日。かなり風があるらしいけれど、一階のこの部屋からはどの程度かは分らない。でもね、きょうが晴れてくれて嬉(うれ)しいのです。きのうのように雨が陰気に降っていたのではやりきれないからね。

薄暗いうちに起きてずっと祈っていました。はずかしいけれど、チョッピリ泣きました。でも、これは自分への涙、悲観の涙ではありません。何というか、人間という存在への涙です。人々がみんな可哀相(かわいそう)。母も、きみも、兄たちも、立ち会って下さる人々も、誰も彼も。そのようにしかありえず、そのようにして死んだり殺したりしなくてはならない、人間が悲しいのです。ぼくの心は、きみには通じると思う。

きみは若い。青春の日々には死は遠く、まるで問題にもならないでしょう。若い人々が老人たちの老いや病気や死に嫌悪(けんお)を覚え、時にはあざけるのも、自分たちと死が無関係だと錯覚しているからです。

でも、二十年、三十年なんて、すぐ過ぎ去ってしまう。

やがて、きみも死にます。もう、これほど確実な預言はありません。けれども、もし死の時に、あちらに、たった一人の愛し信じ頼れる人がいれば、死は平安に充(み)たされるでしょう。きみがこれからどんな人生行路をたどるかを想像しています。どこへ行こうとぼくはきみを護(まも)ってあげますよ。困った時苦しむ時にチョッピリぼくを思い出して下さい。奇妙な死刑囚と文通した年月をどこかにしまっておいて下さい。

恵津子君。あまり泣くとね、きみのすばらしい大きな目が赤く脹(は)れちゃいますよ。いつもの調子でいきましょう。けさは特別な朝なんだけれど、よく眺めればいつもの朝と変りはしない。変っていると思うのは心の迷いです。

しかしね、ぼくは弱い人間です。きのうはいろんな夢を見ました。きみと一緒に船に乗ったんです。途中でカロンの艀(はしけ)だと気付いたらきみの姿は掻(か)き消えていた。やはり、きょうの旅を無意識に思って寝たらしい。

おや、朝の電車だ。幼い頃、家のすぐ傍(そば)を通った電車を思い出します。夢の中では、ぼく、どんどん小さくなって、まるで幼い子、やがて赤ん坊になって、生れる前の何も無い状態に戻る、そうなりたい願望が現われているみたい。

日が昇ったらしい。建物の上部の軒に日が射(さ)しこんだのが感じられます。不思議でしょう。ぼくは建物になりきって、風の向きや光の具合まで感じる超能力をそなえています。嬉しいな、雀たちが来てくれましたよ。もうすぐ鳩たちもやって来るでしょう。

あと十分。この時計は一度、段ボール箱の下へ入れて見ないようにと思ったのだけど、また見たくなって取り出したんです。

時計て愉快なヤツですね。無感動にせかせか動いている。ぼくがいなくなっても動いている。非情だけれど、さっぱりとしたヤツです。

さあ、もう筆を置かねばならない。

恵津子君、きみのおかげでぼくの死は豊かになりました。ありがとう。そして、さようなら。幸福になるんですよ。幸福を探すんですよ。探せば、大丈夫、かならず見付かりますからね。さようなら。ぼくは、いま、きみに手を振っています。

足音がします。わあ、すごいぞ、大勢だ。

9　ロープが一本の棒となって

「……安らかに息絶ゆるを得さしめ給え」

神父が一礼してさがった。蛍光燈が明るく点り、飾りのない白壁が目に沁(し)みた。影を失った人々は平板な感じで立っていた。人々の中央に拘置所長が進み出た。

「楠本、何か言いのこすことはありませんか」

楠本は、まるで屍体のように蒼白かった。顔面筋が死後強直を来したように強張り、そこにぎこちない微笑が出来ていた。

「神父様、どうも有難うございました。お蔭様で、キリスト者の旅立ちとして何もかも揃えてくださいまして、これで安心して死ねます。わたくしは幸福者です。

それから所長さんはじめ皆様。いろいろと御世話になったうえ、わたくしのためにお集りいただき恐縮です。唯一の心残りは、皆様がわたくしを手にかけるという嫌な役目につかれなくてはならなかったことです。どうも最期まで御面倒をおかけします。申し訳ありません」

楠本は、ゆっくりとあたりを見廻し、近木に目を止めた。

「あ、先生、お世話になりました」

前の者が脇にどいたので近木は楠本の真ん前に出てしまった。

「先生に一つだけ御報告しておきたいのです。あれから、一晩、ごく普通にすごしましたが、明け方見た夢で、墜落していくのがありました。しかし目が覚めてからは何事もありませんでした」

「そうですか」と近木は掠れ声になった。咽喉にねばねばした痰がからまったようだ。

「じゃ、眠れた……それは……よかった」

「先生、本当に感謝しています」楠本は右手を差出した。きのう握ったのと変らない暖かい、柔かな、生きた人間の手だ。楠本の表情も目の光も、さっき屍体と見えたのが信じられぬほど、こんどは自然できびきびと動く。

「では、所長さん」楠本は所長にも手を差しのべた。所長は、不意を打たれたらしく左手をあげ、あわてて右手に代えた。汗のせいか額がいやに光った。

「さようなら」楠本は一同にむかって深く頭をさげた。その瞬間、所長が額に皺（しわ）を寄せて保安課長に鋭い目くばせをした。保安課長が右手をあげて合図した。あらかじめ楠本の両側に待機していた看守が手錠をはめ腰にゆわくのと、もう一人が背後から白布で目隠しをするのが同時だった。

　壁の中央で扉が音もなく穴をあけた。中腰になった保安課長が先にたち、三人の看守が左右と後から支えて、楠本は歩き始めた。にわか盲（めくら）のため、足先で一歩一歩たしかめるような歩き方だが、安心しきって誘導に従っている証拠に、歩度に乱れはなく、靴は――それはよく磨かれて艶々（つやつや）と光っていた――規則正しく床を打った。

　前列にいる近木からは隣室の様子が目撃できた。装置は東北のS拘置所で見たのと全く同じである。部屋の中央に一メートルと一メートル半角の刑壇がある。真上の滑車から白麻のロープが垂れている。一人の看守がロープのたるみを小脇にかかえ、もう一人がロープ端の輪を鉄環のところで支えている。ロープの長さは、死刑囚の身長と体重によって微妙に調節されてある。落下したとき、足先が地面より三十センチ上に来るようにしなくては、処刑は成功しない。

車の手動ブレーキに似た把手（とって）二つを二人の看守が一つずつ握っていた。二つのうちのどちらかが刑壇の止め金に連動している筈（はず）だ。

　境の扉を看守が、焼却炉の蓋（ふた）でもするように、音高く閉めた。いよいよだなと近木は思い、これからおこる情景を順を追って想像しようとした。が、まだ何も考えぬうちに、グワンと鉄槌（てっつい）で建物を打ち毀（こわ）すような大音響がした。その音が何だかあまり早くしたので、いまのは予行で、これからが本番だと思った。しかし、芝居でもはねたようにそれまで沈黙を守っていた人々が俄然（がぜん）ざわめき立ち、二人の所長と検事を先頭に動き出した。

「行きましょう」と曾根原がうながした。いつのまにか白衣を着て、聴診器を胸に、血圧計を手にさげている。看守たちを掻（か）き分けて先を急ぐのに、近木は従った。

　廊下の端へ来て左に折れると、広い階段を見下す場所に来た。折り畳み椅子（いす）が三脚並べられている。所長二人と検事が坐（すわ）った。振り返ると教育課長や神父はここまで来ずに、先程登ってきた狭い階段から降りていく。近木は迷った。が、検事の横に立って、ともかくとことんまで見ようと、腹を決めた。彼の後に看守たちが並んだ。

　目の前の階段を曾根原は身軽にひょいひょいと下りた。右側の窓から充分な採光があるため明るい、ちょっと大学の臨床講義室を思わせる階段であった。下には菅谷部長がストップ・ウォッチを手に立っている。曾根原は奥の白いカーテンを左右にゆっくりと開いた。人形劇でも始めるような何気ない動作である。が、むこうには銀のロープに吊（つ）りさげられた人間の姿があった。

それが、今話をしたばかりの人間とは到底思えない。くびれた頸の上では死んだ頭が重たげに垂れ、下では軀幹と四肢がまだ生きていて苦しげに身をくねらせていた。それは、釣りあげられた魚がピンピン跳ねるのに似ていた。

落下の加速度を得たロープで頸骨が砕かれ、意識はすぐ失われるけれども、体はなおも生きようとして全力を尽す。胸郭は脹れてはしぼみ、呼吸を続けようと空しくあがく。腕は何かを摑もうとまさぐり、脚は大地をもとめて伸縮する。おそらく落下と同時にしたのだろうが、手錠と靴が取り除かれていたため、手足の動きは一層なまなましく見えた。

やがて筋肉の荒い動きがおさまり、四肢は軀幹と平行に垂れ、ぐっぐと細かい痙攣をはじめた。前後左右に激しく揺れていたロープが一本の棒となって静止すると、縒りを戻しながらじわじわと回転しだす。顔がこちらを向いた。汗に濡れた蒼白い肌だ。目が潰れたように引き攣り、開いた口から固い舌先がのぞいている。流涎の幾条かが顎に、切創からはみでた脂肪のように光っていた。そこには精神によって保たれていた表情の気品がかけらも無い。肉体の苦悶が、そのまま正直に、凝固しているだけだ。

機をうかがっていた曾根原医官が、背広の上着を脱がし、トレーニング・ウェアの袖をまくりあげて脈をとった。それから血圧計のゴム布を腕に巻きつけた。それだけの仕事が、体が逃げるように回るため、大層やりにくそうだった。ゴム布に空気を送り聴診器を腕に当てて血圧を測る。数値を菅谷部長が手帳に書きとる。脈搏(みゃくはく)と血圧の測定が何度もおこなわれた。曾根原は禿(は)げ頭をせわしく動かし、白衣の襟を汗で湿して、懸命に仕事を続けた。こうすることがこの場合、最も重要なのだという自信が彼の動作に現われて、私語を交していた看守たちもいつしか黙りこみ、凝(じ)っと成り行きを見守っていた。

　ついに脈が触れなくなったらしい。すばやく胸をはだけ、聴診器を押しつける。弱った心臓の最後の鼓動を聴こうとする。曾根原が頷(うなず)いた。菅谷部長がストップ・ウォッチを押した。

　曾根原は階段上の所長たちと検事に一礼し、「九時四十九分二十秒、おわりました。所要時間十四分十五秒」と声高に報告した。

　近木の後にいた看守たちが階段を駆け降りた。保安課長が下に姿をみせた。棺(かん)が運びこまれ、屍体がおろされた。

　拘置所長が腰を浮かしながらＫ刑務所長に頭をさげた。

「お疲れさまです」

「やあ、きょうはスムースにいきましたな」赤ら顔の刑務所長は快活に言った。

「先週は、手子摺(てこず)りましたからね」

「きょうのは、すっかり諦(あきら)めてた様子でしたな。ああいう風にもってくのは大変でしょう」

「信仰があったんで、こっちは助かりました」

「握手をもとめられた時はちょっとあわてておられた」

「ええ、死人に触られるようなもんですからな、いい気持じゃあありませんや」
「しかし、今度の法務大臣は、まあジャンジャン判子を押すもんですな」
「実は」拘置所長は左右を気にしながら声をひそめた。「今週、もうひとりあるんですよ。けさ、執行指揮が来ましてね」
「今度は誰ですか」
「それはですね……」所長は後にいる近木に気付いて言葉を切った。そんな所に医官が立っているとは思わなかったらしい。

　拘置所長は刑務所長を脇に連れていって密談を続けた。事務官が迎えに来て検事が立った。おそろしく無表情な人である。処刑の間、近木は時々盗み見たが、昔自分が求刑し、今自分の意志が実行されている現場を前にして何を考えているのか、ついに読み取れなかった。

　検事が所長たちに一礼した。所長たちは話しやめ、三人は頷き合いながら、歩み去った。

　保安課長の指揮で看守たちが立ち働いていた。湯灌（ゆかん）がおわり、茣蓙（ござ）に横たえられた屍体に用意の経帷子（きょうかたびら）を着せている。課長みずから屍体の両腕をとり、掛声とともに白木の棺に移した。髪を撫（な）でつけ、表情を直す。両手を組む。「さあ、がんばれや」「もうすぐおわるぞい」課長は、絶えず陽気に声をかけた。その態度は、すこしでも声を休めると看守たちが働きやめてしまう、それほどこれは嫌な仕事なのだと示していた。

　背広のポケットを探っていた看守が報告した。

「課長、こんなものが入ってました」

「どれ」保安課長は手にとって眺めた。「これはお袋さんの写真らしいな。こっちは女からの手紙かい。なあんだ、猫の漫画じゃ。みんな貴重品じゃない。よし、衣服と一緒に焼却にまわせ」

「待ってください」と近木は急いで階段を降りた。「それ、ぼくにくれませんか」

「ああ、先生ですか。こんなものどうするんです」

「記念にとっとくんです」

「気味がわるいでしょう、死人の汗が染みてますよ」

「いいです」

「それなら、どうぞ」保安課長は物好きな人だと言うように目を剝いた。

近木は看守から遺品を受け取った。なるほど湿っている。封筒は玉置恵津子のだった。猫の漫画にもエツコと署名があった。きのう楠本が会ってほしいと言い残した。犯罪学研究会でも話し掛けてきた。彼女とは何かと縁がある。三匹の子猫のおどけた漫画から、まだ高校生とも見える若い女子学生の、茶目っ気のある顔が思い出されてきた。尻尾をあげ昂然と胸を張る猫の背中の絵具が汗で流れている。しかしあとの二匹には異常はない。楠本が最後まで持っていた大事な遺品を、ぜひ彼女に手渡してやりたいと思う。そう、楠本に頼まれた通り、彼は玉置恵津子に会うだろう。そして二人で楠本他家雄について語り合うだろう。彼が知っているのと全然違う楠本を、彼女は知っている。「温かくってユーモラスで、まるで無邪気な幼な子みたい」な楠本を教えてもらいたい。もう一枚は皺くちゃの写真だ。書斎に坐っている中年の女性だ。楠本に目のあたりが似ている。近木は胸をつかれた。さっき拘置所の正門前に佇んでいた老婆とどうやら同じ人らしい。

作業が終り、棺に蓋をするばかりになって、保安課長が号令をかけた。

「一列横隊に整列」

近木は棺の中を見るのが嫌で、離れて立っていたが、この時、見えぬ糸に引かれるように、そっと歩み寄った。

「黙禱」

最前苦痛にゆがんでいた楠本の表情は、なぜかいまは、すっかり安らかな寝顔に変っていた。死後、血が行き渡りでもしたように、肌がほんのり赤らみ、生きているようだ。唇がわずかにゆるんで真っ白い歯がのぞけ、何か物言いたげだ。憔悴した病人の死ばかり看取ってきた近木には、窶れの見えぬ楠本の顔艶が、どうも納得できない。もしこれが死だとすれば、それは余りにも不自然すぎる。

近木の目に涙が溢れだしてきた。楠本の口元が、何かを話すようにウロウロと動いた。先生にはまだお分りにならないのです。わたくしは本当に幸福なのです。そう言っているようだった。近木は合掌した。

Ⅱ部　小説『湿原』抄

（宮川達二選）

第1章　指

1　群衆

新宿駅にあふれ出た群衆は、非常呼集された兵隊だ。同系色の背広という制服に身を固め、おのれの会社に奉仕するという共通の目的をもたされ、せかせかと階段を追いたてられていく。思い思いの服装をした女たちも、色彩と個性を失って、影のように男たちにまつわりついていく。毎朝見なれた光景だが、何度見ても一種の感動を覚える。この群衆はやがてあちこちの会社に分駐し、そこで仕事をはじめる。その仕事がつもりつもってこの世の中が動く。彼らはこの世を動かしている、ちょうど一人一人の兵隊が任務を果せば巨大な戦争となるように。

降りた人が残した空虚の中に、どっと人々がなだれこんできた。車内は満員となり、衣服のへだたりを感じさせぬほどの強い圧力で肉塊が密着してきた。自分も、一つの肉塊として、そのなかにはめこまれている。ひたすら従順に、圧力のままに動かされながら、雪森厚夫（ゆきもりあつお）は、ふと目の前の男を眺（なが）めた。

もう五十に手のとどきそうな、つまり厚夫と同年輩の、脂（あぶら）が乗った紳士である。糊（のり）のきいたワイシャツに、真新しい縞（しま）ネクタイをしめている。課長か課長補佐という役所（やくどころ）だろう。着ているものに気をくばり、会社でも、そつ無く立ち回っている。きれいに剃られた顎に、いささかの自信がたゆたっている。

大学卒、一流会社勤め、マンション住い、一男一女の父、乗用車を一台所有、給料は……と厚夫は想像し、自分とは異質な給料生活者を男に見た。男の持っている多くが、彼、雪森厚夫にはない。小学校卒業、自動車整備工、木賃アパートの住人、この年になって未だ妻子なし。

もっとも外観から言ったら、彼も男に負けはしなかった。英国製の背広の生地は男のより上等だったし、デパートで念入りにえらんだイタリア製の絹ネクタイは男のより高価なものだ。ちょっと見た目には、彼だって大会社の課長か、ひょっとしたら重役ぐらいに見えるだろう。

が、厚夫は自分の弱点が手にあることをよく知っていた。この節くれたった指、油で隈取りされた爪は、まぎれもなく自動車整備工の手なのだ。男の、ふっくらとした、労働を知らぬ手との相違はあきらかである。それに厚夫の、骨ばった厚い胸や広い肩は、長年労働に従事したことを示し、背広の要所を無骨にゆがめていた。大体この背広という衣裳は、細い骨を脂肪で覆ったこの男のようなやわらかな肉体に適合するデザインなのだ。

2　学生

改札口のあたりに甲高い声が針をばらまくように響いていた。ヘルメットに手拭覆面の若者たちが三十人あまりスクラムを組み、隊長格の青年が携帯マイクで演説中だ。マイクの性能を越えた音量をしぼりだすため、声が割れて、切れぎれにしか聞き取れぬ。

われわれワア……大学当局ノオ……糾弾する……断乎としてエ……いまヤア………ブルジョア民主主義のオ……欺瞞とデッチアゲウォウ……

厚夫には、最近急に、学生たちが興奮しだしたのがよく分らない。今年の春ごろから、一箇所で火があがると強風であおられたように、あっという間に全国に飛び火し、燃えさかっている。デモ、占拠、団交、乱闘と際限もない、教授や知識人までが学生に与して、新聞テレビは危機感をあおりたて、今にも革命がおこりそうな有様だ。

家の事情で小学校にしか行けなかった彼にとって、中学校以上の学校、まして大学など夢の理想郷なのだが、そんな恵まれた境遇の大学生が何が不満で暴れているのか不可解である。戦争中、陸軍航空整備学校に入ったのが、小学校以後の彼の学歴のすべてだ。が、整備学校でも大学出の者が幅をきかせ、英語物理化学の知識のない彼は大いにばかにされた。大学生なんか彼を差別する特権階級のお坊っちゃんにすぎない。

若者たちの中に女を発見して厚夫はおやと立ち止った。両側の男に肩をだかれて足先など地につかぬほど伸びあがっている。華奢（きゃしゃ）な手が白く、指は折れてしまいそうに細い。スクラムが揺れるたびに、ジーンズの中で尻（しり）が丸く張って、なまめかしい。覆面で顔は見分けられない。が、全体の感じが、スケート場で知り合った女子学生の池端和香子（いけはたわかこ）に似ていた。目の前の女を裸にして、短いスカートをはかせ、リンクせましと滑りまわらせてみる。

ほっそり長い、未成熟を感じさせる脚が、思いのほかの力強さで氷を蹴（け）る。腰を中心にして回転しだす。鋼鉄の刃が透明な光の輪を氷上に浮べて、回る、まわる、マワル。厚夫は、毎週日曜日の朝、インストラクターからフィギュアスケートのレッスンを受けていた。和香子も同じ先生についていて、よく出会うのだった。

3　再犯防止

背広を脱いで作業服を出す。一着めは腹に大きな油染（あぶらじ）みがあり、舌打ちして別なのに着換えた。洗濯されアイロンがきいたのでないと気がすまない。仕事の関係で汚れは避けられぬが、朝は完全に清潔なのを着ると決めている。そのため支給された二着のほかに五着ほど自弁で買いそろえ、まめに洗濯屋へ出す。洗濯代もかさむが、そう決めた以上、そうする。この習慣をこの工場に来てからずっとくずさないでいる。

　前刑をおえて娑婆（しゃば）に出たとき決心したのだ。もうすぐ四十歳だ。いつまでも今までのような生活を繰り返してはならぬ。とにかく、二度と刑務所に来ないようにしよう。

　再犯防止のために厚夫が考えたのは、いくつもの義務をおのれに課することだった。といって大したことではなく、オマジナイみたいなことだった。第一に毎年世話になった人たちに年賀状を書くこと。前刑のときの弁護士、保護司、妹夫婦に〝無事〟を報告することで決意を新たにする。第二に、いつもパリッとした服装をすること。上等の背広、ネクタイ、清潔な作業服。第三に、現金を取りあつかう仕事にはつかないこと。出納事務とか集金係とかは避けて、〝現場〟に身をおく。第四に、規則的に運動すること。少年時代におぼえたアイススケートを再開し、先生について基礎からやり直す。第五に、出勤の時間を正確にし、絶対に遅刻しないこと。第六に……。

　いやオマジナイはまだまだ続くのだが、厚夫はそれらで心身を支えて、やっとこの世に生きている気がするのだ。その一つでも欠けると、何か全体の緊張がゆるんで、崩れてしまうような恐怖がある。ちょうど一服でも喫（の）めば長年の禁煙が破れてしまうようなものだと思っている。

　人がおのれをどう見ているか彼は知っている。意志が強い。几帳面（きちょうめん）で信頼がおける。働き者、勉強家。大のきれい好き、仕事にはきびしい人、おだやかな人、やさしい人、いろいろな言葉が雪森厚夫を形容し飾りたてるが、そのどれもがおのれの真の姿に当てはまらぬことも彼はよく知っている。自堕落で、意志が弱く、軽薄で行き当りばったりで、心冷たく、残忍だとも思う。むろん、この負の評価も十分には真実を射あてない。

八時二十七分。ロッカー室に続く休憩室に入り、時計をにらんだ。八時半きっかりに工場へ出る決りだ。二十秒前に、一歩一歩正確な足取で歩み出た。すでに若いもんは一列横隊に整列して彼を待っていた。〝朝礼〟のはじまりだ。

4　爆破事件調査

その時、まぎれた物を探していて、全然別な物を探しあてたように、梅雨のある日、刑事の唐突な訪問を受けた記憶が脳のひだの片隅から浮びあがった。早朝いきなりおこされ、銃と弾薬を見せてほしいと言われた。鉄砲所持者の定期点検だという口実だったが、かつてそういう点検をうけたことがなく不審に思った。あとでこの六月十六日、首都の南の横須賀線電車でおこった爆破事件に関連した調べだと判った。網棚におかれた時限爆弾が爆発し、死者一名、負傷者十一名の大惨事となったのだ。

厚夫は銃弾薬の管理には神経を使い、使用銃弾や火薬の品量、使用場所などを手帳に明記してあったので、刑事には文句のつけようがなかったし、事件当日（それは日曜日だった）は伊豆（ず）の湯ケ島温泉に布川と前日から泊って鮎釣（あゆつり）をしていたこともわかり、疑いは晴れた。ただ不快なのは、同じ銃砲所持者でありながら布川のほうの調べはなく、厚夫だけが調べられたことで、おそらくは前科者であるための予断があったと思われる。

実は刑事に本当のことを言ったのではなかった。昨年の秋、風蓮（ふうれん）湖畔でおこなった爆破実験については黙っていたし、そのために消費した無煙火薬は弾薬として使用したように記録を操作してあった。自分が禁じられた爆破実験をしたことを刑事に告白するほど厚夫はお人好しではなかった。それにしても一度疑われたことは不愉快で、その折の刑事の面持（おももち）が気味悪くちらついている。愛想笑いのかげに蔑（さげす）みが、信頼の表出の裏に疑惑の目付を秘めた面持だ。

このところ爆破事件が立て続けにおきていた。昨年二月、羽田空港のトイレが爆発した。三月、東京駅のみどりの窓口付近で爆発がおこった。四月、ひかり号の中で本に仕組まれた時限爆弾が発見された。七月、房総西線で爆発がおきた。今年六月の横須賀線爆発事件は一連の事件のなかでは被害の大きさで際立（きわだ）っていた。そのため広範囲の捜査がおこなわれ、そのとばっちりが厚夫にまで及んだのだ。それにしても……。

第2章　雨

1　池端和香子

一通りサークル・エイトを練習しおえた頃(ころ)、あたりに人が増えてきた。ひときわ目立ってうまい人がいる。池端和香子(いけはたわかこ)だった。

リンクの端から速度をつけて助走してきた和香子は、中央に来てジャンプし、一回転半して後ろへと滑っていった。アクセル・パウルゼン・ジャンプである。助走の途中に、厚夫ににっこりと会釈(えしゃく)した。そのあと二回転半のダブル・アクセルに挑戦(ちょうせん)したが、失敗して尻餅(しりもち)をついた。すぐ起きあがり、短いスカートについた氷を払いながら厚夫のところに来た。せわしい息で胸を突き出し、「お早うございます」と挨拶(あいさつ)した。

「先生はまだですか」

「そう、どうなさったのかしら」和香子は柱時計を見あげた。九時十二分だった。九時から九時半までが和香子のレッスン、九時半から十時までが厚夫のレッスンとなっているが先生の都合で遅れることもある。

「一緒に来た人だれ」と和香子が尋ねた。

「見てたんですか。なに甥っ子です。ぼくの妹の子供」

「すごく上手。選手みたい」と和香子は、正確なクロッシング走法でコーナーを切ってくる勇吉を見詰めた。

「ええ中学時代は選手だった。しかし、室内リンクは初めてじゃないかな」

いつのまにか換気が始まって氷上の霧は晴れていた。鏡面に姿を映し、勇吉が突っ走っている。スピード靴やホッケー靴で飛ばしている者が二、三人いたが、勇吉の速さは抜群で、たちまち追い抜いてしまう。

「そうそう、おとといT大学に行きましたよ。夕方から夜にかけて乱闘があったでしょう。あれを見に」

「物好きね」

「いや、テレビを見ていたら、あの甥っ子が見に行こうというんで、引っぱっていかれた。しかし、今の学生って、ものすごく乱暴なんで驚いた。いや、あなたは私立大学だから国立の連中とは違うだろうけど」

「わからないよ」と和香子は謎めいた微笑で口を閉じた。

「あなたはまさか過激派じゃないでしょう」

「……」和香子は微笑を消し、真っ正面から厚夫を見詰めた。

「あ、そうだったらごめん。何かぼく悪いこと言ったみたい」

和香子はかぶりを振り、なおも熱心に見詰めてきた。

「わたしね、過激派って言葉きらいなんだ。過激派、全共闘派、代々木派なんて、新聞は分類するけど、みんな嘘(うそ)っぱちだらけ。現実はもっと複雑で入り組んでいて、暖かい感情がこもっていて、人間的なんだ」

2　喫茶店

和香子は立って「わたしも帰ろう」と自分のロッカーを開き、いきなり「ねえ雪森さん。コーヒー飲みません」と言った。

「ああいいですよ」雪森は応じた。スケート仲間とレストランでパーティを開いたり喫茶店へ行く機会はあったが、和香子と二人きりになったことは無かった。しかも女のほうから誘ってきたのを嬉(うれ)しく思った。

スケート場に付属した喫茶店に行こうとすると、和香子はここは人目が多いからいやだという。水道橋近くのビルの地下にある喫茶店に入った。

「実はね、お願いがあるんです」と和香子は切り出した。「新宿に連れていってほしいの」

「新宿」と厚夫は驚いた。「それはまたなぜ」

「あしたが国際反戦デーなことはご存知でしょう」

「何かそんなことが新聞に出ていたようだな。まだよく読んでないんだ。何でも学生たちが乱暴するおそれがあるから新宿駅に近付くなと警視総監が言ったとか」

「よく読んでるみたい。そうなの、あしたは新宿で燃えるんだ」

「燃えるって、何が」

「青春がよ。わたしたちの」

「あんたたちの」

「正確に言うとね、わたしたちのうち、わたしをのぞいた、わたしたちなの」

「分った。さっきのT大の長髪君は新宿へ行くんだな。あんたは誘われたが決心がつかず断った。しかし、やっぱり行ってみたい」

和香子は珍らしく目を伏せた。それから萎(しぼ)んだ花弁が急に生き返ったように、大きな目を一杯に開いて厚夫に向けた。

「ね、新宿に連れてってくれる」

「分りました。いいですよ。だけど一つだけ質問がある。ほかの友だちに頼まず、なぜぼくに頼むの」

「それを言わなくちゃだめ」

「だめじゃないけど言ってくれたら嬉しいね」

「言ったらがっかりする」

「がっかりしないから言って」

「安全だから」

「ふうむ」厚夫は溜息をついた。

「怒ったの」

「怒るも怒らないもない。安全な男と見られて光栄ですよ。だけど本当に安全な男かどうか、ぼく自身には自信がない」

「あ、そういう意味、なるほど。それもあるけど、そういう意味じゃない安全なんです。あしたは学生同士で歩いてるとかえって危険なの。雪森さんはわたしのお父さん。父親が娘を連れて歩いてるのが安全なの」

「なあんだ」

「がっかりした」

「いや、嬉しい。たしかにぼくはあんたの父親みたいな年齢だもの。父親で光栄ですよ」

「雪森さん、いくつ」

「四十九。あんたいくつなの」

「二十四。年とってるでしょう」

3　刑務所

「きのう、雪森さん、刑務所はどんな世の中でも無くならないって言ったわね」

「言った」

「あの話が頭にこびりついていてね、あのあと、彼、長髪君、守屋(もりや)君というの、彼に話したらすごく興味持ったわ。彼は今新宿駅であばれまわってる。逮捕されるかも知れないって言ってた。もう逮捕されたかも知れない」

「それは心配だね」

「平気。彼ね、一度逮捕されてるの。でも証拠不充分で釈放された。それを残念がってる」

「なぜ」

「一度刑務所見たいから。どんなところか見たいんだって」

「つまらないところさ、刑務所なんて」

「ねえねえ、刑務所ってどんなところ」

厚夫は自分が余計なことを口走ったと悟った。が、あわてるよりも彼女の質問に答えてやろうという気持が強くおこった。それほど和香子の表情は無邪気な真剣さに充(み)ちていた。

「ぼくは、昔、戦争中だが陸軍刑務所ってとこに入ったことがある」と低く言う。カウンターに尻を並べている客たちには聞えぬと見定めた。

「あらあら、すごい」和香子は叫んだ。大きな口をあけている。真っ白な歯の奥の咽喉が、柔らかな命のように動いている。その驚きようを厚夫はいとしく思った。この子に何もかも教えてやりたい。

「ぼくがしたのは逃亡だ。軍隊がいやで逃げ出したんだ。戦争中の軍隊でそんなことをすればどうなるか」と厚夫は言った。

「銃殺」と言って和香子は自分の言葉に息をのんだ。

「いや、懲役一年六箇月の刑だった。軍法会議で言い渡された。軍人精神の欠如によりというわけだね」

「陸軍刑務所ってどんなところ」

「それだ」厚夫はどういう具合に、どの程度まで話そうかと考えた。軍隊を知らぬ現代っ子に軍隊の雰囲気、まして刑務所の状況をまざまざと伝えるのは困難だ。「昼間は工場で働かされる。革工だ。兵隊の持つ弾入れを革で作るんだ。手縫いだよ。夕方、房に帰ると壁にむかって坐る。正坐と安坐が三十分おきだ。とにかく動いてはいけない。手の位置だって絶対に動かしてはいけない。鼻がかゆくなるだろう。すると自分の番号を看守にいう。『十二号』というと、『何だ』と尋ねられる。『鼻の頭がかゆくあります』『よし』と許可がおりてやっと鼻がかけるんだ」

和香子は熱心に聴いていた。厚夫の話を一言も聴きもらさない構えである。そういう若い子に話すのが彼は得意でもあり嬉しくもあった。

4　風蓮湖

「エゾシカ。根釧原野には沢山いる。そうそう」と彼はエゾシカの角を取り出してきた。

「わあ、固いんだ」と彼女は角を撫でた。

「はじめは柔かくて、血液だらけなのが、段々に固くなってこんなになる」

「これ、雪森さんが獲ったシカ」

「そう、さきおととし、撃った」

「鉄砲で撃ったの」

「狩猟がぼくの唯一の、いや釣とあわせて、たった二つの趣味でね。オヤジが猟師だったから……。それで今でも時々いく。この十一月にも行くつもりだ」

「どこへ行くの」

「北海道。根室の近所に風蓮湖という湖がある。あのあたりだ」

「すばらしい。わたし一度鉄砲撃ってみたい。猟ってのしてみたい」

「本当か」彼には意外な発言だった。普通女は血を流す狩猟を嫌う、とくに轟音を発する鉄砲撃ちをこわがると思っていた。「猟ってのは、きれいごとじゃない。動物の血や内臓で手が汚れるよ」

「いい。汚れてみたい。原始人みたいに汚れた生活がしたい」

「変ってるね、あんたは」彼はガンロッカーから銃や弾丸を取り出してきてベッドに並べた。説明する。ライフルは旋条あり弾丸が回転して進むもので命中率が高い。散弾銃は着弾域が大きく手軽にあつかえる。昔の陸軍が使用したのはライフルだ。撃ったあとの手入れが大変で、分解掃除を入念にしないと実戦の用に立たなかった。

和香子はライフルに最初はこわごわと、次第に大胆に触り、持って構え、装塡(そうてん)操作をしては引き金をひいた。鹿撃(しかう)ちの話をする。鹿は人間の五十倍も聴覚が敏感で遠くから人間の声を聞きわけ逃げてしまう。そのため風下からそっと近付いていく。呼笛(コール)でさそいだすこともある。しかし、人間が近いと知ると、鹿はすぐ風下に逃げてしまう。それを追い、ついに仕留めるのが狩の真面目である。

5　精神病院

雨の中を二人は散歩に出た。近くの神代(じんだい)植物公園へ行こうと厚夫が誘い、和香子が応じたのだ。精神病院の前に来たとき、和香子は立ちどまって、見回した。患者たちが全員病棟内に閉じこめられているため、鉄格子の内側には捕獲された魚のようなうごめきがあった。

「何を考えてるの」と彼が尋ねた。

「あのなかにいる人、みんな弱い人なんだ、みんな悩んでるんだって」

「そうだね」彼は彼女の目で病院を見た。いつもは宇宙人のように遠い存在と見ていた患者たちが、不意に身近で親しみのある人間に感じられた。

「ねえねえ、あそこの建物の端っこに、小さな高窓があるの見える」

「見える」

「あれ保護室。興奮患者を入れる頑丈な独房なの。わたしもぶちこまれたことある」

「へえ」

「看護婦に抱きついて首締めたの。わざとやったんだけど病状悪化の危険患者と診断されて、ぶちこまれた」

「ひどいもんだね」

「いいえ。保護室のほうが楽なの。一般病室にいるとほかの患者がうるさいから、ひとりになりたいときは、自分で病状悪化をおこしてやる」

「そんな嘘、医者に見抜かれるだろう」

「見抜ける医者なんて一人もいない……ああ、ひとりになりたい。何だか、また保護室に入りたくなっちゃった」

「精神病院なんか嫌だと言ってたくせに、入りたいなんて」

「矛盾。ひどい矛盾のかたまり、わたしって」

草むらで雨に弱った虫がか細く鳴いている。風が笹原（ささはら）からしぶきを飛ばした。キャベツ畑のむこうの人工色の緑はゴルフ練習場だ。のぞくと誰も客がいない。植物公園もまるで閑散としていて、ビニール合羽（がっぱ）の園丁に会っただけだった。厚夫は迷わず先へ先へと歩いていく。

「よく来るの、ここ」

「近くだからね。しかし、雨の日は初めてだ」

風が梢（こずえ）から大粒の雫（しずく）を振い落した。黄葉が重く舞う。やがてバラ園に来た。盛りをすぎてはいるがまだ花は咲きそろい、冷えた甘い香りが地にはっている。暗い空の下で、花はみずから光を滲（にじ）みだすように明るかった。閉った売店の軒端（のきば）で雨を避け、二人は飽かず眺（なが）める。和香子が厚夫の腕をとり、身を寄せてきた。

「こわい」

「何が」

「誰かが見てる」

「ここには誰もいやしないよ」

「あそこ」和香子は、バラ園の真ん中にある水枯れの噴水を指差した。

6　秘密

「彼」

「彼って」

「モリヤ・マキヒコ」

「モリヤ・マキヒコって誰だっけね」

「忘れちゃったの。新宿で話したじゃない。わたしのボーイフレンド。ほらT大生の長髪君。きのうは逮捕されず、無事だったんだって」

「ああ彼か」

「あなたって飲むと忘れちゃうのね。あの時自分のことも話したじゃない。大きな工場の工場長で、狩猟なんぞという贅沢な趣味をもち、お金はありあまってる」

「え……」記憶にない。何かしゃべった感じは残っているが覚えていない。ゴールデン街ではつい深酔いして寝こんでしまった。「酔っぱらって大きく言いすぎたな。きみも見たとおりのつつましい生活だ。自動車の整備工場で働いてるしがない工員だ。小学校しか出ていない男に似合いの地位さ」

「なぜそんなふうに言うの」

「そんなふうにって、事実だからさ。きみにおれって人間を誤解してもらいたくないからさ。おれはつまらない人間だ。前科者だし……」

「陸軍刑務所ね。でもあれは仕方がない。戦争が悪いんだ」

「いやまだある」自虐の衝動がふくれあがった。全部を吐きだし排泄し、弱い透明なかたまりになりたいという、警察の取調のときに感じるのと同じ強い衝動である。彼は圧力のあがった空気を小さな穴から洩らすように言いかけた。「おれは……」しかし、強い抑制の気持がおこってきた。この若い女の子には到底理解してもらえぬという絶望が穴に栓をした。

「……」彼女は目を見開いて待っていた。

「まあ、要するに、おれは、つまらない人間さ。学校にも行けず、ずっと社会の下積みできた。こんな男はきらいだろう」

「いいえ」声は小さいが決心したように強かった。「わたし雪森さん、好き」

「ほんとうに」

「そう、ほんとうに。正直なんだもの、気取ってないもの」

「ありがとう」厚夫はしんみり言った。「おれはこういう人間だ。今の話は秘密だよ、二人だけの」

「わかってる。わたしの話も秘密よ」

「秘密の交換だね。これからどうする」

「きょうのところは、家に帰る」

「それがいいよ。また会えるね」

和香子が頰笑(ほおえ)んだので厚夫はすこし安心した。しかし彼女に真実を言わなかったというやましい気持は残った。雨がガラスに吹きつけ庭がゆがんだ。「送っていく」と彼は沈んだ声で言った。

第3章　原野

1　天地

天地のあいだに、たった一人でいる。聞えるものは水のせせらぎと風の音のみだ。光は黙し、鳥も鳴かない。厚夫は解き放たれた野獣のように力一杯吠えてみたかった。何をしようと、どんなに崇高な行為をしようと醜悪な犯罪をしようと、誰も見てはいないのだ。大都会の、あの緻密な人間の網にからめられているのと、それは何という相違だろう。ながいあいだ懲役囚として働かされてきたが、布川モータースの勤めも本質では懲役とそう変りはしない。命令され、監視され、判で押した日課をこなし、刑期や定年までの期間、わずかな報酬をもらい続ける、働かされ働いて働き続け、年をとった。今、彼は完全に労働から離れている、自由だ。たとえ、どんなに束の間であろうとも完全に自由だ。

厚夫はここで釣でもしようかと道具を背からおろしたが、思い返してまた背負い、川を去って用心しいしい広大な湿原の中へと分け入った。じくじくと濡れた地面は柔かで、長靴を吸着する。すぽっすぽっと一歩一歩、足をひきぬきながら進んだ。

子供のときから何度もこのあたりを歩いた経験から、厚夫には安全な場所が見分けられた。大体この湿原の底には、何十年か何万年か知らぬが、とにかく途方もなく長い時間がかかって堆積した植物の残渣、どろどろの泥炭層がある。川や沼をのぞきこむと見える、コーヒー色の沈澱物がそれだ。それがどのくらいの厚みがあるのか知らない。とにかく底なしに続くと父の石造は教えてくれた。牛や熊など図体の大きい動物がそこに沈んだら、あっというまに呑みこまれるともいう。泥炭の粘着力のため泳ぐことができぬからだ。むろん人間とて例外ではない。

川や沼に接して、背の高い北葦の群生地帯がある。ここは泥炭が山積みとなって、すこし水の引いた場所で、むろんいたるところに〝谷地眼〟とよばれる底無しの水溜りがあるけれども、葦の根が密に張った所をえらべば何とか歩ける。葦の黄色い茎を左右に開きながら、厚夫は一歩一歩足元を確かめて歩いていく。

枯れはてた葦原のなかに、根元から枝分れの多い谷地榛の木が、骨ばった手でまねくように散らばっている。今は裸木だが春夏は緑の茂みとなって影を作ってくれる。とにかくこの木の生えるあたりは地が固く、厚夫は有難い道しるべと心得ている。

やがて、枯れ菅が、取り入れ後に集められた稲束のように丸く固まっている所に来た。山にこもった蓬髪の乞食坊主が身を寄せ合っているようで土地の者は〝谷地坊主〟と呼んでいる。厚夫はそこに腰をおろした。

もう小一時間、誰にも会わず歩き続けてきた。人がいないどころか、鳥も花もない。春夏の小鳥のさえずり、赤や白の花のそよぎが瞬間思い出されたが、あたりの沈黙と枯れがれの風景に負けて散っていった。

2　爆破実験

厚夫は持ってきた三方継手を思いだした。どこかで爆破実験でもしようとリュックサックに入れてきて忘れていた。大急ぎで準備をした。黒色火薬を継手に充塡（じゅうてん）し、雷管に電線をつないで外に出し、単一乾電池四本六ボルトを起爆電源とし、ゼンマイ式のタイマーをつないだ。継手を枯木の根元に植え、タイマーを五分後にセットすると走った。一〇〇メートルほど離れた所に泥柳の大木があったのでよじのぼり、眺めた。正確に五分後、閃光（せんこう）とともに轟音（ごうおん）があがった。葦原が円形になびき、中心の白煙を貫いてウニのように泥が刺（とげ）を出した。火薬は五〇グラムは入れたろう。今まで二度試みた爆発よりは、ずっと大きい。熊のやつ、仰天して逃げたに違いない。

枯木は倒れて五メートルはふっ飛んでいた。直径三メートル深さ一メートルの穴が掘れている。すでに水が湧（わ）きだしていた。継手の破片もタイマーもどこへ散ったのか見当らない。電線だけが穴のふちに残っていた。

コーラの瓶（びん）より鉄パイプ、鉄パイプより継手と、火薬を包む抵抗を大きくしただけ爆発の威力も大きい。が、過去二回と違って今度は何の喜びも覚えなかった。装置さえ大掛りにすれば、爆発はいくらでも増大しうる。が、それでどうしたというのだ。「きょうはがっかりしちゃった」という和香子の言葉がよみがえった。「湿原なんて、何にもこわれない。爆発なんてインチキだよ」

3　葉書

飛行機が羽田に着いたのが午後おそくで、アパートに帰ったときは宵の口であった。留守中の郵便溜めにとドアの下においた段ボール箱に新聞やダイレクトメールが重なっている。なかに鉛筆の走り書きの葉書が目についた。

表記の精神病院に入れられています面会に来てください日曜は母が来るからできたら平日に来てね面会時間はひるま午後四時半までこの手紙外出許可のでてる患者さんにたのんでこっそり出したのわかこ

病院の住所は牛込であった。地図を調べてすぐ場所を突きとめた。入院していたのか。とにかく明日面会に行ってやろう。何となく和香子の様子がおかしいとは気付いていた。どこがどのようにおかしいと的確な表現はできないが、〝病気〟が再発したという気はした。が、入院するほどの〝重症〟だとは思えなかった。〝入れられた〟と書いてあるのは、強制入院という意味だろうか。かわいそうに……。

4　死の家の記録

「ドストエフスキーの小説に『死の家の記録』というのがあるんです。知ってますか」

「いいえ。戦争小説と時代小説以外はほとんど読んだことがないんです。小説ってのは嘘（うそ）っぱちを書くでしょう。そういうのあんまり興味がない。本当のことを書いたのならいい。和歌や俳句はその点で好きですが」

「小説でも本当のことを書くのがあります。本当のこと以上に本当なのがある。『死の家の記録』もその一つです」守屋は学生らしく熱心に言った。

「それはシベリアの流刑囚の生活を描いたものなんですが、そのなかに、囚人に無意味な仕事をあたえたらどうなるかという問題が書かれています。たとえば囚人に一つの桶（おけ）の水を別の桶に移し、またそれをもとの桶にもどすような仕事をさせたら、囚人は首をくくるか、やけのやんぱちで犯罪をおかすかの道しかないというのです」

「刑務所の強制労働はまさしくそれですね。無意味な仕事をさせて囚人を苦しめる。そこに今の自由刑の刑罰としての意味があるんです」

「水を入れたり、出したり……苦しいでしょうね。ぼくだったら気が狂っちゃう」

「その通りですよ。囚人てのはみんな気が狂ってるのです。無意味な仕事でも意味があるように錯覚するという点で、毎日毎日の判で押したような生活に退屈しないという点で、気が狂っているんです」

「面白い、いや、おそろしい話です。雪森さん、刑務所に詳しいですね。陸軍刑務所以外のことも詳しい」

「……」

「ぼく、あらゆる犯罪者は革命家だなどと言いながら、犯罪者に会ったことがないんです。雪森さんは犯罪者ですか」

「どきんとしますね。ずっと昔のことです」

「犯罪を犯す瞬間てどんな気持かな、教えて下さい」

「もう忘れてしまった。ずっとずっと昔のことです」

御茶ノ水駅付近に来た。左に曲ればT大学の方向である。

「大学まで送りましょう」厚夫はハンドルを左に切った。

第4章　塔

1　同志

午前十一時三十六分

池端和香子は、〝みんな〟と一緒に歩いていた。今まで何度かデモに参加してはいたが、大体は大学構内をおとなしく巡回するのみで、こんなに大勢の人間と街頭にでて、しかもヘルメットと手拭覆面の〝正装〟で歩いたことはなく、自分がまるで別の人間になったようでおかしい。手には角材まで持っている。手袋を忘れてきて誰かの軍手を借りたのが、脂じみて黒く、内側でねっとり指に貼りつき気持がわるい。ホイッスルに倣ってワッショイと怒鳴るが、自分のか細い声など誰にも聞えやしないだろう。ワッショイ。ともかく国立大学の塔に籠っている同志たちを援護すべく駿河台の私立大学から出撃してきた。しかし、攻撃に行くというより、祭のようだ。ワッショイ。やっと自分の黄色い声が自分に聞えた。

行進が詰った。前方に何かの障害があるらしい。男たちの背中が急ごしらえの壁となって後退してくる。前後から異常な圧力にはさまれた。

池端和香子は、転んで肘をしたたかに打った。頭に背中に尻に、重みを、倒れてくる人々の肉体を感じ、肘の痛みよりも重みの恐怖のほうが強い。気をつけろ、助けてやれ、死んじまうぞ、という声が人々の重圧に潰れ、彼女は一刻意識を失い誰かに引っ張りだされて気がついた。体が飛ぶ。ゆらゆら揺れる。男たちが肩を貸してくれていた。足が地についた。走る。ひたすら走る。

横に五重六重に隊列を組んだ機動隊が、道一杯にあふれ、押してくる。学生たちはこばまれ、蹴散らされ、逃げている。塔へ、塔へと隊伍を組んで、ゲバ棒を振りかざして行進していた、さっきの勢いはない。辻に来て、裏門へ向った学生たちが、やはり逃げかえって合流し、大通り一杯に学生のヘルメットが氾濫した。

2　脱院

正午

雪森厚夫はテレビのスイッチをひねった。二年前にニュースのカラー放映が始ってから布川一郎がすぐ買い備えたカラーテレビだ。いきなり赤い塔が映り、ヘルメットをかぶったアナウンサーの上擦った、しかし報道するに足る事件があるという感激で打ち震える声が流れた。テレビのまわりに人々が集った。布川一郎、藤山君子、それに若いもんたちがテレビを囲んだ。塔は煙と水にすっぽり包まれていた。催涙ガスと放水の中に、ぬらぬらとした血の色で立っていた。「こいつはすげえや。世紀のビッグショウってやつだ」と布川一郎が言った。午後もずっと塔の攻防戦を放映するとアナウンサーが言うと、「こいつは見なくちゃね。しかし仕事にならんな。今日は」と布川一郎は西瓜腹をさすった。

雪森厚夫はジャンパーをひっかけ、食事をしに街に出た。レストランは本日休店の看板を掲げ、商店街は軒並みシャッターをおろし、土曜日なのに休日のようで、しかし歩道から溢れんばかりの大群衆で身動きもできず、祭の雑沓さながらだ。車道を占領している夥しい学生たちはヘルメットと手拭の〝武装組〟よりも、まったくの軽装でピクニックに行くような派手な服装のほうが多かった。石を割る鈍い音が、乾いた砂塵のような幕をあたりに張っていた。学生たちは敷石を剝ぎ、たたきつけ、砕き、投石用の小石を作っていた。

雪森厚夫は、学生たちの中に池端和香子がいる気がして、注意深く目を凝らした。一昨日、彼女から手紙が来た。便箋に綺麗なペン字で書かれてあった。

病院を逃げ出しました病院にいくらいてもよくならないんだもの今都内某所にいます家には帰れないし帰らない雪森さんが面会に来てくださったこと看護婦から聞きました感謝していますでも会わないほうがよかったわたし薬のまされて頭がぼーっとして食べすぎてふとってひどい有様でしたからシャバに出て一週間経って頭がはっきりして痩せてきてやっと人心

地がついてペンをとったわけです不思議なことに薬をやめたらめきめきよくなりユーウツ症はどこかへ去って体も元にもどったのです今どこにいるかは言えません組織の連中に知れたら大変だから秘密ですなぜ手紙書いたかというと一度お会いしたいからですでもどうやって会えるか分らないスケート場も調布のお家も何だか恐くてちかよれませんわかこ

池端和香子はおそらく守屋牧彦のところに逃げたのだろう。脱院も彼の手引と思われる。すると、彼女はT大学にいるのか。けさ早くから暇を見てはテレビを見ているが、映し出されてくる学生はどれも同じ感じで弁別できない。ただ、彼女が過激派学生の群に身を投じているという確信が段々と強くなった。雪森厚夫は学生たちを一人一人吟味しつつ、弥次馬(やじうま)の海を泳いで行く。

3　闇の奥

午後七時二十分

池端和香子は私立大学を抜け出した。まだポリ公が大勢いるから気をつけろと忠告されたのを、あえて外へ出たのは何だか一人になりたかったからだ。街は夢で見た穴の底のように暗く、人通りは絶えていて猫一匹おらず、その廃墟のような感じが好ましくて、小路から小路へと足早に行く。しかし、大学から遠ざかるにつれて、不安がきざし、角の暗闇に私服や機動隊員が待ち伏せしているように思え、ひとり歩きを後悔しだした。自分がつけたのではないが、わたしのライターから出た火が車一台を燃やしたのは確かで、〝建造物以外の放火〟の共同正犯、つまりれっきとした犯罪者にはちがいなかった。みんなと一緒にいると自分の行為が当然であったと思われ、誇りと喜びすら覚えたのに、ひとりになると犯罪者の追われた気持になる。火が燃えあがった瞬間のあの昂揚、喜び、ぱっと明るくなって何もかもが――組織も父も母も家庭も大学も教授の娘という規定もが――燃えつき消滅した感じがあったのが、何だかむなしくなってきた。燃え滓を見て失望した放火犯みたい。いやわたしは実際に放火犯人なのだっけ。自動車一台を燃やしたところで世の中は何も変らない。毎日何十万何百万台の車が作り出されているのだもの。〝解放区〟や〝バリケード〟なんて錯覚にすぎない。見てよ、この街。あんなにみんなが暴れたのに何一つ、塀一枚電柱一本だって変ってやしない。

そのかわり――池端和香子は、足早に歩き血液の早い流れで脳細胞を活性化しつつ、思った――わたしはこの街から追放されてしまった。鋼鉄のシャッター・鎧戸・雨戸・忍び返しの塀で完全武装の街は、放火犯人のわたしなど入れぬように、冷ややかに続いている。おそらく犯行の瞬間を、どこかで誰かが目撃したに違いない。昼日中の街頭で大群衆を前にしたことだもの、新聞社や警察のカメラマンに撮られたに決っている。動かぬ証拠をにぎった警察はわたしを指名手配しているだろう。逮捕・豚箱・監獄と何やら恐ろしげな未来が先のほうへと連なっているのを見、守屋牧彦を思い出した。七時のテレビニュースではT大学で多数の逮捕者が出たという。塔の陥落も間近かで、早晩彼も逮捕されるだろう。

　きのうの夕方塔へ野菜をとどけに行った。みんなとリヤカーを連ね、リュックサックを背負っていった。守屋牧彦が窓から顔を出してわたしに手を振った。塔の上のほうで遠くて表情は読み取れなかったが、彼だと分って手で合図を送った。三日前、塔に入るときに彼は「きみは来ないほうがいい。塔にいる者はどうせ全員逮捕される」と、まるで逮捕されたがっているような口振だった。わたしが病院より逃げたのは監禁されるのがいやだったからだ。それなのに守屋牧彦は監禁されたがっていた。と、池端和香子はびっくりして立ち止った。ガラス窓の向うに雪森厚夫を見付けたのだ。

　雪森厚夫は誰かと話しこんでいた。電灯の加減か顔色は赤やぎ、記憶のなかで思い浮べた青白い肌（はだ）とは違って、血がのぼり興奮しているようだった。眉（まゆ）が濃く、額が平で広く、頑丈（がんじょう）な骨で組みあげた頭だ。青い作業服が体に似合って、左翼画家の描いたたくましい労働者という感じだ。池端和香子はあたりを見回し、そこがガソリンスタンドであるのに気付いた。彼女が窓に近寄ると彼の目がこちらを見た。が、彼は彼女に気がつかず視線をそらして、話し相手を上目遣いに眺（なが）めた。相手の禿（は）げあがった後頭部が現れた。丸っこい、脂（あぶら）ぎった肩が、笑っているように波打っている。足音がして池端和香子は闇の奥を窺（うかが）った。数人の男たち、もしかすると刑事だ。池端和香子は走った。全速力で大学へと走った。

4　鉄格子

同じく午前六時四十五分

池端和香子は夢を見ていた。精神病院の鉄格子を切って外へ逃げると、また鉄格子があり、それを切るとさらに外側に鉄格子があって、うんざり疲れ果て、白衣の看護人にとらまえられそうになって、最後の手段で地下にもぐることにした。土は水のように柔かく、泳いで下へ下へといくと真っ暗な底に点々と明りが点り、近付いてみると、鉄格子のはめこまれた窓で、窮屈そうな独房に雪森厚夫が入れられていた。そこは刑務所らしく、同じような窓が無数にあり、無数の人間が閉じ込められていた。どこへ行ってもどこへ逃げても鉄格子ばかりだと思い、絶望していると足音がし、白い看護人たちが大勢駆け寄ってきた。看護人ではない、機動隊だと叫ぼうとして目が覚めた。夢の余熱の、逃げ場のない八方ふさがりの気分で池端和香子は目を開くのが恐かった。そこで薄目を開き、すっかり明るくなった教室をそっと見た。

池端和香子は、ベッドがわりの机から降り、気が滅入ってむなしくて寂しくて、病気が再発したのかと思ったが、まわりに人がいないという単純な理由によると分り、幾分安心した。昨夜眠るときはぎっしり部屋を埋めていた学生たちが、十人ほどしかいない。池端和香子は隣近所の教室を探り、そこの人数もめっきり減っているのに気がついた。中庭にあるセクトのリーダーがいて苦笑した。

「みんな夜逃げさ。だらしのねえ連中だ」顔を洗おうと洗面所に去る彼女を、彼の声が追いかけた。「十一時に〝T大闘争勝利総決起大会〟だからな。きみも来てくれよ」

5　増幅

「来る公算は強い。今度の〝塔攻防戦〟を切掛に、治安当局は過激派一掃に乗り出すだろう。逮捕者の交友関係なんか徹底的に洗うだろうから、きみの名も浮びあがる。下手な誤解を受けぬよう用心したほうがいい」

「だけど、デモに参加しただけで、わたし何もしていない。まあ石は投げたけどさ」池端和香子は、火をつけるとき自分のライターを誰かに貸したことを思い出した。あのライターはどこへ行ったろう。

「デモに参加した事実だけで容疑が成立するんだよ。何も毀(こわ)さなかった、火をつけなかったと弁解しても、集っただけで凶器準備集合罪になる」

「でも参加した事実は事実でしょう。わたしは卑怯な真似はしたくない」

「卑怯とか何とかじゃなくて、日本の警察というのは恐ろしい所だよ。小さな行為を大きな犯罪に増幅するなど平気でできる」

「雪森さん、そういう経験あるの」

「増幅された経験かい」と雪森厚夫は、急に落着きを無くして、眉をひそめ、両手を擦り合した。池端和香子の今言ったことが彼の弱点を突いたらしい。以前警察で恐ろしい仕打に会ったことがあるのかも知れない。「まあね」と彼は迎向に、上下に引き伸ばされたような、少し不自然な笑顔を浮べた。

「警察については、おれはいろいろ知っている。きみよりうんと年上だからね」

「分った。じゃ黙っている」

「そうしなさい。そうして、やっぱりきみんちに帰るんだね。それが最上の方策だ、この際」

「家に帰る……」池端和香子は自分の全く考えていなかった解決を雪森厚夫が口にしたので虚を突かれた。脱院後泊っていた旅館の支払いは守屋牧彦がしてくれた。彼がいなくなった場合、宿泊費を捻出する当てもなくなるわけだった。「仕方ないか」と池端和香子はつぶやいた。

「それじゃすぐ、お母さんに電話してあげなさい」と雪森厚夫は卓上の電話機を押してよこした。

第5章　流氷

1　突然の宣告

青白い夜光塗料の針を雪森厚夫は読んだ。五時三十五分。起床時刻をすぎている。たしかにリンが鳴らなかった。昨夜うっかり目覚しの設定を忘れたのだ。電灯をつけて洗面所に行きかけ、テーブルの紙袋を見て苦笑した――おれは首になったのだった。その紙袋は布川モータースのロッカーに彼が置いていた物品のすべてだ。自弁の作業服五着、洗面道具、下着、二級自動車整備士の免許証、英和辞典。それらを紙袋に入れたとき、これで自分の痕跡はすべて消えたと思った。まるで旅先のホテルから出るような具合に、彼は紙袋一つをさげて工場をあとにした。

　きのうの朝、仕事を始めて間もなく、藤山君子が社長のお呼びを告げに来た。厚夫に用があれば朝礼のとき伝えればいいのだし、作業の監督指示なら布川が自身で出向く習いだったから不審に思い、「何の用事だろう」と尋ねると、君子はすこし狼狽して「知らないの。ただ急いで呼んで来いって言うの」と答え、何かを知っていて隠す様子が見え見えだった。社長室には布川と、つい二週間ほど前に雇ったばかりの若い技師の汐見達郎がいた。「実はな、言いにくいことだが」と布川はいつになく改った口調で、別に暑くもない室温なのに汗を拭った。「あんたにやめてもらいてえんだ」

「ははあ、これですか」と戯口（おどけぐち）で厚夫は手の平で首を切る真似をした。

「冗談じゃねえんだ」布川は目玉が飛び出るように力んだ。「こっちは本気で言ってる。あんたは社をやめてもらう」

「わかりました。仕方ありません」厚夫は悪びれず頷（うなず）いた。突然の宣告だが、こうなる予兆は多々あった。「ただ、二、三質問してよろしいですか」

「理由を言えってのか。そいつはあんたが知ってるだろう」

「知りません」

「そういう言い方がいけねえんだよ。よく知ってるくせに知らないと言う。まあなあ、あんたとおれとは馬が合わない。そいつはこういう小企業じゃ致命的だった。わかるだろう……」

2　流氷

日は陰った。荒（すさ）んだ森が続く。「防雪防霧林だ。線路沿いに残されている」と彼が言った。銀鼠（ぎんねず）の雪は、色彩を失って鉄色の葉に載っている。何かが欠けている――そう、赤とか黄とか青とか、春の洋服にプリントされるような色が欠けている。やがて森が切れ海が見えてきた。黒っぽい荒れ海だが、水平線のあたりから白い帯が伸びて、川のように蛇行（だこう）しつつ間近かまで来ていた。

「あれ、何かしら」

「流氷だ」

「あれが、そうなの。初めて見る」和香子は窓ガラスに額をつけて目を凝らした。流氷は見る見る数を増して海を覆い、岸辺までを塡（う）め尽した。氷と言えばリンクの平な表面を思う彼女には意外な形が目についた。三角、四角、格子（こうし）、円、塔、盆、なめらかなもの、ギザギザなもの。そして色も、白、銀、浅葱（あさぎ）、紺碧（こんぺき）とさまざまだ。

「舶来氷だ」と雪森厚夫は言った。「オホーツク海の北で凍った氷が流れてきたんだね。海辺近くの平な沿岸氷は押されて破れてしまい、その上に氷と氷が押し合い、盛りあがっている」

「あの流氷に乗れるかしら」

「乗れるさ。いずれ乗ってみよう」

3　凍裂

「よしよし」と彼は赤ん坊をあやすように言い、電灯を消して和香子の隣に坐った。二人は星空と向い合った。膝元(ひざもと)には石油ストーブの青い炎が揺らめいていた。どこかでカーンと鋭い音がして静寂(しじま)に吸いこまれた。

「何かしら」

「森の木が割れたんだ。零下三十度近くになるとよくおこる現象でね、幹の中の水分が凍って大木が裂けちまうんだ」

「すさまじいのね」

「あっ」と和香子は叫んだ。星が一つ黄色い光芒(こうぼう)を発して落ちていった。

「流れ星だよ」と彼のほうが驚いて言った。「初めて見たのかい」

「初めて、何もかも初めて」と和香子は男の、太く固く幹のような腕に頬摺りした。「初めてのことって素晴しい。もっといろいろなものを見たい、聞きたい、触りたい」

「あした、あのスノーモービルってやつを借りて、風蓮湖から川を遡(さかのぼ)ってみようか」

彼は彼女の肩をそっと抱いた。

「風蓮湖のまわりには広大な湿原があって、人が入りこめない。しかし、冬は全部が凍るから自由に交通できる。トラックだって通れる。ただし、潮切りは注意しないとね。車で釣に来た人がよく落ちて死ぬ」

4　蓮の葉氷

　彼が運転するスノーモービルで二人は出発した。曳行する橇には、主人が準備してくれた弁当や釣具を積んでいた。雲は黒色に垂れこめていたが雪原は明るく、二人は光を切って快速で進んだ。きのう訪れた狐森を通りすぎ、湖のまんなかに出た。時々氷に皺でもあるのか車が飛び跳ね、そのたんびに和香子は大袈裟に悲鳴をあげた。ふと停った。彼が指差す方角に白鳥の大群が見えた。

　雪と融け合ったり分離したり、割れ目の水で泳ぎ、番で飛び、クウクウコウコウと鳴き、そこを自分たちの支配領域として何百羽いるか、その迫力は温根沼で見た数十羽の比ではない。

「あらダンスをしているのがいる」

　一羽が羽をひろげてちょっと飛びあがるともう一羽が雪上で気取ったステップを踏む。一羽が地上に降り立つともう一羽がさっと飛びあがる。一種の快適なリズムがある。和香子は拍子を取ってみた。三拍子だ。ワルツだ。この二羽を囲み、大観衆がいる。一斉に拍手でもおこりそうな気配だ。ほら事実歓声があがった。どこかで一羽が鳴きだすと、たちまち群全体がクウクウと鳴き、大歓声となった。しかし群から離れたところにいるスネモノもいる。群の動きと無関係に二羽が遠くを歩いている。

「あそこの二羽、世をすねている。わたしたちみたい」

「あれは丹頂鶴(たんちょうづる)だ。羽の端と首が黒いだろう」

「すごい。雪森さんて目がいいのね。わたしにはよく見えない」

「おや大鷲(おおわし)が飛んでいる」

彼の指差した方向に黒い大きな鳥の影があった。寒風を力強く攪拌(かくはん)しつつ遠ざかり、岬(みさき)のむこう、海に消えた。きのうの流氷群が姿を消し、灰色に濁った水面があるのみだ。

「流水が無くなってる」

「風に流されたんだろう」

陸地沿いにゆっくりと進み、湖の氷の切れる手前まで来ると先は海だ。氷が切れて黒い水がひろがり、無数の薄氷が揺れていた。ザラッザラッと摺(す)り合う音がする。

「これはね、沿岸氷ができかかった状態だ。海水がどろっとして今にも凍りそうだろう。土地のもんは〝テシロップ〟と呼んでいる。こうして凍った薄氷を〝蓮(はす)の葉氷〟と呼ぶ」

和香子は浜から海に近付き指を水に入れてみた。水というより粘液の感触で、指をすっぽり吸い取られそうでうろたえ引っこめた。波が寄せてくるが、水に粘着性があるためか泡(あわ)を立てず、水銀のような重々しさだ。冷たい暗い海だ。水平線にうっすらと島が見えた。

「国後島だ。北方領土の一つ」

「これ、オホーツク海かしら」

「根室のもんはそう考えている。根室に二つある港のうち、花咲港は太平洋に面した不凍港、根室港はオホーツク海に面した凍結港だと」

「そう考えてるって、どういう意味」

「はっきりしないからか。物の本にはオホーツク海てのは千島列島より北を指すとあるが、歯舞諸島や色丹島が千島列島に入るかどうか。入るとすれば、ここはオホーツク海なんだがね」

「わたしは根室のもんに同調し、これをオホーツク海と命名するよ」

オホーツクという言葉から樺太、カムチャッカ、シベリア、北極という言葉が引き出され、氷と寒冷と無人の、世界の果てが連想された。そこでは一切が凍結し静止し死に絶えている。

和香子は指をしゃぶり、北の海の塩気を味わった。何か身震いを誘う味だった。

5　神

「神……」厚夫は女の白い肉体の揺らめきを水面下に見ながら戸惑った。神、それは彼にとってもっとも縁遠い存在だった。犯罪・暴力・労働・狩猟と彼の親しい生活は神の対極にあった。そして人間は信じられない。絶えず裏切られてきた。布川一郎に裏切られた生傷はまだひりひりと痛む。そしておれ自身の中にも狂暴で冷酷で罪深いものが一杯詰っている。

「そんなに悲しそうな顔しなくていいのよ」和香子はくるっと体を返し泳ぎ始めた。背中から湯気が後光のように立ち昇った。

「悲しいさ。おれは神様なんかに見捨てられた人間だからね」

「わたしもよ。わたし放蕩娘（ほうとうむすめ）なの。迷える羊なの」

和香子は擦り抜けていく。厚夫は溜息をつくと、女を繋（つな）ぎとめておきたくて、つかみかかった。女は湯にもぐって逃げた。青黒い藻の間で笑っている。こいつめ、こいつめ。厚夫はその首をつかんで引き寄せ、水中でキスしたまま浮び上った。泳ぎながら脚をからめ女を貫いた。浮いたり沈んだり、上になったり下になったりしつつ、二人は熱い営みを続けた。ついに雪の上に女を抱きあげ、雪を融かして埋れていく間に射精した。女は腹を輝かせて喜び震えた。「幸福」「おれも」「離れないで。いつまでもそうしてて」「凍（こご）えてしまうよ」「いいの、二人ともこのまま凍えて死のう」。女は彼を離さない。夕闇と冷気のただなかで、ほとんど凍死寸前まで二人は抱き合っていた。

その夜、厚夫は宿から根室（ねむろ）に電話した。出てきたのは末子で、不意打の兄の声に仰天したらしく震え声になった。

「あにさん。どこさいる、今」

「羅臼（らうす）だ。勇吉を探しに来た」

「勇吉はつかまったよ、きのう、厚岸（あっけし）で。徹吉のとこさ張りこんでた刑事につかまった」

「そうか……」

「うちにも刑事が何度も来てね、探してた。あにさんのことも探してた」

「おれのこと。なぜだろう。おれは何も悪いことしてねえよ」

「知んねえが……あにさん、なぜ突然行方さくらました。それが疑われてるみたいだよ」

「旅行だよ。今旅行中なんだ。実はな……電話じゃ言えねえから会って詳しく話す。あす、そっちへ行くわ」

「いけないよ。来ちゃいけない。あにさん、つかまっちまう。うちは刑事に張り込まれているんだから……この電話も盗聴されてるかも知れないよ」

「信じてくれよ。おれは何も悪いことしてねえ」

「あにさん。布川モータースやめたんだって。社長さんから電話あっただよ。一体何があったのさ」末子は涙声になった。

第6章　闇

1　逮捕

東京へもどった翌朝、雪森厚夫は逮捕された。前夜、旅の荷物を整理して早目に床に入った彼は、和香子や勇吉やもろもろの想念に追われてなかなか寝付かれず、仕方なしにナイトキャップの焼酎をあおるうち深酔いしてベッドに倒れ伏し、頭痛と口渇に目覚めると、誰かが入口の扉を叩いていた。ガウンをまとい立ち、「どなたでしょう」と尋ねると「雪森さん、電報です」という答え、扉を開くや二人の男に押し入られた。鋭い眼光、隙のない身の構え、其の筋の者だと直観した。何度も同じような有様で男たちに襲われていた。悪いことをすればいつかはこうなると何度も経験させられてきた。が、その時は、過去の経験と違い、彼は何も悪いことをしておらず、逮捕の予感もまるでなかった。

「ちょっと、おれたちと一緒に来てくれ」と年輩の私服が横柄に言った。

「どなたでしょうか」厚夫は丁寧に言った。声は震えていず、自分が平静だと自覚できたが、習慣から相手に過度にへりくだった調子となった自分が不愉快だった。

「こういうものだ」と黒い革手帳を示す。頭を殴られたような痛みが脳全体にひろがった。しかし、睡気（ねむけ）は吹っ飛んで、これは現実だと思った。夢の中で彼はよく寝込みを刑事たちに踏みこまれて逮捕されていて、今の今までこれも夢かも知れぬとどこかで考えていた。

「何かの間違いだと思いますが」すでにして声が震えを帯び、汗が吹き出てきた。これも悲しい習慣だった。警察官に物を言うとき、ついこうなってしまうのだった。

「まあ、いい。署に来てもらってから分る」と相手は断ち切るように言った。上官から命令を受けた兵隊のように従順に、厚夫は着替えをした。六時十分だった。頭痛薬を取り出し、許可をもとめてから飲んだ。渇（かわ）きがひどく、水をコップで三杯も飲んだ。すこし落ち着き、年輩者の脂（あぶら）ぎった鼻と脹（ふく）れあがった顎（あご）に気付いた。

「逮捕状を見せてください」

「逮捕状はないんです」と相手はやや礼儀正しく答えた。

「では、どういう理由ですか」

「任意同行です。署で理由を言います」

任意同行なら行かなくてもいい自由がある訳だが、拒否すれば、逮捕状なしの緊急逮捕に切り替えられるだけだ。扉の前に油断なく立つ、柔道五段といった若い男が退路を押えている。厚夫は無駄（むだ）な抵抗をあきらめた。

2　共犯

「北海道で勇吉に会ったかどうか。お前が北海道旅行を池端和香子としていたことは、ちゃんと調べがついている。風蓮湖畔の民宿ペケンに泊ったこともな。羅臼では高砂旅館に二泊しとるな……」

和香子の名前が出たので厚夫は急に不安になった。二人だけの秘密の旅についてなぜ警察が知っているのか。

「池端和香子がどうかしましたか」

「それでは教えてやろう。池端和香子はお前の共犯じゃないか」

「共犯ですって」厚夫はびっくりして腹に力を入れ、危く小便を洩らしそうになった。「一体何の話です。彼女はどんな犯罪とも全く関係のない女の子です」

「それでは、なぜ二人で旅行した」

「恋人同士が連れだって旅行してはいけませんか」

「ほう恋人同士か。お前はもう四十九歳なのに和香子はまだ二十四歳だぞ。ま、色恋沙汰は年に関係ないとしても、お前みたいな前科者の悪党が、なぜ過激派Qセクトの女子学生と一緒に旅をした。教えてやろうか。色恋以上の目的があったからだ。つまりお前たちは陣内勇吉と示し合せて北海道へ逃走したんだ」

「冗談じゃありませんよ。何のために逃げたりするんです」

「それはこちらが聞きたいよ。陣内勇吉の伯父であり、本件の重要参考人であるお前が突如行方をくらます——逃走以外の何ものでもない」

3　取り調べ

鉄扉が開き、巡査が車を押してきた。食事運搬車で、端の房からアルミ盆が配られていく。にわかにひもじい。夜明けに起こされて、朝食抜きで昼になった。自弁の弁当や丼物（どんぶりもの）をもらうものもいる。ヤクザの幹部は鰻重（うなじゅう）だった。見るからに脂（あぶら）の乗った蒲焼（かばやき）がうらやましい。のっぽが厚夫の分を運んできてくれた。魚のフライを箸でつまみあげた瞬間、「雪森厚夫」と呼ばれた。

「取調だ。出て来い」

扉（とびら）の前で手錠腰縄（こしなわ）の姿とされると二名の巡査に取調室まで連行された。例の警部補、巡査部長、それに年輩の私服が今度は巡査部長の制服を着て坐っていた。巡査二人が後ろに立ち、五人の男に四周を取り囲まれ、手錠をはめられたまま何やら息の詰まる思いでいる厚夫に警部補はのっけから怒声を浴びせた。

「雪森厚夫、さっきみてえなオトボケはもう許さん。びしびし訊ねるぞ。まず教えてやる。お前は新幹線ひかり号爆破犯人と疑われてるんだ。あの大事件は知っとるだろう。先週の火曜日、二月十一日の午後四時二分、新橋でおきた事件だ。死者二、重軽傷者二十八人だぞ」

「何かの間違いだと思いますが。わたしは……」

「犯人なんだよ」警部補は血走った目で睨（にら）みつけた。最前の皮肉な口調、遠回しな訊問（じんもん）とまるで態度を変えている。

「冗談じゃありません。全く無関係です」

「あの事件のことは新聞で読んどったろうが」

「ちらりと読みました。よくは知りません」

「毎日大々的に報道されておったぞ」

「旅に出てましたから全然新聞を読みませんでした」

「お前が新聞を読まねえ……犯人のお前が、自分のやらかした事件を読まねえ。考えられんな。ま、よし。犯人じゃねえんなら、アリバイを証明してみろ。その日は何をしておった。朝からの行動を言ってみろ」

4　事実の創作

「その顔付じゃ、ぼくの話を一応聴いてるらしいから続けるが、昭和四十三年という年は、こっちの取締業務も複雑怪奇繁忙その極でね、ああ立て続けに紛争事件をおこした過激派学生のほうは、もっと大変だったろうと、御同情申しあげたいくらいで、爆破実験をおこす必要も余裕もQセクトにはなかったというのが真相だろうけど、たった一つ六月十六日におこった横須賀線爆破事件だけは例外で二十九人もの死傷者を出し、しかも三方継手に無煙火薬を詰めたものでえ、ええ雪森厚夫、あんたが昨年十一月十八日に風蓮川岸でおこなった爆発実験との関連は明らかで、あんたの実験も三方継手を使い、ただより爆発力が強力で煙を発して爆発効果満点な黒色火薬を使った点が相違するだけだ。あんたは、横須賀線爆破事件の記事を細大洩らさず切り抜いていたから余程この事件に学ぶところがあったろうと思うよ。Qセクトのほうではこの事件に大きく刺激を受け、繁忙に取り紛れていた爆破計画を早急実行に移すことになり、そこであんたは十一月の北海道行きに爆破実験を行うことになった、なぜと言って本州では実験に適する広い場所はそうざらにはないし北海道なら狩猟にかこつけて火薬を持ち運びできるからだ。実験は見事に成功し、あんたはその報告を守屋牧彦にして大いに喜ばれ、いよいよQセクトをあげて新幹線爆破の計画を細密に練っているうちに、昭和四十四年一月十八日、十九日の塔の日となり、守屋牧彦は逮捕されてしまったので急遽守屋牧彦奪還のためQセクトの威嚇力を示す必要が生れて、旧紀元節を期して爆破を実行することになって、折から入院中の池端和香子を脱院させ、犯行の手筈をととのえ、犯行後北海道に逃走することまでQセクトの連中との相談で、あんたは決めたんだ。なあ、雪森厚夫、ここまで分ってる、分ってるだけじゃなく、一つ一つの事実に証人、物証、関係者の自白まで揃っている、どうしたらいいと思うかね」

　警部は目をしばたたいて口を尖らせた。これだけ諸事実を知悉している以上、お前を落すなど訳のないことだという自信が戯け顔から染み出してくる。厚夫は相手の自信を否定すべく、自分も顔をほころばせ、軽く笑いながら言った。

「全部が創作ですね。全くのお話ですね。事実はほとんどありません。わたしは本件には無関係です」

5　自供

「なあ、雪森、おれは疲れたよ。今度という今度は本当に疲れたよ。もうこうして三週間、日曜日を返上してお前に掛りっきりだからな。まいった。これでお前が自供しなきゃ、お前は証拠だけで、つまり物証人証書証だけで立件送致だ。そうすりゃ検事様は、まったく悔悟の念のない凶悪犯てえ受け取り方をなさる。そいつはうんと損だと思うがな。ま、それはお前自身で解決すべき問題だから、おれはもうとやかく言わん。もう疲れたからな。それよりおれ自身の話をしよう。おれはな、あの間柄警部みたいなエリートとは違う。あの人は国家公務員上級試験を通って真っすぐ警部補になり、半年で警部になった人だ。もうすぐ警視で、三十代半ばで警視正、つまり署長になる人だ。ところが、おれはこれで五十四歳、再来年の三月にゃ停年だが、まず警部補止りだ。なにせ警部試験を受けて管理職になる気がまるでねえんだから仕方がねえ。しかし、おれはな、ずっと強行班の捜査畑にいて、実務組じゃ他人に引けをとらない。今までに数えきれんくらい凶悪犯を逮捕し、自白させ、〝落しの神様〟と言われている男よ。功労賞なんか十指に余るほどいただいてる。

ところで、なあ、雪森、お前は陸軍で軍曹だったろう。おれは曹長だった。下士官てのはな、将校にはなれねえんと決っちょる。士官学校出の少尉殿が二十歳でらっしゃるのに曹長のおれは三十歳で、ヘイコラせにゃならん。つまり将校にはならん。おれは警察でも下士官よ、一生下士官よ。下士官にはもちろん誇りがある。つまり将校にはならん誇りよ。もちろん悲しみがある。つまり将校にはなれない悲しみよ。おれはな、今度の新幹線爆破事件を最後に身を引かねばならない。その、おれへの最後の花向けができるのが、雪森よ、お前だ。下士官同士のよしみで、もしお前に人間らしい暖かい心があるなら、たった一つのことだけ言ってくれよ。お前、去年の十一月に風蓮川岸で爆破実験をしたろう。陣内虎吉やその他大勢の目撃者のいるこういう出来事まで否定するから、お前は誰にも信用されなくなるんだ……」

「しました」と厚夫は何だか夢見心地で答えた。

「そうか」警部補は肩を落とし、二本目のタバコを厚夫にすすめ、「ありがとう、よく言ってくれた」と涙ぐんだ。空涙かと思ったが、涙は頰に二条三条と銀を刻んだ。

「よく言ってくれた」警部補は厚夫の肩を親しげに叩いた。「おれは嬉しいよ。雪森軍曹、これでお前は真人間になれるんだものな」

肥野警部補は電話で仙波巡査部長を呼び出して筆記の用意を整えさせ、厚夫に笑い掛けた。

6　モーツァルト

池端和香子は坐禅をひとくぎり終えるとモーツァルトのピアノ・ソナタを聴き始めた。心の中でピアノを弾く。すると音が心に響いてきて、実際に聴いているのと少しも変らない。聾のベートーヴェンが作曲するときは多分こういう状態だったんだと思う。ケッヘル三三〇、八長訓、アレグロ・モデラート、美しく豊かで優雅で爽やかで暖かくて幸福。組織の回し者どもときたらこの愉しみを知らないんだ。組織の命令・規則・強制・義務・習慣にガンジガラメ、ほら制服なんか着ちゃってさ、制服って奴隷の鎖みたい、サラリーマンの紺背広・軍服・人民服・

囚人服。それに較べてモーツァルトの自在・飛翔・変化・美はどう。池端和香子は羅臼の山中の温泉を思い出した。音楽が湯気を撫で湯気に染まり湯気とともに上昇し、ただの一度も湯気って同じ形にならず、雪森厚夫に抱かれてわたしは湯気のようにふわふわして星を見ていた。山の奥の奥の、二人だけの秘密の温泉に音楽が充ちて何てよかったろう。アレグロ・モデラートが終りアンダンテ・カンタビーレ、いつまでもこうやって弾き続ける。幼い頃からピアノを弾くといろいろな情景がありあり見えてきて、それが嬉しくてピアノを弾き続け、曲をすぐ覚えてしまった、モーツァルトのピアノ・ソナタだったら全部覚えてる。特に好きな、ケッヘル三三〇、三三一、三三二、三三三、四五七、五四五、五七〇と順番に弾く、これできっかり二時間になる。これを繰り返せばわたしは何時間でも絶対に退屈なんかしないんだ。

7　黙秘

事件当日現場におもむいたあと、大貫検事は捜査は警察にまかせ、自分は身を引いて事態の推移を見守ることにした。捜査主任の能勢警視は警視庁切ってのやり手で親しい友人でもあったし、現場を切り盛りしていた肥野警部補の経験と熱意にも信頼がおけ、ここは警察に自由に捜査をさせてみようと思ったのである。果せるかなこの種の事件としては先例もないほど速やかに被疑者雪森厚夫と池端和香子の割り出しが行なわれ、二人を逮捕した。捜査本部長から二人を窃盗容疑で別件逮捕しじっくり捜査にあたりたいと要望があり大貫検事は勾留請求を行なってやった。勾留二十一日目に雪森厚夫は犯行の一切を自供し、その自供に基き二人を再逮捕した。しかし、池端和香子のほうは依然として黙秘を続けていて、犯行の動機や当日の行動について人証による推定以外何も分らない。もし公判廷で池端和香子が口を開いたとすると具合の悪い結果を来さないか、この点が第一に頭にひっかかっている。

運ばれてきた生牡蠣を食べながら大貫検事は、つい三日ほど前、池端教授が不意に訪ねて来たことを思い出した。参考人として四度ほど呼びだして事情を聴取したが、その日はむこうから面会を求めて来たのだった。娘が逮捕されて以来、新聞雑誌によく載る顔が日を追って白髪が増えて老けこむ様子で五十四歳とは思えぬしわしわ顔となっていたが、その日は部屋に入るや思い詰めた気色で大貫検事に一礼し、のっけから嘆願調で話した。

「和香子は気違いなのです」

大貫検事が黙っていると、池端教授は岸事務官に哀願するように頭をさげ、今度はやや穏かに言った。

「一種の被害妄想なのです。何かの組織に迫害されると錯覚して、入院中でした。それが病院を逃げ出して無軌道な生活をしているうち、あの雪森なる前科者に誘惑され、いいようにされたのです。何も知らぬ、二十五も年下のおぼこ娘をたぶらかし、とんでもない逸脱行為に誘いこんだのはあの男です。和香子は妄想にかられて男の言いなりになったのです」

第7章　壁

1　初公判

初公判。朝九時すぎに出発、三十分で東京地裁の仮監入り、開廷十一時。護送車を降りたとたん新聞社のカメラマンからフラッシュのシャワーを浴びた。警官が建物を取り囲み、群衆を押し返している。赤旗が振られ、怒号が飛び交う。しかし、仮監の中は一人だった。静かだった。それだけに和香子と顔を合せる瞬間を予想して悩んだ。嘘の自白をしたうえ、彼女まで巻き添えにしてしまった。この先、どのようにして償ったらいいか。

　被告席で彼女と目が合ったとき、硬い顔の目くばせしか出来なかった。彼女の大きな目は私を見ていなかった。キラキラ輝いて、どこかの内部を照らしていた。私は頬笑みの痕跡でもいいからそこに見出そうと、まばたきした。彼女は目をそらしてしまった。それっきりだった。二度と私たちはおたがいを見なかった。

　守屋牧彦は野放図な長髪のうえ顔をひげに埋め別人のようだったが骨相には見覚えがあった。あとの二人は見覚えがない青年で、むろんどちらが田川信一やら深谷昭人やら分らぬ。勇吉は一番最後に入廷してきて私に向けてにやりと笑った。今日被告たちに見られた唯一の笑だった。

傍聴席は雪解水を溜めた池のように満員だったが、チラと見て色白の末子と図抜けて高い徹吉を見付けた。虎吉は発見できないが、どこからかこちらを見ている気はした。

型通りの人定質問で、彼女だけが氏名を言わなかった。裁判長がうながしたが答えない。みんなの視線を浴びても平気で窓を向いている。裁判長は苦笑し、連行した女看守に本人に間違いないかを尋ねた。傍聴席より「頑張れ」の弥次が飛び裁判長の退廷命令で廷吏が学生らしい若者を連れだした。

検事が起訴状を朗読した。Qセクト内部や勇吉のことは知らないが、彼女と私の罪状はまるでデタラメだ。すぐにもデタラメだと叫んでやりたかった。弁護人の飯野先生にあらかじめいましめられていなかったら叫んでいたろう。

2　監獄

明け方夢を見た。青い囚人服の男たちが大きな食堂で食事をしている。アルミの食器には黄色い、まるで便のような粥が入っている。臭くてまずくて食えたものではない。監獄の所長が来て説教する。お前たちは人間ではないのだから、人間様の排泄物を食べればよい。飢えるよりは、栄養たっぷりの食事を与えられることに感謝せよ。来る日も来る日もそのような生活が続く。全員が死ぬまで続く。私は恐怖と嫌悪で目を覚した。

しかし、この夢は私の現実なのだった。事態は夢よりも悪い。私は排泄物でわずかに生きることすらできず、もしかしたら絞首刑で死なねばならないのだ。それも全く理由なしに。

六時起床、七時朝点検、七時二十分朝食（配当という）、午前中一時間運動、十一時三十分昼食、十六時三十分夕食および夕点検、十七時十五分仮就寝（横臥してよし）、二十一時本就寝。

書信発信日、火木土（その他は特別発信）。

入浴、金。

日曜日は運動なし。

毎日毎週、機械より正確な、そして単純な時間が繰り返されるだけだ。私は自分が監獄に慣れていると思いこんでいた。が、それがそうではなかった。今までの未決囚の期間はせいぜい二箇月だった。懲役囚となれば毎日定まった作業がある。どんな仕事であれ、働けば時は流れていく。この七年間、布川モータースで働いていてともかくも時を流れさせてきたが、ここに来て三箇月未決囚でいて、時が急に停止してしまった。淀んで腐って濁った時には耐えられない。飯野先生に言われたメモを書きあげたし、短歌関係の本を少しずつ読み、時に一首二首と作るだけでは時は流れていかない。長年筋肉労働をした男の悲しさである。

3　五十歳

八月十日、五十歳になった。五十歳の記念に中国旅行をする予定だったのに。

終戦記念日、戦後二十四年が終った。50とか24とかいう数の無意味さ。

暑い。冷房のない部屋はこんなに暑かったか。汗が流れ、尻の下の畳が濡れる。請願作業を毎日続けて時を流す。汗と時とが暑熱の中を流れていく。

暑さに狂ったのか高崎光雄が自分の腕に嚙みついた。あいつの歯は犬みたいに鋭くて皮膚を貫いて血を吹き出させた。医官が来る。保安課長が来る。隣の大騒ぎが壁ごしに伝わってくる。古川が逸速くニュースを察知し、舎房中に放送している。

「高崎が腕を嚙んだぞ。自分の腕を嚙んだぞ」

あの落着きはらった美男子が腕を嚙んだ、その気持がよく分る。私だってそうしたい。全身の血を吹き出して、何もかも流出させてしまいたい。

理髪へ行き丸坊主(まるぼうず)になった。坊主刈はタダである。坊主になったのは前刑時だ。丸い頭の感触に我は囚人なりと実感する。運動のとき古川に冷かされた。岡安は「そのほうが雪森さんらしいよ」と褒(ほ)めてくれた。僧院と軍隊と刑務所で人は丸坊主になる。三つとも並の世間を娑婆(しゃば)と呼んでいる閉鎖社会だ。

4　開廷

午後一時開廷。和香子の精神鑑定人松田教授が出廷した。鑑定書は、裁判官、検察官、弁護人の三者にあらかじめ送付済みらしく公判廷での内容朗読はなく鑑定主文だけがあっさり紹介された。専門用語が使われていて、何やら長ったらしい病名がついていた。一度耳にしただけでは覚えられない、ともかく精神分裂病という精神病であり、犯行当時責任無能力の前提たるべき心神喪失の状態にあったという。偉い先生が長い時間をかけて診察した結果なのだから信ずるより仕方がない。事件の翌日私は喫茶店Fで彼女に会っている。あの時明るくはしゃいでいたり、幻覚剤を私にのませたりしたのも普通ではなかったのか。すると私は混乱してくるのだが、あの時抱き諦めた彼女は狂っていて、つまり本当の彼女ではなくて分裂病という他人だったのか。さらに混乱するのは北海道旅行のあいだ、キラめくようで幸福に酔い私をも酔わせた彼女は病んで〝責任能力〟のない別人だったのか。

今日は彼女は一番最後に入ってきた。大柄の女看守二人に左右からはさまれ、まるで小学生のように小さく幼く見えた。手錠をはずされた時、細い手首を細い指でもんでいた。私の眼差(まなざし)を感じたのか大きな目がほんの一刻輝いて、かすかな笑が目尻(めじり)にたゆたった。私は心の隅々(すみずみ)まで彼女の光で照らされた気がした。

5　無

八月十日、五十一歳になった。逮捕以来五三七日。それだけの時が経過したのではない、潰れたのだ。

終戦記念日、戦後二十五年。この時間も厚みも質量もない。ただ何もない。私の一生、それは結局、何でもなかった。無駄(むだ)で無で空虚だった。

ずっと彼女に手紙を出していない。この三月精神鑑定が終った時に、また書き始めようと思って書かずに来た。彼女は精神病者で責任無能力者と鑑定されている。鑑定人の主張が通れば無罪になるだろう。せっかくそうである人に私が語りかけ、彼女に不利な証拠を残したくない。彼女の無罪が確定するまであえて音信を通じない、これが私の気持だ。しかし毎日彼女を想っている。明け方彼女を抱く夢を見る。作業中ほんの一刻彼女の面影が房内に漂う。彼女を身辺に感じる刹那のみ、時が水を含み厚みと重さを回復する。が、それは淡い幻影だ、夢だ、消えてしまう。

6　神に祈る

新しい独居房は窓が大きく、金網もなく、空を遮るヒマラヤ杉もない。空をたっぷり眺められる。そこで毎夜星を探すのだが、今夜も何も見えない。彼女と見た風蓮湖畔の輝ける宇宙はここにはない。

判決が近く、自分では平静なつもりだが、苛立ちがあるのだろう、上の房の奴が明け方水道流しをするのが気になって仕方がない。四時頃になると始まる。蛇口を全開にして、ジャージャーと六回はやる。洗面や水飲みではなく、ただ私を怒らせるために、ジャージャーとやっている。

判決公判まであと三日。あと七十時間足らずで私の運命が決る。求刑通り死刑であったら控訴するだろうか。一審で二年かかって、私は疲れ果てた。二審、三審とこの辛い独居房にいるよりは、いっそ処刑されたほうがましだと思う。五十一歳の私、この年までよいことは何もなかった。これから先もあるはずがないのだから。

神を疑う私が神に祈っている。どうか真実が貫かれるように、この国家を私が信頼できるように、何よりも神を信じられるようにして下さい。

判決まであと四十時間。

7　死刑判決

巨人用のような大扉が開き、その扉に較べてまるで小人の裁判官が三人現れた。彼らの勿体振った態度がこっけいだった。満員の傍聴人が立ちあがる気配を背中に感じ、裁判官が着席したとき、私たちは立ったまま手錠をはずされ、そうされてる姿を着席した傍聴人に曝した。「被告人前へ出なさい」の裁判長の声で六人は壇上に立たされた。

　低い声で判決理由の朗読が始まった。何ということだ。検察官論告の全くの引き写しだった。半ばまで来たとき、これでは有罪になるに違いないと覚悟した。傍聴席がざめき、扉が頻繁(ひんぱん)にあけたてされる。「有罪だぞ」「夕刊に間に合せろ」と廊下で叫ぶ声が一瞬はっきり聞えた。裁判長の声調は全く変らず、ざわめきの中で聴き取りにくくなった。守屋と私が死刑、田川・深谷・池端が無期、陣内が五年（六年だったかも知れない）と聴き取れた。「よって主文の通り被告人雪森厚夫を死刑にせざるを得ないと思量した次第である」とその言葉が谺(こだま)となって響いた。死刑という言葉は細身(ほそみ)の剣となって私の心臓を突き刺し血を流させた。血が噴出して血管が空虚になる感じでやっと私は立っていた。シナ人の捕虜が穴を掘っていた。二メートルと四メートル四方の深さ一メートル五十の穴を掘るのだ。その穴の中に自分の屍体が埋められると知っていながら、恐怖のため一所懸命に掘っていた。彼はやがて後手に縛られ首を穴に差しのべて跪(ひざまず)かされた。少尉が軍力の鞘(さや)を払った。あのとき私は、少尉の日本刀が捕虜の首をどのように切り落すかに興味を持っていた。が、刀が振りおろされ、項(うなじ)より血が流れると捕虜の痛みが私の項に伝わってきた。少尉の腕前が拙劣なのか刀が切れないのか、二度三度と切っても首は落ちず、捕虜は泣き叫んだ。

　和香子が死刑でなかったことは私をすこし安堵(あんど)させた。が、この安堵はすぐ黒々とした怒りに変った。彼女が爆破をはかったと、どのような頭の働きで裁判官は判定したのだろう。彼らは人間ではないと私は思った。眼鏡をかけた中年の裁判長も、すこし若い二人の陪席判事も、私には一度も人間だと思えなかった。彼らは国家に付属する小さな部品で、それだけだった。

第8章　向日葵

1　精神病院

タクシーから降りた阿久津純（あくつじゅん）は目の前の建物を見上げた。Y病院と表札にある。コンクリートに煉瓦（れんが）の飾り壁をあしらった一見マンション風の造りだが、背後に続く病棟（びょうとう）の窓には鉄格子（てつごうし）がはまっていて、いかにも精神病院らしい。玄関脇（わき）の花壇は、小振りの薔薇（ばら）が何だかやけに几帳面（きちょうめん）に二列等間隔で植えられ、白と桃色との花が交互に開いていた。

どうしようかと阿久津は、花壇の草とりをしている患者の一団と指揮者の看護婦とを見較（みくら）べつつ考えた。きのう拘置所に雪森厚夫（ゆきもりあつお）を訪ねたあと勤め先の法律事務所にもどると、すぐ地図を調べ、さらに日本精神病院協会へも電話で問い合せ、神代（じんだい）植物公園の近くにある精神病院はY病院だけだと確めた。電話ではうまくこちらの意図を伝えられない、ともかく行って見ようと、今朝は思い立ってここに来てしまい、まだ調査をどのように始めたものか作戦も立てていないのだった。

考えても仕方がない。当ってみよう、そう決心すると彼の脚はもう動き出していた。玄関を入ると幅広の廊下が待合室を兼ねていて、周囲に診察室や薬局や事務室が並ぶ。思いのほかの繁盛で、長椅子から溢れて立っている人もいる。看護婦や薬剤師がしきりと患者の名を呼ぶ光景は常の病院と変らない。阿久津は受付の窓口に進んだ。

「診察ですか」と抑揚のない事務調で女が尋ねた。

「いいえ」彼は咄嗟に答えた。「婦長さんにお会いしたいのですが」

「何婦長ですか」

「ええと……婦長さん、何人もおられるのですか」

「五人います。AからEまでの五つの病棟に一人ずつ」

「なるほど、その中に陽気な方おられますか」

「なんですって」女は阿久津の顔を訝しげに見た。精神患者を見慣れた、憐れむような表情で尋ねてきた。「一体どういう御用件でしょうか」

「一口には言えないのです」阿久津は言葉に詰った。ここで来院の理由を要約して言えないこともない。しかし待合室に満員の人たちに話が筒抜けになる。女はなおも疑わしげに阿久津の人相風体を見回した。胸の弁護士バッジに彼女は何の意味も見出さなかったようだ。阿久津は名刺を差し出し、「ある事件のことで院長にお会いしたいのです」と言った。弁護士の肩書が効果を顕わして女は奥で相談している様子、電話で院長を呼んでいる、そのうち女がドアの外に出てきて鄭重に先に立ち、二階の院長室に案内してくれた。

院長は、恰幅のよい五十年輩の人で、分厚いベッコウ眼鏡と糊の効いた白衣が目立った。横に禿げ頭の老人がいる。事務長だと紹介された。

「さてどういう御要求ですかな」と、院長が緊張した面持で切り出した。その咎めるような口調と険のある目づかいで、彼が何か勘違いしていると見て取れた。

弁護士がいきなり来訪したとなると、大抵の人は何かの落度で賠償金でも請求されるのかと身構えてしまう。阿久津は努めて笑顔を作り、来意を明確に告げようとした。

2　水野陽子

婦長は患者たちの中に目当ての人を発見できず、机上のマイクをにぎると「水野ヨーコさん」と呼び出しを掛けた。すると廊下の突き当りのあたりに若い女が顔を出した。「看護婦室に来て下さーい」若い女は小走りにこちらにやって来た。髪の毛の長い、ジーンズ姿の肉付のよい女性で、二十四、五と見受けられた。

「なあに婦長さん」

「あんた、おととしの二月、植物公園にみんなで行ったときさあ、写真撮ったでしょう」

「撮った、沢山撮ったよ」

「その時の写真持ってる」

「さあ、随分昔だもんね、どっかに入っちゃったと思う」女は阿久津の存在を気にして流し目で見た。白粉気（おしろいけ）のない浅黒い頬が、すべすべと光った。細い鼻梁（びりょう）の下に形のよい唇（くちびる）があって、なかなかの美人である。

「こちら弁護士さん。あんたの撮った写真が、何か事件の弁護にお役に立つんですって」と婦長が言った。

「え、弁護士」女は阿久津の真正面に回り、上から下まで見て、両手で頭をかかえた。「御免なさい。保険勧誘員だと思ったの。どこの会社かなと考えていました。水野ヨーコです。太陽の陽」女は頭を下げた。

「阿久津純です。純粋の純」阿久津も頭を下げた。女の甘い体臭がした。阿久津は幾分汗ばみ、例によって顔が赤くなったのを自覚しながら、写真が必要な訳を説明し始めた。

「すると、わたしの撮った写真に、その人が写っていれば、その人は無罪になるわけですか」と水野陽子は尋ねた。

「そうです」

「あら素敵」彼女は笑った。「そういう話、わたし大好き」

3　松田教授

「それは要するに……」松田教授はいたずらを発見された子供のように鼻白んだ。「池端和香子は、病的状態にあって、ただ雪森厚夫にあやつられ、Qセクトに利用されただけというのが月岡さんの主張だから」

「その主張では、検事の〝妄想(もうそう)〟を崩せないと思います。なぜなら池端和香子は、Qセクトに関係をもち、雪森厚夫とも付き合っていた――そう、一人の自主性ある人間としてです。鑑定書にはその方面の、彼女の記憶内容があまり記載されてない」

「だからね、月岡さんが……」

「先生、池端和香子と雪森厚夫は非常に親しい仲だったのです。恋人同士だったんです、男と女が恋し合う、それは美しいことではないですか。月岡さんが言うように過激思想を持った前科者が、オカイコグルミの若い女を性的に誘惑したなんて、とんでもない事実の歪曲(わいきょく)です。二人は一体だった。だから、池端和香子を無罪にするためには雪森厚夫の無罪の証明が必要なのです。雪森厚夫に関しては犯行当日の確実なアリバイが発見されました。これです」阿久津は例の写真を示し、それを入手した経過を説明した。

「すると……」

「そうです。雪森厚夫は事件の犯人ではありません、したがって池端和香子も犯人ではありません。つまり、彼女の先生への告白が真実だということです。彼女はずっと黙秘してきたので、今のところ鑑定書の記載が唯一の無実の主張です。しかし、それ以外にも先生は沢山の告白を彼女から聞いておられる。それを教えていただきたいのです。そうすれば、雪森厚夫や陣内勇吉の無実も証明でき、それは跳ね返って池端和香子の無実の証明になっていきます」

「が、月岡弁護士は、ともかく彼女の弁護士なんだから」

「〝彼女の〟ではありません。池端教授が〝彼女に〟つけた弁護士です。すくなくとも、彼女は月岡弁護士に弁護を委ねる意志表示を、法廷では一度もしていない。そんなことでどうして十全な弁護ができますか、先生、ここは月岡弁護士ぬきで、一個の精神医学者として犯罪学者として考えていただきたいのです」

「さあ……そう言われても……」

「先生は月岡弁護士が請求した鑑定人でいらっしゃった。しかし一審の判決がおりた現在、自由な個人として発言なさってよろしいと思います。まして、それは池端和香子の利益になるのです。先生は池端和香子を精神分裂病と診断なさっています。最初は予備校時代に〝自己臭妄想〟で発病し、R大理工学部入学の頃には登学拒否と無為自閉傾向があきらかで、次第に被害妄想におちいったとされていますね」

「その通りです。その経過をぼくは精神鑑定書に詳述しておきましたよ」

「拝読しました。ところで、池端和香子は発病後にも正常だと思われる時間があるように思うのですが」阿久津は相手の丸い眼鏡の底を真っ直に見据えた。

4　清楚

強化ガラスの仕切のむこうに池端和香子がいた。新聞雑誌でいろいろに紹介された顔。が、多くの写真がことさら小生意気な（しばしば〝ふてぶてしい〟と形容される）表情をとらえているのに、目の前の彼女は色白の面を長い髪で包み、別人のように清楚だった。阿久津が雪森厚夫の弁護人だと自己紹介すると彼女は大きな目をくるくるさせた。

「あの人どうしてます」

「元気ですよ。あなたのことを心配しています。よろしく伝えてくれとも言ってました。手紙を何度も出したが収容者同士の文通は禁じられているので許可にならなかった。今度の件ではすっかり迷惑をかけて申し訳なかった、とも言っています」

「迷惑なんか全然かけてない。あの人のせいじゃない。〝組織〟のせいなんだから、その点で自分を責めないよう言って下さいな」

「そう伝えます。あなたもお元気のようですね」

「まあまあ元気です。運動不足は困るけど、読書の時間はたっぷりあります。本に疲れると楽譜を読んで音楽を愉しんでいます。坐禅を組んだり踊りの復習をしたり、結構忙しいんです。ただこんな所にいるから、自由がなくて、それで気は滅入るけど……」

「実は、雪森厚夫さんに確実なアリバイが発見されたのです」阿久津は例の写真を見せた。池端和香子は「あの人だ」と叫ぶと、またたきを止めて見詰めた。

「これ、いつのか分りますか」

「あの頃のだと思います。コートはあの人が愛用していたのみたい」

「ネクタイは」

「初めて見ます。いつもはもっと渋い好みで、直線や丸が嫌いで、植物とか動物の模様が多かった。こんな水玉模様、あの人の趣味じゃない。きっと貰い物でしょう」

「これ事件当日の午後三時半から四時のあいだに、神代植物公園で撮ったものなんです　これで雪森さんのアリバイは完全です。したがって、彼とあなたが共犯だという検事の主張も崩れたわけです。そこで一歩を進めて、あなたのアリバイを証明したいのです」

「アリバイですか。じゃあ、弁護士さんはわたしが無実だと信じます」

「もちろんです。雪森さんは犯人ではない。犯行は男女の二人連れと断定した一審の判決はこれでくつがえります。である以上あなたも犯人ではありえない」

「絶対に」

「絶対にです」

「なら嬉しい。あの月岡っていう弁護士さん、全然わたしを信じないのだもの。だからわたし何を言っても無駄だと黙っていたんだ。松田先生には、ある程度……全部じゃない……本当のこと言った。だって自分の病気が何なのか知りたかったから。でも、弁護士さん、何のためにわたしの無実を証明したいの」

「あなたの無実が真実だからです」と阿久津は言ったが何だか自信のない声音になった。

「真実」と池端和香子はつぶやき、苦痛に充ちた表情になった。深い縦皺が白い美しい顔を切っている。「この世の真実を人間は知ることができない、それがこの裁判でえたわたしの結論です。わたしは何もしていません。それは少しはぐれて風変りで気の変な女の子だった。でも新幹線爆破なんて考えたこともない。〝組織〟はそういう人間を逮捕し、裁判にかけ、無期懲役の判決をくだしたんです。何のためかといえば〝組織〟が全力をあげて真実を追求したためです。わたしは、すっかり莫迦莫迦しくて終始黙っていました。〝組織〟ってのは、ひとりの人間の声をかならず自分の都合のよいように曲げて取るでしょう。わたしに沈黙以外にどんな道があります」

第9章　星

1　死刑囚

一度でも死刑の判決を受けた以上、私は死刑囚なのだ。それが証拠に拘置所側の処遇が変った。無期の判決を受けた者とは切り離され、死刑囚が並ぶ一角に収監されている。重罪犯を集めたこの零番区内部にも純然たる差別があるので、死刑囚と無期囚とは身分が違う。栄えある死刑囚雪森厚夫、私も出世したものだ。

出世した恩恵でよいことが一つだけある。私の運動相手に確定囚の若林幹雄と高崎光雄がえらばれたことだ。処刑されたと思われていた高崎は生きていたのだ。未決囚の私がなぜ確定囚たちと一緒にされるのか分らないが、多分若林と私が奥田神父の教誨を一緒に受けた間柄であること、高崎と仲がよかった過去などを考え合せ、官のほうで私の処遇上有意義だと、つまり私を敬虔で従順な死刑囚に育成するためよい影響を受けるだろうと考えたからだ。

今朝の運動も静かなものだった。三人とも運動はせず、ひんやりした秋風に吹かれつつ、お喋りした。日向で温もりつつ、小声で睦じげに話し合う三人の男、坊主頭の元整備工、金壺眼の元大工、色白の美青年の元鋳物工が何を話していたか、誰に想像がつこう。女、犯罪、釈放の夢、いいえどういたしまして、死んだあと死体をどうするか話していたのだ。若林は、この雪国出身の電汽車顚覆殺人犯は、故郷の先祖代々の墓には入れないと嘆いていた。

「本当は入りたいよ。だけど刑死者の骨と一緒じゃ先祖も父もいやがるだろうからね。戸籍に〝死刑死亡〟なんて書かれるのは仕方がないがね。一番いいのは、死んだとたん骨も何も粉末にし飛行機からばらまいてもらうことだがね」

高崎は身寄がなく、死ねば医科大学で医学生の解剖実習に使ってもらうようにと、自分の体を寄付したという。

「あなたはどうするんです」と、黙っていた私に若林が尋ねた。自分は無実であり、死刑確定者の彼らとは違う、したがって彼らの問題は自分の問題にあらず、と考えていた私は不意打をくらってたじろいだ。私は、以前から熟考していたかのように言った。

「おれの両親の墓は海辺にある。オホーツク海を見渡す、見晴しのよい墓だ。しかし、おれは、むろんそこには入れない。入りたいけど入れない。おれの希望は屍体を流氷にのせて流してもらうことだ。春先、流氷は南に下り、ついには融けて消える。おれの屍体は鱶に食われて消える」

「そんな面倒なことを官がやってくれるものか」と高崎が笑った。

「やってくれなければ、骨にしてもらい、妹に頼んで流氷にのせてもらう」

看守が来て、われわれのお喋りは中断された。帰房後、流氷にのる自分の屍体をまざまざと思い浮べつつ、請願作業に励んだ。風が強くコンクリートを摺り〝新古久〟とわめき散らす古川の声も消されてしまい、かえって静かだ。

2　アリバイ

次の証人はレオポルド・ララという修道士だった。黒い縮れ毛、鷲鼻のスペイン人だ。切替証人のおかげで和香子がR大学より出た時刻がはっきりしたため、阿久津弁護士の主尋問も急に歯切れがよくなった。若い人だ。午前中の失望落胆から、すぐ立ち直り、元気一杯だ。「昭和四十四年二月十一日午後、駅前教会でシスター・テレジア弓削の葬儀ミサと告別式がおこなわれたさい、あなたは一人の奇妙な女の子に出会ったとわたしに話しましたが、その奇妙な女の子はここにいますか」

「この子よ」とララは和香子へ掌を向けた。「午前中に、この子を見てたが、たしかに、あのときの女の子だね。目立ったんだよ。寒いのに、コートを手に持ち、ジーパンに赤っぽいセーター着て、こっちがお葬式の準備してるのに、うろちょろして邪魔だったんだよ。シスター弓削は人気があったんだろうね、花が一杯来て祭壇に全部並べられないから、表に出さないといけなくなって、それをわたくしが指揮していたら、この子が来て、葬儀屋が花を運ぶ前をうろちょろして、困ったなと思ってたら、いきなり塔の十字架を指差しながら、あの十字架くにゃくにゃで融けて落っこちる、大変だ、なんて言うから、この子頭が変だと思ったよ」

「それ何時頃ですか」

「シスター弓削のお葬式が三時に始まるのだったが、遅れてあせってたから、三時半近く、ね。三時二十分頃かね」

「時計を見たのですか」

「はい、はい、見たよ。三時半になってしまう、困った、早く花を並べようと思って、あせってたね。そのうち、この子はいなくなった」

「その次に見たのは……あ、その前に、シスター弓削のお葬式は結局何時に始まりました」

「たっぷり三十分はおくれたね。すると三時半かね」

「終ったのは何時頃ですか」

「普通は、葬儀ミサと告別式と合せて一時間だから四時半には終ったろうね」

「ところでブラザー・ララ、お葬式の間に、教会の中で被告人池端和香子を見ましたか」

「見た。わたくしは式の間、祭壇で神父様の祭具を用意したり、お御堂の中を見回ったり、いろいろ用事があって、出たり入ったりするからね。ふと見ると一番後ろの方の席にこの子は坐ってたんで驚いた。椅子にアグラかいてるんだからね。手を組んで。坐禅してた。あんた、お御堂の中で、坐禅する女の人なんていないよ。お葬式の真っさい中だよ、それからお葬式が終って、後片付けが全部終って、また行ってみると誰もいないお御堂の中でまだ坐っていた」

「それが何時頃ですか」

「四時半に式が終って、後片付けをしたあとだから五時過ぎかね」

阿久津弁護士は、ララに一礼して満足げに微笑した。三時十分か十五分に切替研究室、三時二十分に駅前教会前、続いて三時半からのお葬式の最中に坐禅を組み、堂内に五時過ぎまでいた――和香子のアリバイは完全である。

3　無辜の民

最終便で帰房。ひどく疲れ横になって休みたいが、医務の診察を受けなければ横臥許可はやれぬと担当が言うので、仕方なく壁に背をあずけ、この日記をつけ始めた。つけ終った今、深夜である。減灯となった薄暗い光のもとでペンを走らせた。疲労がはげしい。体中が死肉のように重く冷たい。そのくせ気が昂って、眠れそうもない。

法廷というのは犯罪人の罪を明らかにする場ではなく、無辜の民を犯罪人に仕立てあげる所なのか。検察官というのは公益の代表者として真実の究明をおこなう役目ではなく、〝検察官同一体の原則〟により、一審の大貫検事が二審の堂前検事にそのまま同一化して、詭弁で人をおとしめる役目なのか。

私も和香子も何もしていない。それなのに、私は死刑を、和香子は無期を宣告された。和香子……。

4　星

電報が来た――一〇ガツ三〇ヒ六ジ五フンチチシスハハ。阿久津弁護士から父の病気と入院については聞いていたが、こんなに急に亡くなるとは思わなかった。逮捕されてからずっと会っていない。そのあとずっと面会を断り続けてきた。あの人にはもう会いたくないと心に決めてきた。が、父は父だった。電報を読んだとたん思いがけず涙が流れてきた。独居房のさなかに隔離された一人の娘の小さな涙の粒。今度母が面会に来たら会おうと思う。

白っぽい空に星が一つ、それが流れた。涙のせいかとよく見たところ、星は消えていた。流れ星だったのかも知れない。風蓮湖畔での磨きあげたような星空にキラメいた流れ星が思い出される。白い毒薬に塗り込められたこの空が同じ空だとは到底思えない。しかし、父はこの白い毒液の中を昇っていったのだ。

父の一生について思う。大きな寺院の住職の次男として育ち、著名な刑法学者となり、一男二女の父となった。わたしは父の厄介娘だった。家出したり精神異常になったりしたあげく、とうとう刑事被告人になって父を悲しませた。が、最後の刑事被告人だけはわたしのせいではない。わたしは、組織から逃げ出したいと念じ、逃げまわってるうちに、捕えられたのだ。父はわたしの無実を信ぜず、わたしを精神病者・責任無能力者として免罪させようとした。だからわたしは父に会いたくなかった。わたしの本当の心を父に分ってほしかった。それなのに、父は逝ってしまった。

眠れない夜は先が長い。昼間読んでいた、ドン・ルオデーの『聖なる委託』を開くが減灯の光では三行も読むと目が疲れてくる。ふと雪森厚夫の暗い目元が思いだされた。わたしの内部の暗い暗い底を見守ってくれる目だ。なぜか彼はわたしの本当の心を分ってくれる。組織の話をすると精神科医は、〝それは被害妄想だ〟という顔付で見下すのに、彼はやさしく頰笑み、彼自身も組織を強く感じてくれた。

朝だ。相変らず空は白い。でも、無機質の白銀から、雨もやいの生きた空になった。鷗が飛んでいる。ゆっくりとどこかの水の方へ降りていった。鴉の群が来た。黒い羽が濡れて気味悪く光っている。朝点検で監獄の日課が始まった。

わたしは女囚、称呼番号74、はい。

5　私は君のために書く

朝食を配る雑役夫は、いつも食器口から手だけを見せるのに今朝はのぞきこむ。目がじっと動かない。うるさい奴(やつ)だ、早く行けと言おうとしたら、目が笑った。あいつだった。親分、佐藤銀次。私は彼の嘲笑(ちょうしょう)を全身に泥をかけられたように浴びた。偽証で私をおとしいれ、自分は微罪で服役した男。

私は食事をとる気がしなくなった。銀次が毒を盛ったような感じで、全部便所で流してしまった。怒りがボールペンに電気を通わす。今日は書きたい思いが強く、請願作業はやめだ。そう。和香子よ、私はきみのために書く……書き続ける……。

第10章　寒郷

1　寒村

おれが生れたのは、霧多布岬（きりたっぷみさき）の近くの寒村だった。たった一度、兵隊検査の前にそこを通り掛ったが、湿原より染（し）み出た小さな川が海にそそぐ狭い湿地で、十二、三軒のひしゃげたような家が肩を寄せ合っていた。おれの生家はもう跡形も無くて、土地の人に尋ねると、ある年の冬、津波でさらわれてしまったという。

幼い頃（ころ）の記憶に、壁が崩れて真っ白な外がまる見えになるというのがある。真っ白な外は、白い無数の動物が気味悪くうごめいているようでも、白い波が危険に逆巻いているようでもある。おそらく海辺の小さな家で、そんな経験をしたのかも知れない。

一家が根室（ねむろ）に越したのは、おれが二つのときで、大正十年、根室本線が根室まで貫通した年だ。それまでの漁師をやめ、父親は銭湯を開くようになった。銭湯といっても小規模なもので、父がかま焚（た）き、母や姉が番台に坐（すわ）るという内々だけの営みだった。二年ほどこの商売をしたあと、港近くの軽便食堂が廃業して売りに出されたので、それを買って経営をするようになった。やっと軌道に乗った風呂屋（ふろや）をやめて、不慣れな食堂に商売替えしたのは、ある事件のためだと、これは姉の芳子(よしこ)から聞いた。母のみさはこの事件について死ぬまで明かさなかった。

銭湯というのは午後三時に開く。するといかず後家がいの一番に入りにきた。年の頃は分らないが、色白の美人で、体の線など娘のように締っている。綺麗(きれい)な湯に温泉でも楽しむようにのんびりと漬(つか)り、客が立て込む前に帰るのが常だった。みさは番台に坐りながら、その後家の裕福そうな身形(みなり)や、ちょっと淋(さび)しげな表情に気をひかれていた。ある日、いつものように一番湯に入りかけた後家が、あわてて引き返し、着物を着てそそくさ帰ってしまった。みさは胸騒ぎを覚え、子供の名を呼んだ。厚夫はすぐ飛んできたが、一つ上の雄造が見当らない。芳子を呼んで二人で探すうち、ふと湯槽(ゆぶね)の中を見ると子供が沈んでいた。

芳子は、小柄(こがら)なみさが、どこからあんな力を出したのか、あとになって思い出すたびに感心するのだった。幼い子の両脚をつかんで引きあげ、つぎの一刻、菜っ葉の水を切るように振り回し、背中をたたき、雄造と絶叫した。みさに言われて、芳子は、竈(かまど)の火をくべていた石造に急を告げた。二人が来たとき、みさは動かぬわが子を前に泣き崩れていた。

2　春国岱

冬になると付近の川や湖は〝凍(しば)れ〟てしまう。四、五十センチの厚い氷にびっしり覆(おお)われて、馬橇や犬橇にとって恰好の通い路になる。むしろ冬のほうが交通が容易なくらいだ。しかし、四月上旬、氷が〝ゆるみ〟、〝やわく〟なる。ある日、氷が割れて流れ出し、同時に氷解けの水が山野に溢れ出て、川は氾濫し湿原は一面の水びたしとなる。その頃になると、岸辺をとざしていた流氷原にも割れ目ができ、風向きによって沖へと去っていく。岸に引揚げられていた漁船が海に戻され、春の漁が始まるのだ。おれが風蓮湖のあたりに遊びに出たのはそんな頃だった。

初めのうち陸づたいに春国岱（ほら、二人でスノーモービルで行った半島だ）へ行き、椴松林の中に分け入り、時々姿を現すキタキツネやノウサギやエゾリスを追い色とりどりの花の咲き乱れる湿原を渡り歩き、無数の小鳥たちの声に聞きほれた。学校も店も家庭も友達も何もかもから離れて、たった一人でいるのが、よろこばしくおれの身は軽かった。しかし、陸伝いに行ける場所は限られている。舟さえあれば広い風蓮湖を自由に渡れ、そこに注ぎこむ川を遡れると考え、おれは舟を作り始めた。風蓮川岸の椴松林を歩いているとき見付けた枯木を四メートル位の長さで輪切りにし、手斧で削り始めた。子供の力だから毎日大して削れはしない。ただ模範とする舟は、石造が持っている皮舟だった。「湿原に入るには、底が平な舟でねえと絶対にだめさ。水の底に流木が沢山あって、普通の舟だば、つっかえてしまう」という言葉を信じ、とにかく皮舟のように小さくて平底の舟を作ろうと思った。前にも言ったように、おれは手先が器用で工作が得意だった。木彫なんかを巧みにして先生からほめられた。それに、小学六年生にしては体力のある方だった。二月ほど働いて、ともかく平底の丸木舟を作りあげた。南洋原住民の丸木舟を真似て作った櫂で漕いでみると具合よく進む。風蓮川を下って湖へ出たり、細い水脈をたどってみたり、おれの行動範囲は、にわかに広がった。

水を伝わって入ってみると、湿原は美しい別世界だった。春先、まだ裸木の続くさなかに、エゾノウワミズザクラがまるで霧が花に結晶したような白い影を水面に落としている。風が吹くと、光が無数の真珠をころがしたように川を飾った。そして誰もいない。

一人でいることが、こんなに楽しく自由であることにおれは感激していた。同年の友達が街中で群れ集っているのが、子供っぽい、莫迦げたことに思われた。おれは、学校へ行く振りをして川岸へ直行し、舟を押し出しては孤独に遊びほうけた。当時、ポンポン蒸気の船員をしていた父は不在がちだったし、母は店に忙しく、おれを見咎める者は誰もいなかった。二つ下の末子だけは、時々「きょう、どこさ行ってた」と不思議そうに尋ねたり、学校の方角へ行かないおれを不審に思ったらしいが、子供の常で、兄とはそういうものだと素直に肯定したらしく、別に両親に告げ口もしなかった。

3　家出

あくる朝のことだ。おれは家を脱け出して風蓮川へ行き、もう二度と帰らない決心で舟に乗った。生れて初めての家出だった。石造の言うとおり、おれは生れなければよかった子だ、家には不用な子だと思っていた。もっとも死ぬほどの決心はしていなかった。川をどんどん遡り、広大な湿原のただなかに分け入り、街や家や学校や、自分とかかわりのある人間が誰もいない別世界に行こうと思っていた。ただ一人だけ、おれには会ってみたい人間がいて、その人は湿原の奥のどこかに隠れているはずだった。

それは〝風蓮仙人〟というので、湿原に住む狐（きつね）や兎（うさぎ）や鳥の話とともに石造が教えてくれたのだ。老人で白髪を垂らし、原野を吹き渡る風のように素早く身軽に移動し、今現れたかと思うともう姿を消している。狩や釣をして暮していて、旧式の鉄砲と釣竿を角みたいに身につけている。石造は何度も仙人に会ったが、学問のある老人で湿原の動植物の名なんかラテン語の学名でみんな言える。しかし、大した人嫌い（ひとぎらい）で、この世でつきあうのは石造だけで、それもごく上辺だけの浅い付合いで、一体どこから来たのか、何のためにひとりぼっちで暮しているのか皆目見当がつかないという。おれは、前から風蓮仙人に会いたいと思い、実はその目的もあって舟を作ったのだが、今までのように川口付近を漕ぎ回ったくらいでは会えないとは知っていた。今度は思い切って、うんと奥地へと風蓮仙人の隠れ家までも突き止めてやろうという気で、おれは力の限り漕いで川上へと向った。

4　東京へ

東京に働き口があると母から聞いたのは六月の末、丁度三箇月ほど薬局に住み込んで飽きあきしたときだった。従兄（いとこ）（母の姉の子）が横浜の不動産屋にいて、彼が知合いの東京の代書屋が助手を求めている、昼間働いて夜学に通えるという条件だと手紙をくれたのだ。東京に行ける、しかも学校に行けると聞いただけでおれの心は熱く騒いだ。家を離れられることも、根室というちっぽけな町を出られることも、沖仲仕のような肉体労働でなく小綺麗な事務仕事らしいこともおれは気に入った。

出発の朝、父石造は船員の制服姿でおれを部屋に呼びつけ、かしこまっているおれに、「おめえは今まで散々迷惑を親にかけた。いいか、人様の金には絶対手を出すな。今度手を出したら、監獄行きだと肝に銘じろ。それから兵隊検査までは絶対に根室さけえるな」と言った。〝絶対に〟が二つ重なった。おれの兵隊検査は昭和十四年であと五年あった。五年間は帰らず真面目（まじめ）に働けということだ。おれは薬局で仕込まれたように、「はい」と活発に返事をした。東京へ行けるのだ、五年と言わず一生帰らんでもいいと思っていた。なお父は「おめえは手先が器用で算術が得意だ。そんなら工学校へでも通って建築のほうをやれ」とも言った。将来何かになるという目標のなかったおれは、これにも「はい」と二つ返事をした。

上野駅に着いたのは七月のはじめ、雨に煙る大都会の、人の多いのに肝を潰（つぶ）した。しかもみんな利巧そうな顔付をして自分の行く方角を知っていて自信ありげに歩いている。迷ったら大変と、あらかじめ教えられていた通り円タクに乗り城東区亀戸の代書屋へ直行した。「代書」と金文字の浮く、透明ガラス戸の中が事務所で、カウンターの中に四十年輩の主人とすこし若い奥さんが坐っていた。子供のない彼らは夫婦で店に出ていたのだ。

主人は下町によくある小柄で丸顔の人で、まん丸の眼鏡をかけ職人風に角刈にしていた。奥さんは細っそりとした青白い顔の人でどこか垢抜けていた。あとで知ったが花柳界の出だった。ともかく二人とも都会風な感じで、なめらかな東京弁を話し、ぞろっぺえなおれは固くなって震え出す膝を必死で押えていた。翌日奥さんが上野の動物園と浅草の観音様へ連れていってくれた。象の鼻やキリンの首が珍奇で、観音堂が途方もなく大きかった。根室の金刀比羅神社が、どんなに小さく田舎じみているかを思った。あんなにあこがれていた大都会だったが、自分が無力で何も知らず、東京から弾き出されるような心細さを覚えた。

5　兵隊検査

六月中旬の兵隊検査が近付いた。おれは何が何でもこれに合格して兵隊になりたかった。ずっと両親や家族に迷惑のかけ通しだった。この世でおれは役立たずの極道者だった。たった一つ軍隊だけがおれの行き場所に思えた。帝国陸軍の軍人ならば、家族の誇りだったし、確実に国のため世間のため尽すことができるのだ。

検査の一週間ほど前、おれは釧路連隊区司令官あてに血書をしたためた。左手の薬指を肥後守（ひごのかみ）で切り、新品の筆に血を含ませて奉書に文章を書いた。御国のために御奉公したい、今まで私は親に迷惑をかけてきたが、心機一転、帝国陸軍の軍人となりたいのです、と書いた。小学生の時に薬屋の夜の流し売りをして六円を恤兵部（じゅっぺいぶ）に寄付したことも忘れず書き加え、仏の胸のうちをお察し下さり、どうか兵隊検査に合格させて下さいと結んだ。

前日、床屋へ行って坊主頭（ぼうずあたま）となり、その朝は母の作ってくれた前垂れの褌（ふんどし）（越中（えっちゅう）褌とちがって布を前に垂らしただけで尻（しり）はまる出しになるやつだ）をつけて検査会場である花咲尋常高等小学校の雨天体操場に行った。久しぶりで母校に来て懐（なつか）しい。在郷軍人会が軍服姿で案内や整理にあたっていた。憲兵が見張っていた。身長・体重・胸囲・肺活量などが測定されていくあいだ、おれは壮丁たちの裸を観察していた。さすが漁師町で体格のよい者が多いが、力仕事で鍛えあげたおれの筋骨は彼らにすこしも引けをとらない。ここでは体だけが価値がある。国家は壮丁たちの体を利用したくて、検査し選別しているのだった。

教室の教壇の上に中尉（ちゅうい）が坐（すわ）っていて、「甲種合格」と言った。

「ありがとうございます」とおれは大喜びで言った。国家がおれを最上級の男と認めてくれたのだ。

第11章　泥濘

1　大陸

おれの入隊した旭川(あさひかわ)歩兵第二十〇連隊はもともと北辺の守備にあたり、満洲(まんしゅう)から北支へと転進していた。ところがこの年の初年兵は一部が中支の他連隊に送られることになった。中支から南支の兵力を増強する南進の方針のためらしい。ともかく、二月初旬小樽を出港した約一万トンの輸送船は、二、三の港で初年兵を積み増ししたのち、二月末には揚子江(ようすこう)に入った。誰かが河だと言って、はじめてそうだと気付いたほどの大河であった。独特の帆を張ったジャンクが異国に来たと思わせる。河とはいえ各国の商船や軍艦が往来している。南京沖(ナンキンおき)で遡行(そこう)用の小型貨物船に乗り換えた。さらに二日目の朝、とある港に上陸した。

小樽は吹雪であったが、大陸はすでに春であった。麦は青く菜の花は黄に咲き、まろやかな丘が遥(はる)か地平まで起き伏ししている。戦地の血腥(ちなまぐさ)い反乱を予想していた目には、牛を追い鍬(くわ)を振りおろすシナの農民たちののんびりした様子が珍らしかった。彼らは日本軍の行軍にも関心を示さず仕事を続けていた。

夕方、B封に着いた。おれの機関銃中隊の宿舎は接収した民家で、石油ランプの照らす板の間に粗莚を敷きつめ、毛布にくるまって寝た。明け方鶏が鳴いた。すっかり明るくなってから寝坊の牛が鳴きだした。妙な鳴き声だと思ったら水牛だと古参兵が教えてくれた。

　翌日から実戦のための教育がはじまった。機関銃中隊は小銃を持たない。で白兵戦となった時は短い牛蒡剣で闘う。短い木刀を使っての短剣術が教えられた。重機関銃の訓練は麦畑でおこなわれる。農民がせっかく育てた麦を踏みにじりながら、台座を組みたて銃身をすえる。敵を追うという想定で銃を搬送しつつ丘をいくつも走る。夕方、汗まみれになっても風呂はなく、水手拭で体をふくまもなく夜戦訓練となる。そんな毎日だった。

　四月のある日、訓練を終えて宿舎にもどる途中、納屋を改造した衛兵所の前を通ると、鉄格子のはまった営倉に老いたシナ人がいれられていた。白い長衣を着て上品な面持で、何か身分のある人と見えた。衛兵勤務の上等兵にそっと尋ねると、隣付の村長で蔣介石軍に日本軍の動静を通謀した疑で逮捕したのだと答えた。

　翌朝、人事係の曹長が初年兵四十人を中隊前の広場に集めた。やがて当番兵が後手に縛った老人を連れてきた。泥まみれの衣と赤黒く腫れた顔はよく見るときのうの村長だった。鼻はつぶれ、唇は切れ、拷問のあとは明らかだ。

　曹長はにっこりとして誇らしげに言った。

「これはおまえたちのために特に用意した標的である。ただいまより生身の人間を体験させる」

　村長は、二本の杭の間に、まるで短剣術訓練用の空俵のようにくくりつけられた。腫れあがった瞼(まぶた)の下から鋭い視線がおれたちを射っていた。

2　江田竹子

大阪の阿倍野(あべの)に故江田上等兵の家を訪ねた。彼は大学出と聞いていたが、その生家は玄関も庭もある大きな家であった。あらかじめ手紙で知らせておいたため、両親と妹さんが待っていて、仏間に通された。遺影が飾ってある。B封の中隊宿舎前で撮ったものだ。おれは戦死の状況を語り始めたが、馬が地雷を踏んだためとは言いだせず、敵にむかって総攻撃をかけたとき、射手だった上等兵は、敵のチェコ機関銃の好目標となり、まず左肩を射たれたがそれでも引き金を離さず、二発目が腹に命中、壮烈な最期(さいご)だったと話した。

妹さんが声を出して泣き始めた。江田上等兵に似て細面(ほそおもて)の美しい人は、小さな肩を震わせていた。

みやげに出した羊羹は大いに珍らしがられた。内地の食生活が貧しいこと、戦争の見通しなどが話題になり、父親がいろいろおれに質問する。戦争の専門家と看做(みな)されているのがこそばゆかった。

江田氏はある保険会社の役員をしていた。妹さんの名は竹子といい、女学校を出てから家で家事を手伝い琴を習っているという。年は十八、九と思われ、笑うとえくぼが可愛い。初め泣いてばかりいるので気の小さい人かと思ったら、父親の話す合間に平気で割り入ってきた。

「兄は学徒兵で、初年兵時代ずいぶんいじめられたいうてました。兵隊は好かんいうて幹部候補生も志願せず、はやく除隊になるのを待っていたんです」

　竹子の言葉を両親が目で止めたのに、彼女は全部言い切ってしまい、微笑した。

「この子いうたら、兄の恥を人様にさらしてしまうんやから」と母が言った。

「いやいや、江田さんは勇敢で責任感の強い、立派な兵隊でしたよ。そのことと兵隊が好きじゃないってことは矛盾しません。軍隊には嫌な面が多いし、兵隊なんかできたら早くやめたほうがいい」

「ほんまにそう思いまっか」と竹子が言った。

「思います。わたしなんかほかに行き場所がないから軍隊にいますが……江田さんは大学で何を勉強してたんですか」

「フランス文学です。ポール・クローデルいう人を研究してました。雪森さん、小説お読みになりますか」

「いいえ、全然。家が貧乏で、本を読む暇がなかったんです」

　おれの心にふと暗い翳りが生じた。この江田上等兵とは、身分も世界もまるで違うのだ。大学を出、フランス語なんてしゃれた外国語を習い、小説なんて読む暇があり……第一、こんな大きな裕福な家に育ち、何不自由なく暮してきた。この美しい竹子だって、ちゃんと女学校を出て、優雅な楽器をたしなんでいる。

「ちょっと出ましょう」と江田氏が立った。奥さんは留守をし、江田氏と竹子と三人で御堂筋(みどうすじ)を散歩し、高島屋の地下の食堂に入った。小磯良平(こいそりょうへい)の「シンガポール陥落」の大作が壁に飾ってあった。軍歌が流れ、兵隊の姿が多く、伍長のおれを見るとあわてて敬礼してくる。自分が下士官だということが竹子に誇らしく思えた。酒に酔ったためだろうか、よく思い出せないのだが、なぜか途中で江田氏がいなくなり、おれは竹子とふたりで映画に行った。たしか大劇という名の館で満員だった。背の低い彼女を前に出すため、おれは厚かましく人込みを掻(か)き分けた。舌打ちする人もおれが軍人だと見るとおとなしく道をあけた。

映画が何だったか忘れた。が、おれは隣に若い女がいたことを、彼女の肌の温(ぬく)もりを甘く感じていたことを覚えている。彼女を阿倍野の家まで送っていった。玄関先に両親が出て、鄭重(ていちょう)に礼を言った。

3　仮釈放

もう一年余、新聞もラジオも手紙もない生活が続いていたが、新入者から聞く細切れの情報により、戦況が日本の不利に傾いているとは察しられた。ドイツが降服し、硫黄島と沖縄が落ち、空襲で東京も名古屋も大阪も焼野原になった、この相生の造船部隊も早晩空襲を受けるだろう。ともかく、食事の質が落ちた。米と麦がすくなく芋と野草を混ぜあわせたような飯に薄い色がついただけの味噌汁だった。みんな腹を空かし痩せて元気がなく、新入訓練も航空体操も気の抜けたダンスのようになった。それでも看守たちは文句を言わない。年寄ばかりの彼らにはもう怒る気力もないようだった。そうしたある日、唐突に、おれは釈放された。刑期はまだ二月残っているが、特別の恩典で仮釈放してやるという。多分口減らしのために放りだしたのだろう。昭和二十年七月四日のことだった。

　冬服で来たので夏服がない。そこでカーキ色の看守服の古をもらって着た。相生駅まで看守部長が送ってくれた。小さくなりながら彼は帽子を振った。禿げ頭が剝き出しになり二十も老いぼれて見えた。

　しばらく走ると汽車は何かにつかえて停ってしまった。車内は満員で身動きもならず、蒸し暑くて息が詰る、やっと一時間ほどしてのろのろと動き出した。姫路に来たとき、おれは事情を察した。街が燃えつきて、黒い廃墟となっていた。あちこちでまだ煙がくすぶるところを見ると昨夜の空襲らしい。熱気の残る地上に燃えかすのような人々がゆっくりとうごめいている。廃墟のむこうに城だけは、白くすっきり立ち蜃気楼のようだった。明石、神戸、どこも焼けただれていた。大阪、もういけない。一面の一面の焦土であった。あのめざましい大都会はそっくり掻き消えていた。駅前から心斎橋筋や御堂筋が見渡せ、江田竹子と行った高島屋がぽつんと認められる。天王寺公園から阿倍野へと、何もない何もないと心に呟きながら歩いた。竹子の家を探すのにえらく手間どった。瓢簞池が面影をとどめて、やっとそこだと見分けられた。焼跡にはよく移転先などの立札や貼紙がしてあったが、江田家跡には何もなかった。竹子はどこへ行ったのか、無事だろうか。何も分らず仕舞でおれは駅に戻った。

4　敗戦

空襲から一月経って戦争が終った。その日、おれは町民の勤労奉仕で近所の寺の焼跡に防空壕を掘っていた。広島と長崎に威力絶大の新型爆弾が落ちたので、海軍基地の根室もふたたび狙われる、もっと深い壕が必要だというわけだった。十人ぐらいで深さ二メートルの大きな穴を掘ったところで、正午の玉音放送となった。焼け残った隣組長の家にラジオがあって、一同縁側に集ったけれども雑音で聞き取れぬ。天皇陛下は、国民は大変だろうが頑張れとおおせられたに違いなしと組長が解説し、また壕掘りにかかった。空襲以来、薯雑炊ばかりで体力衰え、力仕事は辛かったが、〝非国民〟と後指を指されるのが嫌でおれは人一倍働いていた。考えてみれば焼けだされて以来、連日、壕を掘っていた。まずは一家が住むため、中が四畳半ぐらいの防空壕を作り、続いて小遣い銭かせぎに町内のあちらこちらへ出張して防空壕を作った。シャベル一丁でおれは土を掘りまくっていた。「戦争は終った。日本は敗けた」と末子が知らせて来たのは薄暗くなってからだ。

「なあんだ、莫迦らしい」とおれはシャベルを抛り出した。もう掘る必要がないのだ。筋の痛む腰を伸し、もやもやと白い空に、両手を思い切り突き出した。

5　聖書

ある午後、書架の端にあった聖書を何気なく手に取った。おれがそれに引かれたのは内容のせいではなく、付録についていたイスラエルやエジプトの地図である。やさしい口語訳であったのも気に入って、読み始め、たちまち夢中になった。創世記からヨハネの黙示録まで二週間ほどかかって読み通した。ともかく面白かった。大勢の悪人が出る。人殺し、盗み、中傷が沢山でてくる。今の世の中と全く同じで、人類の歴史がエデンの園の林檎を盗むことから始まったのがおれには特に面白かった。

　それが盗みとなったのは神が林檎に所有権を主張し、それを盗むことを人間に禁じたからだ。イヴが禁を犯して林檎を盗んだのは、禁を犯すことが楽しかったからではないのか。ではなぜ神は林檎を盗むことを禁じたのだろうか。神は人間が持つ最大の弱点が盗みにあると知り、それを人間に知らしめるために禁じたのではなかったか。ともかく、盗みこそは人間の犯す根源的な悪であり、それを示すことで神は自分の存在を強く示すことができた。そして人間の盗みの歴史を執拗に描きだすことによって神の存在を示す、聖書とはそういう書物らしいとおれは気がついた。そして、残念ながらおれは盗っとなのだった。スリという盗みを職業とする、あわれな、神に見捨てられ、罰せられるべき悪人なのだった。

　聖書を読んだ直後のこと、奇妙な感覚がおれにおこった。財布をスリ盗(と)ろうとして誰(だれ)かに見られている気がしたのだ。掏摸係の刑事の目ではない。といって神の視線みたいなすごいものじゃない。人間たちの、探るような侮蔑(ぶべつ)の眼差(まなざし)と言ったほうがよいかも知れぬ。要するに、人の物を盗むのが当然と思い、堂々と〝営業〟していた自分が、たえずびくびくする、何となく後ろめたい気持の人間に変ったのだった。そんなおれを敏感に見抜いたのはオノだった。

第12章　門

1　横須賀線爆破犯人

明け方

雪森厚夫は、世界が四周から狭まってき、ついに狭い壁の中にぎゅっと幽閉されている自分を見出す、いまいましさで目覚めた。明るい夢を見ていた。初夏の、花盛りの広々とした原野を歩いていた。一緒にいたのは横須賀線爆破犯人の若林幹雄だった。井戸の底のように落ちこんだ金壺眼を光らせて、すこしどもりながら話していた。さわやかな風が渡り、ワタスゲの白い丸い穂が無数にそよぎ、ミズバショウが花弁を震わせていた。目覚める瞬間、若林幹雄の顔が透明になり、おいおい、どこへ消えていくんだと呼んでいるうち、暗い壁が意地悪く目路をさえぎり、傷だらけの表面でせせら笑っていた。

独居房である。細長い三畳の空間だ。ここに、もう何年も何年も虜になっているのに、それに馴れることができず、夢といえばかならず広大で自由な外の出来事だった。

もう夜は明け放たれている。むかいの舎房の鉄格子窓に闇を拭った明るさが貼りついている。時刻は分らないが、まだ六時の起床までには間があるだろう。雪森厚夫は寝返りをうちながら、いつもと変らぬ房内を味気なく見回した。もうすこし変ってもいいではないか。今日は第二審の判決の日なのだ。おれにとっては特別な日なのだ。控訴棄却となって一審の死刑判決どおりなのか、無期に減刑されるのか、それとも一審の判決がひっくりかえって無罪となるのか、宣告が下る大事な日なのだ。きのう身辺の整理をした。〝仮出し〟中の私本のうち国語辞書と聖書と歌集以外は領置にまわし、請願作業の荷札を数え終え、房内を隅々まで掃除し、便器も流しも石鹼(せっけん)洗いした。が、房内の様子には何の代り映えもない。視察窓と空気抜きと食器孔のついた鉄扉(てっぴ)、スピーカー、報知機のボタン、金網戸の衣裳簞笥(いしょうだんす)、洗面台、兼用机、便器兼用椅子、そして、鉄格子のはまった小さな窓……これら官のしつらえた房の様子は、掃除や整備の小細工を超えて厳として存在している。

2　告白

衣裳簞笥の上に綴(と)じた草稿がある。獄中ですこしずつ書き溜(た)めた回想録だ。大学ノートに走り書きしたのを推敲(すいこう)しながら原稿用紙に浄書して三百枚、これにボール紙で表紙をつけ、アウグスチヌスの真似(まね)をして『告白』と記し、『和香子へ』と副題をつけた。ところがそれを彼女に送ろうと思って迷いがきた。むろん検閲の問題もある。阿久津弁護士に相談したら、直接の書信ではなく、創作物だから拘置所側も送致許可をあたえるだろうと答えた。では、仲介をお願いしますと言ったものの、つぎの面会では、「送る決心がつかないのです。これを読んで彼女がわたしをどう思うか心配なんです」と言って、仲介を猶予(ゆうよ)してもらい、そのまま何年も何年も経ってしまった。草稿を埃(ほこり)が覆(おお)い、気がつくと『告白』の文字がかすんでいる。今では、これを和香子に見せる気がしなくなった。書いているときは、あの羅臼(らうす)山中の温泉で彼女に約束した通り「書きあげたら真っ先に読んでもらう」つもりで「無残で傷だらけの過去」を彼女に話している気持であった。が、あまりにも「重くて暗くて、振り切れない過去」で、あの無邪気なお嬢さんを驚かし失望させるだけではないかと今は思う。がその思いにもなお迷いが残っていて、草稿を捨てもせず箪笥の上に飾っている。担当は、転房や捜検のたびに目障りな草稿をからかい「お前の傑作」とか「一文にもならぬ小説」とか言うが、捨てる気はしない。といって、和香子以外の誰か、たとえば末子に読まれたら大変だと思う。いや阿久津弁護士だって困るのだ。まして検閲係の看守になんか読ませたくない。こうしてわが『告白』は埃にまみれてそこに置いてあり、埃の積り具合は時の経過を示す、代用時計になってしまった。

3　ベートーヴェン

池端和香子は、制服女の白粉でうずまった目尻の皺や毒キノコのような唇の残像を吹き飛ばすように、深呼吸一番、力一杯の息をドアに吹きつけ、毛布を座蒲がわりに結跏趺坐を組んで、楽譜を取りあげた。ベートーヴェンのピアノ・ソナタ全集だ。作品一一〇の変イ長調ソナタを読み始める。音楽がたちまち耳と心とで鳴りひびいた。音を聞きながら同時にさまざまな情景や会話や観念があふれだしてくる。わたしがピアノの演奏するときもそうだった。音楽を聞きなさい、純粋な音の美に精神を集中しなさいと先生は言ったけれども、音と一緒にわたしは沢山の情景を見たり会話を聞いたりした。そう、音楽と同時に別な音を聞くのだ。

なぜだか知らないが最近はベートーヴェンの晩年のピアノ・ソナタが好きになった。とくに最後の五つが心に響く。このあたりの作品が分るには人生についての経験が必要だと先生は言い、わたしは若すぎてまだ早いと教えてくれなかったけれど、今、わたしがこれらが分るのは人生経験が豊かになったせい……いやだ、とどのつまり年を取ったせいか。そうよ、もう三十三歳だもの。何の理由もなく、理不尽に勝手に人を牢屋に入れて、人に年をとらせて、ひどい組織だ。すばらしい音楽、これを作ったときベートーヴェンは全く耳が聞えず、自分の内心に湧き起る音楽のみを聞いていたんだ。なぜこれがいいのかすこしは理由も知りたくて、後期の弦楽四重奏集も読んでみたけれど、これは失敗、わたしの才能では音譜はみんなピアノの音として聞えるので、充分な鑑賞はできなかった。でも、嬰ハ短調やイ短調のすばらしさは伝わってきた。牢屋じゃレコードもテープも聞けないから、早く弦の演奏でそれを聞いてみたい。でもわたしは無期囚、一生死ぬまで牢屋のなかで、聞きたい音楽も聞かせてもらえぬ。あわれな、最低の人間。

4　アリバイ

検察側：昭和四十四年二月十一日午後三時五十分から四時までのあいだに雪森厚夫と池端和香子は東京駅の新幹線専用の18番ホームにいて、このあいだにドアの開いたひかり33号二号車に乗り網棚に時限爆弾を置いて逃走した事実は、売店の売子二人と旅客一人に目撃されていて確かである。なお被告人ふたりにはアリバイがない。

弁護側：雪森厚夫は、当日午後三時半より四時半のあいだ調布市の神代植物公園におり、たまたま同公園に散歩に来ていたY病院のレク係水野陽子が午後三時半から四時のあいだに撮った観梅の記念写真のなかに同病院の看護婦や患者とともに写っている。また池端和香子は、当日、午後三時二十分頃、四ツ谷駅前教会前で同教会のブラザー・ララに会い、同教会でおこなわれたシスター弓削の告別式の場にずっと坐り続け、五時すぎまで同教会内にいた。

5　無罪

午前十時四分

「……これから主文を言い渡します。主文。原判決を破棄する。被告人らはいずれも無罪……」

傍聴席がぞめき立ち、各新聞社の伝令が走り出た。雪森厚夫は左隣の池端和香子と顔を見合せた。彼女の白い頬が朱に染み、円らな眸が笑っていた。が一瞬あとに涙が溢れたし、顔をそむけた。彼はその横顔を限りもなく美しいと思った。あとからあとから流れだすその涙を飲みほしてやりたいと思った。事実咽喉が渇いていた。ふと厚岸の古寺で出会った少女を思い出した、あのとき、おれは飢えよりも渇きを強く感じていた。そうして、少女からもらった一杯の水を無上の甘露として飲み干した。あの少女こそは今の和香子なのだ。

雪森厚夫は和香子の柔かいすべすべした肉体を全神経で感じながら、目の前の裁判長の嫌らしく醜い顔を、こういうものが和香子と一緒に世の中に存在しうることを不思議に思いつつ見詰めた。口角に犬の糞のホクロがあり、その中心に一本毛が生えている。その毛が判決理由の朗読で蛇のようにのたうつ。フケ性なのか黒っぽい法服の肩にフケが一つ一つ光っている。要するに、まぎれもない六十男の生臭い肉体が、国家の象徴である法服の下から、まざまざと透けてみえる。無罪判決をしてくれた判事をそういう目で見ては失礼であり、この男と二人の陪席に感謝すべきと思うのだが、そういう気持になれない。むしろこんなに分り切った冤罪事件に七年もの歳月を消費し和香子と分ちあえたかも知れぬ七年の幸福をうばった無神経と無能をのろいたくなる。

　無罪の喜びがすこしも湧いてこない。そのかわりに胸を充たしたのは、重く沈みこむ悲哀だ。胸の底をどんどん降りていき、体全体を底なしの泥炭の底へと引きずりこむ。おれは湿原の谷地眼に落ちた猟師のように、ずるずると底へと埋没していく。おそらくは和香子もそうなのだ。彼女の涙はおれと同じ悲しみの表現なのだ。

　おれは五八歳七月だ。もう若くはない。おれの人生には先がない。きのう日記を書くとき日付のつぎに習慣によって逮捕以来九年一月三日と書いた。ついでに今までのおれの人生で、いったい何年何月刑務所にいたか計算してみた。軍隊も刑務所みたいなものだから加えてみた。

入営から軍隊逃亡まで　四年一月
軍刑と相生造船部隊　一年五月
神戸拘　十月
浦和刑と府中刑　三年三月
府中刑　二年七月

千葉刑　五年
今回　九年一月
計　二六年三月

すなわち五八歳のおれは、その四五パーセントの時を国家の奴隷として生きてきたわけだ。国家という御主人様につかえ、虐殺・殺人・強制労働・囚人と、全く自分の意志ではない生活をさせられてきたのだ。

6　別れの手紙

雪森厚夫は、看守から身の回り品を詰めた段ボール箱を受け取って、受取証に拇印を押した。これで一切拘置所との縁が切れたわけである。持っててやろうと徹吉が段ボール箱を小脇にかかえるのを押しとどめ、中から『告白』の原稿だけを出し、末子の持ち合せた風呂敷に包んだ。これを和香子に渡そうという決心が彼女を見ているうち唐突におこったのだ。

髪を背の半ばまでまっすぐに垂らし、日光不足の房内で生来の色白が漂白されたような白さとなり、清らかに光輝いている。笑顔を母親に向けている。顔形のよく似た若い女性は妹だろう。傍の背の高い背広は弟か。あとは学友たちか。ともかく池端和香子のまわりには垢抜けした風姿が目立ち、一種華やかな知識階層の雰囲気をあたりに振りまいている。ところが雪森厚夫の回りはまるで違って、陰気で泥くさい。末子の田舎染みた着物、虎吉の狐の裏皮の古オーバー、そして徹吉の油だらけの紺ジャンパー、筋肉労働をする階級の風体だ。この両グループの差違が雪森厚夫を気遅れさせ、和香子に話しかける勇気をくじいた。すると、和香子が振り向き、そのまま人の環をすっと抜けだして簡単に彼の前に来た。二人は向き合ったまま、何も言えず頬笑み合っていた。何か言うとこの瞬間が毀れてしまいそうだった。

「やあ」

「ねえ」

とやっと言った。これが二人が九年ぶりに交した最初の言葉だった。

「きょう会えないかしら」

「わたしも会いたいんだけど、母がいろいろ計画していて、忙しいらしいの」

「それは当然だね。久し振りだもの、一緒にいてあげなくちゃ。ともかくそのうち連絡します」

母に呼ばれて和香子は去っていく。厚夫はあわてて声を掛け、風呂敷包を示し出した。怪訝顔の彼女に彼は震え声で言った。

「読んでくれないか、きみに宛てて書いたんだ。ほら羅臼で約束した……」

「あ、あれね、分った。ありがとう」

和香子は、リレーのバトンでも受け取るようにあっさりと風呂敷包を握り、良い脚をすっすと繰り出して去った。鉄鍋をかぶったように頭を重苦しく圧していたものが、ふと取り除かれたような気がした。それはこれで何もかも終ったという明確な諦念であった。おれは和香子の世界とは無縁な極道者だ。彼女はそれを知るだろう。そして彼女がおれを見限る前におれは去っていくだろう。

「あれ何なのさ」と末子が尋ねた。

「別れの手紙だ」と雪森厚夫はさばさばした調子で答えた。「これで根室さ帰れる。いっときも早く」

第13章　春の氷

1　罪なき者

スケート場の近くのドイツ料理屋に入った。昼食時をはずれたため閑散としていて、臙脂色のチョッキのボーイたちは手持ち無沙汰に立っていた。西洋料理に不案内な厚夫は、注文を和香子にまかせ、彼女の透き通った細い指がメニューを繰るのを視線で愛撫してから、ふさふさした髪の下のよく動く目をじっと見詰めた。その目が、視線の熱気を感じたようにまたたいた。

「……でよかったの」と和香子が尋ねた。

「ああいいとも」

「でも、羊の肉よ。きらいじゃない」

「きみの注文したものなら何でもいい」

「意志がないみたい」

「もちろんないさ。きみの前では」

「じゃ一緒に暮そうよ」

「え……」

「ほら意志がある」和香子は形のよい小鼻を動かした。「いいんだ、そうびっくりしなくても、ちょっと言ってみただけ」

「重要なことをいきなり言いだすんだから……」

「一緒に暮すのは重要なこと」と大きな目を見開いていどむように言う。

「もちろんだとも」厚夫は、獄中でぼんやり考え、きのうから真剣に考えてきたことをどう相手に伝えようか戸惑っていた。

「『告白』読みました」和香子はかすかに頰笑んだ。「明け方までかかって、全部」

「それで……」厚夫は気弱に言った。取返しのつかぬ失策のあと、宣告を待つ心だ。

「厚夫さんという人がよく分りました」

「どういう風に……」

「あそこに書かれたような人、苦しみぬいた人、わたしあなたの苦痛がようく分った」

「あそこには嘘はただの一行もないよ。あの通りの駄目な男なんだ。極道者なんだ。罪深い人間なんだ」

「〝なんぢらのうち、罪なき者まづ石をなげうて〟よ。わたしにはあなたを裁く資格はない。まったくない」

2　洗礼

「神父様、わたしのような悪いことばかりをしてきた人間でも、主は許したまうでしょうか」

「あなた、自分が罪深い人間だと心の底から思いますか」

「思います。盗み、虐殺（ぎゃくさつ）、殺人、虚言、欺瞞（ぎまん）、そうして最大の罪は、心弱く、時の圧力に、時代に、流されていき心ならずもの行為に走ったことです」

「それならば主は許したまうでしょう」

「すべての罪をですか」

「はい」

「しかし、それでは虫がよすぎます。わたしはまだ充分に罰せられてない気がします。すくなくともわたしは幸福にはなれません。幸福になっては神に申し訳がありません」

　奥田神父はわたしを説得しようと努めた。主はすべてを許したまうと言った。おれは帰房して四福音書を注意深く読み、もう一度読み返し、きらに読み返した。七度目には非常に意地悪く、イエスの失言や落度を見つけてやろうと疑いつつ読んだ。だが、ついにイエスはただの一度も間違った発言をせず、その行為は完璧（かんぺき）だった。それは実に不思議な不思議な発見だった。イエスに引きかえ、イエスの弟子たちは数多くの失言や落度を操り返していたのに……。

しばらくして厚夫は洗礼を受けた。けれども自分に罪の許しを受ける資格がないという思いは拭い切れなかった、自分は、本当の信仰に到達していない、にもかかわらず洗礼を受けたりしたのは僭越だったと自分を責めた。神の許しに身をまかせ、光明と安心のさなかにいるキリスト者をうらやみつつ（同囚のなかにもそういう幸福な人たちがいた）、彼は心のどこかが安まらず、不安だった。優しい神に出会ったと思うと、その神は消えて、罪の糾弾と罰とを迫る恐ろしい神が現れた。温暖な美しい自然に囲まれた人の神が讃美されるとするならば、冷えきった壁のさなかの彼の神は恐れられた。そして主よ許したまえと祈るかたわら、主よわれを許したまわざれと祈った。

3　無罪確定

ロビーに阿久津弁護士が引き締った痩身を見せていた。眼鏡を光らせながら、さかんに手招きしている。和香子はインストラクターに、レッスンの終了を請い、大急ぎで着換えてロビーに出た。

阿久津弁護士は、挨拶ぬきでいきなり言った。

「検察官が上告を断念しました。したがってあなた方の無罪が確定しました」

「そうですか」和香子は平静に聞いた。何の感情もわいてこないで心は空虚だった。ところが、急に全身の力が脱(ぬ)けて立っていられなくなった。ソファに腰を落したとたん、涙とも汗とも分ちがたいものが頰(ほお)をつたわった。

阿久津弁護士は隣に坐(すわ)り、大きく合点をした。

「おめでとう。本当によかった」

「ありがとうございます」和香子はやっと震え声で言った。

「雪森さんにも電話で知らせておきました。大変喜んで、あなたにおめでとうと言ってくれと頼まれました」

「わたしに……あの人は今家にいるんですか」

「います。けさがた陣内虎吉さんが意識を取り戻(もど)したそうで、これにも喜んでいましたよ」

「よかった」和香子の空虚だった心に熱した生命の核のようなものが流れ入ってきた。それは体中に充実していき、萎(な)えていた力を取り戻していくようだった。試しに立ってみた。しゃんと立てた。阿久津弁護士も立ち上った。

4　春の音

小さなトランクを提げた和香子がほっそりと現れたとき、厚夫はびっくりした。あれでは風邪を引いてしまう。Tシャツにジーンズで、コートも衿巻も着ていない。大股にさっさと歩いてき、大きな輝かしい眼で会釈した。

「やあ」

「ねえ」

同時に二人は吹き出した。法廷の廊下でしたのと同じ言葉が期せずして出たためだ。

「あんまり突然なんでびっくり仰天したが、ともかくすぐ根室から飛ばしてきた。十分ぐらい前に着いたところだよ。ところで、その恰好じゃこごえちまうよ。二、三日前から昼間はすこし温かいが晩には凍れて氷点下だ……荷物はそれだけ」

「そう。家出同然に出てきちゃったから。そうか、忘れてたよ。冬物何も持ってこなかった」

「早く車に乗んなさい。それからどこかでアノラックやセーターを買おう」

ジープの助手席に和香子を乗せて厚夫は発進した。唐松の裸木と褐色の草原の続く冬ざれだ。北向きの斜面にはまだ一メートル余の雪が残っている。鶯色の都笹が冷たい風になびいた。

「さてどこへ行こう」

「まかせる」

「ともかく東だな」

「そう、ともかく地の果て」

「よしきた」

まず釧路の市内のスーパーに行き、アノラックや防寒ズボンやセーターや手袋を揃えた。冬物一掃のバーゲンセールで安く手に入った。やっと土地むきの装いとなった和香子は、暖房のきいた車内で寝入った。時々、その寝顔を横目に見つつ彼女が経験した長い苦しみがその吐息とともに自分に沁み入る心地がして、厚夫は何度も深く息を吸いこんだ。国道を東へとひた走る。湿原を縫う川の橋を渡るとき、折からの斜陽に、割れ氷を浮べた川面が美しく光った。厚夫は和香子をおこし、川岸に連れていった。

「わあきれい」和香子は子供のように小躍りした。

「いよいよ氷が解け始めたんだ。山々の雪解け水で上流の氷が持ちあげられ、割れて下流に流れだす。見てごらん。こんなに水が増えて、岸辺が水びたしだ」

大きいものは五、六メートル四方の氷が川面に浮き、たがいに身をこすりあっている。その衝突で割れて次第に小さくなるのだろう、一メートル、もっと小さい細片、さまざまな氷が大小の炎のようにゆらめき光っている。見ているうちにも水嵩はじりじりとあがって橋脚を上へ上へと濡(ぬ)らしていく。

「ねえ、すばらしい音」と和香子がしゃがんで水面に耳を傾けた。厚夫も隣に行った。チョロチョロという水音の中に、薄いガラスの食器が触れ合うようなキャラキャラと軽やかな音がする。ズンと腹に響く低音は大氷の音だろう。流れの光彩と音の律動が玄妙な調和でいつまでも続く。

「春の音だ」厚夫は声を弾ませた。

5　湿原

「よし、湿原を見に行こう」と厚夫は和香子に決然と言った。「あっちも、きっと大洪水(だいこうずい)だぞ」

朝食もそこそこに、二人はジープを駆った。国道からそれて常緑の針葉樹林を突っ切り、道が湿原のただなかに浮く場所に来たとき和香子が歓声をあげた。

「すごい、すごい」

一面の、一面の水また水である。不断は北葦原の中に谷地榛の木や萩(はぎ)が点在するだけの広広とした原野は、今、目路(めじ)のかぎり巨大な湖と化していた。山から、川の上流から、四方八方から、流れ入る水が萩を水没させ、谷地榛の木の梢をわずかに残し、北葦をひたして溢(あふ)れ、さわだち、うずまいていた。水は湿原特有のコーヒー色で、青空を浮べて青黒く、夥(おびただ)しい魚が押し合いつつ泳ぎまわるに似ていた。そして、北葦が倒れ伏した淀(よど)みには、ガン、マガモ、オナガ、カワアイサなどの水鳥が鳥たちの祝祭のように群れて羽撃(はばた)いたり泳いだりしていた。水平線のあたりに鳥が飛んだ。隊形のくずれからみると、ガンではなくマガモらしかった。禁猟期を知っていて、すこしも警戒せず悠々(ゆうゆう)と青空に融(と)けていき、やがて消えた。すぐまぢかで別なマガモがグゥグゥッとおどけて鳴いた。

風蓮川にかかる橋上に来た。上流のほうはすでに氷が破れて流れ始めていた。流れに乗った氷は一塊となって下流の水にズンと衝突し、氷と氷とが押し合う。やがて下流の氷が上流の圧力に耐えきれず身震いとともに砕け散り、大小さまざまの氷片となって、さらに下流へと押し流れていく。和香子は橋より川岸へと走っていき、しゃがみこむと〝春の音〟を聴きだした。小さな氷はキャラキャラと唱(うた)い、中くらいのはツンツンと中音で和し、大きな氷はズンズンと低音でうなっている。

「きのうのが室内楽、これは交響楽」と和香子は笑った。明るい笑だった。彼女がこんなに朗らかに笑ったのを見るのは、厚夫には久し振りだった。

6　自由存す

「面白いね。国家の管理からはなれた、わが湿原に自由存す、ていうわけだ」

「そう。湿原に自由存す」和香子は歌うように言った、「ああ、何だか一曲できそう……きのう民宿ペケンで考えたんだけど、あなたとわたしで、あの民宿買っちゃおうよ。阿久津先生が刑事補償で一人一千万円ぐらい請求できるって言っていた。二人合せれば二千万円。それであそこ買えるんじゃない。二人で民宿を経営するんだ。わたしはあなたと一緒にいればあとは何もいらない……できるよ」

「それは……」厚夫は驚いて和香子を見た。考えたこともない明るい未来が唐突に和香子の口から飛び出してきた。

その時、何か異様な物音がした。和香子が叫び二人は立ち上った。目の前の川の氷が裂けて水が吹き出したのだ。割れ目が縦横に氷原を走り、やがて一斉(いっせい)に動き出した。いつのまにか川上の氷は消えて満々とした水が膨れあがるようにして襲ってきた。氷は砕け散り、大地がずれるように下流へ、海のほうへと移動を始めた。流れ遅れた大小の氷があとからあとから続く。二人は川岸に走った。

さきほど橋上より見たのより、ここの風蓮川はぐんと幅広の流れとなっている。しかも岸はほとんど水没して湿原と見分けがつかない。どこもかしこも渦巻（うずま）く水で、氷と氷が衝突しては、おたがいにせめぎあい、負けた氷は背を返したり、砕片となって散ったりし、やがて氷の大群は背を揃（そろ）えて、にぎやかに光りつつ海へむかって堂々と押し出していく。

「あの氷に乗れるかしら」と和香子が言った。

「乗れるともさ」

「わたし乗りたい。そして海の中へ行きたい」

「あぶないよ。海の中で氷はすぐ溶けちまう」

和香子と二人で氷に乗って海へ乗り出すという幻想が厚夫の頭をよぎった。厚さ五十センチの氷は人間二人の重みに充分たえるだろう。三メートル四方ほどの大きな氷が岸に近付いてきた。おあつらえむきの船だ。と、和香子が腰をかがめ、氷に飛び移ろうとした。あやういところで厚夫は腕をつかみ、引きもどした、和香子は厚夫の胸の中に顔をうずめた。風と音と光のなかで、厚夫は、小さな柔かいものを力一杯に抱きしめた。

「ねえ、この土地で二人で生きよう。もろともに、風蓮仙人（ふうれんせんにん）となって暮そう」

解説

解説

虚無と魂の深層を洞察する思索的な言葉

加賀乙彦 散文詩集『虚無から魂の洞察へ――長編小説『宣告』『湿原』抄』

鈴木比佐雄

1

私は二〇一九年十月十日の奥付で加賀乙彦氏の『死刑囚の有限と無期囚の無限　精神科医・作家の死刑廃止論』を企画・発行し、加賀氏の死刑廃止論の一貫した姿勢をまとめることができた。その年の暮れに出版記念会的な集まりの打ち合わせのために、私と記念会の聞き手となる弁護士梓澤和幸氏と、加賀氏のことを短歌に詠った歌人福田淑子氏の三人でご自宅にお伺いした。その際の会話を聞いていて加賀氏の肉声の言葉の素晴らしさを残したくて、私は無意識的に手帳を取り出して加賀氏の言葉を書き留めていた。その内容をもとにして次の詩にまとめさせて頂いた。

朝の祈り　――加賀乙彦氏の言葉に敬意を込めて

鈴木比佐雄

敬愛する小説家Kさんの自宅で

死刑廃止論をテーマにした新刊記念会について
打ち合わせが一段落したあとに
聞き手となるAさんの持参した桜枝の蕾を愛でながら
新刊の書評を書いた歌人のFさんが持参したワインをあけて
私が持参したチーズなどをつまみに
復讐と許しをテーマに語りあっていた

K先生はどうして死刑囚Sと親しくなったのですか

死刑囚のSは死刑囚らしくなかった
数多く診察した中でも彼は例外的な存在だった
もうれつに聖書を読んで神に祈っていた
他の死刑囚と違っていたのは信仰があったからだろう
だから彼の文章も内省的で素晴らしく
医学雑誌の編集をしていたので原稿依頼をした
それからだんだん親しくなった

Ｋさんはお気に入りのショパンのバラードをかけてくれた
その曲を聴いて私たちが口々に讃えていると
Ｋさんが静かに語りだした

人を殺す時に死刑になると思って人を殺す者はいない
たとえ殺人者であっても罪を悔いる気持ちが大事だ
日本には仇討の歴史があった
遺族の方は本当に辛いだろうが
いつまでも責めるのは意味がない
許すということも大切だろう
死刑囚の多くは拘禁ノイローゼを病んでしまう
彼らの心の病を治して、なぜ殺人を犯したかを
神のもとで悔い改めて人類のために
生かして語らせるべきだろう
人を殺してはいけないというのが自分の信念だ

Ｆさんが部屋の亡き妻の写真のことを尋ねると
天を仰ぎながらその胸の内を語られた

クリスチャンの私は毎日、朝のお祈りをする
妻に向かって、どうして早く亡くなったのか
時に泣きながら……
人間は弱いものですよ

この詩を再読する度に、その時の情景が想起されて豊饒な時間を共有することができていかに幸福だったか、今も加賀氏に感謝している。この著書の新刊記念会は二〇二〇年二月下旬に紀伊國屋書店新宿本店で開催する予定で公募したらすぐに満席の予約が入っていた。ところが新型コロナの緊急事態宣言が出されて無期限の延期となり、今も実現の目途が立っていないことは残念なことだ。もし本書を刊行し情況が許せば、加賀氏の雄姿と肉声を見聞きできる二冊の合同出版記念・研究会を開催したいと考えている。

実は加賀氏の『死刑囚の有限と無期囚の無限　精神科医・作家の死刑廃止論』を刊行後に私は何かやり残していることを感じ始めた。大手の出版社などが加賀氏の長編小説を単行本や文庫版で出版してきたが、最近は作品社から「加賀乙彦長篇小説全集」がシリーズ化されて刊行も始まった。そのような中で私が長年関わってきた詩・俳句・短歌の親しい短詩型作家たちに加賀氏の代表的な小説『宣告』『湿原』などを読んだことがあるかと尋ねると、あまり読まれていな

いことが分かった。幅広い読書人である俳人の黒田杏子氏は読んでいた数少ない一人だったが、大半は長編小説を敬遠し名前を知っている程度であった。短詩型作家たちは言葉を凝縮し短い言葉で世界や人間を描こうとするので、長編小説を敬遠してしまうのだろうか。しかしその先入観を括弧に入れて加賀氏の長編小説を読めば、人生を透視された思索的な散文詩集を読んでいるような瞬間に気付く。加賀氏の長編小説の細部には、その主人公である死刑囚たち、その残された時間を管理し死刑を実行する者たちなど語りの中に人生を濃縮した本質的な言葉が埋め込まれていることが了解できるだろう。その登場人物たちの痛切な思いや極限で語られた形而上学的な問いが込められた箇所を選び出し、魂の深層を洞察する思索的な詩集を作れないかという構想を抱いた。文芸誌「コールサック」(石炭袋)で小説時評を連載している詩人・評論家の宮川達二氏は、時評の中で『湿原』の魅力を論じてくれたことがあり、私が『宣告』を、宮川氏が『湿原』を担当すればこの構想は可能だと思われた。宮川氏にも相談すると承諾を得た。加賀氏にこの企画案を提案すると、驚かれたが直ぐに快諾してくれた。そのような経緯があってこの加賀乙彦散文詩集『虚無から魂の洞察へ――長編小説「宣告」「湿原」抄』の実際の編集作業が私と宮川氏で行われて、二人の解説文も収録して刊行されることになった。

2

一九七九年に刊行された小説『宣告』は百万字近くあり、原稿用紙だと二千五百枚に迫る加賀氏の最も知られているロングセラーの長編小説だ。けれどもその後に執筆された『永遠の都』などはこの倍以上もあり、加賀氏にとって『宣告』はさほど長くはない小説だと思っているのかも知れない。『宣告』は一章「春の吹雪」、二章「むこう側」、三章「悪について」、四章「涙の革袋」、五章「死者の舟」、六章「光る花」、七章「裸の者」というように展開していく。

『宣告』の主人公は一九五三年に「バー・メッカ事件」を引き起こした死刑囚で後に熱心なクリスチャンとなった正田昭をモデルにしたと言われている。その楠本他家雄が死刑を執行されるまでの四日間の内面の軌跡と他の死刑囚との関り、また若い監獄医で精神科医である近木の眼を通していかにリアリティをもって描き切るかが最も興味深いところだった。その近木は若き加賀氏の分身で無神論者であり内面の虚無を自覚して、死刑囚他家雄の信仰心に影響を受け始める。その問いはカント、ニーチェ、ハイデガーなどが書き残した哲学書の中で、その原点に「存在」を問う際に「無」や「虚無」のただ中に存在への問いがあるように、加賀氏の小説には哲学の根本的な問いをその中で実現しているように私には感じられた。加賀氏は登場人物である死刑囚、神父、死刑囚の親族、支援者たち、獄中の精神科医たち、死刑囚に関わる刑務官などの立場を浮き彫りにする。「死の家」の現場から死刑囚たちがなぜ人を殺めることになったのかという深層の「虚無」に迫り、それでも残された時間の中で生を生き抜く姿を傍らの視線で書き記している。そして死刑制度の様々な問題点と生の尊厳の意味を提起している。

一章「春の吹雪」は7編に分かれているが、その7編に詩的なタイトルを付けさせてもらった。例えば1は「楠本他家雄の部屋」として、あたかもそのタイトルの詩であるかのように、加賀氏の小説を思索的な散文詩として読んでもらいたいと願った。そして次のような各章の各編に内容を象徴するタイトルをつけてみた。この各編のタイトルを読むと加賀氏がどれほど緻密に構想して死刑囚たちの世界を構築していたかが了解できる。

I部「小説『宣告』抄」
一章「春の吹雪」／1　楠本他家雄の部屋／2　安藤修吉のチューリップ／3　大田長助の発作／4　楠本他家雄のめまい／5　他家雄の死者の目／6　神への愛か、人民への愛か／7　砂田市松の後悔／8　おれは落ちていく

一章の「春の吹雪」では次の箇所がこの物語の始まりを静かに告げている。

《他家雄(たけお)は畳の上に毛布を敷き、積みあげた蒲団を机に見立てて坐った。読みさしの『自然の中の人間の位置』を開き、目を馴らすため数行読んで、気乗りせぬことに気付いた。視線が文字に弾ね、先へ進めない。／不吉な予感がする。今朝こそ自分の番だという気がする。自分が風にゆらめいている蠟燭の小さな焰のように頼りなく思われる。不意に扉があき、それで吹き消されてしまう。一切が終りになる。》

「1　楠本他家雄の部屋」では死刑囚が毎朝「今朝こそ自分の番だ」と死刑を「宣告」される恐怖感を読者に伝えている。そして「宣告」が終わると翌日には死刑が執行されるという。他家雄の心境はすでに「風にゆらめいている蠟燭の小さな焰」だと悟るように澄み切っている。

「2　安藤修吉のチューリップ」では、死刑囚の安藤修吉は少女を殺した後に山桜が美しいと感じて、今度生まれかわったら「赤いチューリップ」になりたいと言い、人間への絶望を語らせている。

「3　大田長助の発作」では、加賀氏が死刑囚の内面の調査をして拘禁ノイローゼを引き起こした生々しい現場の症例なのだろう。この太田長助に後の章で死刑廃止論を語らせることになり、この小説の重要なメッセージを託す存在でもあるのだろう。

「4　他家雄のめまい」である不可思議な墜落感覚こそがこの小説の謎であり、その問題提起されたことを解き明かそうとする試みであった。

「5　他家雄の死者の目」では初めて近木が他家雄を診察し、その墜落感覚を次のように伝える。「もう恐怖を通り越して、一種の諦めと一種の、奇妙なことですけど歓喜の念がおこって、それにここがもっと奇妙なところなんですが、自分がふつうに生きてるんじゃなくて、もう死んじゃって死人の目でこの世を見てる感じなんです」という臨死体験の「死者の目」を物語る。

「6　神への愛か、人民への愛か」では、この小タイトルの言葉を巡って、電車の中で爆破事件を引き起こした歌人でもある垣内と同志を十名以上も殺した過激派だった河野との論争を記す。「7　砂田市松の後悔」では、「おらは何人もぶっ殺してるうぢ、どうせとっつかまりゃ死刑だと気づいたよね。何人ぶっ殺しても死刑ならよ、沢山ぶっ殺して楽しんだほうが得だと思うようになったよ」と死刑制度がさらに多くの殺人を誘発していることを語らせている。「8　おれは落ちていく」では、次のように加賀氏の形而上学的な問いが他家雄から発せられる。それへの答えは神父から語られることなく無言で終わり、それでも他家雄は問い続ける。

《「神父様、悪とは何ですか」／「悪とは善の欠如した状態です」／「悪とは、そうすると、善に対して二義的なのですか。善がなければ悪はない」／「その通りだ、わが子よ」／「しかし、わたしたちの上に現に強く悪の力がはたらいています。それは何なのですか」／「そんなことを考えるより、お祈りをなさい」／「しかし神父様、神が悪を許し給うは、その悪より善を導き出すほどに全能だからであると聖アウグスチヌスが言ってますが、本当でしょうか」／「…………」／／悪がなければ善はない。／イエスは悪魔との対話から出発したのではなかったか。／闇がなければ光はない。／この世はわずかな光にすぎぬ。この世の外側には広大な闇がある。光が消えれば闇が来るのだ。》

この箇所を読んでいると私には、激しくキリスト教を攻撃して「神は死んだ」と神の死を「宣告」した『ニーチェ全集』（理想社）第11巻「権力への意志（上）」の解説文で、私の大学時代の恩師で哲学者枡田啓三郎氏が次のように記した箇所が想起されてくる。

《ニーチェははたしてあらゆる神を否定する無神論者であったろうか。／（略）／「神はどこへ行ったのか？　われわれが神を殺したのだ――お前たちと私とが！　われわれはみんな神の殺害者なのだ。」だからわれわれは無限の虚無の闇路をさまよい歩いているのだ。／（略）／私たちはニーチェの心の底に、神への憧れがいかに強く生きていたかを思わずにはいられないのである。》

　加賀氏は他家雄の内面を描く際にキリスト教の神父が避けていた「虚無」に向き合いその問いを深めていく。それはある意味でニーチェのニヒリズムの哲学への激烈な問いと重なっているかのようだ。しかし加賀氏は神の死ではなく神の再生を熱烈に「宣告」しようと願ったのだろう。国家は死刑囚に「宣告」をして死刑を継続しているが、他家雄を含めた死刑囚の悲劇的な経験から学ぶべきことは数多くあると告げる。第二章　「むこう側」、第三章「悪について」、第四章「涙の革袋」、第五章「死者の舟」、第六章「光る花」、第七章「裸の者」と続き、これほど人間の存在と「虚無」との多面的な関係を描いた小説は稀有なもので、読後に死刑囚とは自らのことでもあると気付かせてくれる深淵な書物だ。そんなエッセンスが込められた散文詩集『虚無から魂の洞察へ――長編小説『宣告』『湿原』抄』を傍らに置き愛読して欲しいと願っている。

解説

魂の作家──『宣告』『湿原』を巡って──

宮川達二

私は魂の作家になりたい。人間という者の奥深いところにある死への態度、そういったものを中心にして小説を書きたいと思うようになりました。

加賀乙彦『科学と宗教と死』（二〇一二年刊）

〈『宣告』──正田昭・心の軌跡〉

──文語訳『聖福音書』──

二〇二一年一月上旬、私は鎌倉の古書店でレフ・トルストイの『文読む月日』（全三冊）を手に取った。トルストイの最晩年の一九〇六年に刊行された名言アンソロジーである。世界中の哲学、文学、思想、宗教などの分野から彼自身が選んだ文章が一年三六五日間に数編ずつ選ばれ収録されている。日本の作家徳富蘆花がちょうどこの本が刊行された年、トルストイの住むヤースナヤ・ポリャーナに住むトルストイを訪ね、五日間滞在している。下巻所収の訳者北御門二郎の「あとがき」を読んだ。私には思い掛けない、次のことが書かれていた。

聖書の言葉の引用は、今回はじめて主として正田昭・望月光訳の『聖福音書』――ネオ・ヴルガタからの新しい文語訳――から引用させていただくことになった。正田昭氏は、加賀乙彦の『宣告』という作品の主人公のモデルとなった人で、死刑宣告を受け、獄中にあって訳筆を運び、ようやくにしてキリスト受難の箇所まで翻訳が及んだとき、自らも絞首台の露と消えた方だそうで、そのあとを受けて完訳を果たされたのが望月神父だということである。幸い、かねがね親しく文通している鎌倉在住の仲谷登茂さんがそれを所持していられて、参考までに読んでみると、さすがに、そうした極限状態のなかでのイエスへの、文字どおり必死の想いが感ぜられて、ただちに引用の決意を固めた次第である。

正田昭という名、そして加賀乙彦『宣告』という文字が私の目に飛び込んできた。私は『宣告』を繰り返し読んでいる。正田昭が獄中で書き残した『黙想ノート』『夜の記録』などの著書も読んでいる。しかし、訳者がトルストイのこの本で採用したという、正田昭が死の直前まで情熱を傾けたという聖書の文語訳を読んだことは一度もない。

トルストイが『文読む月日』で引用した『聖書』は全部で一四七箇所、他の引用文と比較しても圧倒的に多い。正田昭文語訳の『聖福音書』（一九七七年刊）は現在入手困難である。私が正田昭による聖書の文語訳を読むのは、このトルストイの本を介する以外には不可能である。深い縁を感じた私は、この古書店で全三冊の文庫を手に入れた。

正田昭は、加賀乙彦著『宣告』の主人公楠本他家雄のモデルとなった死刑囚である。彼は、一九五三年に東京新橋のバーで殺人を犯し、一九六三年に最高裁で死刑が確定した。東京拘置所医務部技官だった加賀乙彦と出会ったのは一九五六年、すでに前年正田昭はカトリックのカンドウ神父から洗礼を受けていた。加賀のフランス留学などの事情で一時二人の交友は途絶えたが、加賀が帰国した一九六〇年代には再び交友が深まる。二人の間では、書簡も交わされるようになった。私は『文読む月日』を手に入れた直後、二人の間で交わされた書簡が収められた『ある死刑囚との対話』(一九九〇刊)を開いた。すると、後半の正田から加賀宛の手紙の最後に次の文を発見した。

私は専ら『聖書』、いま『マテオ』第十九章です。　一九六九年十月三一日

正田昭が書いた「専ら聖書」というのは、「聖書の文語訳に集中して取り組んでいる」という意味である。「マテオ」とは、新約聖書「マタイ福音書」のことである。正田昭は約一月後に処刑される直前まで聖書の文語訳を行い、そのことを親しい間柄であった加賀乙彦に知らせていた。もちろんこの時点で、迫っていた処刑の日を正田昭は知らされていない。私は、「正田昭の聖書文語訳」の経緯を書いた文を、加賀乙彦の次の本でも見つけた。

なお六七年頃より、正田は望月光神父のすすめで、福音書の文語訳をはじめ、まず六八年の十一月にマルコ福音書訳を完成し、ガリ版刷で知友に送った。続いてルカ福音書にかかり六九年の十月に訳しおえて、ガリ版刷で知友の手元にとどけた。私のもとに、ルカ福音書が届いたのが十二月初旬であった。この頃、日がな一日、彼は福音書訳に没頭していた様子が書信の文面からも読み取れる。

加賀乙彦『死刑囚の記録』――第六章　鉄枠の宗教者――（一九八〇年）

正田昭は、加賀が最後に「ルカ福音書」を受取った直後の一九六九年十二月九日に処刑された。おそらく、処刑寸前まで「マタイ福音書」の文語訳を続け、十月末で第一九章まで進んでいたが未完成に終わったと思われる。その後、正田昭が同年十二月八日に書いた手紙が加賀の手元に届いた。正田昭の生涯最後の手紙には、次の文が記されていた。

もっと多くの事柄について、先生と語り合い、教えていただきたいと思っていましたのに、死はやはり不意にやってきました。

この死について、よくみつめ、考え、祈りながら、私は〈あちら〉へゆきたいと思っています。

母と私のために　お祈りください。では　先生、さようなら殺人を犯して十六年、加賀と同年同月に生まれた正田昭は、こうして心の軌跡を加賀の心に残して四十歳で世を去った。加賀乙彦は、正田昭の「不意の死」を決して忘れることはなく、一九七五年に雑誌「新潮」に正田昭をモデルとした楠本他家雄を主人公とする『宣告』の連載を開始した。そして、正田昭の死から十年を経た一九七九年二月に『宣告』(上下)を刊行した。この作品は、精神科医と死刑囚という立場を越え、後年加賀乙彦がキリスト教の洗礼を受ける契機を作った友の死を悼む執念の結実である。殺人という罪を犯した人間がいかにして刑務所で過ごし、国家権力から与えられる死刑という恐怖を克服して最後まで生き抜いたかを、加賀乙彦は『宣告』で我々に示した。死刑制度廃止を強く打ち出し、文学がいかにあるべきかをも示した日本文学史上稀な作品である。

〈『湿原』――魂の救済の物語〉

――『湿原』という小説――

加賀乙彦による小説『湿原』は朝日新聞に連載され、一九八三年五月から一九八五年二月までの一年八カ月という長期に渉った。新聞小説を連載中に読む事のない私だが、この時初めて『湿原』を毎日読んだ。大都会の片隅で生きる雪森厚夫の持つ人間性、彼が出会った和香子との愛、大学紛争の起きた時代背景、タイトルとなった北海道東部の湿原の魅力、警察と検察による冤罪の捏造、無実を獲得するまでの裁判の経緯に強く惹かれた。特に、前科を重ねた自動車整備工雪森厚夫の人間像は、かつて日本文学では描かれなかったタイプの主人公だろう。ヒロイン和香子の精神的な強さ、雪森厚夫への信頼と愛の貫き方も、斬新な女性像である。

『湿原』が上下巻二冊として刊行されたのは、連載終了後半年が経過した一九八五年九月である。正田昭をモデルとした『宣告』刊行から、約六年が経過している。

雪森厚夫は、大正八年に根室の西の霧多布に生まれる。物語では東京郊外に住み、お茶の水にある小さな自動車整備工場で工場長として働く四十代後半の男である。彼は独身を貫き、家族はない。彼はこの工場の社長の信頼が厚く、狩猟、釣りを好む社長を連れて故郷の道東の湿原地帯を訪れる。雪森厚夫は、若い頃から掏摸、盗みなどの犯罪を重ね前科四犯で刑務所経験が長い。戦争中は中国で入隊していた陸軍の刑務所にいた経験さえある。これらの犯罪者としての過去が彼を孤独にし、人間関係も狭くしている。

ヒロイン池端和香子は、雪森が日曜日に通うスケート場で知り合った若い女子大生である。父は刑法を教える大学教授で、裕福な家庭に育った。彼女は、成長するに連れ深まる両親との確執で神経を病み、自殺を試み精神病院へ収容される。一方、元の恋人が全共闘の指導者であったため、学生運動にも関係するが、革命を目指す思想の持主ではない。

背景となった一九六〇年代後半、大学紛争、ベトナム戦争、七〇年安保闘争、三島事件勃発など、世界も日本も時代は大きく揺れている。その中で二人は、年齢差、環境の大きな違いを越えて愛を育てる。だが、雪森が整備工場を解雇され、それを期に二人で風蓮湖周辺の湿原を旅した直後に東京で、死傷者の出た新幹線爆破事件の容疑者となり逮捕される。二人は過激派セクトが主導したとされる新幹線爆破事件とはまったく無縁だった。しかし、警察により自白を強要され、雪森は一審では死刑判決、池端和香子は共犯者として無期懲役となる。

一審後、新たに二人を担当した若き弁護士阿久津純の行動的で丹念な調査により、犯行当日、雪森厚夫が神代植物園にいたことを証明する写真が見つかる。また、和香子は当日の同時刻、通っていた教会の後ろの席に座っていたのを目撃した神父がいたことがわかる。

こうして雪森厚夫と池端和香子は、控訴審で一転、無罪となる。雪森厚夫と池端和香子が犯人に仕立て上げられる過程に於ける、国家、組織、警察、検察、裁判への強い不信感、冤罪を暴く加賀乙彦の執念とも言える筆が冴えわたり、読者を強く惹きつけて止まない。

——手記「告白」に於ける罪——

雪森厚夫は、獄中で自分の過去を文章にした原稿用紙三百枚の手記を書いた。タイトルは『告白』、副題は——和香子へ——である。幼少期から、現在へ至る人生を書いた手記は、繰り返した犯罪者としての足跡、刑務所暮らしの実態、中国における陸軍での逃亡、戦後の掏摸(すり)仲間との罪を詳細に書いている。原作では「寒郷」「泥濘」の二章が、手記『告白』の全文である。

第二審で二人の無実が決まった時、雪森は『告白』を和香子に渡すことを躊躇した。刑務所を出て、再び和香子と自由に会えるようになった。だが、彼女がこの『手記』を読んだ時、雪森の過去の罪深さに驚き、自分から去るに違いないという絶望感を持ったのだ。

結局、雪森厚夫は迷った末に、別れを覚悟のうえで和香子に『告白』を渡す。その後、二人が会った時、雪森と『告白』を読んだ和香子が交わす言葉は次のものだった。

「あそこには嘘はただに一行もないよ。あの通りの駄目な男なんだ。極道者なんだ。罪深い人間なんだ」

「〝なんぢらのうち、罪なき者まづ石をなげうて〟よ。私にはあなたを裁く資格はない。まったくない」

――春の氷――

――なんぢらのうち、罪なき者まづ石をなげうて――という言葉は、新約聖書「ヨハネ福音書」第八章七節のキリストの言葉である。先に述べた正田昭の文語訳は、「ヨハネ福音書」に至る前に彼が処刑されたため、加賀はここで採用できなかった。和香子は、雪森の手記を読んだ時このキリストの言葉に想いを馳せ、雪森厚夫の人生のすべてを受け入れた。彼女は、刑務所での九年間に飛躍的な自由を己の内に勝ち取っていた。雪森は犯罪者、和香子は精神病者と刻印された長い闘いは、愛と復活の道へと向かい、長い苦悩に満ちた物語は終わりを迎える。

〈加賀乙彦のドストエフスキーとキリスト教〉

ロシアの十九世紀を生きた作家ドストエフスキーは、一八四九年二十八歳の時、帝政ロシア転覆を謀る国事犯として死刑判決を受けた。辛うじて死刑は免れたが、シベリアのオムスク要塞監獄へ四年間流刑される。この経験こそ、後に彼に小説『死の家の記録』を書かせ、のちの長編『罪と罰』『悪霊』『白痴』『カラマーゾフの兄弟』などの執筆へとつながる。

作家加賀乙彦の原点は、死刑囚と向き合わざるを得ない東京拘置所医務部技官であった事、そして年少のころから本との出会い、特にドストエフスキーの読書経験である。加賀乙彦は、評論『ドストエフスキー』（一九七三年）、そして約三十年後に『小説家が読むドストエフスキー』（二〇〇六年）を刊行し、並々ならぬドストエフスキーへの接近を示した。後者では、自分自身の信仰体験と照らし合わせたドストエフスキーの持つ宗教的テーマに迫っている。

『宣告』の主人公のモデル正田昭は、獄中でカトリックの洗礼を受ける。そして、前述したように聖書の文語訳を絞首刑の直前まで行っていた。その信仰の形を加賀乙彦は深く受け止め『湿原』の最終部で、雪森厚夫はキリスト教の洗礼を受ける。雪森は、神への疑いを持ちながらも刑務所で聖書を読み続けた。ドストエフスキーがシベリア流刑の四年間、唯一読んだ書物は聖書とされ、ここでもドストエフスキーを加賀が強く意識していることは明確である。

加賀乙彦自身は、『湿原』刊行後の一九八七年にカトリックの洗礼を受ける。正田昭の処刑から十八年が経過、その間の『宣告』『湿原』を執筆した過程は、加賀乙彦の宗教的な道を大きく開かせる道筋であった。

日本の文学者で、ドストエフスキーを論じた文学者は数多くいる。小林秀雄、埴谷雄高、森有正、そしてドストエフスキーの新訳を刊行、加賀乙彦と対談を行っている亀山郁夫などはその代表的な人々である。しかし、自らの小説で、ドストエフスキーの思想性、文学性を越えようとした日本の作家はいるだろうか。加賀乙彦こそ、生と死を、魂の救済を、そして人間の存在を問い、ドストエフスキーを乗り越えようとした作家である。

〈魂の作家──加賀乙彦への道〉

正田昭は、一九六九年十一月二十一日の加賀乙彦宛ての死の直前の手紙で次のように書いた。

> 私はこのごろ頻りに〝うつくしいもの〟にひかれます。この世と自らの内に、なお混沌としてある重いヤミを抱きながら、あるいはむしろその故にこそ、一切を浄化し肯定し、たしかな唯一のことはソレのみと思わしめる、深い安らぎにみちた〈美〉にあこがれています。自分が真に身を委ねうるものは、ソレのみである気がしてなりません。
>
> そして私の場合それは音楽です。

正田昭はこの時四十歳、手紙に〈深い安らぎにみちた美〉と書き、〈自分が真に身を委ねうる〉としたものは、――音楽――だった。加賀乙彦は、この正田昭の〈音楽〉への憧憬を深くに受け止めたに違いない。『宣告』ではバッハの「ロ短調ミサ曲」、『湿原』ではベートーヴェンの「ピアノ・ソナタ作品一一〇」などが印象的に登場する。ベートーヴェンは、ヒロイン和香子が獄中で彼女の心に旋律が流れるという形で描かれる。恩寵の音楽とは、絶対的な沈黙に満たされた孤独な心にこそ響いてくる。

二〇二〇年十二月二十八日、私は詩人鈴木比佐雄氏に同行して頂き、東京本郷の作家加賀乙彦氏宅を訪問した。奥様に先立たれ、一人住まいの九十一歳の加賀乙彦氏の足取りは颯爽とし、にこやかでユーモアがあった。耳がやや遠いが、対面してお話すると私を見つめる目と表情にどこか神々しい雰囲気がある。『宣告』『湿原』など数々の小説で、人生の苦悩や心の闇を見つめた信仰深き方にのみ備わる雰囲気を思わせた。

世界と日本がコロナ禍で覆われ、終息の見えない二〇二〇年。しかし、死刑廃止論を収録した『死刑囚の有限と無期囚の無限』（コールサック社）や最新エッセイ『わたしの芭蕉』（講談社）を刊行し、闇のなかにも光を灯し続ける加賀乙彦氏。私が青年のころから愛読してきた加賀氏にこの年の最後にお会いできたことは、天が与えた深き恩寵であった。

あとがきに代えて

加賀乙彦

私の場合、母親が聖書講読会をやっていたこともあって、キリスト教は割合近しい存在であったし、聖書を好んで読んでもいました。私が愛読していたのは、注釈が非常に緻密なことで知られているフランス語のいわゆる「エルサレム出版の聖書」ですが、それを読んでいて驚いたのは、旧約聖書には、「信ずる＝クロワール croire」という言葉がほとんど出てこないことでした。一方新約には、「汝の信仰、汝を救えり」（「マルコ」一〇章五二節、「ルカ」七章五〇節）という具合に、イエスの口から頻繁にクロワールという言葉が出てくる。では、「クロワール」とは何なのか。その疑問を解きたいと思ってキリスト教関係の本を読んでいったのが始まりです。

ことにその思いが強くなったのは、『宣告』を書き始めてからです。主人公は正田昭をモデルにしていますから、主人公の信仰の部分も正田の考えをなぞればいいのですが、私は一遍自分の心のなかに正田昭を生かして、そこから主人公を描いていったわけです。そのためか、小説を書いてるあいだは、自分が絞首台に上って吊るされるという夢を見て、いよいよ死ぬという瞬間、びっくりして目が覚めるということが何度もありました。不思議なもので、そういう夢をたびたび見るようになってからは、小説がリアリティのあるかたちで書けるようになりました。

最初は正田昭とは何者だったのか、果たして人間は他の人間を理解することができるのかという疑問から始まったこの小説が、だんだんと宗教の世界というか、神を信ずるとはどういうことなのかへ関心が移っていきました。そうするうちに、「クロワール」という言葉が、自分のなかでどんどん肥大してきて、途中から、「信ずる」ことを主題にして小説を書くという方向へ変わっていきました。

死刑囚というのは特殊な在り方のようですが、そうではなく、パスカルがいっているように「人間は生まれながらの死刑囚」なんです。つまり、ある日、人間は誰でも等しく神に呼び出されて死の宣告を受ける。私もパスカルと同じように考えました。死は神の命令によって行なわれるのであれば、死を乗り越えるためには神と対話しなくてはいけない、と。それで、キリスト教だけでなく、さまざまな宗教書を読み漁りました。たとえば、仏教の本とキリスト教の本を交互に読んでいきながら両側に積み上げていく。そこで点数をつけるわけです。たとえば「老い」に関して釈迦はきちんと語っているが、イエスはそれについては何もいっていない。その点は、釈迦のほうに軍配が上がる……。

そんなことをやっているんですよと、知り合いの門脇佳吉神父にいったら、「あなたは、この小説を書くときに〝信ずる〟という言葉をずいぶん使っていますが、でも、信ずるというのはそんなものではない。あなたにはまだ、宗教がわかってない」といわれました。門脇神父は『宣告』を書いているときに、キリスト教についていろいろと教えを乞うた方ですが、どこか私の中途半端さを感じていたのでしょう。それをもっとはっきり私にいってくれたのが、遠藤周作さんです。彼は『宣告』を評して、「これは無免許運転のキリスト者だね。ほんとうのキリスト者はこういうようなかたちでは神を見ないはずだ。神が百パーセント存在することに少しの疑いもないというのが、クロワール、信仰である。もしかして神はいないのではと疑っているようでは、まだ免許は与えられない」と批判されました。

それでも私自身、『宣告』を書き終えたとき、ある山を越えた気持ちがしました。雑誌に連載したのは三年半ほどでしたが、その前に準備期間が五、六年あるわけですね。だから、私の四十代は、この小説一冊に全部使ってしまったという感じがします。

（『加賀乙彦自伝』（ホーム社）所収「『宣告』の執筆」より）

＊

いま振り返ってみると、五十代の前半は、それまで書きたかったものをどんどん本にしていくという多産な時期でした。そして五十六歳のとき、『湿原』という小説を完成させました。

主人公はカトリックの女性で、彼女が元犯罪者の男と愛し合うようになる。主人公は北海道の厚岸の近くに生まれて、幼いときから湿原を見ながら育つのですが、厚岸の近辺には釧路湿原、厚岸湿原、霧多布湿原と、湿原が多くて、植物と動物の宝庫なんです。私も取材で何度も訪れました。実に素晴らしいところです。『湿原』という作品の主題のひとつは自然を描くことで、もうひとつは人間が底なし沼みたいなところに落ち込んで愛が殺されていくという、そういうふたつの主題が重なったタイトルです。

『湿原』を書いているときに感じたのは、リアリズムということをもう一度考え直そうということでした。ちょうど『宣告』の主人公を書くときに四苦八苦したように、ある人間をリアリズムで書く場合には、単に細部を描写するだけでなく、人間という存在そのものの秘密を明らかにしなければならないのではないか、と。そうすると必然的に神の問題、クロワール、すなわち「信ずる」ことの問題へと行き着き、いまだにこの問題が解決されていないことに気がついたんです。

（『加賀乙彦自伝』所収「専業作家になる」より）

著者略歴

加賀乙彦（かが　おとひこ）

作家、精神科医。1929年、東京生まれ。東京大学医学部卒業。東京拘置所医務技官を務めた後、フランスに留学し、パリ大学サンタンヌ病院とサンヴナン病院に勤務。帰国後、東京医科歯科大学助教授を経て、上智大学教授。日本芸術院会員、文化功労者。著書に『フランドルの冬』、『帰らざる夏』（谷崎潤一郎賞）、『宣告』（日本文学賞）、『永遠の都』（芸術選奨文部大臣賞）、『死刑囚の記録』、『ある若き死刑囚の生涯』、『雲の都』（毎日出版文化賞）、『死刑囚の有限と無期囚の無限』など多数。

編集者略歴

鈴木比佐雄（すずき　ひさお）

詩人、評論家。1954年、東京都生まれ。父母は福島県いわき市出身。法政大学文学部哲学科卒。詩集に『日の跡』『千年後のあなたへ』など11冊。詩論集に『詩人の深層探究』『福島・東北の詩的想像力』など5冊。編著に『原爆詩一八一人集』『沖縄詩歌集』『東北詩歌集』『アジアの多文化共生詩歌集』『地球の生物多様性詩歌集』など多数。日本ペンクラブ、日本現代詩人会、宮沢賢治学会、藍生俳句会各会員。㈱コールサック社代表。

宮川達二（みやかわ　たつじ）

詩人、文芸評論家。1951年、北海道生まれ。慶応義塾大学卒。著書は、サハリン（旧樺太）へ取材を行った『海を越える翼—詩人小熊秀雄論—』（コールサック社刊）。学生時代より作家加賀乙彦、辻邦生、小川国夫などの世代の小説を愛読してきた。また、音楽、文学、絵画、映画に深い関心を持つ。10年以上に渉り、文芸誌「コールサック」に、小説時評、詩、随筆を連載中である。2017年より神奈川県鎌倉市在住。

加賀乙彦 散文詩集
虚無から魂の洞察へ ――長編小説『宣告』『湿原』抄

2021年11月30日初版発行
著　者　加賀乙彦
編　集　鈴木比佐雄・宮川達二
発行者　鈴木比佐雄
発行所　株式会社 コールサック社
〒173-0004　東京都板橋区板橋2-63-4-209
電話 03-5944-3258　FAX 03-5944-3238
suzuki@coal-sack.com　http://www.coal-sack.com
郵便振替　00180-4-741802
印刷管理　（株）コールサック社　制作部

装幀　松本菜央

落丁本・乱丁本はお取り替えいたします。
ISBN978-4-86435-478-3　C0092　￥1800E